# 법과 경제 질서

## 21세기의 시대정신

# 법과 경제 질서

## 21세기의 시대정신

김철 지음

한국학술정보㈜

# ■ 머리글

1. 최현대의 서양 법제도사에서 제2차 세계대전 이후 최대의 사건
은 동유럽-러시아 혁명(1989)이다. 1917년 이후의 사회주의 법 가족이
지구상에서 사라져가는 기점이 되었다. 동·유럽 러시아 혁명이 사회
주의 법 가족에 대한 조종(弔鐘)이었다면, 이후의 전개를 볼 때 서양
법제도를 채택한 문명 사회의 최대의 시련은 2008년 10월의 금융위기
가 촉발한 세계 경제위기였다. 이것은 더 길게 보면 자유주의 국가의
승리로 끝난 제1차 세계대전 이후, 자유주의의 최대 시련이자 당시 산
업화 국가 모두에게 고통을 강요했던, 1929년 가을 이후 제2차 세계대
전 발발 이전까지 계속되었던 1930년대의 세계 대공황(The Great
Depression) 이후의 문명세계가 겪는 최대의 도전이라고 볼 수 있다.
이 책은 1차 대전과 2차 대전 이후의 세계문명의 주류인 자유주의에
대한 20세기와 21세기의 시련이자 도전인 세계경제위기에 처한 서양
법 제도에 대한 법학적 연구이다.

2. 2008년 10월 이후의 세계 금융위기 내지 세계 경제위기는 세계
제2차 세계대전 이후 동유럽러시아 혁명(1989)에 필적할 만한 역사적
사건으로 인류는 그 흐름 위에 놓여 있다. 저자는 1989년에 동유럽 러
시아 혁명과 관련된 세계 법제도에 대한 통합적 비교법 연구와 1992
년의 종교와 법제도의 상호연관성에 대한 소개에 이어, 2008년 이후,

세계경제위기가 세계의 법제도에 미치는 상호 영향(The Interaction of Law & Economics)에 대한 연구로 2009년 3월에 『경제 위기 때의 법학 -뉴딜법학의 회귀가능성』(서울: 한국학술정보(주), 2009)을 출간하고, 세계 법체계의 변화의 영향권에 있는 한국 법학의 변화가능성에 대한 연구로 『한국법학의 반성-사법개혁시대의 법학을 위하여』를 2009년 9월에 출간하였다. 2008년 세계 금융위기 이후 약 2년 이상이 경과한 시점에서 저자가 2009년 3월에 제시한 1930년대의 역사적 사건의 의미 회복은 더욱 법 제도적인 의미를 가지는 듯이 보인다. 이번 간행물 역시 버만의 법학 방법론(Integrative Jurisprudence)에서 제시한 법실증주의의 극복, 자연법론의 회복과 극복, 역사학파의 회복과 극복 및 사회이론의 회복과 극복을 감행하려고 노력했으나 미흡하다는 것을 고백한다. 그러나 2008년 세계금융위기 이후에 달라지고 있는 세계경제 환경의 급변에 따라서 앞으로 달라질 세계경제 질서의 패러다임을 원경에서 제시함으로써 한국의 법학과 인접 학문에 도움이 될 것을 바란다.

3. 경제위기 때의 법학(2009.3), 한국법학의 반성(2009.9), 법과 경제질서: 21세기의 딜레마(2010.11)의 기초가 된 연구의 밑그림은 몇 가지의 경로를 가진다. 비교법학에 대해서는 80년대부터 필자가 한국 강단법학을 넘어서서 본격적인 비교법의 연구자들을 탐구하기 시작할 때부터 소급하지 않을 수 없다.

"오랫동안 한국을 포함한 다른 나라의 법학자들은 문화적, 역사적, 정치적, 경제적 그리고 사회적인 요인들에 대한 고려를 접어두고, 법률양식(樣式)과 기술적인 사항들에만 주로 전념하였다(김철, 1989:38). 기억할 사실은 법은 진공 속에서 존재하는 것은 아니며, 그렇기 때문에 진정으로 비교를 하려는 어떠한 연구도 법을 그 출생지와 분리시키지 않는다는 것이다. 반드시 인식되어야 하는 한 가지 사실은 법체계를 유형화하는 연구는 정치적, 경제적, 사회적 기준들이 법원칙(法原則)들과 법절차(法節次)들에서 어떻게 반영되었는가에 대한 분석에서만 추출될 수는 없다는 것이다. 법제도(法制度)들이 그 일부분을 구성하는 전체 사회의 역사적 발전의 맥락에서 오랜 시간에 걸친 법제도들의 역사적 발전을 분석하는 것도 동등하게 중요하다. 따라서 비교법학자들은 어떤 문명의 법체계를 세 가지 차원에서 취급할 것을 제안하여 왔다(John Hazard, 1969)(Harold Berman, 1971). 첫째, 개념 – 형식상의 범주로서이다. 이것은 개념 법학과 형식주의 법학을 일컫는 것으로 한국의 개화기로부터 식민지 근대화 시기를 거쳐 제2차 세계대전 이후의 여러 시기를 거쳐 이 글을 쓰는 현재까지 약 110년 이상 무릇 한국의 공식 교육 기관에서 전수한 법학이라면 거의 이 첫째 범주에 속한다고 할 수 있다. 둘째, 역사적 · 정치적 · 경제적 · 사회적 범주이다(Hazard, 1969). 셋째, 의 – 종교적 범주(擬 – 宗敎的 범주)로서이다(Berman, 1971). 그러나 이 요약은 비교법학자들의 초기 특징만 나열한 것이다."(김철, 『한국 법학의 반성』, 한국학술정보(주), 2009ㄴ: 447-448)

3.1 개념 – 형식 상의 법문화에서 법학을 시작한 필자가 법문화를 초과하는 데에는 세계적인 비교법학자들의 깨우침이 필요했다. 감사하는 뜻을 밝힌다.

이미 고인이 된 John Newbold Hazard(1909~1995)(Columbia Law School & International Affairs)(김철, 2009ㄴ: 279-280)와 명예교수가 된 R. Randle Edwards(Walter Gellhorn Professor Emeritus of Law, Columbia Law School)(김철, 2009ㄴ: 347-348)에게 감사한다.

이미 고인이 된 Harold Joseph Berman(1918~2007)(Harvard Law School & Emory)은 법학교육론, 비교법 방법론, 법사학, 법철학, 법과 종교의 분야에서 필자에게 영향을 미쳤다(김철, 2009ㄱ; 2010.11). 그의 업적은 Harvard Law Library에 5 Box에 달하는 보관본으로, 남아있다. 또한 Emory Law Library에 특별보관되어 있다(김철, 1992; 2009ㄴ; 이 책 4장).

3.2 일단, 개념-형식 상의 범주에서 벗어난 필자가 법철학과 사회 이론을 병행해서 같이 파악할 수 있을 때까지는 도움이 필요했다. 감사하는 뜻을 밝힌다.

Ronald Dworkin(1931~ ), New York University School of Law 교수가 조직한 The Program for the Study of Law, Philosophy & Social Theory(Fall, 1995)에서 필자는 Dworkin과 Cass Sunstein(당시 Chicago Law School)과 Charles Fried(Harvard Law School)의 등 8인의 당대의 학자들의 논문의 1차 초안(very preliminary draft)의 직접 발표와 즉석 토론을 듣는 기회를 가졌다.(김철, 2009ㄱ; 2009ㄴ)(이 책 5장, 10장) Dworkin은 2008년 가을 방한하였고, 이틀에 걸친 전문가 세미나에서, 결정적인 견해를 끄집어 낼 수 있었다(이 책 10장).

3.3 비교법학, 법철학과 사회학적 법학의 도움으로 개념 법학과 형식주의를 초과한 필자가 법학방법론으로서의 경제학적 법학방법론[1]을

---

1) 법의 경제분석(economic analysis of law)에 대해서 한국에서 논의할 때는 주의를 요한다. 즉, 한국에서는 경제학자들이 80년대 말 경에 시작했고, 아직도 경제학자의 주된 영역으로 인식되고 있다(이 책, 서장 2., 1.6). 미국에서는 이미 1930년대 초의 대공황 전기나 뉴딜 시대에 법학자가 동시에 시작하였고(이 책, 서장 2., 1.5), 법학자로서는 포즈너가 70년대 말부터 두드러졌다. 포즈너에 대해서는 『경제 위기 때의 법학』 '5장 1980년대 이후 세계법학의 가장 큰 도전이었던 경제학적 법학방법론의 형성과 의미, 그 한가는 어떠한가'에서 논하고 있다.

배우기 시작한 것은 Richard Posner의 Economics of Justice(1980)와 Overcoming Law(1995)에 의거한 바 크다. 1987년에 필자는 산타 클라라와 스탠포드 로스쿨을 방문하였는데, 이때 포즈너가 초청강연을 하고 있었다(김철, 『경제 위기 때의 법학』, 5장 3절 '법학방법론으로서의 경제분석과 한국에 있어서의 의미', 5장 3절 1항 회의적 관점). 이후 2001년에 필자는 포즈너의 방법론을 한국에 소개하는 연구 발표를 하였고, 경제사학자인 알프레드 노스의 제도이론에 접하게 되었다. 다소 비판적이었으나 필자의 경제학적 법학방법론은 법학교수이자 현직 법관인 포즈너의 지적 자극에 힘입은 바 크다. 직접 교류는 없으나 그의 다방면에 걸친 저작에 경의를 표한다.

4. 필자에게 편의를 준 다음의 도서관의 직원들에게 감사한다. N. Y. U. Law Library(1991~1995), Columbia Law Library(Diamond)(1997~2000), Stanford Law Library(Crown)(1987, 2002), Santa Clara Law Library(1987), Michigan Law School Library(1979~1981, 1994)들이다.

고인이 된 Harold Berman 교수의 전속비서였던 Ms. Knack(Emory Law School)에게 팩스, 편지, D.H.L을 통한 교신과 수 많은 Berman 교수의 논문 별쇄본들, 저서들을 보내준 것에 감사한다.

East Asian Legal Studies at Harvard Law School에게 Visiting Researcher로 초청해서 Berman과 1995년 여름 동안 법학교육론에 대해서 연구기회를 준 것에 감사한다. 예상보다 짧은 체재는 필자의 개인 사정이 있고 미안하게 생각한다.

5. 한국의 학회 관계자들에게 감사의 뜻을 늦게나마 적어서 남긴다.

한국공법학회, 한국헌법학회는 발표와 토론의 기회를 주었다. 한국 법사학회는 발표와 토론의 기회를 주었다. 한국법철학회는 Dworkin과 Nussbaum의 방한 때 귀중한 기회를 주었다 경제법학회(1998), 한국도 산법연구회와 재정법연구회는 경제와 법에 대한 통찰의 기회를 주었다. 복합학회인 한국사회이론학회와 한국인문사회과학회(현상과 인식)는 법학교수인 필자가 시대와 역사의 전망을 폭넓게 배우는 기회를 주었다. 세계헌법학회 한국학회는 강단법학의 범위를 넘어서는 연구 발표의 기회를 주었다. 가까이서 사랑과 도움을 준 분들에게 일일이 이름을 밝히지 않는 것은 필자의 아직 미숙한 연구가 스승, 선후배, 동료들에게 부담을 느끼게 만들지도 모른다는 강박감 때문이다.

6. 한국학술정보(주)의 임은정 선생과 이지연 선생은『경제위기 때의 법학』(2009.3) 때, 임은정·이주은 선생, 이효정 선생, 박재규 선생은『한국 법학의 반성』(2009.9) 때, 곽유정 선생은 이 책을 포함해서 세 번에 걸쳐 수고해 주셨다. 이 책은 이주은 선생, 김도윤 선생, 김은정 선생, 곽유정 차장님의 노력의 결실이고, 감사를 표한다.

7. 숙명여자대학교의 동료교수들에게 감사한다. 숙명여자대학교 법과대학의 학부학생들, 대학원 학생들에게 고맙다고 인사한다. 세 권의 연속된 출간에 수고한 교육조교(조미리)와 학부조교들에게 감사한다. 석사과정과 학부조교에 이어서 교육조교를 계속한 황지혜가 수고하였다.

2010. 11.
김철

# ■ 이 책의 성격

### 1. 『법과 경제 질서: 21세기의 시대정신』은 3부작의 세 번째 연속물이다.

이 책은 『경제위기 때의 법학』(2009.3)과 『한국 법학의 반성』(2009.9)에 이은 세 번째 연작(連作)이다. 세 편의 책의 공통되는 대주제는 법과 경제 질서(law & economic order)이다. 따라서 이 책은 법과 경제 질서 연작(連作, sequential edition)에서 세 번째의 간행물로 법과 경제 질서를 둘러싼 21세기의 시대정신을 취급한다.

### 2. 이 책의 성격은, 드워킨이 사용한 비유로써 말한다면, 세 개의 연속물의 하나에 해당된다.

법철학자 드워킨(Dworkin)이 연속되고 일관성이 있는 판례들의 집성을 문학의 비유로써 연쇄소설(chain novel)이라고 이름 붙인 적이 있었다(Ronald N. Dworkin, 1982).[2] 판사의 재판하기의 과정은 물론 소설가들의 연속 창작 작업과는 다르다. 그러나 그는 비유의 방법으로서 설명한 것이다. 이 책 역시 창작소설이 아니라 엄격한 법학 방법론에

---

2) Ronald N. Dworkin, "Natural Law Revisited", *University of Florida Law Review*, vol. 34, 1982
드워킨의 연쇄소설 개념에 대한 연구에 대해서는 최정인, 서울대학교 대학원 학위논문 2006.8 참조.

의한 학술논문집이다. 그러나 필자는, 드워킨이 비유로써 설명한 대로 이 책의 성격을 설명하는데 창작 문학에서 같은 작가가, 같은 흐름의 작품을 시계열(時系列)[3]에 따라서, 연속적으로 써 나가면서, 한 권씩 출간하는 연작(連作) 문학[4]을 유비(analogy)로 사용하고 싶다. 즉, 20세기 문학의 3부작(trilogy)인 호빗, 반지의 제왕, 실마릴리온을 예(J. R. R. Tolkien, 1937, 1949, 1977)로 들고 싶다. 이 세 권의 작품은 흔히 반지의 제왕이라는 이름으로 잘 알려져 있으나 원래는 한 권씩 시간의 경과에 따로따로 출간되었고 각각 독립적인 성격을 갖고 있으나 주제와 캐릭터, 사건의 흐름은 동일한 드라마를 취급하고 있어서 모두 합쳐 하나의 대하작품으로 간주된다.

즉『경제위기 때의 법학』(2009.3),『한국 법학의 반성』(2009.9)과『법과 경제 질서: 21세기의 시대정신』(2010.12)은 비유로 말하자면 톨킨의 반지의 제왕(The Lord of the Ring) 3부작과 같은 연작이다. 반지의 제왕 3부작을 연결하는 고리가 반지(Ring)였다면 경제 위기 때의 법학, 한국법학의 반성, 법과 경제 질서의 3부작을 연결하는 대 주제는 법과 경제 질서로 잡을 수 있다. 고리 부분은 이 책의 1, 2, 3, 4, 5장으로써『경제 위기 때의 법학』과『한국 법학의 반성』에서 이미 전개된 주제이다.

---

3) 시간의 경과에 따라서 변동하는 상황을 배열하여 나타난 것을 말한다. 즉 통계학에서 확률적 현상을 시간적으로 관측하여 얻어지는 값의 계열. 기상현상, 경제 현상 등의 통계이론에 쓰임.

4) 20세기의 대표적 연작문학으로서 옥스퍼드의 인문학 교수(1925~1959)인 톨킨(J. R. R. Tolkien, 1892~1973)의 호빗(The Hobbit, 1937 출간), 반지의 제왕(The Lord of the Ring, 1937~1949 집필), 실마릴리온(Silmarillion, 유작, 1977 출간), 다른 제목으로 시계열에 따라서 출간되었으나 주요 등장인물과 기본적 배경 및 무엇보다도 전편을 흐르는 큰 주제가 같다. 한 권씩 따로 분리되어서 읽힐 만큼 독자성이 있으면서도, 주제가 같기 때문에 세 권이 같이 읽히기도 한다.

## 서장 1. 이 책의 법학적 방법론과 집필의 경위

1. 한국의 법학은 언제까지나 경제, 사회 기타의 주된 분야에서 사전에 발생한 문제들을 사후적으로 해결하는 일을 계속하면서 지내야 할까? 라는 학자들의 의문이 있다.[5]

그렇다 치고, 그러면 어떻게 해야 할까? 최소한 세계의 주된 흐름을 예측하거나 따라잡으면서, 한국 사회의 흐름을 인도하거나 왜곡을 바로 잡아서 예방할 수 있는 방법이 없을 것인가?[6]

지난 시절의 강단법학[7]은 필요한 것이었으나 발전적으로 지양되어져야 하고 새로운 지평을 열어야 한다는 강한 요구가 새 제도에 관계하여 터져 나오고 있다.

어떻게 할 것인가? 법학자·법률가의 역할이 규범해석에 그치지 않고 규범정립을 위한 역할에까지 확대되려면 어떻게 해야 할 것인가? 그런 역할을 하여 온 법문화를 보아야 하고, 그런 법문화를 이끌어 온 역사를 우선적으로 취급하는 것이 현 단계에 있어서 한국법학의 긴급한 의무라고 보인다.

이런 뜻에서 이 책은 저자의 『한국 법학의 반성』(2009)[8]과 동기가

---

5) 어떤 법 문화에 있어서 변호사나 판사는 일종의 기술자로 보여지고 있으며 다른 법 문화에 있어서는, 일종의 사회공학자, 즉 사회적인 문제를 해결하려고 시도하고 알기 위하여 특별히 준비되어 있는 사람으로서, 정부와 사적 부문에 책임자로 있는 법률가들은 기술적인 법률 문제를 넘어서서 좀 더 폭넓은 대안을 고려하여 그 결과가 어떻게 예상되며 다루어져야 할 것인가 하는 데까지 확장된다. 법률가는 사회 개혁의 관건적인 요소로 간주되며, 정책이나 새로운 사회 프로그램을 만드는 전문가로서 기능한다(가 재환, 1982: 47-48)(김철, 2009ㄴ: 39-40).

6) 예방적 역할을 하는 법률가의 상은 그 전제로서 일종의 전권을 가진 문제해결자(problem solver)로서 기능하는 것이 요청된다(가 재환, 1982: 47-48)(김철, 2009ㄴ: 40).

7) 지난 시절의 강단법학에 대한 비판은 "1. 과거의 법학 교육이 현실과 동떨어진 채 공리공론에 머문 결과 현실적인 문제 해결에 거의 도움이 되지 못했다는 성찰 때문이다. 2. 학교 수업에 관계 없이 혼자 학원가에 가서 암기 위주로 공부하면 얼마든지 사법시험에 합격할 수 있는 폐단에 대한 반성이다. 강단법학·수험법학을 벗어나서… 전문지식을 갖춘 길러내는 법학 교육이 되어야 한다는 요구…", 이전오, "로스쿨 교육과 변호사 시험, 어떻게 해야 하나" 『인권과 정의』 제408호, 대한변호사협회, 2010.8.

8) 김철, 『한국 법학의 반성』(서울: 한국학술정보(주), 2009)

같다고 할 수 있다. 그러나 한국 법학의 환경이 되는 세계 체제의 경제적 격변을 우선적으로 다룬다는 점에서 역시 저자의 『경제 위기 때의 법학』(2009)[9]의 속편이라 할 수 있다.

## 2. 어떤 법학에 다가가야 할 것인가?

"미래로의 우리의 길을 가로막고 있는 장애를 어떻게 극복할 것인가? 중요한 장애는 법 자체에 관련된 지난날의 생각과 실행이 좁고, 부자연스럽게 인위적으로 누군가의 편의에 맞게 좁게 구획화된 것이다. 법을 역사에서 완전히 분리한다든가, 모든 법을 국가법과 동일어로 한다든가, 법의 역사를 한 나라만의 역사로 취급한다든가 하는 것들이며, 더 강조할 것은 다음의 오류들이다. 지난날의 오류는 어디에서 오는가? 첫째, 실정법 제도를 연구의 대상으로 삼을 수밖에 없는 것은 인정하나, 오로지 권력 주도적이며 정치과정에만 관련된 법학의 오류, 즉 '법 실증주의'라고 불리는 방식의 오류, 둘째, 첫 번째의 법실증주의와 정반대의 스펙트럼의 극단에 존재하는 것이 있다; 자연법론을 역사적 실재로 받아들이고 특히 금융위기 이후에 다시 주목하면서도, 한편으로 배타적으로 순수철학에 속하며, 제도를 논의의 중점으로 두지 않는 순수 윤리철학 또는 순수 도덕 철학의 오류. 오로지 '순수 이성'과 '순수 도덕'만을 강조하는 입장은 모든 역사상의 제도에 대해서 강한 불신과 니힐리즘을 깔고 있을 수도 있다는 의미에서 그렇다. 셋째, 역사적 접근을 방법론으로 받아들이나, 배타적으로 지난 역사를 강조하여 복고적으로 흐르는 경향의 오류. 넷째, 배타적으로 특정 사회이론의 영향을 받아서 법제도를 어떤 사회경제적 힘의 함수 또는 부산물로 보는 관점의 오류. 우리는 지난날의 법실증주의의 장단, 자연법론의 장단, 역사법학의 장단, 법의 사회이론의 장

9) 김철, 『경제 위기 때의 법학』(서울: 한국학술정보, 2009)

단을 가리고, 그 결과를 새로 묶어서 새로운 시대의 도전에 응전할 수 있는 법률가를 문명사회를 보존하기 위한 전장에 내 보낼 준비를 해야 할 때이다"(Berman, 1983; 서문)[10] (김철, 2009; 448)

3. 1988년, 당시 지구상의 국가제도를 반분하고 있던 사회주의 법 국가들에 페레스트로이카와 글라디노스트라는 강풍이 불고 있었다. 불과 1년 뒤 1989년에 동유럽 러시아 혁명이라는 제2차 세계대전 종전(1945)이후 최대의 사태가 베를린 장벽을 무너뜨릴지는 아무도 예견하지 못했던 시절에, 해롤드 버만은 다시 새로운 미래를 위한 법학으로 역사의 회복, 법실증주의의 극복, 자연법의 회복과 동시에 극복, 또한 순수철학적 법학의 극복, 또한 배타적인 법의 사회이론의 극복을 다시 주장하였다(Berman, 1988;779).[11]

4. 서양 법제도사에서 2차 대전 이후 최대의 사건은 이미 말한 동 · 유럽러시아 혁명(1989)이다. 1917년 이후의 사회주의 법 가족이 지구상에서 사라져가는 기점이 되었다. 동 · 유럽 러시아 혁명이 사회주의 법 가족에 대한 조종(弔鐘)이었다면, 그 이후의 전개를 볼 때 서양법제도를 채택한 문명 사회의 최대의 시련은 2008년 10월의 금융위기가 촉발한 세계 경제위기였다. 이것은 더 길게 보면 자유주의 국가의 승리로 끝난 제1차 세계대전 이후, 자유주의의 최대 시련이자 당시 산업화 국가 모두에게 고통을 강요했던, 1929년 가을 이후 제2차 세계대전 발발 이전까지 계속되었던 1930년대의 세계 대공황(The Great Depression)

---

10) Harold Berman, *Law and Revolution*(Cambridge : Harvard Univ. Press, 1983) 서문을 2010년의 한국 독자에 맞게 의역한 것이다. 고딕체는 옮긴이가 이해의 편의를 위해서 첨가한 문장이거나 한국 법학의 현황에 비추어서 원작자가 했으리라고 추측되는 언어로 원래의 문장을 고친 것이다.
11) Harold Berman, "Toward Integrative Jurisprudence" *Univ. California Davis Law School Law Review*, 1988. 자연법의 회복이라는 문구는 옮긴이가 한국 독자의 이해를 위해서 첨가한 것이다.

이후의 문명세계가 겪는 최대의 도전이라고 볼 수 있다. 이 책은 1차 대전과 2차 대전 이후의 세계문명의 주류인 자유주의에 대한 20세기와 21세기의 시련이자 도전인 세계경제위기에 처한 서양법 제도에 대한 역사적 연구이다.

5. 지은이는 1989년 3월, 세계 체제의 대 변동기에 그해 11월의 동서 베를린 장벽 붕괴를 극적 상징으로 하는 동·유럽 러시아 혁명 8개월 이전에 「러시아-소비에트 법-비교 문화적 연구」[12]를 출간하고 책의 마지막 부분(장별 해제)에서 러시아 법사에서, 잊혀진 자유주의 법학의 맹아를 1768년 모스크바 대학 법학부 교수였던 데스니츠키와 트레티아코프, 그들에 대한 아담·스미스의 영향에까지 추적하였다. (김철, 1989; 516~522)

5.1 1989년 가을 이래 저자는 당시 진행되고 있던 세계 체제의 대변동을 법제도에서 따라 잡고 역사적 실재로서의 "서양법 제도"의 원형을 발굴하기 위해서 비교법의 방식을 채택하였다. 내재적 동기는 세계 체제의 변동, 세계의 법 지도의 변동과 함께 하는 한국 법학의 서양법 전통 아래에서의 보편성과 특수성의 문제였다.[13] 권위주의 시기 동안 한국법과 법학은 정태적으로 보일만큼 같은 모습을 유지·지속하였다. 그러나 세계 체제의 대변동이라는 환경에서 이윽고 한국법과 법학은 어떤 변화를 보일 것인가?

동유럽 러시아혁명(1989, 가을) 이후 한국에서 문민정부가 수립된 1993년까지를 교량기간(the Bridge Years)이라고 한다면 이 교량기간 동안 세계적 환경에서 법제도는 어떤 역사적 실재와 가장 큰 상호영향

---

12) 김철, 『러시아-소비에트법-비교법문화적 연구』(서울: 민음사, 1989)
13) 김철, 『법제도의 보편성과 특수성』(서울: Myko International Ltd., 1993), 사간본

을 주고받을 것인가?

왜냐하면 법 제도와 상호영향을 주고받는 역사적 실재는 역시 한국에서도 같은 상호영향(interaction)을 미칠 것을 예상할 수 있었기 때문이다.

5.2 이 문제는 강단법학의 일상적 부담을 지고 있는 저자가 혼자서 생각할 것이 아니었다. 1990년 여름 저자는 제2차 세계대전 이후 비교법(Comparative law)학의 창설자들(김철, 1989; 11~46)의 한 사람인 해롤드 버만을 만나게 되고(김철, 2009L; 348~351) 세계 제2차 대전 이후의 비교법사학 분야의 최대수확을 접하게 되었다.「법과 종교의 서구역사에 있어서의 상호 교호작용(Berman, 1974)[14]」이 한국어로 소개되는 계기가 되었다.[15] 이 주제의 역사적 의의는 그 주제 자체가 취급한 근대 서양법의 발전에 미친 종교의 영향에 있지만 이 주제의 잠재적 함의는 1989년 동유럽 · 러시아혁명을 계기로 체제변화를 겪고 있던 중 · 동부 유럽과 구 소비에트 러시아 전역뿐 아니라, 한국에서 1987년 이후 권위주의 체제에서 2003년 문민정부 수립 때까지의 권위주의에서 자유주의로 이행하는 교량기간 동안 넓은 의미의 법제도에 가장 큰 충격을 준 종교의 영향을 취급하는 것이다.

6. 2008년 10월 이후의 세계 금융위기 내지 세계 재정위기는 세계 제2차 세계대전 이후 동유럽 러시아 혁명(1989)에 필적할 만한 역사적 사건으로 인류는 그 흐름 위에 놓여 있다. 저자는 1989년에 동유럽 러시아 혁명과 관련된 세계 법제도에 대한 통합적 비교법 연구와 1992년의 종교와 법제도의 상호연관성에 대한 소개에 이어, 2008년 이후,

---

14) Harold J. Berman, *The Interaction of Law and Religion*(Nashville: Abingdom Press, 1974)
15) 해롤드 버만, 『종교와 제도-문명과 역사적 법 이론』(서울: 민영사, 1992)

세계경제위기가 세계의 법제도에 미치는 상호 영향(The Interaction of Law & Economics)에 대한 연구로 2009년 3월에 『경제 위기 때의 법학 -뉴딜법학의 회귀가능성』(서울: 한국학술정보(주), 2009)을 출간하고, 세계 법체계의 변화의 영향권에 있는 한국 법학의 변화가능성에 대한 연구로 『한국법학의 반성-사법개혁시대의 법학을 위하여』를 2009년 9월에 출간하였다. 2008년 세계 금융 위기 이후 약 2년 이상이 경과한 시점에서 저자가 2009년 3월에 제시한 1930년대의 역사적 사건의 의미 회복은 더욱 법 제도적인 의미를 가지는 듯이 보인다. 이번 간행물 역시 버만의 법학 방법론(Integrative Jurisprudence)에서 제시한 법실증주의의 극복, 자연법론의 회복과 극복, 역사학파의 회복과 극복 및 순수 사회이론의 극복을 감행하려고 노력했으나 미흡하다는 것을 고백한다. 그러나 2008년 세계금융위기 이후에 달라지고 있는 세계경제환경의 급변에 따라서 앞으로 달라질 세계법질서의 패러다임을 역사적 원경에서 제시함으로써 한국의 법학에 도움이 될 것을 바란다.

## 서장 2. 이 책의 구조와 법의 경제 분석에 대한 저자의 입장

0. 이 책은 같은 저자의『경제 위기 때의 법학』(2009년 3월)의 모든 전개의 연속편이라 할 수 있다. 또한『한국 법학의 반성』(2009. 9)에서 암묵적으로 제기된 문제들에 대한 역사적 사례라고도 할 수 있다. 따라서 사정이 허용했다면 한국의 인문학자들이 한 것처럼 단일한 제목의 총 3책의 3부작으로 일시에 출간하는 것이 독자들에게 좋을 뻔했다. 그러나 최근 2년간의 세계 체계의 급박한 진행은 연속된 논문들을 체계적으로 정리해서 단일한 제목의 3부작으로 일시에 출간하지 못하게 했다. 2009년 3월 이후 한 책씩 순차적으로 낼 수밖에 없었고, 마침내 이번에 세 권의 책이 출간되기에 이르렀다. 따라서 이 책 내용의 전제가 되는 중요한 논의가 이미 출간된『경제 위기 때의 법학』과『한국 법학의 반성』에 포함되어 있다는 것을 알리지 않을 수 없다. 즉 약 30년 간 세계 법학의 가장 큰 도전이었던 경제학적 법학방법론에 대해서는『경제 위기 때의 법학』제5장 "1980년대 이후 세계법학의 가장 큰 도전이었던 경제학적 법학방법론의 형성과 의미, 그 한계는 어떠한가"를, 역시 같은 기간에 아메리카에서 융성한 입헌주의 경제학의 한국에 있어서의 의미는『경제 위기 때의 법학』제6장 "1980년대에서 2000년대의 아메리카 법학의 주류를 이루었던 입헌주의 경제학의 한국에 있어서의 의미는 무엇인가?"를, 자유화 이후의 한국의 개혁에 대한 법 경제학적 조망이 보편주의적 시각으로 볼 때 어떠한가에 대해서는『경제 위기 때의 법학』제7장 "산업화 이후의 한국의 개혁에 대한 법사회학적, 법경제학적 조망은 보편주의적 시각으로 볼 때 어떠한가?"를 참조해주기를 바란다. 이 중에서 특히 강조되어야 할 것은 같은 책 제5장 "1980년대 이후 세계법학의 가장 큰 도전이었던 경제학적 법학방법론의 형성과 의미, 그 한계는 어떠한가"에서의 법학방

법론으로서의 경제분석이 한국에서 어떤 의미를 가지고 있느냐를 분석한 5장 3절 "법학방법론으로서의 경제분석과 한국에 있어서의 의미"(229~243)이다.

0.1 이 책의 주제가 사용하는 중요한 역사적 소재는, 지금 우리에게 가까운 순서로 크게 세가지로 구분하여 볼 수 있다. 첫째, 2008년 9월 이후의 세계금융위기의 진행과 방지의 경과, 둘째, 2008년 금융위기의 거시역사적 텍스트가 되는 1930년대의 세계대공황의 진행과 이를 막기 위한 뉴딜 입법과 경제질서, 셋째, 19세기 서양 산업 세계가 겪었던 또 하나의 경제위기인 장기대침체(1873~1897)기간이다. 이 세개의 역사적 소재를 어떻게 다룰 것인가? 2008년 금융위기에 인과관계를 제공했다고 추측되는 선행하는 시기(탈규제시대 1999년이 정점)에 대한 법학적 사실과 확인의 평가를 진행한다. 그리고 1930년대의 세계대공황의 인과관계를 제공한 이전의 시기들(1919~1929)에 주목하고 이에 대한 확인과 평가를 선행한다. 이와 더불어 뉴딜 이후(1933~)의 경제질서 형성의 순차적 진행에 대한 확인과 평가까지 연결하여 논의한다. 또한 19세기의 장기대침체 기간의 경제사와 병행한 법제도의 에토스에 대한 확인과 평가가 따른다. 이런 역사적 사실의 확인과 법학적 평가는 이미 저자가 『경제 위기 때의 법학』에서 사용한 토대와 같다. 법과 경제질서라는 대주제를 염두에 두면서 연속하여 출간된 연작물이었으나, 한 책씩 나올 때에는 각각 다른 제목을 가진 독립된 책으로 순차적으로 출간되었기 때문에 독자들에게 분리된 한 권의 책으로도 주제를 파악할 수 있도록 배려하였다. 따라서 세 번째인 이번 책에서도 독자의 이해의 편의와 연구의 연속성을 위해서 인류 역사에서 세 번에 걸친 대침체 또는 대공황의 사실과 평가에 대한 기본적 논문들은 다시 수록하였다. 즉 1930년대의 세계 대공황을 취급한 이 책의 2장

"위기 때의 법학: 뉴딜 법학의 회귀가능성-현대법학에 있어서의 공공성의 문제와 세계 대공황 전기의 법 사상"이다. 또한 19세기의 장기대침체 기간부터 다루고 있는 "경제위기와 아노미의 법학"의 논문도 이 책의 3장에서 다시 실었다. 마지막으로 최현대사에서 오늘에 이르는 한국의 문제에 대해서 한국 독자의 역사적 관심은 우선적으로 어디로 향할 것인가? 1997년 11월 시작된 이른바 IMF 외환위기 이후의 기억이 아닐 수 없다. 그렇다면 1997년 11월 이후의 IMF 외환위기에 인과관계를 제공했다고 여겨지는 선행된 시기들이 이 책의 출발이 되는 것이 자연스러울 것이다. 따라서 1989년 동유럽-러시아 혁명 이후 세계체제가 자유화되면서 한국에서 역시 이루어졌던 자유화 과정에 대한 확인과 평가에 대한 장을 이 책의 시작에 다시 수록하였다. 이 책의 제1장 "한국에 있어서의 자유주의와 자유지상주의에 대한 반성"에 해당한다. 별도의 장에서 한국의 수입된 "법치주의에 대한 반성"을 다시 수록하였다. 이유는 『한국법학의 반성』과의 연결고리를 만들기 때문이다.

1. "세계의 경제위기"는 보편적 현상(한국과 신흥국가를 포함하여 선진 산업 및 선진금융국가 모두 해당된다는 의미에서)이므로 2008년 10월 이후, 1929~1930's, 1873~1897, 세 번에 걸친 세계경제 침체와 공황은 문명사의 단락을 만든다고 할 수 있다.

1.1 경제 현상에 대한 세계문명국가의 비상한 관심은 2008년 10월 이후 대공황 때의 교훈에 의한 정부의 적극적 개입으로 일단 1930년대의 파국을 모면하고 회복세가 기대되었다; 그러나 유로존의 국가들의 재정위기는 다시 정부에 의한 경기 부양을 재개하게 하였다. 어떤 경제학자는 2010년 6월 현재 세계경제의 장기전망을 1873~1897년의

장기대침체(The Long Depression)에 흡사한 것으로 예보하였다 (Krugman, 2010)(Roubini, 2010. 10.).[16)

1.2 경제현상에 대한 비상한 관심은 경제학도뿐 아니라 시민들에게 도 공통된다. 실로 최근 경제학의 인접분야 뿐 아니라 거의 모든 사회 과학과 인문과학에서 경제와 경제학에 대한 관심이 전례 없이 수위가 높아졌다. 아마도 이 수위는 이른바 위기의 예측과 경기예측에서 "경 제학의 실패(failure of economics)"라는 것과 같은 느낌을 경험했기 때 문이다(Posner, 2009).

1.3 이른바 정통적인 경제학(Orthodox Economics) 또는 고전경제학 (Classical Economics)의 실족의 자리에, 우선 알아보기 쉽게 심리학적 경제학(예, 행동경제학 Behavioral Economics)이 등단하였다(Eckerloff 등). 그러나 신중하게 경제학의 역사를 검토하면, 케인즈 자신이 그의 이론의 수립에서 심리학적 요인 즉 "인간 행동의 동기"를 강조한 것을 지난 신보수주의시대를 통해서 거의 참조하지 않았다는 것을 겨우 발견 하게 된다(Shira Lewin). 케인즈의 이런 측면은 『경제와 사회(Wirtschaft und Gesellschaft)』를 쓴 웨버에게도 공통되는 것으로, 지난 시절에 경 제학과 사회학이 공유점을 강하게 가졌던 것을 새삼 반성하게 되는 것 이다(이 책 5장 8절).

1.4 이른바 정통적인 경제학(Orthodox Economics) 또는 고전경제학

---

16) 루비니 교수는 "저성장률, 고실업률, 주택가격하락, 은행도산, 재정적자확대, 대중국무역마찰확대 등 굳이 더블딥이라는 단어를 꺼내지 않더라도 미국 경제는 실질적으로 경기침체 국면에 빠진 것이나 마찬가지"라고 진단했다. 그는 "미국 일본은 물론 스페인 아일랜드 그리스 포르투갈 이탈리아 등 유 로존 국가도 성장률이 정체되거나 역성장하고 있다며 사실 이들 국가의 경우 첫 번째 침체(First Dip) 에서도 제대로 벗어나지 못한 상태에서 더블딥 위험을 논하는 게 의미가 없다."고 했다. 매일경제, "선진국·신흥국 동반침체 리커플링 온다", 2010. 10. 11. 월요일 A1면
  * Richard A. Posner, *A Failure of Capitalism*(Cambridge, Harvard Univ., 2009)

(Classical Economics)이 병행하여, 실로 지난 30년간에 걸쳐서 '법의 경제분석(economic analysis of law)'이라는 새로운 분야가 점차로 자라났다 (이 책 6장 3절 1항)(06.3.2).

1.4.1 1990년대는 노벨경제학이 법제도를 대상으로 경제분석을 한 경제학자들에게 돌아가는 것이 현저했다. 대표적인 예로써 노스 (Douglas North)를 들 수 있다. 노스는 법의 경제분석학자들이 미시분석에 열중한 것과 달리 경제사를 통하여 법제도가 경제적 성취와 관계 있는 것을 증명하려 하였다(김철, 『경제 위기 때의 법학』, 06.5.1). 법학자로서 필자의 관심은 경제분석의 방식을 헌법장치에 적용시킨 연구(Boudreax & Prichard, 1993)에서 보는 바대로 입헌주의의 효율적 정당성을 증명하는 경제사(North, 1981)에서의 제도이론(North, 1990) 또한 정부기구 비용의 제한 방식으로서의 입헌주의(Boudreax & Prichard, 1993)(Buchanan, 1991)의 논의이다. 또한 고유의 의미의 국가제도에 있어서의 경제이론과 윤리를 호메로스 때의 공동체에서의 정의의 문제로 경제인류학적으로 탐구한 포즈너의 저작(Posner, 1981; 1983)[17]에서 출발하여 마침내 아메리카 헌법전 모두에 대한 경제적 해석을 시도한 데(Posner, 1987)[18] 주목하였다. 포즈너는 그때까지 다룬 독점금지법, 경제규제법, 법학 방법론을 배경으로 기본법 제도인 헌법 분야에 뛰어 들었다(김철, 2009ㄱ: 267~289). 경제학자들이 국가제도, 법제도뿐 아니라 헌법제도까지 다루게 되고 입헌주의 경제학 (Constitutional Economics)이라는 이름이 생겨났다. 1991년에 부캐넌 (James Buchanan)은 "케인즈 씨의 경과들" II에서 헌법경제학의 이름 아래 정부재정통제를 위한 헌법적 선택에 대해서 출간하였다. 입헌주

---

17) Posner, *The Economics of Justice*(Cambridge: Harvard Univ. Press, 1983)
18) Posner, "The Constitution as an Economic Document", *56 George Washington Law Review*(1987)

의 경제학에 속하는 경제학자들은 공공선택(public choice)이라는 깃발 아래 경제학을 주된 수단으로 법제도에 접근하였다.[19] 사회적 맥락의 1994년은 뉴트 깅리치가 『아메리카와의 계약』을 출간하고 총선에서 승리한 뒤 하원의장으로 선출된 해이다. 깅리치 혁명(1994～1998)으로 불리는 재 보수화 시대로써, 재정정책의 균형과 적자재정의 출구로서 국가기능의 소극주의를 주창하고 결과적으로 골드워터-밀턴 프리드만-레이건의 경제적 보수주의를 아메리카 국가사회에 주된 이데올로기의 깃발로 삼으려 했다(이 책 2장 19절 13항).

1.4.2 70년대 말부터 80년대 90년대에 걸쳐서 아메리카의 법학에 직접적으로 경제 분석을 도입해서 주목을 끈 법학자는 포즈너(Richard Posner)이다. 원래 법학으로 훈련 받았으며, 로스쿨의 교수였다가 연방 항소대법원의 판사로 지금까지 재직하고 있다는 점에서, 1990년대 이후 노벨 경제학상을 받는다든가 한 경제학자와는 그 배경이 다르다(김철, 경제 위기 때의 법학』, 05., 06.). 특히 그의 숱한 경제학적 접근에 의한 법학 업적에도 불구하고 포즈너는 한국인의 상상과는 달리 결코 경제학의 어떤 대학원 이상의 공식적 교육배경도 가지지 않았다. 이 점이 그가 아메리카 경제학의 시대적 편향을 이후에 정리할 수 있었던 이유가 될 수도 있다(이 책 08.4).

1.4.3 확실히 아메리카 로스쿨에서의 법의 경제 분석의 침투적 영향은 경제적 보수주의의 파고가 높은 1990년대와 2000년대에 걸쳐서 두드러졌다. 사회적 맥락도 1999년에 정점을 이룬 자유시장(Free Market) 이념에 의한 규제 해제나 탈규제 성향에서 보는 바대로 이 시

---

19) 일단 90년대의 헌법경제학이나 공공선택이론을 기반으로 한 경제학자들이 80년대 이래 90년대까지도 아메리카 사회의 주된 흐름으로서의 경제적 보수주의(economic conservatism)와 경제적 자유주의의 두 흐름에 어떻게 반응하였는가의 성찰은 앞으로 진행될 것이다.

절의 경제학적 지식이나 경제적 접근은 시장을 염두에 두면서, 혹은 경제원칙이나 경제 자체가 제도와 법에 대해서 선행한다는 당시의 에토스를 진행시켜갔다고 할 수 있을지도 모르겠다. 이런 회의적 관점은 경영학이나 경영학에 영향받은 경제학계에서보다도 오히려 경제현상에 몰두하지 않고 다른 포괄적 시점을 가지는 사회학이나 철학 또는 역사학과 같은 인문학의 입장에서 더 선명하게 관찰하거나 표현했을 수도 있다.

1.5 법과 경제(law and economics)의 연구는 이상에서 본 바대로 신자유주의 또는 신보수주의(neoconservatism)시대(1980's~1990's~2000년대)에 극적으로 증가하였다. 그러나 역사는 지난 30년간에 비로소 시작한 것은 아니다. 경제학자와 법학자가 협력해서 급박한 문제해결을 위해 나선 것은 실로 세계대공황을 계기로 해서이다. 대공황의 예고기간(1920년대) 중 벌써 법학은 법현실주의(legal realism)를 방법론으로, 제도주의(institutionalism)를 중심으로 한 사회학 및 경제학과 소통하였으며, 공황기간 중 국립경제처(National Bureau of Economic Research, NBER)에서 법률가와 경제학자들이 협력하여 일하고 있었다(12장 1절 6항).

1.5.1 "법과 경제운동-진리의 불꽃"에서 보여주듯 법학과 경제학의 교류와 협력은 자연발생적으로 일어났으며, 가장 극적인 해후는 세계대공황(1929~1938?)이라는 전무후무한 대재난 앞에서, "무슨 짓이든 도움이 될 만한 것이라면 무엇이든 해보겠다"라는 막다른 골목에 도달한 지식인들의 비장한 노력에서 성과가 나타난 것을 알 수 있다. 어느 문명이나 형식주의가 가져주는 안정감, 현상유지에 조력하는 안락감을 지식인이 포기하는 것은 극히 예외적이며—그러나 비상한 위기

(crisis)가 비상한 기회(opportunity)가 된 역사적 사례이다(『경제위기 때의 법학』, 08.6.4)(『한국법학의 반성』, 02.6.3).

1.6 한국에서 법과 경제 또는 법 경제학을 전파한 학자들은 대학학부과정에서 법학을 공부하고, 대학원의 박사 과정에서 경제학을 전문분야로 택하여 경제학의 최종학위를 받았으며, 한국 대학에 귀환해서는 법과대학 또는 국제대학원에서 경제학과목을 가르치거나, 상경대학 경제학과 커리큘럼으로서 법경제학을 가르치신 분들이다. 그 밖에 미국에서 경제학 학위를 한 분들 중, 부캐난의 공공선택이론이나 입헌주의경제학에 접한 분들이 국책 연구소 또는 민간연구소에 자리 잡으면서, 각종 정책문제에 대해서, 경제분석에 의한 정책대안에 참여하게 되었다. 분석 방법은 경제학적 접근의 특징이 되는 수량분석 또는 계량적 모델이 법학과 대비할 때 가장 현저하다고 할 수 있다. 다른 반면은 이들의 방식이 경제학의 어떤 시대적 편향을 내재하고 있지 않았느냐고 조심성스럽게 성찰할 수 있다. 지난 시절 경제학의 시대적 편향에 대해서는 이 책 5장 최현대의 경제공법 사상-신 자유주의 시대의 평가와 제2차 세계대전 이후의 시대 정신과 6장 최현대의 경제 공법 사상(2), 8장 법과 평화, 9장 공법에 있어서의 경제적 보수주의와 경제적 자유주의의 순환-경제공법에서의 파라다임의 재성찰, 10장 세계 금융 위기 이후의 경제와 규범, 도덕의 관계—금융 위기에 관련된 법 제도의 도덕성 논의를 위한 시론에서 되풀이해서 논하고 있다.

다른 한편, 비용분석(cost-analysis)같은 것은 실상 포즈너가 고전적인 법이론—특히 공법 또는 헌법 이론에 적용해서, 평이한 문체로 일상화시키기 전까지는, 한국 법학에서는 거의 생소한 접근이었다; 신칸트학파의 방법이원론에서는 법학의 대상으로서 오로지 초점이 되는 것은 규범법칙으로써, 법규범의 준수나 시행에 따르는 비용 같은 것은, -말하자면 당위와 존재의 이원론에 비하면 그저 사실의 문제, 존재의 문제에 속해서 법학의 대상이 되지 않는다는 태도로 일관하였다. 한국 법학의 표준적인 방법론으로서 지난 시절 통용되었던 방법이원론의 현대 법학의 위치에 대해서는 『경제 위기 때의 법학』 제8장 서양법 사상 전통에서의 방법이원론이 법의 현대화 또는 경제위기와 관련해서 어떤 관계가 있는가를 읽어주기 바란다.

1.6.1 경제학이 한국의 근대화 과정이나 산업화 과정에서 경제계획의 주된 참여자로 동원됨으로써, 1960년대 이후 국가정책라인, 정책기획과 국정 보조, 관료기구 내의 정책 수행의 지표를 제공하는 말하자면 정치적 고려나 이념적 적부를 배제하고, 오로지 합리성 여부를 객관적으로 즉 수량적으로 증명할 수 있는 도구적 성격으로 한국 사회에서 존중을 받아왔다. 국가나 정부 차원의 정책의 기획, 입안, 실시에 참여 내지 동원됨으로써, 한국의 경제개발과 급속한 번영에 이바지 하였다; 그러나 경제학도의 숫자가 외국의 최종학위 받을 때까지 장기유학 후 귀환한 사람들이 일본과 대비해서 단순 비교 2배(1998년 외환위기 당시), 인구가 일본이 한국의 2.4배라면 인구 대비 약 4.8배 이상의 경제학전공자를 포용하게 되었다. 그러다가 1997∼1998 한국 역사 초유의 IMF 외환위기를 예측 없이 맞게 되고, 한국의 경제학에 대한 회의와 의구심이 처음으로 일어났다. 그 많은 고도로 훈련 받은 경제학자들이 모두 같은 결함을 가지고 있었다; 즉 현존상태(status quo)를 설명하거나 정당화시키는 역할을 수행해왔으며, 현존 상태를 넘어서 "앞으로 어떻게 될 것인가"를 예측하거나 최소한 "우려의 계몽"이라는 역할조차도 결과적으로 하지 않았다는 것이 드러난 것이다. 이 문제에 대해서 제5장, 제6장, 제8장, 제9장, 제10장에서 반복해서 논하고 있다.

1.7 경제현상은 법 현상보다 더 보편적인 것은 어떤 지역 경제나 국민 경제도 최근 세계경제의 흐름과 바람에서 제외될 수 없는 것은 일상화 되었다. 1980년대부터 시작된 경제학에서의 신보수주의(neoconservatism) 의 물결은 정치적으로 레이거니즘(Reaganism)과 대처주의(Thacherism) 를 배경으로 하고, 1990년대와 2000년대의 세계를 지배했다고 할 수 있다. 밀턴 프리드만의 통화주의(monetarism)는 물론 경제학자로서는 70년대의 시점에서 이유가 있었다; 그러나 프리드만은 경제학자로서 활동한 이상으로 1970년대 말의 가장 극우적으로 여겨지던 배리 골드 워터의 정치활동에 가담했으며, 1980년대의 정치적 운동으로서의 신 보수주의 내지 신자유주의의 이념적 기초를 마련한 것이다(이 책 05.6.2.3). 이후에 세계경제에 주요 활력을 제공한 경제학은 1989년 동 유럽 러시아 혁명으로 사회주의가 해체된 진공상태에서, 자유화된 구 공산지역에 충격요법(shock therapy)으로서의 "시장경제" 정책을 수출하 였다(김철, 『한국 법학의 반성』제4부 제1장 러시아법 강의 요지 참조). 급격한 극단적 시장 위주의 자유주의는 결국 자유지상주의(libertarianism) 의 폐해로써 기왕에 존재했던 사회적 인프라를 거의 붕괴시킬 정도에 까지 진행되었다.[20] 이 과정은 같은 시대의 역사적 현장을 확인한 스 탠포드 법과대학의 법학 교수 로렌스 레식에 의해서 2000년대 초에 증언되었다(이 책 01.5.1, 01.6.2, 05.1.5).

아메리카의 주류경제학으로 확고히 자리 잡은 프리드만 류의 경제

---

20) 물론 여기에 대해서도 "자유시장론자"의 해석이 있을 수 있다. 해체기의 러시아에 자유시장을 수출하 여 실패한 것 자체가 "자유시장론" 자체의 실패는 아니라는 것이다. 즉, 준비가 안 된 상태에서의 실 패일 뿐이라는 것이다. 준비라 함은, 자유 시장의 전제조건으로서의 제도와 법이 갖추어지지 않았다 는 것이다. 자유 시장의 전제조건이 되는 사유재산제도, 계약법 제도가 없는 곳에 자유시장도 성공할 수 없다는 것이다. 이 반론을 서양법 전통의 언어로 번역하면 다음과 같다. 즉, 근대 시민사회의 열매 인 근대법의 제도가 발달하지 못한 곳에 근대법의 다른 쌍생아인 근대시장을 이식하려 했다는 것이 다. 그렇게 본다면 1917년 이후 소비에트 사회주의 법 제도가 1989년 동유럽 러시아 혁명 때까지 약 72년 간 계속된 전혀 다른 법 제도의 현장에 아무런 비교법적인 통찰이나 비교역사학적인 고려 없이 가격 자유화를 근간으로 하는 자유시장을 수출하려 한, 아메리카의 "자유시장론자"들에게도 맹 목적이라는 비난이 돌아가지 않을 수 없다.

학은 1990년대 중반까지는 세계시장을 설명하고 설계하는 프레임이 되었다; 즉 1995년 로버트 루카스(Robert Lucas)는 그의 주류에 속하는 정통(orthodox)적 경제학으로 노벨경제학상을 받았다; 2002~2003년은 이런 "주류 경제학"의 극성기라고 할 수 있는데, 세계의 경제학을 좌우하는 아메리카 경제학회(American Economic Association)의 회장이 된 루카스는 2003년 연초 전미 경제학회 벽두의 연설에서 연설하였다; "거시경제학은 대공황에 대한 지적인 응수로서 1940년대에 뚜렷한 분야로서 태어났다. 거시경제학은 경제적 재난을 방지할 지식과 학문의 체계를 가르치고 있었다. 이 강연에서 나의 주제는 원래의 의미에서의 경제학은 성공하였다는 것이다. 즉 공황과 침체의 예방이라는 중심적 문제는 모든 실제적인 목적에서 해결되었으며, 앞으로 수세기를 통해서 사실상 해결된 것이 될 것이다.", "이제 불황과 공황의 경제학은 끝났다. 우리는 성장의 경제학으로 옮아가야 할 때이다."[21](이 책 08.4, 이 책 10.2.2.3)

2003년의 이런 낙관론은 2007년 세계경제위기 불과 1여년 전에 대서양을 건너서, 영국의 고든 브라운 수상에 의해서 계승되는 힘을 가졌다. "우리에게 불황은 없다. 자본주의의 자연적 주기로서의 장기순환곡선조차도 더 이상 해당되지 않는다."(이 책 05.8)

---

21) 물론 2008년 10월 세계금융위기의 해석 자체에 대해서 상반되는 경제학자의 전망이 있을 수가 있다. 단순화시켜서 표현한다면, 루카스와 같은 시카고 학파의 경제학자들은 2008년 10월 이후의 세계경제의 대침체에 대해서 "아직도 시장이 잘 돌아가고 있고, 성장은 계속되고 있다"라고 금융 위기 이전과 같은 태도를 가지고 있다고 한다. "자유시장의 효율성"을 그대로 신봉하고 있고, 앞으로도 성장을 계속할 것이라는 전망에서 나온 것 같다. 여기에 대한 반론은 2010년 전미경제학회에서 표출된 스티글리츠 교수의 견해이다. "경제위기가 기존 이론의 문제점을 극명하게 드러낸 만큼 보다 설득력 있는 개인과 기업 등 경제주체들의 행동을 가정하고 이에 근거해 새로운 경제이론을 만들어야 한다."라고 했다. 그는 "경제위기가 경제이론에 미친 영향"이라는 기조 연설에서 "경제위기로 경제학의 근본 가정들이 틀렸다는 것이 입증됐다."하고 "합리성의 가정을 충족하지 못하는 한 시장이 효율적이라는 경제학의 기본 명제도 수정되어야 한다."며 "결국 시장은 효율적이지 않다."고 지적했다. 기업가들의 창의적인 혁신에 근거한 경제의 진화를 주장한 슘페터의 경제이론도 비판의 대상이 되었다. "기업가와 경제주체의 독창적인 혁신이 사회적으로 항상 생산적인 결과를 초래하는 것은 아니다."며 예를 들면 "금융위기를 야기한 것은 금융기업가의 독창적인 혁신이 사회적으로 비생산성을 높였기 때문"이라고 주장했다(매일경제, 2010. 1. 4. 월요일 A7 보도).

1.8 2008년 세계경제위기 이전까지, 대부분의 주류경제학자들은 이 낙관론에 따라서 시장중심의 분석에 열중하고, 이미 경제사 분야에서 수십 년을 한 단위로 축적되고 있었던 장기적, 역사적 지표는 외면하였다. 이 책의 각 장에서 역사적 지표의 외면은 되풀이해서 지적된다. 예를 들면 이 책 09.1.4 「표류하는 지식의 객관성과 시대정신의 변질」에서 나타난다.

### 1.8.1 경제의 흐름과 병행한 법학의 변화: 역사적 시점

2008년 세계 금융위기는 법학의 세계에 그때까지의 편향을 각성시키는 계기가 되었다. 어떤 편향을 각성하게 되고, 어떤 방향을 모색하게 되었는가의 모든 논의는 이 책의 모든 장에 걸쳐서 논의되고 있다. 많은 논의 중에서 대표적으로 인용할 수 있는 객관적 기준의 하나는 1930년대의 세계 대공황의 경험이 경제학과 법학에 각인된 아메리카의 공법제도사이다. 공법의 역사에서 이미 공인된 경제적 보수주의 대 경제적 자유주의의 주기적 순환[22]이 1980년대의 레이거노믹스 이후 경제학과 법학에서 잊혀져 온 것을 이 책은 지적한다(이 책 09.). 저자는 역사적 사례를 들어 신자유주의 이후 제2차 세계대전 종전 이후에 문명국의 기본법 제도의 기초가 된 자유주의의 의미가 왜곡되어 왔다는 것을 지적한다.[23] 그러나 이미 인류의 산업사회사가 경험한 세 번의 대침체기 내지 공황은 경제사의 파국이 있을 때마다 법제도의 역사와 상호적인 영향을 주고 받았다는 것을 전문 법학자들은 분야의 벽에 가려서 망각해왔다.[24] 즉, 법제도는 경제사의 굴절에 원인이 되기도

---

22) 김철, "공법에 있어서의 경제적 보수주의와 경제적 자유주의의 순환: 경제공법에 있어서의 패러다임의 재성찰", 한국사회이론학회, 『사회이론』 통권 제37호 2010년 봄/여름호(2010. 5. 31.)
23) "자유화와 민주화 이후 한국 법학이 자유주의의 세계적 조류로 합류하려는 노력은, 법의 경제분석이라는 새로운 도구를 쓰게 되나, 자유지상주의와 신자유주의라는 반시대정신(Anti-Zeitgeist)를 만나게 된다."(김철, 2009ㄴ : 8)

하고, 또한 순환적으로 영향을 받기도 했다.

세계적으로 대부분의 명망가 법학자들은 약간의 예외를 제외하고 – 예외적 존재는 후술한다. – 호황 중에 경제학자들과 비슷한 낙관적 분위기에 젖어 있은 듯했다 – 왜냐하면 호황은 너무나 절정기여서, 호황이 가져오는 법률 시장의 번성은 더욱 확연했기 때문이다. 분과법의 예를 든다면, 경제질서에 관련된 법학들과 파산법 분야가 예외를 만들고 있었다. 파산법제도와 파산법정은 1930년대 대공황 때 뉴딜 입법의 잔존물로서 지금까지 존재해왔다. 마찬가지로 아메리카에 있어서의 공정거래법의 시초는 대공황전기부터 시작한 제도주의자들의 노력에 힘입은 바가 클 것이다(이 책 02.16). 법률학자인 Berle의 계산에 의하면 1932년까지 65%의 아메리카 산업이 600개 회사에 의해 지배되고, 약 6,000명이 이들 회사의 이사로서 미국의 경제생활을 실질적으로 통제하였다. 비상근 이사를 제외하면 약 2,000명이 산업계를 통제하고 있었다. 비율이 계속 높아진다면 70%의 모든 기업활동은 200개의 회사에 의한 것이 될 것이다(1950)(이 책 02.16).

브랜다이스 판사는 이미 1915년에 시곗바늘을 거꾸로 돌리려고 악전고투하였다. 펠릭스 프랑크퍼터 교수는 아직도 이런 추세는 영속하지 못한다고 믿는 경향이 있었다. 일찍이 시민혁명 이전에 봉건제도가 사회를 지배하였던 것처럼 현대에서는 소수의 산업 귀족이 지배하는 회사체제가 진행되고 있었다(Schlesinger. JR, 1957: 190~191)(이 책 02.16).

아메리카에 있어서의 파산법제도는 독립혁명 이후부터 문제되기 시작한 시민의 과다한 부채와 실패한 기업에게 회생의 기회를 주기 위한

---

24) 김 철, "법과 경제의 상호교호관계 – 장기대침체시대(the Long Depression, 1873~1897)의 경제와 법", 한국사회이론학회, 『사회이론』 2010년 11월, 김철, "근대 이후의 자유주의의 변용(1)-경제공법질서의 전개과정–", 『세계헌법연구』(2010. 6. 30.), 김철, "근대 이후의 자유주의의 변용과 경제공법질서의 전개과정(2)", 『세계헌법연구』(2010. 6. 30.)

수세기에 걸친 노력의 결정물로써 주권재민의 자유주의 제도가 줄 수 있는 경제적 자유주의(economic liberalism)의 표현이다. (David A. Skeel, JR., 2001). 로마-시민법 체계인 전통 대륙법 문화에서는 고대 로마법의 강한 영향으로 채무자와 채권자의 관계는 윤리적인 것이고, 어떤 상황에서도 사적 자치가 준수되어야 한다는 고대법의 법언의 영향으로 파산법 제도가 지체되었다(이 책 02.19). 전미경제학회장 루카스가 "이제 불황과 공황의 경제학은 끝났다."라고 호언한 2003년에 파산법 교수인 엘리자베스 워렌은 그의 사회경제학적 통계가 기초가 된 저서에서 아메리카의 중산층이 붕괴되고 있다고 보고하였다(이 책 10.2.2.3). 아메리카 사법제도에서 파산법정이나 이를 전담하는 파산관계 법률가는 역사적으로 법조계의 주역(major-role)이라 할 수 없고, 로스쿨의 학과목에서도 사적 자치의 계약 제도를 취급하는 계약법 (Contract) 또는 상사법에 비교해서 선택과목이며, 오로지 파산법을 다루는 법률가를 지망하는 것은 월가의 기업재무 법률가보다 소수에 속한다고 한다. 그러나 이 분야에서 정직한 "중산층의 붕괴" 현상을 직시한 보고가 나온 것이다.

2008년 세계 경제위기는 학문의 세계에 그때까지의 편향을 각성시키는 계기가 되었다. 객관적 기준은 1930년대의 세계 대공황의 경험이 경제학과 법학에 각인된 아메리카의 공법제도사이다. 공법의 역사에서 이미 공인된 경제적 보수주의 대 경제적 자유주의의 주기적 순환이 1980년대의 레이거노믹스 이후 경제학과 법학에서 잊혀 온 것을 이 책은 지적한다(이 책 09). 저자는 역사적 사례를 들어 신자유주의 이후 세계 제2차 대전 종전 이후에 문명국의 기본법 제도의 기본이 된 자유주의의 의미가 왜곡되어 왔다는 것을 지적한다.

동유럽 러시아 혁명(1989) 이후 세계질서에 가장 큰 영향을 미친 세계금융위기(2008)는 학문의 패러다임을 교정하는 계기가 될 수 있을 것이다. 경제현상과 성과를 보던 경제학자들이 규범과 제도에 집중하게 되고, 실정법 해석에 집착해왔던 법학자들이 법의 도덕성의 문제로 수렴하였다(이 책 10.). 이 책은 금융위기가 제공한 "신의 실험장"에 등장한 새로운 패러다임의 가능성을 다룬다.

2. 이 책이 다루는 주요 주제(main theme)의 전제 중 하나는 경제와 법은 서로 영향을 미친다는 것이다. 엄격히 말하면 법사와 경제의 상호 교호 작용(Interaction of Law & Economics)이다. 어떻게 서로 영향을 미치는가는 책 전부에 걸친 논의이다. 예를 들면, 이 책의 주제에 대한 중요한 학자 중의 한 사람인 크루그먼은 변화의 흐름이 경제에서 정치로 흐른다는 통념을 부정하고, 제도, 규범 및 정치환경이 경제로 흘러, 경제적 불평등을 가져온다고 한다(이 책 02.20.3.1). 저자는 문화적 사회적 아노미가 경제적 아노미를 가져오거나 연결되었다고 한다(김철, 아노미, 2008). 잠재적으로 크루그먼은 1920년대의 소득불평등과 21세기(7~8년간)의 소득불평등이 비슷하다고 해서, 1929년의 대공황과 2008년의 세계 금융위기 이전 10년의 소득 불평등을 강조했다. 따라서 2008년의 금융위기를 예언했고 적중하였다(이 책 02.20.5.1). 저자는 아노미 연구에서 1920년대의 아노미와 2008년 9월 이전 10년의 아노미를 강조하면서, 소극적으로 유추할 수 있다고 했다(이 책 02.20.5. 2). 크루그먼(Krugman)은 불평등의 경제학(Krugman, 2007, 022)에서 제도와 규범 그리고 정치적 환경이 소득 분배에 미치는 영향이 경제적 입문에서 배운 것보다 중요하고, 객관적인 시장의 힘은 그렇게 중요한 역할을 하지 않는다는 것이다. 그렇다면 법 제도와 규범이 소득 분배에 있어서 경제 원리보다 중요하다고 한다(이 책 02.20.1). 이 모든 종합 명제가 이 책의 13장에 걸쳐서 역사와 제도, 그리고 사회과학과 철학적 방법에 의해서 검토될 것이다.

## 서장 3. 학문 영역에서의 분류

이 책의 주제와 소재(material) 그리고 연구방법론에서의 분류는 다음과 같다. 그러나 이 분류법은 본격적인 세계의 비교법학에서의 분류법을 예시한 것이다. 한국의 독자를 감안 했으나 한국의 전형적인 강단법학의 과목분류라는 차이가 있을 수도 있다.

### 1. 주제에 의한 분류

1.1 법학 일반>공법(public law)>경제공법(economic public law) 즉 경제헌법(economic constitutional law): Louis Brandeis(02.16), Felix Frankfurter(02.16) 분야와 경제행정법(economic administrative law) 분야를 포함한다: Richard Stewart(02.8) A.A. Berle Jr.(02.9) Schwarz(02.9), Felix Frankfurter, (02.16), Louis Brandeis(02.16), James M. Landis & Benjamin V. Cohen(07.2.3), Cass Sunstein(01), Lawrence Lessig(01)

1.2 경제공법질서와 제도에 대한 사상과 철학을 다룬다는 점에서 법철학과 법사상사를 포함한다. Roscoe Pound(02.7.1), Harold Berman (04.2, 04.6, 04.8, 04.8-각주, 06.1.0-각주, 09.4-각주, 10.1.1-각주, 10.2.2.3-각주, 10.2.6, 11.2.7-각주, 11.2.7.1-각주), Ronald Dworkin(10), Cass Sunstein(01), Lon Fuller(10), A. Smith, J. S. Mill, Herbert Spencer(13.3.5.4), J. Dewey & William James, Rawls, Sandal, E. Bodenheimer, R. Rorty, Dworkin, Richard Hofstadter(13.3.5.4), Lester Ward(13.3.5.4), William Graham Sumner(13.3.5.4, 1840~1910)

1.2.1 현대 법학에서 법에 대한 경제분석은 넓은 의미의 법철학과

법리학(Jurisprudence)에서 다루고, 법리학은 현대 법과 대학원에서는 법철학의 동의어로 쓰인다는 의미에서, 법리학을 포함한다. Richard Posner(05.8, 06.3.1, 06.3.2, 06.3.3, 06.3.4, 06.3.5, 06.3.6, 06.3.7, 06.3.8, 06.3.9, 06.3.10, 06.3.11, 06.3.12, 06.3.13, (07.6.2, 07.6.2.1, 07.6.2.2, 07.6.2.3, 07.6.2.4, 08.4)

**1.3** 그러나 위의 주제들을 단편적이 아니고, 법제도의 장기간에 걸친 흐름에서 다룬다는 점에서 가장 중요한 것은 경제공법질서와 제도에 대한 역사를 다룬다는 점이다. McClosky(13.3.5.3), Roscoe Pound(02.7.1), Harold Berman(04.2, 04.6, 04.8, 04.8-각주, 06.1.0-각주, 09.4-각주, 10.1.1-각주, 10.2.2.3-각주, 10.2.6, 11.2.7-각주, 11.2.7.1-각주), Henry Maine Sumner(01.1-각주), James B. Ames(02.7.1), Paul Arnold(02.17.1), George E, Mowry(02.17.1), Arthur S. Link(02.17.1) Gabriel Kolko(02.17.1), Jerome Hall(06.1.3.2), David Kennedy(07.1.1, 1999), Thomas Green(07.2.3, 1979)

**1.3.1** 법학 일반>경제공법>경제공법의 역사를 포함한다.

**1.3.2** 법학 일반>경제공법>경제규제법의 역사를 포함한다.

**1.3.3** 법학 일반>경제공법>금융 및 은행법의 역사를 포함한다.

**1.3.4** 법학 일반>경제공법>경제법의 역사를 포함한다.

**1.3.5** 법학 일반>파산법의 역사를 일부 포함한다.

Elizabeth Warren(02.3.4.1.5)

## 2. 방법론(methodology)에 의한 분류

**2.1** 역사적 접근의 방법을 쓰고 있다.

Henry Maine Sumner(01.1-각주), James B. Ames(02.7.1), Paul

Arnold(02.17.1), George E, Mowry(02.17.1), Arthur S. Link(02.17.1) Gabriel Kolko(02.17.1), Jerome Hall(06.1.3.2), David Kennedy(07.1.1, 1999), Thomas Green(07.2.3, 1979), Roscoe Pound(02.7.1), Harold Berman(04.2, 04.6, 04.6-각주, 04.8, 04.8-각주, 05.8-각주, 06.1.0-각주, 09.4-각주, 10.1.1-각주, 10.2.6, 11.2.7-각주, 11.2.7.1-각주), Arthur M. Schlesinger Jr.(02.16), David A. Skeel Jr.(02.19.2), Robert G. McClosky(13.), Sir David Lindsay Keir(13.)

**2.2** 법사상사와 법철학적 방법을 쓰고 있다. Roscoe Pound(02.7.1), Harold Berman(04.2, 04.6, 04.6-각주, 04.8, 04.8-각주, 09.4-각주, 10.1.1-각주, 10.2.6, 11.2.7-각주, 11.2.7.1-각주), Ronald Dworkin(01., 10.), Bertland Russell(12., 13.), Lon Fuller(13.), Cass Sunstein(01., 10.2.9), Martha Nussbaum(10.)

**2.3** 법과 경제(Law & Economics), 또는 법의 경제분석(economic analysis of law)의 방법을 쓰고 있다. -Richard Posner(05.8, 06.3.1, 06.3.2, 06.3.3, 06.3.4, 06.3.5, 06.3.6, 06.3.7, 06.3.8, 06.3.9, 06.3.10, 06.3.11, 06.3.12, 06.3.13, (07.6.2, 07.6.2.1, 07.6.2.2, 07.6.2.3, 07.6.2.4, 08.4)

**2.4** 법사회학적 방법(Sociological approach)을 쓰고 있다. 역사사회학적 방법-Max Weber
Emil Durkeim(03.), Robert Merton(02.14, 03.), Herman Manheim (02.14, 03.) Oliver Wendel Holmes(02.7.1), Henry N. Pontell and Kitty Calavita(07.6.3-각주, 1993)

**2.5** 법심리학적 방법(Psychological approach to law)을 쓰고 있다. Kass Sunstein(05.2.4.1, 06.2.3, 10.2.7), Cialdini, Cachioppo, Basset & Miller(04.2, 1978), Harold Lasswell(03.5.2.4), Shira B. Lewin(05.8, 1996), 유기천(03.5.2.4-각주)

## 3. 학제적 연구 방법에 따른 분류

**3.1** 법학과 경제학을 교차해서 다루고 있다. J. M. Keynes, P. Krugman, J. Stiglitz(02.16), Alfred Marshall(02.12, 13.), Milton Friedman(02.1.3), William Foster(02.16), John A. Hobson(02.16), Foster 와 Eccle(02.16), Patten & Commons(02.16), Joseph Schumpeter(05.7.7, 1942), Oliver Williamson(12.2.5)

**3.1.1** 법학과 경제사를 교차해서 다루고 있다. Claudia Golding & Robert Margo(1992)(02.3.4.1.2), Freeman(02.8), Thomas Piketty & Emanuel Saez(02.20.5.3), Bradford DeLong(05.5.4)

**3.2** 법학과 사회학을 교차해서 다루고 있다. Max Weber(02.21), Emil Durkeim(03.), Robert Merton(03.), Herman Manheim(03), Thorstein Vebren(02.12, 02.16), 김광기(02.4.1, 2007), 이황직(04.5, 2007)

**3.3** 법학과 심리학적 연구의 인용; Kass Sunstein(05.2.4.1, 06.2.3, 10.2.7), Cialdini, Cachioppo, Basset & Miller(04.2, 1978), Harold Lasswell(03.5.2.4), Shira B. Lewin(05.8, 1996), 유기천(03.5.2.4-각주)

**3.4** 법학과 철학. A. Smith, J. S. Mill, Herbert Spencer(13.3.5.4), J.

Dewey & William James, Rawls, Sandal, E. Bodenheimer, R. Rorty, Dworkin, Richard Hofstadter(13.3.5.4), Lester Ward(13.3.5.4), William Graham Sumner(13.3.5.4, 1840〜1910)

**3.5** 법학과 역사학. Harold Berman, Moshe Lewin(02.1.1), Niall Ferguson(02.1.2), Edmund Burke(02.3.1), Friedrich von Savigny(02.3.1), David Dennedy(07.1.1, 1999), 이광린(04.2, 1974), 이정희(04.5, 1986), Eugen Rosenstock Hussey(04.2, 1938)

**3.6** 법학과 문학. Albert Camut(02.4.1.2), John Steinbeck(02.19.1), Guy De Maupassant(03.2.2.0), F. Scott Fitzerald(03.2.2.1), 이광수(04.5)

# ■ 목 차

**제7장** **최현대의 경제 공법사** ■ 300

# 제1장

## 한국에 있어서의 자유주의와
## 자유지상주의에 대한 반성

―자유라는 이름으로 행해지는 불공정행위의 배경과 역사

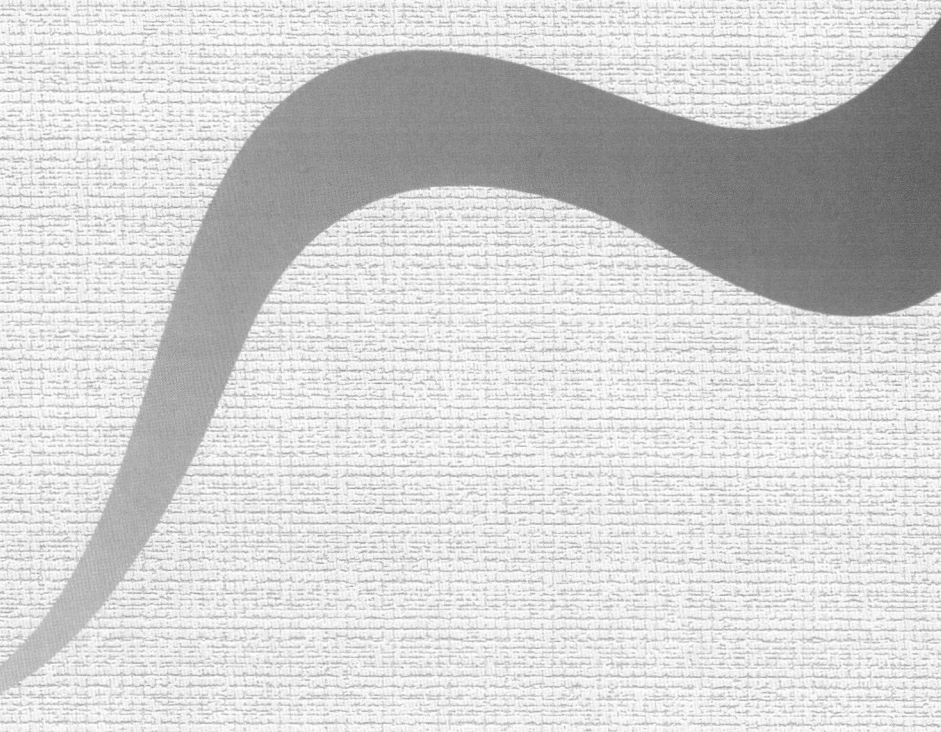

**Cass R. Sunstein(1954~, 시카고 로스쿨 및 하버드 로스쿨 교수)**

카스 선스타인의 명제: 고전적 자유주의(classical liberalism), 자유지상주의
(Libertarianism)는 맹점을 가지고 있다.

  증거1. 사람들은 경제학적 게임에서 합리적으로 행동하지 않는다. 자신의 이
        익과 게임과 관계된 상대방에게 '가장 이익이 되도록' 행동할 것 같
        고, 경제원칙에 따라 행동할 것 같으나, 실제로는 그렇지 않다. 경제학
        적 예측의 실패

  증거2. 사회심리학자 씨알디니의 실험결과(Cialdini, Cacioppo, Bassett, &
        Miller, 1978: 463) 사람들의 행동에는 그 개인뿐 아니라 다른 사람의 규
        범적 행동이 영향을 미친다.


**Lawrence Lessig(1961~, 스탠포드 및 하버드 로스쿨 교수)**

"특히 어떤 사람들의 미사여구들은 이런 반발을 상당히 뒷받침했다. 자유지상주의
라는 미사여구. 시장이 지배하게 하고 정부의 간섭을 배제하라. 그러면, 반드시 자
유와 번영이 성숙할 것이다. 모든 것들은 스스로 해결될 것이다. 국가의 지나친 규
제는 필요 없고, 들어설 여지도 없다. 그러나 모든 것이 스스로 해결되지 않았고,
시장이 번창하지도 않았다. 정부는 불구가 되었으며, 불구가 된 정부는 자유에 대한
만병통치약이 아니었다."

레식은 해체기의 러시아 소비에트 법제도를 관찰하고 사이버 공간의 법제도 연
구를 통해서 자유지상주의(Libertarianism)의 위험성을 증언했다.

이 글은 1989년 동유럽 러시아혁명을 계기로 전개된 세계체계에 나타난 자유화의 경과를 컨텍스트로 하면서 거의 동시에 시작된 한국의 자유화를 관찰·분석·비판한 것이다. 보다 넓은 역사적 컨텍스트는 자유주의 자체의 역사로서, 1688년 명예혁명으로부터 시작되는 근대의 자유주의와 1차 대전 전후에 나타난 자유주의의 현대적 변용 그리고 2차 대전의 종전과 함께 다시 부활한 개인주의적 자유주의의 헌법전통을 배경으로 한다. 세기말의 자유주의에 대한 법철학적 성찰과 함께 개체의 자유로운 선택이라는 종전의 공리에 대해서 이의를 제기한 사회심리학자들의 성과도 제시한다. 글의 법학적 의도는 자유라는 이름으로 행해지는 불공평·불공정행위의 배경과 구조를 이해함으로써 자유주의의 한계를 극복하려는 데 있다.

- "한국에 있어서의 자유주의와 자유지상주의에 대한 반성", 한국사회이론학회, 『사회이론』 2006년 가을/겨울 통권 제30호, 『경제 위기 때의 법학』(서울: 한국학술정보(주), 2009ㄱ)에 게재

최현대의 세계의 자유주의와 한국의 자유주의

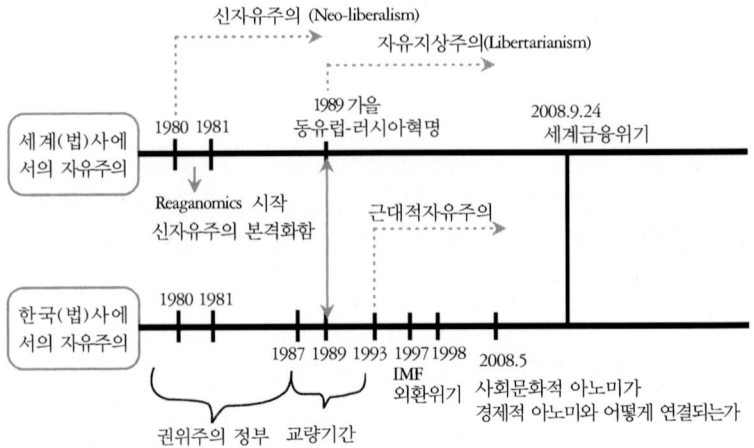

## 자유주의의 전개과정

(1) 세계사의 맥락

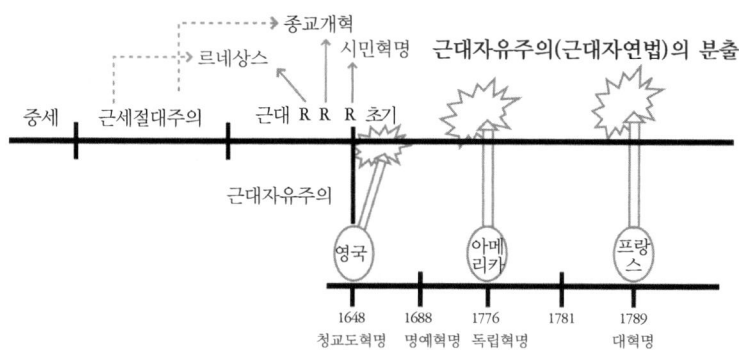

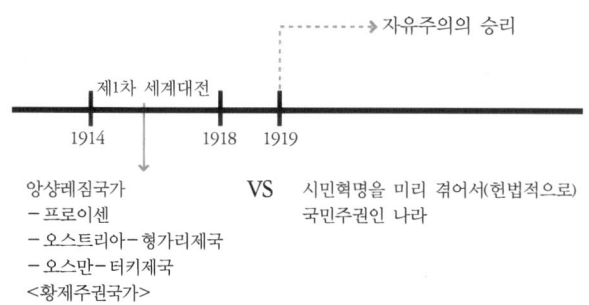

앙샹레짐국가
- 프로이센
- 오스트리아-헝가리제국
- 오스만-터키제국
<황제주권국가>

**VS**

시민혁명을 미리 겪어서(헌법적으로)
국민주권인 나라

**세계 1차대전의 세계적 의의**
→ 서유럽대륙에서 앙샹레짐 국가의 대명사이던 프로이센과 오스트리아-헝가리제국의
1789년 이후 프랑스혁명을 저지해왔던 절대주의 군주권 또는 제한적 군주권이 붕괴됨

(2) 한국의 맥락

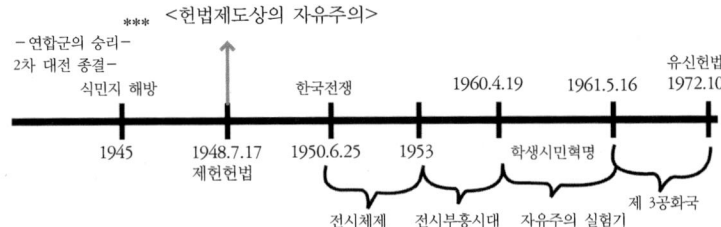

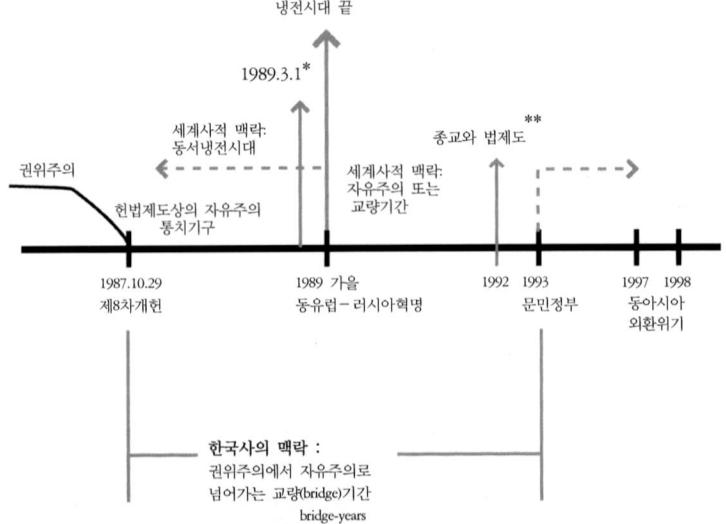

\* 『러시아-소비에트법연구-비교법문화』- 러시아법 역사에 있어서의 자유주의, 김철.
\*\* 권위주의에서 자유주의로 넘어가는 교량기간(동유럽 혁명, 한국에서 1980년대 후반에서 1990년대 초까지의 기간)에 종교와 법제도가 서로 어떤 작용을 통해서 새로운 법제도를 만드는가의 역사적 의문에 답하기 위해서 서양법제도의 역사에 대한 Harold Berman의 업적을 한국에 처음으로 소개한 것이다.

# 0. 들어가는 말: 자유의 법철학적 의미

　자유의 의미는 근세 절대주의 시대와 근대 시민 국가 시대, 현대 복지 국가 시대에 따라 의미가 조금씩 달라진다. 시민혁명 시대의 자유의 의미는 그 이전 시대의 특징이었던 압제, 전제(despotism), 자의(恣意, capriciousness)에서부터의 해방에 있었다. 인간의 사회생활에서 부정당한 권력의 횡포, 억압적인 지배로부터 벗어나고 싶은 욕구는 역사를 통해 관류하는 것이라고 할 수 있다. 시민혁명 시대를 전후해서 인류가 만든 입헌주의(constitutionalism)라는 보편적 장치는 자의(capricious)적인 권력을 견제하는 데 목적이 있었다. 권력을 가지지 못한 다수인들에게 자유란 기본적 권리를 존중받는 것을 통해 이루어질 수 있는 것이어서 기본적 권리의 존중은 자유주의가 근대에 성취한 제도적 성공이라고 할 수 있다. 그러나 이 제도적 성공은 주로 시민의 정치적 생활 영역에서의 외형적이고 공식적인 제도로 볼 수 있는 점도 있다.

　근대 시민사회를 형성시킨 자유의 에너지는 산업화, 도시화를 거치면서 현대에 이르러서, 다른 모습을 띠지 않을 수 없게 되었다. 자유는 공평(fairness)이나 올바름(justice)에 의해서 모습이 달라지지 않을 수 없게 되며, 계약 자유원칙은 계약 공정원칙으로 이동한다. 보다 더 공동체나 사회의 가치에 노출되게 된다. 상린(相隣)권, 환경권에 기인한 문제들이 나타난다.

　전체주의와의 전쟁을 거친 2차 대전 이후 문명세계에 있어서의 자유주의는 또 다른 의미를 띠게 된다. 국가주의, 집단주의, 전체주의 체제에서 생명과 생존을 부인당한 소수민족과 한계인들은 대규모 전쟁과 갈등의 와중에서 언제든지 안전과 생존을 부인당할 위기에 처하였다. 따라서 국가공동체를 비롯한 어떤 집단들도 그것의 최종적이고 궁극적인 존립목적을 사람의 생명권과 존엄권에 둔다는 신앙 고백의 계기가 되었다. 반전체주의적 성격으로서의 자유주의는 이제 시민혁명기의 의미를 넘어서 어떤 제도의 목적도 구성원, 어떤 국가의 존립근거도 개개인의 가치와 동의에 두는 데까지 진행되었다. 인간의 존엄과 가치의 원천으로서 '자유로운 인간'의 자유라는 가치는 사회존립의 기반을 개인에게 두는 것으로 천명되었다. 그러나 국가 생활, 사회생활이 신앙고백의 천명으로 일관하는 것은 아니다. 이상형으로서의 자유주의는, 한편에서는 그 명목성에 의해서, 무정부주의로 가는 도정에 이르고, 다른 한편에서는 인간의 숙명인 특수 이해관계, 집단주의, 유사가족주의에 의해 유명무실해져 가는 길을 걷고 있었다. 이윽고 21세기의 벽두에 무정부상태에 가까운 방위 벽을 뚫은 호전적 테러에 의하여 그 근본에서부터 흔들리게 되었다.

고전적 자유주의는 인간의 이성, 합리적인 행동, 자유로운 결정에 대한 어느 정도 낙관주의에 기반을 두고 있었다. 대규모 전쟁, 대규모 살상, 부조리한 집단적 비극과 참상을 겪은 인류는 이제, 인간의 위기에 앞서서 자유로운 결정을 내리는 능력에 대해 회의하게 되고, 다른 접근을 하게 된다. 인간의 자유는 상황적(situational)으로 규정된다는 관찰은, 사회 심리학자에 의해 계속 보고되고 있다.

자유는 어떤 관점에서는 명목적이 되고, 구실과 핑계가 될 수 있다. 자유라는 이름(in the name of freedom) 아래 행해지는 모든 불공평·불공정한 집단적 행위를 직시하고 직면하는 것이 21세기의 과제라고 보인다.


## 1. 자유화 시절 한국 자유주의의 반성적 고찰

문민정부 이후의 한국의 법과 사회를 고찰한다. 1993년에 성립된 '문민정부'는 '민주화·자유화'를 그 주된 구호로 내세운 점이 가장 큰 특징이었다. 이때의 '민주화·자유화'는 시장경제를 그 동반자로 하고 진행되었다. 우선 민주화는 종전의 권위주의적 지배(authoritarian rule)를 바꾸어서 다수의 지배(majority rule)로 이행하는 듯 보였다. 오랜 권위주의시대[1]의 특징이었던 억압적[2]인 국가기구 - 대통령, 행정각부, 그 밖에 중앙정보부 또는 검찰·경찰의 기구들 - 의 행태에서 그렇게 이야기할 수 있다.

'문민정부'는 말하자면 반권위주의(anti - authoritarianism)의 정치문화와 법문화(legal culture)를 표방할 수밖에 없었고, 이것은 자유주의(liberalism: '국민의 자유와 권리'를 우선으로 한다는 근대 입헌주의의 오래된 특징)를 국정 전반과 법문화에 실천하는 것으로 생각되었다. 행정법질서에 있어서 이것은 오랜 권위주의적 지배의 특징이라고 생각되었던 사회경제생활에 대한 각종 규제를 철폐하는 것으로 기대되었다. 시장경제론은 이 시대에 몇 가지 특징을 가지고 있었다. 여러 종류의 시장경제론이 있을 수 있다. 즉, 고전적 의미에서는 절대주의 시대에 대한 도전과 반동으로서의 자유방임(laissez faire) 시장경제 - 이것은 아담 스미스(Adam Smith) 시대의 새로운 희망이었으며, 그 시대적 의의가 있었다. 산업화, 도시화, 사회 문제화 이후, 자유방임의 부작용을 통절히 맛본 1920년대 말부터 1930년대를 관통하는 대공황과 케인즈 경제학 시대의 시장경제론도 있을 수 있다. 왜냐하면, 뉴딜(New Deal) 시대 이후 케인즈 경제학이 정부행동에 영향을 미치던 어떤 서양 세계의 국가도 시장경제론이었기 때문이다.

---

1) 5·16 군사혁명 이후 문민정부 수립 때까지의 1961〜1993을 들기로 하고, 어떤 경우는 1961〜1989이라고도 한다. 왜냐하면 1989년 전후는 노동운동에 대한 억압을 풀고, 노동운동의 제도적 보장을 행한 계기이기 때문이다.
2) 국민의 자유와 권리를 표제로 하는 헌법 제3장에서의 기본적 인권 전부를 국가의 존립 목표로 하지 않았다는 점에서, 특히 유신 헌법이 성립한 1972년 기점으로 80년대까지의 기조가 억압적(oppressive)인 정부의 시대라고 할 만하다.

각종 '자유화' 조치가 경제생활에 행해졌다. 이때의 '자유화 조치' 특징에 대해서는 전반적으로 논의되기는 힘들다. 그러나 이 시대의 자유화 조치 내지 자율화 시책의 배경이 되는 사고(way of thinking)는 일단 계약 당사자의 의사를 우선으로 하는 근대 시민법 질서 초기의 계약 자유, 법률행위 자유 또는 의사주의라고 일단 관찰할 만하다.[3] 즉, 시민의 자유 영역을 넓히지 않을 수 없는 상황에서, 종래 국가기관 또는 정부의 제3자적 규제가 가해졌던 영역, 대표적으로는 금융기관의 대출과 관련된 각종 규제, 외환거래나 외환관리에 관련된 각종 규제 등에서, 선진국의 제도와 그 운용을 모델로 차츰 탈규제해 나가고 금융기관과 그 거래 당사자의 계약 위주로 '자율화·자유화'하는 방향이었다고 선의로 해석할 수 있다. 또한 이 시대의 '자유화'는 기업 주체들의 요구와 관련되는데, 대체로 대기업을 대표로 하는 기업군들은 정부의 각종 규제에서 벗어나 '기업의 자유'를 구가하는 분위기로 진행되었다.[4]

경제법 관계에서의 이러한 '문민정부'의 '자유주의' 내지 '사법적(私法的) 계약자유주의'[5]는 다른 법제도 영역에서도 병행되는 점을 찾을

---

3) 근대의 법학적 표현은 시민혁명에 의해서, 자유롭고 평등한 지위를 획득한 시민은 의사능력, 권리능력, 행위능력을 가지는 한, 사기나 강박에 의하지 않고, 그의 자유롭고 합리적인 선택과 결단에 의하여, 계약을 통하여, 자신의 권리와 의무를 형성해 나갈 수 있다는 것이다. 프랑스 혁명의 결과인 나폴레옹 민법전(1804)은 일단 오랜 중세의 신분세계에 종지부를 찍고, '신분에서 계약으로(from status to contract)'라는 근대 세계의 구성원리를 문자화한 것이다. 계약 자유의 원칙이란 중세의 신분질서와 절대주의의 예속을 부인하고, 시민의 자유로운 의사에 의한 합의, 법률행위를 선언한 것으로, 근대 시민 사회가 이로써 비로소 형성되기 시작한 것이다.

4) "아메리카 법사에서 자유방임의 최전성기는 19세기였다. 관행적으로 또는 의도적으로 정부는 경제에는 손을 대지 않았다고 간주되었다. 그러나 깊이 파들어 가면 사정은 그리 단순하지 않다. 19세기 전반부에 걸쳐 민간과 정부는 다 같이 기업과 생산 그리고 성장을 강력하게 지지한 것이 진실이다. 역사의 이 시절에 윌라드 허스트(Willard Hurst)의 지적대로 모든 정책은 창조적 에너지의 방출을 목적으로 하고, 창조적 에너지란 경제와 관련된 에너지와 기업 활동의 에너지를 의미했다. 정부는 선거권자가 원하는 것, 즉 경제가 성장하는 것을 위해서 할 수 있는 것을 행하였다. 따라서 간여나 보조금이 필요한 경우 주저하지 않았다."(흔히 추상적으로 관념하는 자유방임 경제의 철칙으로서의 정부의 불관여 원칙과는 실제는 거리가 있다) "자유방임의 최전성기라고 불리는 19세기에조차도, 실상은 윌리엄 노박(William Novack)이 주장한 대로, 19세기 미국인들은, 정부는 모든 국민과 공동체의 복지를 증대시켜야 할 적극적인 의무를 가지고 있다고 믿었다." 직접 인용은 Lawrence Freedman, 안경환 옮김, 『미국 법사』(서울, 청림출판, 2006 근간).

수 있다. 즉, 법 관계 중 교육법 관계에 나타난 예이다. 이 시대의 교육제도 운용은, 역시 권위주의를 대치할 수 있는 '자유주의적 교육관'이라고 할 수 있다. 즉, 어떤 수준의 교육도 그 목적에 있어서 개별 인격의 가치, 존엄성이라야 한다(헌법 10조, 인간의 존엄과 가치 행복 추구권). 1930년대 후반부터 나타나고 1940년대에 급성장하여 마침내 제2차 대전의 도발자가 된 전체주의·집단주의적 가치와 삶의 양식이, 기이하게도 한국에 있어서 전례 없이 오랜(1961~1993) 권위주의 시대에, 권위주의적 정부가 지시하는 교육 행정 체계(교육 자치제의 실질적 부인)뿐 아니라 목적 가치(국민교육헌장)에까지 침투되었다. 세계 대전 이후 서방 세계의 가치와 법의 공통적 요소였던, 개인의 인격 가치의 형성, 유지, 발전을 목적으로 하는 자유주의를 회복하는 것이 긴요하였다. 자유주의란 교육의 당사자(학생)의 인격 형성, 유지, 발전을 위한 자기 선택권을 기초로 하는 것이어야 한다. 어떤 수준의 학교도 학생들의 자율선택권을 보장하는 것이어야 한다. 대체로 이런 출발에서 정부는 각급 학교를 개혁하려 하였다(초등학교와 대학에서의 학생 자신의 자율선택권을 위주로 한 개혁). 이러한 '자유주의의 회복' 또는 권위주의적 교육관에 대비되는 '자유주의 교육철학' 자체는 1945년 이후 세계사의 주된 흐름에 비추어 볼 때, 당연한 복귀라고 할 수 있다.

1989년 동유럽 러시아혁명 이후에 세계 도처에서 나타난 새로운 시장경제는6) 시간과 장소에 따라서 다른 역할을 담당하였다. 때로는 동

---

5) 사법적 계약 자유주의에 대해서 더 상세한 예가 필요하다. 이 시기에는 시민 상호간의 사법적 관계, 즉 자유로운 합의가 필요할 뿐, 여기에는 국가적 요소나 공동체적 요소 또는 여기에서 유래하는 일절의 간섭주의(interventionism)는 지난 시대의 권위주의적 발상으로 여겨졌다.

6) 자유를 위협하는 요소에 대해서는 레식의 다음의 요약이 가장 최근의 것으로 보인다.
자유를 위협하는 요소는 변화한다. 19세기 말 영국에서는 사회규범이 문제시되었지만, 20세기 초반의 20년간 미국에서는 국가의 언론에 대한 탄압이 심각한 문제였다. 노동운동은 시장기구가 때로는 자유를 위협할 수 있다는 전제에 근거하고 있었다. 왜냐하면 저임금뿐만 아니라 시장의 조직형태 그 자체가 어떤 종류의 자유를 불가능하게 하기 때문이다. 어느 시기, 어떤 사회에서는 시장이 자유의 적이 아니라 자유의 비결일 수도 있다. ⋯⋯그러나 레식은 사이버공간의 법적 문제에 대한 역저에서 다음과 같이 요약한다. 만일 19세기 중반에 자유를 위협했던 것이 사회규범이었고, 20세기 초반에는 국가

부 유럽 – 체코, 폴란드의 지역에서 – 의 '해방자'와 동반한 모습으로, 때로는 러시아의 마피아(Mafia) 경제 예에서 볼 수 있듯이 지하 경제를 거느린 존재로, 때로는 독점적 기업이나 집단주의의 모습으로 나타나기도 하였다. 이 시기의 한국 교육에 있어서 자유주의/시장경제 커플 중 누가 더 강력한 반려(伴侶)였는가는 관찰자에 따라 다르다. 예를 들면,

"이른바 자유화와 민주화 전후에 걸쳐서 정치적 영역을 제외하면 시장경제의 시장 역할에 대해서 관심이 높아졌다. 많은 경우에 종전의 통제와 계획이 물러간 공백 부분을 시장이 대신해 줄 것으로 정부나 시민들이 기대하였다. 사회 민주화 중에 우리 사회에 있어서 어떤 핵심이 될 만한 분야로서 교육기관 및 교육의 문제를 들 수 있다. 민주화 이후 오로지 민주화가 시장화를 의미하는 것으로 정책수립가나 대중계몽가나 상당한 숫자의 지식인들도 착각하였다. 또한 시장이라는 마법적인 언어에 현혹되어 근대 이후 또는 현대 입헌 민주주의의 당연한 개념요소인 '법의 지배'를 망각하였다. 많은 착각의 시초는 근대 경제학의 전제로서의 시장의 존재이다. 즉, 수요와 공급이 만나는 자유로운 시장인 왜곡되지 않는 시장을 전제한다. 한국에 있어서의 어떤 경제학도나 어떤 경제분석의 유행아들은 한국의 시장구조를 북아메리카나 혹은 이에 준하는 시장구조와 혼동하였다. 즉, 한국의 사회구조를 그들이 청년의 이상주의 시기에 관찰하였던 선진 제국의 사회구조와 혼동하였다. 구체적인 예를 든다면 한국의 사회구조 중 특별히 시장구조는 어떤 품목에 있어서도 적정한 경쟁 상태에 있지 않았다. 즉, 오랜 권위주의적 통치를 거친 1980년대 후반과 1990년대 초반의 한국

---

권력, 그리고 20세기 중반의 대부분 기간에는 시장이 자유를 위협했다고 하면, 20세기 말부터 21세기에 이르는 시기에 우리가 주목해야 할 것은 또 다른 규제자, 즉 코드라는 사실을 파악해야 한다는 것이 나의 주장이다(레식, 김정오 옮김, 1999: 198~200; 김철, 2002c: 284~285).

경제의 구조는 그 사회구조와 마찬가지로 독점구조와 과점구조가 두
드러지는 특징을 가지고 있었다. 훨씬 이후에 나타난 증세이기는 하나
이미 이 시기에 전염된 전염병으로서, 선재하는 사회구조와 시장구조
의 정직한 인식과 현황 파악을 뛰어넘어서 자유화 · 민주화의 정치적
열풍을 타고 사회 부문의 기초적 · 공공 관련적 부분을 오로지 시장경
제에 맡기고자 한 정책적 고려는 설혹 그것이 진지하다 할지라도 파괴
적인 효과를 가져올 수 있었다."(김철, 2002b: 67~68)

피상적으로 시장 논리의 이 시절의 전개는 상업주의(commercialism)
의 침투적 영향이라는 식으로 볼 수도 있다. '교육의 자율성'이라는 시
대의 명제는 역시 교육의 자유 계약주의를 강조하는 사법적 측면을 겨
냥하고 있었다고 할 수 있다. 즉, 교육기구 또는 학교와 학생 또는 학
부형 간의 관계를 오로지 계약 자유에 의한 당사자의 의사 합치만 요
구하는 것으로만 파악한 경향은 앞서 말했다시피 법 생활의 전반적 분
위기와 무관하지 않았다.7) 요약한다면, 당사자의 임의에 의한 사법(私
法)적 관계를 강조하면서, 이것을 '자율' 또는 '자유'로 파악했다고 할
수 있다.8) 문민정부의 '자유화', '자율화'는 시장경제를 키워드로 하고
진행되었는데, 이 시장경제의 흐름과 파국 및 불과 3, 4년 뒤 경제 주
권의 국제기구(IMF)에 의한 접수라는 건국 이후의 최대 사건에 대해서
정치적 민주화와 자유화를 열망했던 사람들은 예측하지 못했다(김철,
2002a: 372)고 할 수 있다.

---

7) 이런 사법적 관계의 강조는 공교육의 공법적 특징을 연화시키는 경과를 이후에도 계속 보여 준다. 시
   민문화에 있어서도 사교육의 엄청난 수요와 공급은 사법적 계약 자유주의의 범람과 관계있다. 이른바
   사교육 시대가 계약 자유의 당사자주의를 깃발로 삼고 등장한 것이다.
8) 인류의 법 생활에 대한 제도사적인 거시 관찰로는 섬너(Henry Maine Summer)의 고대법(The Ancient
   Law)을 들 수 있다. 형식법의 제도적 관찰이 아니라 법사회학의 실질적 관찰에 의하면, 한국의 문민정
   부는 오랜 권위주의 시대의 부자유를 지나서 이제 '신분에서 계약'으로의 대전환을 성취하여 계약자유
   시대로 환호하여 진입했다고 볼 수 있는 국면이 있다. 그러나 세계법제사의 냉정한 눈으로 볼 때는 세
   계 경제의 환경은 후기 산업시대이며 계약 공정의 원칙(fairness)이 강조되는 현대법의 시대에 한국은
   근대법의 초기자유주의를 탐닉하고, 이것을 자율 또는 자유로 파악했다고 할 수 있다.

세계적인 환경은 1989년 동유럽 러시아혁명에 의해서, 동독은 와해되고, 체코, 폴란드 등 선진 공업국가는 자유화되었으며 가장 후진 공산국가이었던 루마니아까지 민중봉기로 체아우세스쿠(Ceausesku)가 총살되었다(김철, 1994a: 1384). 소비에트 러시아는 1917년 헌법 이후 72년 만에 해체되어서, 연방을 구성하는 각 공화국(예: 우즈베키스탄공화국, 카자흐스탄공화국 등)으로 분해되었다.

해체(dissolution)는 거대한 '짜 맞춘 덩치'가 부품으로 조각나는 것을 뜻하는데, 1945년 이차 대전 이후에 세계 지도를 두 부분으로 나누었던 이러한 제국 해체의 에너지는 무엇이었을까? 일단 '자유' 또는 '자유화'라고 할 만하다(김철, 1992: 37~76).

즉, 1989년을 분수령으로 해서 세계체제(world system) 전반에 자유, 자유화의 에너지가 작용하였다. 한국도 이러한 세계체제 변동의 큰 맥락(context) 안에서 움직여 왔다. 대체로 한국의 1987~1994년이 중동부 유럽사의 대전환기에 해당된다.[9]

문제는 이 시기에 지구촌을 휩쓴 해체의 에너지로서의 자유(liberty)라는 정열(passion)이, 그 이후 '자유화'된 각 나라에서 어떤 경위와 진행의 효과(process & effect of development of liberty)를 보였는가의 문제이다. 우리의 관심은 물론 그 최종 목표가 문민정부 이후 한국의 자유화의 추세와 방향인 것은 말할 필요도 없다.[10]

---

9) 반성하건대, 한국의 민주화운동, 자유화운동의 역사적 파악이 이와 같이 세계사적 맥락에서 행해지지 않고, 인물 중심 한국사(김영삼, 김대중 기타)로 오인된 것은 한국이나 동아시아 문화를 포함한 고대(古代)문화 특징의 하나인 영웅주의, 영웅 중심적 사고방식에서 나온 것이라 할 수 있다. 참조, 김철, "법철학에서 본 한국 고대 문화의 원형(Archetype)", 『법철학 강의』(서울, 숙명여대, 2001).

10) 13년의 시간적 경과 이후에 객관적으로 이 시절의 '자유화'를 평가하기는 아직 이르다 할 수 있다. 그러나 어째서 1987~1994에 연소되기 시작한 한국의 민주화·자유화가 불과 3~4년 뒤인 1998년에, 한국 산업화가 시작된 1962년 제2차 경제개발 5개년계획 이후 최대의 위기를 맞게 되었는가는 직접적으로 평가하기보다, 이 기간 중 세계 도처 — 특히 새롭게 자유화된 지역 — 에서 일어난 사건을 유추(analogy)해서 간접적으로 평가할 수 있다.

## 1.1. 문민정부 시대의 자유와 자유화의 문제

우선 그 시기에 유행한 '자유화'의 특징을 나열해 본다. 첫째, 헌법재판소조차 한국의 저널리즘과 지식인들이 흔히 범하는 실수에서부터 벗어나지 못했다. 한국의 정책입안자, 언론, 통속적 지식인들의 공통된 특징은 정신적 자유의 문제와 경제적 자유의 문제를 구별하지 않았다는 점이다.

'문민정부' 시대는 말하자면 1961~1979, 1980~1993년까지 계속된 권위주의적 정부의 '억압적' 통치(Regierung)에 대한 반작용(react'ion)의 때였다고 할 수 있다. 한국의 역사에서 권위주의에 대한 반작용시대 ─ 1960년 4월 19일부터 1961년 5월 16일까지 ─ 가 그러하여 왔듯이 주로 시민적 · 정치적 자유와 관계된 헌법상 문제(헌법 21조 1항 언론 · 출판의 자유, 집회 · 결사의 자유→합쳐서 표현의 자유 Freedom of Expression)에 열중하였다. 시민적 · 정치적 자유(Civil & Political Liberty)가 초점이 되었으며, 새로운 지식인들이 이에 가담하였다.

세계사의 입장에서 본다면 이러한 '표현의 자유'의 폭발적 증가의 대표적인 예는 서양 근대의 시민혁명 기간에 나타난 것이다.[11] 예를 들면, 청교도 혁명기간의 밀턴, 아메리카 독립 혁명기의 인쇄술과 신문의 보급, 프랑스 혁명기의 팸플릿의 보급과 같은 것이다. 그리고 그 '표현의 자유'들은 지난 시대의 억압적 통치 기구나 통치 작용에 향해져 있었다.

큰 나라 위주의 세계사가 아니라 동유럽 약소국가의 역사(박영신, 2000a: 19~76)에서 본다면, '표현의 자유'의 해빙작용은 가깝게는 1989년 이후의 베를린장벽 붕괴에 이은 동유럽의 권위주의적 공산당 지배체제가 무너질 때에 나타났다.

---

11) 그러나 이 연대는 1649년 전후에서 1791년에 이르는 시기이다.

자유주의는 사회사상과 정치사상에서 다룰 때는 애매성과 모호성을 가지는 데 비해서, 서양 공법사에서는 뚜렷한 두 가지 흐름이 있다. 헌법학 교과서 용어로 자유권적 기본권의 부분이 근대 자유주의의 주요 성과를 제도화한 것인데,[12] 점차 시민사회가 전개되면서 자유권적 기본권의 중심에 '표현의 자유'의 문제가 놓였다. 물론, 종교와 양심의 자유는 종교개혁 시대로 소급하여 오랜 연혁을 가지고 있었는데, 동아시아 사회와는 달리 국교의 문제, 신교(信敎) 자유의 문제는 서양 근대사에서 유럽의 근대국가(종교 개혁 이후의 서유럽)와 북아메리카 식민지의 지도를 결정할 만큼 영향을 미쳤다. 양심-종교의 자유의 연장선상에 선 표현 자유의 문제는 프랑스혁명 전야의 사회상을 관찰한다면[13] 알 수 있다.

동아시아 국가의 사람들은 왜 표현의 자유가 근대 시민국가의 자유권 중에서 가장 중요한 자리를 차지하는가를 잘 이해할 수 없었다. 그들은 시민의 자발성이나 그것이 극대화된 시민혁명을 경험하지 않고 근대인이 되었기에,[14] 서양인들이 역사적으로 체험한 양심-종교-언론·출판-집회·결사의 자유를 자신들의 실존적 경험으로 만들 수는 없었다. 즉, 서양 근대시민국가가 정신적 자유권을 실행하고 확보함으로써 탄생하고 성장하였다는 것을 체험할 수가 없었다. 어쨌든 민주화의 긴 도정에서 1960년대의 한국의 자유화 시기에(박영신, 2000b: 183~203) 그리고 권위주의적 통치에서 벗어나는 길고 험난한 과정에서(김철, 2002a: 362~363), 근대가 훨씬 지난 현대의 1990년대까지 한국인들도 양심-종교-언론·출판-집회·결사에 있어서 자유권

---

12) 우리 헌법 제2장 국민의 권리와 의무 제12조(신체의 자유), 제14조(거주·이전의 자유), 제15조(직업선택의 자유), 제16조(주거의 자유), 제17조(privacy), 제18조(통신의 자유), 제21조(언론·출판·집회·결사의 자유), 제22조(학문·예술의 자유).
13) 1770년대부터 각종 팸플릿, 모든 종류의 출판물이 급증하였다. 프랑스의 구 지배계급에 맞서서 제3계급이 싸울 수 있는 힘은 시에예스(Sieyes)의 출판물 "제3계급이란 무엇인가?"에서 각성되었다고 한다. 시에예스. E. J., 박인수 해제, 『제3신분이란 무엇인가』(서울: 책세상, 2003)
14) 1891년 메이지헌법, 1894년 갑오경장, 1911년 신해혁명.

을 실행, 확보하려고 노력함으로써 서양 근대의 자유주의적 역사의 전개를 다시 한 번 20세기에서 실행하려고 하였다. 왜 서양 근대의 자유주의라고 하는가? 한국의 문민정부가 수립된 것은 1993년 20세기의 거의 끝 무렵이 아닌가? 20세기가 21세기로 넘어가는 시점의 한국이 1688년의 명예혁명과 1867년의 개혁입법에서 가장 전형적인 모습을 나타낸 '고전적 자유주의(Classical Liberalism)'를 재현하였다는 것은 무리가 아닌가? 청교도혁명의 경위와 결과를 가능케 한 영국의 고전적 자유주의의 어떤 요소가 1993년에 시작된 문민정부의 요소와 닮았다는 것인가? 영국에 있어서의 고전적 자유주의는 종교적 자유와 관용,[15] 입헌주의에의 충성, 그리고 정치적 자유[16]를 핵심요소로 한다(Smith, 1980: 278).

그 밖에 영국 근대의 고전적 자유주의와 1993년 이후의 문민정부의 자유화 공통점은 무엇인가? 첫째, 근대자유주의의 성격은 기본적으로 '~로부터의 자유'라는 의미에서, 네거티브한, 즉 빼기 하는 자유주의였다. 정부로부터의, 특히 청교도혁명과 명예혁명에서 보인 것처럼 국왕으로부터의 자유라는 특징을 보였다(Smith, 앞의 글, 281). 한국의 1990년대 자유화와 자유주의의 특징은 오랜 권위주의시기에 국민과 국민의 그룹을 억압하여 왔던 권위주의정권 또는 정부에서의 자유를 우선한 것이다(김철, 2006). 이 자유와 자유주의의 성격 역시 네거티브한 것, 즉 지난날의 권위주의 유산을 부인한다는 뜻에서 부정적(否定的)인 함의가 컸다.

둘째, 영국 근대의 고전적 자유주의 특징은 경제적 목적보다 정치적 목적이 강하다는 것이다. 예를 들면 자유주의적 입헌주의, 법의 지배,

---

15) 한국 헌법상의 종교의 자유, 양심의 자유에 해당.
16) 한국 헌법상의 시민적 자유를 넓게 형성하는 헌법전 2장 국민의 권리와 의무에서 수익권 또는 사회권을 제외한, 이른바 자유권적 기본권 중에서 재산권의 자유를 제외한 부분을 의미한다. 헌법학상의 '표현의 자유'를 구성하는 정신적 자유도 집회·결사의 자유로 귀결되는 한, 고전적 의미에서는 시민적, 정치적 자유의 범주에 들어갈 수밖에 없다.

권력분립, 그리고 반대의 자유 같은 것은 경제적 권리보다 정치적 권리의 범주이다(Smith, 1980: 278). 한국에서의 문민정부의 자유화와 자유주의를 요약하면 근대적 의미의 헌법 요소로 위의 영국고전자유주의에서 나타난 입헌주의, 법의 지배, 권력분립과 함께 1688년의 종교적 관용 1689년의 프레스(press)의 자유를 실현시킨 것이라고 할 수 있다. 순수한 고전적 · 정치적 자유주의의 역사에서 본다면, 이런 시민적 자유의 특징은 1776년의 아메리카 독립선언의 요소적인 특징에 비견된다. 한국의 1990년대를 17세기와 18세기의 고전적 자유주의 요소의 잣대로 재는 것이 불공평하게 느껴진다면 현대자유주의(modern democracy)의 특징(Smith, 1980: 280)으로 가늠해 보기로 한다. 19세기와 20세기에 고전적 자유주의는 진취적으로 수정되었다. 후기자유주의는 초기의 고전적 모습의 네거티브 방식에서 전향하게 된다. 자유의 '회피적' 측면에서 적극적 측면을 강조하게 된다. 자유의 적극적 측면은 '~로부터의 자유'로부터 '~를 형성시키는 자유'를 뜻한다. 이런 전회는 초기자유주의의 어느 정도 성공 위에서 이루어졌다고 평가된다(Smith, 1980: 280). 그러나 초기자유주의의 성공은 가장 우선적으로는 귀족의 후예(즉, 토지귀족)와 신흥계급에게 그들이 원하는 권리의 보따리를 안겨 주었고, 왕의 특권 폐지와 정부정책에서의 해방은 농민과 근로자에게는 충분한 권리를 안겨 주지 않았다(Smith, 1980: 280). 따라서 하층계층의 자유를 위해서 국가의 보다 적극적인 행위가 필요해진 것은 초기자유주의와 후기자유주의의 너무나 대조적인 차이이다.

이런 19세기와 20세기의 현대 자유주의의 개념적 요소와 역사를 한국의 자유화와 자유주의가 한창 이른 문민정부 시대의 법과 정책에 대조해 보자. 자유주의의 후기 특징인 자유주의의 적극적 · 형성적 작용을 당시 문민정부가 이해하거나 실행한 흔적은 별로 없어 보인다.[17)]

---

17) 오히려 특히 경제정책에 있어서, 자유화에 의해서 소외된 계층을 위한 정책보다는 기업과 기업에 준

도시화, 산업화, 세계화는 현대에 있어서의 자유주의를 또한 수정하였다. 초기자유주의는 한국에서도 잘 알려져 있듯이, 개인주의적 인간관과 사회관을 전제로 했다. 고전자유주의는 개인을 싸고 있는 조직의 힘, 공동체(community)의 규정력을 최소로 파악하였다. 서서히 시장의

하는 경제력을 가진 계층의 경제적 자유에 대해서 자유방임으로 일관하였다. 그 영향은 1998년 한국이 IMF 관리체제에 들어갔을 때 드러난 금융기관의 BIS 비율의 문제에서 나타난다. 즉, 부실대기업에 대한 거대한 대출과 부실여신의 결과로 한국의 금융기관이 전반적으로 BIS 비율에 미달하는 사태가 나타났다. 정부가 거액의 지원금을 들여 국제적 수준의 지불준비금을 맞추지 않을 수 없는 사태는 짧게는 자유화 정책이 시작된 90년대까지 소급할 수 있고 최소한 그 기간 중에 정부가 적절한 형성적 작용을 하지 않았다는 이야기가 된다. 은행의 BIS 부족을 야기한 대출자들은 이후의 증거에 의하면 자유주의 시기의 소외된 계층이 아니었다. 그렇다면 적어도 민주화 이후의 정부의 자유방임적 경제정책이 BIS 부족을 야기했다고 할 수 있다.

'대출금 12월31일 하루만 갚자' 은행·기업 '눈가림작전' 논란 [조인스] (1999.12.03)

대기업 부채비율 200% 준수시한과 금융기관의 국제결제은행(BIS) 자기자본비율 산정을 앞두고 은행, 기업들이 물밑작전을 펼치고 있다. 은행, 기업들은 결산일인 12월 31일 하루만 대출금을 줄여 놓은 뒤, 내년 초 곧바로 다시 대출을 일으키면 자금사정의 변화 없이 각각 사활이 걸린 BIS 부채비율을 개선할 수 있다는 '이해'가 맞아 올 연말에는 그 규모가 엄청날 것으로 예상된다. 이에 따라 올 연말의 부채비율과 BIS 비율 계산에 대한 '눈가림' 논란도 일 수 있을 것으로 보인다. 3일 금융계에 따르면 은행들은 BIS 비율 산정 시 위험가중도가 높은(100%) 기업여신을 줄이기 위해 만기 내에선 언제든 상환할 수 있는 회전대출과 당좌대출에 대해 결산일 하루만이라도 갚으라고 요청하고 있다. 시중은행 관계자는 "주로 거액을 쓰는 기업들에 자금상황이 허용되는 범위에서 연말에만 꺼 달라고 협조요청을 했다"며 "대출금 중 10% 정도는 상환될 상황으로 본다"고 말했다. 또 은행, 투신사 등에서 매입하는 기업어음(CP)도 만기가 연말을 넘기는 것은 거의 없는 상태다. 30대 그룹 계열사 재무담당 임원은 "CP는 만기를 12월 말로 정하고 내년 1월 4일 재기표하기로 합의했다"고 밝혔다. 이 임원은 "과거에도 결산 직전에는 빚을 일시적으로 줄였으나 내년부터는 부채비율이 여신확보와 신용평가의 관건이 되기 때문에 올 연말엔 하루, 이틀 결제자금만 남기고서라도 부채를 최대한 상환할 계획"이라고 말했다. 이에 따라 올 연말에 일시적으로 줄어드는 은행 대출금의 규모는 CP 등을 합해 10조 원을 넘을 수 있을 것이라고 금융계 관계자는 예상했다. 금융계에서는 이러한 편법을 막기 위해선 금융기관, 기업 결산 때의 대출금을 월말 잔액 대신 월중 평균잔액으로 바꿔야 한다는 의견도 있으나 평잔 계산에는 시간이 오래 걸리는 문제가 있다는 지적이다.

**Gov't to Support Banks With 2 Trillion Won [IHT] (1998.12.04)**

The government intends to supply 2 trillion won to commercial banks by buying bonds which the banks will issue within this month. The measure is to improve the financial state of commercial banks which can then raise their BIS(Bank for International Settlement) capital adequacy ratio. To do so, the government will initially buy a total of 500 billion won worth of bonds which five banks including Kookmin, Shinhan, Hana, Hanmi and the Korea Housing Bank will issue by as much 100 billion won in bonds respectively and 300 billion won worth of bonds by the Korea Exchange Bank. Additionally, the government will buy bonds from the banks which attained good results lending to small and medium size companies. A source at the Ministry of Finance and Economy said, 'The government used 21 trillion won in public funds in order to raise the BIS capital adequacy ratio of commercial banks to more than 10% as of September. But additional public money will be needed, because the financial criteria for banks will be fortified next year by the BIS.'

힘에 있어서의 불평등은 현대기업과 산업기술의 성장과 함께, 한 사람의 경제적 자유는 다른 사람의 억압으로 통하는 것을 증명하였다 (Smith, 1980: 281). 이때 자유주의자는 두 갈래로 나누어졌다. 한 그룹은 어쨌든 구제와 교정이 이루어져야 한다고 한다. 다른 그룹은 여전히 불관여주의(non - interventionism)라 자유기업(Free trade)이라는 도그마에 집착하였다. 전자는 존 스튜어트 밀(J. S. Mill)이며 후자는 허버트 스펜스(Herbert Spencer)이다. 한국의 1990년 이후의 자유주의는 어떤 갈래가 있을까?

## 1.2. 서양 법학사에 있어서의 자유의 두 갈래 – 정신적 자유와 재산권의 문제

서양 공법사에 있어서, 자유의 또 다른 갈래는 헌법학적 용어로는 재산권의 자유(한국 헌법 제23조)에 관한 것이다. 재산권은 1770년대 버지니아 헌법에서는 당시 가장 근본적인 것으로 선언되었던 생명, 신체의 자유 그리고 행복추구권과 함께 천부인권(天賦人權)으로 생각되었다. 근대의 기간을 통해 재산권의 자유는 변용을 거듭하고, 1차 대전 전후에는 정신적 자유권과 구별하기에 이르렀다, 1917년 러시아혁명과 1919년 1차 대전의 책임에 관한 베르사유 조약과 바이마르 헌법이 성립한 이후를, 법학에 있어서는 현대라고 부르는데, 이 시기에 있어서는 재산권은 이미 다른 근대적 자유권과는 성질이 다른 것으로 사회적으로나 경제적으로 알려지게 되었다. 즉, 현대라는 맥락에서의 재산권의 자유는 전혀 다른 길을 가게 된다.[18] 재산권의 자유는 미시적

---

18) 헌법재판소 1993. 7. 29. 92헌바20 전원재판부.
   우리 헌법상의 재산권에 관한 규정은 다른 기본권규정과는 달리 그 내용과 한계가 법률에 의해 구체적으로 형성되는 기본권으로, 형성적 법률유보(法律留保)의 형태를 띠고 있으므로, 재산권의 구체적 모습은 재산권의 내용과 한계를 정하는 법률에 의하여 형성되고, 그 법률은 재산권을 제한한다는 의미가 아니라 재산권을 형성한다는 의미를 갖는다.

으로는 한 개인의 재산권행사를 중심으로 보는 것이고, 이렇게 보는 것이 민법상의 재산권이다. 그러나 거시적으로 보면 중세 사회의 구조가, 큰 토지 재산의 소유관계의 수직적 편성이었다는 것을 떠올리게 된다.

중세의 종속적인 인간관계는 지주 또는 영주와 부자유 농민 또는 소작인과의 관계와 대토지소유자와 그로부터 봉토를 받은 중소토지소유자 간의 관계로 이루어지는데, 그 독점적 재산권의 행사와 관계된다. 따라서 근대에서 천부 인권으로까지 높여진 개인 소유권을 중심으로 한 재산권의 자유가, 산업혁명과 도시화와 비인간화를 거치면서, 또다시 중세 사회처럼 종속적인 인간관계를 생산하는 방식으로 행사되는 것이 현대법의 세계에서는 규제의 대상이 된 것이다.[19]

현대 한국의 자유화 과정 가운데 근대 공법사와 현대 공법사에서 문제되었던 '자유주의의 두 갈래' 문제가 다시 나타났다. 정치인, 언론인, 지식인 및 학생층은 우선 정치적인 민주화를 요구했고, 이것은 '표현의 자유'를 구가함으로써 행동으로 나타났다. 1970년대부터 1980년대의 언론, 집회 및 시위, 1987년대의 6월 항쟁, 여러 지식인의 성명, 그들은 여러 억압적 통치의 문제를 제기했는데, 대체로 헌법 제12조의 신체의 자유부터 헌법 제21조에 관련하는 많은 사례들이 나타났다. 고문의 문제부터 부당한 압수, 수색의 사례가 가장 두드러졌다.

자유화 과정에서는 서양 근세 법제사에서 나타난 '부당한 공권력으로부터의 자유'가 우선적이었다. 서양 근대시민국가의 이전에 존재했던 절대주의, 앙시앵 레짐의 국가권력, 2차 대전 이후 성립한 신생국가에서는 네포티즘을 기반으로 한 권위주의 국가 권력, 그리고 동유럽

---

19) 현대법의 세계에서 봉건시대 세습영주의 권리를 정당화하는, 거대한 재산의 상속과 증여를, 인간의 자연적 자유로 보지는 않는다.

과 소비에트를 축으로 한 전체주의적 사회주의 국가의 권력이 자유의 적으로 인식되었다. 같은 맥락에서 자유화 · 민주화 이전의 한국에서는 권위주의적 정부의 공권력이 민주화와 자유화의 우선적 표적이 되었다.[20]

이념형으로서의 근대적 자유주의는 이 시절 한국에서도 우선적으로 평가되었다. 초기 자유화 시절의 집회 · 시위의 자유를 포함하는 표현 자유의 비중이나 역할에 대해서는 말할 것도 없다. 각종 검열제도, 사전 허가제도를 비롯한, 공식적 · 비공식적 억압 장치의 제거는 이 시대의 과제였다고 할 수 있다.

서양 법학사의 큰 교훈은, 제대로 형성된 시민민주주의 국가라면[21] '기본적 인권존중과 자유주의'라는 근대 이후의 큰 성과 위에 서는 것이다. 그러나 기본권 존중에도 우선순위가 있으며, 정신적 자유권 우선의 원칙이 그것이다.

그런데 돌이켜 생각할 때 한국의 자유화 과정에서 자유의 요구는 정신적 자유권과 경제적 자유권 또는 재산권의 자유와 구별 없이 주장되었다. 1990년대의 한국은 그 역사적 전개과정에서 서양 근대의 자유주의와 함께 서양 현대의 법 원리(재산권의 상대화)를 동시에 수용하지 않으면 안 되었다. 그런데 기이하게도 두 갈래의 자유주의가 구별되지 않고 뒤섞여서 함께 '자유'로 불리고, 행사되게 되었다.[22]

---

20) 5공화국을 뒤흔든 사건으로는 '권인숙양 성 고문 사건'을 들 수 있다. 판례참조. 이 사건 변호인 중 조영래는 이 시기에 나타난 선도적인 인권 변호사였다. 참조 안경환, 『조영래 평전, 세상을 바꾼 아름다운 열정』(서울, (주)도서출판 강, 2006.1).

21) 시민혁명에 의해서 근대 시민국가를 형성시킨 나라(영국, USA, 프랑스)와 그렇지 않고 위로부터의 국가건설(Bismark헌법의 프로이센)이나 패전 후 다른 자유주의국가에 의한 재교육으로 복귀한 경우(2차 대전 이후의 Bonn기본법)로 반드시 구별해야 한다.

22) 예를 들면, 계약 공정의 원칙이라는 현대법의 원리가 다시 근대의 계약자유의 원칙으로 회귀한 듯한 판례가 나타났다. 이자제한법에 관한 헌법판례(헌법재판소 2001. 01. 18. 00헌바7).
   가. 이자제한법 중 개정법률(1965. 9. 24. 법률 제1710호) 및 이자제한법폐지법률(1998. 1. 13. 법률 제5507호)은, 사인 간의 계약내용에 국가가 관여하여 그 효력을 부인하는 것을 내용으로 하는 이자제한법(1962. 1. 15. 법률 제971호)을 완화하거나 폐지함으로써, 국민의 사적 자치권 또는 계약의 자유에 대한 제한을 경감하거나 제거하였다고 할 것이지, 이로써 오히려 국민의 기본권을 제한

## 1.3. 자유지상주의의 문제

한국에서의 자유화 과정이 로렌스 레식(Lawrence Ressig)이 지적한 대로 러시아가 1989년 이후에 경험한 '자유화'의 과정과 비교할 만한 점이 있는지는 신중한 검토를 요한다. 확실히 러시아의 자유화는 정신적 자유권의 문제와 경제적 자유권의 문제가 전도된, 즉 경제적 자유가 정신적 자유권을 우월하게 압도한 사례라고 할 만한 점이 있다.[23] 자유지상주의(Libertarianism)는 번역어인데 전체주의를 Total - i - tareanism 라고 쓰는 데 비해 Liber(ty) - tareanism이라고 대비시켜서, 한쪽이 전체 (Total - ity) 지상주의라면, 그 반대쪽 끝의 스펙트럼이라고 할 만하다.

로렌스 레식의 비교법적 증언을 들어보기로 하자(Lessig 김정오 옮김, 2002: 31~33; 김철, 2002c: 275~277).

10년 전인 1989년 봄, 유럽의 공산주의는 마치 지지대가 뽑힌 텐트처럼 무너졌다. 전쟁이나 혁명이 공산주의를 몰락시킨 것이 아니었다. 지쳐 쓰러진 것이다. 중·동부 유럽에 새로운 정치체제, 새로운 정치사회가 탄생하였다.

나와 같은 헌법학자들에게 이 사건은 충격적이었다. 1989년에 로스

---

하는 것이라고 할 수 없다.

나. 입법자가 사인 간의 약정이자를 제한함으로써 경제적 약자를 보호하려는 직접적인 방법을 선택할 것인가 아니면 이를 완화하거나 폐지함으로써 자금시장의 왜곡을 바로잡아 경제를 회복시키고 자유와 창의에 기한 경제발전을 꾀하는 한편 경제적 약자의 보호문제는 민법상의 일반원칙에 맡길 것인가는 입법자의 위와 같은 재량에 속하는 것이라 할 것이고, 입법자가 입법 당시의 여러 가지 경제적·사회적 여건을 고려하여 후자를 선택한 것이 입법재량권을 남용하였거나 입법형성권의 한계를 일탈하여 명백히 불공정 또는 불합리하게 자의적으로 입법형성권을 행사한 것이라고 볼 수 없다.

23) 러시아 과거 소비에트 통치체제의 해체는 물론 자유권적 기본권의 구가로 진행되었다. 억압적 국가는 물러갔다. 그런데 이때 지난날의 모든 '지배계급'이 사라졌는가? 아니다. 지난날의 지배계급은 '경제적 자유화' 와중에서 비공식제도(예: 마피아, 민영화된 공장의 지배인)의 모습으로 모양을 바꾸었다. 러시아에서의 종교의 자유는 러시아 정교회를 제외하면 부분적이라고 보인다. 권위주의 사회가 이른바 자유화와 민주화를 거치면서 나타나는 다음 단계의 시장화 또는 민영화의 여러 가지 양상 중에서, 극단적인 예로는 1917년 이후 대표적인 사회주의 법제도였던 소비에트 러시아의 예를 들 수 있다 (김철, 2002a: 369; 레식, 김정오 옮김, 2002: 31~33).

쿨을 졸업한 나는 1991년부터 시카고에서 강의를 시작했다. 시카고대학에는 중·동부 유럽에서 새롭게 시작된 신흥 민주정치에 관한 연구소가 있었다. 나는 그곳의 연구원이었다. 그 뒤 5년 동안 무수한 시간을 비행기에서 보냈고, 맛없는 모닝커피를 기억할 수 없을 만큼 수없이 마셨다.

중부유럽과 동부유럽에는 과거 공산주의자였던 사람들에게 어떻게 통치해야 하는가를 가르쳐 주려는 미국인들로 가득했다. 하지만 그들의 자문은 장황했고, 어리석기까지 했다. 몇몇 미국인 방문자들은 신흥 입헌공화국에 말 그대로 헌법을 팔아먹었다. 새로운 나라를 어떻게 통치해야 하는가에 관한 설익은 생각들이 무수히 많았다. 미국인들은 이미 입헌주의가 잘 기능하고 있는 국가로부터 왔지만, 어떻게 가능하였는지 그 원인에 대한 실마리는 알지 못했다.

연구소의 취지는 조언을 주는 것이 아니었다. 우리가 그들을 지도하기에는 아는 것이 너무 없었다. 우리의 목적은 변화와 발전방법에 관한 자료를 모으고 관찰하는 것이었다. 우리는 변화를 이해하길 원했지, 변화의 방향을 잡아 주길 원치 않았다.

우리가 목격한 상황은 이해할 수는 있었지만 충격적이었다. 공산주의가 몰락한 이후 처음에는 국가와 국가의 규제에 대항하는 거대한 분노의 파도와 함께 정부에 대한 반감이 팽배했다. 그들은 그냥 내버려두라고 말하는 것처럼 보였다. 정부가 하던 일을 새로운 사회인 시장과 민간 조직에게 맡겨라. 공산주의가 몇 세대 지난 후에 발생한 이런 반발들은 충분히 이해할 만하였다. 지난날의 지배 기구의 압제 장치들과 어떠한 타협이 있을 수 있단 말인가?

특히 미국의 미사여구들은 이런 반발을 상당히 뒷받침했다. 자유지상주의라는 미사여구. 시장이 지배하게 하고 정부의 간섭을 배제하라. 그러면, 반드시 자유와 번영이 성숙할 것이다. 모든 것들은 스스로 해결될 것이다. 국가의 지나친 규제는 필요 없고, 들어설 여지도 없다.

그러나 모든 것이 스스로 해결되지 않았고, 시장이 번창하지도 않았다. 정부는 불구가 되었으며, 불구가 된 정부는 자유에 대한 만병통치약이 아니었다. 권력은 사라지지 않았다. 단지 정부에서 마피아로 옮겨 갔으며, 때로는 국가에 의해서 마피아가 조성되었다(김선경, 1998). 치안 · 사법 · 교육 · 의료 등 전통적인 국가기능의 필요성이 마술처럼 사라지지 않았다. 필요를 충족시키는 사적 이익들도 등장하지 않았다. 오히려 요구들이 충족되지 않았다. 사회의 치안이 사라졌다. 지금의 무정부상태가 이전 세 세대의 온건한 공산주의를 대체하였다. 번쩍이는 네온사인은 나이키를 광고하고 있었고, 연금생활자들은 사기주식 거래로 생계비를 다 털렸으며, 은행가들이 모스크바 거리에서 훤한 백주에 살해되었다. 하나의 통제시스템이 또 다른 것으로 대체되었지만, 어떤 시스템도 서구의 자유지상주의자들이 말하는 자유체제는 아니었다.

## 2. 1990년대의 자유주의, 한계, 자유지상주의에 대한 비교 법철학적 논의

### 2.1. 자유주의자(liberal)로서의 드워킨(Dworkin, 1995: 1~6)

1990년대부터 시작해서 2000년대에 이르기까지 한국의 법문화의 최대 문제는 무엇인가? 이미 고찰한 대로 일단 권위주의에서 다수의 지배로 옮겨 가고 민주주의의 가치가 국가와 사회, 개인생활의 중심 테마가 되었다. 한국 사회의 자유화는 문민정부에서 급격히 진행되었는데 많은 예상치 않은 문제가 생겨났다. 우선 자유주의의 애초의 모습대로, 쉽게 말하면 개인을 떠난 전체는 아무 의미가 없다. 전체주의는 이미 사라졌고 개인인격이 최초의 출발점이 되었다. 이때 개인인격은 어떤 권위주의적 강제나 속임수 없이 자유롭게 스스로의 이익을 위하여, 생존을 위하여 결정할 수 있어야 한다. 자유주의 철학은 억압이 없는 상태에서는 누구나 그렇게 할 수 있다는 것이다. 사회 안의 개인은 어떻게 행동하는가? 여러 수준의 사회가 있기는 하나 그 구성체로서의 개인인격이 최초의 단위가 되고 의사자유, 계약자유, 법률행위자유가 개인인격이 사회 안에서 움직이는 방식이다. 모든 헌법적 장치 중 국민의 자유와 권리에 관한 헌장은 이러한 의사자유를 가지는 개인의 권리를 보장하는 장치이다. 그렇다면 정치적 공동체의 형성은 어떠한가? 각 개인이 그들의 의사를 헌법적 장치를 통해서 집적함으로써 이루어진다. 모든 공익의 결정, 정치적 결정은 다수결의 원칙에 의해서 자유로운 개인의 자유로운 표현행위로서 이루어진다. 이것은 실로 1648년, 1776년, 1789년 중요한 근대 역사에서 이미 나타난 바이다. 몹시 단순하게 표현된 근대 입헌주의의 원칙은 1990년대부터 한국의 정치사회는 물론 부분사회의 중요한 구성원리가 되었다. 비교법적으로 본다면 1989년 동유럽 러시아혁명 이후 새롭게 나타난 동부유럽과 구 소비에트 연방에 속하는 광대한 지역에서 근대 입헌주의에 입각한 다수의 지배, 다수결의 원칙에 의한 정부가 수립되고 정책이 집행되기 시작했다. 이제 한국과 연혁이 매우 다른 동유럽, 러시아 지역의 국가들이 자유주의적 입헌주의 원칙에 의해 국가와 사회를 수립한다는 점에서는 유사한 측면이 드러나게 되었다.

한국인들은 1960년에 이미 짧은 기간 시민혁명을 경험한 바 있었다.[24] 입헌주의 원칙이나 다수결의 원칙은 다양성에 대한 관용의 원칙

---

24) 1960년 4월 19일의 통칭 4/19를 보편(Idealtypus)적 의미의 시민혁명으로 다시 해석한 것은, 박영신 "사회운동 이후의 사회운동", 한국인문사회과학회(엮음), 『현상과 인식』24권 4호(2000년 겨울), 183~203; 또한 박영신, "우리나라 권위구조의 정신분석학", 『정신분석학과 우리 사회』, 한국사회이론학회(엮음) 20호, 『사회이론』(2001년 가을/겨울).

과 함께 1960~1961년에 최고조에 달했다.[25] 1993년에 다시 문민정부를 수립했을 때 한국인들은 이미 근대적 입헌주의나 다수결의 원칙의 문자에는 익숙했다. 그러나 자유주의가 다수결의 원칙을 동반하여 진행할 때 나타나는 제도적 문제, 법의 지배 내지 법치주의의 문제에는 경험이 없었다.

이 문제를 법사회학적으로 관찰하기 위해서 법률 전문가가 아닌 일반인 또는 생활인의 법의식과 자연적 행동을 관찰 대상으로 한다. 1부에서 논한 대로 권위주의 해체기(기준점 1989, 1993)에서, 자유주의를 다시 기본 에너지로 출발할 때부터 개인 의사가 합치되기만 하면, 어떤 종류의 개인의 의사라도 합의로써 유효하다는 통속적인 시류가 있었다. 개인의 '자유로운 의사'를 초과하는 사회 규범은 자유를 제한하며, 억압적인 것으로 생각되었다. 사인 간의 합의야말로 새로운 자유주의의 처음이요 끝이라고 생각되었다.[26] 유사(類似) 근대인이 탄생한 것이다. 근대인을 기다리고 있는 함정과 절벽은 나날의 체험주의에 밀려 존재하지 않는 것이 되었다. 1990년대에 한국인은 자유로운 근대인으로서 너무나 감격해서 도취해 버린 것이다. 도처에서 계약 자유의 폐해, 의사 자유를 조리상의 한계[27] 너머로 가져가는 생활에서 오는 무리와 피로감이 나타났다. 당시에 모든 사회 문제를 개인의 문제로 환치하고[28] 사회기구나 제도, 조직의 문제를 개인과 개인의 사적 인간

---

25) 제3공화국에 해당하는 1963년부터 1972년까지의 헌법을 위헌 법률 심사제도와 관련하여, 비교적 덜 권위주의적인 것으로 평가하는 수도 있다.

26) 합의를 외형으로 하면서, 그 실상은 기본권과 자유를 침해하는 경우는 어떻게 하는가에 대해서는 예측할 수 없었다.

27) 한국 민법상 조리는 법의 원천이다. 조리는 또한 신뢰 보호의 원칙과 함께 행정법의 일반 원칙으로 인정된다. 조리는 또한 법의 일반 원칙으로 인정된다.

28) 한국인의 사고방식은 한국 문화의 일부를 이룬다. 어떤 문제의 개인적 측면과 사회적 측면이 다 같이 존재할 때 사회적 측면을 다루기 힘들 때에는, 아예 없는 것으로 간주하고 문제의 개인적 측면으로 환치하는 오랜 문화가 있어 왔다(예: 교육에 있어서의 성취를 오로지 피교육자의 개인적 자질의 함수로 환치하는 경우, 사회적 사고(건물과 교량 붕괴 등)의 인과관계를 오로지 가장 협소한 관계 개인의 인적인 요소로 파악하는 경우).

관계의 문제로 환원하여[29) 단순화하는 방식이 유행하였다. 세계적으로 관찰할 때, 지구의 저쪽에서 1917년 이후 또는 1945년 이후 사람들의 생활을 결정해 왔던 국가적 제도가 1989년을 기해서 와해되고 문명 세계의 약 반을 점유했던 실정적 질서가 해체되었다. 러시아 동유럽 혁명의 와중에서 관찰할 때 개체를 넘는 수준의 사회, 공동체, 국가의 모든 제도와 문제는 불확실하게 보였다. 한국에 있어서 동유럽과 러시아와 같은 정도는 아니나 권위주의에서 이행하는 시기의 불확실성 속에서 개체의 확실성을 추구하였다고도 할 수 있다. 이와 같은 개인의 문제는 정치적 공동체를 형성하고 중요한 정책을 결정할 때에도 단순화된 모습으로 나타났다. 즉, 원자화한 개인은 투표에서 다수를 구성하기만 하면 다수결의 원리에 의해서 어떤 결정도 할 수 있다. 한국에 있어서는 오래 계속된 권위주의의 폐허 위에서 단순 다수결에 의한 수많은 결정이 행해졌다. 범위를 더 넓혀서 1770년대에 이미 근대 입헌주의를 실천하고 뉴딜 입법 이후에는 이른바 현대적 복지국가로 이행한, 지구상에서 가장 이른 자유주의적 전통의 실천자로서 들 수 있는 아메리카에서도, 세기말에, 다수 지배의 원리에 대해서 반성적으로 성찰하는 사람이 나타났다. 오랜 선거의 경험, 오랜 재판의 경험, 많은 분쟁을 사법적인 해결이라는 현대적인 방식으로 경험한 미국인들은 대표적인 법철학자를 통해서 다음과 같이 묻기 시작했다.

"사람들은 다수결이라면 무엇이든 할 수 있다고 생각하는 버릇이 있다. 과연 최전성기의 영국 의회는 남자를 여자로 바꾸는 것 이외에는 무엇이든지 할 수 있다고 믿어져 왔다. 자유로운 개인의 집합체인 민주 사회는 그 의사의 다수만 획득하면 무엇이든 할 수 있는 것일까? 다수의 숫자만 차지하면 만능인가?" 이 의문은 아마도 1990년대 이후

---

29) 예를 들어, 공적인 조직의 역할 분담자들의 업무 수행이 사적인 인간관계같이 진행되는 경우가 있다. 이 경우 조직의 규범은 개인적 인간관계의 문제로 변용하게 된다.

자유화와 민주화를 통해서 입헌주의의 경험을 쌓은 한국인에게도 마지막으로 유효한 질문이고 더 나아가서 한국인보다 약 반세기 늦게 근대입헌주의와 다수결의 원리에 접근한 동유럽, 러시아 인들에게도 마침내 나타날 의문일 것이다.

이 질문은 일견 자유주의의 한계와 관련 없어 보인다. 그러나 가깝게는 2차 대전이 전체주의를 해체시키고, 1945년 이후의 세계의 주된 질서가 어떤 경우라도 부인할 수 없는 개인의 존엄권을 기초로 출발한 이후 국가 사회의 구성원리로서의 자유주의는 개인인격을 기초단위로 하고 이러한 개인인격은 한편으로는 계약이라는 방식으로 경제생활을 영위하며, 한편으로는 투표라는 방식으로 정치적 공동체를 형성한다. 다수결이 마지막 보루가 되는 것은 결국 그 근거 사회가 투표하는 한 사람 한 사람의 개인인격의 평등에 기인한다는 것이다. 만약 자유주의적 원리가 아니라면 어떤 문제도 다수결의 원리에 호소할 수는 없을 것이다.

그러나 문제의 다른 측면이 있는 것은 명백하다. 현학적이 아닌 사람도 기원전 4세기 후반의 아테네에 있어서의 민주정치의 경위와 시민정치를 기억할 수 있다.

B.C. 4세기 후반의 헬라스는 중심이 없었으며, 각축을 계속하였고, 민주정치는 부패하고, 데마고그가 활개를 쳤다(Colin McEvedy, 1986; Alfred Zimmern, 1966: 420).

아테네 인들에게는 Nomos의 객관성보다는 주관성이 중요하게 느껴졌고 — 즉, 노모스의 사적 전용(私的 轉用 – Privatization of Nomos)이 나타났다.

각자가 주관적 부분의 규범을 개별화하고 개인적으로 만들 필요성이 생겼다. 노모스의 사적 용도로의 전용을 위해서, 소피스트들이 필

요해졌는데 시민이 그의 입장을 밝히는 것을 넘어서서 사실적인 사회
관계와 실재하는 힘의 불균형을 레토릭(Rhetoric)을 통해서 은폐하면서
개인적인 관계에서는 이득을 취할 수 있는 어법이 나타났다. 단순했던
인간관계와 사회관계에서 나타났고 기초가 되었던 상호주관(相互主觀 -
intersubjectivity)의 달무리(Penumbra)가 사라지기 시작한 것이다(김철,
1994b: 104).

1995년에 유사한 문제를 법철학적으로 추구한 사람이 로날드 드워
킨(Ronald Dwokin)이다. 그는 자유주의 liberalism의 전통에 서서 이 문
제를 추구하였다(Dworkin, 1995: 1~6).

Buckley v. Valeo(424 U.S. 1, 96 S.Ct. 612, 46 L.Ed. 2d 659, 76 - 1
USTC P 9189, U.S. Dist.Col., Jan 30, 1976) 판결의 평석에서, 드워킨
은 민주정치의 두 가지 측면을 지적한다. 즉, 한국인이 1990년대에 익
히 경험한 다수지배의 원리이다. 아메리카의 민주주의는 다수지배의
원리로서 세계인에게 알려져 왔다. 그러나 1995년에 드워킨은 텔레비
전과 민주주의(Television and Democracy)에서 미국 민주주의가 쇠퇴하
고 있고, 그 주된 이유는 정치적 캠페인에서 텔레비전이 차지하는 압
도적인 비중을 들고 있다. 그가 쇠퇴의 이유로 드는 것은 입후보자들
이 텔레비전 캠페인 경비를 부담하기 위해서 엄청난 액수의 선거자금
을 거두어야 하고, 그 결과로 "특수이해관계의 자금과 아메리카의 입
법부의 행동과의 유독한 연합"을 들고 있다(Dworkin, 1995: 1~6). 그
가 민주주의 쇠퇴의 또 다른 현상으로 드는 것은 평균적인 미국인들은
투표율이 점점 낮아지고 있다는 것이다.[30] 그가 지적하고 있는 것은
다수의 지배(Majoritarian rule)에 대한 반성과 성찰이다.

---

30) 1992년 대통령 선거에서는 유효유권자의 절반 미만이 실제 투표하였고, 1994년 중간선거에서는 단
지 38%가 투표하였다(Dworkin, 1995: 1~6).

그러나 앵글로-아메리칸의 전통에서 — 비록 우리가 동아시아인이고 그들의 법 전통에 대해서 최근에 겨우 종합적인 시점을 획득했다 할지라도 — 이미 다수의 지배에 대한 강력한 제어장치가 있어 왔다는 것을 이야기하지 않을 수 없다.[31] 이 문제는 주로 영미법을 전공한 법학자들에 의해서 부분적으로 개진되어 왔기 때문에, 문제와 그 대답에 대한 포괄적인 시점이나 또는 동아시아 전통을 가진 법학자에게 획기적인 시점을 줄 수 있는 정도로 한국에서는 충분히 논의되지 못했다. 법학의 부문화 — 즉, 흔히 하는 대로 헌법, 민법, 형법 하는 식의 강의상의 분류 — 때문에 기술적 개념에 열중하고 어떤 제도가 부문을 넘어서서 어느 법체계 전체에서 차지하는 위치라든지, 더 거시적으로는 어느 법 전통 전부를 관통해서 흐르는 여러 분야에 걸치는 큰 주제는 거의 무시한 채 지내 왔다. 첫 번째 예를 들 수 있는 것은 영미 전통의 사법심사제도(judicial review)의 가장 큰 의미이다. 동아시아인이 좋아하는 결론부터 이야기하면, 사법부에서 기존 법률의 합헌성을 심사하는 사법심사제도는 한마디로 대중정치가 가져오는 폐해로부터 민주주의 체제 자체를 보호하는 가장 중요한 장치이다(김철, 1994c: 54).

한국의 법제도가 미국식의 사법심사제도를 현재 채택하고 있지 않다고 제도적으로 반론할 수 있다. 물론 그렇다. 그러나 한국도 제3공화국의 헌법에 의하면 일반 법관이 직접 위헌법률을 심사할 수 있는 사법심사제도를 채택하고 있었다. 이 문제는 자칫하면 현재 우리가 채택하고 있는 헌법재판소제도와 미국식의 사법심사제도의 차이를 지적하는 흔히 잘 하는 비교법적 말투로 끝날 수 있다. 그러나 지금 우리가 주목하는 것은 꼭 미국식의 사법심사제도/한국의 헌법재판소제도라는 대비보다는 과연 다수의 지배라는 민주정치의 한 측면에 대해서

---

31) 사법심사론에 대해서, 특히 민주주의 원칙과 사법심사에 대해서 그리고 인민주권(Popular Sovereignty)을 원칙으로 하는 대중민주주의(People's Democracy) 입장에서 본, 이른바 사법심사의 반다수주의적 성격(Counter Majoritarean Character)에 대해서는 김철, 1994c: 66 참조.

시간과 장소를 달리해서 어떤 제어장치를 마련해 두었느냐의 관점이 중요할 수 있다.[32] 또한 한국 법학의 상투어를 넘어서서, 즉 영미법/대륙법의 이분법이라는 1989년 동유럽 러시아혁명 이전의 유사(類似) 냉전체제 언어를 넘어서서, 20세기를 특징지은 공통점은 고차법(高次法, higher law) 전통의 점점 커져 가는 영향이다(김철, 1994c: 62).

그런데 법학자이든 사회과학자이든 또는 시민이든 너무나 당연해서 잊고 있는 중요한 문제가 있다. 학자들은 흔히 다소 현학적이고 또한 전문성을 과시해야지 시장에서 값을 많이 받기 때문에 지극히 상식적이고 그러나 잘 잊기 쉬운 것들은 으레 빠뜨리고 논의를 진행하기 쉽다. 만약 소크라테스가 살아서 현재 한국의 법제도나 혹은 한국이 속해 있는 2차 대전 이후의 주된 법제도를 관찰한다면 무엇이라고 이야기할 것인가? B.C. 399년, 고대 아테네의 시민정치에 의해서, 즉 다수의 지배에 의해서 처형당한 소크라테스는 아마도 다수의 지배에 대한 제어장치에 대해서 관심을 가질 것이고, 어렵게 말할 필요 없이 한국의 사법제도 자체가 그가 경험한 '다수의 지배의 폭거'를 제어할 수 있는 장치라고 고백할 수 있을 것이다. 그 이유는 무엇인가? 21세기 넓게는 서양법제도 안에 있는 사법제도는 어느 경우에도 국민이나 시민의 자유투표에 의해서 피의자에 대해서 유죄와 무죄를 결정하지 않는다. 이것을 위해서, 즉 한 사람의 소크라테스를 위해서라도 모든 사법제도와 절차가 그물망같이 안전망을 구성하고 있는 것이다. 따라서 자유주의-다수결의 지배는 현대의 사법제도에 의해서 일단 보완되고, 여과되도록 균형 잡혀 있다.

---

32) 한국의 헌법재판소 제도가 다수의 지배라는 한 바퀴에 대해서 이를 보충하거나 이를 제어하는 다른 바퀴로써 모든 국민에게 당연히 인식되고 있느냐 마느냐 문제 때문에 이 제도의 원래 취지 자체가 넓게 보면 다수의 지배가 몰고 올 수 있는 파국을 막기 위한 것이라는 단순한 이유를 잊기 쉽다.

## 2.2. 자유(自由)라는 이름의 환상(Sunstein, 1995: 1~3)

카스 선스타인의 명제: 자유주의자, 자유지상주의자들은 맹점을 가지고 있다.

증거 1. 사람들은 경제학적 게임에서 합리적으로 행동하지 않는다. 자신의 이익과 게임과 관계된 상대방에게 '가장 이익이 되도록' 행동할 것 같고, 경제원칙에 따라 행동할 것 같으나, 실제로는 그렇지 않다. 경제학적 예측의 실패

증거 2. 사회심리학자 씨알디니의 실험결과(Cialdini, Cacioppo, Bassett, & Miller, 1978: 463)

사람들의 행동에는 그 개인뿐 아니라 다른 사람의 규범적 행동이 영향을 미친다. 사람들의 성향 또는 취향 또는 단순히 좋아함(preference)은 합리주의자들, 경제학적 사회과학자들 또는 행동과학자들이 전제로 하고 있는 바와 같이 고정되어 있지 않다. 실험심리학은 사람들의 확정된 취향에 대한 고정관념을 깨 왔다.

증거 3. "과연 사람들이 흔히 우리가 들은 듯이 그의 선택에 의하여, 그가 원하는 대로, 그의 이익대로, 합리적으로 자유롭게 행동하는 것일까?" 이 물음에 대해서, "비교적 그렇다"라고 대답하고, "그렇기 때문에 사람들이 필요로 하는 것이 자유일 뿐이다"라고 대답하는 것이 자유주의의 전제이다.

세기말 상황(1990년대 후반~2000년대 전반)에서는 그렇지 않다는 대답이 강하다. 그 증거는 청소년 흡연에 대한 보고서에도 나타나 있다(Sunstein, 1995: 2).

"이 시절의 자유론자의 지배적인 논의방식은 합리성, 선택 그리고

자유라는 3가지 키워드에 집중되어 있다. 자유라는 중심 주제는 정치적 선택(투표), 시장에서의 유통(구매), 그리고 마지막에는 대학에서의 합리성(선택) 문제로 요약된다. 이들 자유의 주제는 극히 단순한 방식으로 요약, 적용되는데 단순 논리가 현실에 적용된 대표적 예이다.

1) '정부는 국민의 취향과 선택을 존중해야 한다'는 기본명제는 칸트류의 당위명제이다. 당위명제는 목표가치를 천명하는 것이다. 그런데 종종 자주 당위명제를 되풀이하면 흡사 언어의 환각적 효력에 의해서 실지로 그 당위명제가 현실화되는 것처럼 느껴질 때가 있다. 많은 신생국가가 정치적 표어를 당위명제로 내걸고 실지 관행은 문제 삼지 않는 경우가 많다.

2) '시장은 구매자의 취향과 선택을 존중해야 한다'는 기본명제는 역시 당위명제이다. 이 당위명제가 현실로 나타나기 위해서는 실지로 시민의 시장에서의 자유가 존중될 수 있는 조건을 미리 성취해야 한다.

3) '대학은 소비자인 학생의 취향과 선택을 존중해야 한다'는 기본명제 역시 목표가치인 당위명제이다. 그런데 당위명제의 반복이 학생의 대학에서의 자유를 실지로 존중하는 것은 아니다.

자유론자 또는 자유주의자의 이러한 언어사용 방식은 맹점을 가지고 있다."(김철, 2000b: 36)

흔히 개인주의적 자유주의자의 마지막 보루가 되는 '자유로운 선택'의 보다 세밀한 구조를 관찰한다. 자유주의적 선택의 기초 부분이 되는 취향(preference)과 선택(choice)은 모든 종류의 사회조사나 시장조사에서 기초사항으로 불변의 상수로서 취급되어 왔다. 그러나 일련의 사회심리학자들의 실험으로서는 어떤 개인의 좋아함이나 취향도 이미 주어진 것이 아니다. 만들어 갈 수 있고 이미 만들어 왔다.

개인의 구체적인 행동에 관계되는 자유에는 구체적인 상황의 규범과 역할이 현실적으로 관계하고 있다는 것이 사회심리학자의 보고이다(Sunstein, 1995: 2).

# 참고문헌

헌법재판소 판결 1993. 7. 29, 92헌바20 전원재판부.

김선경, "러시아 마피야 연구 研究 — 러시아 마피야의 형성과 전개과정을 중심으로", 고려대학교 국제대학원 러시아·동유럽전공 석사학위논문(서울: 고려대학교, 1998년 6월).

김정오 역, 『코드: 사이버 공간의 법이론』(서울: 나남 신서, 2002년 1월).

김  철, 2006, "국제인권규약의 구조와 전통적인 한국의 기본권 구조 — 사람의 권리의 온전성을 위한 법철학적 시도", 한국인문사회과학회 주최 2006년 전기 학술대회, 『사람의 권리를 넘어서』 주제 발표 논문(서울: 한국인문사회과학회, 1996).

____, 2002a, "개혁의 법사회학적, 법경제학적 조망 — 교육 개혁을 중심으로, 그러나 주도적인 개혁을 우선하여 —", 사회이론학회(엮음), 『사회이론』 21호 봄/여름호(2002년 8월).

____, 2002b, "포스너의 공법학방법론" 중 Ⅲ, 법학방법론으로서의 경제 분석과 한국에 있어서의 의미, 한국공법학회(엮음), 『공법연구』30집 제4호(2002년 6월).

____, 2002c 서평, "코드: 사이버 공간의 법이론", 한국헌법학회(엮음), 『헌법연구』(2002년 4월).

____, 200,1 "법철학에서 본 한국 고대 문화의 원형(Archetype)", 김철(엮음), 『법철학 강의』, 비공개교재(서울: 숙명여대, 2001년).

____, 2000a, "러시아와 체코의 행정절차법의 역사적 발전", 한국공법학회(엮음), 『공법학 연구』(2000년 6월).

____, 2000b, "현대 한국의 문화에 대한 법철학적 접근", 한국인문사회과학회(엮음), 『현상과 인식』24권 1/2호 통권80호, 봄/여름호(2000년 6월).

____, 2000c, "러시아의 입헌주의", 한국헌법학회(엮음), 『헌법학 연구』(2000
년 5월).

____, 1994a, "비교제도론", 간행위원회(엮음), 『차용석 교수 회갑기념 논문
집』(서울: 법문사, 1994년 10월).

____, 1994b, "대학교수 원론", 김철(엮음), 『현대의 법이론 ─ 시민과 정부의
법』, (서울: Myco International Ltd., 1994) 원문은 한국사회이론학회
(엮음), 연례세미나발표문 『대학』(1991. 9. 28).

____, 1994c, "표현조항과 이원론의 극복", 김철(엮음), 『현대의 법이론 ─ 시
민과 정부의 법』(서울: Myco International Ltd., 1994).

____, 1992, "아메리카와 러시아 법제도의 비교연구", 김유남(엮음), 『미 · 소
비교론』(서울: 어문각 1992년 7월).

박영신, 2002, "우리나라 권위구조의 정신분석학, 정신분석학과 우리 사회",
한국사회이론학회(엮음), 『사회이론』20호, 2001년 가을/겨울호(2002
년 2월).

____, 2000a, 『실천 도덕으로서의 정치 바츨라프 하벨의 역사 참여』(서울:
연세대학교 출판부, 2000년 3월).

____, 2000b, "사회운동 '이후'의 사회운동: '4. 19'의 구성", 한국인문사회
과학회(엮음), 『현상과 인식』24권 4호(2000년 12월).

시에예스. E. J., 박인수 해제, 『제3신분이란 무엇인가』(서울: 책세상, 2003)

안경환, 2006, 『조영래 평전 ─ 세상을 바꾼 아름다운 열정』, (서울: (주)도서
출판 강, 2006년 1월).

로렌스 프리드만, 2006, 『미국법사』(안경환 옮김)(서울: 청림출판, 2006년 근간).

Buckley v. Valeo(424 U.S. 1, 96 S.Ct. 612, 46 L.Ed. 2d 659, 76 ─ 1 USTC P
9189, U.S. Dist.Col., Jan 30, 1976).

Alfred Zimmern, *The Greek Commonwealth, Politics & Economics in fifth Century
Athens*(New York: Oxford University Press, 1961).

Cass R. Sunstein, "Norms and Roles", A written Version of the Coase Lecture,
University of Chicago, 1995, *The program for the Study of Law,
Philosophy & Social Theory Fall 1995*(New York: New York University
School of Law, 1995).

R. Cialdini, J. Cacioppo, R. Bassett, & J. Miller, "Low ─ Ball Procedure for
Producing Compliance: Commitment Then Cost", *36 J Personality and
Social Psychology 463*(1978), Recited from *Supra*.

Colin McEvedy, *The Penguin Atlas of Ancient History*(New York: Penguin Books, 1986).

David G. Smith, "Classical liberalism", David L. Sills(엮음), *International Encyclopedia of the Social Sciences Volume 9*(New York: The Macmillan Company, 1980).

Lawrence Freedman, *History of American law*(New York: Simon & Schuster, 2005).

Lawrence Lessig, *Code and Other Laws of Cyberspace*(New York: I C M, Inc, 1999).

Ronald Dworkin, "Television and Democracy", T*he Program for the Study of Law, Philosophy & Social Theory*(New York: New York University School of Law, 1995).

# 제2장

## 21세기의 세계경제상황과
## 세계 대공황 전기의 법사

**John Maynard Keynes(1883~1946)**

1932년에 케인즈는 미국에서 말했다. "지금은 빈곤에서 오는 위기(crisis of poverty) 가 아니고 풍요에서 오는 위기(crisis of abundance)이다." 당시에도 어떤 목소리 는, 위기에서의 탈출구는 잠재적 생산력을 현재화시켜 사용하는 데 있다고 주장했 으나, 케인즈는 바보 또는 광인의 소리라고 반박했다. 경기에 민감한 금융인들은 인플레이션의 심각한 위험은 없다고 시민들에게 확언하고 다닐 수밖에 없었으나, 그들의 진정한 의도에서는 그렇게 바랄 만한 충분한 근거도 찾을 수 없는 상황이 었다(02.16 참조).

분노의 포도는 존 스타인벡(John Steinbeck)에 의해 1939년에 출간되었으며, 대공 황으로 일어난 피해를 그리고 있다.
2장 16절 대공황시대의 경제사상과 법. 2장 19절 11항 각주 74 참조.

2008년 가을 당시 진행되고 있는 세계적인 금융자본주의의 현황을 이 해사회학의 방식 또는 이해법학적으로 파악하기 위해서(Max Weber, 1922: 18~19) 비교역사학적 방법을 썼다. 2008년의 세계적인 사회경제 상황을 1929년부터 1930년에 이르는 세계 대공황기의 사회경제 상황과 대비시켜 같은 점과 다른 점을 찾으려 하였다. 1970년대 후반 내지 말경부터 시작하 여 약 30년간 맹위를 떨친 신자유주의(neoliberalism) 또는 신보수주의 (neoconservatism)와 1980년 초에 시작된 레이거노믹스(Reaganomics)에 동반된 법 이론을 확인하고, 이런 법 이론이 역시 대공황 이전에도 영향을 끼쳤다 는 것을 증명하기 위해서 대공황 이전의 경제 상황과 동반한 법 이론의 존 재를 부각하려 하였다. 대공황을 예비한 이 기간은 한국에서 일반 추상적 으로밖에 알려지지 아니한, 1919년 세계 1차 대전 이후 10년간의 과정이 다. 그러나 대공황에 선행한 10년, 즉 1919~1929년 기간의 연구만으로 충분하지 않다. 대공황의 진원지인 아메리카를 기점으로 할 때에는 더 소 급하지 않으면 안 된다. 아메리카 법학사에서 이른바 도금시대(Gilded Age)가 문제가 되고, 또한 보수주의 시대(Conservative Era)와 이른바 '진취 적 시대(Progressive Era)'의 법학을 검토하지 않으면 안 되었다. 이와 같은 경위를 거쳐서 영국의 식민주의에서 독립한 아메리카의 건국 이후 역사를 모두 보게 된다. 즉, 미국 연방대법원의 역사를 빈부문제에 대한 입장에서 정리할 때, 경제적 보수주의와 경제적 자유주의 두 가지 입장으로 나눌 수 있으며, 약 200년 이상의 역사를 통해 경제적 보수주의와 경제적 자유주 의가 서로 대치하고 있는 둑을 따라서 경제와 법제도의 긴 강물이 흘러왔 고, 이 긴 흐름을 특징짓고 구분 짓는 것은 정치 경제적 의미에서의 개혁 과 반(反)개혁의 시도인 것을 보았다. 아메리카의 건국시기로부터 현재에 이르기까지 경제적 자유주의와 경제적 보수주의를 기반으로 한 정치, 경 제, 법문화는 갈등과 대립, 타협과 조정, 반동과 개혁의 모든 매듭을 거쳐 서 빈부문제에 대한 구제와 규제의 논의 주제가 확정되어 왔다. 이러한 역 사적 맥락에서, 1929년부터 시작된 세계 대공황과 이에 응수한 루스벨트 의 뉴딜 입법 시대(1933~)를 한 원형 모델로 취급하여 뉴딜 시대의 연장 선상에서 Warren의 적극주의 사법시대 또는 헌법적 혁명을 주시했다. 그 러나 보다 가장 급한 문제는 2008년 세계 경제위기 이전 30년에 달하는 레이거노믹스 또는 신보수주의 시대가 어떻게 파국에 치달았으며, 이윽고 2009년부터 시작된 새로운 뉴딜 시대를 어떻게 예견할 것인가이다.

채무자의 지불불능에 대한 법제도의 태도는, 고대 로마법 이래 기존의 전통 민법에서 논의되는 범위가 한국 강단 법학의 일반적 태도였다. 그러나 한국에서도 통합도산법의 제정 전후에 상당한 정도, 채무 면책에 대해서는 아메리카 파산법의 새로운 태도를 수용하였다고 본다. 따라서 미국 파산법의 채무자의 지불불능에 대한 태도와 그 역사적 형성도 간략히 살펴보았다. 1930년대의 세계 대공황기는 세계법학사에서 볼 때는 법현실주의와 제도주의가 나타난 시대이다(김철, 2008ㄱ). 이 연구의 전편(全篇)에서 세계경제사의 위기에 대해서 기존의 법학이 어떠한 방식으로 반응했는가를 살펴보았다.

– "위기 때의 법학: 뉴딜 법학의 회귀 가능성 – 현대 법학에 있어서의 공공성의 문제와 세계대공황 전기의 법 사상", 『세계헌법연구』 제14권 제3호 2008.12, 『경제 위기 때의 법학』(서울: 한국학술정보(주), 2009ㄱ)에 게재

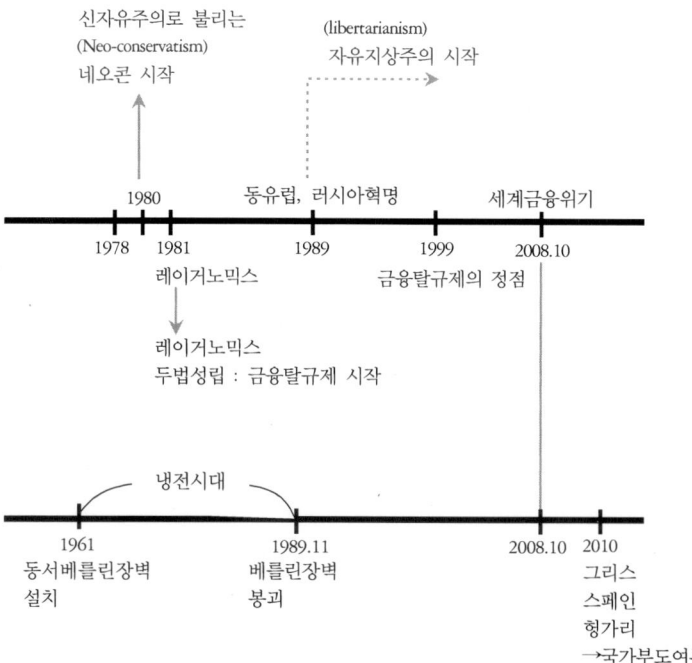

자유지상주의와 신자유주의의 역사

## 세계 대공황 전후의 자유주의의 진행

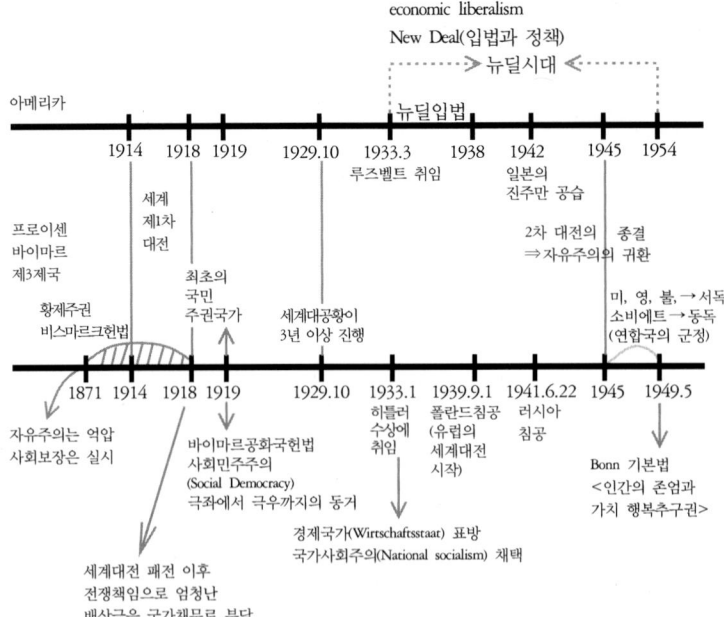

economic liberalism
New Deal(입법과 정책)
▷ 뉴딜시대 ◁

아메리카

뉴딜입법

1914　1918　1919　　1929.10　1933.3　1938　1942　1945　1954

루즈벨트 취임

세계
제1차
대전

일본의
진주만 공습

프로이센
바이마르
제3제국

2차 대전의 종결
⇒자유주의의 귀환

최초의
국민
주권국가

황제주권
비스마르크헌법

미, 영, 불, →서독
소비에트 →동독
(연합국의 군정)

세계대공황이
3년 이상 진행

1871　1914　1918　1919　　1929.10　1933.1　1939.9.1　1941.6.22　1945　1949.5

자유주의는 억압
사회보장은 실시

히틀러
수상에
취임

폴란드침공
(유럽의
세계대전
시작)

러시아
침공

바이마르공화국헌법
사회민주주의
(Social Democracy)
극좌에서 극우까지의 동거

Bonn 기본법
<인간의 존엄과
가치 행복추구권>

세계대전 패전 이후
전쟁책임으로 엄청난
배상금을 국가채무로 부담

경제국가(Wirtschaftsstaat) 표방
국가사회주의(National socialism) 채택

# 1. 들어가는 말

## 1.1. 사회주의 법 군(群, Group) 해체기의 기억

칼 포퍼가 역사주의의 빈곤을 논의했을 때의 시대와 20세기 말과 21세기 초의 시점은 또 다른 양상을 띤다. 1989년 동유럽혁명과 1986년 이후의 소비에트 유니언의 변화는 어떤 역사학자도 예견하지 못했었고, 1989년의 도이칠란트의 통일은 어떤 지식인도 20년 내에 일어나리라고 예측한 사람이 없었다. 페레스트로이카가 진행되면서 그 파장이 동유럽을 거쳐 세계적인 것이 되었을 때, 어떤 역사가는(Moshe Lewin, 1989) 나날이 눈앞에 진행되는 변화의 가속을 '나날의 역사기(day to day history)'라고 명명하였다. 2차 대전 이후의 냉전기의 역사적인 해빙기를 거쳐서 종전 후 약 40여 년 동안의 상황이 1980년대의 후반에서 예상하지 못했던 속도로 해체의 기운이 진행되었다. 어떤 시기에도 이처럼 한때 완강하고 강한 지속력을 보였던 체제가 그 밑바닥에서부터 동요하고, 1917년 이후 72년 동안 인간의 역사를 반분했던 여러 사회주의 제도들의 톱니바퀴가 그 힘을 잃고 붕괴되는 경과가 나타난 적은 없었다(김철, 1992: 37). 중부, 동부 유럽과 소비에트 · 유니온의 전 영역에서 사유화(privatization)가 진행되어 있다(김철, 1998, 2007ㄴ). 그와 같이 사회주의 법 군은 와해되어 갔다(김철, 1989, 2007ㄴ).

## 1.2. 금융자본주의의 위기

2007년 6월 아메리카에서 처음 비우량주택담보채권(non-prime mortgage backed security) 문제가 금융가에서 불거졌을 때 아무도 이것이 2008년 9월과 10월에 나타날 세계 규모에 있어서의 신용 · 금융위기로 발전할지 예측할 수 없었다. 2008년 9월, 10월, 11월에 걸친 위기의 진행[1]과 이에 대한 대응은 1989년 동유럽 러시아혁명 때의 나날의 역사(day to day history)처럼 전면적으로 확산되어 갔다. 사회주의 법 군이 와해한 이후, 지구촌을 제패[2]한 자유자본주의의 예측하지 못한 부작용의 징조가 시대적 맥락에서 생기기 시작한다는 것이 차츰 밝혀졌다. 아메리카에 있어서 1978년 이후 약 30년을 탈규제와 자유방임주의의 시대로 특징지을 수 있는데(Paul Krugman, 2000, 2007), 2008년 가을 비로소 30년에 걸친 자유지상주의와 탈규제가 동반한 아노미(Anomie)[3]가 월가에서 폭발하면서 한 시대가 끝나 간다는 것을 알게 되었다. 위기에 대응하는 교훈을 찾기 위해, 지식인들은 이제 수학적 모델이나 테크니컬한 미시분석에서 벗어나서 역사 자체의 맥락을 찾게 되었다.

---

1) 상당한 기간에 걸친 위기의 진행을 가장 잘 요약한 참고로는, Niall Ferguson, "The End of Prosperity?"(New York, TIME, 2008.10.13)과 Joseph Stiglitz, "The Way Out. How the financial crisis happened, and how it must be fixed"(New York, TIME, 2008.10.27) 또한 *New York Times*, November 6, 2008, Business section "Essential story of financial crisis 2008"을 볼 것.

2) 확실히 러시아의 자유화는 정신적 자유권의 문제와 경제적 자유권의 문제가 전도된, 즉 경제적 자유가 정신적 자유권을 우월하게 압도한 사례라고 할 만한 점이 있다. 이것을 자유지상주의의 문제로 파악한다(김철, 2007ㄱ: 163~166). 중부 유럽과 동부 유럽의 공산주의 몰락과 이후의 사정에 대해서는 로렌스 레식의 비교법적 증언이 있다(김철, 2007ㄱ: 483, 484).

3) 한국의 경우는 어떤가. 정치 상황의 변전에도 불구하고, 가장 거시적으로 대범하게 사회·경제를 판단한다면 꼭 일치하지는 않으나 대체로 레이거노믹스(Reaganomics)가 시작된 1980년대 이후의 약 28년을 신자유주의 시대라고 볼 수 있다. 더 구체적으로 동아시아가 겪은 1998년까지의 한국의 사회적·경제적 아노미에 대해서는, 이 논문(김철, 『한국에 있어서의 자유주의와 자유지상주의에 대한 반성』, 『사회이론』2006 가을호)을 볼 것. 또한 아메리카에 있어서의 대공황기에 이르는 약 10년의 재즈 시대에 대해서는 이 논문(김철, 뒤르켐의 아노미 이론과 평등권에 있어서의 기회균등: 기초법적 연구, 2008 ㄴ)을 볼 것.

## 1.3. 대공황 때의 자본주의의 상황과 현재: 2008년과 1929년의 대비

흔히 1929년의 자본시장의 폭락에 의해서 대공황이 촉발된 것으로 알고 있다. 관행적으로 말하건대 1929년 10월 24일의 검은 목요일에 월가의 대폭락이 시작한 것으로 알려져 왔다. 실지로는 자본시장은 그 해 9월 초부터 계속 하강하고 있었다. 10월 28일은 검은 월요일로 불리는데 주가가 13% 빠졌으며, 다음 날은 12%가 더 빠졌다. 다음 3년에 걸쳐서 미국 주식시장은 89% 하강했으며 최저점에 도달한 것은 1932년 7월이었다. 따라서 1929년 9월에 시작된 월가 주가의 폭락은 약 3년에 걸쳐서 계속되었으며 최저점에 도달하는 데 3년이 걸렸다. 최저점에 도달한 주가가 1929년의 최대점을 회복한 것은 1954년이었으며 완전히 회복하는 데는 25년이 걸렸다(Niall Ferguson, 2008). 대공황을 촉발한 보다 근본적인 이유는 주식시장의 폭락이라기보다 만성적인 은행파산으로 인한 신용경제의 '대수축(great contraction)'이라고 한다(Milton Friedman and Anna Schwartz, 1963; Niall Ferguson, 2008). 즉, 1930년 말에 미국에서 608개의 은행이 파산하였다. 연방정부는 아무런 조치를 취하지 않았다. 공개시장조작을 하지 않았을 뿐만 아니라 금융시스템에 신용자금을 오히려 축소하였다. 1932년 1월까지 1,860개 은행이 파산하였다. 1932년 4월에 연방정부는 처음으로 대규모의 공개시장을 통한 유동성 위기대책을 시행하기 시작하였다. 1932년 말부터의 은행파산의 물결은 드디어 국가가 '은행 휴일'을 제정하기에 이르고 프랭클린 루스벨트가 취임한 이틀 뒤인 1933년 3월 6일 예금자들의 예금인출 사태에 대응하여 다시 휴일을 선포하기에 이른다. 이 은행 휴일 동안 2,500개 은행이 파산했다(Milton Friedman and Anna Schwartz, 1963; Niall Ferguson, 2008). 1929~1930년대의 대공황과 2008년의 상황은 물론 다르다. 2007년 8월 이후 FRB는 2008년

9월 주식 대폭락에 이르는 13개월 동안 약 1조 1천억 달러($1.1trillion)의 자금을 금융시스템에 쏟아부었다. 또한 7천억 달러의 구제 금융을 집행하려는 단계에 있다. 1930년대의 대공황이 무섭다는 것은 그 영향이 이미 그 당시에 세계적이었다는 데 있다. 1929년부터 1932년까지 당시 세계의 7대 경제 대국의 총생산량은 거의 20%가 감소하였다. 미국과 도이칠란트에 있어서의 실업률은 다 같이 33%를 웃돌았다. 세계무역은 2/3로 줄어들었다(Milton Friedman and Anna Schwartz, 1963; Niall Ferguson, 2008).

### 1.4. 1933년 위기의 법학 - 경제적 자유주의(Economic Liberalism) 대 전체주의

1933년에 세계 대공황의 와중에서 아메리카와 도이칠란트는 다 같이 실업률이 33%를 웃돌았다. 도이칠란트에서는 1933년 3월 23일, 아메리카에서 프랭클린 루스벨트가 대통령으로 취임한(1933년 3월 4일) 같은 달, 나치당이 도이칠란트 의회(Reichstag)의 수권법(Enabling Act)에 의해서 히틀러가 독재권을 합법적으로 수여받게 하였다. 나치즘은 아메리카와 대비할 때 경제위기에 대해서 반자유주의(Anti - Liberalism)를 표방하고, 자본주의와 공산주의를 다 같이 반대하는 제3의 노선을 내걸었다(www.wikipedia.com). 아메리카에서는 1933년 3월 4일 프랭클린 루스벨트가 대통령에 취임하였다. 이 시대의 도이칠란트의 대표적인 법학자는 칼 슈미트로 그는 '국가와 사회가 동일한 전체국가(totaler State)'로 전개된 것을 논의의 출발로 삼고 그에게 있어 전체국가로의 경향은 경제 영역, 즉 경제국가로의 전환에서 가장 두드러졌다(Carl Schmitt, 1931; 송석윤, 2002: 303). 이 시대의 아메리카 사회과학의 특징은 제도주의(Institutionalism) 법학과 경제학, 법현실주의가 정점에 이르렀다고 본다(김철, 2007ㄱ: 192~193). 제도주의의 주된 인물들은 정부의 관여를 신봉한 사람이었고, 동시에 가격 이론과 신고 전파 이론에 배척되는 입장에 있었다. 법학 쪽에서 볼 때, 칼 르웰린이나 윌리엄 더글라스 같은 사람들의 법현실주의에도 제도경제학과 공통되는 것이 있었다고 한다(김철, 2007ㄱ: 192).

## 1.5. 신뉴딜(New New deal)주의

즉, 자본주의 역사에 있어서 최대의 위기는 제1차 세계 대전이 끝난 1918~1919년 이후, 승전국인 아메리카에서 약 10년의 호황기를 거쳐서 드디어 1929년 10월 24일 대공황이 시작된 것이었다(김철, 2008ㄴ). 1920년대와 1930년대를 특징짓는 치료적 법학은 뉴딜 정책을 표현 수단으로 하는 것이었으며(Krugman, 2005, 2007), 자본주의의 폐해를 교정하는 목표를 띠고 있었다. 역사 속에 잠세로 있던 뉴딜 시대의 법학이 신뉴딜(New New deal)주의로 2008년 가을 이후 드디어 아메리카를 비롯한 문명국에 다시 나타나게 된 것이다.[4]

**1.5.1.** 2007년 상반기의 국제 법철학회 전체 회의의 중점은 법의 경제학적 접근 섹션에 주어졌으며(김철, 2007ㄴ: 183~212),[5] 2006년 이후 대학과 학문의 세계적 추세는 지식의 통합(integration), 이를 위한 학제 간의 교차(cross – over), 협력(collaboration)의 노력이다(김평우, 2008). 2008년 9월 이후 세계의 주목은 범세계적으로 전개되고 있는 신용위기(Credit – crisis)가 과연 1929년 10월 24일 이후 최대의 금융자

---

4) 2008년 11월 4일 아메리카 대통령으로 선출된 버락 오바마의 시대적 의미는 세계 대공황기와 회복기 이후 다시 재조정이 불가피한 자유방임주의, 자유지상주의 경제와 법의 문제를 신뉴딜 법학의 역사적 기초에 서서 수행한다는 데 있다고 해석될 수 있다.
5) 김철, 『한국 법학의 철학적 기초- 역사적 · 경제적 · 사회문화적 기초』(서울 한국학술정보(주), 2007. 7).

본주의의 파탄으로 발전할지의 문제이다(Time, 2008. 09. 29; 김철, 2008ㄱ: 15).[6]

**1.5.2.** 이에 대해 법학은 어떻게 대응하고 있는가. 인습적인 법학의 버릇은 법학의 발달과 사회경제사와 서로 반응(interaction)한다는 맥락을 모른 체하는 데 있어 왔다. 장점은 일견 중립성 같아 보이는 것이고, 단점은 무책임과 반지성적 태도이다(김철, 2007ㄴ: 107~141).[7]

**1.5.3.** "오랫동안…… 법학자들은 문화적·역사적·정치적·경제적·사회적인 요인들에 대한 고려를 접어 두고, 법률양식(樣式 legal style)과 기술적(technical)인 사항들에만 주로 전념하였다."(김철, 2007ㄴ: iii) 법학방법론에서 한국의 수험생, 수험 법학의 중간 매매자, 수험 지도서의 저자들이 법 지식과 법학에서 사회·경제적 맥락을 완전 제외한 것은 처음에는, 정치적 요구에서, 다음에는 시장의 요구, 다음에는 편의식품점을 애용하는 구매자들의 요구에 기인하는 바 크다. 값싼 편의식품은 장기적으로 개인과 가계, 국민건강을 저해할 수 있다.

**1.5.4.** 1933년에 세계 대공황의 와중에서 아메리카와 도이칠란트는 다 같이 실업률이 33%를 웃돌았다. 도이칠란트에서는 1933년 나치당이 도이칠란트 의회(Reichstag)의 수권법(Enabling Act)에 의해서 히틀러가 독재권을 합법적으로 수여받게 하였다. 나치즘은 아메리카와 대비할 때 경제위기에 대해서 반자유주의(Anti－Liberalism)를 표방하고, 자본주의와 공산주의를 다 같이 반대하는 제3의 노선을 내걸었

---

6) 김철, 『뒤르켐의 아노미 이론과 평등권에서의 기회균등: 기초 법학적 연구』, 『사회이론』(2008년 11월).
7) 변화하는 세계 안에서 세계를 지적으로 파악하고 가능한 미래를 예견하는 역할이 지식인 또는 지성인의 원래 사회적 역할이기 때문이다. 막스 베버, 『직업으로서의 학문』(Wissenschaft als Beruf)은 1918년 뮌헨 대학에서의 강연문이었다. 텍스트는 e－book으로 찾아볼 수 있다(www.wikipedia.com).

다(www.wikipedia.com). 아메리카에서는 1933년 3월 4일 프랭클린 루스벨트가 대통령에 취임하였다. 이 시대의 도이칠란트의 대표적인 법학자는 칼 슈미트로 그는 '국가와 사회가 동일한 전체국가(totaler Staat)'로 전개된 것을 논의의 출발로 삼고 그에게 있어 전체국가로의 경향은 경제 영역, 즉 경제국가로의 전환에서 가장 두드러졌다(Carl Schmitt, 1931; 송석윤, 2002: 303). 이 시대의 아메리카 사회과학의 특징은 제도주의(Institutionalism) 법학과 경제학, 법현실주의가 정점에 이르렀다고 본다(김철, 2007ㄱ: 192~193). 제도주의의 주된 인물들은 정부의 관여를 신봉한 사람이었고, 동시에 가격이론과 신고전파 이론에 대척되는 입장에 있었다. 법학 쪽에서 볼 때, 칼 르웰린이나 윌리엄 더글라스 같은 사람들의 법현실주의에도 제도경제학과 공통되는 것이 있었다고 한다(김철, 2007ㄱ: 192).

## 2. 편 견

정확하고 엄격한 용어와 개념에서 출발하는 것이 한국 형식 법학의 방식이나 법의 심리학적 접근에서부터 출발한다(김철, 2007ㄱ: 50~65; 김철, 2008ㄱ: 50~51). 한국 문화에서 평균인의 인식을 기초로 한다면 몇 가지 선입견(predisposition) 또는 심리적 자타혼합(projection)에서 오는 편견을 취급해야 한다. 첫 번째 선입견은 "사회적, 문화적 아노미(anomie)는 경제적 아노미와 관계없다."(김철, 2008ㄴ) 왜냐하면 분야가 다르기 때문이다. 두 번째 선입견은 "경제 사정과 법의 사정은 전혀 관계가 없다."(김철, 2007ㄴ: iii) 왜냐하면 분야가 다르기 때문이다. 세 번째 선입견은 "시장(market)은 시장이고 정부(government)는 정부이다." 세 번째 선입견에 대응하는 법 이론으로서 "사법은 사법이고 공법은 공법이다." 이른바 공사법 이원론이다.

# 3. 각 성

2008년 9월 이후 세계경제 상황이 일깨워 준 몇 가지 새로운 각성은 다음과 같다.

## 3.1. 역사적 접근의 귀환

사태의 진원지인 월가(Wall street)부터 시작하여 시민과 전문가정책수립자로 하여금 불가피하게 이와 같은 파국을 가져온 인과관계(causality of the crisis)를 찾아서 곰곰이 따지는 자세로 만들었다. 그결과로 호황 시에는 생각지도 않았던 방식으로 돌아가게 되었다. 즉, 환자의 현재 증상(symptom)은 과거의 병력(病歷, history of disease) 기록에서 출발할 수밖에 없다(김철, 2007ㄴ: iii). "많은 논쟁과 오해가있어서 현대의 법 이론가들에 의해서, 거의 포기되다시피 했으나, 기묘하게도 사례법(case law)을 형성시키는 법원(法院) 자체에 의해서는포기되지 아니하였다. 법학사에서는 에드먼드 버크(Edmund Burke)의영향을 받은 프리드리히 폰 사비니에 의해 1814년에 시작되고 제롬홀에 이어서 해롤드 버만(Harold Berman)에 의해서 현대의 비교역사학파가 재생하게 된 것이다."(김철, 2007ㄱ: 105; Chull Kim, 1993)

## 3.2. 숨은 문제가 드러남

파국의 세계적 전개는 일차적으로는 신용 - 금융 - 재정 부문이었으나, 이윽고 사회 및 정치 부문 그리고 이른바 지식 기반의 전문 직업집단에게까지 전례 없는, 그러나 대공황 이후 약 80년 동안 유보되어왔던 문제를 드러나게 했다(New York Times, 2008.10.24).

### 3.2.1. 순응주의의 문제

숨은 문제란 무엇인가? "과연 그들의 방식이 그때는 지지를 받았으나, 그래서 덮어놓고 여러 사람이 가는 길로 뛰어왔으나,[8] 과연 그때조차도 적절했던가 또는 옳았던가?"[9]라는 반성이다.

## 3.3. 최광의의 해석

최광의의 해석은 다음과 같다. 1989년 동유럽 러시아혁명(김철, 1989ㄱ) 이후, 세계사에서 거꾸로 방향의 반전을 보여 주는 것이 2008년 신용위기(Credit Crisis)이다(교수신문, 2008.10). 그러나 이 주장은 1989년 베를린 장벽이 붕괴된 것이 사회주의의 몰락을 상징하였다면, 2008년 월가(Wall Street)의 금융자본주의가 녹아내린(melt down) 것이 고전경제학(classical economics)의 몰락이라고까지는 평균인도 따라잡을 수 있으나, 몇 술 더 떠서 '마르크스 경제학의 부활'이라고 말미에서 지나친 확장을 할 때는 그 글을 쓴 사람이 그간 이념과 역사를 어떻게 다루어 왔는가를 알게 된다.[10]

---

8) 사회문화에 있어서의 군집행동, 즉 쏠림(herd behavior)에 대해서는 이 자료(김철, 2007ㄷ)를 볼 것.
9) 순응주의(conformism)와 비순응주의(non - conformism)의 문제에 대해서는 이 논문(김철, 2007ㄷ)을 볼 것.
10) 교수신문, 10월 초 1면 칼럼 기사 참조.

## 3.4. 내 용

다음 순서의 광의의 해석은 아래와 같다. 최근의 사회경제적 맥락에서 이러한 해석은 사건의 진원지인 아메리카 사회에서, 오랫동안 이른바 주류에 속하며, 정부나 관료조직에서 오랫동안 일해 왔던 지식인, 전문가 정치인들이 시민사회로부터 수세에 몰리게 되자[11] 그동안 비교적 소수에 속했으며 정부 시책(Bush Ⅰ·Ⅱ, 시대)이나 시민의 에토스에도 결정적인 영향을 주지 못했던 지식인들의 소리가 비로소 들리기 시작했다[12](Time, 2008.9.29. 이후). 그러나 대학의 지성인 사회에서는 이 소리가 오랫동안 가장 온당한 것으로 알려져 왔다(Ronald Dworkin, 1995, 2008).

### 3.4.1. 광의의 해석: 요목은 다음과 같다.

#### 3.4.1.1. 법제도의 윤리성 회복(Ronald Dworkin, "Law as Morality", 2008: 12~14).

#### 3.4.1.2. 미시적(Micro) 분석에서 거시(Macro – Analysis) 분석으로[13]

---

11) 2008년 가을 월가의 사태에 누가 어떻게 인과관계를 제공했느냐의 문제이다. 월가가 더 차입금으로 위험한 거래를 하게 된 제도적 요인 중 하나는 투자은행이 자기 자본 대 차입금 비율의 규제가 1 : 30으로까지 확장한 것과 관계있다. 2004년 해당 규제위원회(U.S. Securities & Exchange Commission)가 순 자본원칙(net – capital rule)을 완화한 것은 당시 골드만 삭스(Goldman Sacks)의 CEO였던 헨리 폴슨(Henry Paulson)이 2000년에 청원한 것이 주효한 것이었다. 이 골드만 삭스맨이 이어서 부시행정부의 재무부장관이 되어서, 투자은행들의 손실을 연방정부의 공식자금으로 메워 주는 역할을 하게 된다(Time, Nov. 3: 32~33). revolving door 현상에 해당된다.

12) 대표적으로 NYU의 루비니(Nuriel Roubini) 교수와 Princeton의 폴 크루그먼(Paul Krugman)이다. 두 사람은 위기의 가을 이전부터 지금까지 Whistle blower 역할을 해 왔다(New York Times, 10.13).

13) 고전경제학의 시장 중심 가격 이론에서부터 경기순환을 동반한 장기적인 역사적 이론이다. 경제사학자인 클라우디아 골딘(Claudia Goldin)과 로버트 마고(Robert Margo)는 미국 중산층의 기원을 돌아보기 시작했다. 그들은 놀랍게도 도금시대(Gilded Age, 미국서 엄청난 물질주의와 정치부패가 일어난 1870~1890년대까지를 일컫는 말 – 역주)의 불평등에서 비교적 평등한 전후 시대로의 변환이 점진적으로 이루어지지 않았음을 발견했다(Claudia Goldin and Robert Margo, 1992: 1~34).

의 전환(Paul Krugman, 2007: 22~23).

**3.4.1.3.** 분야별 세분에서 학제적 교차와 통섭(統攝, Intergratio n)[14]에로의 전환(김철, 2007ㄴ: iv~vi; 김철, 2007ㄱ: 서문).

**3.4.1.4.** 현상의 대응을 위해서, 과학적 · 의학적, 마침내 역사적 접근[15](김철, 2007ㄴ)으로 시선을 돌림(Arthur Schlesinger. Jr, 1957).

**3.4.1.5.** 광의의 해석도 물론 갈래가 있다. 그러나 공통점을 지식인들이 공유하는 이유는 상당히 오랜 기간의 생활체험에서 오는 회의 때문이었다.[16] 가장 직접적인 회의는 이른바 경제성장률, 총생산의 계속적인 증가에도 불구하고 가장 호황을 누렸던 시기 — 이른바 레이가노믹스(Reaganomics)의 절정기 — 에도, 놀랍게도 아메리카 주류사회의 중간층(middle class)이 서서히 붕괴해 가고 있다는 조짐이 도처에 나타났다. 이른바 불평등에 대한 새로운 경제학(Paul Krugman, 2007: 22)이 나타나기 시작한 것이다. 법 분야에서 가장 현저한 예는 1990년대 중반 이후에 가장 주목을 끌고 있는 파산법(Bankrupcy Law)제도이다 (Elizabeth Warren, 2003; 임치용, 2004). 호황기의 대부분 시기에 있어서도 진행된 중산층의 붕괴, 몰락 현상은 개인 파산의 법제도와 실상에서 계속 경종을 울리고 있었다.[17]

**3.4.1.6.** 아메리카의 사회, 경제적 진행과 선진국은 물론 주변국가

---

14) 통섭은 통합이며 교차 또는 뛰어넘는 것(cross - over)과 학제적 연구(interdisclinary)를 뜻한다(김평우, 2008).

15) "역사를 조금 아는 사람이라면 이 나라가 항상 이렇지는 않았다는 것을 안다."(Paul Krugman, 2007: 18)

16) 폴 크루그먼은 2007년과 1953년의 비교를 그의 개인적인 생활 체험을 인용하는 추억에서 출발한다. 주류 경제학자가 생활 체험에서 현상을 진단하는 것은 드문 일이다(Paul Krugman, 2007: 17~18).

17) 2008년 10월의 월가 위기 이전에 경종을 울리는 사람으로서의 연구에 대해서, Warren & Warren 『The Two - Income Trap』(New York, Basic Books, 2003).

에 속하는 다른 나라들의 관계는 더 이상 설명할 필요가 없다. 2008년 9월 29일 이후의 위기 파급효과는 미국(U.S) – 영국(U.K) – 도이칠란트 (Germany) – 프랑스(France) – 이탈리아(Italy) – 스페인(Spain)은 거의 동시에 진행되었고 미국(US)과 중국(China)의 짝짓기(Coupling)는 Chimerica 라는 신조어로 나타났다. 일본도 심각하게 영향을 받았다. 신흥경제 (Emerging Economics)에 속하는 인도, 기타 동아시아 및 BRICs 모든 나라들에 파급효과가 진행되었다(매일경제, 2008.10.27).

## 4. 자유지상주의와 고립화된 개인적 실존

다시 한국 법학도의 눈높이로 돌아가서 시작한다. 이해법학의 방식 (Shira B. Lewin, 1996: 1298)으로 시작한다.

### 4.1. 한국의 어려움과 전망

우선 지금까지 진행되고 앞으로도 진행될 한국의 어려움과 전망은 과연 지금까지 – 형식 법학의 개념 구조처럼 – 개인 실존과 아무 관계가 없는가. 내가 한 일, 내가 지금뿐 아니라 앞으로 할 일과 아무 관계가 없는가. 내가 지금까지 겪은 어려움 – 관계의 어려움(relational problem), 소속감의 어려움 –, 내가 어디에 있는지 때로는 소속감마저 분명치 않은 아노미(김광기, 2007: 54), 경제적 어려움에서 오는 어려움은 전혀 같은 시대 상황과 아무 관계가 없는가.[18]

---

18) 이런 물음으로 공식 역사에 들어갈 수 있는 것은 이 문헌(Shira B. Lewin, "Economics and Psychology: Lessons For Our Own Day From the Early Twenties Century" p.1298, Journal of Economic Literature, Vol. X X X IV(September 1996))에서 개인 실존의 심리학적 출발의 근거를 보여 주었기 때문이다(김철, 2007ㄱ: 30).

### 4.1.1. 자유지상주의와 개인의 고립

공식적으로, 세계체계의 해빙기였던 1989년과 1993년에 시작된 한국 사회의 '자유화'는 마침내는 자유지상주의(libertarianism)의 문제(김철, 2006ㄱ, 2007ㄱ)로 진행되고 모두가 그 수레바퀴 밑에 있었다. 경쟁만을 강조한 약 20년 뒤, 더 이상 나의 문제는 너의 문제와 관계있다고 느끼지 않는다. 신속하게 진행된 사회적·문화적·계층화(stratification)는 고립된 개인이 오로지 실존하는 것으로, 소외(Chull Kim, 1993)된 개인으로 느끼게 된다.

### 4.1.2. 위기 앞의 실존

우리의 실존(Existentionalism)은 우리 역사의 맥락 안에서 수동적이든, 능동적이든 이루어진다. 만약 우리 앞에 쥐 한 마리가 '우연히도' 어느 날 누군가의 앞에서 죽어 나자빠져 있다면 어떤 상황을 예측할수 있을 것인가? 알제리의 오랑 시에서 어떤 의사가 겪은 위기는 오로지 개인적인 에피소드인가(Albert Camut, Pest).

## 5. 시장과 정부, 시민의 관계

시장과 정부, 시민의 관계를 평균인의 눈으로 보기로 하자.

### 5.1. 신용평가

1997~1998년 동아시아 및 한국의 외환위기가 알려지기 시작할 때, 가장 권위 있는 세계적 기구는 IMF와 함께, 국가 신용도의 등급을 하

향 또는 상향 조정하는 신용평가기관(Credit Rating Agency)이었다. 이후 한국은 선진국 또는 후진국의 나라와 대기업과 함께 10년간 이 신용평가기관의 등급에 모든 신경을 써 왔다. 모든 나라들은 다국적 대기업과 함께 같은 열에 서서 신용에 관한 점수를 받는 것이다. 스탠더드 & 푸어스(Standard & Poors)의 권위는, 무디(Moody), 피치(Fitch)와 함께, IMF 외환위기 이후 약 10년 동안 세계의 신흥국가 자체와 대기업의 신용도를 과연 부도낼 것인가, 민법상 상환능력이 있는가, 국제법상 주권국가의 채무 불이행 내지 지불불능(default)이 일어난 것인가, 따라서 행위능력이 있는가, 있다면 어느 정도인가를 공식적으로 결정해 왔다. 2008년 10월 23일 미 하원 청문회(House Committee on Oversight and Government Reform)에서 나타난 사실은, 신용평가기관의 장(長)들이, 신용평가에 직접 임한 평가사와 애널리스트들의 강한 반대에도 불구하고, '외형(外形)을 늘리기 위해서', '매출액을 늘리기 위해서($2billion에서 $6billion으로)' 엄격하고 정확한 실사라면, 상환능력이 전혀 없거나 최대 1/2밖에 상환능력이 없는 채권을 담보로 한 유가증권을 A + A + A + 또는 '최대의 안전'으로 평가하도록 지시하고 강행한 것이 드러났다.[19] 이 사실은 익명의 증언으로서는 연방증권유통위원회(Security Exchange Commission)에서 2008년 가을 사태 이후 비로소 밝혀진 것이다. 연방증권유통위원회는 독립규제위원회로서 채권이나 파생상품의 규제책임이 있는 행정위원회이다(김철, 2007ㄴ: 118).

## 5.2. 회전문(回轉門, revolving door) 현상

2008년 가을 월가의 사태는 누가 어떻게 인과관계를 제공했느냐의

---

19) "우리는 매출을 위해서 영혼을 팔았다"(동아일보, 10월)는, New York Times, 2008.10.24.의 기사 본문과 동일함.

문제이다. 월가가 더 많은 차입금으로 위험한 거래를 하게 된 제도적 요인 중 하나는 투자은행이 자기 자본 대 차입금 비율의 상한을 1 : 30으로까지 확장한 것과 관계있다. 2004년 해당 규제위원회(U.S. Securities & Exchange Commission)가 순 자본원칙(net capital rule)을 완화한 것은 당시 골드만 삭스(Goldman Sacks)의 CEO였던 헨리 폴슨 (Henry Paulson)이 2000년에 청원한 것이 주효한 것이었다. 이 골드만 삭스맨이 이어서 부시행정부의 재무부장관이 되어서, 투자은행들의 손실을 연방정부의 공식자금으로 메워 주는 역할을 하게 된다(Time, Nov. 3: 32~33). 회전문 침투(revolving door infiltration) 현상에 해당 된다(Kenneth F. Warren, 1996: 49).

## 6. 사적 자치(私的自治)의 원리

### 6.1. 세계경제의 신용위기 시대의 구분

기술한 바대로 2008년 9월 30일 월가(Wall street)에서 시작된 세계 경제의 신용위기(Credit Crisis)는 1929년 10월 24일 시작하고 1930년 대와 1940년대의 세계사(경제, 정치, 사회, 문화)의 진행에 결정적으로 영향을 준 세계 대공황(Great Depression) 이후 79년 만의 큰 고비이고, 지금도 진행 중이다. 세계 법학의 역사나 정부의 역할에서 1929년 10월 24일 이후 1930년대의 시기는 그 이전의 시대(1919~1929)와 확연히 구분된다.[20]

---

20) 논문 저자는 최근의 연구 『뒤르켐의 아노미 이론과 평등권에서의 기회균등』에서 1930년대를 다루면 서 1929년 세계 대공황 이전의 약 10년간을 세계사의 관점에서 1차 대전이 끝나고 전후 질서가 확립된 1919년을 기점으로 하여 중점적으로 다루었다(김철, 2008ㄴ). 그러나 아메리카 사회경제사의 관점이나 아메리카 헌법사의 관점(McClosky, 1960)에서는 시대 구분을 할 때 생산력의 증강에 따른 엄청난 물질주의와 그와 동반한 부패는 1870년 내지 1890대까지 벌써 상당히 진행되었다고 보

시민 또는 시장(실물경제이든, 채권시장이든 증권시장이든 투자시
장이든)의 입장에서, 대공황 이전, 즉 1차 세계 대전이 끝나고 전후 질
서가 형성된 1919년 이후 약 10년간 당시 전승국 위주의 세계경제질
서를 좌우한 재정 금융의 중심지에서는 ― 런던의 증권 거래소, 뉴욕의
증권 거래소(Security Exchange)든, 전후 서유럽의 어디든 ― 시장의 가
격 결정 메커니즘을 중심으로 한 사적 자치(私的自治)가 민법뿐 아니
라 모든 거래를 중심으로 한 시민 생활의 주된 동력으로 작용하였다.[21]

사적 자치란 계약 자유, 소유권 우선, 그리고 과실 책임의 원칙을 중
심으로 해서 이루어졌다. 소유권과 계약 당사자의 자유계약은 특히 1차
세계 대전 후 팍스 아메리카나(Pax Americana) 질서의 중심국이었던 아
메리카에서 현저하였고, 경제 주체들과 기업들이 자유를 구사하였다.[22]

**6.1.1.** 사적 자치의 원리는 거래 기타 개인들의 의사가 중심이 되어
서, 어떻게 팔고, 어떻게 사느냐는 고대 도시국가 시대(그리스, 고대
로마)부터 시작하여 서유럽의 중세 자유도시(freie Stadt)를 거점으로
하여 정부도, 왕도, 국가도, 국가의 군대·경찰·관료도 간섭할 필요
가 없고 간섭할 수도 없는 생활 관계의 표현이었다. 오랜 중세사회 이
후에 전개된 근대 시민사회와 시민사회(김철, 2007ㄴ: 114)의 법학적

---

고 이때를 도금시대(Gilded Age)라고 한다(크루그먼, 2007: 22).

21) 아메리카 제도와 법의 역사에도 1885~1895년까지를 구질서의 시대(Arnold Paul)로 본다.
1890~1900년까지는 시장의 내림세와 규제 국가의 오름세로 본다(Faulkner: 74~79, 91~93).
테오도르 루스벨트의 시대인 1900~1912년에 현대 아메리카가 탄생한 것으로 본다(George E.
Mowry: 6~10, 14~15). 우드로우 윌슨과 1차 대전 기간인 1910~1917년을 진취의 시대로 간
주한다(Arthur S. Link: 18~21, 66~80). 1900년부터 아메리카가 1차 세계 대전에 참전할 때까
지를 실지로 거의 모든 사가들이 '진취적인' 또는 '진보적인' 시대로 레벨을 붙여 왔으니, 그 실상의
전개는 보수주의의 승리라고 할 수 있다(Gabriel Kolko, The Triumph of Conservatism, 1963:
2~15). 왜냐하면 이른바 '진보시대(Progressive era)'의 특징은 경제에 대한 정치적 규제라기보다
는, 주요한 경제적 이익으로서의 비즈니스가 정치를 통제한 것이다(Kolko, 1963: 2~3).

22) 1885~1895년까지를 법학에 있어서의 구질서의 시대로 본다(Arnold Paul). 1890~1900년까지
이 경향은 내림세이나 일단 규제국가의 오름세로 본다(Faulkner: 74~79, 91~93). 그러나
1900~1912년의 기간이나 1910~1917년 이른바 진보 시대도 규제 그 자체는 어김없이 규제 관
련 산업의 리더들에 의해서 행해졌다. 그리고 그 규제의 방향은 산업의 리더들이 받아들일 만하든가
바람직하다고 느끼는 목표로 향해졌다(Kolko, 1963: 2~3). 부분적으로 이것도 규제적 움직임은 통
상 규제되는 지배적 사업자들에 의해 주도되었기 때문이다.

표현인 민법 ― 최초로 나폴레옹 민법 ― 에서는 중세 봉건사회와 달리 타고난 신분 ― 공작의 딸, 후작의 아들, 백작의 조카, 남작의 삼촌 ― 이 아니라 시민혁명에 의해서 계층적 신분에서 해방되어서 민법의 인 (人, persona)의 규정에 의해서, 사람은 일생 동안 권리나 의무의 주체가 되었다. 권리 능력 있는 사람은 누구나 어떤 약속(promise) 어떤 구두로 성립되는 계약(諾成契約), 따라서 어떤 의무를 지고 권리를 가지는 자유이다. 위대한 근대 시민사회에 와서 확립된 원칙이다.[23]

계약 자유를 기반으로 한 사법과 공법의 이분법이 시민법의 구질서를 유지시키는 프레임 워크가 되었다.[24]

## 7. 사적 자치(私的自治)의 원리에 대한 수정과 공법(公法) · 사법(私法) 이분법에 대한 회의[25]

### 7.1. 법학의 20세기

사적 자치(私的自治)의 원리에 대한 수정과 공사법 이분법에 대한 회의는 이론적인 것이 아니고 이 연구의 다음 순서, 즉 사회경제사에 따른 Laissez – faire와 규제, 사회적 집단으로서의 기업과 공공복리, 토지 귀족과 신흥 부르주아지, 산업 사회와 기업합병, 독점과점, 1차 대전과 사회주의 혁명, 팍스 아메리카나(Pax Americana)와 재즈 시대에

---

23) 근대 법의 중심개념의 하나인 계약(Contract)은 개인의 사회경제적 활동의 일상적 영위의 기본 양태(樣態)였다. 이미 국가 성립조차도 이와 같은 개인의 계약의 연장 ― 사회 계약 및 국가 계약으로 설명하는 이론이 있어 왔다. 근대 법의 표어는 '신분에서 계약으로'이다. 국가와 정부는 최소한의 정부(Minimal state)이며 국민의 신체, 재산의 안전을 지키는 야경 국가였다(김철, 2007ㄴ: 118).

24) 계약 자유를 기반으로 하는 사법질서와 공법질서의 이분법에 대한 공격은, 법학사에서는 사회학적 법학의 창시자인 로스코 파운드(Roscoe Pound)에 의해서 1907년 처음으로 '낡은 법질서에 대한 공격'의 하나로 예일 대학 법학 잡지에서 시도되었다(Roscoe Pound, "Liberty of Contract", 1907).

25) 이 논제에 대한 역사적 문헌은 (Robert L. Hale, "Coercion and Distribution in a Supposedly Non – Coercive State", 38 POL. SCI. Q, (1923) pp.470~478)을 참조할 것.

서 보여 줄 사회경제사의 진행에 따라서 나타나는 것이다. 아메리카 법학사에 있어서는 사회학적 법학을 주창한 로스코 파운드(김철, 2007 ㄱ: 50~51, 61)가 1905년과 1907년 두 번에 걸쳐서, 미국변호사협회 (America Bar Association)에서 처음으로 사회학적 법학이 필요하다고 힘주어 말해서 시골 변호사들을 어리둥절하게 만들었다. 법학의 20세 기는 이렇게 시작되었다. 19세기를 특징지었던 계약 자유26)에 대해서 는 로스코 파운드가 1907년에,27) 19세기를 특징지었던 소유권 절대에 대해서는 리차드 엘리(Richard T. Ely)가 1914년에,28) 불법행위의 개인 책임에 대해서는 호옴즈(Holmes)가 1894년, 1897년,29) 에임즈(James B. Ames)가 1909년30)에 19세기적 공사법 이원론과 계약 자유에 대해 서 포문을 열었다.

그러나 이러한 법학 선구자의 법학사상보다도 그것을 가능하게 한 사회경제사를 요약해서 보도록 하자.


## 8. 자유방임(Laissez – faire)과 규제에 대한 세계경제사

세계경제사에서 대략 1770년대부터 1820년대 또는 1830년대까지가 산업혁명의 초기로, 개인기업 중심으로 생산 및 유통업이 활발하게 일 어났으며 상인의 자본이 경제활동의 원동력이었다(김철, 2007ㄴ: 114;

---

26) 관련 판례는 (Galucha v. Sherman, 105 Wisc. 236(1900))이다.
27) 역사적 문헌으로서 이 논문(Roscoe Pound, "Liberty of Contract", 18 Yale L. J. 1907)을 참조 할 것.
28) 역사적 문헌으로서 이 책(Richard T. Ely, Property and Contract in Their Relations to the Distribution of Wealth(1914) pp.136~137, 212~213, 236~241, 248~253)을 참조할 것.
29) 역사적 문헌으로서 이 논문(Holmes, "Privilege, Malice, and Intent", S Harv. L. Rev. 1(1894)과 Holmes, "The Path of the Law", 10 Harv. L. Rev. 457(1897)을 참조할 것.
30) 역사적 문헌으로서 이 논문(James B. Ames, "Law and Morals", 22 Harv. L. Rev.(1909))을 참 조할 것.

Freeman, 1887).

1830년과 1840년부터 1880년과 1890년까지 생산수단과 테크놀로지는 증기기관과 철도가 지배하는 시기로서 '자유방임(laissezfaire)의 정오'[31]로 사회와 제도가 설명된다.[32] 그러나 철도 산업의 등장은 국가 규제를 불러일으키는 계기가 되었다. 아메리카에 있어서의 공법체계가 나타난 것은 1880년대로 사기업 형태를 규제하기 위한 필요로 시작되었다.[33] 철도나 넓은 범위의 개인기업의 영향력이 너무 커서, 과거의 보통법체계나 행정 관행으로써는 다룰 수 없었다(Richard Stewart, 1975: 374).

## 9. 사회적 집단으로서의 기업과 공공복리

고용인 수천 명 이상의 기업이 경제활동의 중심부로 나타나면서 초기 고전 모델 시대(1760~)[34]의 이분법 - 즉, 시민 대(對) 정부 또는 국민 대(對) 국가의 대립 - 이 달라졌다(김철, 2007ㄴ: 120). 기업을 위주로 한 사회적 집단이, 중세적 여러 특권이 붕괴된 이후, 시민 생활의 전면에 나타나게 되었다. 봉건적 세력 즉, 지방토착 특권계층이 남아 있는 나라나 지역에 있어서는 이러한 특권 보유자들이 시민 대(對)정부 또는 국민 대(對) 국가의 이분법에 다른 역학을 주고 있었다. 철도 산업은 또 다른 충격을 가져왔다. 요금률과 서비스의 적성선의 문제는 새로운 측면 - 공공문제에 대한 기술적이고 전문적인 판단을 요.구하

---

31) 이 시기는 '작은 기업의 한낮'으로 불린다. 그러나 수백 명이 아니라 수천 명을 고용하는 큰 기업이 나타났다. 기업과 시장이 커지면서 유한회사와 주식회사 형태가 투자, 위험부담, 소유권의 새로운 모습을 가능하게 하였다(김철, 2007ㄴ: 118-119; Freeman, 1987).

32) 아메리카 사회경제사에 있어서 1870~1890년대의 도금시대(Gilded Age)는 대체로 일치한다.

33) 사기업 행태를 규제하기 위한 공법체계의 출현에 대해서 이 책(Lawrence M. Friedmen, 2005)을 볼 것.

34) 아담 스미스의 보이지 않는 손(Invisible hand)이 초기 시민사회의 자연적 균형을 유지한다고 생각되었다.

였다. 국민의 일반의지(General will)는 공공복지(public welfare)를 요구한다. 그러나 그 일반의지의 모임인 의회는 철도산업의 기술적이고 전문적인 경제적 측면을 다룰 수 없었다. 국민과 의회의 일반의지(General will)는 특별한 전문가의 모임(Special committee of economists)을 필요로 했다. 일반인의 집단은 특별한 전문가의 실행과 결정을 요구하였다(김철, 2007ㄴ: 120; A. A. Berle. Junior, 1917: 439~440).

사정은 의회 만능인 영국에서도 마찬가지였다. 예를 들어, 벤자민 디이즈레일리(Benjamin Disraeli)는 일반적으로 모든 국내외의 문제에 대하여 연설할 수 있었으나, 예산과 세출에 대한 특별한 영역에서는 조롱을 받았다(김철, 2007ㄴ: 121).

"영국의 위원회는 철도회사를 괴롭히기에 충분한 권한을 가졌지만, 일반 공중을 능률적으로 원조하는 힘은 없었다."(Schwarz, 1960, 1981: 5) 이리하여 그보다 훨씬 강력한 기관인 철도운하위원회(Railway and Canal commission)가 1888년 성립된 것이다.

## 10. 토지 귀족과 신흥 부르주아지

앙시앵 레짐 시대의 서유럽대륙 토지 귀족과 신흥 부르주아지 - 프로이센, 오스트리아, 헝가리제국과 프랑스의 비교

대륙의 주된 세력이었던 프로이센의 경우는 우선 고전 모델의 기초인 삼권분립의 원칙 자체가 확립되지 않았다. 즉, 1871년 이후의 비스마르크 헌법 체제하의 제2제국은 강력한 황제권의 지배하에 있었고, 의회의 역할은 간헐적이었다. 경제사적으로 볼 때, 산업혁명의 진도는 유럽의 선진국이었던 영국에 비해서 후진적이었고 국가의 힘에 의해서 산업화를 추진해 갔다. 프랑스 혁명의 추진세력이었던 제3세력, 즉

상공업자의 부르주아지는 프로이센에 있어서는 영국만큼 독자성을 누릴 수가 없었다. 프로이센의 지배세력은 여전히 토지를 기반으로 한 대토지소유자(Junker)에게 있었고 대토지 소유계급은 유럽 전체로 볼 때는 앙시앵 레짐을 지탱했던 토지 귀족과 다르지 않았다. 따라서 앙시앵 레짐 출신의 대토지소유자는 프로이센의 경우 새로운 부르주아지들을 압도하고 있었다(김철, 1993: 24; 김철, 2007ㄴ: 122).

대륙의 또 다른 지배세력이었던 오스트리아 - 헝가리 제국의 사정도 중세 이후 앙시앵 레짐의 계승자라는 점에 있어서는 기본적으로 프로이센과 같았다. 따라서 대토지소유자로 구성된 대귀족과 영주를 국가체제의 기반으로 하고 있었으며, 근대 이후의 근대적 시민사회의 기반인 삼권분립, 법치주의의 원칙 등은 명목적이었다(김철, 1993: 27; 김철, 2007ㄴ: 122).

선진 산업화사회의 보편적 현상으로, 1830년과 1840년대에서 시작하여 1880년과 1890년에 이르는 시기에 새로운 중산층을 위한 내국 서비스업이 발달하였다. 교통과 유통업이 급격하게 성장하였다. 우편과 커뮤니케이션이 보편적으로 발달하게 되었다. 은행 및 재정 서비스업이 성장하였다. 그 이전 시기의 기술 - 경제 패러다임의 문제는 수력의 한계였는데 증기기관과 새로운 운송체계에 의해서 극복되었다.

국제 규제체제에 있어서, 제1기에 테크놀로지와 생산수단의 파이오니아였던 영국이 나폴레옹의 패배와 함께, 상업과 국제 금융에 있어서의 우위를 점했다. 산업혁명의 제1기에서 프로이센은 제2군의 산업화를 걷고 있었다. 1837년부터 영국의 빅토리아 왕조가 시작되고 국제 자유무역과 금 본위제가 지속되었다(Freeman 연표, 1987).

## 11. 산업 사회와 기업합병, 독점과점

선진국은 1880년대와 1890년대부터 시작되었으며 나라에 따라서 1930년대와 1940년대까지 지속된 기간으로 이 시기의 산업 사회의 주력은 제철공업, 전기공업, 중공업에 주어졌다. 거대기업, 카르텔, 트러스트 그리고 기업합병이 일어났다. 독점과 과점이 전형적으로 나타났다. 금융과 재정자본이 집중하였다. 1차 대전이 시작되던 1914년부터 1929년 월가에서 진원이 된 세계 대공황이 시작되기 직전까지의 상황도 이에 해당한다(김철, 2007ㄴ: 123).

1910년대 중반까지 프로이센은 빌헬름(Wilhelm) 2세 때(1888~1918) 테크놀로지의 선두 주자로 나서고, 영국을 이어 대공업국이 되어 보호 무역과 식민지 정책에 나섰다. 비스마르크(Bismark) 헌법(1871)에 이어 독일지상주의(Deutschland ueber Alles)와 범게르만주의를 표방하였다. 이러한 빌헬름(Willhelm) 2세의 세계정책(Welt Politik)이 발칸문제로 범슬라브주의(Pan - Slavonism)와 충돌하였다(Freeman, 1987).

1910년대 중반까지 민족주의(범게르만주의, 범슬라브주의 등)와 제국주의적 국가(프로이센제국, 러시아 제국, 대영제국 그리고 아시아에 있어서의 일본제국)가 식민주의와 결합하였다. 1차 대전 발발과 함께 (1914) '좋았던 시절(Belle epoque)'과 팍스 브리타니카(Pax Britanica)가 끝이 났다(김철, 2007ㄴ: 123).


## 12. 1차 대전과 사회주의 혁명

1차 대전 이전부터 시작해서 국가 및 지방관료주의(Bureaucracy)가 급속하게 성장하였으며, 민족국가 및 제국주의 국가의 국가 규제가 최대화되었다. 공익시설과 같은 하부구조(Infra structure)에 대한 국유 및 규제가 보편화되었다. 국가에 의한 사회 입법이 많아졌다. 국가 관료가 급속히 성장하였다(Freeman, 1987). 1917년 대전의 와중에 러시아에 혁명이 일어나고 최초의 사회주의 정부가 수립되었다.

영국의 마샬(Marshall), 이탈리아의 파레토(Pareto)가 활약했다. 아메리카에서는 1899년 돌스타인 베브렌(Thorstein Vebren)이 유한계급론(Theories of Leisure Class)을 썼다.

## 13. 팍스 아메리카나(Pax Americana)와 재즈 시대

1차 대전을 종결하고 전후 질서를 베르사유 조약에 의해서 규정한 1919년 이후를 팍스 아메리카나(Pax Americana) 시대로 본다. 1차 대전 때 유럽에 있어서의 전체주의와의 전쟁을 지원해서 세계자유주의의 구원자가 된 아메리카는 1919년부터 약 10년 동안 호황을 계속하였다. 이 시대를 아메리카 역사에서는 재즈 시대라고 한다. 이 시대의 특징은 한편에 있어서는 급격히 경제적 부가 증가하였으며 아메리카인들이 구대륙의 정신적 유산을 극복하고 자신감을 가지기 시작한 시절이었으며 다른 한편에서는 급격히 증가한 경제적 부가 이전의 청교도적 정신주의를 압도해서 유한계급이 나타나고 대중의 감각이 호사와 안락, 사치에 길들여졌던 시대이다(김철, 2008ㄴ, 4).

사적 자치, 계약의 자유, 특히 대규모의 계약으로 영위하던 회사와 기업의 자유는 생산력과 거래량을 증가시켰다. 부는 증가하고 물질적 풍요가 넘쳐나게 되었다.

# 14. 재즈 시대의 아노미

이 기간 동안 아메리카 문화에서는 방식의 문제보다 목표의 달성에 중점이 주어진다고 머튼은 믿는다(Merton, 1957: 136).[35] 당시 머튼이 인간 야심의 무한함의 예로 드는 아메리칸 드림[36]에서 "부(wealth)는, 즉 금전적 성공은 사회적 입신의 지표적인 역할을 하며 시민들로 하여금 이러한 목표로 이끄는 수없는 '성공담'이 횡행하고 있으며[37] 이 '쥐의 경주'에서 실패하는 자에게는 패배자의 낙인과 저주가 기다리고 있다"[38]라고 아노미와 관련해서 법사회학자로서 비관적으로 보고 있

---

35) 그의 생애의 가장 큰 사건이었을 1929년의 대공황 이전의 10년과 이후의 10년이 그에게 결정적인 사회학적 소재였을 것이다.
36) 아메리칸 드림에는 종착점이 없다고 머튼은 보고 있다. 금전의 획득에 의한 부의 성취 정도는 정의할 수도 없고 상대적이라 한다. 즉, 모든 소득계층에서 아메리카 인들은 현재보다도 25% 가산된 것을 원하고 있고 물론 이것이 성취되면 '얼마간 더 벌기'는 계속 작동한다. 이와 같이 표준 자체가 변화하는 곳에서는 안정적인 휴식점이 없으며 항상 '더 앞으로'가 작용한다고 한다. 최상위급의 소득계층이 모여 사는 커뮤니티에서도 조금만 덜 버는 사람은 사회적으로 박탈감을 느낀다. 그 가장 특이한 예를 1940년대의 번영하는 할리우드에서 들고 있다(머튼, 1950, 736). 그러나 더 극적인 예는 2008년 9월 월가에서 일어난 파산 사건의 원인 행위가 진행된 경위를 들 수 있다. 불량주택채권의 담보나 파생상품의 위험성과 높은 수익성은 드디어 1929년 세계 대공황 이후 세계 금융시장의 최악의 위기를 초래하였다(TIME, 2008년 9월 29일, 18~23).
37) "문화의 차원에서 머튼은 모든 사회구성원들에게 경제적 성공이라는 단일한 성공 목표를 지나치게 강조하는 문화를 아노미의 중요한 근원이라고 보았다. 사회구조의 차원에서는 사회계층의 경직성 정도 혹은 불평등 정도가 핵심적인 의미를 갖는다고 보았다. 머튼의 이론에 따르면, 경직된 사회계층구조 혹은 심한 불평등 구조가 한 사회 내에서 경제적 성공이라는 단일한 목표를 모든 사회구성원들에게 강조하는 문화와 결합했을 때 그 사회에 아노미가 팽배할 것으로 예측된다. 상당수의 사회구성원들, 특히 불평등 구조에서 하층에 위치한 사람들은 제도적 수단에 대한 접근이 제한되어 있는 상황에도 불구하고 여전히 경제적 성공 목표를 달성하기 위해서 비합법적 수단이라도 동원하려고 할 것이다. 이러한 문화적·사회구조적 상황에서 제도적 수단의 정당성은 크게 약화될 수밖에 없다. 그리고 무엇보다 경제적 성공을 '지나치게' 강조하는 문화는 필연적으로 제도적 수단에 대한 경시로 결과될 것이다."(Merton, 1957: 187; 신동준, 2006: 37)
38) 사회경제적 지수와 범죄율 간의 높은 상관관계를 이와 같이 표현했다고 보인다. 1930~1957년 사이 아메리칸 드림에서 실패자로 낙인찍히고 범죄자로 전락한 경우도 많을 것이다. 그러나 그 기간 동안 신대륙으로 유입된 외국인 이민의 경우를 생각한다면 — 서유럽·동유럽 이민들, 중남미 이민들, 그리고 한국과 동아시아 및 동남아시아 이민들의 생활사를 그들이 본국에서 영위하던 정치, 사회, 경제적 위상과 비교한다면 — 머튼이 표현한바 '쥐의 경쟁'은 대공황기의 경험으로 해석된다. 많은 이민들에게 아메리칸 드림의 꿈은 머튼이 말한 바 나 금전적 성취의 측면보다 전쟁과 정치적 재난, 경제적 불안정에서부터 피난처를 찾은 것이고 이들의 성공 여부는 보다 긴 역사에서 판단되어야 할 것이다. 아메리칸 드림의 기록으로서 Frank McCourt, Angella's Ashes(Now York, 2003), Tis(Now York, 2004), Teacher Man(Now York, 2005)을 참조.

다. 머튼의 이 관찰은 계층에 따라 타당도가 달라질 것이나[39] 최소한 성공신화가 과다한 어떤 시대의 어떤 사회의 아노미 현상에 대한 증언이라고 보인다. 비교사회학적으로 중요한 분석이며 다른 사회의 다른 시대의 관찰과 분석에도 쓰일 수 있는 것은 어떤 문화에서의 목표와 목표를 이루는 수단과 방식 사이에 현저한 불균형이 있다는 것의 지적이다(Mannheim, 1973: 502; Merton, 1957: 166; 김철, 2008ㄴ).

그러기를 약 10년쯤 계속했을 때, 무엇인가 잘못 진행된 것도 같이 따라왔다는 것을 느꼈을 때, 이미 개인이 아니라 국가 사회가 이상한 국면에 도달했다는 것을 느꼈다. 계약의 자유는 한계가 없을 줄 알았는데, 계약 당사자만 승낙하면 문제없을 줄 알았는데, 잘 굴러가던 기업자금 조달의 창구이며, 돈 가진 사람이 자금 시장에 투자만 하면 증권이든 채권이든 늘 기업 이윤과 함께 높은 수익률이 보장되는 듯했는데 ─ 어느 날, 가진 자산 전부를 투자한 증권과 채권이 휴지조각만큼이나 가치를 상실한 것을 발견했다. 사람들은 놀라고, 어이없었고 분노하다가 ─ 큰 부를 가진 사람이 갑자기 알거지가 된 것을 보고 ─ 집을 나가서 행방불명이 되거나, 자살자가 급격히 늘어났다.


## 15. 대공황의 전기(前期)

'위기 때의 법(Law in Crisis)'이 주제이다. 1920~1930년까지의 급격히 변동하는 사회적 맥락 속에서 세계 대공황의 전기(前期)가 진행되고 있었다. 법 관련자들은 다음과 같이 생각했다. 법학자들은 사회 현실과 관련해서 법이 실지로 어떻게 운용되는가에 관해서 조사하여야

---

39) 머튼의 이 이론은 법사회학의 넓은 범주에서 볼 때는 사회계층을 중심으로 한 이론으로 분류된다. 법사회학의 한 분과인 범죄사회학 학자인 만하임은 머튼과 그가 계승한 뒤르켐을 범죄사회학에 있어서 계층 정향의 이론가로 보고 있다(Mannheim: 1973, pp.499~531).

되는 소명(Calling)을 가지고 있다고 선언하고 그때까지의 법 사고는 이러한 기준에 의해서 비판되었다. 개념적이며 원칙적이며 법률해석학에 국한되었다고 하고, 법이 실제로 사회 안에서 어떻게 운영되며 사람들의 행태에 어떻게 영향을 미치는가는 무시한다고 하였다(Kitch, 1983: 164; 김철, 2007ㄱ: 188; 김철, 2008ㄱ: 50~51).

## 16. 대공황 시대(The Great Depression)의 경제사상과 법

대폭락, 대침체 그래서 1929년에 시작된 대공황에 대해서는 재계나 노동계 그리고 학계의 거물들 중 누구도 예상이나 준비가 없었다. 오히려 1920년대의 경제 사상의 이단아들이 경기 침체에서 지적 자극과 입장의 강화를 받았다(Schlesinger. Jr, 1957: 186). 그중에 포스터(Foster) - 캣칭스(Catchings) 팀의 윌리엄 포스터(William Foster)가 대폭락 이후 그의 원래 주장의 입지를 확인하고 강화한 것이 되었다. 그가 고안한 체계에 의하면 폭락과 침체는 예상할 수 있었던 것이고, 그가 그 이유를 알았다면 치유책도 알았다고 생각했을 수 있었다(Schlesinger. Jr, 1957: 187).

> "왜 산업이 물건 만들기를 그치고, 고용을 중지했는가?"
> "제품이 팔리지 않는 것이 이유이다."
> "신속하게 침체를 그치게 할 유일한 방법은 급료 총액의 전체를 늘리는 것이다."
>
> — Arthur Schlesinger. Jr, 중에서 —

그러나 구매력도 살아나지 않았다.

"3년간 우리는 사기업들이 필요한 통화와 신용을 순환시키기를 기다렸다. 게으른 천사들에게 일을 맡기는 것은 어리석은 짓이다."
"민영기업이 실패하는 곳에, 공적 사업과 공기업이 우리의 유일한 원천이다.
우리는 집합적 행동에 의해서 소비자의 구매력을 회복할 수 있고, 다른 방법이 없다. ― 집합적 행동이란, 연방정부에 의한 행동이다."

― Arthur Schlesinger. Jr, 중에서 ―

첫 번째 스텝은 고용과 생산을 회복시키기 위해서 필요한 만큼 국가 채무를 증가시키는 것이어야 한다. 채무의 규모를 걱정할 시점이 아니다. 일단 국가의 소득이 증가하기 시작하면, 연방정부의 채무를 다시 지불하는 것은 단순한 일이 된다. 정부는 도로와 빈민가 재개발, 모든 종류의 공적 사업을 위해 자유롭게 지출해야 한다. 할 수 있는 모든 방법으로(상층부가 아닌 계층의 세금공제, 보너스 지급) 소비자의 손에 돈을 쥐어 주어야 한다. "만약 그것이 인플레이션이 되더라도, 지금 당장 국가가 필요한 것은 인플레이션 이외의 것이 아니다."(Schlesinger. Jr.: 1957: 186~187) 영국인 존 A. 홉슨(John A. Hobson)은 독자적으로 스테그네이션을 저소비주의자(underconsumptionist)의 논점으로 분석하였다. 포스터(William T. Foster)가 기업 저축과 금융의 과정에서 구매력의 누출을 강조함으로써 '수요의 실패'를 설명한 곳에서, 홉슨은 부의 분배(Wealth distribution)라는 구조에 주목하였다. 부의 분배의 왜곡은 부유한 자들의 손에 소득을 주고, 그들은 그것을 저축하는 동안, 소득을 써서 수평으로 증가시킬 수 있는 빈곤자들에게는 소득이 돌아가지 않았다(Arthur M. Schlesinger. Jr, 1957: 188). 홉슨은 자본주의 체제를 수정하지 않고서는, 부자들이 과잉 저축하는 것을 교정할 가능성이 없다는 비관적인 태도를 보였다. 그의 분석이 좀 더 정교하고 끈덕졌다면, 재정 적자를 감내한 재정 지출과 교정적인 과세를 권장한 점에서 포스터와 우연히 일치하였고, 그래서 그는 아메리카에 영향을 미쳤다.

존 메이나드 케인즈가 『화폐론(Treatise on Money)』을 1930년에 출간했는데 저소비주의자의 진영에서는 가장 좋은 영국 경제학으로 보았다. 1932년에 케인즈는 미국에서 말했다. "지금은 빈곤에서 오는 위기(crisis of poverty)가 아니고 풍요에서 오는 위기(crisis of abundance)이다." 당시에도 어떤 목소리는, 위기에서의 탈출구는 잠재적 생산력을 현재화시켜 사용하는 데 있다고 주장했으나, 케인즈는 바보 또는 광인의 소리라고 반박했다. 경기에 민감한 금융인들은 인플레이션의 심각한 위험은 없다고 시민들에게 확언하고 다닐 수밖에 없었으나, 그들의 진정한 의도에서는 그렇게 바랄 만한 충분한 근거도 찾을 수 없는 상황이었다. 이러한 분위기가 지배적인 한, 케인즈는 가까운 장래에, 과거와 같은 아메리카의 번영을 다시 가져올 사건들을 기대할 수 없다고 말하였다.

미국에서는, 윌리엄 포스터(Foster)와 같은 저소비주의자들의 글이 출판되었으나 추종자는 별로 없었다(Arthur M. Schlesinger. Jr, 1957). "고소득층의 소득은 아메리카가 굴러가도록 만드는 충분한 비율로 자동적으로 소비되지는 않는다. 그래서 연방정부는 이 잉여소득(Surplus income)을 취해서 그것을 써야 한다"라고 데이비드 코일(David Cushman Coyle)이 주장한다. 그러나 포스터(Foster)의 가장 강력한 제자는 유태계 금융인인 에클레(Eccle)로 포스터(Foster)를 주의 깊게 읽고, 저소비 현상을 사업가로서의 경험으로 재해석하고는, 그의 스승을 구체성과 전략성에서 능가하는 권고를 내놓았다. 그에 의하면 문제는 정부를 구매력의 증가를 가져오도록 사용하는 것이다. 해답은 정부 지출에 있으며 — 공공사업(Public works)과 구제사업(Relief)이었다(Arthur M. Schlesinger. Jr, 1957).

"자본주의 아래에서, 지금의 위기 상황에 대처하는 계획을 우리가 채택하거나, 그렇지 않으면 자본주의 없이 운영되는 계획이 우리 의사와 관계없이 채택될 것이다." 구제(Relief)는 농업에 있어서의 국내 할당계획 또는 어쨌든 돈이 순환되게 만드는 다른 조치를 위한 구제를 뜻한다.

"통제되지 않은 개인주의 시대는 지났다. 경제는 정부에 의해서 위에서부터 통제되고 규제되는, 수정된 자본주의 체제로만 살아남을 것이다"라고 포스터는 말했다(Schlesinger. Jr, 1954: 189).

포스터(Foster)와 에클레(Eccles)에게 있어서 침체(depression)는 전적으로 화폐 현상(Monetary phenomenon)이었고, 오로지 '화폐 측면의 조치'로 해결될 수 있는 성질이었다. 두 사람 다 구매력(Purchasing Power)의 문제에서 시작하여 구조(Structure)의 문제로 옮아갔다. 베브렌(Vevlen), 패턴(Patten), 커먼스(Commons)들은 제도주의자(Institutionalist)로서 제도(Institution)를 중요시하고, 구조개혁을 출발점으로 삼았다. 국립경제연구처(National Bureau of Economic Research)는 제도주의자들이 통계적 그림을 그리는 곳이었고, 제도주의자(Institutionalist)들의 또 다른 그룹은 두 사람의 경제학자(Gardiner Mears와 Tugwell)와 한 사람의 법률가(Adolf Berle)들이 새로운 길을 열었다. 이들은 경제(학)가 법과 교차하는 영역 그리고 (법)제도가 경제 발전의 패턴을 놓는 그 영역에 주목하였다. 이들은 현대에 와서, 회사(Corporation)가 흥기함에 경제를 혁명적으로 변화시켰다고 했고, 따라서 공공정책을 생각해 내는 사고방식 또한 혁명적으로 변화시켰다고 했다. 이들의 '현대 회사론'에 의하면 200개인 비금융회사들이 그 나라의 비금융기업의 약 1/2을 통제하고 있었다. 제철공업의 1/2은 두 회사에, 구리공업의 1/2은 네 회사에, 무연탄의 1/2은 네 회사에, 니켈과 알루미늄은 사실상 독점이었다. 3개 그룹이 발전 산업의 1/2 이상을, 두 회사가 2/3 이상의 자동차를, 세 회사가 담배산업의 70%를, 한 회사가 농업용 기계의 절반을─ 그런 식이었다. 법률학자인 Berle의 계산에 의하면 1932년까지 65%의 아메리카 산업이 600개 회사에 의해 지배되고, 이것은 약 6,000명이 이들 회사의 이사로서 미국의 경제생활을 실질적으로 통제하였다. 비상근 이사를 제외하면 약 2,000명이 산업계를 통제하고 있었다. 비율이 계속 높아진다면 70%의 모든 기업활동은 200개의 회사에 의한 것이 될 것이다(1950).

브랜다이스 판사는 1915년에 시곗바늘을 거꾸로 돌리려고 악전고투하였다. 펠릭스 프랑크퍼터 교수는 아직도 이런 추세는 영속하지 못한다고 믿는 경향이 있었다. 일찍이 시민혁명 이전에 봉건제도가 사회를 지배하였던 것처럼 현대에서는 소수의 산업 귀족이 지배하는 회사 체제가 진행되고 있었다(Schlesinger. Jr, 1957: 190~191).

# 17. 보수주의 시대(Conservative Era)와 소위 '진취적 시대(Progressive Era)'의 실상

## 17.1. 진취주의의 역사

아메리카 제도와 법의 역사에도 1885~1895년까지를 구질서의 시대(Arnold Paul)로 본다. 1890~1900년까지는 시장의 내림세와 규제 국가의 오름세로 본다(Faulkner: 74~79, 91~93). 테오도르 루스벨트의 시대인 1900~1912년에 현대 아메리카가 탄생한 것으로 본다(George E. Mowry: 6~10, 14~15). 우드로우 윌슨과 1차 대전 기간인 1910~1917년을 진취의 시대로 간주한다(Arthur S. Link: 18~21, 66~80).

1915년 2월 22일 FTC가 성립되고, 행정부는 기업 규제라는 실험을 진수시켰다. 월슨은 FTC 안에 재계의 카운슬러와 친구를 조성하기를 원했다. 브랜다이스와 루브리(Rublee)는 위원회가 아메리카 경제 상황의 역동적인 역할을 할 것을 기대했고 실망하였다. 1900년부터 아메리카가 1차 세계 대전에 참전할 때까지를 실지로 거의 모든 사가들이 '진취적인' 또는 '진보적인' 시대로 레벨을 붙여 왔으니, 그 실상은 보수주의 시대라고 할 수 있다는 주장이 있다(Gabriel Kolko, The Triumph of Conservatism, 1963: 2~15). 진취주의 또는 진보주의(Progressivism)는 원래 기업과 산업 조건의 정치적 합리화를 위한 운동이었다. 그 운동의 전제는 공동체의 일반 복지와 공익은 비즈니스의 구체적 필요성을 만족시킴으로써 가장 잘 이루어질 수 있다는 것이었다. 그러나 규제 그 자체는 어김없이 규제 관련 산업의 리더들에 의해서 행해졌다. 그리고 그 규제의 방향은 산업의 리더들이 받아들일 만하든가 바람직하다고 느끼는 목표로 향해졌다(Kolko, 1963: 2~3). 부분적으로 이것도 규제적 움직임은 통상 규제되는 지배적 사업자들에 의해 주도되었기 때문이다. 그리고 규제의 움직임은 정치적 리더들의 거의 보편적 믿음에서 결과한 것이기도 하다. 사소유권 관계가 본질적으로 존재하는 대로의 기본적 정의를 믿었는데, 이 믿음이 정치 지도자들의 가능한 행동들의 궁극적인 한계를 만드는 것이 되었다.

이른바 '진취 시대(Progressive era)'의 특징은 경제에 대한 정치적 규제라기보다는, 주요한 경제적 이익으로서의 비즈니스가 정치를 통제한 것이다(Kolko, 1963: 2~3). 따라서 흔히 생각하듯이 규제냐 반규제냐의 문제가 아니다. 또는 국가 통제냐 자유방임이냐의 문제가 아니다. 어떤 규제가 누구에 의해서 행해지느냐의 문제였다. 이른바 '진취 시대'에 비로소 다음과 같은 일이 있어났다. 정치적 · 이념적 기후 변화가 생기고, 서서히 경제적 독립은 저하되며, 새롭고 더 큰 기업합병이 나타남에 따라서 점점 더 많은 중산층 아메리카 인들은 새로 생긴 산업과 재정의 왕국들이 아메리칸 드림을 오용 또는 남용했다고 확신하게 되었다(Ellis W. Hawley, 1966: 6~9). 개혁의 철학은 1912년 우드로우 윌슨(Woodrow Wilson)의 신자유(New Freedom)와 테오도르 루스벨트(Theodore Roosevelt)의 신민족주의(New Nationalism)의 격돌 때 나타난다. 전자는 브랜다이스로 대표되어서 트러스트가 금융성이나 생산성 때문이 아니라 라이벌을 불공정 행위로 제쳤기 때문에 특권을 누린다고 했고, 신민족주의자는 경제적 집중은 대량 생산과 선발 기술의 불가피한 결과라고 했다(Hawley, 1966: 6~9).

## 18. 경제적 보수주의와 경제적 자유주의

### 18.1. 경제적 보수주의와 경제적 자유주의[40)의 경계

러셀 갤로웨이는 1790년부터 1982년까지의 미국 연방대법원의 역사를 부자와 가난한 자의 문제에서 분석 서술하고 있다(Russell Galloway, 1982 & 1991). 그는 빈부문제에 대한 입장을 다음과 같이 정리한다(김철, 2005: 17).

첫째, 경제적 보수주의(economic conservatism)는 전형적으로 다음의 확신에 근거한다. 부를 재분배하는 어떤 주된 노력도 정부에 의해서 행해져서는 안 된다. 정부의 주된 역할은 물질적 복리를 국민이나 기업이 개인적으로 추구할 때, 호의적인 환경을 만들어 주는 것이고, 재산권 소유자의 권리를 보호하는 것이다. 최소국가(minimal state)의 기능이며, 사법부의 역할도 여기에 있다고 본다. 미국 법학사에서 여기

---

40) 이 문제에 대한 논의는 다음의 연구 발표문을 참조할 것(김철, 『빈곤과 부에 대한 차별문제: 헌법과 파산법의 눈에서』, 한국사회이론학회 2005년 후기학술대회 『빈곤과 우리사회』, 2005년 12월 17일 성신여자대학교 수정관 313호(2005ㄱ)).

에 속하는 사람은 해밀턴(Alexander Hamilton), 마샬(John Marshall) 초대 대법원장, 스토리(Story) 대법관, 필드(Field) 대법관, 닉슨 대통령, 레이건 대통령, 아버지 부시와 아들 부시 대통령이다.

둘째, 경제적 자유주의(economic liberalism)는 다음의 믿음을 특징으로 한다. 한 나라의 부(richness)는 빈곤의 짐을 가능한 한 완화시키는 방법으로 분배되어야 한다는 믿음이다. 미국 법학사에서 여기에 속하는 사람은, 제퍼슨(Thomas Jefferson) 대통령, 잭슨(Andrew Jackson) 대통령, 태니(Taney) 대법관, 브랜다이스(Louis D. Brandeis) 대법관, 루스벨트(F. D. Roosevelt) 대통령, 더글라스(William O. Douglas) 대법관이다.

2007년에 폴 크루그먼은 두 가지 입장 이외에, 원래 한 입장에서 출발했으나 차츰 다른 입장의 정책을 추구한 경우의 예로, 공화당 아이젠하워 대통령의 경우를 든다. 그리고 아이젠하워가 루스벨트 행정부의 정책을 계승한 데 대한 반발로 새로운 보수주의(new-conservatism)가 일어나고, 세월이 지나서 강력한 정치운동으로 자리 잡았다고 한다. 1964년 골드워터~1980년 레이건으로 연결된다(폴 크루그먼, 2007: 25).

약 200년 이상의 역사를 통해, 경제적 보수주의와 경제적 자유주의가 서로 대치하고 있는 둑을 따라서, 경제와 법제도의 긴 강물이 흘러왔고, 이 긴 흐름을 특징짓고 구분짓는 것은, 개혁(reform)과 반개혁(counter-reform) ― 정치경제적 의미에서 ― 의 시도이다. 1776년에서 1789년에 이르는 건국 시기로부터 현재에 이르기까지, 경제적 자유주의와 경제적 보수주의를 기반으로 한 정치, 경제, 법문화는 갈등과 대립, 타협과 조정, 반동과 개혁의 모든 매듭을 거쳐서, 적어도 다음의 네 가지를 빈부 문제에 대한 기본적 논의 주제로 확정하였다(Russell Galloway, 1982 & 1991; 김철, 2005: 17).

18.1.1. 네 가지 빈부문제

18.1.1.1. 과다한 부채에서 국민을 구제할 것인가

18.1.1.2. 나라의 부를 재분배할 것인가

18.1.1.3. 부유층의 형태를 규제할 것인가

18.1.1.4. 빈곤층의 조직화된 행동에 관심을 가질 것인가


# 19. 파산법의 문제

**19.1.** 최근 지구촌의 지식인의 관심이 지난 공황 시대에 어떻게 일이 진행되었으며 어떻게 빠져나왔나에 집중되고 있다. 그러나 경제정책을 제외하고 구체적으로 '경제적으로 위기에 선 개인과 기업을 어떻게 할 것인가'의 문제는 직접적으로 파산법의 문제이다(김철, 2005: 17).

**19.2.** 파산과 파산법의 성격에 대해서 엇갈리는 태도가 있다(David A. Skeel, Jr., 2001)(임치용, 2004: 203~251). 흔히 생각하기를 정직하나 불운한 채무자만이 새로운 출발을 할 권리가 있으며, 그 경우에도 채무자는 가능하면 채권자에게 빚을 모두 갚아야 한다고 믿어 왔다. 이 윤리적 긴장은 모든 세대에 걸쳐서, 파산을 어떻게 보느냐의 태도와 가치에 주된 무대를 제공하였다.

**19.3.** 미국 파산법의 가장 급격한 개혁은 대공황 때의 파산 입법(The Chandler Act in 1938)에 의한 것으로, 중요 조항은 루스벨트 대통령이 지명한 더글라스(William Douglas) 판사에 의하여 기초된 것이다(David A. Skeel, Jr., 2001). 일련의 뉴딜 입법의 하나였다. 더글라스의 작업은 이전의 재정적 곤란을 해결하는 데 가장 앞서고, 시대에 맞

는 이정표로 보였다.

19.4. 어떻게 미국 파산법이 다른 나라에서의 접근법과 몹시 다를까? 어떻게 채무자에 대한 관용이 이렇게까지 진행되었을까의 질문(오수근, 2004)은 거의 100년 이상에 걸쳐 현대 미국의 파산법제도를 형성시킨 정치경제적 요인을 살핌으로써 가능하다. 미국 파산법은 세 가지 힘의 산물이다. 채권자 그룹의 조직과 이에 맞서는 민중주의 운동 또는 친채무자 운동에서의 압력의 타협이다. 대립하는 두 힘의 경계선상에 전문가 집단이 끼어 있다(David A. Skeel, Jr., 2001).

19.5. 정당정치도 파산법의 역사에서 중요한 역할을 했다. 채권자 집단의 영향력은 공화당에서 왔고, 대부분의 친채무자 입법가들은 민주당원이었다. 정치적 분열은 19세기에 현저했다. 채권자집단, 채무자의 집합 이익, 파산법 전문 법률가의 세 가지 세력과, 양대 정당의 영향은 오늘날도 같다. 역사에서, 채권자집단, 채무자의 집합이익, 전문 법률가의 세력 균형은 변화해 왔고, 가장 극적인 예는 대공황 때 나타났다. 대공황은 월 스트리트의 은행과, 그때까지 대규모 기업의 회사 갱생을 독점해 왔던, 법률가의 영향을 극적으로 감소시켰다(David A. Skeel, Jr., 2001).

19.6. 그때까지 월 스트리트의 은행과 지배적인 법률가들은 대중의 분노라는 물결을 촉발시켜 왔다. 채권시장 또는 금융시장의 변화도 큰 역할을 했다. 20세기 초에는 공급자나 상인들이 중요한 채권자 이익을 대표했다. 2차 세계 대전 이후 소비자 신용(금융)이 일어남에 따라, 소비자 신용산업이 더 중요한 역할을 하게 되고, 생산자나 상인의 중요성은 감소하였다(David A. Skeel, Jr., 2001).

**19.7.** 미국의 파산법의 역사(임치용, 2004: 203~251; 오수근, 2004)를 돌이켜 볼 때 다음과 같은 점이 발견된다. 19세기에, 광범한 경제적 재난의 때에는 의회는 파산법을 제정하였으나, 일단 재난의 시기가 지나면 재빨리 폐지하였다. 1898년에 비로소 한시적이 아닌 파산법이 제정되었다. 채권자들, 친채무자 이데올로기, 그리고 파산법조인들의 합작품이었다(David A. Skeel, Jr., 2001).

**19.8.** 대규모 회사의 갱생은 많은 숫자의 철도회사가 19세기에 실패함으로써 시작되었다. 대규모 철도회사가 도산에 직면하였을 때, 운송의 공익(public interest)과 이해관계인의 경제적 이익(사익)은 동시에 철도회사가 해산되기보다 재생되기를 요구하였다. 이 시기에 철도기업을 구출하려는 연방의회나 주 의회의 입법적 노력은 당시에 생각된 중대한 헌법적 한계에 부딪혀 제약을 받았다.

**19.9.** 구원은 법원에서 왔다. 코먼 로(common law) 전통을 경이롭게 구사해서, 법원은 형평관재인제도(equity receivership)라고 불리는 회사 갱생장치를 그때까지의 전통적인 관재인제도와 저당물상실제도로부터 만들어 내는 데 주된 역할을 하였다. 형평관재인제도에서 중요한 역할은, 지불불능에 빠진 기업 그리고 기업이 주식과 채권을 대중에게 팔 때 보증을 섰던 은행의 양자를 대표하는 경영 관리자이다. 지급보증 은행은 지급불능에 빠진 기업에 투자한, 분산된 이해 당사자들을 모아서, 위원회를 만들었다. 예를 들어 주주를 대표하는 형평위원회, 회사채 소유자위원회 등이다. 그래서 이러한 채권자위원회가 회사갱생에 대해서 기업의 경영관리인과 협상하였다. 대공황과 그에 이은 뉴딜 개혁 시대에 뉴딜 개혁은 1898년 이후 발전된 파산법제도를 유지하고 더 강화하였다.

19.10. 복지 프로그램과 사회 안전망(social security)의 문제를 입법하는 와중에서도, 파산과 파산법의 문제는 사법부의 문제로 유지 계승되었다.

19.11. 대공황의 시대[41]는 월가(Wall Street)와 월가의 '금전 신탁(Money Trust)' 은행에 대한 대중의 분노[42]를 특징으로 한다. 대중주의자(pupulists)는 이 은행들을 공황의 원인 제공자로 비난하였다. 뉴딜 개혁자들은 이 반-월가(Anti-Wall Street) 정서를 재정 개혁 입법을 추진하는 데 이용하였다(Glass-Steagall Act). 더글라스(Douglas)와 그 일행[43]은 주식 및 환 위원회(Security & Exchange Commission)에서 대규모의 기업 갱생을, 모습을 바꾸어 변용시키는 데 이러한 정서를 사용하였다. 이때 월가은행과 엘리트 기업 법률가들이 힘을 잃게 되었다. 이렇게 나타난 1938년의 법(The Chandler Act)에서의 개혁은 더글라스와 주식 및 환 위원회(Security Exchange Committee)의 승리였다. 이 법의 구조 안에 숨었던 씨앗들이 나중에 뉴딜 스타일의 기업 갱생과 주식 및 환 위원회(Security Exchange Committee)가 완전히 사라지게 되는 계기가 되었다. 이 법이 월가의 은행과 거기에 동행하는 기업 법률가들의 역할을 거의 완전히 부인하였기 때문이다.

19.12. 1978년 파산법(The 1978 Bankruptcy Code)은 가장 최신의 미국 파산법 시대를 보여 준다. 개인 파산의 눈에 띄는 증가와 파산

---

41) 대공황 시대의 뉴딜 정책을 회피하려는 1930년대의 법률가들에 대해서는, 이 논문(David A. Skeel, Jr., "Escaping the New Deal: The Bankruptcy Bar in the 1930s", 2001)을 볼 것.

42) 대공황 시대에 뿌리 뽑히고 다른 지방으로 이주할 수밖에 없었던 사람들에 대한 기록으로는 존 스타인벡(John Ernest Steinbeck), 『분노의 포도(The Grapes of Wrath)』(전형기 옮김)(서울: 범우사, 1998)를 볼 것.

43) 이 시대의 더글라스와 증권 및 환 위원회(Securities and Exchange Commission)에 대해서는, 이 논문(David A. Skeel, Jr., "William Douglas and the Rise of the Securities and Exchange Commission", 2001)을 볼 것.

법률가들의 확신에 찬 활동으로 의회는 국가파산위원회(National Bankruptcy Commission)를 지명하였다. 파산법의 적용범위가 넓어지고 채권자와 채무자의 힘의 균형을 변경하는 효과를 가진 제안이 나왔다.

19.13. 소비자 파산의 문제는 한편에서는 소비자 금융산업과 다른 한편에서는 소비자 파산 법률가와 친채무자 이익 간의 치열한 전투와 관계된다. 이와 관련해서 1994년부터 1997년까지 존속한 국가 파산심사위원회(National Bankruptcy Review Commission)는 실패하였다고 보인다. 1973년의 국가파산위원회(National Bankruptcy Commission)의 보고서는 중립적이라고 관찰되는 데 반해서, 1997년의 보고서는 높은 정도의 편향이 있다고 보인다. 이데올로기로 채색된 분위기와 함께 이른바 '깅그리치 혁명(Gingrich Revolution)'으로 불리는 의회의 분위기로 설명된다. 공화당 의회는, 정부위원회가 제안한 비교적 채무자에게 유리한 안보다는 소비자금융산업 및 그에 부수하는 로비 캠페인에 의해 추진된 법안을 입법하였다.

## 20. 폴 크루그먼의 불평등의 경제학과 김철의 아노미 법학

20.1. 크루그먼(Krugman)은 불평등의 경제학(Krugman, 2007, 022)에서 제도와 규범 그리고 정치적 환경이 소득 분배에 미치는 영향이 경제적 입문에서 배운 것보다 중요하고, 객관적인 시장의 힘은 그렇게 중요한 역할을 하지 않는다는 것이다. 그렇다면 법제도와 규범이 소득 분배에 있어서 경제 원리보다 중요하다.

20.2. 크루그먼은 뉴딜 이전의 시대와 21세기 초(2000~2007, 2008)

미국이 부의 불평등과 권력의 불평등이 심하다는 점에서 같다고 한다.

20.2.1. 김철은 뉴딜 이전의 미국의 아노미에 주목하고 2008년 9월 현재 금융위기에 같은 관찰을 적용할 수 있는지를 묻는다(김철, 아노미, 2008ㄴ).

20.3. 크루그먼은 피케티와 사에즈(NBER)를 인용하여 대공황 전 1920년대(10년) 평균과 2005년의 소득격차가 소수 특수계층에 집중된 점이 비슷하다고 한다(크루그먼: 032).[44]

20.3.1. 크루그먼은 변화의 흐름이 경제에서 정치로 흐른다는 통념을 부정하고, 제도, 규범 및 정치환경이 경제로 흘러, 경제적 불평등을 가져온다고 한다.

20.4. 김철은 문화적 · 사회적 아노미가 경제적 아노미를 가져오거나 연결되었다고 한다(김철, 아노미, 2008).
"사회적 · 문화적 아노미가 어떻게 경제적 아노미로 연결되어 있는가에 대한 연구이다."

20.5. 크루그먼은 불평등에 대한 경제학에서 키워드는 '소득의 불평등'이나 김철의 아노미에 대한 사회학적 법학에서의 키워드는 '아노미'이다.

20.5.1. 잠재적으로 크루그먼은 1920년대의 소득불평등과 21세기(7~8년간)의 소득불평등이 비슷하다고 해서, 1929년의 대공황과 2008

---

44) 대공황 이전 1920년대 평균과 금융자본주의 위기 이전 2005년 비교(Krugman, 2007: 032).

년의 세계 금융위기 이전 10년의 소득불평등을 강조했다. 따라서 2008년의 금융위기를 예언했고 적중하였다.

**20.5.2.** 김철은 아노미 연구에서 1920년대의 아노미와 2008년 9월 이전 10년의 아노미를 강조하면서, 소극적으로 유추할 수 있다고 했다.

**20.5.3.** 대공황(1929) 이전 10년(1920년대)과 세계 금융위기 이전 10년(1998~2008년)을 비교하는 점에서는 두 사람이 같은 점이 있다. 물론 분야는 다르다. 한쪽은 경제사이고, 한쪽은 법제도사이다.
 1. 상위 10%가 자본소득을 뺀 총소득의 44% 전후(－0.4%, ＋0.3%) 차지
 2. 상위 1%가 자본소득을 뺀 총소득의 17% 전후(＋0.3%, ＋0.4%) 차지(Thomas Piketty, Emmanuel Saez, 2006)[45]

# 21. 나가는 말

**21.1.** 2008년 가을, 현재 진행되고 있는 세계적인 금융자본주의의 현황을 이해사회학의 방식 또는 이해법학적으로 파악하기 위해서(Max Weber, 1922: 18~19) 비교역사학적 방법을 썼다.

**21.2.** 2008년의 세계적인 사회경제 상황을 1929년부터 1930년에 이르는 세계 대공황기의 사회경제 상황과 대비시켜 같은 점과 다른 점을 찾으려 하였다.

---

45) Thomas Piketty and Emmanuel Saez, "The Evolution of Top Incomes: A Historical and International Perspective"(National Bureau of Economic Research working paper No.11955, Jan. 2006).

21.3. 1978년부터 시작하여 30년간 계속된 신자유주의 내지 1980년 초에 시작된 레이건 경제학에 동반된 법 이론과 역사적으로 상응하는 법 이론을 대공황 이전의 기간에서 찾아보았다. 이 과정은 한국에서 일반 추상적으로밖에 알려지지 아니한, 1919년 1차 세계 대전 이후 10년간의 과정이며, 대공황의 진원지인 아메리카를 기점으로 할 때에는 더 소급해서 이른바 도금시대(Gilded Age)에서 보수주의 시대(Conservative Era)와 소위 '진취적 시대(Progressive Era)'의 법학을 검토하였다.

21.4. 채무자의 지불불능에 대한 법제도의 태도는, 고대 로마법 이래 기존의 전통 민법에서 논의되는 범위가 한국 법학의 일반적 태도였다. 그러나 한국에서도 통합도산법의 제정 전후 상당한 정도, 채무 면책에 대해서는 아메리카 파산법의 새로운 태도를 수용하였다고 본다. 따라서 미국 파산법의 채무자의 지불불능에 대한 태도와 그 역사적 형성도 살펴보았다.

21.5. 1930년대의 세계 대공황기는 세계 법학사에서 볼 때는 법현실주의와 제도주의가 나타난 시대이다(김철, 2008ㄱ). 이 연구의 전편(全篇)에서 세계경제사의 위기에 대해서 기존의 법학이 어떠한 식으로 반응했는가를 살펴보았다.

# 참고문헌

## 국문 논문

김 철, 「공법 이론 발달사와 경제사, 과학 기술사와의 대화」, 『법제도의 보편성과 특수성』(서울: 훈민사, 2007ㄴ).

_____, 「동유럽 러시아혁명 이후의 러시아」, 『법제도의 보편성과 특수성』(서울: 훈민사, 2007ㄴ).

_____, 「뒤르켐의 아노미 이론과 평등권에서의 기회균등: 기초 법학적 연구」, 『사회이론』, 2008년 11월 30일(서울: 한국학술정보(주), 2008ㄴ).

_____, 「미국과 소련의 법체계」(김유남 엮음), 『미소 비교론』37 - 77(서울: 어문각, 1992).

_____, 「빈곤과 부에 대한 차별문제: 헌법과 파산법의 눈에서」한국사회이론학회 2005년 후기학술대회 『빈곤과 우리사회』, 2005년 12월 17일 성신여자대학교 수정관 313호(2005ㄱ).

_____, 미출간 강의록 『법철학 강의』1 - 2(서울: 숙명여대 법대, 2007ㄷ).

_____, 「형이상학적 이원론 아래에서의 당위와 존재의 문제와 현대 법학의 과제」, 『현상과 인식』32권 3호(서울: 산해, 2008ㄱ).

_____, 「한국에 있어서의 자유주의와 자유지상주의에 대한 반성」, 『사회이론』(서울: 한국학술정보(주), 2006ㄱ).

김평우, 서평 「한국 법학의 미래」, 대한 변협신문 06.30, 문화가 산책(서울, 대한변호사협회, 2008).

신동준, 「경제 제도의 지배와 범죄」, 한국사회이론학회(엮음), 『사회이론』통권 30호(2006).

오수근, 「파산 면책의 역사적 전개」, 『상법연구의 향기』, 인산기념논집편찬위원회 엮음(2004).

임치용, 「미국 파산법의 개정 역사」, 『파산법 연구』(서울: 박영사, 2004).

## 국문 단행본

김  철, 『한국 법학의 철학적 기초 — 역사적, 경제적, 사회·문화적 접근』
　　(서울: 한국학술정보(주), 2007 ㄱ). 비매품, 절판.
＿＿＿, 『러시아 소비에트 법 — 비교 법문화적 연구』(서울: 민음사, 1989).
＿＿＿, 『법제도의 보편성과 특수성 — 한국 공법학의 지향점을 위한 비교법
　　적 시도』(서울: 훈민사, 2007 ㄴ). 비매품, 절판.
김광기, 『사회는 무엇으로 사는가? 뒤르켐 & 베버』(서울: 김영사, 2007).
송석윤, 『위기 시대의 헌법학 — 바이마르 헌법학이 본 정당과 단체』(서울:
　　정우사, 2002).
임치용, 『파산법 연구』(서울: 박영사, 2004).
러셀 가로웨이, Russell Galloway, *Justice for All*(1991), *The Rich and The Poor
　　in Supreme Court History*(1983)(안경환 번역), 『법은 누구편인가』(서울:
　　교육과학사, 1985 & 1992).
알베르 카뮈, 『페스트』(이휘영 번역), 세계문학전집(서울: 정음사, 1960).
존 스타인벡(John Ernest Steinbeck), 『분노의 포도(The Grapes of Wrath)』(전
　　형기 옮김)(서울: 범우사, 1998).
폴 크루그먼(Paul Krugman)(예상한 외 옮김), 『미래를 말하다』원제: The
　　Conscience of a Liberal(서울: 웅진, 2008).
Schwarz, Bernard, *American Administrative Law*(윤세창 번역), 『미국 행정법』(서
　　울: 고려대 출판부, 1981).


## 영문 논문

Ronald Dworkin, "Television & Democracy", *The Program for the Study of Law,
　　Philosophy & Social Theory*(New York: NYU sch, of Law, 1995).
Ronald Dworkin, "Why We all are Liberals", *The Program for the Study of Law,
　　Philosophy & Social Theory*(New York: NYU sch, of Law, 1995).
Ronald Dworkin, Seminar 1 "What is Law? – Law as Morality", Seminar 2
　　"Law and Liberalism", Seminar 3 "Equality as a Political Virtue",

Seminar 4 "Constitutional Theory", *The Unity of Value*, A Series of Special Lectures by Distinguished Scholars, Sponsored by Daewoo Foundation, The Choson Ilbo(Seoul, Nov. 17~21, 2008).

Chull Kim, "Alienation", 61~106, *History Thought & Law – Academic Essays & Scholarstic Miscellanies*(서울: MYKO International Ltd, 1993) Privat – Druck.

A. A. Berle. Junior, "Expansion of American Administrative Law", 30 *Harv. L. Rev.* 430, 1917.

Mark Freeman, *Technology and Stages of Economic Development*(Glasgow: Glasgow University Press, 1987).

Arthur S. Link, "Woodrow Wilson and the Progressive Era 1910~1917", *American Legal History 1890 – present*(ed. by Thomas A. Green)(Ann Arbor: UM Law Sch., 1980~1981).

Claudia Goldin and Robert Margo, "The Great Compression: The Wage Structure in the United States at Mid – Century", *Quarterly Journal of Economics*, 107, no.1(1992), pp.1~34.

David A. Skeel, JR., "Escaping the New Deal: The Bankruptcy Bar in the 1930s", *Debt's Dominion: A History of Bankruptcy Law in America*(Princeton: Princeton University Press, 2001).

Edmund W. Kitch, Editor, "The Fire of Truth: A Remembrance of Law and Economics at Chicago, 1932~1970", *Journal of Law and Economics*, vol. ⅩⅩⅥ(April 1983).

Ellis W. Hawley, "The New Deal and the Problem of Monopoly", 1966, *American Legal History 1890 – present*(ed. by Thomas A. Green)(Ann Arbor: UM Law Sch., 1980~1981).

George E. Mowry, "The Era of Theodore Roosevelt and the Birth of Modern America 1900~1912", *American Legal History 1890 – present*(ed. by Thomas A. Green)(Ann Arbor: UM Law Sch., 1980~1981).

Harold U. Faulkner, "Politics Reform and Expansion 1890~1900", *American Legal History 1890 – present*(ed. by Thomas A. Green)(Ann Arbor: Univ. of Michigan Law Sch., 1980~1981).

Holmes, "Privilege, Malice, and Intent", S *Harv. L. Rev.* 1(1894), reprinted for *American Legal History 1890 – present*(ed. by Thomas A. Green)(Ann Arbor: UM Law Sch., 1980~1981).

Holmes, "The Path of the Law", 10 *Harv. L. Rev.* 457(1897), reprinted for *American Legal History 1890 – present*(ed. by Thomas A. Green)(Ann Arbor: UM Law Sch., 1980~1981).

James B. Ames, "Law and Morals", 22 *Harv. L. Rev.*(1909), reprinted for *American Legal History 1890 – present*(ed. by Thomas A. Green) (AnnArbor: UM Law Sch., 1980~1981).

Joseph Stiglitz, "The Way Out. How the financial crisis happened, and how it must be fixed"(New York, TIME, 2008.10.27).

Niall Ferguson, "The End of Prosperity?"(New York, TIME, 2008.10.13).

Richard Stewart, "The Reformation of American Administrative Law" p.347. 88 *Harv. L. Rev*(1975).

Robert L. Hale, "Coercion and Distribution in a Supposedly Non – Coercive State", 38 *POL. SCI. Q*(1923), pp.470~478.

Shira B. Lewin, "Economics and Psychology: Lessons For Our Own Day From the Early Twenties Century", p.1298, *Journal of Economic Literature*, Vol. ⅩⅩⅩⅣ(September 1996).

## 영문 단행본

Chull Kim, *History Thought & Law – Academic Essays & Scholarsti Miscellanies*(서울: MYKO International Ltd, 1993) Privat – druck.

Arthur Schlesinger. JR, *The Crisis of the Old Order 1919~1933: The Age of Roosevelt*(Cambridge: The Riverside Press, 1957).

Carl Schmitt, *Der Hueter der Verfassung*, 1931(Berlin, 1969), 송석윤(서울: 정우사, 2002)에서 재인용.

David A. Skeel, J. R., *Debt's Dominion: A History of Bankruptcy Law in America*, 2001.

Elizabeth Warren & Amelia Warren Tyagi, *The Two – Income Trap: Why Middle – Class Mothers and Fathers Are Going Broke*(New York: Basic Books, 2003).

Gabriel Kolko, *The Triumph of Conservatism*, 1963 —*American Legal History 1890 —present*(ed. by Thomas A. Green)(Ann Arbor: UM Law Sch., 1980~1981).

Galucha v. Sherman, 105 Wisc. 236(1900), reprinted for *American Legal History 1890 —present*(ed. by Thomas A. Green)(Ann Arbor: UM Law Sch., 1980~1981).

Kenneth F. Warren, *Administrative Law and The Political System*, 3rd Ed.(Upper Saddle River: Prentice Hall, 1996).

Lawrence M. Friedman, *A History of American Law*(New York: Touchstone, 2005)(안경환 번역서가 있음).

Mannheim, Hermann, *Comparative Criminology —a Text Book*(London: Routledge & Kegan Paul, 1965, 1973).

Max Weber, *Wirtschaft und Gesellschaft*(1922), 18~19(Tuebingen, 4 Aufl 1956).

McClosky, *The American Supreme Court*(Chicago: Chicago University Press, 1960).

Merton, Robert. K., *Social Theory and Social Structure — Revised and Enlarged Edition —* (Grencoe: The Free Press, 1957).

Milton Friedman and Anna Schwartz, *A Monetarty History of the United States: 1867~1960*(Chicago, Chicago University Press, 1963).

Moshe Lewin, *The Gorbachev Phenomenon — A Historical Interpretation —* (Berkeley: University Of California Press, 1989).

Niall Ferguson, *The Ascent of Money: A Financial History of the World*(Cambridge: Harvard University Press, 2008).

Paul Krugman, *The Return of Depression Economics*(New York: W. W. Norton & Company, 2000).

Richard T. Ely, *Property and Contract in Their Relations to the Distribution of Wealth*, 1914, *— American Legal History 1890 —present*(ed. by Thomas A. Green)(Ann Arbor: UM Law Sch., 1980~1981).

Roscoe Pound, *Liberty of Contract*(1907), reprinted for *American Legal History 1890 —present*(ed. by Thomas A. Green)(Ann Arbor: UM Law Sch., 1980~1981).

## 신문 기사

교수신문, 2008.10: 1면 칼럼 기사.
Niall Ferguson, "The End of Prosperity?"(New York, TIME, 2008.10.13).

# 제3장

## 경제위기의 역사와 아노미의 법학

– 사회적 문화적 아노미가 어떻게 경제적 아노미와

연결되어 있는가?

『위대한 개츠비』는 스콧 피츠제럴드(Scott Fitzerald)에 의해 1925년 출간되었으며, 아메리카 재즈 시대(1919~1929)의 번영과 사회적·문화적 아노미를 풍자하고 있다.

이 재즈 시대는 이윽고 1929년의 대공황 발발로 이어진다. 2장 13절 팍스 아메리카나와 재즈 시대, 2장 14절 재즈 시대의 아노미, 3장 2절 2항 1목 머튼의 시대 각주 82 참조. 미국 법사에서는 1919년부터 1929년까지를 재즈 시대라 한다. 이 시기에는 급격히 증가한 부가 이전의 청교도적 정신주의를 압도해서 대중의 감각이 호사와 안락, 그리고 사치에 길들여졌다.

### Émile Durkheim(1858~1917)

"어떤 살아 있는 존재도 그의 욕구가 그의 수단에 적절히 연결되지 않으면 행복해질 수 없고 심지어 생존할 수 없다. (……) 살아 있는 존재가 정당하게 추구할 수 있는 좋은 생활, 안락 또는 사치는 수량적으로 규정될 수도 없고 객관적으로 제한될 수도 없으며, 대개 채워질 수 없는 갈증 같은 것이다. 채워질 수 없는 것은 병리의 징표로 간주되는 것이 정당하다. 이런 욕구들을 규제할 수 있는 거의 유일한 힘은 사회와 주위의 여론에 의해 제공되는 도덕적 힘이다."

－Durkheim, 1952: 246 중에서－

이 글은 사회적, 문화적 아노미가 어떻게 경제적 아노미와 연결되어 있는가에 대한 비교 사회와 비교역사의 연구이다. 필자는 300년 전에 쓰였던 아노미란 용어를 뒤르켐이 자신의 시대의 사회 현상에 적용시킨 '에밀 뒤르켐의 시대'를 거시 역사적으로 파악한다. 눈에 띄는 단락은 1870년대 서유럽의 주요한 나라에 영향을 준 경제위기와 1882년 파리증권거래소에서 발생한 파산 사건이다. 이 시기의 경제위기는 장기 대공황 (1873~1897)으로, 이 책 13장에서 다시 상세하게 논한다. 뒤르켐 이후 약 40년 뒤 로버트 머튼이 다시 아노미를 사회현상 분석의 주된 용어로 등장시켰을 때 사회적 배경의 가장 큰 맥락은 1929년 10월 24일 월가에서 시작된 세계 대공황으로 잡는다. 세계 대공황 약 10년 이전 1919년부터 약 10년간의 번영기와 1929년 대공황 이후의 약 10년 동안 뉴딜 시대를 머튼의 법사회학 중심 소재를 제공한 시대로 파악한다. 머튼의 아노미 이론은 제도로 보장된 규범과 실제 주어지는 기회와의 분리로 마침내 파악되었다. 이것은 뉴딜 시대의 정신이 1950년대의 적극주의 법원의 헌법 혁명으로 나타나는 것과 맥락을 같이한다. 필자는 뒤르켐과 머튼이 사용한 아노미의 비교사회학적 · 비교역사학적 통찰을 2008년 9월 당시 지구촌 관심의 초점이 된 월가에서 출발한 금융위기에 적용할 수 있는가를 조심스럽게 묻는다. 즉, 1998년부터 약 10년간 미국 경제는 호황이었고 그 호황은 아노미를 동반하는 것이 아니었는가. 그렇다면 2008년 9월 이후 약 10년간 세계경제의 중심인 미국은 뉴딜 시대와 얼마나 많은 공통점을 갖게 될 것인가. 또한 한국인으로서 이미 겪은 1998년의 외환위기를 뒤르켐-머튼의 분석 용어로 반추할 때 1998년 이전의 약 10년, 즉 1989년부터 시작된 한국의 자유화가 아노미를 동반하지 않았는가라고 묻는다. 또한 1998년부터 약 10년의 기간 동안 한국 사회의 사회문화적 흐름의 특징을 비교 사회적으로 고찰할 때 미국이 1998년 이후 약 10년간 경험했던 기간과 과연 어떤 차이점을 가지고 있는가. 머튼이 1938년에 대공황 이후 약 10년 동안 관찰했던 아메리카 사회의 두 측면, 즉 여전히 성공 신화가 번성하는 한편, 다른 한편에서는 뉴딜 입법과 적극주의 법원의 기회균등을 위한 세계 최초의 노력이 나타났다고 보인다. 이런 두 측면이 1998년 금융위기 이후의 한국 사회와 비교할 때 어떻게 비교 평가될 것인가를 묻는다.

   - "경제위기와 아노미의 법학", 한국사회이론학회, 『사회이론』 2008년 가을/겨울 통권 제34호, 『경제 위기 때의 법학』(서울: 한국학술정보(주), 2009ㄱ)에 게재

# 1. 들어가는 말

## 1.1. 1870년 / 비엔나, 1882년 / 파리, 1929년 / 월가, 2008년 / 월가 진원의 경제위기에는 공통점이 있다

이 글은 사회적 · 문화적 아노미가 어떻게 경제적 아노미와 연결되어 있는가에 대한 비교 사회와 비교역사의 연구이다. 필자는 300년 전에 쓰였던 아노미란 용어를 뒤르켐이 자신의 시대의 사회 현상에 적용시킨 '에밀 뒤르켐의 시대'를 거시 역사적으로 파악한다. 눈에 띄는 단락은 1870년대의 서유럽의 주요한 나라에 영향을 준 경제위기와 1882년 파리증권거래소에서 발생한 파산 사건을 주목한다. 뒤르켐 이후 약 40년 뒤 머튼이 다시 아노미를 사회현상 분석의 주된 용어로 등장시켰을 때 전후 사회적 배경의 가장 큰 맥락을 1929년 10월 24일 월가에서 시작된 세계 대공황으로 잡고, 그 이전 1919년부터 약 10년간의 번영기와 1929년 대공황 이후 약 10년 동안의 뉴딜 시대를 머튼의 법사회학 중심 소재를 제공한 시대로 파악한다. 머튼의 아노미 이론은 제도로 보장된 규범과 실제 주어지는 기회와의 분리로 마침내 귀결되었다. 이것은 뉴딜 시대의 정신이 1950년대의 적극주의 법원의 헌법 혁명으로 나타나는 것과 맥락을 같이한다. 필자는 뒤르켐과 머튼이 사용한 아노미의 비교사회학적 · 비교역사학적 통찰을 2008년 9월 현재 지구촌의 초점이 된 월가에서 출발한 금융위기에 적용할 수 있는가를 조심스럽게 묻는다. 즉, 1998년부터 약 10년간 미국 경제는 호황이었고 그 호황은 아노미를 동반하는 것이 아니었는가. 그렇다면 2008년 9월 이후 약 10년간 세계경제의 중심인 미국은 뉴딜 시대와 얼마나 많은 공통점을 갖게 될 것인가. 또한 한국인으로서 이미 겪은 1998년의 외환위기를 뒤르켐 – 머튼의 분석 용어로 반추할 때 1998년 이전의 약 10년, 즉 1989년부터 시작된 한국의 자유화가 아노미를 동반하지 않았는가라고 묻는다. 또한 1998년부터 약 10년의 기간 동안 한국 사회의 사회문화적 흐름의 특징을 비교 사회적으로 고찰할 때 미국이 1998년 이후 약 10년간 경험했던 기간과 과연 어떤 차이점을 가지고 있는가. 머튼이 1938년에 대공황 이후 약 10년 동안 관찰했던 아메리카 사회의 두 측면, 즉 여전한 성공 신화와 다른 한편에서 뉴딜 입법과 적극주의 법원의 기회균등을 위한 세계 최초의 노력이 한국 사회와 비교할 때 어떻게 비교 평가될 것인가를 묻는다.

## 1.2. 뒤르켐 시대의 사회경제 상황

뒤르켐은 1858년에서 1917년 사이에 생존하였고 초기의 중요 저작을 출판하기 시작한 시기는 1893년과 1897년이었다. 서유럽의 전역에 영향을 미쳤던 장기 대공황(the Long Depression)이 끝난 것이 1897년이었다. 연대순으로 그의 생애에 영향을 미친 서유럽 대륙과 프랑스의 중요한 역사적 사건을 개략적으로 검토하면 다음과 같다. 우선, 그가 태어나기 10년 전에 서유럽의 대부분 지역에서 발생했던 1848년의 혁명에서부터 시작하자. 이 거대한 혁명의 흐름에 맞서 유럽 여러 나라의 지배 엘리트들은 공화정부를 요구하는 도시 노동자와 토지의 재분배를 요구하는 농민의 연합 운동을 예방할 수 있었다. 프랑스의 혁명은 파리에서 패퇴하였고, 오스트리아·헝가리 제국의 농민들은 2급 조차지에 매수당했다. 남은 것은 구체제에 반대하는 지식인이 이끈 중간 계급의 운동과 이데올로기가 있었을 뿐이다. 그들 이데올로기 꼭대기에는 국민 정부에의 참여에 대한 요구가 있었다(존슨, 1977: 116~117). 한편, 1871년에 빌헬름 프리드리히 황제의 프러시아 군대는 파리를 함락시켰다(김철, 2007ㄴ: 57). 프랑스는 프러시아와 조약을 맺고 의회가 평화를 선포했으나 파리의 급진 공화파는 의회에 불만을 품고 중산층과 의회에 반대하는 저항을 계속하기로 결정하여(곧, 파리코뮌) 프랑스는 내란 상태에 빠진다. 결국 파리코뮌 참가자 수천 명이 처형 또는 유배당했고, 국민의회가 정통 정부를 성립시킨다(김철, 2007ㄴ: 59). 1877년 이후 서서히 공화주의자의 공화국이 행운의 징조를 가지고 시작되었다. 국가는 번영했고 1878년에는 전보다도 진보하고 미화된 프랑스를 전시하는 세계 박람회가 개최되어 전 세계에 '프랑스 공화국은 제2의 아테네가 될 것'이라는 믿음을 심어 주었다(모로아, 1980: 498~499).

1878년에 개최된 베를린회의에서 비스마르크가 튀니지를 프랑스에 위양했다. 프랑스는 식민지 제국을 정비 강화할 수가 있었다. 공화국은 이전보다 부강하게 발전했고 1878년 총선거는 보수파의 최후 거점인 상원의 과반수를 깨고 말았다. 1850년부터 1900년까지 프랑스의 철도망은 3,000km에서 13,000km로 늘어났다. 1882년 파리의 증권거래소에서 일어났던 유명한 파산의 영향은 파리에서뿐만 아니라 프랑스 전체에서 곧 나타났다. 자살의 연평균 증가율은 1874년에서 1886년까지 2%에 불과하였다. 그러나 1882년에는 7%의 증가율을 보였다. 이 증가율은 파산 사건이 일어났던 첫 3개월 동안에 주로 증가했다(뒤르켐, 1993: 255~256). 1889년의 박람회는 여러 가지 점에서 주목할 만하다. 프랑스대혁명 100주년 기념일과 일치하는 시점에 열린 이 박람회의 성공은 조국에 대한 정당한 자부심을 심었고, 과격파 좌익이 사회주의화를 지향하는 데 대한 불안 등과 맞물려, 구체제의 가장 대표적인 인물들을 현 체제에 흡수하게끔 만들었다(모로아, 1983: 507). 1893년에서 1898년 동안 프랑스는 온건한 장관들의 통치를 받았고 제3공화국은 기조와 루이 필립의 시민적인 전통을 계승하고 있는 것처럼 보였다. 당시의 정치 지도자들은 폴리테크닉, 고등교원대학 등 명문교의 졸업생이거나 변호사 출신이었다. 이미 공화주의당의 대가족이 형성되어 모든 정부 기관에 뿌리를 내리고 있었다. 1893년에 재정 관계의 스캔들이 신뢰를 뒤흔들었다. 파나마 사건은 로우 파산 사건이 왕정에 끼친 정도만큼은 공화국에 피해를 끼치지는 않았으나 적어도 국정에 대하여 지속적인 불신감을 심어 주기에는 충분했다.

  파나마 회사는 비난을 방지하기 위하여 신문사에 돈을 뿌리고 15억 프랑의 채권을 발행할 인가를 받기 위해 하원을 매수했다. 이 사건은 1888년에 발생되었던 것이며 그 후 오랫동안 파나마 회사가 도산 상태에 있었음에도 불구하고 역대 내각은 회사가 감행한 조작을 은폐하는 데 성공했었다. 채권 소유자들은 아직도 정부가 손해를 보상해 줄 것이라고 기대하고 있었고 레셉스의 명성이 신용을 유지하고 있었으므로 아무도 감히 회사를 조사하자고 나서지 않았다(모로아, 1983: 509). 1894년 드레퓌스 사건이 일어났다. 클레망소와 조레스, 에밀 졸라와 같은 지식인은 드레퓌스를 변호했다(민문홍, 2008: 352: 모로아, 1983: 509~510).


## 2. 아노미

### 2.1. 아노미의 정의

  아노미(anomie)는 뒤르켐이 '사회분업론'과 '자살론'에서 사용한 개념이다(Durkheim, 1952; Merton, 1957). 그런데 그 용어는 뒤르켐 이전부터, 곧 16세기부터 사용되었던 것을 재생시킨 것이다(Merton, 1957: 135).[1] 아노미의 사전적인 뜻은 '규범이 없음'으로서, 규제와 억압이

---

1) 머튼은 뒤르켐에 의해서 3세기 전의 아노미(anomie, anomy, anomia)가 다시 소개되었을 때 그전의

존재하지 않는 상황에서 발생한다. 이때 규제와 억압을 담당하는 규범
은 법규범, 도덕규범 그리고 사회규범과 행동규범을 의미한다. 아노미
의 두 번째 뜻은 '자신이 어디에 소속되었는지를 모르는 상태'이고
'무규범 상태'와 뚜렷하게 구분되는 것은 아니지만 약간은 다른 의미
를 내포하고 있다(김광기, 2007: 54). 그러나 뒤르켐은 아노미를 사전
적인 뜻풀이로 시작하지 않았다. 우선, 다음 제시된 뒤르켐의 언급을
직접 읽어 보는 것으로 시작해 보자.[2]

### 2.1.1. 채워질 수 없는 갈증으로서의 인간 욕구

"어떤 살아 있는 존재도 그의 욕구가 그의 수단에 적절히 연결되지
않으면 행복해질 수 없고 심지어 생존할 수 없다. (……) 살아 있는 존
재가 정당하게 추구할 수 있는 좋은 생활, 안락 또는 사치는 수량적으
로 규정될 수도 없고 객관적으로 제한될 수도 없으며, 대개 채워질 수
없는 갈증 같은 것이다. 채워질 수 없는 것은 병리의 징표로 간주되는
것이 정당하다. 이런 욕구들을 규제할 수 있는 거의 유일한 힘은 사회
와 주위의 여론에 의해 제공되는 도덕적 힘이다."

– Durkheim, 1952: 246 중에서 –

---

쓰임새와 거의 같게 쓰였다는 것 이외의 설명은 하지 않고 있다. 그의 설명은 전혀 다른 예를 비유로
들면서 역사적으로 한때 쓰였던 용어가 약 300년 이후에 다시 활발하게 쓰인 경우를 들고 있다. '의
견의 환경(climate of opinion)'이라는 용어는 최초로 요셉 그랜빌(Joseph Glanvill)에 의해서 쓰였으
나 3세기 뒤의 알프레드 노스 화이트헤드가 다시 부흥시켜 학계에서나 정계에서도 인기를 얻게 된 것
과 같다고 한다. 왜 300년 이상 된 용어가 전혀 다른 시대에 와서 공감 또는 반향을 일으키게 되는가.
이 문제는 역사적 의미론(historical semantics)의 영역이다(머튼, 1957: 135).

2) 이와 더불어 김광기 교수의 해석도 살펴보자. "그런데 그러한 규제와 억압이 존재하지 않는 상황이 발
생할 수 있다는 것이다. 이를 뒤르켐은 고상한 말로 '무규범 상태(the state of normlessness)'라고
명명하면서 이것을 더 줄여 '아노미'라고 하였다. 그리고 이러한 '아노미'적 상황에서 발생할 수 있는
자살의 유형이 바로 '아노미적 자살'이다. 사람들은 규제와 억압을 혐오하는 것 같지만 아이러니하게도
규제와 억압이 없는 상황 또한 견디지 못한다. 뒤르켐은 또한 '아노미'를 다른 식으로도 규정했다. 그
것은 바로 '자신이 어디에 소속되었는지를 모르는 상태'다. 이것은 위의 '무규범 상태'와 뚜렷하게 구
분되는 것은 아니지만 약간은 다른 의미를 내포하고 있다. 예를 들면, 제대하여 대학에 복학하기 전까
지 허공에 뜬 것처럼 여겨지는 상태나 어느 날 출장을 다녀와서 보니 자신의 책상이 없어지고 회사에
서 막상 퇴출당했을 때이다."(김광기, 2007: 54~56)

### 2.1.2. 갈증과 욕구를 규제하는 사회

이런 점에서 볼 때, 뒤르켐은 욕구의 존재로서 인간과 규제력을 가진 사회를 대비하고, 특히 사회의 도덕적 힘에 의한 규제의 중요성을 강조한다는 것을 알 수 있다. 그러나 이러한 사회의 규제력은 경우에 따라 심각하게 약화될 수 있다. 범죄사회학자 만하임의 다음과 같은 해석은 아노미가 바로 그러한 상황에서 벌어지는 특정한 무규범 상황임을 강조하고 있다.

### 2.1.3. 급격한 변동기에는 탈규제와 무규범이 진행된다

"생활수준의 상한(上限)과 하한(下限)은 어떤 사회의 어떤 범주의 직능인들과 각기 다른 계층에게 납득될 수 있는 수준으로 작동해 왔다. 그러나 급격한 사회변동기, 곧 경제의 표준과 도덕의 표준이 변화하는 시기에는 그렇지 않다. 경제위기의 시기나 정권 교체기 또는 권력과 부가 급격히 증가할 시기에는 이러한 생활의 표준은 갑자기 급격하게 변한다. 취향의 정처 없음은 더 이상 여론에 의해 규제되지 않으며, 일종의 규제 회피 또는 탈규제, 더 나아가서 무규범 상태가 진행되고 더 이상 확립된 기성 계층은 존재하지 않으며 이룰 수 없는 목표를 위한 경주가 시작된다. (······) 이런 상황에서 종교는 영향력을 잃고, 경제를 규제할 정부는 하인이 된다. 자살은 어떤 종합적 상태의 경과 중 하나이고, 타인을 살해하는 것은 이러한 경과의 다른 것이다."

— Mannheim, 1973: 501 중에서 —

### 2.1.4. 무규범 사회에서 자살률과 타살률이 다 같이 높다

뒤르켐이 보기에 자살과 타살은 동전의 양면에 해당하는 것이다. 자살과 타살의 통계적 상관관계를 조사한 결과, "무규범에 얽혀 있는 사회에서는 자살률과 타살률이 똑같이 높은 것을 발견할 수 있다"(Durkheim, 1952: 355)고 뒤르켐은 결론 내렸다. 결론적으로, 뒤르켐의 아노미 개념은 급격한 사회변동의 시기에(그것이 호황이든 불황이든 관계없이) 기존의 사회적 규제력이 약화되는 상황에서 특별히 적용 가능한 것이라고 볼 수 있다.

## 2.2. 뒤르켐과 머튼의 아노미 이론 비교

뒤르켐의 개념을 더욱 구체적으로 발전시켜서 '그 사회문화에 있어서의 목적'과 '제도화된 규범'의 갈등이 어떤 식으로 전개되는가를 전개한 것이 머튼(Robert K. Merton)이다. 뒤르켐과 머튼은 인간의 욕구와 그것을 만족시킬 수 있는 수단 사이의 거리가 크다는 데에 주목한다는 점에서 공통된다. 뒤르켐은 무규범 상태의 근원에 기본적으로 인간의 욕구와 야심의 무한성이 있다는 것을 강조한다(뒤르켐, 1993ㄱ: 245). 반면에 머튼은 욕구와 야심이 제어되어 있는 경우를 취급한다(Mannheim, 1973: 502). 인간의 욕구에 대한 뒤르켐과 머튼의 인식 차이는 이들의 경험적 관찰 대상이었던 사회의 차이에서 비롯되었다고 볼 수 있다. 뒤르켐이 주된 저작을 발표하던 1890년대의 경우, 그 시기와 그 직전 시기 동안 프랑스 사회는 격변기를 보냈고 그 결과 대중의 욕구가 제어되지 않은 채 터져 나왔다.[3]

---

3) 이는 뒤르켐이 『자살론』에서 인용한 유럽 제국의 자살의 절대수로 추정할 수 있다. 그가 작성한 1841년부터 1869년까지의 프랑스, 프로이센, 영국, 작센, 바이에른, 덴마크의 자살 절대수를 보면, 1869년에 프랑스는 5,114건, 영국은 1,588건, 프로이센, 작센, 바이에른을 합쳐서 4,679건, 덴마크는 462건으로 프랑스의 경우가 압도적으로 높았다(뒤르켐, 1993ㄱ: 41 표1). 뒤르켐이 취급한 통계

## 2.2.1. 머튼의 시대

머튼이 뒤르켐의 아노미 이론을 계승해서 「사회구조와 아노미」를 발표한 것은 1938년이며, 이 논문의 수정본이 포함된 저서를 초간한 것은 1949년[4]이었다. 그러나 머튼이 뒤르켐의 아노미 이론을 아메리카에 적용하려고 시도한 주된 시대는 1930년대 공황에 원인을 제공한 시기인 1920년대일 것이다.[5] 1929년에 월가의 주가폭락에서 시작된 세계 대공황 이후 1930년대는 세계 대공황의 시대이며 동시에 뉴딜 입법의 시대이기도 하다(김철 2007ㄱ: 188~191; 2007ㄴ: 125~127). 머튼의 주요 활동기는 1950년대에까지 이어지는데, 1950년대 미국 사회의 가장 큰 과제는 그때까지 계속된 인종적 불평등(그리고 그 귀결인 계층 간 불평등)을 현실 문제로 파악하여 그 불평등한 사회적 관행을 고치려는 노력을 시작하는 것이다.[6]

---

의 시대적 배경은 이 글의 첫 번째 각주에서 제시한 내용을 참조할 것. 한편, 뒤르켐 시대의 대표적인 문인으로는 기 드 모파상을 들 수 있고, 화가로는 마네, 모네 등 인상주의 작가를 들 수 있다.

4) 머튼의 『사회이론과 사회구조』의 초판은 1949년이고 개정 확대판이 나온 것은 1957년이었다. 그러나 이 책의 4장('사회구조와 아노미')은 원래 1938년에 발표되었다. 1930년대의 자료는 물론 1940년대의 자료까지 포함하고 있는 것을 볼 때 책으로 묶이면서 가필되었을 것으로 추정된다. 4장에서 언급되는 문헌들을 보면, 프로이트의 영향에 대해서는 1924년 자료, 정상심리학에 대해서는 1937년 자료, 정신병리학에 대해서는 1938년의 문헌, 미국의 성공 문화에 대해서는 1933년의 문헌 등을 인용하고 있고, 할리우드의 문화에 대해서는 1940년의 문헌을 인용하고 있다(Merton, 1949, 1957: 131~139). 한편, '사회구조와 아노미'가 다루고 있는 1930년대 전후의 시기는 1929년 10월 24일 월가의 파산이 세계 대공황으로 진행된 전후의 시기와 일치한다. 이 시대는 1919년 이후 약 10년간 계속된 미국 경제의 거품이 한꺼번에 폭발한 1929년 이후, 재정비와 재정리 기간의 10년에 해당한다. 1933년에 대공황을 극복하기 위한 국가적・입법적 노력으로 뉴딜 정책의 '국가산업회복법'(National Industrial Recovery Act, 1933)이 제정되었다(김철, 2007ㄴ: 125~126). 정부의 규제적 경향은 뉴딜 정책에서 절정에 달했고, 이는 복지국가의 원리에도 가까워진 것이다. 1937년에 재선된 프랑클린 루스벨트 대통령은, 뉴딜 정책을 지속하기 위해, 자유방임주의로 일관하는 법원의 개편안을 계획하였다. 1937년 주 최저임금법, 전국 노동관계법, 1935년의 사회보장법 케이스에서, 법원은 시대정신인 복지국가 원리를 승인하고, 70년간 계속된 자유방임(laissez faire) 전통을 종식시켰다(김철, 2007ㄴ: 125). 미국 사회의 아노미 현상에 대한 머튼의 관찰은 대공황의 원인들이 축적되어 간 1920년대부터 대공황이 전개되고 수습되던 1930년대까지, 곧 대공황의 여파가 계속되면서 정부와 사회의 규제력이 본격화하는 1930년대 후반의 미국 사회의 지적인 노력을 반영한다고 평가할 수 있다.

5) 미국문화사에서는 1919년부터 1929년까지의 10년을 '재즈 시대'라고 한다. 재즈 시대의 사회적・문화적 아노미를 '잃어버린 세대'의 문학으로 표현한 것은 『위대한 개츠비』(1925)의 작가 피츠제럴드이다. 이 시기에는 급격히 증가한 경제적 부가 이전의 청교도적 정신주의를 압도해서 대중의 감각이 호사와 안락, 그리고 사치에 길들여졌다. 한편 1919년부터 1933년까지의 미국 사회사에 대해서는 Schliesinger Jr.(1957)를 볼 것.

## 2.2.2. 용인되는가, 용인되더라도 기회가 주어지는가

머튼은 욕구와 야심의 한계가 주어진 경우에도 그것을 추구하는 방식이 사회적으로 용인되는 것인가 아닌가에 따라서 용인되는 방식과 용인되지 않는 방식 사이에 역시 위험한 거리가 존재한다고 한다.[7] 머튼은 다음 양 차원에서의 적절한 균형이 취해지지 않으면 문제가 발생한다고 한다. 첫 번째 차원은 어떤 사회의 지배적 가치와 그 사회의 구성원에게 정당한 목표로 부과하는 문화적 목표와의 적절한 균형이다. 두 번째 차원은 제도로 인정되고 보장된 규범 대(對) 목표에 도달하는 기회 사이의 적절한 밸런스이다.[8] 이 두 가지 차원에서 사회구조의 근본 요소 사이 평형이 깨어질 때 아노미가 확산될 상황이 도래하는 것으로 본다(Merton, 1957: 134~135; Mannheim, 1973: 502).

## 2.2.3. 제도 없이 성공을 강조할 경우

머튼은 첫 번째로 제도적 절차(헌법, 행정절차법, 파산법, 형사 및 민사절차법, 민권법)에 대한 강조 없이 이례적으로 부의 성취나 금전적 성공과 같은 특정 목표에만 중점이 주어지는 사회를 예로 든다. 물론 이 부분을 해석할 때 오해의 여지가 있는데, 어떤 사회도 행위를 규율하는 규범을 가지고 있지 않은 사회는 없다는 점을 잊어서는 안 된다. 문제는 비교하려는 사회들이 다음 문제에서 보이는 다양성에 있다. 습속이나 관습과 공식제도의 규율이 어느 사회의 문화적 가치의 사닥다리에서 높은 순위를 차지하는 목표와 어느 정도 효과적으로 통

---

6) 1953년 얼 워렌(Earl Warren)이 대법원장에 취임해서 1954년 브라운 판결(Brown v. Board of Education(1))과 1955년 브라운 판결(Brown v. Board of Education(2))을 통해 1896년부터 1954년까지 약 58년간 계속되었던 '분리하되 평등'이라는 인종차별 원칙을 종식하여 새로운 시대로 진입하던 때였다.
7) 뒤르켐과 머튼의 아노미 이론의 차이점을 지적한 것은 Mannheim(1973: 502)을 볼 것. 머튼은 뒤르켐의 이론을 훨씬 더 구체적으로 발전시켜 미국 현대의 사회현상에 적용하였다.
8) 현대 세계의 예를 들면, 법제도로 보장된 평등권(1868년 미합중국 헌법 14조)과 그 기본법제도 안에서의 기회(실제 어떤 권리를 누릴 수 있는가) 사이의 문제를 들 수 있다.

합되어 있는가의 문제야말로 핵심적으로 살펴볼 문제이다.

## 2.2.4. 방법 없이 목표에 집중하게 하는 경우

어떤 사회의 문화가 개인으로 하여금 그 사회에서 높게 평가하는 목표에 집중하게 하고 동시에 그 목표에 도달하는 방법에 대해서는 정서적 확신을 가지지 않게 하는 경우가 있다.

## 2.2.5. 목표로 가는 기술적 편의 또는 효율만 따지는 경우

목표에 도달하는 방법은 목표 자체에 대한 강조에 의해서 더 중요하게 강조되지 않기 때문에 이런 사회에서 개인의 행태는 오로지 목표에 도달하는 기술적 편의에 의해서만 한계 지어질 뿐이다(Merton, 1957: 135). 이런 상황에서 중요한 유일한 의문은 다음과 같다. '지금 사회문화적으로 강조되는 가치를 획득하기 위해서, 지금 가능한 여러 가지 절차들 중에서 무엇이 가장 효율적인 것인가.' 즉, 효율성의 문제가 가장 중요한 것이 된다(Merton, 1957: 134~135).

"실제 문제는 탐욕적으로 획득하려는 사회의 병들어 있음이라기보다 병든 사회의 탐욕적으로 획득하려는 성질이다."

— Merton, 1957: 135 중에서 —

## 2.2.6. 정당한 것보다 효율적인 것을 더 원한다

정당하든 정당하지 않든 간에 가장 효율적인 절차가 그 사회의 구성원에게는 가장 바람직한 것이 되어 가는 것이다. 이렇게 정당성이 계속 묽어짐에 따라 그 사회는 불안정해지고 여기에서 뒤르켐이 아노미라고 불렀던 것이 진행된다(Merton, 1957: 135). 아노미가 진행되는 이러한 프로세스에 대한 작은 에피소드를 통해서 머튼은 다음과 같이 설명한다. 운동경기에서 승리의 목표가 지나치게 강조되고 '게임의 룰에 따라서 승리하는 것'보다도 '게임에서 일단 승리하는 것'이 성공이라고 해석되는 경우를 들어 보자. 이런 경우 정당하지 않더라도 승리를 위해 기술적으로만 유효한 방법을 쓰는 것에 암묵적으로 프리미엄이 주어진다. 승리라는 목표에 대한 강조가 그 경쟁적 스포츠에 참여하는 단순한 즐거움을 박탈하게 되고 성공적인 결과만이 만족을 제공하게 된다. 이와 같이 성공목표를 지나치게 과장하는 문화[9]에서는 게임의 규칙을 지키는 것의 중요성이 점차로 약화된다. 이런 방식의 아노미는 운동경기를 넘어 사회 전체 차원으로 확산되어 갈 것이다.

### 2.2.7. 목표의 고정 강도와 수단의 비도덕화, 비제도화

그래서 목표를 지나치게 강조하는 것은 수단의 비도덕화와 비제도화를 촉발시켜서 사회가 목적과 제도 사이의 통합을 진전시킬 수 없게 만든다. 그래서 어떤 대가를 치르더라도 목표를 이루어야 한다는 식의 논리에만 관심을 갖지, 그 과정에서 제도적으로 정당한 방식을 사용하느냐의 문제에는 거의 관심을 갖지 않게 된다.[10]

---

9) 2008년 한국 문화가 머튼이 말한 '성공 목표를 지나치게 과장하고, 목표가 과정이나 수단보다 훨씬 더 강조점이 주어지는 경우'에 해당하는가는 논의의 여지가 있을 것이다. 한국 문화의 성격 중 외관주의와 명목주의를 특징으로서 열거하는 경우 머튼의 설명과 공통점을 갖는 경우가 있을 것이다. "실지로 한국 사회에서 눈에 보이는 성취를 하는 것이 어떤 것인가를 실례를 들어 증명한다면 외관적으로 커질 것. 그 내용보다도 모양, 즉 형식을 먼저 갖출 것, 이런 면에 있어서의 형식주의이다."(김철: 2000, 34~35)

10) 2008년 가을, 세계 금융시장의 위기를 초래한 미국의 부실주택채권의 유동채권화와 높은 위험성을 포함한 금융 파생상품의 대량유통은 부의 극대화라는 목표를 위해서 방식의 정당성을 교량(較量)하지 않은 최대의 증거로 보인다.

## 2.2.8. 대공황 예비기간 중의 아노미 진행

대공황에 원인을 제공한 아노미가 진행된 1929년 이전의 긴 기간과, 대공황이 심화되어 간 1933년까지 그리고 뉴딜 입법이 본격화되어 갈 때까지 미국 문화에서는 방식의 문제보다 목표 달성 자체에 더 중점이 주어졌다고 머튼은 판단한다(Merton, 1957: 136).[11] 당시 머튼이 인간야심의 무한함의 예로 든 '아메리칸 드림'[12]의 경우, "부(wealth)는 곧 금전적 성공이라는 사회적 입신의 지표 역할을 하고 시민들을 이러한 목표로 향하게끔 유도하는 수없이 많은 '성공담'이 횡행하고 있으며[13] 이 '쥐의 경주'에서 실패하는 자에게는 패배자라는 낙인과 함께 저주가 퍼부어질 것이다"[14]라고 비관적으로 보고 있다.

---

11) 단지 1930년대에서 1956년까지의 미국 사회라고 하는 것은 그의 공식 저작의 연대로 얘기한 것이고(각주 5 참조), 실제 그의 생애의 가장 큰 사건이었을 1929년 대공황 이전의 10년과 이후의 10년이 그에게 결정적인 사회학적 소재였을 것이다.

12) 머튼은 아메리칸 드림에 종착점이 없다고 보고 있다. 금전의 획득에 의한 부의 성취의 정도는 정의할 수도 없고 상대적이라 한다. 즉, 모든 소득 계층에서 미국인들은 현재보다 25% 가산된 것을 원하고 있고 물론 이것이 성취되면 '얼마간 더 벌기'는 계속 작동한다. 이와 같이 표준 자체가 변화하는 곳에서는 안정적인 휴식점이 없으며 항상 '더 앞으로'가 작용한다고 한다. 최상위급의 소득 계층이 모여 사는 커뮤니티에서도 조금만 덜 버는 사람은 사회적으로 박탈감을 느낀다. 그 가장 특이한 예를 1940년대의 번영하는 할리우드에서 들고 있다(Merton, 1957: 736). 그러나 더 극적인 예는 2008년 9월 월가에서 일어난 파산 사건의 원인 행위가 진행된 경위를 들 수 있다. 불량주택채권의 담보나 파생상품의 위험성과 높은 수익성은 드디어 1929년 세계 대공황 이후 최악의 위기를 초래하였다(TIME, 2008년 9월 29일, 18~23).

13) "문화의 차원에서 머튼은 모든 사회구성원들에게 경제적 성공이라는 단일한 성공 목표를 지나치게 강조하는 문화를 아노미의 중요한 근원이라고 보았다. 사회구조의 차원에서는 사회계층의 경직성 정도 혹은 불평등 정도가 핵심적인 의미를 갖는다고 보았다. 머튼의 이론에 따르면, 경직된 사회계층구조 혹은 심한 불평등구조가 한 사회 내에서 경제적 성공이라는 단일한 목표를 모든 사회구성원들에게 강조하는 문화와 결합했을 때 그 사회에 아노미가 팽배할 것으로 예측된다. 상당수의 사회구성원들, 특히 불평등구조에서 하층에 위치한 사람들은 제도적 수단에 대한 접근이 제한되어 있는 상황에도 불구하고 여전히 경제적 성공 목표를 달성하기 위해서 비합법적 수단이라도 동원하려고 할 것이다. 이러한 문화적·사회구조적 상황에서 제도적 수단의 정당성은 크게 약화될 수밖에 없다. 그리고 무엇보다 경제적 성공을 '지나치게' 강조하는 문화는 필연적으로 제도적 수단에 대한 경시로 결과될 것이다."(Merton, 1957: 187; 신동준, 2006: 37)

14) 사회경제적 지수와 범죄율 간의 높은 상관관계를 이와 같이 표현했다고 보인다. 1930년대~1957년 사이 아메리칸 드림을 이루지 못해 실패자로 낙인찍히고 범죄자로 전락한 경우도 많을 것이다. 그러나 그 기간 동안 신대륙으로 유입된 외국인 이민의 경우를 생각한다면 — 서유럽·동유럽계 이민들, 중남미계 이민들, 그리고 한국과 동아시아 및 동남아시아 출신 이민자의 생활사를 그들이 본국에서 영위하던 정치, 사회, 경제적 위상과 비교한다면 — 머튼이 표현한바 '쥐의 경쟁'은 대공황기의 경험으로 해석된다. 많은 이민들에게 아메리칸 드림은 머튼이 말한 바 부나 금전적 성취의 측면보다 전쟁과 정치적 재난, 경제적 불안정에서부터 피난처를 찾은 것이고, 이들의 성공 여부는 보다 긴 역사에

머튼의 이 관찰은 계층에 따라 타당도가 달라질 것이나,[15] 최소한 과도한 '성공 신화' 시대의 아노미 현상에 대한 증언이라고 보기에는 무리가 없다. 이러한 머튼의 비교사회학적 의미가 있는 것은 특정 사회와 시대에 대한 적용을 넘어, 어떤 문화에서의 목표와 그것을 달성하는 수단과 방식 사이에 현저한 불균형이 있는 경우에 얼마든지 적용할 수 있다는 데에 있다(Mannheim, 1973: 502; Merton, 1957: 166).

## 3. 아노미와 평등권의 이념과의 관계

### 3.1. "반항의 정신은 이론적 제도적 평등이 막대한 불평등을 감추고 있는 곳에서 나타난다"

목표와 수단 사이에 존재하는 큰 거리 자체가 아노미나 일탈 행동을 가져오는 것은 아니다.[16] 아노미나 일탈 행동은 어떤 사회가 평등권과 같은 이념을 가지고 기회균등의 복음을 선포하는 사회에서 목표와 수단 사이의 엄청난 거리가 있을 때 일어난다는 것이다(Mannheim, 1973: 503). 머튼에 의하면 사회구조의 하층에 있는 사람들에게는 사회문화가 모순된 요구를 한다(Merton, 1949, 1957: 146). 철강왕 카네기가 "모든 사람은 자본주의 사회에서 각각 왕이고 왕이 될 수 있다"

---

서 판단되어야 할 것이다. 아메리칸 드림의 기록으로서 맥코트(Frank McCourt)의 *Angella's Ashes*(2003), '*Tis*(2004), *Teacher Man*(2005)' 등을 볼 것.

15) 머튼의 이 이론은 법사회학의 큰 범주에서 볼 때는 사회계층을 중심으로 한 이론으로 분류된다. 법사회학의 한 분과인 범죄사회학자인 만하임은 머튼과 그가 계승한 뒤르켐을 범죄사회학에서 계층 정향의 이론가로 보고 있다(Mannheim, 1973: 499~531).

16) 다른 말로 한다면, 기회의 결핍은 그것 자체로서 아노미나 일탈 행동을 가져오는 충분조건은 아니고 어떤 사회가 모든 신입자에게 평등한 기회의 복음을 설교하는 평등주의적 이데올로기를 가지고 있으면서 기회가 결핍할 경우에 일어난다고 설명된다. 이것은 한 사회의 범람하는 이념과 사회의 실상 간의 대비이고 이 대조가 경제적으로 가난한 나라에서보다 미국에서 사회경제지수와 범죄 간의 더 높은 상관계수를 보여 주는 이유라고 설명된다(Mannheim, 1973: 503).

고 말했을 때 하층민들도 자신이 큰 부를 가질 수 있다는 전망에 따라 행동할 것을 요구받는다. 그러나 하층민들에게는 제도적으로 그것을 성취할 유효한 기회가 주어지지 않는다. 이 구조적인 불일치의 결과는 높은 정도의 일탈 행동이다. 사회문화적으로 지정된 목표와 그 목표에 이르는 수단이 균형을 이루지 않을 때, 특권적 위치나 주어진 목표를 달성하기 위해서 어떤 수단이든 동원하는 데에 강조점을 두게 되기 때문이다.

## 3.2. 사회적 상승을 강조하면서도 상승의 기회가 닫혀 있을 때

이런 사회적 맥락에서 경제적 풍요에 높은 프리미엄이 주어지고 모든 사회구성원에게 사회적 상승을 강조하면서도 상승의 기회가 닫혀 있을 때(기회가 있더라도 좁은 문일 경우에) 마피아식의 방식을 사용하거나(김선경, 1999) 도덕적으로는 성취할 수 없는 목표에 대한 비도덕적 방법에 의한 승리를 추구한다(Merton, 1957: 146).

카뮈(Albert Camus)가 『반항적 인간』에서 "반항의 정신은 이론적 제도적 평등이 막대한 불평등을 감추고 있는 곳"에서만 나타난다고 말하는 것도 이것과 관련지어 이해할 수 있다(Camus, 1951; Merton, 1957). 머튼의 용어로 제도상 인정되고 보장된 규범 대(對) 목표에 도달하는 기회 사이의 적절한 밸런스가 없는 경우, 일반적으로 기회균등의 문제가 나타난다.

## 4. 평등권의 이념과 제도 – 기회균등의 문제

### 4.1. 평등권과 차별에 대한 인식 변화

평등권에 대한 헌법 조문은 '차별받지 아니한다'로 표현된다. 대한 민국 헌법 11조 1항의 경우, "모든 국민은 법 앞에 평등하다. 누구든 지…… 차별을 받지 아니한다"고 적시되어 있고, 미국 수정헌법 14조 는 "국가는 법의 평등한 보호를 거절할 수 없다"고 규정하고 있다. 차 별(差別)이란 말은 물론 한자 문화권에 속하는 한국인의 생활에도 익 숙하다. 한국인이라면 누구나 취학 이후 '혹시 내가 차별받지 않는가?' 라는 두려움을 가진 적이 있을 것이다.

학교란 개화기 이후 한국인이 보편적으로 경험하는 첫 번째 공식적 사회이기 때문이다. 이때 인종이나 종교상의 차별 문제는 한국인의 역 사에는 (다른 외국에 비해서) 그리 큰 비중이 주어질 필요가 없었다. 보기 드물 정도로 인종적 단일성을 유지한 민족적 특성, 20세기에 들 어서도 차별의 원인이 된 적이 별로 없는 종교적 다원성의 특성 등 때 문이다. 성적 차별의 문제도 실상에 비해 심각하게 인식되지는 않았다 가 산업화 이후 여성 인력이 본격적으로 생산 현장에 등장하면서 고용 계약과 관련되어 서서히 제기되기 시작했다. 그러나 한국이 국제 사회 에서 중요한 참가자가 되면서 사정은 달라지기 시작했다. 외국인의 국 내 활동이 증가하고 내국인 또한 외국 활동이 증가하면서 외국의 규범 과 문화의 영향이 높아졌다. 이 과정에서 인종 문제, 종교 문제, 성별 차별 문제도 다른 국가의 사례를 참고해야 할 정도로 변화하고 있다.

## 4.2. 이유 있는 구별과 차별

### 4.2.1. "사회가 있으면 구별과 차별이 있다"

차별의 문제는 국내의 문제이면서 동시에 국경을 넘어서는 보편적인 문제이기도 하다. '사람이 있는 곳에 사회가 있다'에 덧붙여 '사람이 있으면 사회가, 사회가 있으면 차별이 있다'고 말해야 할 정도이다. 그런데 사람마다 차이(差異)가 있다면 구별되는 것이 자연스럽다. 우리는 태생과 성장에 의해서 그리고 자연 질서에 의해 구별될 수밖에 없다. 그렇다면 어떤 상황에서 그것이 문제가 되는가? 그리고 구별과 차별은 어떻게 다른가? 남자와 여자를 구별하여 화장실을 따로 만드는 것을 차별이라 할 수 없다. 비행기 조종사를 뽑을 때 고소공포증이 있는 사람은 구별하여 걸러내고, 교통경찰을 뽑을 때 색맹자를 탈락시키는 것은 차별이 아니다. 법학자라면 '이유가 있는 구별(또는 차별)'과 '이유 없는 차별'을 분간해야만 하는 상황에 이르렀다. 간단한 일이 아니다. 차별의 역사가 전쟁에 의해서 비로소 다른 국면으로 들어갈 수 있었던, '극심하게 차별이 심했던 나라'에서는 차별 철폐의 법리가 오랜 세월을 두고 헌법, 제정법, 판례, NGO 운동, 종교운동의 큰 영향으로 발달하였다. 이들의 경험을 통해 우리도 도움을 받을 수 있지 않을까?

### 4.2.2. 죽음에 이르는 병: 차별

헌법은 "정치적 · 사회적 · 경제적 · 문화적 모든 생활의 영역에서 차별받지 아니한다"라고 적시하고 있다. 차별은 그 정도에 따라서, 사람을 가장 확실하게 절망하게 만들고,[17] 극단적으로는 죽음에까지 이

---

17) 최근 한국 사회의 비공식적 집계로, 차별 때문에 고립되고 자살을 택한 사례가 보도되고 있는데, 특히 교육현장에서는 이미 잘 알려진 사실이다(남인숙, 2004: 59~84). 어떤 직장에서의 다수 집단에 속하는 사람들이 소수의 사람 또는 고립된 개인을 지속적으로 중요한 결정 과정에서 제외함으로써 경우에 따라서 관계된 개인 또는 소수를 무력하게 만들고, 드디어 그 피해자가 스스로를 열등하거나

르게 한다. 외국의 잘 알려진 사례들로부터 시작하는 것을 비교법적 방법이라고 한다. 이 방법은 비교 국가들 사이의 사회적, 문화적 생활의 특성을 분석하는 데에서 시작한다. '문화와 교육 영역에서의 차별 사례'를 인종 차이에서 교육 불평등을 초래했던 미국 역사를 통해 살펴보자.

## 5. 법제도상의 차별과 사실상의 차별

### 5.1. 미국의 경우: 인종분리와 그 결과로서의 차별

#### 5.1.1. 미국의 경우

미국에서는 1868년 평등권 조항 이후에 비로소 연방정부 차원에서 성문헌법으로 인종차별을 금지하였다.[18] 그러나 헌법에 평등권 조항이 삽입되었다고 해서 수백 년간 계속된 인종차별 관행이 갑자기 사라질 수는 없다.[19] 또 헌법 아래에서 다수의 제정법이 차별을 금지한다고 해서 갑자기 인종에 대한 편견이 바뀌는 것도 아니다. 특히 지역에 따라 역사적으로 흑/백의 분리가 고착된 곳에서는 더욱 심하다. 평등권 조항 이후 미국 법사회학에서 법제도상의 차별(de Jure discrimination)과 사실상의 차별(de Facto discrimination)의 구별 논의가 떠올랐다 (Lockhart, Kamisar, Choper, 1979: 1357).[20] 그 사례로 교육에서의 인

---

확신이 없는 존재로 만드는 사례가 법심리학의 영역에서 보고된다.

18) 미합중국 수정헌법 14조 1항("국가는 적법절차 없이 국민의 생명, 자유, 재산을 박탈할 수 없다. 국가는 영토 안의 모든 국민에게 법의 평등한 보호를 거절할 수 없다.").

19) "웅변가, 목사, 시인과 정치가들이 인간의 평등과 자유와 우애를 많이 말하고 있다. 그러나 미국 사람들의 평등론 따위는 거죽뿐이다. ― 내가 비난하는 것은 그들의 행동과 그들이 내세우는 지고하나 결코 보편적으로 실현되지 않는 신조 사이에서 보이는 더할 나위 없는 모순일 뿐이다."(윤치호의 1890년 2월 14일의 일기. 박영신(1980: 93~94)).

20) "사실상의 분리와 차별에 대해서는…… 인종적으로 편중된 학교가 생기고 계속되는 것은 일차적으로 주거에 있어서의 분리 결과이다. 그리고 주거가 인종 또는 빈부에 따라서 분리되는 것은 순전히 사적인 개인 행동의 결과이다(일단 사법적 주택 매매계약, 임대차 계약의 결과이므로 공사법의 엄격이원

종 분리와 그 결과인 차별을 살펴보자. 이 경우 '분리'란 인종 간의 분리(실질적으로는 빈곤층과 중산층의 분리)를 의미하며, '분리의 결과'는 더 나은 생활을 위한 교육 기회가 주어지지 않는 것을 의미한다.

### 5.1.2. 거주지에 따른 교육기회의 차별

산업 사회일수록 경제적 능력에 따라서 거주지가 달라진다. 극단적으로 세계 대도시는 최빈민층 거주지를 필요악처럼 동반하고 있다. 다인종 국가에서 대도시의 슬럼 지역은 으레 특정 소수민족의 거주지가 된다. 이런 슬럼 지역에는 주류 다수민족들은 들어오지 않는다. 따라서 이 지역 공립학교는 오로지 소수민족으로 채워져서, 다른 중간층 지역의 학교 학생들과 완전히 분리되어 있다.

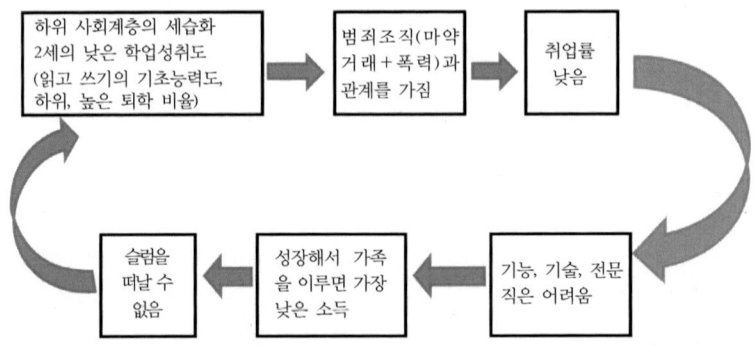

---

론 전통에서는 정부의 공법적 행위의 범위 밖으로 간주해 왔다). 그렇다고 해서 교육위원회가 학군을 결정하는 데에 사용한 지역적 범주가 인종적으로, 빈부를 기준으로 편중된 데 대한 모든 책임을 면제받을 수 있을 것인가. 불법행위법에 있어서의 '연쇄와 인과관계율'은 깨지지 않았다. 주거 패턴에 있어서의 인종별, 빈부별 계층화는 잘 알려진 사실이고 학교위원회는 이러한 사회 현실을 고려하지 않으면 안 된다."(Fiss, 1965: 564, 585) 한국에서의 평등권 논의에서는 법상(de Jure) 차별만 취급할 뿐 사실상(de Facto) 차별은 아예 취급하지 않는다. 즉, 법사회학적 발견은 법 해석이나 적용에 아무런 영향을 미치지 않는 형식법의 지배가 당연하게 여겨져 왔다. 따라서 문화적·사회경제적인 격심한 불균형도 법 해석과 적용에 고려되지 않는 경직성이 계층을 고착시키게 된다.

그 결과, 위의 그림처럼, 몇 대에 걸쳐서 '빈곤의 악순환'이 계속된다. 경제적 이유가 교육의 기회균등을 저해하는 경우(즉, 거주지 학군에 따른 학교 선택의 문제)를 외국의 예를 분석한 비교법적 분석을 통해 설명하였다. 학군제를 지키고 있는 경우에 거주지에 따라서 같은 지역의 학교에 갈 수밖에 없다.[21]

## 5.2. 한국 문화의 평등주의 반성

### 5.2.1. 한국 교육

한국 교육에서의 평등 문제와 그로 인한 아노미를 생각할 때, 우선 우리는 한국 문화에서의 '평등' 관념을 그 기본에서부터 정리할 필요가 있다(김철, 2001ㄴ). 현재 대한민국 헌법에서 규정하고 있는 차별금지 조항은 크게 두 항목, 곧 차별철폐(11조 1항, "누구든지 성별, 종교 또는 사회적 신분에 의하여 정치적, 경제적, 사회적, 문화적 생활의 모든 영역에 있어서 차별을 받지 아니한다.") 항목과 특권계급 부인(11조 2항, "사회적 특수계급의 제도는 인정되지 아니하며 어떠한 형태로도 이를 창설할 수 없다.") 항목으로 구성되어 있다. 그런데 이러한 헌법 원리는 1894년 갑오개혁 이전의 전통 사회처럼 신분적 질서를 당연한 사회의 구성 원리로 받아들였던 과거와는 질적으로 다르다.

---

21) 최근 우리나라의 지역 간 주택가격의 극심한 차이 가운데 핵심 요인으로 '학군에 따른 학교 선택의 문제'가 있다고 알려졌다. 외국의 경우, 이 문제는 이미 반세기 전에 발견되었고, 이 문제 해결을 위해서 사법부와 법조계가 헌법적 해결을 만들어 냈다. 우리가 비교법의 방식을 쓸 수밖에 없는 것은, 이런 한국병에 속하는 문제는 이해관계가 서로 엇갈려서, 이해당사자들이 서로 다른 주장으로 격돌 · 갈등하는 경우에 서로 만족할 만한 해결을 내놓기 힘들기 때문이다. 비슷한 문제에 대해 외국법의 선례와 판례에서 적실성이 있는, 곧 인간에게 공통적인 보편적 법 원리를 찾아내, 교육의 평등원칙과 같은 문제에 적용해 볼 수 있다.

### 5.2.2. 전통문화에서의 신분에 따른 차별

갑오개혁 이전의 한국 전통문화에서는 약 4,237년 동안 사회적 신분에 따른 차별(11조 1항 관련)과 사회적 특수 계급의 존재(11조 2항 관련)를 당연시하였다. 태어날 때의 신분(농부의 자손, 천민의 자손, 진골의 가족, 성골의 가족, 왕의 가까운 가족과 후손)에 의해서 사회적 신분이 정해지고, 또한 사회적 특수 계급의 특권과 낮은 신분을 가진 사람에 대한 차별도 당연시되는 것이 한국 전통문화의 오랜 흐름이었다.

### 5.2.3. 종교문화와 민권주의

하지만 이런 상황은 조선 후기 이후 서양 전래의 종교문화가 사람들 사이에 전파되고, 이어서 개화기에 서양 선교사들에 의해서 서양의 종교문화가 교육과 의료기관을 통해 전해지면서부터 서서히 달라졌다. 외국인이 아닌 한국인으로 평등주의 인간관을 처음 실행한 것은 구한말 개화기에 독립협회 활동을 통해 국권 수호운동을 벌인 청년들에게서 본격화된다. 서재필, 윤치호, 이승만, 안창호 등은, 애국 애족의 기본으로 만민이 평등하다는 민권주의("사람은 누구나 창조주의 모상에 따라 태어났고, 그 특징을 공유한다.")를 습득하고 실천하였다.[22]

### 5.2.4. 개인문제로 환원된 차별

평균적 현대 한국인의 의식과 무의식을 기준으로 하면,[23] 1948년

---

22) 독립협회의 토론회(1898년 2월 13일)의 논제는 "사람의 목숨이 지극히 귀하나, 남에게 종이 되고 살기를 얻는 것은 지극히 귀한 인명을 천하게 대접하는 것이요, 하느님과 사람 사이에 죄를 얻는 것이다"였다(이황직, 2007: 184).

23) 법심리학적 분석은 예일 법학대학원의 해롤드 라스웰이 선도하였는데, 한국에서 본격적인 법심리학적 분석은 아직 드물다(김철, 2001ㄱ: 336~337). 사실은 달라도 나와 타자를 심리적으로 섞어 버리는 비정상 심리를 심리적 투사 또는 심리적 자타 혼합이라고 한다. 자신이 원하는 바를 다른 인물에 가져다 붙이는 비정상 심리를 일컫는 것도 이 경우에 해당한다. 형법학자 유기천 교수가 한국 법학에 최초로 적용한 바 있다.

헌법 제정 이후 60년이 지났으나 교육받은 한국인의 의식은 형식적 평등주의의 경향에 가깝다.[24] 반면에 무의식의 차원에서는 전통 사회의 사회적 특수 계급의 존재도 당연시하고, 사회적 신분에 의한 차별의 경우에도 자신이 무력해서 그렇지 당연하다고 느낀다. 차별을 개인 문제로 환원시키고 사회적 문제나 사회윤리의 문제로 의식하기가 힘들다. 한국인의 가치관 중에서 차별에 관한 윤리를 개인윤리와 사회윤리 수준으로 나눠 볼 때, 개인 윤리에서는 중요시되더라도 사회윤리 수준에서는 실질적으로 중요시되지 않고 있다. 즉, 차별에 대한 사회윤리는 명목으로만 논의되고, 차별에 관한 개인윤리가 압도적으로 중요시되는 경향이 온존하고 있다.[25]

## 6. 차별 극복의 제도적 노력

### 6.1. 차별 극복의 제도적 노력

교육에 있어서의 차별의 문제를 제도적으로 해결하고자 노력한 선구적인 외국의 판례로서 브라운 대(對) 교육위원회 사건(Brown v. Board of Education)[26]을 검토해 보자. 이것은 교육 차별을 사법적 문제로 파

---

24) 잘못된 평등주의의 예로서, '능력에 따른 합리적 선별도 평등에 반한다'는 식의 경향을 말한다. 교육에서의 평등은 능력에 따른 차이를 인정하는 상대적 평등이라는 것이다(김철, 2001ㄴ). 그러나 이런 논조조차도 한국에서는 특정한 입장을 옹호하는 논리로 사용되었다. 지금까지 한국의 법학계가 다루어 온 방식은 산업혁명 이후, 더욱이 사회계층화가 급속히 진행된 제1차 세계 대전과 제2차 세계 대전 이후의 법 앞의 평등 문제를 다루는 데 평등의 문제가 생기는 사회적 배경인 계층의 양극화라는 사회문제를 간과해 왔다.

25) 이는 일반적으로 동정이나 이타심을 제도보다도 강조하는, 곧 사회 통제가 극히 약한 사회의 특징이기도 하다. 동정이나 이타심의 문제는 극심한 변화기에 제도의 문제보다 제도 안에 있는 인간의 미덕을 강조하는 쪽에서 제기하는 문제인데, 이 경우 그것들은 일종의 능력에 해당한다. 로크의 자연상태와 홉스의 자연상태를 구분 짓는 '시민의 덕'에 대한 묘사는 그것 자체가 유형화된 것에 해당한다(김철, 2002). 최근 한국에 온 시카고대학교 법학 · 윤리학 석좌교수인 마사 누스바움이 '약자에 대한 배려'의 능력으로서의 '공감'을 강조한 것은 역시 개인적 윤리를 강조한 것이다(Nussbaum, 2008).

26) Brown v. Board of Education 347 U.S. 483, S. Ct 686, L. Ed 873(1954). 또 Brown v.

악하여 법원이 나선 사법 적극주의의 세계 최초의 예에 해당한다. 이 판결은 인종(흑/백)과 빈부에 따른 거주지의 문제, 학군에 따른 교육기회의 만성적 불평등을 시정하는 데에 사법부가 판결로써 전례 없는 적극적인 결정을 한 예이다. 이 판결 이전에는 국가 정책의 중요 부분은 입법부와 행정부가 입법 재량 및 행정 재량으로 행하고, 사법부는 사후적으로 법에 어긋나는 것만 판단한다는 사법 자제론과 사법부의 소극적 위치를 확인하는 사법소극주의27)가 원칙으로 통했다. 하지만 이 판결 이후 여러 판례와 함께 헌법에 의한 사회혁명의 단서를 열었다. 그래서 차별 극복의 예를 비교법적으로 자세히 살피기 위해서는 브라운 대(對) 교육위원회 사건들에 관한 두 개의 판결(Brown v. Board of Education Ⅰ(1954), Brown Ⅱ(1955))에 더욱 주목해야 한다. 1954년에 연방대법원은, 인종적으로 분리된 학교 시스템이 법 앞의 평등 조항을 위반했다고 판시했다. 그러나 대법원은 이 판결에 따르는 구제조치를 판결에 포함시키지는 않았다. 1955년의 브라운 판결(Brown Ⅱ)에서 연방대법원은, 공립학교의 흑백 분리 때문에 과거의 법 앞의 평등 보호를 받지 못한 것으로 밝혀진 아프리카계 미국인 학생들에게 어떤 식으로 구제가 주어져야 하는가의 문제를 밝혔다. 일반적으로 헌법 위반이 있었다고 판시하면, 법원은 위헌적인 관행의 즉각적 종료를 명할 것이다. 이 브라운 판결은 공식적으로 분리주의를 채택하고 있는 여러 주에서 굉장한 저항을 불러일으켰다. 이 판결에 대한 남부 여러 주의 전략은 복지부동, 지역 정치 지도자들의 반발, 지역 의회의 반발로서의 입법이 있었고, 심지어 평등권 조항을 실현하려는 인권운동가들을

---

Board of Education 349 U.S. 249, 75 S. Ct. 753, 99 L. Ed. 1083(1955).

27) 대륙법계 국가에서 전통적인 생각은 입법부와 행정부는 적극적 행위의 기구로서 높은 정도의 재량이 허용된다는 것이다. 행정제도 국가에서 사법부의 역할은 사법제도 국가에서의 그것에 비해 크지 않다. 따라서 사법 적극주의가 존재할 여지가 적다. 한국은 행정소송을 포함한 모든 법률적 쟁송을 사법 법원이 통일적으로 관할한다는 점에서 영미식 사법제도 국가를 취한 것으로 본다(김도창, 1983: 107). 헌법소송의 경우, 헌법재판소가 관장한다.

처벌 투옥하기도 했다. 전통적 관행과 지역주의가 결합해서 불평등을 유지코자 하는 기도가 계속되었다. 1957년 아칸소 주 리틀록에서의 평등권 판결에 대한 저항은 연방대법원으로 하여금 판결을 회피하기 위한 지방정부의 전략을 심의하게 했다. 학교 당국자들은 대법원 판결에 따라 비분리주의를 위한 계획을 수립했으나, 주 입법부는 인종적 분리를 영속화하려는 계획을 입안하고 있을 정도였다. 아칸소 주의 주지사는 흑인 학생이 이전의 백인 고등학교에 등교하는 것을 저지하기 위해서 주(州) 방위군을 파견했고, 연방대법원은 주지사가 더 이상 학교에 간섭하지 못하도록 하는 금지 명령을 내렸다. 연방대법원의 판결을 강제하기 위해서 연방정부의 군대가 아프리카계 미국인 학생이 등교하는 것을 돕기 위해 파견되기도 했다(Nowak, Rotunda, Young, 1984: 640~641).

## 6.2. 판결 강제 40년 후 고용기회가 달라지다

브라운 판결 후 약 40년 뒤, 미국에서 흑백분리 문제는 새로운 국면을 맞게 되었다. 1950년대와 1960년대에 걸쳐서 도시악의 주된 진원 지역이었던 대도시의 할렘가에서 드디어 범죄율이 현저하게 떨어지기 시작했다.[28] 아프리카계 미국인들이 기업의 관리층이나 전문직에 진출하는 비율이 높아지면서 이제는 뉴욕의 할렘가가 아니라 롱아일랜드의 별장지대에서 맨해튼으로 출퇴근하는 아프리카계 미국인 중역들이 눈에 띄게 많아졌다. 브라운 판결 II(1955년) 이후 수십 년간의 교육혁명이 가져다준 사회적 변화가 축적되어 나타난 것이다. 할렘가가 변화한 지

---

28) 밝은 면은 1993년에 18세부터 24세까지의 아프리카계 청년의 31.4%가 어떤 종류의 대학에 등록하고 있었다. 그러나 지난 역사의 잔영은 여전히 어둡다. 1994년 20세부터 29세까지의 아프리카계 청년의 30.2%가 재소·가석방 또는 집행유예 중이었다. 같은 항목의 백인 청년 비율은 6.7%였다 (US Census Bureau, US Dept. of Education & the Sentencing Project, 1995 참조).

약 15년이 흘렀다. 그리고 이제 마침내 미국 역사상 최초로 아프리카계 미국인 대통령 후보가 선출되더니(Grunwald, 2008: 28~29), 마침내 그 후보(버락 오바마)가 대통령으로 당선되기에 이르렀다. 이것은 브라운 판결 I(1954년) 이후 54년 만에 이뤄 낸 사회 변화의 결과이다.

## 7. 한국 사회에 있어서의 아노미의 경위 – 기회균등의 문제

### 7.1. 카뮈의 명제

"반항의 정신은 이론적 제도적 평등이 막대한 불평등을 감추고 있는 곳에서 나타난다"는 카뮈의 명제와 "제도적 절차에 대한 강조 없이 이례적으로 특정한 목표에 중점이 주어진 사회 (……) 제도로 주어진 인정되고 보장된 규범 대 목표에 도달하는 기회 사이의 적절한 균형이 문제되는 사회"에 대해 분석하는 머튼의 문제의식을 결합하면, 한국 사회의 아노미 문제에 대해 시사점을 얻을 것이다.

### 7.2. 새롭게 형성된 사회적 신분과 사실적 차별

한국 사회는 1970년대 이후 짧은 시간에 고도의 경제성장을 이룩하는 데는 성공했으나, 헌법 11조의 법적 언어에도 불구하고, 사회적 신분 또는 특권계급의 철폐에 성공한 것 같지 않다. 봉건적 신분질서는 산업화와 함께 해체되었으나 새롭게 형성된 사회적 신분은 법적 언어를 우회하여 도처에서 사실적 차별을 행하고 있다.[29] 헌법의 규범적 해석과

---

29) 예를 들어, 어떤 조직에서 인사충원을 하는데 그 조직이 공식적으로 필요로 하는 역할 수행에서의 자질, 능력, 경력, 성실성 등 '직업에 필요한 조건(Bona Fide Occupational Qualification)' 이외의 것에 의해서 인사충원을 한다면 그 조직은 사회적 차별을 한 것이다. 한국 사회의 공식 조직이 인사에

법 형식주의적 파악으로는 불가능한 수준의 사회적 차별[30]이 사실상 한국 사회에 존재하고 있다(김철, 2001ㄱ). 이 문제는 권위주의 체제를 극복한 1990년대의 자유화와 민주화의 시대에 오히려 더 강화된 듯한 느낌이다. 동시에 시작된 탈권위주의의 흐름은 다분히 자유지상주의적 가치 의식을 낳았고(김철, 2006), 세계 수준에서 보자면 신자유주의의 흐름에 의한 가치상의 혼란과 맥을 같이한다(김철, 2007ㄱ: 164~165).

## 7.3. 자유화와 동일성의 위기

한국이 겪은 또 다른 어려움은 자유화의 노정에서 차츰 사회적 동일성의 위기가 특히 문화와 교육 부문에서 심각하게 발현되기 시작한 것이다. 전통 사회는 물론 심지어 권위주의 시대 초기까지도 한국 사회에서는 부의 극대화나 금전적 성공 외에도 다른 종류의 문화적 가치가 함께 존재하고 있었다.[31] 부의 축적만을 유일한 성공의 척도로 인정하던 미국을 비롯한 여타 선진 산업화 국가들과 구분되었던 것이다.

---

서 만약 '직업에 필요한 조건' 이외의 것에 의해서 결정을 한다면 그 이유는 무엇인가에 관한 의문을 가지는 것이야말로 오랫동안 한국 사회를 힘들게 한 문제에 대한 제대로 된 인식의 출발점이라 할 것이다(김철, 2001ㄱ: 77~79). 이 문제를 전회 축소하여 미시 경영학의 조직행동 수준에서 관찰하면 '경영 조직의 악한 연구(Asshole Study)'가 된다.

30) 세계사적인 측면과 사회문화적인 측면을 심층심리학적으로 접근한 예는 김철(2007ㄱ: 314~359)을 참고할 것. 1차 세계 대전 이후 현대 사회에서 가장 대표적인 차별은 정치적 반대자, 이단자, 비순응주의자, 예외를 주장하는 자, 국가 이데올로기를 받아들이지 않는 자 등에 대한 차별이었고, 전체주의 체제가 붕괴하고 난 이후에는 집단 내부인(ingroup)이냐 집단 외부인(outgroup)이냐를 보고 차별하는 태도라고 사회심리학자에 의해서 측정되고 있다(김철, 2001ㄱ).

31) 1990년대 초반까지 아시아인들은 아시아적 가치를 경제성장의 주된 이유로 꼽고 서구적 가치의 몰락을 호언하였다. 아시아적 가치는 (1) 부지런함(근면), (2) 배움에의 열망(학문의 존중), (3) 전체 사회를 개인에 우선하는 것(대를 위해 소를 희생하는 것) 등으로 구성되어 있다. 이런 가치 경향이 무너지면서 문화적 위기와 경제적 위기가 동시에 1997년 말 이후 한국을 엄습했다고 볼 수 있다. 다른 한편, 태국, 말레이시아, 싱가포르, 인도네시아, 중국, 일본, 한국에 걸쳐 행해진 1994년의 한 조사에서, '어떤 가치에 우선순위를 두는가' 하는 질문에 아시아인들은 (1) 질서 있는 사회, (2) 집단 내에서의 조화(화목, 원만함), (3) 권위에 대한 존중(경(敬)) 등을 순서대로 답변하였다. 조사를 행한 나라 중 1997년의 외환위기를 겪은 나라는 태국, 인도네시아, 말레이시아, 한국이었다. 이 네 나라의 동일성 위기가 문화적 가치의 면에서도 가장 심했다는 얘기가 된다. 이 중 인도네시아는 네포티즘(Nepotism)을 큰 이유로 꼽고 있다(김철, 1999).

명목상으로건 실질적으로건 초기 산업 사회단계에서 한국에서 사회적 존중의 대상은 부의 축적이라기보다는 국가적으로나 사회적으로 가치가 있는 행동과 업적, 세대를 이어서 전달되는 학문적 문화적 업적, 그리고 공동체의 복지를 존중하는 삶의 유형 등에 대해서 높은 가치를 두어 왔다.[32] 그러나 한국의 권위주의 시대가 오래 지속되면서 정치에 대한 실망과 혐오가 다른 분야의 사회 지도층에 대한 실망으로 연결되면서, 한국 문화에서 명예나 사회적 평판, 정신적 가치에 대한 확신이 점차 약화되기에 이르렀다(김철, 2002).

## 7.4. 한국 최현대의 탈규범의 진행과정

대체로 권위주의 체제의 이완기였던 1980년대 후반부터 자유화가 본격화된 1990년대 전반까지, 정치상의 민주화와는 별도로 한국 사회의 평균인은 점차로 불안정한 사회에서 살아남을 수 있는 담보로서 부의 가치와 금전적 축적에 압도당하기 시작했다. 물론 1960년대 후반부터 시작된 산업화는 다른 분석을 제공하기도 한다. 한국에서 기회균등의 문제는 산업화가 진전된 1970년대 후반 들어 점차로 '가진 자와 가지지 못한 자'의 대립으로 내연되기 시작했고, 그것이 권위주의 시대에 불씨를 보존했다가 1987년 민주화 투쟁 이후 본격적으로 큰불로 번지게 되었다. 게다가 1989년 동유럽의 민주화 이후 세계 수준에서 자유화가 진행되면서, 정부의 규제력은 약화되었을 뿐만 아니라 종전의 도덕규범이나 사회 규범을 통한 개인 욕망의 제어력도 약화되었다

---

32) "(어떤 사회는 미국과 달리) 더 경직된 사회계급이 존재하며 그러나 계층에 따라 각기 다른 성공의 상징이 존재하며 바람직한 성취의 이념이 각기 다른 사회계급에 다양하게 존재하는 사회에서는 경제적으로 힘든 시기에도 미국보다 범죄율이 낮았다."(Merton, 1957: 146~147) 이러한 머튼의 지적을 참고할 때, 미국과 비교할 때 산업화와 반비례하는 범죄율의 보기로서 산업 사회 이전의 한국의 모습을 들 수 있다. 한편, 머튼의 이 지적은 부의 성취를 모든 성공의 종국으로 보는 사회문화와는 다른 사회문화의 가능성을 보여 준다.

(김철, 2006). 이렇게 국내와 세계 양쪽에서 진행된 변화에 의해 1990
년대 이후 정치적 자유화[33]는 가치의 탈정향화와 규범의 약화를 수반
하면서 드디어 분출하는 욕구 수준의 상승과 함께 아노미라고 부를 수
있는 정도의 탈규범화로 발전하였다. 1997년의 외환위기는 물론 경제
위기이지만 그 실제에서는 잔존했던 전통적 규범, 산업화, 민주화 시
대의 규범 또는 민주주의 건설기의 모든 규범이 자유라는 이름 앞에서
무력해진 문화적 위기를 반영하는 것이었다(김철, 2006). 이 문화적인
위기는 머튼과 그의 이론적 스승이었던 뒤르켐의 용어로 아노미 또는
아노미에 업혀 있는 사회를 낳는다.

## 7.5. 법형식주의와 사실적 차별

1997년 외환위기 이후 한국 사회의 문제를 기회균등에 관한 관찰을
통해 일률적으로 정형화시킬 수는 없다. 많은 제도적 노력에도 불구하
고 법제도는 그 형식성 때문에 여전히 사실상 차별을 포착하지 못하고
있다. 더욱 근본적인 문제는 한국 법학에서 형식법의 구성요건 해당성
을 벗어나는 사실적 의미의 차별(또는 사회학적 의미의 차별)을 고려
하지 않는다는 데에 있다.[34] 정부에 의한 정책은 헌법상 기본권의 최

---

33) 현대 자유주의의 개념적 요소를 자유화와 자유주의가 갓 적용되기 시작하던 문민정부 시대 한국의
법과 정책에 대조해 보자. 자유주의 후기 특징인 자유주의의 적극적·형성적 작용을 당시 문민정부
가 이해하거나 실행한 흔적은 별로 없어 보인다. 오히려 경제정책에서 자유화에 의해서 소외된 계층
을 위한 정책보다는 기업과 기업에 준하는 경제력을 가진 집단의 경제적 자유에 대해서 자유방임으
로 일관하였다. 그 영향은 1997년 말 이후 한국이 국제통화기금의 관리체제에 들어갔을 때 드러난
금융기관의 BIS 비율의 문제에서 나타난다. 즉 부실 대기업에 대한 거대한 대출과 부실여신의 결과
로 한국의 금융기관이 전반적으로 BIS 기준에 미달하는 사태가 나타났다. 정부가 거액의 지원금을
들여 국제적 수준의 지불준비금을 맞추지 않을 수 없는 사태는 짧게는 자유화 정책이 시작된 1990
년대까지 소급할 수 있고 최소한 그 기간 중에 정부가 적절한 형성적 작용을 하지 않았다는 이야기
가 된다. 은행의 BIS 부족을 야기한 대출자들은 일반시민이나 자유주의 시기의 소외된 계층이 아니
었다는 것이 이후 증거로 드러났다. 그렇다면 적어도 민주화 이후의 정부의 자유방임적 경제정책이
BIS 비율상의 부실을 야기했다고 할 수 있다(김철, 2006: 77~78).
34) 법학 용어 자체도 오로지 형식법, 실정법을 해석하는 쪽으로 전문성이 발전된 데 반해, 사회적 사실
을 어떻게 평가할 것인가라는 쪽으로는 거의 발전되지 못했다. 예를 들어, 한국 법학에는 '사실상 차

소 단위인 개인의 기회균등을 신장시키는 데 성공한 것 같지 않다. 왜냐하면, 행정권에 의한 집단주의적 해결 방식이 주로 의존하는 각종 통계나 사회지표가 구체적인 개인에게 가해지는 사회적 차별의 벽을 인식시키거나 철폐하는 데 별다른 도움을 줄 수는 없기 때문이다.[35] 그러나 사법부의 독립성이 점차 증진되면서 기회균등을 향한 사법부의 사법적 판결은 크게 증가하였다.[36]

## 7.6. 계층이동의 전망과 열린사회의 가능성

산업화 시대에는 적어도 계층의 상향이동이 가능하다는 믿음이 있었다. 그러나 최근의 젊은 세대는 그러한 전망을 포기하기 시작했다. 그 결과, 사회 전체적으로 활기가 사라지고 여러 분야에서 경색감이 자라기 시작했다. 한국 중간계층의 계층이동 문제를 비교법적으로 관찰할 때 가장 용이한 것은 다인종 국가에서 교육 기회를 통한 전문직으로의 진출 기회를 분석하여 비교하는 작업이다. 2008년 지구촌의 으뜸 화제였던 버락 오바마의 아메리칸 드림(Obama, 2004)은 그가 아프리카계 미국인이라는 인종적 배경에도 불구하고 법제도와 교육제도의 도움을 받아서 그 사회의 최고 엘리트가 될 수 있는 교육적 성취를 이뤄 낸 것에 기인한다. 그러나 한국에서의 계층이동의 전망이 과연 열려 있을까? 분석적 연구가 따라야 하겠지만, 최근 사교육비의 폭증으로 인한 일반 가계의 부담을 감안한다면 교육을 통한 계층이동의 전망은 기이하게도 한국의 민주화 이후 나아졌다고 말하기 어렵다. 1890

---

별(De Facto Discrimination)'이라는 용어가 존재하지 않는다. 따라서 사실의 세계에 존재하는 차별은 한국의 관료법학자나 혹은 강단법학자에게는 판단의 기준이 되지 못한다(김철, 2008). 이런 경우는 세계사적인 관점에서 주변 국가의 특징으로서, 곧 2차 세계 대전 이후 평등권의 역사가 어떻게 진행되었는가를 비교 분석할 때 의미 있는 자료가 될 수 있다.
35) 신용회복위원회는 외환위기 이후 파산자의 생존권 문제를 해결하는 데에 도움이 되었다.
36) 행정법원의 판결과 함께 외환위기 이후의 회사정리법, 기업파산과 관계된 법원파산부의 활동을 들 수 있다.

년대에 시도되었고 1938년 이후 그의 후계자들에 의해 신대륙에서 적용되었던 뒤르켐의 사회학의 키워드인 아노미 이론이 그의 후계자인 머튼의 법사회학 연구와 함께 의미를 가지는 것은 이러한 한국의 결코 밝지 않은 현실 때문이다.

## 8. 결 론

지금까지 필자는 뒤르켐과 머튼의 아노미 이론을 그것의 사회경제 사적 배경을 통해 읽었다. 뒤르켐은 1873~1874년 비엔나에서 시작한 서유럽의 경제위기와 1882년 파리 증권거래소에서 발생한 파산 사건을 사회경제적 배경으로 16세기에 쓰이던 아노미라는 용어를 300년 만에 부활시켰다. 뒤르켐의 아노미 이론 자체가 역사 이론의 범주에 속할 수 있는 이유이다. 그리고 1929년의 세계 대공황 이전 10년(재즈 시대)과 공황 이후 10년(뉴딜 시대)의 미국사회 연구가 머튼으로 하여금 40년 전 뒤르켐의 아노미 개념을 다시 학문적 키워드로 내세우게 했음을 밝혔다. 이제 현재로 돌아와 보자. 2008년 9월 세계경제의 최대 관심은 1929년 세계 대공황의 진원지가 된 월가에서 1929년 이후 최악의 금융위기가 발생한 것에 모아지고 있다. 머튼이 전개시킨 세계 대공황 이전과 이후 각각 10년의 사회연구가 2008년 월가의 금융위기 이전과 이후의 각 10년에 적용될 수 있는지에 대해 사회과학자들의 진지한 연구가 촉발되어야 할 것이다.[37]

이미 1997년에 지급불능 위기로 국제통화기금의 구제금융을 경험한 적이 있는 한국의 상황에서 아노미 이론의 적용가능성은 더욱 커진

---

37) 이 문제는 2008년 9월 이후 사회과학자들의 관심의 초점이 되고 있다. 해당 분야의 이론으로는 Krugman(1999, 2007)을 참고할 것.

다. 필자는 이 연구에서 1997년을 기준으로 이전 10년과 이후 10년이 뒤르켐과 머튼이 아노미 이론으로 구성한 특징과 어느 정도 근접성이 있는가를 사회문화적 측면에서 고찰했지만, 여전히 시론적인 분석 수준에 머무를 수밖에 없었다. 다만 더욱 본격적인 사회경제학적 연구를 위해 한 걸음을 내디뎠다는 것으로 만족하고, 여러 사회과학 분과에서 깊이 있는 연구와 토론이 계속되기를 기대한다.

## 참고문헌

김 철, 「동서양의 법문화 – 경제위기의 반성」(한국가톨릭교수회 발표문, 1999).

_____, 「사회적 차별의 심층심리학적 접근」(한국 사회이론 학회 엮음), 『사회 이론』통권 제20호(서울: 한국사회이론학회, 2001ㄱ).

_____, 서평 「헌법과 교육」, 『헌법 연구』(서울: 한국 헌법학회, 2001ㄴ).

_____, 「개혁의 법사회학적, 법경제학적 조망 — 교육개혁을 주안점으로 그러나 주도적인 개혁을 우선하여」(한국사회이론학회 엮음), 『사회이론』통권 제21호(서울: 한국사회이론학회, 2002).

_____, 「포스너의 헌법학방법론 소개(1)」, 『헌법학연구』, 제8집 제1호(서울: 한국 헌법학회, 2002).

_____, 「한국에 있어서의 자유주의와 자유지상주의에 대한 반성」(한국사회이론학회 엮음), 『사회이론 통권』 제30호(서울: 한국사회이론학회, 2006).

_____, 「형이상학적 이원론 아래에서의 당위와 존재의 문제와 현대 한국법학의 과제」, 『현상과 인식』, 32권 3호(2008).

카뮈, 알베르, 『반항하는 인간』(김화영 옮김)(서울: 책세상, 2003).

_____, 『반항적 인간』(신일철 옮김)(서울: 일신사, 1983).

김 철, 『한국 법학의 역사적 기초 — 역사적, 경제적, 사회문화적 접근』(서울:

한국학술정보(주), 2007ㄱ).

_____, 제3장 공법의 역사,『법제도의 보편성과 특수성』(서울: 훈민사, 2007ㄴ).

김광기,『사회는 무엇으로 사는가? 뒤르켐 & 베버』(서울: 김영사, 2007).

김도창,『일반 행정법론(上)』(서울: 청운사, 1983).

김선경,「러시아 마피아 연구」, 고려대 국제대학원 석사학위논문(1999).

남인숙,「커뮤니케이션 네트워크와 청소년 집단 따돌림」, 한국사회이론학회
(엮음),『사회이론』통권 제25호(서울: 한국사회이론학회, 2004).

뒤르켐, 에밀,『자살론』(임희섭 옮김)(서울: (주)삼성, 1993ㄱ).

_____,『자살론』(김충선 옮김)(서울: 청아출판사, 1993ㄴ).

_____,『사회분업론』(임희섭 옮김)(서울: (주)삼성, 1993ㄷ).

모로아, 앙드레,『프랑스사』(신용석 옮김)(서울: 홍성사, 1983).

민문홍,『에밀 뒤르켐의 사회학 — 현대성 위기극복을 위한 새로운 패러다임
을 찾아서』(서울: 아카넷, 2002).

_____,『현대 사회학과 한국 사회학의 위기 — 한국 사회의 인문사회학적
대안을 찾아서』(서울: 길, 2008).

박영신,『변동의 사회학』(서울: 학문과 사상사, 1980).

신동준,「경제제도의 지배와 범죄」, 한국사회이론학회(엮음),『사회이론』통권
30호(2006).

이황직,『독립협회, 토론공화국을 꿈꾸다』(서울: 프로네시스, 2007).

존슨, 찰머스,『혁명의 미래』(한완상 옮김)(서울: 현대사상사, 1977). 한국사
회이론학회,『뒤르켐과 우리 사회』(한국사회이론학회 2008년 하계학
술대회 발표문집).

Brown v. Board of Education 347. U.S. 483, S. Ct 686, L. Ed 8.3.(1954).

Brown v. Board of Education 349 U.S. 249, 75 S. Ct. 753, 99 L. Ed.
1083(1955).

Durkheim, Emile, *Suicide*(John A. Spaulding and George Simpson 옮
김)(London, 1952).

Fiss, Owen M., "Racial Imbalance in the Public Schools: The Constitutional
Concept", 78 *Harv. L. Rev.*, 564, 585(1965).

Grunwald, Michael, "Campaign '08 Where's the Fire?", *TIME*(September 29,
2008).

Krugman, Paul, *The Return of Depression Economics*(New York: W. W. Norton
& Company, 1999).

Lockhart, William B. Yale Kamisar, Jesse H. Choper "De Facto School Segregation", *Constitutional Law, 1357*(St. Paul: West Publishing, 1979).

Mannheim, Hermann, *Comparative Criminology a Text Book*(London: Routledge & Kegan Paul, 1965, 1973).

Merton, Robert. K., "Social Structure and Anomie", *American Sociological Review* 3권(1938).

Merton, Robert. K., *Social Theory and Social Structure – Revised and Enlarged Edition*(Glencoe: The Free Press, 1957).

McCourt, Frank, *Teacher Man A Memoir*(New York: Scribner, 2005).

Nowak, John E., Ronald D. Rotunda, J. Nelson Young, Ch. 16, §Ⅱ, E. "Implementation of the Desegregation Decisions", *Constitutional Law, 640~641*(St. Paul: West Publishing, 1984).

Nussbaum, Martha C., "Compassion: Human and Animal"(해외석학 초청강연문, 2008).

Obama, Barack, *Dreams from My Father – A Story of Race and Inheritance*(New York: Three Rovers Press, 2004).

Schliesinger, Arthur M. Jr., *The Crisis of the Old Order*(Cambridge: The Riverside Press Cambridge, 1957).

"로젠스토크-휘시가, 학문세계에서 칸막이 치는 것(Compart-mentalization)이 파괴적이라고 저 자신에게 가르쳐 준 최초의 은인이었습니다. 다트마스 대학에서, 학부생으로서, 나는 그의 지도 아래에서 내 스스로의 연구에 집중할 수 있도록, 허락을 받았습니다. 단지 하나의 주제로서, 「여론(Public Opinion)」이었는데, 사회학, 역사학, 정치학 그리고 철학을 결합한 것이었습니다. 그 때(1938년 이전) 이후로, 저는 내 학생들과 동료들과 대화할 때, 특수화된 학문 상의 전문용어를 피하고 다양한 학문분야(Scholarly disciplines)의 통찰을 일으킬 수 있는, 언어와 문체로 표현해 왔고, 투쟁해 왔습니다." 대화편/여섯 개의 질문과 여섯 개의 대답-김 철 교수와 해롤드 조셉 버만 교수(해롤드 버만과 김 철, 1992; 316-317)

학부 때부터 시작된 해롤드 버만의 학제적 연구 태도는 『종교와 제도: 문명과 역사적 법이론』의 모태가 된 로웰 석좌 강좌의 서장이 되는 프롤로그에서 나타나는데, "'학문세계'만큼 보통 쓰는 의미에서 오염된 용어도 없을 것이다. 학문 세계가 학자들의 세계를 나누어 버린, 전문화 때문에 생긴 구획정리는, 그것 자체가 의미 있거나 충족적인 단위가 아니며, 어린이들의 땅 뺏기 놀이에서처럼, 나누어진 구획이 열어젖혀지지 않는다면, 그 구획과 구분은 너무 좁게 칸막이를 친 공동주택의 공간 같이 우리를 가두고 질식시킬 것이다. 필자는 우선 이 사실을 스스로에게 그리고 다른 사람에게 알리기 위해서, 이 '쓰여진 강좌'를 내놓는다."(해롤드 버만과 김철, 1992; 29-30)

# 제 4 장
## 한국 법치주의의 반성
### - 역사적 전망

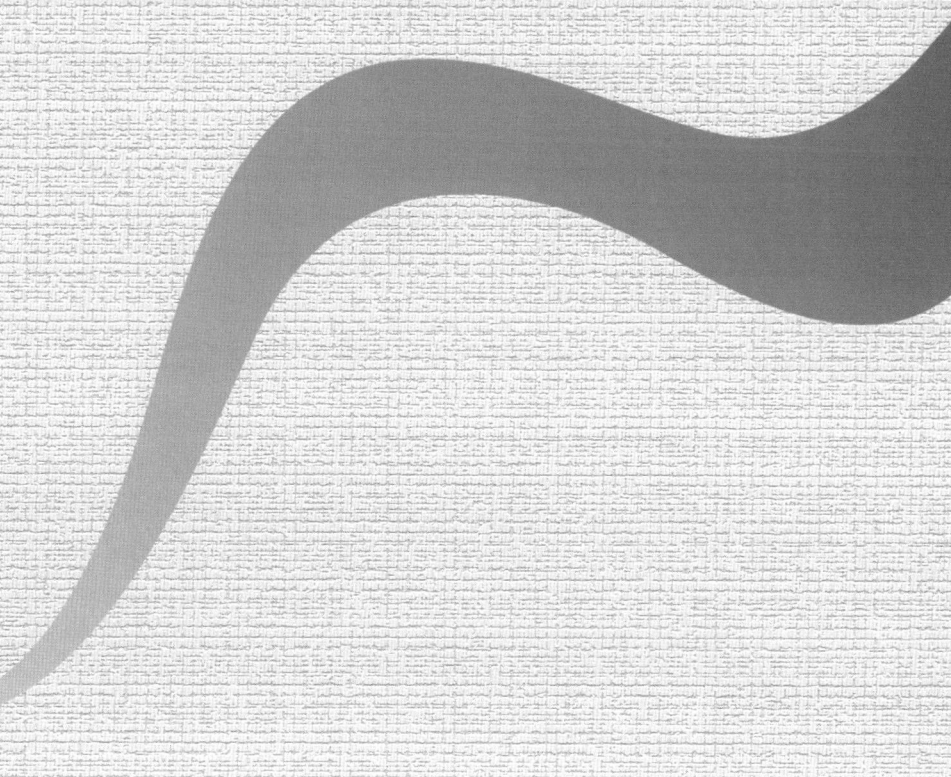

동아시아인에게 법계보다 더 큰 것은 기저가 되는 문화와 문명의 문제이다(김철, 2003, 2007: 82). 다시 말하자면 대륙법계와 영미법계의 구별보다 더 크고 근본적인 것은 "서양법 전통(Western Tradition of Law)이라는 일관성이 존재하느냐"의 문제이다(해롤드 버만, 1983).. 해롤드 버만은 1983년의 20세기 최대의 기념비적인 저작에서 종전의 비교법적인 구별을 넘어서서, 서양법 전통의 형성에 있어서의 혁명의 역할을 법제사에 추가하였다. (해롤드 버만, 1983) 따라서 이런 비교법적인 전환에서 볼 때 대륙법계와 영미법계의 고전적인 구별은 동아시아인들이 그들의 교과서에서 유형화시킨 그런 거대한 차이점이 다른 시점에 의해서 정리되고 있다(04.2).

"이 시대 새로운 철학적·과학적 개념이 법학에 있어서 당위와 존재의 구별을 하게 되었고, 이 구별 때문에 주권에 대한 새로운 정치이론은 누구나가 주권자의 명령이나 존재하는 어떤 법에 대해서 도전하는 권리를 부인하였다. 당위와 존재의 구별이라는 방법이원론 아래에서 처음부터 익히는 당연한 전제는 근세 국가주의시대의 산물이며, 이와 같은 편리한 법철학으로 말미암아 근세 절대주권은 강화되었으나 법학은 이전의 풍부한 내용을 상실하였다. 이와 같은 국가주의에 입각한 법학에 의해서 신의 법과 자연법은 존재하는 법의 영역으로부터 제거되어 도덕의 영역으로 물러갔다. 따라서 남아있는 법은 오로지 국가의 실정법으로서 강제력을 가지는 법이 되었다. 이와 같은 16세기와 17세기의 절대주의 왕권에 봉사한 법학과 법 개념에 대해서 반격을 가한 것이 17세기 잉글랜드와 18세기의 아메리카 및 프랑스혁명 이었다(해롤드 버만, 1991)."(04.6)

너무나 오랫동안 한국에서의 법치주의 개념과 용어는 검토나 의문 없이 사용되어 왔다. 이 글에서 한국에서 사용한 법치주의 개념 자체의 역사적 기원과 세계사적 맥락을 추적하고 있다. 저자는 이 글에서 1. 한국 법학에 있어서의 외국법의 문제를 논의하고, 2. 한국 법학이 외국으로부터 수입한 법치주의 개념에 대한 재검토를 한다. 3. 수입된 법치주의를 사용한 역사적 예로서 러시아에 있어서의 법치주의를 고찰한다. 4. 해방 이후의 한국의 교과서가 다루는 법치주의의 기반이 되고 있는 한국문화를 주목한다. 5. 이를 위해서 개화기 이후 평균인의 의식의 일부가 된 법치주의의 의미를 법인류학 및 법사회학적으로 살펴본다. 6. 한국 법학이 따르고 있는 서양법 전통의 법치주의의 원류를 밝히기 위해서 '서양법 전통에 있어서의 고차법(高次 法)'을 해롤드 버만의 이론에 따라 고찰한다. 7. 해방 이후 한국 법학의 특징으로서 특수 독일적 법치주의의 문제를 다룬다. 8. 한국에서 식민지시대와 해방 이후 줄곧 세계사적인 보편주의의 등불 아래서 명백히 하지 않았던 19세기 도이치에 소개된 법치주의의 성질을 밝힌다.

　－ "한국 공법학의 반성", 한국사회이론학회, 『사회이론』2007년 가을/겨울 통권 제32호에 게재, "한국 법학의 반성－경제위기와 관련해서", 『경제 위기 때의 법학』(서울: 한국학술정보, 2009ㄱ)에 게재, "우리는 어떤 법학을 해 왔는가?", 『한국 법학의 반성』(서울: 한국학술정보, 2009ㄴ)에 게재

# 1. 들어가는 말

한국 법학계에 외국법을 공부한 학자들이 늘고 있다. 전통적으로 이론적인 배경을 제공한 독일, 그리고 흔히 이야기하는 대로 같은 대륙법계에 속하는 프랑스에서 본격적으로 다년간 공부한 분들, 학자로서 인정받은 분들뿐만 아니라 종전에는 비교적 희소했던 영미권 출신의 학자와 실무가도 늘어나고 있다. 이제는 몇 사람의 개척적인 소개자가 외국 이론의 대강을 극히 개괄적으로 설명하는 단계는 지나서 각 분과법에서 상당히 정치한 부분까지 공부한 분들이 심도 있게 외국법을 소개하고 있다.

극히 단순한 에피소드로 시작해 보기로 한다. 우리가 가난했던 시절, 잘 사는 집에 대한 호기심이 대단했다. 어느 집에는 우리 집에 없는 가재도구가 있고 그 집 식구들은 우리들이 지키지 않는 법도를 지키며, 질서 있게 행동하는 경우가 있었다. 또 더 큰 어느 집은 물질적으로뿐만 아니라 자손들의 번영도 대단해서 하는 일마다 잘 뻗어 나간 것을 본 적도 있다. 큰 집, 작은 집, 이름 있는 집, 부잣집, 관록이 많은 집, 학문이 많은 집 모두가 선망의 대상이 되었다. 어떻게 다른 집들은 그렇게 잘 살까? 하는 일마다 잘될까? 법도가 높을까? 명성이 높을까? 날마다 가난한 집에서는 다른 집의 좋은 점을 칭찬하고 무엇인가 배우려 애썼다.

이것은 비유이다. 한국은 가난한 집으로서 선진국의 큰 집을 선망했고, 무엇이든 선진국의 것이라면 빨리 들여와서 그들처럼 번영하면서 살기를 원했다. 아마도 전 세계적으로 한국의 학자만큼 외국법에 대한 탐구열이 높은 경우도 없을 것이다. 21세기를 남겨 놓은 현시점에서 이제 다시 음미해야 할 것은 그동안 정신없이 들여오고 모방했던 수십 년간을 정리해야 될 단계에 이르렀다. 가난한 집의 자식들이 저마다 외지로 나가 보다 잘사는 집들의 자식들을 모방하고 그들의 법도를 배워서 돌아왔다. 첫째 아들은 언덕 너머 대가 집의 법도가 가장 좋다고 한다. 둘째 아들은 개울 건너 양반집의 질서가 가장 좋다고 한다. 셋째 아들은 장거리 부잣집의 물산이 가장 좋다고 한다. 넷째 아들은 보다 현실적이어서 그런 집들은 모두 우리 집과는 너무 거리가 있고 그저 재 너머에 있는 친척 아저씨의 집이 좋다고 한다.

이것은 썩 좋은 비유가 아니다. 특히 개인의 가계와 나라의 경영을 평면적으로 비유했다는 점에서 그렇다. 그러나 이 비유는 가리키는 점이 있다. 모든 아들은 자신의 경험한 한도 내에서 자신의 인식범위 내에서 최선의 법도를 배웠으나 이 여러 아들이 있는 가계는 앞으로 어떻게 되겠는가?

학문의 발전에 따라서 물론 법학도 분화를 거듭한다. 그러나 아무리 심오·정치한 법학의 어떤 분과도 법학 밖에서 본다면 필경은 한국법학의 한 부분밖에 되지 못한다. 어느 나라의 법학도 어느 특정한 분과만 독립해서 다른 분과와 관계없이 따로 고도로 발전한 예는 없다.

두 가지 문제를 제기하였다. 한국법에 있어서 외국법의 문제 그리고 분과법 법학 전체와의 관계 이 두 가지 문제를 논의하기 위해서 잠정적으로 문화라는 개념을 쓰기로 한다. 왜냐하면 한국법은 어떤 경우에도 한국문명과 한국문화의 일부분이며 한국법학은 역시 어떤 경우에도 한국의 문명과 문화현상의 일부분이기 때문이다. 이런 논의에서는 조심성이 필요하다. 우선 한국문화라고 할 때 그 사전적 의미는 미래형이라기보다는 전통형을 지칭하는 경우가 많고, 열린 시대를 가리키기보다는 닫힌 지난 시대를 가리키기가 쉽기 때문이다. 또한 한국법이라 할 때 개화기 이후 격동의 시기 동안 우리가 힘들여 배워 왔던 전 과정을 포괄하기보다는 열린 법체계와 대비되는 오히려 외따로 떨어진 닫힌 법체계를 연상하기 쉽기 때문이다. 이유는 개화기 이후 우리나라 법학의 역사는 외국법 수용 내지 모방의 역사였기 때문이다. 그럼에도 불구하고 2천 년을 수년 앞둔 현재에서 이와 같은 논의를 할 수밖에 없는 것은 문명과 문화의 원심력이 지나치게 세어졌을 때 해체의 우려가 있고 따라서 구심력의 문제가 생기지 않을 수 없기 때문이다. 우리나라 개화기가 밝은 계몽의 시기가 되지 못한 것은 다른 식으로 고찰할 수 있겠으나 극히 단순하게 원심력과 구심력의 균형이 깨어진 결과라고 얘기할 수 없을 것인가?

## 2. 한국 법학에 있어서의 외국 법학의 문제

우리나라에서 외국의 제도를 도입(최종고, 1982)하기 시작한 것은 병인, 신미양요를 거쳐 강화도 조약 때부터라고 하겠다. 개화기의 시작에서는 이때부터 의식적으로 다른 나라의 문물과 제도를 배워야 한다는 개화파가 나타났다(이광린, 1974). 일본 배경의 개화파, 청나라 배경의 개화파, 러시아 배경의 개화파, 일찍부터 아메리카의 앵글로-색슨 제도까지 간 개화파로 기록되어 있다. 역사적으로 우리나라의 개화에 직접 영향을 끼친 나라는 일본이다(김철, 2007b: 89~100). 가깝고 정치적 영향이 컸으므로 일본을 통해 개화가 이루어졌다. 일본 개화기는 프로이센계, 네덜란드계, 그리고 브리튼계의 제도를 받아들인 것이다. 2차 대전 이후 승전국이었던 아메리카의 경제와 제도를 가장 열심히 배운 학생이 일본이었다(위 사람, 위 글).

어느 통계에 의하면 일본인으로, 최선진국의 경제학 최종학위를 받은 숫자는 한국인과 비교해서 절반이 되지 않는다고 한다(문영극, 1992). 또한 일본의 법학자가, 외국에서 활약하고 있는 경우를 제외하고 외국에서 최종학위를 받은 경우가 한국의 경우와 대비할 때 어떤 통계가 나올지 궁금하다. 아마도 경제학과 유사한 통계가 나오지 않을까 한다. 외국의 유수한 대학에서 법학의 최종적 학문 학위를 끝까지 추구하는 외국 학생들은 동아시아 출신으로서 대만, 한국, 일본이었던 때가 있었고, 경우에 따라서 필리핀과 베트남이 추가되기도 했다. 일본의 경우 일본 내의 대학에서 종사할 교수 지망생이 외국에 장기 체류하는 경우는 한국이나 대만보다 희소하다고 한다.[1]

또한 한국 법학이 관례적으로 인정한, 흔히 이야기되는 대륙법계 중 도이치법 연구에 있어서도 전 세계에서 어떤 독립국가도 그렇게 열렬히 그리고 때로는 이의 없이 심취하는 경우가 드물다고 한다. 이것은 통합 유럽의 미래와 관계된 유럽 공동체의 법에 대한 관심과는 궤적을 달리한다고 볼 수밖에 없다. 왜냐하면 유럽공동체의 법은 구성원인 유럽 여러 나라의 사정에 두루 통하는 법이 될 수밖에 없고 따라서 특수한 성격, 게르만인의 특수성과 관련된 부분은 오히려 유럽공동체의 앞날에 부담이 될 것이기 때문이다.

동양인의 버릇대로 중용을 취하기 위해서 최근에 증가하고 있는 아메리카 법학의 경우도 같은 식으로 말해야 될지도 모르겠다. 그러나 한국법학이 지금까지의 영향받은 것을 참조한다면 도이치법에 대해서 똑같이 언급할 필요가 없을지도 모르겠다. 왜냐하면 우리는 지금 한국법과 한국 법문화를 얘기하고 있는 것이지 학문 전반, 문화 전반 특히 대중문화나 매체문화를 논의하고 있지 않기 때문이다.

최근 한국법학에서 검토 없이 되풀이하고 있는 이분법, 즉 대륙법 발원의 학문 경향과 흔히 얘기하는 대로 영미법 발원의 학문 경향을 집단주의적으로 구별하는 버릇을 경계하지 않을 수 없다. 물론 서구의

---

1) 2006년 한국 도산 법학회와 서울대학교의 초청으로 방한한 도쿄대학 법학부의 이또 마꼬도(伊藤實) 교수가 7월과 8월 동안 서울 중앙법원 파산부 회의실에서 연속 강좌를 가졌을 때의 대담내용.

비교법학자의 가장 간단한 교과서에도 법계를 분류하고 역사적으로 앵글로-아메리칸 법계와 시민-대륙법계를 구별하고 있기는 하다(르네데이비드, 1968, 1978). 이 구별에 대해서는 1차 대전 이후와 특히 2차 대전 이후 점차로 양 법계가 상호 교차하고 있다는 설명 이외에 더 최근의 진행을 덧붙여야 한다. 2차 대전 이후의 대표적인 비교법 논의는 시민-대륙법계, 앵글로아메리칸 법계, 사회주의 법군의 삼분법이 세계의 법계를 설명하는 것으로 유지되어 왔다(김철, 1989). 그러나 1989년 동유럽 ― 러시아혁명 ― 은 세계 비교법학 지도에 전례 없는 변화를 가져왔다. 결론은 삼분법이 고착되어 있는 냉전·탈냉전의 법 논리는 급격하게 변동하고 있다(김철, 1992c: 74~77). 서구의 학자가 대륙법과 영미법을 구별할 때는 역사적 진행에 큰 차가 있다는 것을 인정한다(Hazard, 1969). 그러나 개항 이후의 동아시아의 학자가 대륙법과 영미법의 차이를 이해하는 정도는 서구의 전형적인 비교법의 견지와 다르다는 것을 지금까지 잊고 있었다. 한국인은 서구의 전형적인 비교법주의자가 될 수 없다.

동아시아인에게 법계보다 더 큰 것은 기저가 되는 문화와 문명의 문제이다(김철, 2003, 2007: 82). 다시 말하자면 대륙법계와 영미법계의 구별보다 더 크고 근본적인 것은 "서양법 전통(Western Tradition of Law)이라는 일관성이 존재하느냐"의 문제이다(해롤드 버만, 1983). 해롤드 버만은 1983년의 20세기 최대 기념비적인 저작에서 종전의 비교법적인 구별을 넘어서서, 서양법 전통의 형성에 있어서의 혁명의 역할을 법제사에 추가하였다(위 사람, 위 책). 따라서 이런 비교 법적인 전환에서 볼 때 대륙법계와 영미법계의 고전적인 구별은 동아시아인들이 그들의 교과서에서 유형화시킨 그런 거대한 차이점이 다른 시점에 의해서 정리되고 있다.

대륙법계와 영미법계의 역사적인 구별은 있어 왔으나 새로운 시대의 새로운 시점에서는 오히려 서양법 전통을 형성시킨 다른 중요 요인에 주목하고 있다. 한국식으로 얘기하면 영미법계나 대륙법계의 구별이 다른 전제조건을 가지고 있다는 것을 동아시아인들은 알 수 없었다. 세계법의 역사에서 의미 있는 것은 서양법 전통에 있어서의 혁명의 전통이라고 한다(Eugen Rosenstock Huessey, 1938; 해롤드 버만과 김철, 1992: 310~311).

## 3. 법치주의 개념에 대한 재검토(김철, 2007b: 54~55)

법치주의부터 생각해 보기로 한다. 한국의 법학 초학자가 법치주의의 개념을 처음 만나는 것은 아마도 헌법학 책이 아닐까 한다. 설명하건대, 독일과 영미로 구분한다(권영성, 2005: 150; 김철수[2], 2006: 191~193; 허영, 2007: 613~615). 즉, 독일에서는 법치국가(Rechtstaat)의 개념을 중심으로 해서 계몽군주시대 때부터 시작되었다고 한다. 영국에서는 법의 지배(Rule of Law) 개념을 중심으로 의회민주주의하에서 발달되었다고 설명한다(권영성, 위 책, 김철수, 위 책, 허영, 위 책). 또한 행정법 교과서에서는 당연히 서두에 법치주의에 대한 도입 부분으로 시작한다(김도창, 1983: 109; 김동희, 2007: 29; 홍정선, 2007: 42~44). 학생의 입장에서는 그 모든 설명에도 불구하고 법치주의와 입헌주의의 관계, 또한 법치주의와 민주주의의 관계가 썩 명료하지 않다. 그냥 독일과 영국의 법치주의가 다르다는 것으로 받아들이고 만다. 도이칠란트에 있어서도 입헌주의와 법치주의의 관계, 법치주의와 민주주의의 관계가 계몽군주시대 때부터 항상 문제가 되어 왔다는 것은 알기 힘들다(김철, 2007b: 54~57).

---

2) 김철수 교수는 『법과 정치』 28면 이하에서 법치주의에 대해서 보다 상세하게 설명하고 있다. 또한, 『학설·판례 헌법학(상)』(서울: 박영사, 2009)에서 법치주의의 역사적 전개를 논하고 있다.

또한 교과서에서 유형화된 흔히 이야기되는 대로 '독일형 법치주의'와 '영미형 법치주의'가 언제의 이야기인가, 어떤 역사적 시점에서의 이야기인가, 2007년 현재에 있어서의 법치주의는 어떤 모습인가, 현재의 모습이 차이가 있다 하더라도 혹시 공통되는 목표가 있지나 않을까, 차이가 있더라도 그 차이는 특정한 시점의 모습일 뿐, 도이치나 잉글랜드 혹은 아메리카의 법학자들은 어떤 공통된 사고를 하지 않을까, 하는 생각은 할 수가 없다. 장단점이 있다면 혹시 서로 장점은 가지려 하고 단점은 버리려 하는 지식인에 있어서의 당연한 사고는 전혀 없을 것인가? 도이칠란트의 자유주의자와 잉글랜드의 자유주의자의 차이는 얼마나 될 것인가? 튜더 왕조(김철, 2007b: 61~63)의 왕권주의자와 빌헬름 프리드리히 대제(김철, 2007b: 57)의 왕권주의자는 차이가 있기는 하겠으나, 한국의 법학도가 독일과 영국을 구별하는 만큼 클 것인가?

이 모든 것을 당장 대답하기에 우리는 너무나 독자적인 사고를 하는 버릇을 키워 오지 못했다. 원전이 가지는 권위, 외국어로 표시된 문자와 현실과의 동떨어짐, 문자화된 법과 실제로 행해지는 법의 차이, 이런 것들이 우리 법학자로 하여금 지극히 평이하고도 당연한 분별력을 가지는 것을 방해했다(김철, 2007a: 348). 그 이상으로 후진국의 법학자들의 공통된 문제는 법제도를 다루기 전에 일정한 법제도의 문화적 토양 그리고 그 문화가 성립된 경과에 대해서 충분한 주의를 하지 않은 탓이 아닐까(김철, 2007a: 서문)? 비교 문화적인 고찰이 결국은 독자적 사고에 이른다는 것을 몰랐으리만큼 바빴다는 것이 아닐까?

법치주의조차도 문화적 토양에서 자란 나무라는 얘기를 하고 싶다. 대부분의 법학자들이 외국에서 배운 법치주의는 좋은 수종이기는 하나 그 나무가 어디에서 잘 자란다는 것까지는 알아오지 못했다. 잉글랜드의 법치주의, 튜더정부와 스튜어드정부에 있어서의 법치주의(김철, 위 글), 바이마르 공화국에 있어서의 헌법발전(권영성, 1984)에 대한 약간의 고찰이 있을 뿐이다. 또한 한국의 법학자들에게 항상 문제가 되어 왔던 이른바 영미형 법치주의와 이른바 독일형 법치주의에 대해서 그렇게 오랫동안 전거(典據)와 출전의 문제가 있어 왔음에도 본격적으로 종합적인 고찰을 한 것이 드물다고 할 수 있다. 분과법의 각 영역에서 비교 법적인 고찰을 할 때 항상 문제가 되는 소위 독일법에 근거하느냐 또는 소위 영미법에 근거하느냐는 고민은 본격적인 이론가의 입장에서는 이론의 소지가 되지 못하는 것이지만 실제적으로는 한국의 법학계를 항상 힘들게 하는 기본적 갈등요소3)이다. 어떤 학자의 경우 "해방 이후 계속 독일형 법치주의와 미국형 법치주의의 구별이 시대적 경향으로 나타났다"라고 기술하고 있다.4) 잠정적으로 이 독일형 법치주의와 미국형 법치주의는 어떤 공법학자에게는 문제 접근의 방식이 될 수는 있다.

---

3) 한국 법학의 현실은 때로는 공식적인 출판, 공식적 논문, 형식을 갖춘 언급에서 나타나지 않은 기본적인 문제를 깔고 있다. 왜 흔히 이야기하는 대로 소위 독일 법, 소위 영미법의 이분법이 학자 사회에 있어서나 그의 사유방식에 있어서나 그렇게도 오랜 풀기 어려운 숙제가 된 것일까? 이 문제를 현상 그대로 학자의 학문배경으로만 생각하려 한다면 이 또한 동어반복이 될 것이다. 대체로 한국에 도입된 비교법적 방법은 어떤 테마나 제도에 대해서 주도적인 법문화의 인용을 고루고루 하는 것이 학위논문 제작 시의 무난한 방식으로 되어 온 듯하다. 즉, 1. 독일의 제도, 2. 영미의 제도, 3. 일본의 제도, 4. 한국의 지금까지의 제도라는 식이다. 일견 반박할 수 없는 이와 같은 기술방법은 그러나 잘못될 경우 대단히 피상적이고 어느 하나의 제도에도 충분하지 못하는 그런 단점도 가지고 있다. 이런 방식이 잘못 쓰일 경우에 대륙법과 영미법의 이분법적인 태도를 그 근본에 있어서 완화시킨다고는 생각하지 않는다. 이른바 '세계의 법제도', '법의 만화경' 같은 제목은 서구의 법학자 중에서 초기 비교법론을 발전시킨 사람들의 방식으로서 어느 정도 비교인류학적인 관심을 깔고 있다. 이 경우 주도적인 법문화를 이미 가진 사람들이 '법의 만화경'으로서 백과사전적인 고찰을 하는 것을 비판적으로 보는 경우도 있다. 지식은 어느 경우에도 단순한 재미이거나, 심지어는 여행 다니는 사람의 관광적 호기심 같은 것과는 다른 측면이 있어야 되지 않을까? 이런 면에서 본다면 다시 동어반복이 되는데, 어느 한 제도라도 충분히 음미해서 깊이 연구하는 것이 오히려 도움이 된다고 할 수 있다. 그러나 문제는 거기에서 그치는 것이 아니다. 특정 제도에 대한 전문가가 한국의 경우 종합적인 이론가를 겸하게 됨으로써 다른 제도에 대한 불관용, 몰이해 같은 것을 동반함으로써 종종 초학자들에게 그릇된 오리엔테이션을 주는 경우가 있다. 기반이 되는 문화의 비교나 다른 사회구조의 비교가 근저에 있어야 나열식을 면할 수 있을 것이다.

4) 한국에서 미국헌법의 영향과 교훈. 이 언급은 한국법학계가 해방 이후 직면했던 가장 기본적인 문제를 그나마 정면에서 언급한 것으로서 그 표현의 문제를 떠나 진지함이 엿보인다. 한국학계의 경우 그 문제가 기본적이고 만성적이며 학계 전반에 걸친 문제일수록 공식적으로 언급하지 아니하고 개인적으로 해결하려는 습성이 있어 왔다(서원우, 1987).

## 4. 외국에서 수입한 법치주의의 개념을 사용한 예로서의 러시아에 있어서의 법치주의

예를 들면, 1993년 소비에트연방에 이어서 러시아 공화국의 헌법이 성립될 때 방금 이야기된 독일형 법치주의와 미국형 법치주의의 이분 법적 문제가 제기된 적이 있다(Brucel. R Smith, 1993). 그 내용에 대해서 형식적인 고찰을 하기 전에 우리는 이와 같은 질문을 하지 않을 수 없다.

 - 이 어찌된 일인가? 한때는 20세기 법체계를 삼분하였던 사회주의 법체계의 모국이었던 러시아(김철, 1989)가 사회주의 법체계를 포기하였다.[5] 다시 러시아는 그의 법체계와 헌법제도에 있어서 이른바 주도적인 서양제도를 다시 수용하는 단계로부터 출발하였다. 이 단계에 있어서 우리는 반문하지 않을 수 없다. 이것은 당연한 것인가? 사회주의 혁명 이전에 있어서 이미 러시아는 오랫동안 국가제도를 존속시킨, 나폴레옹 전쟁 당시 유럽 최대의 제국이었다.[6] 도이치의 어떤 학자는 "러시아는 강한 법치주의 전통을 가지고 있지 못하다"라고 기술하고 있다(Karin Schmid, 1992).[7] 도이칠란트 법치주의의 시각이라고 보인다. 왜냐하면 어떠한 외국의 영향도 보여 주지 않는 러시아의 관습법

---

[5] 러시아 헌법제정 전후의 사정은 서구의 주된 법체계에서의 법학자가 참여, 조언하였다. 대단히 특기할 만한 사항은 한국의 법학계와 유사하게도 아메리카와 도이칠란트의 법학자들이 경쟁적으로 참여한 점이다. 상세한 사정은 후술한다.

[6] "유럽혁명의 실패는 러시아의 콧대를 높였다. 러시아는 홍수에 잠긴 유럽에 홀로 우뚝 서서 유럽 구체제의 구원자가 되었다. 자유주의적, 급진적 유럽인에게 러시아는 지고한 적이었다. 증오했으나 존경했고 최대의 유럽국가로 인정했다." 러시아와 1848년의 혁명(김철, 1989).

[7] 1990년까지의 법 발전을 주로 다루고 있다. 도이치법과 제정 러시아의 관계에 대해서 개략적인 것은 구체적으로 법학에 대한 문제는 아니다(이인호, 이 논문은 제정 러시아에 있어서의 지식인과 학자 그리고 관료에 대한 프러시아의 영향을 다룬 것이다. 자유 석공회는 프리맨(Free man)의 번역서로서는 적절하지 않게 보인다. 프리메이슨(Free Mason)은 18세기 잉글랜드에서 시작된 비밀결사로서, 프로이센에서는 영향력 있는 인사들의 결사였다).

을 담고 있는 루스카이아 프라우다(Russkaia Pravda)는 11세기까지 소급한다(김철, 1993). 비잔틴 문화의 계승자로서 동로마 제국 패망(15세기) 이후 군주에 의한 법 개혁, 수집의 법전 편찬은 짜아(Czar) 러시아의 주요한 과업이 되었다. 자유주의적 개혁의 군주 Alexander(1801~1812)는 러시아 권리장전(Russian Charter of rights)을 계획하였으며, 알렉산더의 개혁 2기(1807~1812) 시대의 미하일 슈페란스키(Michael Speransky)는 법과 합법적 절차에 기반을 둔 군주체제를 기도했다. 법치국가의 계몽군주적 개념을 시도하였다(김철, 1993). 어떻게 해서 11세기부터의 러시아 관습법은 자취를 감추고 어떻게 해서 소비에트 해체 이후의 헌법제도와 법치주의에 외국의 법학자들이 더욱 강한 영향을 끼친다는 것인가? 이것은 정서적인 의문이 아니라 방법론적 질문이다. 이 질문에 해답하는 것은 많은 시간이 걸릴 것이다. 자유주의적 법제도라면 이미 제정 러시아 때에도 그 맹아가 있었다고 우리는 본다. 모스크바대학 법학부의 최초의 러시아인 교수[8]이며 최초로 러시아 언어로 강의하는 러시아법사의 교수였던 데스니츠키는 그의 법학교육 방법론에서 1764년 이후의 스코틀랜드의 아담 스미스의 영향을 받고 있다. 자유주의적 법제도의 러시아에 있어서의 주창자였던 그는 비교적 일찍 대학의 직책을 떠났다고 한다(김철, 1989). 실로 220년 만에 러시아에 있어서의 자유주의적 법제도가 다시 나타났다고 할 수 있다.

1988년경부터 고르바초프 행정부의 주된 슬로건은 '법에 기초를 둔 국가(Pravovoe gosudarstvo)', 즉 법치국가였다. 법치주의가 새로운 개혁의 중심테마가 되었다. 종종 이 러시아어의 번역은 미국에서는 '법의 지배(Rule of Law)'로 하기도 한다. 그러나 '법에 기초를 둔 국가'와 '법의 지배'는 차이가 있다.[9]

---

8) 1768년 이전 모스크바 대학 법학부의 교수는 전원 프로이센 인이었고, 도이치어로 강의했다고 한다. 따라서 1768년 데스니츠키가 최초의 러시아인 러시아어를 쓰는 법학교수였다고 한다(김철, 1989).
9) 윌리엄 버틀러는 '법에 기초를 둔 국가'와 '법의 지배'의 차이를 인정하여 '법의 지배국가'라는 표현을

러시아법치주의의 개혁 이전의 문제는 무엇이었던가? 먼저 볼셰비키 혁명 전(1917년 이전) 제정 러시아 학자들에 의해서 법치주의는 뜨거운 논쟁의 대상이 되었고, 물론 그것은 19세기 도이치의 법학자들로부터 빌려 온 것이었다. 이 법치주의는 혁명 후에는 소비에트의 정치와 법 문헌에서 공식적으로 비난의 대상이 되었다. 이론적으로 법치주의는 마르크스 레닌주의와 충돌하였다. "법은 모든 사회에서 지배계급의 의지의 반영이며, 국가는 궁극적으로 법에 의해서 구속되지 않는다"라는 것이 마르크스주의 교의였다. 그리고 실제에 있어서는 우리가 관찰한 바대로 법치주의의 개념이 소비에트 지휘부에 의해서 페레스트로이카 글라스노스트 그리고 민주화에 덧붙여서 강조되었다. 또한 1917년 이후 처음으로 소비에트의 법학자들은 법치주의의 개념에 있어서 그들을 한편으로는 플라톤, 아리스토텔레스, 키케로로 연결을 시키고 다른 한편으로서는 로크와 칸트에까지 정치사상과 법사상을 연결시켰다(Harold Berman, 1991). 또한 혁명 이전 제정러시아의 계몽주의시대와 계몽군주에 의한 자유주의적 개혁 시대에 논의되었던 것들 중에서 러시아의 법치주의와 도이치의 법치주의를 논한 학자들이 다시 각광을 받고 있다. 역사는 71년 전으로 돌아갔다. 통일된 동서독이 그의 정신적 유대에서 괴테의 문학작품을 다시 확인하듯이 공산주의를 벗어던진 러시아는 도스토예프스키와 투르게네프의 두 가지 전통으로 돌아갔다. 이미 짐작하듯이 계몽시기에 있어서의 법치주의 뉘앙

---

사용한다. 그 이유는 법 개념 중에서 보다 넓고 보다 근본적인 개념을 옹호하는 사람들에게 혜택을 주기 위함이라고 한다. 이때 넓은 의미의 법은 권리와 정의 그리고 언제 어디서나 우선하는 도덕법칙과 일치하며 어떤 시민이나 국가에 의해서도 침범되지 않는 법의 넓은 개념이라고 설명한다(William E. Butler, 1990; recited from Harold Berman, 1991). 도이치어로서의 법치주의는 러시아어의 법치주의와 대체로 같게 보는 것이 서구학자들의 시각이었으나 이것을 영어로 번역할 때 도이치어와 러시아어의 법치주의는 똑같은 어려움이 있다. 즉, 영어권에서의 '법의 지배(Rule of Law)'로 해석하느냐, 또는 방금 우리가 한국어로 쓴 '법에 기초를 둔 국가'로 해석하느냐의 문제이다. 버틀러가 러시아 어를 번역하는 데 있어서 그의 영어에 있어서의 법의 지배와 같은 넓은 법 개념을 사용한 것은 러시아어의 앞으로의 법 발전에 그와 같은 희망을 표시한 것이라고도 볼 수 있다. 이미 논한 대로 엄격한 의미에서 도이치어나 러시아어의 법치주의와 영어의 법의 지배는 차이가 있다. 유럽에 있어서 형식적 법치주의의 발달에 대해서는 (김철, 『법제도의 보편성과 특수성』 사간본(서울: Myko Int'l, 1993)을 참고.

스도 자유주의적 개념에서 수정된 군주주권에까지 두 가지의 방향이 있다. 그러나 페레스트로이카까지의 지배적인 소비에트 법학자들의 특징은 국가에 의해서 공포되고 인정된 법률과 분리되거나 혹은 더 높은 권위를 가진 어떤 법의 개념도 일반적으로 무시하거나 거부하였다.[10] 법사상에서 볼 때 따라서 소비에트법은 헤겔과 마르크스의 지적 전통, 즉 강한 국가주의에 의한 이데올로기의 실현이라는 맥락에 서 있었다.

이제 우리는 한국어에 있어서 법치주의의 분명한 의미를 밝히는 데 이르렀다.

## 5. 한국 문화에 있어서의 법치주의의 의미

전문어로서의 '법치주의'는 아마도 번역어로 보인다(권영성, 『헌법학원론』(서울: 법문사, 2006), 김철수, 『헌법학개론』(서울: 박영사, 2006), 허영, 『헌법과 헌법이론(상)』(서울: 박영사, 2007)). 여기에 혼란이 있다. 우선 이씨 조선까지 계속된 중국문화의 영향하에서 법치(法治)는 흔히 예(禮)와 대립되는 위치에서 파악되었다(Chull Kim, 2007b: 271). 즉, 가장 전형적으로는 춘추전국시대의 한비자의 법치사상이며, 그것의 실현은 진나라의 천하통일로서 나타났다. 이때 법의 성질은 주권자의 명령을 문서화한 것으로 가장 엄격한 의미에서의 실정법이었다. 법의 개념이 이와 같이 이론의 여지없는 절대 권력자의 무력과 폭력을 배경으로 한 명령어였기 때문에 유교적 이상향을 추구한 철학자

---

10) 각주 7과 같은 논문. 덧붙일 것은 이따금씩 자연법의 방향에 대해서 약간의 주의를 전혀 하지 않은 것은 아니었다. 그러나 국가의 권위와 밀착된 법, 즉 실정법주의에 대한 강한 집착이 1990년대에 이르기까지의 소비에트 전통의 법학자의 가장 큰 특징이다. 이런 점에서 이미 해체되었으나 소비에트 법체계는, 존 우(Jhon Wu) 교수가 1955년에 사회주의 법은 논리적 목표를 향해 추구되는 실증주의라고 주장한 것은 타당한 것이다. 김철, 1989.

들은 이를 기피하고 폭력정치와 동일시한 것이다. 그들의 유토피아는 다른 방식에 의해서만 가능했는데 폭력 장치를 동반한 국가실정법이 아닌 보다 인간화된 인간관계의 이치에서 공동사회를 건설하려 했던 것이다(김철, 위 글). 오랜 전통사회를 통해(갑오경장 때까지) 지식인과 귀족적 관료인 들에게 영향을 미친 동양의 경전은 따라서 국가의 무력을 배경으로 한 실정법을 사회의 구성원리로 하는 데 반대하였던 것이다. 유교의 반법적(反法的) 성향은 이와 같은 배경에서 계속된 것이다. 이런 전통사상은 동양적 전제정 아래에 있어서의 수천 년을 꿰뚫고 흘러 현재에 있어서도 동아시아인의 어떤 지적 특징을 이루고 있다(김철, 위 글). 실정법을 무시하고 폭군이 자주 나타나는 국가주의에 대해 등을 돌려서 이 지역의 지식인들은 상대적으로 제한된 자유를 누렸던 것이다. 예와 법을 상치된 것으로서 전자를 인간화된 이치로 파악하는 태도는 현대 한국에서도 정신의 기저를 이루고 있다. 개화기 이후 정반대의 지식인 그룹이 등장하였다. 한국의 개화는 일본의 압도적인 영향하에서 주로 일본의 근대화를 가까이 두고 행해질 수밖에 없었는데, 군주정치밖에 경험하지 못했던 구한말의 지식인들이 메이지 유신의 성과에 대해서 경탄한 것은 이론의 여지가 없다(이광린, 1969, 1973, 1974). 구한말의 자유민권운동에 대해서는 극히 제한적인 것밖에 학계에 보고된 바 없거니와 반외세, 민족주의적 성향, 독립자존의 태도, 이와 민권운동에 대해서는 더 연구가 필요하다.[11] 따라서 근대화를 위한 국가건설을 위해서 법치주의를 수입할 때 군주를 중심으로 한 유럽형의 법치주의가 걸맞게 보였을 것이다. 외관적 입헌국주제도라도 그들에게 있어서는 대단한 성취로 여겨졌을 것이다.[12] 전통 유럽형 법치주

---

11) 구한말의 민권 운동에 대해서는 독립 협회의 연구가 밝혀 줄 것이다(이황직, 2007). 당시의 조정이 대내적으로는 부패하여 민중을 착취하였으며, 대외적으로는 외세에 의존하였다는 점에서 반외세운동이 간접적으로 민권운동과 관련되었을 확률이 높다. 그러나 독립운동이 자주적 정부를 지향하였다면 민족주의적 성향으로 우선 민족적 구심점으로서 종래의 관습대로 군주를 옹호하였을 것으로 이 점에서는 민권운동의 한계가 있었을 것이다.

의의 전형은 계몽적 절대주의에 입각한 프로이센의 경우를 들 수 있고, 이것이 1871년 이후 비스마르크헌법 아래에 있어서 실정주의 공법이론으로 전개되었다(김철, 2007b: 56~57). 1997년 현재 한국의 현대인이 가치 개념으로 파악하는 근대적 입헌주의의 이념형과는 약 120년 이상의 물리적 거리가 있을 뿐 아니라 100년을 더 거슬러 올라서 1794년 프로이센 일반란트법(김철, 2007a: 54~55)의 성립 당시까지 가더라도 지역적으로 프리드리히 빌헬름대제의 통치의 지역과 1789년의 프랑스혁명의 직접적인 영향권과는 아득한 거리가 있음을 알 수 있다(김철, 위 책: 서문). 1910년 한일합방 이후 1919년 이후에야 근대적 대학교육의 시초가 나타났는데, 이와 같은 식민지 정책에 의한 문화정치는 어떤 지식인들을 산출하였을까? 1930년대에 활약한 한국의 신문학가의 한 사람인 춘원 이광수의 작품에서 나타난 법학적 지식인의 예를 들 수가 있다.[13] 직접적으로 나타나지 않으나 그들의

---

12) 유럽에 있어서 계몽적 절대주의와 형식적 법치주의의 결합에 대해서는 의외로 국내문헌이 많지 않다. 또한 1945년 이후 그토록 많은 법학자들이 유럽에서 수학하거나 유럽의 문헌으로서 연구·강의하였음에도 그 모든 법학의 전제가 되는 전통적 유럽형 법치주의의 역사적 배경에 대해서는 연구가 희소하다(김여수, 1976). 또한 많은 법학자들이 해방 이후 정치적으로 수입된 민주주의에 대해서 그 위장된 모습에 대해서 환멸을 느끼면서 그 불안정의 대가를 무의식적으로 전통적인 유럽형의 형식적 법치주의에서 위안을 받으려 한 것이 아닌가 생각되기도 한다. 한국지식인의 속성은 안정감을 중시하는 바 민주주의 가치가 표류할 때 형식적 법치주의의 약속이라도 믿어 보고 싶은 마음이었을지 모르겠다. 그러나 어떤 역사에도 입헌주의와 법치주의가 분리되고 입헌주의가 표류할 때 법치주의가 그 형식으로나마 안정감을 준 예는 없었다고 본다(이정희, 1986).

13) 두 사람의 전형을 대중 앞에 내세운다. 관립대학 법학도이며, 일본으로부터 작위를 받은 그러나 몰락한 가문의 아들과, 그 자신은 극빈한 농촌 출신이면서 재산이 있는 양반(당시 1930년대에 구한말의 관직 명칭을 그대로 쓰고 있다. 이 소설의 배경은 1930년대인데, 경성에 있어서의 거의 모든 유력 가문들이 일본으로부터 귀족작위를 받았든가 구한말의 고위관직을 역임해서 그 대가로 상당한 토지를 소유하고 있는 실정을 알 수 있다)의 가정교사와 집사를 겸해서 고학하고 있는 민립대학 법학도에 대해 쓴 이 소설은 춘원 이광수의 대표작인 무정보다 더 알려진 것이며 표면적으로는 당시 브나로드 운동을 고취한 것이라고 한다. 관심을 끄는 것은 당시 경성에 있어서의 법학도와 유력가문과의 관계 또한 식민지 지식인들의 혼인 행태 같은 것이다. 이 문헌을 인류학적 시점에서 볼 때 한국인의 의식의 어떤 원형(Archtype, Urform)을 밝히고 있다. 시점은 전통사회와 근대사회의 교차점으로 보이며, 1997년 한국의 법학교육, 그것의 현황, 그것의 개선에 대해 제도적 접근을 시도하는 사람들은 한국인의 의식 원형에 대해서 주의해야 함을 환기하고자 한다. 즉, 많은 제도적 개선이 한편의 일이라면 다른 일방 막상 한국인의 의식 자체의 원형은 달라지지 않는 부분이 있다는 것을 인류학적 시점이 말해 주고 있다. 제도개혁이 종종 기대했던 결과를 가져오지 못하는 것은 한국인의 어떤 달라지지 않는 원형 때문이 아닌가? 이 원형을 춘원 이광수가 표현한 것이 아닌가 보인다. 청년 지식인들의 이상주의적 표현과 실제의 행태가 지극히 제한된 식민지 상류사회에서 어떻게 나타나는가를 그려 주고

사회 환경, 인간관계, 행태를 미루어 보건대, 그들이 의식하는 법의 세계는 지극히 제한된 것이 아닐 수 없다. 압제적인 통치체계인 식민지 정부 아래에서 주어진 최소한의 계층이동(김철, 2007b: 251~253) ─ 가난한 농촌청년이 국가시험을 통해 신분상승을 하는 - 을 법학의 목표로 하는 경우는 이후에 독립 이후에도 표류하는 통치체계(이제는 식민지정부가 아니라 민족정부이다) 아래에서 통치체계에 거슬리지 않고 주어진 절대 조건 안에서 신분상승을 하는 해방 이후의 법률가 집단(위 사람, 위 글: 253~256)도 그 원형에 속한다 할 것이다. 따라서 식민주의의 유산은 법학의 분야에서 해방 이후 반세기에도(서원우, 1987, 277~278) 의식의 원형에서 살아 있다 할 것이다. 따라서 도구적 법치주의(김철, 2007b: 55)는 어떤 경우에도 안정을 유지해 주며 한국인의 어떤 방향의 의식 원형에 잘 맞았다고 할 수 있다. 이 범위를 벗어나는 법치주의는 학자에게나 학도에게 불안감을 주며, 가외(加外)의 희생을 요구하는 것처럼 느껴지는 것이다. 지금까지 한국어에 있어서의 법치주의를 한국문화에 있어서의 법치주의로 고찰하여 보았다.

## 6. 서양법 전통에 있어서의 고차법(高次法)

서양법 전통에 있어서, 국가보다 높은 법의 개념은 12세기에 처음으로 체계화된 신법(神法)과 자연법의 이론으로 되돌아간다. 그리고 이와 같은 넓은 법 개념이 교회법의 관할에 속하는 사람들과 세속법에

---

있다. 그들은 대단한 엘리트이며 혹은 이상주의자이며 혹은 민중주의/귀족주의이기도 하나, 그들의 갈등은 실제로 어떤 행동을 하는가, 어떤 선택을 하는가에 있다. 표명된 사회윤리와 그들이 개인적으로 보여 주는 개인윤리와는 현저한 격차가 있다. 이와 같은 이중성이 문제로 느껴지지 아니하고 오랫동안 일반인에 의해서도 받아들여질 때 한국의 지속적인 사회윤리, 법과 윤리의 문제는 일종의 공모의식을 가지고 이중성을 띠게 될 것이다. 현대 한국의 법학도의 행위체계가 이와 같이 1930년대 식민지하의 지식인의 행위체계로 설명될 수 있을 때 한국인의 이해는 어떤 다른 사회과학적 방식보다 인류학적 조망이 적절하다고 본다(이광수, Chull Kim, 1991).

속하는 사람들 간의 갈등관계 그리고 세속법체계에 있어서도 왕의 법, 봉건법, 도시법, 상인법에 속하는 사람들 간의 갈등관계로 돌아간다. 실로 교회법과 세속법의 관할 충돌이 정치적 주권보다 더 높은 법의 원천을 찾아내는 노력으로 이어졌다(Harold Berman, 1983). 한국의 법학도도 익숙한 자연법과 실정법의 구별은 처음에는 신학자들과 교회 법학자들에 의해서 쓰였다. 그들이 실정법이라고 했을 때 입법자에 의해서 부과된 법을 가리키는 것이며, 그들이 신의 법이라고 했을 때 한편에 있어서는 성서에서, 다른 한편에 있어서는 인간성, 인간이성과 양심에서부터 출발한 자연법이 연원이 된 것이다. 16세기와 17세기에 이르러서 부분적으로 교회와 왕권에 복속함으로 인해서 통치자의 의도보다 더 높은 법의 원천이라는 생각이 처음으로 심각하게 도전되었다. 그러나 국가의 최고 통치자가 그의 뜻을 맞추어야 될 신의 법이나 자연법이 존재한다는 것은 여전히 부정되지 아니하였다. 이 시대 새로운 철학적·과학적 개념이 법학에 있어서 당위와 존재의 구별을 하게 되었고, 이 구별 때문에 주권에 대한 새로운 정치이론은 누구나가 주권자의 명령이나 존재하는 어떤 법에 대해서 도전하는 권리를 부인하였다. 당위와 존재의 구별이라는 한국의 법학도가 처음부터 익히는 당연한 전제는 근세 국가주의시대의 산물이며, 이와 같은 편리한 법철학으로 말미암아 근세 절대주권은 강화되었으나 법학은 이전의 풍부한 내용을 상실하였다. 이와 같은 국가주의에 입각한 법학에 의해서 신의 법과 자연법은 존재하는 법의 영역으로부터 제거되어 도덕의 영역으로 물러갔다. 따라서 남아 있는 법은 오로지 국가의 실정법으로서 강제력을 가지는 법이 되었다. 이와 같은 16세기와 17세기의 절대주의 왕권에 봉사한 법학과 법 개념에 대해서 반격을 가한 것이 17세기 잉글랜드와 18세기의 아메리카 및 프랑스혁명이었다(Harold Berman, 1991).

우리나라의 경우 1910년부터 시작된 식민지 치하 이전에도, 구한말의 법관 양성소시대에도 일본의 메이지유신(1989)(Richard H. Minear, 1970)의 영향을 받았다고 할 수 있다. 메이지 헌법 주석서를 쓴 이토 히로부미에 의하면 "황제는 하늘에서 내려왔으며, 신적인 성질을 갖고 있으며, 신성불가침이다(Ito Hirobumi, 1889)." 따라서 대한제국의 경우 그 성질상 절대군주 내지 계몽군주의 초기 모습이었으므로 일본의 경우를 참조했다고 할 수 있다.

역설적으로 법의 우위라는 의미에서의 법의 지배는 가장 최초로는 1649년의 재판에 회부되어 반역죄로 사형언도를 받은 찰스 1세에 의해서 쓰였다. 찰스 1세는 청교도 혁명 때 청교도 의회에 대해서 자신을 변호하기를, 의회는 그를 재판할 법적 권위를 가지고 있지 못하며 따라서 그 재판은 영국의 근본법에 위반했다고 항변했다. 그는 주장하기를 청교도체제는 법의 지배 없이 권력이 지배했으며 이 왕국이 번영했던 모든 정부 체제를 변화시켰다고 주장했다(Harold J. Berman, 1991). 1885년에 다이시는 영국과 미국에서 널리 쓰이게 되는 '법의 지배'라는 용어를 그의 헌법학 입문에서 사용했는데 법의 지배란 정의의 어떤 기본원칙은 심지어 가장 높은 입법당국에 의해서도 합법적으로는 침해할 수 없다고 하였다. 찰스 1세와 마찬가지로 그는 가장 기본적인 법원칙을 근본법, 즉 영국 헌법에서 찾았다. 일시에 제정된 것은 아니었으나 1215년의 마그나 · 카르타, 1628년의 권리 청원, 1679년의 인신 보호령(Habeas Corpus), 그리고 가장 중요한 것은 1689년의 권리장전과 함께 역사적으로 진화하는 보통법(Common Law)에서 찾았다. '법의 지배' 용어는 미국에 있어서는 다소 다른 의미로 쓰이게 되었다. 영국이 합법성의 역사적 기초를 강조한 데 비하여 미국인들은 연방과 주의 성문 헌법적 기초를 강조하였다. 연방과 주의 헌법은 종교의 자유, 스피치의 자유,[14] 언론의 자유 그리고 결사의 자유와 같은

---

14) 아메리카 헌법에 있어서의 스피치 자유는 우리나라의 언론 자유에 속하는 일부를 포함한다. 즉, 공개

시민의 자유를 선포하였다. 더하여 미국헌법 수정 5조와 14조에 담긴 적법절차의 미국적 개념은 '절차적 정의'뿐만 아니라 '실체적 정의'까지 포함하게 되었다. 미국인들은 그들의 영국 조카들과 달리 의회 대신에 사법부에 헌법을 지킬 권위를 부여함으로써 견제와 균형의 정부 체계를 도입하였다. 따라서 이것은 법의 지배의 개념에 새로운 차원을 추가한 것이 된다. 왜냐하면 적절한 사례에 있어서 시민은 어떤 법원에서도 입법부에 대해서 그의 법률이 틀렸다는 것을 다툴 수 있게 된 것이다. 새롭게 만들어진 입헌주의와 입헌성은 지금 이야기된 여러 가지 원칙들을 다 의미하는 것으로서 미국에서는 쓰인다(Harold J. Berman, 1991).

신대륙의 입헌주의에 내재하는 철학은 영국의 역사적 법학뿐만 아니라 자연법의 이론을 내부에 가지고 있다. 즉, 이성과 양심에 뿌리를 둔 어떤 종류의 도덕 원칙은 법적 구속력을 가지는 것으로서 생각된다. 이 점에 있어서 국가주의에 기원을 둔 절대주의적 입헌주의와는 날카롭게 대비된다.[15] 이 헌법의 언어는 법적 문서에 성문화되어 있다는 의미에서는 실정적이다. 그러나 헌법 언어가 궁극적으로 '자연'과 '자연의 신'에서 유래되었다는 점에서는[16] 그들의 성문화된 형식을 뛰어넘는 것이다. 따라서 헌법의 언어는 세대에서 세대로 옮아가면서 새로운 상황에 맞게 법원에 의해서 의식적으로 조심성 있게 조정되는 것이다(Harold J. Berman, 1991). 프랑스 혁명에 있어서 군주의 의한 자의적인 통치와 귀족의 불의한 특권에 대한 공격은 주로 '인간과 시민의 권리'의 이름으로 행해졌다. 그리고 인간과 시민의 권리는 입법, 행정, 사법을 엄격히 분리함으로써 보호될 것이었다.[17] 1791년의 헌법은

---

적 연설은 스피치의 자유에 속한다. 언론의 자유는 우리나라에서의 언론매체 자유에 해당된다.

15) 1776년과 1781년의 아메리카 헌법은 1871년의 비스마르크 헌법과는 스펙트럼의 양극단에 있다.

16) 이것은 1776년의 독립선언서에 나타난 언어이다.

17) 삼권분립의 이론은 흔히 몽테스키외의 『법의 정신』(1748)에까지 소급한다. 몽테스키외는 권력분립의 원칙을 잉글랜드 헌법에서 유래한다고 잘못 인용하고 있다(Harold J. Berman, 1991).

개인의 자연적 자유에 리스트를 포함하고 있었고 입법부는 여기에 침해할 아무런 법적 권한이 없다고 선언하였다. 그러나 실행의 문제에 있어서 그들에게는 영국과 같은 오래된 역사적 전통에 호소할 수도 없었고 입법부를 구속하기 위해서는 법의 궁극적인 원천은 입법행위이며 입법부의 입법권에 대한 외부적 통제는 단지 선거구민의 정치적 통제인 셈이다. 행정부와 사법부는 입법부를 견제하거나 균형을 유지시킨다고 생각되지 않으며 오히려 입법된 법률을 각각 집행하거나 적용할 뿐이다.[18] 따라서 프랑스에 있어서의 법치주의는 고차법(김철, 1993, 1994)이 아니라 국민의 여론에 프랑스 국가가 마지막으로 책임지는 것이라 생각된다. 따라서 법학적 용어로는 이러한 프랑스 헌법장치는 실정법이 이론을 반영하는 것으로 보인다. 실정법 이론에 의하면 법은 일단의 법적 규범과 규칙으로 구성된다. 이러한 법적 규범과 규칙은 국가에 의해서 입법되거나 인정되고 강제적 제재에 의해서 강행된다. 프랑스 헌법에서는 프랑스 인민의 이름으로 국민의회에서 제정된 법에 대해서 더 고차의 법적 권위의 이름으로 도전할 수 있는 방법이 없다. 그 고차법이 역사에서 유래되었든 도덕원칙에서 유래되었든 개인인격의 자연권은 실로 인간의 본성과 인간이성에서 유래한다. 그

---

18) 1791년의 헌법은, 프랑스에서는 입법부의 입법행위 결과인 법에 우월하는 것은 없다고 선언했다. 이런 견해는 계몽시대의 개념을 반영하는 것으로서 '사람에 의한 정부'가 아닌 '法에 의한 政府'라는 계몽시대의 이념을 나타내는 것이다. 종종 흔히 우리가 이야기하는 대로 '인치(人治)'가 아닌 '법치(法治)'라는 식의 단순 법치 개념은 지금까지 얘기되어 온 법의 지배와 혼동되어 왔다. 그러나 구별되어야 한다(Harold Berman, 1991). 동아시아에 있어서 법치주의의 내용이 가장 간략하게는 '인치가 아닌 법치' 그리고 '법은 의회가 만든다'라는 것으로 프랑스에 있어서 앙시앵 레짐의 절대 왕권시대를 벗어나는 데 있어서 중요했던 것처럼 역시 동아시아인들이 동양적 전제 정을 벗어나는 데 필요했던 것처럼 보인다. 그러나 현대의 대중 민주 정치에서 정치권력이 불의하게 의회의 다수 석을 점하는 경우에 있어서는 이와 같은 계몽시대의 기초적 법치주의만으로는 견제와 균형이 불가능하다는 것을 알 수 있게 된다. 따라서 잉글랜드에 있어서의 오래된 불문의 전통 또는 아메리카에 있어서 '냉정한 이차적 사고'를 할 수 있는 '가장 덜 위험한 정부기구(司法府)'의 강력한 견제장치가 더 진화된 제도이다. 도이치에서는 1945년 이후 헌법재판소에서 다수당의 횡포에 의해서 제정된 위헌적인 법률에 대해 위헌 판결을 내림으로써 의회에 있어서의 다수당의 횡포를 견제하는 역할을 해 왔으며, 이로써 의회 내에서의 소수당의 권익 보호를 함과 아울러 소수당이 지나치게 과격한 행동으로 다수당의 법안 통과를 저지할 필요가 없게 만듦으로써 지나친 정치적 불안정을 예방하는 역할을 하고 있으며, 이러한 모든 것을 통해서 궁극적으로는 일반국민의 권익을 옹호하고 있다.

러나 이러한 자연권은 그것 자체가 입법부의 의지를 전복시킬 만한 자연법을 창출하지는 못한다(Harold J. Berman, 1991).

## 7. 우리나라 공법학에 대한 몇 가지 성찰(김철, 2007b: 54~55)

해방 이후에 한국의 법학이 계속 참조한, 전쟁 이전의 도이칠란트에 있어서의 법치국가의 개념은, 그 이념으로 다음의 다섯 가지 요인을 들고 있다(서원우, 1987).

① 법률의 (더구나 법률만의) 전능(Omnipotenz)

② 행정의 법률에 의한 구속

③ 위법한 행정행위에 대한 국가 책임(Staatsschaftung)

④ 행정재판제도

⑤ 독자적으로 발전된 공법(Öffentriche Recht)의 존재(서원우, 위 책)

이것은 1910년대의 도이칠란트, 아니 프로이센의 공법학자(Richard Thoma, 1910: 274)에 의해서 정리된 특징으로,[19] 1960년 다른 정치문화의 저자에 의해서(서원우, 위 책) 다음과 같이 대조된다. 즉, 열거된 5가지의 특징은 같은 시대에 있어서 앵글로 색슨 법문화의 특징인 법의 지배(Rule of Law)와 대척(對蹠)점에 있다고 한다(Ernst Fraenkel, 1960: 196).

이와 같이 고찰해 볼 때 본(Bohn) 기본법 제정 이전의 도이칠란트의 법치국가의 이념(Idee der Rechtsschtaat)은 특수 독일적 법치국가 개념이라 할 만하다(서원우, 위 책).

---

19) 1910년은 세계 1차 대전 이전이며, 동아시아에 있어서 신흥 공업국가 일본이 대한제국을 병합한 해이다.

또한 이러한 특수 독일적, 아니 특수 도이치적 법치국가 개념을 여러 세대에 걸쳐서 전수하고 내재화한 주변 국가의 법치주의도 이러한 맥락에서 특수한 법치주의로 부를 수 있다.

이와 같이 볼 때 해방 이후 한국의 법치주의에 가장 큰 영향을 미친 것 중의 하나는 특수한 도이치의 법치주의라고 볼 수 있다.

## 8. 한국 법학에 영향을 미친 19세기 도이치에 소개된
   법치주의20)

19세기 초에 도이치의 법과 정치사상에 소개된 법치주의(Rechtsstaat)는 역시 실증주의 법학의 반영이다. 이 용어는 다양한 의미로 쓰이게 되었지만 원래의 개념요소는 법과 국가를 동일시하는 것이었다.21) 법

---

20) 이 논문의 심사자는 한국 공법의 특징을 소개하는 것으로 논문을 종결할 것을 권유하고 있다. 그러나 지금까지 한국의 법학계에서 밝히지 못한 것은 한국의 법학에 영향을 미친 도이치의 법치주의 역시 그 나라에 19세기에 소개된 것이라는 점이다. 따라서 한국 공법학의 특징을 그 연원에서 밝히기 위해서 19세기에야 비로소 도이치에 소개된 법치주의와 그것의 직접적 영향으로서의 러시아를 빼놓고는 한국 공법학의 한 가지 특징을 지적할 수가 없다. 심사자의 지적에 감사하면서 아직은 해방 이후 한국 공법학의 특징을 정면으로 밝힐 수 없는 상황에서 간접적으로 19세기 도이치에 소개된 법치주의가 어떤 내용이며 그것이 제정 러시아에 어떤 영향을 미쳤는가를 설명하지 않을 수 없다.

21) 법치주의의 용어는 1892년에 처음으로 Robert von Mohl의 저작에서 나타난다. 그러나 Immanuel Kant까지 소급한다. 그리고 칸트는 같은 용어를 사용하지 않고 비슷한 개념을 발전시켰다. Friedrich Darmstaedter는 1930년에 법치주의의 '고전이론'과 '현대이론'을 구별하고 있다. 법치주의의 고전이론은 중세까지 소급되며 칸트의 저작에서 정점을 이룬다고 한다. Otto von Gierke는 Althusius에 관한 그의 저작에서 마지막 장을 법치주의의 이념에 할애하고 있다. 그는 역시 알투지우스를 통해서 12세기까지 소급하고 마침내 자연법 이론에까지 도달한다(Harold Berman, 1991; O. V Gierke, 1968). 그러나 이러한 법철학적 고찰은 법치주의의 도이치 용어가 폰 몰이나 다른 사람에 의해서 처음으로 쓰일 때 실제로 가졌던 의미보다 더 넓은 의미를 오로지 사상사를 통해 재부여될 때 정당화될 수 있는 것이다. 다름슈테터는 19세기를 통해서 도이치 법치주의는 법과 국가를 동일시한 실증주의적 법학을 전제로 했으며 법에 대한 국가의 우선을 인정했다고 한다. 또한, "도이치 법치국가와 입헌주의의 차이는, 법치국가에 있어서의 법의 지배는 통치자의 양보 위에 기초하는 것이다. 통치자의 양보라는 것은 권력의 행사에 있어서 국가가 자기 제한적으로 종사하도록 선택하는 것이다. 그러나 입헌주의에 있어서 권력의 제한이라는 것은 역사적 전통과 철학적 원칙에 의해 확립된 권리의 문제로서 발견되는 것이다."(슈테터, 1974) 이 차이는 형식적으로 들리겠지만 실제적 효과는 매우 크다. 다음과 같이 비유를 들 수 있다. '모든 힘을 주고 있는 아버지가 때때로 아이들에 대해서 독재를 행사하는 것을 당분간 자제하거나, 심지어 아이들에게 어떤 자유의 영역과 행동의 독립성을 부여하는 경우'와 '행동의 자유와 자기 결정의 자유가 가족구성원 안에서 주장되고, 원래 있는 것으로서 받아

치주의는 역사적 발전에서의 국민이 아니라 가장 우위의 정치적 권위의 의지가 또한 자연적 이성과 양심이 아니라 입법자의 의지가 법의 궁극적 연원이며 강제요소라고 하는 것이다. 그러나 가장 우위의 정치적 권위도 법에 기초하여야 된다는 것이고, 이때 국가는 법치국가를 구성한다는 것이다. 중요한 것은 절대군주국가와의 구별인데 절대 군주국가는 군주의 자의에 의해서 통치되는 것이고, 법치국가는 법에 의해서 다스려져야 되는 것이고 국가가 제정하는 법에 의해서 구속을 받는다는 것이다. 또한 법을 적용할 때 일관성을 결여한다든가 일관성이 없음으로써 부패시키지 않는다는 것이다. 이러한 뜻의 법치 국가의 개념은 완전히 지배적이지는 않았지만 19세기와 20세기 초기의 도이치와 러시아의 법사상과 정치사상에 영향을 끼쳤다(Harold J. Berman, 1991).

도이치의 '법치주의' 개념이나 러시아의 '법에 기초한 국가' 개념은 다음과 같은 점에서 일치한다. 국가가 법의 연원으로서는 가장 최고의 법원(法源)이라는 규정에서 도이치의 법치주의와 러시아의 법치주의는 법을 도구로 하는 지배이고 '법의 지배', 즉 '법 자체의 지배'는 아니다. 이 차이점은 근본법(fundamental Law)을 전제로 하느냐에 달려 있다. 근본법은 그 연원이 국가 밖에서의 원천에서 나오는 것이고 근본법의 변경에 있어서는 국가도 무력한 것을 의미한다(김철, 1993, 1994, a1992).

순전히 이론적으로는 파시스트나 또는 독재체제도 법치국가를 구성할 수는 있다. 역사적 예에서 보는 바대로 도이치 제3제국의 국가 사회주의 아래에서 법학자들은 도이치국가의 법치주의라는 근거하에서

---

들여지는 어떤 가족' 간의 차이이다. 전자는 전능한 가부장의 경우이고, 후자는 민주적이고 화평한 가족구성원의 경우이다. 전자는 도이치 법치주의(法治主義)의 비유이며 후자는 입헌주의(立憲主義)의 대비이다. 동아시아인들의 동양적 전제정(專制政 oriental despotis)의 지난 역사는 입헌주의보다는 전능한 가부장적 도이치형 법치주의가 지난날의 전통주의(傳統主義) 연장선에서는 자연스러웠다고 볼 수 있다. 메이지 헌법(1889) 이후의 일본 그리고 갑오경장(1894) 이후 한국은 가부장적 도이치형 법치주의에 더 친한 상황이었다고 볼 수 있다(Harold J. Berman, 1991).

사람들을 강제수용소로 보내는 재판을 옹호한 적이 있다.[22]

도이치와 러시아의 법치국가 특징은 법의 기본형태와 연원이 역사 법학에서 이야기하는 관습이 아니요 선례도 아니요 자연법이론에서 이야기하는 형평도 아니요, 오로지 입법이라고 주장하는 데 있다. 관습, 선례 그리고 형평은 실정주의 법이론에서는 입법으로 융합된다. 이럴 때 관습, 선례형평을 법으로 만드는 것은 입법당국에 의해서 받아들여지고 국가 권력에 의해서 강제될 때만이다. 따라서 19세기 유럽 법사상에 있어서의 강한 실정주의 경향은 다음과 같은 특징을 가지고 있다. 국가의 법은 동질적이고 완벽하게 다양한 연원의 법을 일괄적으로 입법행위에 의해서 법전화하는 것이다. 법전편찬운동이 국가법주의의 표현이자 국민적 통일의 상징으로 나타나는 것이다.[23] 법전편찬의 경우 국가의 모든 법질서가 입법부에 의한 입법행위에 담기는 정도에 따라서 넓은 의미의 법(Recht droit pravo jus)은 좁은 의미의 법(Gesetz, loi, zakon, lex)과 일치하게 되는 것이다. 따라서 '법의 지배'는 '법률의 지배'로 되고 법률의 지배는 '법을 도구로 하는 지배'가 되는 것이다.[24] 고르바초프 행정부가 법을 기초로 하는 국가 또는 법치국가

---

22) 법치국가의 역사 중 이 부분이 법학 초학자나 외부인사들에게 법의 효력 및 법치주의의 진정한 의미에 관해서 이해하기 힘든 부분이다. 특히 한국에서는 법의 이념을 1. 질서 2. 법적 안정성 3. 정의로 설명하고 도이치의 대표적 법철학자인 라드부르흐가 2차 대전 이후 법적 안정성에서 정의를 더 중요시하게 되었다고 요약한다. 법학자의 개인 윤리로서는 이해가 되나 도이치 법치주의의 역사로서는 거친 설명이다. 또한 한국의 법과 대학에서는 법치주의는 형식적 법치주의와 실질적 법치주의로 나누어진다고 설명하고, 2차 대전 이후에는 실질적 법치주의로 진전한다고 설명한다. 형식과 실질로 구분하는 이분법적 논리는 19세기 이후의 강단 법학의 대표적인 유형이다. 그러나 어떻게 형식적 법이 실질적 법이 되느냐를 설명하지 않고 있다. 이분법의 개념으로는 법조인의 행태를 분석한 연구가 있다(Richard A Posner, 1995). 이 부분은 어떤 국가의 위기 시에 법조인의 생각과 행동이 어떻게 나타나는가를 분석한 것이다. 앞부분은 제3국에서의 도이치의 판사들이 어떻게 행동했는가를 분석한 것이다.

제3국의 법치주의의 성격에 대해서는 법학뿐만이 아니고 도이치 문화 및 문화 연구가들의 최근 업적이 참고가 된다. 예컨대, 도쿄대학 독문과의 최근 주요 연구 테마가 '넓은 의미에 있어서의 제3국의 사회상'이라고 한다.

23) 제정 러시아에 있어서는 1700년부터 1829년까지 법전편찬운동이 실패하고 1830년에서야 비로소 러시아 제국 법률 전집(Plonoe Sovranie) 42권이 편찬되었다. 러시아에서의 법전편찬의 전통은 1917년 이전에 있었던 연쇄적인 일련의 법전에 의해 증명되었듯이 한층 거슬러 올라간다. 루스카이아 프라브다(Russkaia Pravda)(러시아 법률)는 11세기에 채택되었다(김철, 1989).

또는 법치주의를 슬로건으로서 내걸었을 때의 '법에 기초를 둔 국가 (Provovoe gosudarstvo)'는 위와 같은 내용이었다. 마르크시즘에서 벗어나서 페레스트로이카를 시작했을 때 최초로 러시아 정부는 마르크시즘이 폐기한 제정 러시아의 법치주의를 들고 나온 것이다. 1988년 이후의 사정은 이후에 상술한다. 페레스트로이카 시대의 법치주의는 큰 흐름으로 보아서 소비에트 시대에 받아들여졌던 극단적 형태의 법실증주의와 다르지 않고 이때의 법은 넓은 의미의 법이 아니며 전체적으로 정당성이나 정의를 포함하기보다는 만들어진 법의 절대성을 의미하는 것이었다.

한국에서 논의되지 않았던 부분이 법치주의와 입헌주의와의 관계 또한 법치주의와 민주주의와의 관계라고 이미 말하였다. 법치주의와 입헌주의와의 관계가 밝혀지지 않으면 영영 한편에서는 '법과 질서'를 강조하고 다른 한편에서는 '국민의 권리'를 주장하는 상태가 계속될 것이다. 페레스트로이카가 법치주의를 슬로건으로 내걸었으나 이윽고 전반적인 문제는 입헌주의의 문제로 확대되어 간 것이 이것을 가리키고 있다.[25]

---

24) 한국에 있어서의 법치주의는 교과서적 설명, 특히 철학적·사상적 설명이나 헌법학적 설명에 있어서는 넓은 의미의 법치주의를 의미하였다. 그러나 막상 분과 법에 있어서의 법치주의가 각론에 들어가게 되면, 좁은 의미의 법, 즉 법률에 의한 지배로 바뀌는 것이 상례였다. 또한 이론가에 의한 설명은 넓은 의미의 법치주의가 되고 막상 실무가에 의한 적용은 좁은 의미의 법률에 의한 지배로 밝혀지는 것이 지금까지의 경험이었다. 따라서 법의 지배, 법치주의, 법치국가에 어떤 철학적·사상적·국가학적 의미를 부여하더라도 그것은 사전적이거나 어의학(語義學)적 문제일 뿐 국민의 경험은 여전히 '가장 좁은 의미'에 있어서의 법률의 지배로 경험되어 오는 것이다.
25) 법치주의와 입헌주의의 관계가 비단 후진국과 중진국에서만 문제되는 것은 아니다. 실로 이 관계는 전형적인 민주주의 국가에서도 주기적으로 문제되는 것이며, 그 문제의 사이클이 급격할수록 위기상황으로 느껴지는 것이다(필립 노네이와 필립 셀즈닉, 1978).

# 참고문헌

권영성, "바이마르공화국 후기에 있어서의 헌법발전", 『비교 헌법학』 법문사, 1984.

＿＿＿, 『헌법학 원론』, 법문사, 2005.

김도창, 『행정법론(상)』, 청운사, 1983.

김동희, 『행정법I』, 박영사, 2007.

김여수, 『법률사상사』, 박영사, 1976.

김  철, 『한국 법학의 철학적 기초 ― 역사적, 경제적, 사회·문화적 접근』, 한국학술정보(주), 2007(김철, 2007a).

＿＿＿, 『법제도의 보편성과 특수성 ― 한국 공법학의 지향점을 위한 비교법 적 시도』, 훈민사, 2007(김철, 2007b).

해롤드 버만과 김철, 『종교와 제도 ― 문명과 역사적 법이론』, 민영사, 1992 (김철, 1992a).

김  철, 『러시아 소비에트 법 ― 비교법 문화적 연구』, 민음사, 1989.

＿＿＿, 미발표 영문원고, Russian Jurisprudence, 1992(김철, 1992b).

＿＿＿, 미국과 소련의 법체계, 김유남 엮음, 『미소 비교론』, 어문각, 1992(김철, 1992c).

＿＿＿, 『해체기(解體基)의 비교 제도론(比較制度論)』/가치와 제도, Myko International Ltd., 1994.

김철수, 『헌법학개론』, 박영사, 2006.

＿＿＿, 전성신판 『학설·판례 헌법학(상)』(서울: 박영사, 2009)

문영극, 『本民과 東明國』, Myko International Ltd., 1992.

서원우, "한국에서 미국헌법의 영향과 교훈", 『헌법이념과 행정법』, 한국공 법학회, 1987.

이광수, 『흙』, 한국문학전집, 정음사.

이광린, 『한국개화사연구』, 1974, 일조각.

이광린, 『개화당 연구』, 1973, 일조각.

이정희, 『동유럽의 역사』, 대한교과서주식회사, 1986.

이황직, 『독립협회, 토론공화국을 꿈꾸다. 민주주의 실험 천 일의 기록』, 2007.

최종고, 『한국의 서양법 수용사』, 박영사, 1982.

필립 노네이와 필립 셀즈닉, 김철 번역(미출간) 『법과사회의 변동』, 1978.

허영, 『헌법과 헌법이론(상)』, 박영사, 2007.
홍정선, 『행정법원론(상)』, 박영사, 2007.

Brucel. R. Smith, "Constitutionalism in the New Russia", The Brookings Institution, 1993.

Brucel. R. Smith & Gennady M. Danilenko ed, *Law & Democracy in the New Russia*, The Brookings Institution, 1993.

Chull Kim, "Legal Education – A Brief in Historical Socialogical Perspective – Collection of Essays", 『법제도의 보편성과 특수성』, 훈민사, 2007. 절판

Chull Kim, "Religion & Law in East – Asian Culture of Chinese Confucian Influence", 『법제도의 보편성과 특수성』, 훈민사, 2007. 절판

Ernst Fraenkel, *Das amerikanische Regierungssystem*, 1960, 196.

Eugen Rosenstock Huessey, *Out of Revolution – a Portrait of Western People*, Dartmouth Univ. press, 1938.

Harold Berman, "The Rule of law and the Law – Based State(Rechtsstaat)", *The Harriman Institute Forum*, Vol.4 Nr, May 1991 The W. Averell Harriman Institute for Advanced Study of the Soviet Union.

Harold Berman, *Law and Revolution: The formation of the Western Legal Tradition*, Harvard University Press, 1983.

Ito Hirobumi,2 *Commentaries on the Constitution of the Empire of Japan* tr, Ito Miyosi, Tokyo, 1889.

Karin Schmid, "Legislation on Administrative Procedure in Czechoslovachia and the Soviet Union", in Feldblugge ed. *The Emancipation of Soviet Law*, Martinus Nijhoff Publishers, 1992.

Rene David, *Major Legal Systems In the World Today – An Introduction to the Comparative Study of Law*(English Translation by Brierly) 1968. A second edition of this book was published in 1978.

Richard Thoma, "Rechtsstaatsidee und Verwaltungsrechtswissenschaft", *Jahrbuch d. oeff. R*, bd.4(1910).

Richard A Posner, *Overcoming Law*, "The Profession in Crisis' German and Britain", Harvard University Press, 1995.

Richard H. Minear, *Japanese Tradition And Western Law*, Harvard University Press, 1970.

William E Butler, "The Rule of Law and the Legal system", in Stephen White, Alex Pravda, and Zvi Gitelman, editors, *Development in Soviet Politics*, 1990.

# 제 5 장

## 최현대의 경제공법 사상

### – 신자유주의 시대의 평가와 2차 대전 이후의 시대정신

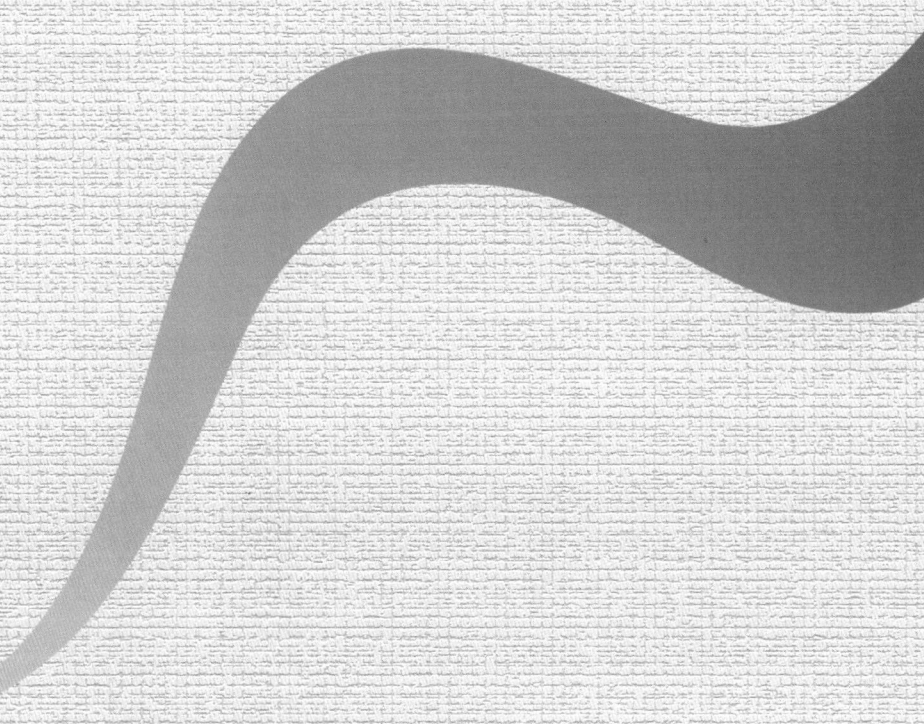

폴 크루그먼(Paul Krugman, 1953~)(좌)

로날드 드워킨(Ronald Dworkin, 1931~)(우)

자유에 대한 어휘를 정리해야 될 필요성은 특히 한국에서 번역된 전문어를 통용시키는 저널리즘과 아카데미즘에서 착오와 혼동이 있기 때문이다. 예를 들어, 2008년 10월에 방한한 옥스퍼드와 뉴욕대학의 로날드 드워킨(Ronald Dworkin)은 그의 "why we all are liberals"(1995)에서 liberals의 문제를 다루고 있고, 2008년 11월에 노벨경제학상을 수상하고 2009년 5월에 방한한 폴 크루그먼(Paul Krugman)은 그의 "The conscience of a liberal"(2007)이라는 정치경제학적 저작으로 주목을 끌었다. 두 사람 모두 스스로를 liberal로 자처하고 있는데 한국으로 직역하면 자유주의자가 된다. 최근 크루그먼의 한국어 번역에서 일반 독자에게 오해를 줄 수 있는 근본적인 오역이 발견된다.

"경제적으로 균등했던 미국은 정치적으로도 중도 노선을 지켰다. 내가 젊었을 때에는, 민주당과 공화당의 외교정책과 국내정책 가운데 많은 부분이 일치했다. 공화당은 뉴딜 정책의 성과를 되돌리려 애쓰지 않았으며 꽤 많은 공화당 의원들이 메디케어를 지지하기도 했다. ……"

"그러나 1980년대가 되자 중산층 중심과 중도노선의 정치가 미국사회 진화의 끝이 아니라는 사실이 분명해졌다. 경제학자들은 소득격차가 급격히 확대되었다는 근거자료를 내놓기 시작했다. 즉, 대다수의 미국인들은 경제적으로 거의 또는 전혀 발전하지 않았지만, 소수의 집단들이 훨씬 앞질러 나아가기 시작했다. 정치학자들도 정치적 양극화 증상을 증명하는 자료를 내놓기 시작했다. 정치인들은 좌나 우의 극단으로 치달았고, 이러한 경향은 2007년까지 계속되었다. 계층 간의 수입의 불평등은 1920년대만큼이나 크며, 정치적 양극화도 전례 없이 심해졌다."(폴 크루그먼, 2007: 019)

2008년 10월 이후의 세계 경제위기를 계기로 지난 30년간 선진국의 경제와 법을 지배한 주된 흐름을 반성하고, 더 큰 문명사회의 맥락에서 평가할 때 앞으로의 경제와 법의 주된 방향을 역사에서 찾는다. 서양법 전통에서 1945년의 2차 대전 종결은 인간의 존엄과 가치를 시대정신으로 하는 자유주의의 큰 흐름이 문명국의 보편주의가 되었다는 데 있다. 2차 대전 종결 이후 64년이 지났다고는 하나 인류사의 큰 흐름에서 볼 때 여전히 자유주의가 본류인 것은 말할 것도 없다.

　　이러한 자유주의의 역사에서 최현대사의 큰 맥락은 1989년의 동유럽 러시아혁명에 있어서의 자유주의의 폭발적인 영향이 해체 위주의 자유지상주의(libertarianism)로 나타난 것과 이와는 달리 1978년부터 더 정확히는 1981년부터 아메리카를 비롯한 선진 공업국가와 그 영향권 지역에 약 30년 동안 맹위를 떨친 신자유주의(neoliberalism)를 들 수 있다. 1945년 이후 세계의 정치 및 기본 법 체제는 승전국 중심의 자연권적 자유주의를 시대정신(Zeit – geist)으로 했는데, 신자유주의와 자유지상주의는 이러한 시대정신의 계승이 아니라, 변종으로 간주될 수 있다. 결과적으로 반시대정신(Anti – Zeit geist)으로 작용한 것으로 보인다. 자유주의의 근대 이후의 변용과 경제공법질서에 대한 거시 역사적 고찰은 11장과 12장에서 다시 상론한다.

　－ "최현대의 경제공법 사상", 『세계헌법연구』 제15권 제2호, 2009.6 – 본 논문은 2009년 5월 13일 공법판례와 이론연구회에서 발표한 것을 일부 수정한 것임. 『한국법학의 반성』(서울: 한국학술정보(주), 2009ㄴ)에 게재

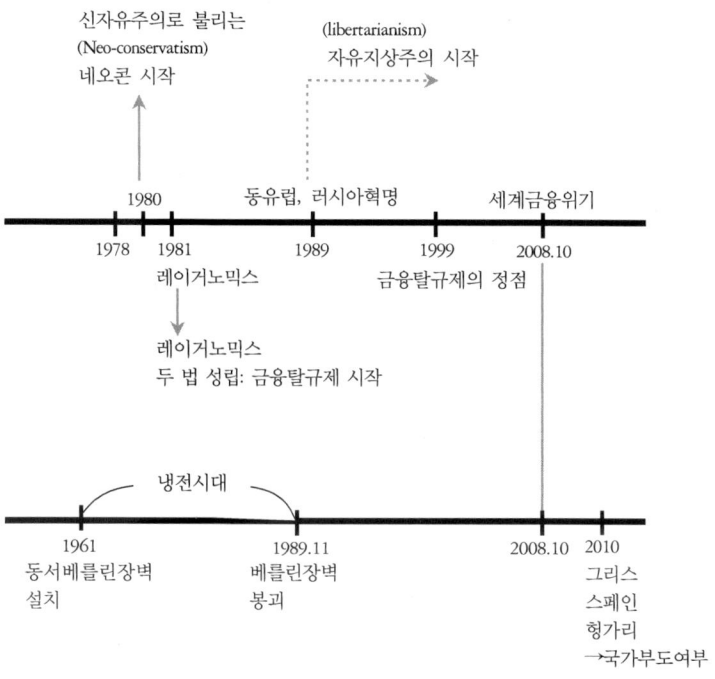

자유지상주의와 신자유주의의 역사

신자유주의로 불리는
(Neo-conservatism)
네오콘 시작

(libertarianism)
자유지상주의 시작

1980
동유럽, 러시아혁명
세계금융위기

1978    1981                1989              1999          2008.10
레이거노믹스                    금융탈규제의 정점

레이거노믹스
두 법 성립: 금융탈규제 시작

냉전시대

1961                1989.11                2008.10    2010
동서베를린장벽        베를린장벽                        그리스
설치              붕괴                            스페인
헝가리
→국가부도여부

# 1. 한국 법학과 사회과학에 있어서의 기본 어휘와 용어의 정리
## - 자유(freedom, liberty, Freiheit), 자유주의(liberalism), 자유화(liberalization), 자유주의자(liberalist or liberals)

### 1.1. 로날드 드워킨(Ronald Dworkin)과 폴 크루그먼(Paul Krugman)의 자유주의

　자유에 대한 어휘를 정리해야 될 필요성은 특히 한국에서 번역된 전문어를 통용시키는 저널리즘과 아카데미즘에서 착오와 혼동이 있기 때문이다. 예를 들어, 2008년 10월에 방한한 옥스퍼드와 뉴욕대학의 로날드 드워킨(Ronald Dworkin)은 그의 "why we all are liberals" (1995)에서 liberals의 문제를 다루고 있고, 2008년 11월에 노벨경제학상을 수상하고 2009년 5월에 방한한 폴 크루그먼(Paul Krugman)은 그의 "The conscience of a liberal"(2007)이라는 정치경제학적 저작으로 주목을 끌었다. 두 사람 모두 스스로를 liberal로 자처하고 있는데 한국으로 직역하면 자유주의자가 된다. 최근 크루그먼의 한국어 번역에서 일반 독자에게 오해를 줄 수 있는 근본적인 오역이 발견된다.[1]

　번역의 기술적 문제로 단순화시킬 수도 있으나 크루그먼의 liberal을 최초에 번역한 한국인이 진보주의자로 규정했다는 측면도 있다. 한국에서 어느 기간 동안 폴 크루그먼을 진보운동과 관계있는 사람으로 해석해서 한국의 그렇지 않아도 착잡한 보수 및 진보의 이항 대립에 크루그먼을 넣고 싶었던 경향이 얼마간 있었으리라고 보인다. 최근 지난 약 십수 년의 한국의 보수 및 진보의 이항 대립의 실상을 아는 사람이라면 이러한 번역을 통한 성격 규정이 얼마나 학계나 저널리즘에 오해

---

1) 자세한 것은, 본 논문 각주 16 참조.

를 불러일으키는가를 알 수 있다.

그런데 이 두 사람의 자유주의가 사전적 의미대로 자유를 기본으로 한 사상이라고만 한다면, 예를 들어 지난 시절, 즉 1870~1890년대까지의 자유주의나 1885~1895년까지의 이른바 보수주의 시대(Conservative Era)의 자유주의와 어떤 차이가 있는가가 문제가 된다. 왜냐하면 이미 이 자리에 있는 분들이 다 아시다시피 근대 시민혁명 초기의 자유주의와 제1차 세계 대전 이후 전 세계의 법학 사조가 현대법의 원리로 옮아간 이후의 자유주의는 내용이 다르기 때문이다. 더욱 극단적으로는 영국 산업혁명 직후의 자유방임의 자유주의와 존 스튜어트 밀(J. S. Mill)의 자유주의가 다르다는 예이다(김철, 2009: 187~188).

## 1.2. 자유주의와 관여주의(intervention)와 불관여주의(non-intervention)의 관계

초기자유주의는 개인주의적 인간관과 사회관을 전제로 했다. 고전 자유주의는 개인을 싸고 있는 조직의 힘, 공동체(Community)의 규정력을 최소로 파악하였다. 서서히 시장의 힘에 있어서의 불평등은 현대 기업과 산업기술의 성장과 함께한 사람의 경제적 자유는 다른 사람의 자유의 억압으로 통하는 것을 증명하였다(Smith, 1980: 281; 김철, 2009: 188). 이때 자유주의자는 두 갈래로 나뉘었다. 한 그룹은 어쨌든 구제와 교정이 이루어져야 한다고 한다. 다른 그룹은 여전히 불관여주의(Non-interventionism)나 자유기업(Free trade)이라는 도그마에 집착하였다. 전자가 밀(J. S. Mill)이며 후자는 허버트 스펜서(Herbert Spencer)이다(김철, 제4장 1989년 이후 세계체제가 자유화되면서 한국에서 역시 이뤄졌던 자유화 과정은 어떠했는가?, <경제위기 때의 법학>, 2009). 여기에서 우리는 자유주의의 역사에서 관여주의(interventionism)와 짝짓기를 하느냐, 불관여주의(Non - interventionism)와 짝짓기를 하느냐의 문제를 만나게 된다.

## 1.3. 1989년 가을 동유럽 러시아혁명 – 급격한 자유화의 예

최현대사에서 가장 현저하고 폭발적인 자유주의의 영향은 1989년 가을 동유럽 러시아혁명에 의해서 구 공산지역이었던 중동부 유럽 전부와 2차 대전 이후 지구상의 정치지도를 반분했던 원인 제공자로서의 소비에트 러시아(김철, 러시아 소비에트 법, 1989)가 해체되고 '자유화'됨으로써, 새로운 양상을 띠게 되었다. 어떤 시기에도 이처럼 한때 완강하고 강한 지속력을 보였던 체제가 그 밑바닥에서부터 동요하고, 1917년 이후 80여 년 동안 인간의 역사를 이분했던 여러 사회주의 제도들의 톱니바퀴가 그 힘을 잃고 붕괴되는 경과가 나타난 적은 없었다(김철, 1993: 37). 중부, 동부 유럽과 소비에트 · 유니온의 전 영역에서 사유화(privatization)[2] 또는 사사화(私事化)가 진행되어 있다(김철, 1998, 2007ㄴ). 이와 같이 사회주의 법 군은 와해되어 갔다(김철, 1989, 2007ㄴ, 2009). 이후에 어떤 전개를 보여 주었는가?

---

2) 1993년 신러시아 헌법 제9조에 의해서 토지는 사소유권의 객체가 될 수 있고 역시 국가소유, 시유지 또한 다른 형태의 소유권의 목적이 될 수 있음을 밝히고 신러시아 헌법 36조에서 개인과 개인들의 연합은 사소유권의 영역에서 토지를 보유할 수 있다. 따라서 신러시아 헌법 제9조와 36조는 구시대의 헌법으로부터는 결정적인 불연속 즉 단절을 보여 준다. 구 소비에트 헌법은 국가만이 토지를 포함한 모든 천연자원의 배타적인 지배권을 향유한다고 선언하였다. 김철, "동유럽 러시아혁명 이후의 러시아와 개방 이후의 중국", 213~218, 「법제도의 보편성과 특수성」(서울: 훈민사, 2007ㄴ). 그러나 1993년의 러시아 헌법의 주된 부분들은 이와 같은 사적 소유권을 정상적인 시장경제에서 전형적으로 발견되는 정도까지 발전시키지 않았다. 더하여 사적 소유권의 행사에 대해서 잠정적인 제한을 가하고 있다. 1995년 6월 26일 토지법 초안의 제1 독회에서 국가 Duma는 토지법의 다른 초안을 통과시켰다.

## 1.4. 자유주의자를 비난하기-신생 러시아 공화국
### (김철, 법제도의 보편성과 특수성, 2007ㄴ: 195~198)

1992년에서 1994년 사이 러시아에서 일어난 '자유주의자를 비난하기'는 특이한 것이다. 무엇이 문제였던가? 가장 심각한 문제는 가격 자유화로 인한 삶의 질의 급격한 저하에 있었다. 문제의 근원은 무엇인가(김철, 법제도의 보편성과 특수성, 2008: 196)? 러시아 내부의 어떤 논자는 하버드의 경제학자 제프리 삭스의 경제 정책을 너무 바짝 좇아서 충격요법을 행한 것이 동티가 났다고 했다.

"1945년 이후의 일본인들은 아메리카 인이 되기를 원하지 않았다."

"일본인들은 그들의 자기 동일성을 지켰기 때문에-국가주의라든가 또는 전통에 대한 집착-전후부흥에 성공했다."

또다시 맹렬한 반성이 전후 서부 도이치의 경제부흥에 대한 선망으로 나타난다.

"도이치인들은 가격 자유화부터 서둘지 않았다." 여기에 대해서 도이치의 흔히 말하는 대로 사회적 시장경제론자들이 이미 1990년대 초반부터 이론을 제공한 바 있다.

"우리는 먼저 노동의 복지부터 건설했다. 다음에 법과 질서를 확립했다. 그다음에 사회적 시장경제를 도입했다. 네 번째 단계에 시장가격을 자유화했다."

이와 같은 근거에서 최근 러시아의 어떤 지식인들을 시장경제와 가격 자유화를 너무 빠른 것으로 그리고 너무 아메리카적인 경제정책이 삶의 질을 망쳤다고 하고 있다. 그리고 이와 같은 공격에 더하여 역사적으로 1917년의 볼셰비즘 혁명도 러시아 인텔리겐차의 극단적인 모습이 나타난 것이고 1990년대의 극단적 자유주의도 이런 맥락에서 파악하려고 한다.

"한때 마르크스에 홀렸다가 이제는 제프리 삭스에게 홀렸다."(김철, 2008ㄴ: 196~197)

## 1.5. 자유지상주의(Libertareanism)의 문제─로렌스 레식의 동유럽러시아의 해체에 대한 증언(Lessig · 김정오 역, 2002: 31~33; 김철, 2002c: 275~277; 김철, 2009: 192~ 194)

20년 전인 1989년 봄, 유럽의 공산주의는 마치 지지대가 뽑힌 텐트처럼 무너졌다. 전쟁이나 혁명이 공산주의를 몰락시킨 것이 아니었다. 지쳐 쓰러진 것이다. 중 · 동부 유럽에 새로운 정체체제, 새로운 정치사회가 탄생하였다. 나와 같은 헌법학자들에게 이 사건은 충격적이었다. 1989년에 로스쿨을 졸업한 나는 1991년부터 시카고에서 강의를 시작했다. 시카고대학에는 중 · 동부 유럽에서 새롭게 시작된 신흥 민주정치에 관한 연구소가 있었다. 나는 그곳의 연구원이었다. 그 뒤 5년 동안 무수한 시간을 비행기에서 보냈고, 맛없는 모닝커피를 기억할 수 없을 만큼 수없이 마셨다.

중부유럽과 동부유럽에는 과거 공산주의자였던 사람들에게 어떻게 통치해야 하는가를 가르쳐 주려는 미국인들로 가득했다. 하지만 그들의 자문은 장황했고, 어리석기까지 했다. 몇몇 미국인 방문자들은 신흥 입헌공화국에 말 그대로 헌법을 팔아먹었다. 새로운 나라를 어떻게 통치해야 하는가에 관한 설익은 생각들이 무수히 많았다. 미국인들은 이미 입헌주의가 잘 기능하고 있는 국가로부터 왔지만, 어떻게 가능하였는지 그 원인에 대한 실마리는 알지 못했다.

연구소의 취지는 조언을 주는 것이 아니었다. 우리가 그들을 지도하기에는 아는 것이 너무 없었다. 우리의 목적은 변화와 발전방법에 관한 자료를 모으고 관찰하는 것이었다. 우리는 변화를 이해하길 원했지

변화의 방향을 잡아 주길 원치 않았다.

우리가 목격한 상황은 이해할 수는 있었지만 충격적이었다. 공산주의가 몰락한 이후 처음에는 국가와 국가의 규제에 대항하는 거대한 분노의 파도와 함께 정부에 대한 반감이 팽배했다. 그들은 그냥 내버려 두라고 말하는 것처럼 보였다. 정부가 하던 일을 새로운 사회인 시장과 민간 조직에게 맡겨라. 공산주의가 몇 세대 지난 후에 발생한 이런 반발들은 충분히 이해할 만하였다. 지난날의 지배 기구의 압제 장치들과 어떠한 타협이 있을 수 있단 말인가?

특히 미국의 미사여구들은 이런 반발을 상당히 뒷받침했다. 자유지상주의라는 미사여구. 시장이 지배하게 하고 정부의 간섭을 배제하라. 그러면, 반드시 자유와 번영이 성숙할 것이다. 모든 것들은 스스로 해결될 것이다.

국가의 지나친 규제는 필요 없고, 들어설 여지도 없다 그러나 모든 것이 스스로 해결되지 않았고, 시장이 번창하지도 않았다. 정부는 불구가 되었으며, 불구가 된 정부는 자유에 대한 만병통치약이 아니었다. 권력은 사라지지 않았다. 단지 정부에서 마피아로 옮겨 갔으며, 때로는 국가에 의해서 마피아가 조성되었다(김선경, 1998). 치안·사법·교육·의료 등 전통적인 국가기능의 필요성이 마술처럼 사라지지 않았다. 필요를 충족시키는 사적 이익들도 등장하지 않았다. 오히려 요구들이 충족되지 않았다. 사회의 치안이 사라졌다. 지금의 무정부상태가 이전 3세대의 온건한 공산주의를 대체하였다. 번쩍이는 네온사인은 나이키를 광고하고 있었고, 연금생활자들은 사기주식거래로 생계비를 다 털렸으며, 은행가들이 모스크바 거리에서 훤한 백주에 살해되었다. 하나의 통제시스템이 또 다른 것으로 대체되었지만, 어떤 시스템도 서구의 자유지상주의자들이 말하는 자유체제는 아니었다(이상은 인용문임).

## 2. 자유주의의 한계

### 2.1. 권위주의에서 다수의 지배로 옮겨 갈 때 어떤 문제가 생기는가3)

1990년대부터 시작해서 2000년대에 이르기까지 한국의 법문화의 최대 문제는 무엇인가? 이미 고찰한 대로 일단 권위주의에서 다수의 지배로 옮겨 가고 민주주의 가치가 국가와 사회, 개인생활의 중심 테마가 되었다. 한국 사회의 자유화는 문민정부에서 급격히 진행되었는데 많은 예상치 않은 문제가 생겨났다. 우선 자유주의의 애초의 모습대로 쉽게 말하면 개인을 떠난 전체는 아무 의미가 없다. 전체주의는 이미 사라졌고 개인인격이 최초의 출발점이 되었다. 이때 개인인격은 어떤 권위주의적 강제나 속임수 없이 자유롭게 스스로의 이익을 위하여 생존을 위하여 결정할 수 있어야 한다. 자유주의 철학은 억압이 없는 상태에서는 누구나 그렇게 할 수 있다는 것이다. 사회 안의 개인은 어떻게 행동하는가? 여러 수준의 사회가 있기는 하나 그 구성체로서의 개인인격이 최초의 단위가 되고 의사자유, 계약자유, 법률행위자유가 개인인격이 사회 안에서 움직이는 방식이다. 모든 헌법적 장치 중 국민의 자유와 권리에 관한 헌장은 이러한 의사자유를 가지는 개인의 권리를 보장하는 장치이다. 그렇다면 정치적 공동체의 형성은 어떠한가? 각 개인이 그들의 의사를 헌법적 장치를 통해서 집적함으로써 이루어진다. 모든 공익의 결정, 정치적 결정은 다수결의 원칙에 의해서 자유로운 개인의 자유로운 표현행위로서 이루어진다. 이것은 실로 1648년, 1776년, 1789년의 중요한 근대의 역사에서 이미 나타난 바이다. 몹시 단순하게 표현된 근대 입헌주의의 원칙은 1990년대부터 한국의 정치

---

3) 김철, "1989년 이후 세계체제가 자유화되면서 한국에서 역시 이뤄졌던 자유화 과정은 어떠했는가?", 171~188, 『경제위기 때의 법학』(서울: 한국학술정보(주), 2009).

사회는 물론 부분사회의 중요한 구성원리가 되었다. 비교 법적으로 본다면 1989년 동유럽 러시아혁명 이후 새롭게 나타난 동부유럽과 구소비에트 연방에 속하는 광대한 지역에서 근대 입헌주의에 입각한 다수의 지배, 다수결의 원칙에 의한 정부가 수립되고 정책이 집행되기 시작했다. 이제 한국과 연혁이 매우 다른 동유럽, 러시아 지역의 국가들이 자유주의적 입헌주의 원칙에 의해 국가와 사회를 수립한다는 점에서는 유사한 측면이 드러나게 되었다.

한국인들은 1960년에 이미 짧은 기간 시민혁명을 경험한 바 있었다.[4] 입헌주의 원칙이나 다수결의 원칙은 다양성에 대한 관용의 원칙과 함께 1960~1961년에 최고조에 달했다.[5] 1993년에 다시 문민정부를 수립했을 때에는 한국인들은 이미 근대적 입헌주의나 다수결 원칙의 문자에는 익숙했다. 그러나 자유주의가 다수결의 원칙을 동반하여 진행할 때 나타나는 제도적 문제, 법의 지배 내지 법치주의의 문제에는 경험이 없었다. 이 문제를 법사회학적으로 관찰하기 위해서 법률 전문가가 아닌 일반인 또는 생활인의 법의식과 자연적 행동을 관찰 대상으로 한다.

## 2.2. 개인 간의 합의가 자유주의의 처음과 끝인가[6]

이미 논한 대로 권위주의 해체기(기준점 1989, 1993)에서, 자유주의를 다시 기본 에너지로 출발할 때부터 개인 의사가 합치되기만 하면, 어떤 종류의 개인의 의사라도 합의로서 유효하다는 통속적인 시류가

---

4) "4·19혁명, 6·8민주항쟁 등은 혁명이며 국민적 정당성이 있었다." 김철수, 『헌법학개론』, 61(서울: 박영사, 2007).
5) 제3공화국에 해당하는 1963년부터 1972년까지의 헌법을 위헌 법률 심사제도와 관련하여, 비교적 덜 권위주의적인 것으로 평가하는 수도 있다.
6) 김철, "당사자의 임의에 의한 사법적 관계의 강조", 179~180, 『경제위기 때의 법학』(서울: 한국학술정보(주), 2009).

있었다. 개인의 '자유로운 의사'를 초과하는 사회 규범은 자유를 제한하며, 억압적인 것으로 생각되었다. 사인 간의 합의야말로 새로운 자유주의의 처음이요 끝이라고 생각되었다.[7] 유사(類似) 근대인이 탄생한 것이다. 근대인을 기다리고 있는 함정과 절벽은 나날의 체험주의에 밀려 존재하지 않는 것이 되었다. 1990년대에 한국인은 자유로운 근대인으로서 너무나 감격해서 도취해 버린 것이다. 도처에서 계약 자유의 폐해, 의사 자유를 조리상의 한계[8] 너머로 가져가는 생활에서 오는 무리와 피로감이 나타났다. 당시에 모든 사회 문제를 개인의 문제로 환치하고[9] 사회기구나 제도, 조직의 문제를 개인과 개인의 사적 인간 관계의 문제로 환원하여[10] 단순화하는 방식이 유행하였다. 세계적으로 관찰할 때, 지구의 저쪽에서 1917년 이후 또는 1945년 이후 사람들의 생활을 결정해 왔던 국가적 제도가 1989년을 기해서 와해되고 문명 세계의 약 반을 점유했던 실정적 질서가 해체되었다. 러시아 동유럽 혁명의 와중에서 관찰할 때 개체를 넘는 수준의 사회, 공동체, 국가의 모든 제도와 문제는 불확실하게 보였다. 한국에 있어서 동유럽과 러시아와 같은 정도는 아니나 권위주의에서 이행하는 시기의 불확실성 속에서 개체의 확실성을 추구하였다고도 할 수 있다. 이와 같은 개인의 문제는 정치적 공동체를 형성하고 중요한 정책을 결정할 때에도 단순화된 모습으로 나타났다. 즉, 원자화한 개인은 투표에서 다수를

---

7) 합의를 외형으로 하면서, 그 실상은 기본권과 자유를 침해하는 경우는 어떻게 하는가에 대해서는 예측할 수 없었다.

8) 한국 민법상 조리는 법의 원천이다. 조리는 또한 신뢰 보호의 원칙과 함께 행정법의 일반 원칙으로 인정된다. 조리는 또한 법의 일반 원칙으로 인정된다.

9) 한국인의 사고방식은 한국 문화의 일부를 이룬다. 어떤 문제의 개인적 측면과 사회적 측면이 다 같이 존재 할 때 사회적 측면을 다루기 힘들 때에는, 아예 없는 것으로 간주하고 문제의 개인적 측면으로 환치하는 오랜 문화가 있어 왔다. 예를 들어, 교육에 있어서의 성취를 오로지 피교육자의 개인적 자질의 함수로 환치하는 경우, 사회적 사고(건물과 교량 붕괴 등)의 인과 관계를 오로지 가장 협소한 관계 개인의 인적인 요소로 파악하는 경우가 있다.

10) 예를 들어, 공적인 조직의 역할 분담자들의 업무 수행이 사적인 인간관계같이 진행되는 경우. 이 경우 조직의 규범은 개인적 인간관계의 문제로 변용하게 된다.

구성하기만 하면 다수결의 원리에 의해서 어떤 결정도 할 수 있다. 한 국에 있어서는 오래 계속된 권위주의의 폐허 위에서 단순 다수결에 의 한 수많은 결정이 행해졌다. 범위를 더 넓혀서 1770년대에 이미 근대 입헌주의를 실천하고 1차 대전 이후에는 이른바 현대적 국가로 이행 한, 지구상에서 가장 이른 자유주의적 전통의 실천자로서 들 수 있는 아메리카에서도, 세기말에, 다수 지배의 원리에 대해서 반성적으로 성 찰하는 사람이 나타났다. 오랜 선거의 경험, 오랜 재판의 경험, 많은 분쟁을 사법적인 해결이라는 현대적인 방식으로 경험한 미국인들은 대표적인 법철학자를 통해서 다음과 같이 묻기 시작했다. "사람들은 다수결이라면 무엇이든 할 수 있다고 생각하는 버릇이 있다. 과연 최 전성기의 영국 의회는 남자를 여자로 바꾸는 것 이외에는 무엇이든지 할 수 있다고 믿어져 왔다. 자유로운 개인의 집합체인 민주 사회는 그 의사의 다수만 획득하면 무엇이든 할 수 있는 것일까?"

## 2.3. 자유주의에 대한 반성 – 드워킨[11]

1995년에 유사한 문제를 법철학적으로 추구한 사람이 로날드 드워 킨(Ronald Dwokin)이다. 그는 자유주의 liberalism의 전통에 서서 이 문 제를 추구하였다(Dworkin, 1995: 1~6).

Buckley v. Valeo(424 U.S. 1, 96 S.Ct. 612, 46 L.Ed. 2d 659, 76 – 1 USTC P9189, U.S. Dist.Col., Jan 30, 1976) 판결의 평석에서, 드워킨 은 민주정치의 두 가지 측면을 지적한다. 즉, 한국인이 1990년대에 익 히 경험한 다수지배의 원리이다. 아메리카의 민주주의는 다수지배의

---

11) 김철, "1990년대의 자유주의, 한계, 자유지상주의에 대한 비교 법철학적 논의", 194~201, 「경제위 기 때의 법학」(서울: 한국학술정보(주), 2009).

원리로써 세계인에게 알려져 왔다. 그러나 1995년에 드워킨은 텔레비전과 민주주의(Television and Democracy)에서 미국 민주주의가 쇠퇴하고 있고, 그 주된 이유는 정치적 캠페인에서의 텔레비전이 차지하는 압도적인 비중을 들고 있다. 그가 쇠퇴의 이유로 드는 것은 입후보자들이 텔레비전 캠페인 경비를 부담하기 위해서 엄청난 액수의 선거자금을 거두어야 하고,[12] 그 결과로 "특수 이해관계의 자금과 아메리카의 입법부의 행동과의 유독한 연합"을 들고 있다(Dworkin, 1995: 1~6). 그가 민주주의 쇠퇴의 또 다른 현상으로 드는 것은 평균적인 미국인들은 투표율이 점점 낮아지고 있다는 것이다.[13] 그가 지적하고 있는 것은 자유주의를 기초로 한 다수의 지배(Majoritarian rule)에 대한 반성과 성찰이다.

---

12) 이 문제에 대해서는, 약 12년 뒤 2007년에 폴 크루그먼의 증언이 있다. "아메리카의 보수주의 운동을 이끄는 힘은 바로 돈이다. 소득 불평등 증가와 누진세 철폐, 그리고 복지제도의 철회, 즉 뉴딜 정책 이전으로 돌아감으로써 이득을 보는 어마어마한 부호들과 몇몇 대기업이 재정적으로 이들을 지원한다."(폴 크루그먼, 2007: 026)
13) 1992년 아메리카 대통령 선거에서는 유효유권자의 절반 미만이 실제 투표하였고, 1994년 중간선거에서는 단지 38%가 투표하였다(Dworkin, 1995: 1~6).

## 2.4. 자유주의의 전제가 되는 몇 가지 명제에 대한 사회과학적 연구를 위한 세미나는 1995년 가을, 뉴욕 대학 법과대학의 The Program for the Study of Law, Philosophy & Social Theory(New York: New York University School of Law, 1995)에서 집중적으로 논해졌다. 대표적인 논자 중 하나를 들면 시카고 법과대학의 카스 선스타인이 었다.

### 2.4.1. 카스 선스타인의 명제와 증거(김철, 2009: 204~207)

카스 선스타인의 명제: 자유주의자, 자유지상주의자들은 맹점을 가지고 있다.

증거 1. 사람들은 경제학적 게임에서 합리적으로 행동하지 않는다. 자신의 이익과 게임과 관계된 상대방에게 '가장 이익이 되도록' 행동할 것 같고, 경제원칙에 따라 행동할 것 같으나, 실제로는 그렇지 않다. 경제학적 예측의 실패

증거 2. 사회심리학자 씨알디니의 실험결과(Cialdini, Cacioppo, Bassett, & Miller, 1978: 463)

사람들의 행동에는 그 개인뿐 아니라 다른 사람의 규범적 행동이 영향을 미친다. 사람들의 성향 또는 취향 또는 단순히 좋아함(preference)은 합리주의자들, 경제학적 사회과학자들 또는 행동과학자들이 전제로 하고 있는 바와 같이 고정되어 있지 않다. 실험심리학은 사람들의 확정된 취향에 대한 고정관념을 깨 왔다.

증거 3. "과연 사람들이 흔히 우리가 들은 듯이 그의 선택에 의하여, 그가 원하는 대로, 그의 이익대로, 합리적으로 자유롭게 행동하는 것일까?" 이 물음에 대해서, "비교적 그렇다"라고 대답하고, "그렇기 때문에 사람들이 필요로 하는 것이 자유일 뿐이다"라고 대답하는 것이 자유주의의 전제이다.

세기말 상황(1990년대 후반~2000년대 전반)에서는 그렇지 않다는 대답이 강하다. 그 증거는 청소년 흡연에 대한 보고서에도 나타나 있다(Sunstein, 1995: 2).

### 2.4.2. "개인은 자유롭게 합리적인 선택을 한다"라는 자유론자의 논의에 대해서 (김철, 2009: 205~207)

이 시절의 자유론자의 지배적인 논의방식은 합리성, 선택 그리고 자유라는 3가지 키워드에 집중되어 있다. 자유라는 중심 주제는 정치적 선택(투표), 시장에서의 유통(구매) 그리고 마지막에는 대학에서의 합리성(선택)의 문제로 요약된다. 이들 자유의 주제는 극히 단순한 방식으로 요약, 적용되는데 단순 논리가 현실에 적용된 대표적 예이다.

1) '정부는 국민의 취향과 선택을 존중해야 한다'라는 기본명제는 칸트류의 당위명제이다. 당위명제는 목표가치를 천명하는 것이다. 그런데 종종 자주 당위명제를 되풀이하면 흡사 언어의 환각적 효력에 의해서 실지로 그 당위명제가 현실화되는 것처럼 느껴질 때가 있다. 많은 신생국가가 정치적 표어를 당위명제로 내걸고 실지 관행은 문제 삼지 않는 경우가 많다.

2) '시장은 구매자의 취향과 선택을 존중해야 한다'라는 기본명제는 역시 당위명제이다. 이 당위명제가 현실로 나타나기 위해서는 실지로 시민의 시장에서의 자유가 존중될 수 있는 조건을 미리 성취해야 한다.

3) '대학은 소비자인 학생의 취향과 선택을 존중해야 한다'라는 기본명제 역시 목표가치인 당위명제이다. 그런데 당위명제의 반복이 학생의 대학에서의 자유를 실지로 존중하는 것은 아니다.

자유론자 또는 자유주의자의 이러한 언어사용 방식은 맹점을 가지고 있다(김철, 2000b : 36). 이른바 사실과 규범의 논리적 구별은 논리적 법학에서는 엄격구별이 가능하나 심리학적 관찰에서는 혼용된다.

즉, '한다'와 '하여야 한다'의 구별은 논리상으로는 가능하나 사회심리학으로 관찰할 때는 혼용되는 경우가 많은데, 이것은 대중심리조작을 하는 정치적 프로파간다에서는 자주 나타난다.

### 2.4.3. 자유주의적 선택의 전제가 되는 취향과 좋아함은 상수인가?
(김철, 2009: 206~207)

흔히 개인주의적 자유주의자의 마지막 보루가 되는 '자유로운 선택'의 보다 세밀한 구조를 관찰한다. 자유주의적 선택의 기초 부분이 되는 취향(preference)과 선택(choice)은 모든 종류의 사회 조사나 시장 조사에서 기초사항으로 불변의 상수로서 취급되어 왔다. 그러나 일련의 사회심리학자들의 실험으로서는 어떤 개인의 좋아함이나 취향도 이미 주어진 것이 아니다. 만들어 갈 수 있고 이미 만들어 왔다.

개인의 구체적인 행동에 관계되는 자유에는 구체적인 상황의 규범과 역할이 현실적으로 관계하고 있다는 것이 사회심리학자의 보고이다(Sunstein, 1995: 2).

# 3. 보수주의 시대(Conservative Era)와 소위 '진취적 시대 (Progressive Era)'의 실상 (김철, 2009: 71~73)

## 3.1. 진취주의의 역사(김철, 2009: 71~73)

아메리카 제도와 법의 역사에도 1885~1895년까지를 구질서의 시대(Arnold Paul)로 본다. 1890~1900년까지는 시장의 내림세와 규제 국가의 오름세로 본다(Faulkner: 74~79, 91~93). 테오도르 루우즈벨트의 시대인 1900~1912년에 현대 아메리카가 탄생한 것으로 본다(George E.

Mowry: 6~10, 14~15). 우드로우 윌슨과 1차 대전 기간인 1910~1917 년을 진취의 시대로 간주한다(Arthur S. Link: 18~21, 66~80).

1915년 2월 22일 FTC가 성립되고, 행정부는 기업 규제라는 실험을 진수시켰다. 윌슨은 FTC 안에 재계의 카운슬러와 친구를 조성하기를 원했다. 브랜다이스와 루브리(Rublee)는 위원회가 아메리카 경제상황의 역동적인 역할을 할 것을 기대했고 실망하였다. 1900년부터 아메리카가 1차 세계 대전에 참전할 때까지를 실지로 거의 모든 사가들이 '진취적인' 또는 '진보적인' 시대로 레벨을 붙여 왔으니, 그 실상은 보수주의의 시대라고 할 수 있다는 주장이 있다(Gabriel Kolko, The Triumph of Conservatism, 1963: 2~15).

아메리카에 있어서의 진취주의 또는 진보주의(Progressivism)는 원래 기업과 산업 조건의 정치적 합리화를 위한 운동이었다. 그 운동의 전제는 공동체의 일반 복지와 공익은 비즈니스의 구체적 필요성을 만족시킴으로써 가장 잘 이루어질 수 있다는 것이었다. 그러나 규제 그 자체는 어김없이 규제 관련 산업의 리더들에 의해서 행해졌다. 그리고 그 규제의 방향은 산업의 리더들이 받아들일 만하든가 바람직하다고 느끼는 목표로 향해졌다(Kolko, 1963: 2~3). 부분적으로 이것도 규제적 움직임은 통상 규제되는 지배적 사업자들에 의해 주도되었기 때문이다. 그리고 규제의 움직임은 정치적 리더들의 거의 보편적 믿음에서 결과한 것이기도 하다. 사소유권 관계가 본질적으로 존재하는 대로의 기본적 정의를 믿었는데, 이 믿음이 정치 지도자들의 가능한 행동들의 궁극적인 한계를 만드는 것이 되었다.

이른바 '진취 시대(Progressive era)'의 특징은 경제에 대한 정치적 규제라기보다는, 주요한 경제적 이익으로서의 비즈니스가 정치를 통제한 것이다(Kolko, 1963: 2~3). 따라서 흔히 생각하듯이 규제냐 반규제냐의 문제가 아니다. 또는 국가 통제냐 자유방임이냐의 문제가 아니다. 어떤 규제가 누구에 의해서 행해지느냐의 문제였다. 이른바 '진취시대'에 비로소 다음과 같은 일이 있어났다. 정치적 이념적 기후 변화가 생기고, 서서히 경제적 독립은 저하되며, 새롭고 더 큰 기업 합병이 나타남에 따라서 점점 더 많은 중산층 아메리카 인들은 새로 생긴 산업과 재정의 왕국들이 아메리칸 드림을 오용 또는 남용했다고 확신하게 되었다(Ellis W. Hawley, 1966: 6~9).

개혁의 철학은 1912년 우드로우 윌슨(Woodrow Wilson)의 신자유(New Freedom)와 테오도어 루스벨트(Theodore Roosevelt)의 신민족주의(New Nationalism)의 격돌 때 나타난다. 전자는 브랜다이스로 대표되어서 트러스트가 금융성이나 생산성 때문이 아니라 라이벌을 불공정 행위로 제쳤기 때문에 특권을 누린다고 했고, 신민족주의자는 경제적 집중은 대량 생산과 선발 기술의 불기피한 결과라고 했다(Hawley, 1966: 6~9).

## 4. 경제적 보수주의와 경제적 자유주의
### (김철, 2009: 73~75)

### 4.1. 경제적 보수주의와 경제적 자유주의
#### (Economic Liberalism)[14]의 경계(김철, 2009: 73~75)

러셀 갤로웨이는 1790년부터 1982년까지의 미국 연방대법원의 역사를 부자와 가난한 자의 문제에서 분석 서술하고 있다(Russell Galloway, 1982 & 1991). 그는 빈부문제에 대한 입장을 다음과 같이 정리한다(김철, 2005: 17).

첫째, 경제적 보수주의(economic conservatism)는 전형적으로 다음의 확신에 근거한다. 부를 재분배하는 어떤 주된 노력도 정부에 의해서는 행해져서는 안 된다. 정부의 주된 역할은 물질적 복리를 국민이나 기업이 개인적으로 추구할 때, 호의적인 환경을 만들어 주는 것이고, 재산권 소유자의 권리를 보호하는 것이다. 최소국가(minimal state)의 기능이며, 사법부의 역할도 여기에 있다고 본다. 미국 법학사에서 여기에 속하는 사람은 해밀턴(Alexander Hamilton), 마샬(John Marshall) 초대 대법원장, 스토리(Story) 대법관, 필드(Field) 대법관, 닉슨 대통령, 레이건 대통령, 아버지 부시와 아들 부시 대통령이다.

---

14) 이 문제에 대한 논의는 다음의 연구 발표문을 참조할 것(김철, "빈곤과 부에 대한 차별문제: 헌법과 파산법의 눈에서" 한국사회이론학회 2005년 후기학술대회, 「빈곤과 우리사회」, 2005년 12월 17일 성신여자대학교 수정관 313호(2005ㄱ)).

둘째, 경제적 자유주의(economic liberalism)는 다음의 믿음을 특징으로 한다. 한 나라의 부(richness)는 빈곤의 짐을 가능한 한 완화시키는 방법으로 분배되어야 한다는 믿음이다. 미국 법학사에서 여기에 속하는 사람은, 제퍼슨(Thomas Jefferson) 대통령, 잭슨(Andrew Jackson) 대통령, 태니(Taney) 대법관, 브랜다이스(Louis D. Brandeis) 대법관, 루스벨트(F. D. Looservelt) 대통령, 다글라스(William O. Douglas) 대법관이다.

### 4.1.a 신보수주의가 루스벨트 - 아이젠하워 노선에 대한 반작용으로 일어난 경위를 보자

2007년에 폴 크루그먼은 두 가지 입장 이외에, 원래 한 입장에서 출발했으나 차츰 다른 입장의 정책을 추구한 경우의 예로, 공화당의 아이젠하워 대통령의 예를 든다. 그리고 아이젠하워가 루스벨트 행정부의 정책을 계승한 데 대한 반발로 새로운 보수주의(new - conservatism)가 일어나고, 세월이 지나서 강력한 정치운동으로 자리 잡았다고 한다. 1964년 골드워터~1980년 레이건으로 연결된다(폴 크루그먼, 2007: 25).

약 200년 이상의 역사를 통해, 경제적 보수주의와 경제적 자유주의의 서로 대치하고 있는 둑을 따라서, 경제와 법제도의 긴 강물이 흘러왔고, 이 긴 흐름을 특징짓고 구분 짓는 것은, 개혁(reform)과 반개혁(counter - reform) - 정치경제적 의미에서 - 의 시도이다. 1776년에서 1789년에 이르는 건국 시기로부터 현재에 이르기까지, 경제적 자유주의와 경제적 보수주의를 기반으로 한 정치, 경제, 법문화는 갈등과 대립, 타협과 조정, 반동과 개혁의 모든 매듭을 거쳐서, 적어도 다음의 네 가지를 빈부 문제에 대한 기본적 논의 주제로 확정하였다(Russell Galloway, 1982 & 1991)(김철, 2005: 17).

4.1.1. 네 가지 빈부문제(김철, 2009: 75)

4.1.1.1. 과다한 부채에서 국민을 구제할 것인가.

4.1.1.2. 나라의 부를 재분배할 것인가.

4.1.1.3. 부유층의 형태를 규제할 것인가.

4.1.1.4. 빈곤층의 조직화된 행동에 관심을 가질 것인가.


# 5. 폴 크루그먼의 증언[15]


## 5.1. 중산층 중심의 사회에서 양극화 사회로의 변천


"제2차 세계대전 이후 미국은 중산층 중심의 사회였다. 제2차 세계

---

15) Paul Krugman, *The Conscience of a Liberal*(New York: W. W. Norton & Company, 2008)(예상한 외 옮김), 『미래를 말하다』(서울: 웅진, 2008). 그러나 이 번역본은 기본용어의 국역에서 영어 원본을 대조할 수 없는 일반 독자에게 근본적인 오해를 줄 수 있는 오류를 범했다. 즉, liberals를 '진보주의자'로 번역하였다. liberals는 어간 liberal이 liberalism 또는 liberalist와 같다. 영영사전의 liberals는 one who is open minded or generous to new ways의 뜻이 가장 오래되고 one who is not object to reform의 뜻이 최근 것이다. The Oxford Learner's Dictionary (Oxford University Press, 1963). 한영사전의 뜻으로는 '자유주의자'와 'liberalism을 주장, 신봉하는 사람'을 뜻한다(The New World Comprehensive English · Korean Dictionary, 1310(시사영어사, 1973)). liberal은 전통 · 관례에 어긋나는 생각에 대하여 편견을 갖지 않고 남의 그러한 견해도 이해하는 사람을 뜻하고 liberal보다도 적극적이며 더욱 직접적인 행동을 취하는 경향이 있는 경우에는 progressive를 쓰는데 정치 · 교육 따위의 개혁에 찬동한다는 뜻이다(시사영어사, 1973: 1310). 그러나 이것은 사전적인 뜻이다. 아메리카 헌법사에서 liberal의 위치는 conservative에 대치되는 것으로, 제로를 기점으로 +방향과 -방향으로 전개되어 있는 수평의 선분의 정반대에 놓여 있는 것이다. 이때 제로를 중립(neutral)이라고 할 수 있다. 더 쉽게 말하면 헌법 판례에 있어서 대법관들의 판단이 보수 쪽이냐 또는 이와 대척되며 다른 방향으로 뻗어 나가는 것이냐를 잴 때 liberal이라고 한다. 이때의 liberal은 보수와 대치하는 또는 반대되는 자유주의라는 뜻이다. 그러나 이 경우에도 저널리즘이 어떤 대법관의 판례에 대한 결정이유가 "그의 성향이 진보적이기 때문에, liberal로 기울어졌다"라는 표현을 쓸 수도 있다. 이때 진보적(progressive)이라는 형용사는 역사적으로 서유럽에서 절대주의 왕권이나 절대주의 시대의 세계관에 대해서 계몽주의 시대 때 새로운 지식인들의 태도를 서술할 때 쓰인 것이 역사적 기원이다. "진보의 개념은 인간이 명료하게 생각하고 사물을 적절하게 다루기만 하면 사회상태의 끊임없는 향상의 가능성이 있다는 것이며 사회는 세상일에 있어서 더 좋은 상태로 움직여 나간다는 생각을 지칭한다."(김철, 1989: 496; John Bary, The Idea of Progress, London: Macmillan, 1920) 이때의 진보(progress)는 서유럽의 계몽주의 시대 (enlightened peoples of historical age, l'age de lumière, Aufklärung und Zeitalter der Kritik)의 지적 · 도덕적 생각의 변화와 개조와 관계있다(John Bary, The Idea of Progress, London: Macmillan, 1920). 그러나 이것은 어디까지나 서유럽의 지성사와 계몽주의와 관련된 역

대전으로 소득이 대폭 늘어난 수천만 미국인들이 도시 빈민가와 농촌의 가난에서 벗어나 자신의 집을 소유하고 전에 없이 안락한 삶을 누

사적 의미로서의 진보를 뜻한다. 아메리카 헌법사와 정치사에서 구체적으로 나타난 진보주의운동은 현실적으로 유진 뎁스(Eugene Debbs)가 이끌었던 진보당(progressive party)을 지적할 수 있다. 폴 크루그먼이 2007년에 레이거니즘 시대의 정치·경제학적 저작을 "The Conscience of Liberals"라고 제목을 붙이고 그 내용은 법학적으로 볼 때는 아메리카 헌법사에서 나타난 경제적 보수주의에 대칭되는 의미로서의 경제적 자유주의의 모습을 경제사 및 정치사와 관련해서 설득력 있게 서술한 것이다. 이런 폴 크루그먼의 2007년 저서를 번역할 때, liberals를 한국어의 '진보주의자'로 옮긴 것은 아메리카 헌법사와 경제사에서의 conservative와 대칭되는 것이 liberal이라는 것을 모르고 한국식으로 번역한 것이다. 이 논문을 2009년 5월 13일에 발표했을 때 어떤 헌법학자는 자신도 폴 크루그먼의 한국어 번역본을 읽었는데 아무래도 liberal을(최근 한국사정을 감안할 때) 진보주의자로 번역한 것은 적절하게 보인다고 얘기하였다. 여기에 대해서 발표자이며 논문 저자는 만약에 한국어 번역자가 진보주의자로 번역한 것이 이유가 있다고 본다면, 이것은 한국어를 다시 영어로 번역할 때는 liberal이 아니고 progressive로 번역되는 순서를 생각해야 한다고 설명했다. 또한 폴 크루그먼의 1930년 이후의 공황의 경제학의 소재는 프랭클린 루스벨트 이후의 아메리카의 입법과 경제정책을 중심으로 하고 전개된 경제적 보수주의와 경제적 자유주의의 양대 흐름인데, 폴 크루그먼은 이 큰 그림에서 유진 뎁스의 진보당과 진보주의에 대해서는 언급하지 않고 있다. 폴 크루그먼의 관심은 한 나라의 부는 빈곤의 짐을 가능한 한 완화시키는 방법으로 분배되어야 한다는 믿음을 토대로 한 경제적 자유주의와 부를 재분배하는 어떤 노력도 정부에 의해서 행해져서는 안 되며 정부의 주된 역할은 국민이나 기업이 물질적 복리를 개인적으로 추구할 때 호의적인 환경을 만들어 주는 것이고 최소 국가의 기능이며 사법부의 역할도 여기에 있다고 보는 경제적 보수주의를 역사적으로 고찰하는 데 있었다. 그의 자유주의는 그 자신의 특정한 가치나 태도를 주장하거나 표현하는 것이 아니라 아메리카 건국 이후의 두 개의 큰 흐름이라는 전통 위에 서서 그리고 그 두 개의 전통이 갈등을 일으키지 않고 다른 정당과 정부에 의해서도 추구되었던 시절을 회상하는 것으로 시작한다. 이런 방식은 아카데미즘에 있어서는 법학이든 경제학이든 가장 신뢰를 주는 방식이고 특정한 사회운동을 지지한다든가 선호한다든가 하는 이데올로기적 접근과는 전혀 다른 것이다. 그런데 만약 폴 크루그먼의 liberals를 '진보주의자'로 번역한다면, 그리고 그의 자유주의 전통의 결론을 '진보주의 운동'으로 번역한다면, 이미 말한 바대로 아메리카 정치사에서의 진보당(progressive party)과 혼동된다.

그럼에도 불구하고 아메리카 경제사와 법제사에서 나타난 보수와 자유의 대척되는 입장이 2008년과 2009년의 한국에서는 보수와 진보의 대립이라는 검토되지 않은 이분법으로 비춰지는 것은 무슨 이유일까? 해답은 한국에 있어서의 사회과학과 법학은 자유주의 자체에 대해서 역사적 검토가 소홀해 왔다고 지적할 수 있다. 즉, 한국에 있어서의 저널리즘과 아카데미즘의 어떤 방식은 어떤 경우에는 자유라는 것은 평등과 모순되는 것으로(김철, 한국 법학의 철학적 기초, 2007a: 135) 개념적으로 파악하고 따라서 자유는 평등 또는 진보와 모순되고 대립되는 것으로 무의식중에 파악한다. 쉽게 말하면 자유주의는 평등주의와 대립되는 것이고 또한 자유주의는 진보주의와 대립되는 것이라고 생각하기 쉬운 것이다. 물론 이것은 서유럽에 있어서의 계몽주의 시대 때문부터 나타나기 시작한 자유, 진보, 평등 같은 것들을 역사적 시대에 따라서 검토하지 못한 탓이라고 할 수 있다.

이렇게 설명함에도 불구하고 한국에 있어서의 전반적으로 부실한 번역학문은 여전히 우리나라 법학계에 제법 알려진 드워킨을 자유주의자로 번역하면서 폴 크루그먼과 드워킨은 아마도(한 사람은 경제학자요, 한 사람은 법철학자니까) 그 기본적 입장이 다르다고 생각하는 것으로 인도하였다. 우리나라 법철학계와 철학계에서 잘 알려진 Ronald Dworkin은 2008년 10월에 방한해서 "법과 자유주의(Law and Liberalism)"라는 논문을 발표하고 이것에 앞서 1995년 논문 "Why we all are liberals"을 뉴욕대학에서 발표하였다. 논문 저자는 2008년 10월 드워킨의 두 개 세미나(월, 화요일)에서 직접 단도직입적으로 그 당시 세계 경제위기의 벼랑 앞에서 힘을 얻고 있었던 폴 크루그먼의 liberalism과 드워킨 자신의 liberalism이 무엇이 다르며 무엇이 같은가를 질문하였다. 그 대답은 경제적 자유주의를 지칭하는 폴 크루그먼의 입장과 자신의 liberalism이 일치하며 경제사와 헌법사에서 나타난 이러한 입장의 대법관들에 대해서도 같은 입장을 명백히 표명하였다.

렸다. 반면, 부자들은 설 자리를 잃었다. 그들은 수적으로도 밀렸고 대단히 부유하지도 않았다. 빈민들은 부자들에 비해 많긴 했지만 사실 전체적으로 그 수가 적었다. 따라서 경제적 공동체의식이 두드러졌다. 즉, 대다수 미국인들은 물질적으로 상당히 비슷한 수준의 풍요를 누렸다."(폴 크루그먼, 2007)

### 5.1.1. 경제적 균등이 중도노선을 가져온 경위

"경제적으로 균등했던 미국은 정치적으로도 중도 노선을 지켰다. 내가 젊었을 때에는, 민주당과 공화당의 외교정책과 국내정책 가운데 많은 부분이 일치했다. 공화당은 뉴딜 정책의 성과를 되돌리려 애쓰지 않았으며 꽤 많은 공화당 의원들이 메디케어를 지지하기도 했다. ……."

### 5.1.2. 중산층의 중도노선에서 양극화 사회로 변천된 경위

"그러나 1980년대가 되자 중산층 중심과 중도노선의 정치가 미국사회 진화의 끝이 아니라는 사실이 분명해졌다. 경제학자들은 소득격차가 급격히 확대되었다는 근거자료를 내놓기 시작했다. 즉, 대다수의 미국인들은 경제적으로 거의 또는 전혀 발전하지 않았지만, 소수의 집단들이 훨씬 앞질러 나아가기 시작했다. 정치학자들도 정치적 양극화 증상을 증명하는 자료를 내놓기 시작했다. 정치인들은 좌나 우의 극단으로 치달았고, 이러한 경향은 2007년까지 계속되었다. 계층 간의 수입의 불평등은 1920년대만큼이나 크며, 정치적 양극화도 전례 없이 심해졌다."(폴 크루그먼, 2007: 019)

## 5.2. 변화의 흐름이 경제에서 정치로 흘렀다는 통념이 과연 옳은가

폴 크루그먼은 2006년의 정치학자 3인의 연구를 인용하여[16] 역사는 경제적 불평등과 정치적 양극화가 하나가 되어 일종의 춤을 추어왔다는 견해를 소개한다. 그렇다면, 경제적 불평등과 정치적 양극화가 같이 춤을 추도록 만드는 것은 무엇일까라는 누구나 할 수 있는 의문을 제기한다. 그리고 그 대답으로는 경제적 불평등이 춤을 주도하고 변화의 흐름이 경제에서 정치로 흐른다는 누구나 이해할 수 있는 설명을 먼저 소개한다.

## 5.3. 제도와 규범, 정치적 환경이 경제학적 환경보다 더 중요하다[17]

그러나 폴 크루그먼의 혜안은 그와 같은 상식에 대해서 경제사학을 조사함으로써 다른 방향으로 인도한 데 있다. 그가 주목한 경제사학자 클라우디아 골딘(Claudia Goldin)과 로버트 마고(Robert Margo)[18]는 미국 전후의 중산층 사회는 흔히 생각하듯이 엄청난 물질주의와 정치 부패가 같이 일어났던 도금시대로부터 점진적으로 진화된 것이 아니라 오히려 프랭클린 루스벨트 당시의 뉴딜 정책의 결과로서 비교적 짧은 기간 안에 만들어졌다는 것이다.[19] 루스벨트 행정부의 뉴딜 정책과 전시 통제의 결과인 비교적 평등한 소득 분배는 그 후로 30년 이상 지속되어서 2차 대전 이후의 미국 중산층 사회의 기반이 되었다는 것이다.

---

16) 크루그먼, 같은 책 020에서 인용, Nolan McCarty, Keith Poole, and Howard Rosenthal, *Polarized America: The Dance of Ideology and Unequal Riches*(MIT Press, 2006).

17) 김철, "폴 크루그먼의 불평등의 경제학과 김철의 아노미의 법학", 81~83, 「경제위기 때의 법학」(서울: 한국학술정보(주), 2009).

18) Claudia Goldin and Robert Margo, "The Great Compression: The Wage Structure in the United States at Mid-Century", *Quarterly Journal of Economics*, 107, no.1(1992), pp.1~34.

19) 임금구조에 있어서의 대압착이 일어났다고 한다.

이 역사적 사실에서 폴 크루그먼은 흔히 한국의 지식인과 상식인들이 생각하는 일상적 사고를 깜짝 놀랄 만큼 뛰어넘는 추론을 이끌어 낸다. 즉, 흔히 한국인들이 생각하는 것처럼 경제학적 환경이 제도와 규범을 좌우하는 것이 아니고 거꾸로 제도와 규범이 소득 분배에 끼치는 영향이 크다. 더하여, 더욱 놀라운 것은, 소득 분배에 끼치는 영향은 객관적인 시장의 힘이 그렇게 중요한 역할을 하지 않는다는 것이다(폴 크루그먼, 2007: 023; 김철, 2008: 81).

## 5.4. 폴 크루그먼의 '길었던 도금시대'에 대한 성찰

그는 지금까지 알려진 아메리카 역사가와 다른 점이 있다. 아메리카 법제사에 있어서도 1870년부터 1890년까지를 물질적 풍요와 부패가 함께 일어난 도금시대로 보며, 1885년부터 1895년까지를 계약자유와 소유권절대를 기본으로 하는 보수주의시대로 설정하며, 1891년부터 1900년까지를 시장의 하향과 규제국가의 상향시대로 본다. 1900년 이후부터 비로소 현대 아메리카의 탄생시대로 보며, 우드로우 윌슨과 1차 대전 기간인 소위 진취적 시대는 1910년부터 1917년으로 본다(김철, 2008: 이 책의 취지). 이에 반해서, 폴 크루그먼은 "역사가들의 심기를 불편하게 만들 수도 있는 위험을 감수하면서" 그러니까 아메리카 역사의 시대 구분의 다수설을 충분히 의식하면서, 1870년대부터 뉴딜 정책이 등장한 1930년대까지의 60년간을 길게 하나로 묶어서 '길었던 도금시대'로 본다.[20]

---

20) 이와 비슷한 견해는 Peter Beinart, "The New Liberal Order", TIME, 22~24(New York, November 24, 2008). Robert Wiebe를 인용하여 현대 미국 자유주의는 진취적 시대(Progressive Era)에 탄생했다고 한다. 진취적 시대는 1910년에서 1917년의 우드로우 윌슨과 1차 대전 기간을 의미한다(김철, 2009: 이 책의 취지). 그때까지 아메리카의 거대한 기업독점이 자본주의를 강자와 야만자만이 살아남을 수 있는 정글로 바꾸고 있다는 것이 진취주의의 내용이었다. 대공황의 와중에서 루스벨트가 취임할 때까지는 아메리카 자본주의라는 에코 시스템이 나선형으로 죽음의 행진을 하고 있었고, 아메리카 인들은 루스벨트가 했던 것처럼 정부가 제어해 주기를 소리 높여 외치고 있었

그의 논지는, 우선, 1910년부터 1917년의 진취적 시대의 성과를 부인하는 것이며,[21] 또한 1900년부터 시작된 테오도르 루스벨트 시대의 성과도 별 큰 의미를 두지 않는 것이다.[22] 그의 근거는 무엇인가? 시대의 라벨 붙이기보다 실질적인 진전을 파악하는 것이다. 우선 불평등 상태에 대한 그의 논의 중에서 대공황 시대까지 사실상 도금시대가 계속되었다는 장기 도금 60년 설은 특히 재즈 시대에 대한 논의에서 머튼과 같은 사회학자에 의해서 정당화될 수 있다(김철, 2009: 100~107). 재즈 시대는 1차 대전이 종결된 1918년부터 약 10년간의 호황기이며 급격히 증가한 경제적 부가 청교도적 전통을 압도해서 유한계급이 나타나고 대중의 감각이 호사와 안락, 사치에 길들여졌던 시대이다. 이 시대의 법학적 특징은 사적 자치, 계약의 자유, 회사와 기업의 자유와

다. F.D.R은 전례 없는 규모의 정부자금을 풀었고 실업자와 연로자들을 위해 새로운 보호망을 만들었으며, 산업계가 어떻게 행동해야 되는가에 대한 규칙을 부과했다.

21) 1900년부터 아메리카가 1차 대전에 참전할 때까지를 실지로 거의 모든 사가들이 '진취적인' 또는 '진보적인' 시대로 레벨을 붙여 왔으나 그 실상은 보수주의 시대라는 주장이 있다(Gabriel Kolko, The Triumph of Conservatism, 1963: 2~15; 김철, 2009: 71~73). 진취주의 또는 진보주의(Progressivism)는 원래 기업과 산업 조건의 정치적 합리화를 위한 운동이었다. 그 운동의 전제는, 공동체의 일반 복지와 공익은 비즈니스의 구체적 필요성을 만족시킴으로써 가장 잘 이루어질 수 있다는 것이었다. 그러나 규제 그 자체는 어김없이 규제 관련 산업의 리더들에 의해서 행해졌다. 그리고 그 규제의 방향은 산업의 리더들이 받아들일 만하든가 바람직하다고 느끼는 목표로 향해졌다(Kolko, 1963: 2~3). 부분적으로 이것도 규제적 움직임은 통상 규제되는 지배적 사업자들에 의해 주도되었기 때문이다. 그리고 규제의 움직임은 정치적 리더들의 거의 보편적 믿음에서 결과한 것이기도 하다. 사소유권 관계가 본질적으로 존재하는 대로의 소유권의 기본적 정의를 믿었는데 이 믿음이 정치 지도자들의 가능한 행동들의 궁극적인 한계를 만드는 것이 되었다. 이른바 진취시대의 특징은 경제에 대한 정치적 규제라기보다는 주요한 경제적 이익으로써의 비즈니스가 정치를 통제한 것이라고 보는 것이다(Kolko, 1963: 2~3). 따라서 흔히 생각하듯이 규제냐 반규제냐의 문제가 아니다. 또는 국가 통제냐 자유방임이냐의 문제가 아니다. 어떤 규제가 누구에 의해서 행해지느냐의 문제라고 보는 것이다. 그렇다면 비즈니스의 리더들에 의해서 그 방향과 범위가 조정되는 규제는 누구에 의해서라는 물음에 대해서는 여전히 비즈니스에 의해서 행해졌던 이른바 자율통제의 시대라고 볼 수 있고, 간판으로 내건 기업과 산업조건의 정치적 합리화를 위한 운동으로써의 진취주의(Progressivism) 또는 진보주의와는 거리가 있다는 것이다.

22) 크루그먼의 논의는 역사의 실질적 내용으로 볼 때, 다음과 같은 근거가 있다. 왜냐하면 이른바 '진취 시대'에 다음과 같은 일이 일어났다. 정치적·이념적 기후변화가 생기고 서서히 경제적 독립은 저하되며 새롭고 더 큰 기업합병이 나타남에 따라서 점점 더 많은 중산층 아메리카 인들은 새로 생긴 산업과 재정의 왕국들이 아메리칸 드림을 오용 또는 남용했다고 확신하게 되었다(Ellis W. Hawley, 1966: 6~9; 김철, 2009: 73). 따라서 1910년~1917년 진취적 시대의 실상은, 진취주의의 철학은 우드로우 윌슨의 신자유(New Freedom)의 주창으로 나타났으나 테오도르 루스벨트의 신민족주의가 옹호한 대량 생산과 신기술의 불가피한 결과로서의 경제적 집중의 격돌로 사태를 완화시키지 못했다는 내용이다(김철, 2009: 73).

생산력과 거래량의 증가이다(김철, 2009: 63~64).

　폴 크루그먼이 도금시대가 1920년대까지 지속되었다고 보는 증거로 내놓는 것은, 미국 대부호들의 숫자이다. 버클리대학교의 경제사학자 브래드퍼드 드롱(Bradford DeLong)[23]을 인용해서 미국의 평균적 노동자 2만 명의 연간 총소득보다 더 많이 버는 사람들을 조사하였다. 이 조사에 따르면 1900년 미국에는 22명, 1925년에는 32명, 그러다가 1957년에는 16명이 되고, 1968년에는 13명으로 줄었다. 다른 증거도 제시하는데, 소수의 사람들에게 부가 집중된 것을 보여 주는 토지의 집중도는 1900년대나 1920년대 말이나 비슷하다고 한다(Paul Krugman, 2007: chapter 02).[24]

　그의 주장은 1929년 10월 24일 시작된 세계 대공황의 치유자로서 나타난 루스벨트 대통령의 뉴딜 정책과 뉴딜 입법이 그 이전 약 60년간의 부의 불평등을 치유해서 세계 제2차 대전 이후의 중산층 중심의 안정된 아메리카 사회를 건설했다는 것이다.

---

23) Bradford DeLong, "Robber Barons"
　　econ161.berkeley.edu/Ecom_Articles/carnegie/DeLong_Moscow_ paper2.html
24) 크루그먼에 의하면 불평등이 심각했지만 사회는 어느 정도 안정된 상태로서 도금시대에 이룩한 경제성장은 모든 계층에게 혜택을 주었다. 대부분의 아메리카 인들은 1870년대보다 1920년대에 더 잘 살았다. 식생활과 건강이 개선되었고 싱크대와 전기가 기본이 되었으며 대중교통수단이 발달했다. 그러나 크루그먼은 대공황의 치유책으로서의 뉴딜 이전에는 복지제도 또는 푸드 스탬프 제도 등 소득 재분배에 관한 정책이 없었고, 사회보장제도나 의료보험 등 사회보험제도를 도입하지 않았다(같은 사람: 036~037).

# 6. 아메리카의 보수주의 혁명과 신자유주의

## 6.1. 보수주의 혁명의 역설적 기반으로서의 60년대와 70년대의 반전, 반문화, 반가치의 청년문화에서의 자유주의

보수주의 운동의 대표적인 인물이며 감세론자인 그로버 노퀴스트 (Grover Norquist)는 "미국을 사회주의자들 일색이던 테디 루스벨트 이 전의 시대, 즉 소득세·상속세·규제 등이 없던 시대로 되돌리고 싶 다"고 말하기도 했다(크루그먼, 2007: 026).

뉴딜 시대는 1930년대부터 2차 대전을 경유해서 1950년대의 브라 운 판결 시대까지 계속되었다. 이후의 아메리카의 법과 정책은 다른 당이 집권하더라도 뉴딜 정책의 성과를 역전시키려 하지 않았고 중산 층 위주의 안정적 기조를 유지했다고 본다.[25] 1960년대에 이르러서 2 차 대전 이후의 경제적 번영이 낳은 아이들이 아메리카의 대학을 채우 기 시작했다. 그들은 안정된 중산층의 아이들이었고 그전 세대와 달리 1차 대전과 2차 대전의 어려움이나, 1930년대에서 거의 25년이나 계 속된 세계 대공황의 직접적인 경험에서는 멀리 떨어져서 대체로 '번영 의 아이들'이었다(Peter Beinart, 2009: 23). 60년대 후반부터 이들은 아메리카 전역의 대학을 거점으로 직접적인 명제로서는 베트남 전쟁 을 반대하는 운동을 시작하였다. 60년대의 반전 운동은 현재 평가할 때 베트남 전쟁은 어쨌든 귀결이 났고, 나머지 70년대 운동의 의미는 그 세대가 주장했던 자유가 무엇이었던가에 초점을 맞춘다. 60년대부 터 70년대 후반까지 아메리카 사회를 요동치게 한 이들 운동의 요약 은 인종문제, 성적 자유문제, 중산층의 가치문제에 집중되어 있었다. 이른바 문화적 다양성의 주장으로 간판 지어지는 가치문제는 대공황

---

25) 크루그먼, 같은 책, 018을 참조.

이후 뉴딜 정책에 의해서 안정되었던 그리고 건국 이후 아메리카 사회의 보이지 않는 축이었던 가족의 가치, 교회의 가치 그리고 성조기에 의해서 상징되는 국가적 단합의 가치에 대해 도전하였다. 성적 자유문제는 이러한 기본가치와도 관계되는데, 어쨌든 1960년대 후반부터 1970년대 후반까지 계속된 반전운동, 반전통주의는 청년문화에 전례 없는 영향을 미쳤다. 이들 운동은 2009년 현재에서 볼 때는 거의 새로운 거론을 할 필요가 없는 것이지만, 1960년대 후반부터 1970년대 후반까지는 뉴딜 정책과 2차 대전에 의해서 그리고 사법 적극주의에 의해서 번영했던 아메리카의 전형적인 중산층 시민에게는 충격과 함께 심각한 반작용을 불러일으켰다. 이들에게는 '번영의 아이들'이 주장하는 새로운 자유의 내용은 무질서를 의미하는 것이었다. 당시 상당수의 백인 근로자에게 있어서는 인종적 자유라는 것은 폭동과 범죄를 의미하는 것이었다. 또한 성적 자유라는 것은 이혼과 가족의 해체를 의미하는 것이었다. 또한 문화적 다양성과 문화적 자유라는 것은 건국 이후 아메리카 중산층들이 존중해 왔던 세 가지의 기본가치, 즉 가족, 교회, 성조기에 대한 존중을 거두어들이는 것을 의미하게 되었다.

### 6.1.1. 선량하고 사회의식이 없는 평범한 시민의 경우

이와 같은 경위로 대체로 1970년대 후반에 이르러서 선량하고 그다지 사회의식이 없는 평범한 아메리카의 시민들은 '번영의 아이들'이 구가하는 자유주의에 대해서 반역할 만한 충분한 분위기가 형성되어 갔다(Peter Beinart, 2009: 23). 이 시기에 로날드 레이건은 자유주의의 반대명제로서의 보수주의가 나가야 될 방향을 향후 40년간 자신과 다른 보수주의 운동가들이 추구해야 될 정치적 비전으로 보여 주었다. 그의 정치적 성공의 출발점은 이미 말한 바대로 '번영의 아이들'이 구가한 자유에 대한 반감을 가지고 있는 아메리카의 전통적인 중산층의 정서에 있다고 볼 수 있다. 또 다른 그의 성공의 비결은 이미 말한 아메리카 시민의 문화적 아이덴티티에 대한 불안감보다 더한 공산주의에 대한 두려움과 민권운동에 대한 백인들의 반발심에 있었다고 본다 (크루그먼, 같은 책: 027). 이러한 분위기에서 1978년 뉴딜이후의 큰 반작용으로서 탈규제 경제정책이 처음으로 시도되고, 1981년 로날드 레이건은 고결한 보수주의 원칙론자의 전형으로 대통령에 당선되었다.

## 6.2. 뉴딜 시대(1933∼1954)의 반작용으로서의 신자유주의 또는 신보수주의(neo-conservatism)

대공황 시기에 아메리카의 시민들은 무엇을 원했는가. 첫째, 정부가 자신들의 은행 예금액을 보장해 주기를 원했다. 또한 정부가 자신들의 월급을 어쨌든 보장해 주기를 원하고 은퇴 이후에는 연금을 보장해 주기를 원했다. 또한 정부가 고장 난 경제 시스템에 정부 자금을 쏟아부어 다시는 경제위기가 오지 않는 것을 원했다. 평균적인 아메리카 시민들은 그 이전 시대의 자본주의 방식이던 정글의 법칙이 자유라고 믿지 않게 되었다. 1930년대 중반부터 1960년대까지 아메리카 정부는 시장에 대해서 행정 명령을 부과했는데, 다시 말하자면 규제를 했다. 평균적인 아메리카 인들은 이러한 정부의 역할에 의해서 대공황 이전의 경제적 정글이 다시 안전하고 쾌적한 장소로, 즉 잘 가꾸어진 자본주의의 정원으로 변화했다고 믿었기 때문에 계속해서 루스벨트 식의 자유주의에 투표를 해 왔다. 이 경향은 1960년대와 70년대의 이미 말한 청년 문화의 내용으로서의 문화적 자유주의와 성적 자유에 대한 반작용이 평균적인 아메리카 인들을 휩쓸 때까지 계속되었다. 대공황의 시대에 이전의 구질서에서 번영했던 보수주의자들은 뉴딜 정책과 뉴딜 입법이 경제적 자유를 침해한다고 주장했으나 25년이나 계속된 장기 침체는 그들에게 기회를 주지 않았다.

### 6.2.1. 신보수주의의 기원

1981년 이후 활발하게 전개된 아메리카에 있어서의 신보수주의의 기원은 우선 시카고학파의 경제학자인 밀턴 프리드먼(Milton Friedman)이 주축이 되어서 1930년대 이후 아메리카 사회의 인프라를 구축하는 데 도움이 되었던 케인즈 이론에 맞섰다. 또 한 무리의 사회학자들은 빈곤과의 전쟁, 교육에 대한 연방지원 정책, 노인의료 지원정책 등을 포괄하는 국가계획에 반대하였다. 대공황과 뉴딜 정책, 그리고 뉴딜 입법이 만든 아메리카 사회의 인프라는 1960년대까지 번영의 기초가 되었다. 1960년대의 청년 문화, 반문화, 반전운동에 대한 아메리카 평균인들의 염증 이외에도, 아메리카 사회에 보수주의 경제학자들이 등장하게 된 것은 역사적으로는 이유가 있다. 왜냐하면 산업화 사회에서는 끊임없이 산업혁명 초창기를 상기하게 되고,[26] 그 시대의 시대정신이었던 아담 스미스의 자유시장 원리를 떠올리게 되는데, 근대 경제학이 이 시기에 성립하였다. 당시 정부의 활동은 산업혁명 초창기의 테크놀로지나 기술 혁신에 큰 역할을 하지 못했으며, 최소한의 역할을 하고 있었다.

---

26) 대략 1770년대부터 1820년대 또는 나라에 따라 1830년대까지가 산업혁명의 초기이다. 개인기업 중심으로 생산 및 유통업이 활발하게 일어났으며, 상인의 자본이 경제 활동의 원동력이었다(김철, 2009: 141).

### 6.2.2. 산업혁명 초기의 시대정신 — 아담 스미스의 자연법학
### (Natural Jurisprudence)(김철, 1989: 520)과 경제학

이후에도 경제 발전의 최초 동인이 개인의 창의성에 의한 이노베이션에 있다는 산업혁명 초창기의 경험이 민간 경제를 대표하는 경제학자들에 의해서 늘 제기되어 왔다. 아담 스미스의 인간의 이기심을 통한 공동선의 구현에 있어서의 보이지 않는 손의 지배는 통찰력이 있었으며, 그 시대의 시대정신을 대변하였다. 고전적 정부 모델이 중상주의 시대의 절대 권력이나 현대 이후의 정부 모델과 비교해서 크게 제한적인 것도 큰 이유이다. 정부의 개인에 대한 자유방임이 최대의 번영을 약속한다고 믿어졌다. 세계 경제사의 흐름은 이때를 법제도에 있어서의 고전 모델 제1기와 동반하는 시기임을 보여 준다(김철, 2007ㄴ, 2009: 141~144).

아담 스미스의 시대로부터 세계 대공황까지는 고전 모델 제2기(1830, 1840~1880, 1890년)와 고전 모델 제3기(1880년대, 1990년대~1930년대, 1940년대)라는 경제사의 두 개의 시대 구분을 경유한다. 1929년에 팍스 아메리카나 체제의 세계 경제는 그때까지 경험하지 못했던 참담한 시장의 실패를 경험했다. 그때까지도 당시의 주류 경제학자들은 경제계획이 필요하다고 생각하지 않았다. 그러나 25년이나 계속된 대침체기간 동안 정부의 전반적인 역할 확대 없이 회복이 불가능했던 것은 말할 필요도 없다.

### 6.2.3. 고전경제학으로의 원상복귀와 반작용적 보수주의

위기가 지나가자 경제학자들은 기존 입장으로 돌아가고 재빨리 대공황 이전의 입장을 회복하게 되었다. 자유시장 경제학자들은 식품과 약의 안전성을 규제하는 정부의 조치도 인정할 수 없고 뉴딜 정책 전반과 그 이전의 규제조차도 부정하기 시작했다. 밀턴 프리드먼은 1960년대의 대표적인 반작용적 보수주의자였던 골드워터의 선거유세에 가담하였다(크루그먼, 같은 책: 151).

## 7. 시대정신(Zeit Geist)과 법학 그리고 경제학

### 7.1. 법학과 경제학의 기술성과 전문성

2008년 가을, 경제위기가 가시적이 되기 전까지는 대부분의 경제학자들은 경제학의 기술성, 높은 정도의 수량 분석, 고도의 테크닉을 동반하는 전문성에 몰입하여서 경제학이 다른 학문과 마찬가지로 어떤 시대의 시대정신 안에서 움직인다는 것을 받아들일 수 없었다. 이 점은 법학도 거의 마찬가지다. 현대의 법학은 법학 내부에서의 계속적인 분화와 전문화, 독립화를 지향했기 때문에 역시 높은 정도의 일반인들이 알 수 없는 전문성과 기술성을 구가하기에 이르고 따라서 한 시대의 법학이 어떤 시대정신을 나타내고 있다는 생각은 좀처럼 할 수 없었다.

그러자 2008년 가을이 왔다. 넓은 의미의 경영경제학에서 그때까지 성과를 누린 가장 전문화된 분야는 경영경제학에서 주로 월가의 재정과 증권, 유가증권을 대상으로 하다가 당시 초첨단으로 여겨지던 파생상품에 대한 기상천외한 현학적인 수학적 모델을 발전시킨 금융공학이었다. 이들은 주로 고도로 추상화된 수학적 모델을 수단으로 그때까지의 상식으로는 이해하기 힘든 새로운 상품의 가능성의 전도사였다. 법 분야에서도 월가의 유가증권과 금융파생상품을 뒷받침하는 법률가들이 가장 앞선 선구자들로서 여겨지고 있었다. 그러자 파국이 왔다.

## 7.2. 미시경제학과 신보수주의시대의 특징

미시경제학과 가격이론의 시대에 대부분 경제학자들은 장기적인 경기변동을 다루는 거시경제학이나 경제사학에 대해서는 진지하게 고려하지 않았다. 왜냐하면 대부분 어떤 선진국가도 임기 4~5년의 정부의 경제정책과 그 행정 수반의 성취와 관련해서 시장의 성취를 논하기 때문에 그 범위를 넘는 장기적인 변동에 대해서는 별 큰 동기부여가 없었다. 그러나 2008년 가을에는 이윽고 그때까지의 경제 정책의 주도적인 입장에 있던 사람들조차도 속수무책이 되고 말았다. 이것은 마치 79년 전의 상황과 비슷한 점이 있었다. "대폭락, 대침체 그래서 1929년에 시작된 대공황에 대해서는 재계나 노동계, 그리고 학계의 거물들 중 누구도 예상이나 준비가 없었다."(김철, 2009: 67)

## 7.3. 위기가 오자 비로소 거시 및 역사적 연구에 눈을 돌리기 시작하다

위기의 가을에 그때까지 별 각광을 받지 못했던 경제사학자 중 Niall Ferguson이 경제위기에 대한 역사적인 해석을 일반에게 알리기 시작했으며[27] 같은 시기에 신케인즈 학파에 속하는 Joseph Stigliz 역시 경제위기에 대한 총체적인 원인 규명과 전망을 일반에게 알리기 시작했다.[28] 2008년 노벨경제학상을 수상한 Paul Krugman이 2007년 저서에서 아메리카에 있어서의 경제위기의 거시적인 맥락을 1978년부터 시작된 어떤 시대적 특징, 특히 1980년대부터 시작된 레이거노믹스 (Reaganomics) 이후 약 28년의 세계적 영향을 분명하게 지적하였다 (Paul Krugman, 2007 & 2009).[29][30]

---

27) Niall Ferguson, "The End of Prosperity?"(New York, TIME, 2008.10.13).
28) Joseph Stiglitz, "The Way Out. How the financail crisis happened, and how it must be fixed"(New York, TIME, 2008.10.27).

## 7.4. 2008년 경제위기의 맥락은 1980년대 초까지 거슬러 올라간다

1980년대는 로날드 리건이 대통령이 되고 월가가 초강세를 보이기 시작한 때이다. 1980년부터 2007년까지 아메리카의 새 집값의 중위수는 4배로 뛰었으며 1982년부터 2007년까지 Dow Jones 산업평균지수는 803에서 14,165로 약 15배 이상, 약 20배 이하로 폭등하였다. 비슷한 기간에 아메리카 가계의 가처분 소득에 있어서의 주택 담보부 채무와 소비재를 위한 소비자 부채는 35%가 증가하였다. 레이거노믹스 초기인 1982년 가계 평균 저축률은 가처분 소득의 11%였으나 경제위기가 노출되기 시작한 2007년 저축률은 1% 미만으로 사실상 제로에 접근하고 있었다(Kurt Andersen, "Dont's pretend we didn't see this coming for a long, long time", TIME, p.30, April 6, 2009). 이 시대를 레이건주의라고 부르든 레이거노믹스라고 부르든 또는 신자유주의라고 부르든 그 시대적 특징에서 위기의 가을 이후 6개월이 지난 현재에서 이의가 없는 듯하다. 한때 한국에서는 신자유주의 비판에 골몰하는 사람들을 신좌파 혹은 진보주의로 여기는 경향이 있었다. 확실히 지난 시절 신자유주의의 공격수들은 주로 유럽과 아메리카에서의 여러 오리엔테이션을 가진 좌파라고 특히 철학에서는 얘기할 수도 있다. 그러나 2008년 세계 경제위기 이후 적어도 경제학과 법학의 영역에 있어서는 긴급한 실천적인 요구 때문에 이런 좌우 구별은 사라지고 있다. 특히 묻혀 왔던 경제사학을 인용할 때 철학적이고 이념적인 설명이 아니라 신자유주의 시대의 특징을 통계치로 증거함에 따라서 이런 이념적 좌우구별은 경제위기의 해법 이후 사라지고 있는 듯하다.

---

29) Paul Krugman, *The Conscience of Liberal*(New York: W. W. Norton & Company, 2007).
30) Paul Krugman, *The Return of Depression Economic and The Crisis of 2008*(New York: W. W. Norton & Company, 2009).

## 7.5. 레이거니즘 또는 레이거노믹스는 자유주의라는 한 시대의 시대정신(Zeit Geist)의 왜곡이다

엄격히 말하면 반시대정신이다. 왜냐하면 세계 제2차 대전 종전 이후, 21세기의 지금에 이르기까지의 64년간을 꿰뚫고 흐르는 주된 시대정신은 '인간의 존엄과 가치'를 위주로 하는 큰 흐름으로써의 자유주의였고, 신자유주의 또는 레이거니즘은 존엄권과 같은 것이 포함되었다고 보기 힘들기 때문이다. 왜냐하면 부의 극대화는 직접적으로는 2차 대전을 승리로 이끌고 전후 질서를 기초지운 인간의 존엄과 가치와 행복 추구권과는 연결되지 않고 오히려 수단가치이기 때문이다.

어떤 인문학자는 1980년부터 2007년까지의 약 27년간의 신자유주의의 시대정신을 다음과 같이 표현한다(Kurt Andersen, 2009).

### 7.5.1. 청교도 정신과 법학

1980년대까지 청교도 정신 아래서 건국한 아메리카는 네바다 주와 뉴저지 주를 제외하고는 도박을 법으로 허용하지 않았다. 그러다 이 기간 중 12주가 법으로 허용하고 어떤 형태로든 도박성 게임을 합법화한 곳은 48개 주에 이른다. 말하자면 건국 이래 아니 건국 이전의 뉴잉글랜드 식민지의 청교도 공동체 이후 약 300년 이상 계속된 아메리카의 기본적 법과 윤리의 관계가 레이거니즘 시대에 거의 퇴화한 것이다.

### 7.5.2. 아파트 평수 늘리기와 몸무게 늘리기

평균적인 아메리카 인들의 생활공간 역시 넓어지고 호사해졌다. 즉,

장기적 호황으로 여겨지는 시절 동안 평균적인 아메리카 인들의 주택 규모는 늘어나서 침실 세 개짜리가 침실 네 개 반이 되었다. 통계에 의하면 장기 호황 동안 평균적인 아메리카 인들의 몸무게는 매년 1파운드씩 늘어났고 2008년 현재 아메리카 성인들의 체중은 어떤 연령에도 호황이 시작되던 1980년대 초의 사람들과 비교하면 적어도 20파운드(9kg)가 더 무거워졌다고 한다. 즉, 평균통계에 의하면 2009년 45세의 아메리카 인 남자는 1982년 45세의 아메리카 인 남자보다 9kg 더 무겁다는 얘기다. 통계에 의하면 레이거노믹스가 시작되기 이전의 1970년대 후반에는 모든 아메리카 사람들의 15%가 비만이었는데, 2009년 현재는 약 33%의 사람들의 비만이라고 보고된다.

### 7.5.3. 포드 방식이 도요타에게 밀림

이 기간 중에 산업계에서는 어떤 일이 일어났는가? 1920년대에 있어서 세계 경제사에 기록될 만한 자동차 공업을 일으켜서 Fordism이라는 생산라인 혁명을 2차 대전 이후에 퍼트려서 라인 강의 기적과 전후 일본의 경제기적을 일으켰던 아메리카의 자동차산업은 지난 25년간 계속 깊은 수렁에서 헤어나지 못했다. 맥아더 헌법(1948)과 마샬 플랜(1945)은 전후 초토화한 일본과 도이치에서 2차 대전의 승전자요, 군정의 실시자였던 아메리카가 (가혹한 폐전책임에 대한 1차 대전 직후의 전후 배상 대신에) 패전국에 대해서 역사에 전례 없는 혜택을 베푸는 것이었다. 레이거노믹스 시대 이후 아메리카에 있어서의 고급 자동차의 대명사는 도요타와 벤츠, BMW가 되었다. 사이버 공간을 창출한 인터넷 혁명이 신경제의 새로운 동력을 아메리카에 부여할 것으로 믿었으나 이것 역시 합리적이고 이성적인 수준이라기보다 기적과 마법에 대한 미신 같은 점이 있었다고 한다. 같은 레이거니즘 시대 전형적인 대중문화의 창, 즉 호머 심슨의 만화에서 아메리카 인의 전형적인 모습은 철부지 어린애 같음, 무책임함, 멋대로 행동하고 싶어 하고 변덕이 심함 그리고 절제를 몰라서 인구의 1/3이 비만에 걸려 있으며 그러면서도 낙천적인 것으로서 그리고 있다(Kurt Andersen, 2009: 30).

## 7.6. 레이거니즘 시대의 경제와 법을 한쪽으로만 달리는 동물들의 떼로 형상할 수 있다

얼룩말이 또는 사슴들은 추격을 받을 때 한 방향으로만 달아난다. 절벽 같은 곳에 이를 때까지 계속 한다. 동물들의 집단행동은 자기 보존의 썩 도움이 되지 않는 경우가 있다. 인간 사회의 집단행동은 집단주의(Collective behavior) 때문에 일어난다(김철, 2007 법철학 강의). 고전적인 예는 1930년대 세계 대공황 초기에 나타났다. 대공황에 이를 때까지의 행태는 비유적으로 얘기되고, 대공황이 일어나자 실지로 문자 그대로 심리적 공황에 몰린 이해관계자들이 절벽에서가 아니라 월스트리트의 높은 건물에서 뛰어내렸다(김철, 2007).

레이가노미즘 또는 자유지상주의의 80년대가 90년대와 2000년대를 휩쓸고 나서 대공황 이후 79년 만에 대침체(The Great Recession)로 돌입한 지 약 1년이 지났고 금융재정 체제가 장파열을 일으킨 지 약 6개월이 지났다. 그러자 80년대와 90년대, 2000년대를 반성하는 인문주의자 중에서 당시의 아메리카와 그 압도적인 영향에 있던 세계 경제가 마치 끝없는 평원에서 최고 속도로 질주하다가 21세기에 들어서자 마침내 절벽에 도달했다는 반성이 일어났다. 중력법칙은 다시 제 모습을 드러내고 한쪽만으로 질주하던 선진산업 사회는 추락하였다(Kurt Andersen, 2009).

## 7.7. 슘페터(Jeseph Schumpeter)의 창조적 파괴설(1942)이라는 다른 해석

코요테 떼들이 절벽에서 추락해도 다 몰살하지는 않는다는 비유도 있다. 즉, 기업의 파산이나 경우에 따라서 어떤 산업전체의 패퇴도 길게 보면 경제체제가 자기 교정하는 건강하고 필요한 부분일 뿐이라고 설명하는 것이다(Kurt Anderson, 2009). 그러나 이러한 비유가 나타내는 79년 만의 충격적이고 이례적인 고통은 전 세계인들이 감내해야 될 것이고 '자기 교정하는 경제체제'의 부담을 누가 져야 할 것인가는 여전히 남아 있는 문제이다. 2008년 9월 이후 흡사 1929년 10월 당시처럼 그때까지 지배적인 영향력을 끼쳤던 재계나 실업계 그리고 학계의 거물들 중 누구도 예상이나 준비가 없었던 것처럼 레이거노믹스 시대에 지배적인 영향력을 끼쳤던 사람들은 점차로 이것 역시 흡사 1929년의 경우처럼(오히려 대공황 초기에 1920년대의 경제 사상의 이단아들이 역사상 전례 없는 경기 침체에서 입장에 강화를 받은 것과 비슷하다) 아무 예상이나 준비가 없었고 같은 시대에 다른 입지점을 가졌고 따라서 소수 의견의 대표자로 여겨졌던 사람들의 목소리가 경청되기 시작했다(김철, 2009: 48~50).

## 7.8. 스티글리츠(Joseph Stigliz)의 규제의 경제학과 크루그먼 (Paul Krugman)의 경제사적 통찰

두 사람 모두 자유지상주의 시대의 주조와는 달리 일관되게 정부의 규제기능과 이를 통한 자유지상주의의 교정에 역점을 둔 점에 공통점이 있다. 두 사람 모두 자본주의의 역사 중에서 1929년에 시작된 세계 대공황의 경험에서 태어난 공황의 경제학과 관계있다(Paul Krugman,

The Return of Depression Economics & the Crisis of 2008). 두 사람 모두 케인즈주의자로 알려져 있다. 1930년에 발간된 존 메이나드 케인즈의 화폐론은 대공황의 전기에 아메리카에서는 환영받지 못했으나 이윽고 아무런 다른 대안이나 방법이 없었기 때문에 점차로 루스벨트의 뉴딜 정책과 입법의 교과서 노릇을 하게 되었다. 1932년에 케인즈는 미국에서 말했다. "지금은 빈곤에서 오는 위기가 아니고 풍요에서 오는 위기이다." 당시에도 어떤 목소리는, 위기에서의 탈출구는 잠재적 생산력을 현재화시켜 사용하는 데 있다고 주장했으나, 케인즈는 바보 또는 광인의 소리라고 반박했다. 경기에 민감한 금융인들은 인플레이션의 심각한 위험은 없다고 시민들에게 확언하고 다닐 수밖에 없었으나 그들의 진정한 의도에서는 그렇게 바랄 만한 충분한 근거도 찾을 수 없는 상황이었다(김철, 2009: 68~69).

미국에서는 윌리엄 포스터와 같은 저소비주의자들의 글이 출판되었으나 추종자는 별로 없었다. "고소득층의 소득은 아메리카가 굴러가도록 만드는 충분한 비율로 자동적으로 소비되지는 않는다. 그래서 연방정부는 이 잉여소득을 취해서 그것을 써야 한다"라고 데이비드 코일이 주장한다. 그러나 포스터의 가장 강력한 제자는 유태계 금융인의 에클레로 포스터를 주의 깊게 읽고 저소비현상을 사업가로서의 경험으로 재해석하고는 그의 스승을 구체성과 전략성에서 능가하는 권고를 내놓았다. 그에 의하면 문제는 정부를 구매력의 증가를 가져오도록 사용하는 것이다. 해답은 정부 지출에 있으며, 공공사업과 구제 사업이었다(김철, 2009: 69).

## 8. 에필로그

법학 전공의 교수로서 경제학적 방법을 본격적으로 연구하기 시작한 것은 1993년경이었다. 저자는 처음에 코어스(Coase)의 논문집을 개인적으로 번역하면서 검토하기 시작했다.[31] 다음에 포즈너(Posner)를 대학원 과정에서 강독·교수하면서 이해하기 시작했다.[32] 90년대의 노벨상 수상자인 알프레드 노스(Alfred North)의 <제도변화와 경제적 성취>를 법제도 연구의 새로운 등불로 삼기 시작했다.[33] 점차로 법개념과 법제도의 형성과 진화가 경제사와 관계있다는 생각으로 1994년 <현대의 법이론 — 시민과 정부의 법>이라는 사간본 논문집에서 1770년대부터 1990년대까지의 경제사적 단계와 법제도적 시스템의 상호관계를 논문형식으로 정리해 보았다. 1990년대는 거의 매년 노벨경제학상의 수상자들이 법제도나 법과 관계있는 경제적 연구로 수상한 기억을 가지고 있다. 스티글리츠가 규제에 관한 연구로 경제학상을 받았을 때, 이것은 한국의 공법 및 규제법에 좋은 이론을 제공할 것이라는 생각을 가졌다. 법제도에 대한 경제적 분석은 종전의 법학적 방법에 비해서 더 명료하고 합리적인 측면이 있었다. 포즈너의 공법학 방법론은 처음에는 작은 연구회에서 발표했는데, 그때 코멘트한 소장학자는 외국에서 돌아온 지 얼마 안 되는 사람이었다. 그가 비공식적으로 코멘트하기를 "포즈너는 원래 아메리카 학계에서는 주류로 분류되나, 이번 발표에서 밝혀지게 된 것은, 누가 포즈너를 다루느냐에 따라서 양상이

---

31) R. H. Coase, "The Problem of Social Cost", *The Firm, the Market and the Law*, (Chicago, Univ.o.Chicago Press, 1988).

32) Richard A Posner, *The Economics of Justice*, (Cambridge, Harvard Univ. Press, 1981 & 1983). 상세한 것은 참조, 김철, "1980년대부터 2000년대까지 아메리카 법학의 주류를 이루었던 입헌주의 경제학의 한국에 있어서의 의미는 무엇인가", 261~289 『경제위기 때의 법학 — 뉴딜 법학의 회귀 가능성』(서울: 한국학술정보(주), 2009).

33) Douglas C. North, *Institutitons, Institutional Change and Economic Performance*, (Cambridge, Harvard Univ. Press, 1990) 상세한 것은 위 사람, 위 글 5.1 다글라스 노스의 제도 이론을 참조.

달라질 수도 있다"라고 했다. 필자는 단지, 포즈너의 한국적 적용에 있어서 필자의 경험을 반영해서 아주 온건하게 비판했을 따름이다. 포즈너의 비판자 중에서, 이념적 문제가 아니고, 법의 경제분석에 원래 내재하는 문제를 지적한 사람이 있었다. 예일대학의 에릭슨(Robert C. Ellickson)[34]은 고전경제학에 입각한 법과 경제분석 자체를 비판하면서 고전경제학이 기반으로 하고 있는 인간에 대한 가정, 즉 "사람은 합리적으로 행동한다"라는 합리성의 전제를 문제로 삼았다. 어떻게 해결할 것인가. 문화(culture)와 심리학(psychology)을 경제학에 가져오는 수밖에 없다. 에릭슨의 이 얘기를 듣기 전에 이미 필자는 사회학자와 심리학자들과 함께 수년째 발표 및 토론회를 가지고 있었다. 그런 경험으로 살피건대, 1980년대부터 2000년대까지 20년 이상을 아메리카 법학의 새로운 주류로 평가되던 포즈너의 경제학적 법학은 우선 표준적인 경제학이론, 특히 미시이론으로 불리는 고전경제학(classical economics)을 기본으로 해서 법학적 살을 붙여 나가는 것을 알았다. 또한 포즈너는 1930년대의 제도경제학자들을 '표준적 이론에 대한 적개심이 있는 사람들'로 파악하고 있는 것을 알았다. 예를 들어, 위스콘신 법과대학의 윌라드 허스트(Willard Hurst)를 수량적 이론화를 못 했기 때문에 끝없이 길고긴 서술적인 논의(descriptive discussion)를 한다고 지적했다 (Posner, 1995). 그렇다면 어쩔 것인가. 역사적 연구는 거의 길고긴 서술이 아닌가? 이때 도움이 된 것이 미시경제학자들이 아니라 경제사학자였다(North, 1990). 또한 고전경제학을 보충할 수 있는 문화는 인류학적 연구에서 왔다(Barton, Gibbs, Li & Merryman, 1983; Posner, 1983: 146, 174, 207). 심리학은 현대의 모든 인문사회과학을 특징짓고 있는 두 개의 축 중에 하나인데(Keynes, 1890; Shira B. Lewin,

---

34) Erickson, "Bringing Culture and Human Frailty to Rational Actors: A Critical Classical Law and Economics", 65 Chi-kent L. Rev23(1989) 상세한 것은 이 글(김철, 2009: 263)을 볼 것.

1996), 법학에서 볼 때 나머지 축은 경제학이었다. 경제학이 지나치게 미시적인 고전경제학에 집착하고 있다면 이 또한 이미 말한 바대로의 인류학과 심리학의 방식에 의해서 극복하지 않으면 안 됐다.[35]

대체로 1997년 가을, IMF 외환위기가 올 때까지 필자는 그 정도의 기초적 연구를 하고 있었다. 1998년 외환위기의 첫해에 필자는 <Law in Economic Crisis>라는 영문 텍스트를 편집·복사하여 대학원 과정에서 사용하였다. 또한 1999년 '경제위기는 또한 문화적 위기였다'라는 주제의 발표를 어떤 학회에서 했다.[36] 외환위기의 첫해, 경제법학회에 나갔는데 그때의 느낌은 대단히 조심스럽게 표현해야 되겠지만 한국의 법학이 지나치게 해석론에 집착해서 외환위기와 같은 전례 없는 사태 앞에서는 전혀 전후좌우를 알지 못한다는 느낌을 받았다. 경제학자가 전후좌우의 설명을 해 주어야 비로소 무엇이 잘못되었는가 알 수 있다면 법학으로 아무리 훌륭하더라도 경제 관련법에서 어떻게 미래를 얘기할 수 있을 것인가. 법의 경제분석의 연구는 물론 필자에게 지적 경계를 넓히는 보기 드문 경험이 되었다. 그러나 1990년대와 2000년대의 법의 경제분석은 지금에 와서 정당하게 평가하건대, 그 당시의 사회학자들이 나에게 귀띔하던 것처럼(당시 나는 새로운 경계를 넓히는 데 열중해서 경청하지 않았다) 신자유주의적 편향을 가지고 있었다.

학문은 객관적이지만, 그리고 막스 베버 이후 객관적이고 중립적인 학문을 추구하는 것이 우리나라에서도 사명감으로 여겨졌으나, 필자는 헤롤드 버만의 법과 종교를 연구하고 나서[37] 막스 베버의 이른바

---

35) 1890년에 케인즈는 그 시대의 다른 사회과학자들과 같이 기계적 행동과 인간 행동의 차이를 강조하였다. 경제학이 기초하고 있는 '인간성의 사실들'은 인간 행동의 직접적 관찰에서 유래하는 것이 아니고, 사람들이 그들의 경제 활동에서 영향받는 동기(motives)의 작용을 내성(reflection)함으로써 이루어진다는 것이다(Keynes, 1890). 이 점은 막스 베버가 Verstehen이라고 부른 것과 가깝다고 할 수 있다(Shira B. Lewin, 1996).
36) 김철, 「동서양의 법문화 — 경제위기의 반성」(한국가톨릭교수회 발표문, 1999).
37) 해롤드 버만과 김철, 「종교와 제도 — 문명과 역사적 법이론」(서울: 민영사, 1992). 또한 같은 사람

객관적 사회과학조차도 그가 생존하던 시절의 불안정한 시대를 보상하고 싶은 객관성이었지 영원불변한 객관성은 아니었다는 것을 서서히 알게 되었다.

무엇인가 학문 자체, 지식 자체, 객관적이고 중립적이라고 믿어져 왔던 지식의 기반 자체가 흔들리고 있다는 것을 조금씩 느껴 갔다. 차라리 어떤 시대성 같은 것 — 정확하게는 시대정신(Zeit - geist)이라는 것이 지식조차도 규정한다는 것을 알게 되었다. 이렇게 생각하게 된 직접적 원인은 우선 사회과학 중에서 가장 과학적으로 발달하고, 현실 적용성이 높으며 따라서 예언적 역할을 할 수 있다고 믿었던 경제학에 대한 기대 때문이었다. 그러나 1930년대에 아메리카 기준의 주류경제 학자들이 세계 대공황에 대해서 예측하거나 처방을 가지거나 유효한 정책을 내놓을 수 있었던가? 아니었다. 1997년과 1998년에 일본에 비해서 단순 비교 2배, 인구 비례 6배의 경제학자를 가지고 있는 한국은 외환위기를 예측하지 못했다. 다시 세계적으로 10년의 호황이 왔다. 굉장한 호황이었다. 지금은 위기 발생의 원인제공자의 하나로 격하되고 있는 그린스펀은 과다한 통화 공급으로 2006년에서 2007년까지만 하더라도 세계적인 추앙을 받고 있었다. 또한 2007년 영국의 고든 브라운 수상은 "우리에게 다시는 불황은 없다. 자본주의의 자연적 주기로서의 장기 순환곡선조차도 더 이상 해당되지 않는다"라고 큰소리를 쳤다. 대부분의 경제학자들은 말하자면 가격 중심, 시장 중심의 미시분석에 열중하고 있어서 이미 경제사 분야에서 수십 년을 단위(interval)로 축적되고 있었던 장기적, 역사적 지표는 거들떠보지 않았다.[38]

들, 「종교와 사회제도 ― 문화적 위기의 법사회학 ―」(서울: 민영사, 1992).
38) 폴 크루그먼은 이 논문 5. 폴 크루그먼의 증언 pp.45 - 48에서처럼 사회사, 정치사(McCarty, Poole & Rosenthal), 경제사(Goldin & Margo: DeLong)와 같이 학제적인 역사적 연구를 종합해서 세계 경제위기를 예측하고 적중했다고 보인다. 이러한 맥락에서 폴 크루그먼은 거시적 연구의 시대적 긴요성을 증명했다고 할 수 있다. 경제학에 있어서의 거시적 연구의 실험인인 크루그먼은 우리에게 20세기와 21세기에 걸친 법학에 있어서의 거시적 연구의 종합인인 해롤드 버만(Harold J. Berman)을 교차 상기하게 한다. 실로 필자가 버만의 역사적 통합 법학을 연구하다가 크루그먼을 알게 된 것은

2008년 10월 24일 월가 진원의 경제위기는 처음에는 1929년 9월 이후 최대의 것이었고 주류경제학자들이 예상하거나 준비하지 못했다는 점에 있어서도 마찬가지였다. 그러나 많은 사람들은 무의식중에 벌써 수년 전부터 무엇인가 불길한 것이 닥쳐오고 있다는 것을 알고 있었다. 법학자들 중에서 한국에서도 1995년경부터 국제파산을 비롯해서 한국에서 익숙하지 못한 파산법을 개척한 사람들이 있었다. 아메리카의 법학자 중에서도 엘리자베스 워렌(Elizabeth Warren)은 <The Two-Income Trap>에서, 이전의 표준적인 법학이론이나 경제학이론에 의존하기보다는 90년대 중반부터 아메리카 사회의 심장부에 닥쳐오고 있는 미증유의 사태를 직시하고 있었다.[39] 경제학자들이 어떤 낙관론, 어떤 비관론을 펼치든 간에 월가의 지수가 어떻게 나타나든 신용평가기관들이 뭐라고 얘기하든 이미 1990년대 중반부터 제2차 세계 대전 이후 약 50년간 그 사회의 중추가 되었던 중산층이 붕괴되고 있는 조짐이 개인파산, 기업파산과 그 언저리에서 나타나고 있었다.

필자는 수년 전부터 공법 및 기초법학도로서 드물게 파산법연구의 연구회에서 이 현상을 주목하게 되었다.

---

지적 호기심의 문제라기보다 20세기 말과 21세기 초의 위기의식 속에서 문제 해결을 위한 법학과 사회과학의 전형을 찾는 데 동기가 있었다고 할 수 있다.

39) Elizabeth Warren & Amelia Warren Tyagi, *The Two-Income Trap-Why Middle-class Mothers & , Fathers Are Going Broke*, (New York, Basic Books, 2003).

# 참고문헌

김 철, 「경제위기 때의 법학 ― 뉴딜 법학의 회귀 가능성」(서울: 한국학술정
보(주), 2009).

_____, "당사자의 임의에 의한 사법적 관계의 강조", 「경제위기 때의 법학」
(서울: 한국학술정보(주), 2009).

_____, 「동유럽 및 러시아법 강의록」, 1997~1998년 고려대학교 국제대학원.

_____, 「동서양의 법문화 ― 경제위기의 반성」(한국가톨릭교수회 발표문,
1999).

_____, "동유럽 러시아혁명 이후의 러시아와 개방 이후의 중국", 「법제도의
보편성과 특수성」(서울: 훈민사, 2007ㄴ).

_____, "뒤르켐의 아노미 이론과 평등권에서의 기회균등: 기초 법학적 연
구", 「사회이론」, 가을·겨울 통권 제34호, 2008ㄴ.

_____, 「러시아 소비에트 법 ― 비교법문화적 연구 ―」(서울: 민음사, 1989).

_____, 「법제도의 보편성과 특수성 ― 한국 공법학의 지향점을 위한 비교법
적 시도 ―」(서울: 훈민사, 2007ㄴ).

_____, "빈곤과 부에 대한 차별문제: 헌법과 파산법의 눈에서", 한국사회이
론학회 2005년 후기학술대회, 「빈곤과 우리사회」, 2005년 12월 17일
성신여자대학교 수정관 313호(2005ㄱ).

_____, "사리와 조리에 대해서", 「법제도의 보편성과 특수성」 사간본, MYCO
International, 1993.

_____, "폴 크루그먼의 불평등의 경제학과 김철의 아노미의 법학", 「경제위
기 때의 법학」(서울: 한국학술정보(주), 2009).

_____, "현대 한국의 문화에 대한 법철학적 접근", 「현상과 인식」, 24권 1/2
호 통권 80호 봄/여름호, 2000b.

_____, "형이상학적 이원론 아래에서의 당위와 존재의 문제와 현대 한국 법
학의 과제", 「현상과 인식」, 32권 3호 통권 105호 가을호, 2008ㄱ.

_____, 서평 "사이버 공간의 법이론", 「헌법학연구」, 제8권 1호, 2002c.

_____, "1989년 이후 세계체제가 자유화되면서 한국에서 역시 이뤄졌던 자
유화 과정은 어떠했는가?", 「경제위기 때의 법학」(서울: 한국학술정
보(주), 2009).

_____, "1990년대의 자유주의, 한계, 자유지상주의에 대한 비교 법철학적 논의", 『경제위기 때의 법학』(서울: 한국학술정보(주), 2009).

해롤드 버만과 김철, 『종교와 제도 — 문명과 역사적 법이론』(서울: 민영사, 1992).

_____, 『종교와 사회제도 — 문화적 위기의 법사회학 —』(서울: 민영사, 1992).

김선경, "러시아 마피야 연구", 고려대학교 국제대학원 석사학위논문, 1998.

김철수, 『헌법학개론』(서울: 박영사, 2007).

Lawrence Lessig, *Code and Other Laws of Cyberspace,* 김정오 역, 『코드 사이버 공간의 법이론』(서울: 나남출판, 2002).

Paul Krugman, *The Conscience of a Liberal*(New York: W. W. Norton & Company, 2007), 예상한 외 옮김, 『미래를 말하다』(서울: 웅진, 2008).

Russell Galloway, *Justice for All*(1991), *The Rich and The Poor in Supreme Court History*(1983), 안경환 역, 『법은 누구편인가』(서울: 교육과학사, 1982 & 1992).

Arthur S. Link, "Woodrow Wilson and the Progressive Era 1910~1917", *American Legal History 1890 −present*(ed. by Thomas A. Green)(Ann Arbor: UM Law Sch., 1980~1981).

Barton, Gibbs, Li & Merryman, *Law in Radically Different Cultures*(West Publishing Co., 1983).

Buckley v. Valeo, 424 U.S. 1, 96 S.Ct. 612, 46 L.Ed. 2d 659, 76 − 1 USTC P9189, U.S. Dist. Col., Jan 30, 1976.

Cass R. Sunstein, "Norms and Roles", A written Version of the Coase Lecture, University of Chicago, 1995, *The program for the Study of Law, Philosophy & Social Theory Fall 1995*(New York: New York University School of Law, 1995).

Claudia Goldin and Robert Margo, "The Great Compression: The Wage Structure in the United States at Mid − Century", *Quarterly Journal of Economics*, 107, no.1(1992).

David G. Smith, "Classical liberalism", ed. David L. Sills, *International Encyclopedia of the Social Sciences* Vol.9(New York: The Miacmillan Company, 1980).

Douglas C. North, *Institutions, Institutional Change and Economic Performance*

(Cambridge, Harvard Univ. Press., 1990).

Ellis W. Hawley, "The New Deal and the Problem of Monopoly", 1966, *American Legal History 1890 −present*(ed. by Thomas A. Green)(Ann Arbor: UM Law Sch., 1980∼1981).

Elizabeth Warren & Amelia Warren Tyagi, *The Two −Income Trap −Why Middle −class Mothers & , Fathers Are Going Broke*(New York, Basic Books, 2003).

Erickson, "Bringing Culture and Human Fraility to Rational Actors: A Critical Classical Law and Economics", 65 *Chi −kent L. Rev23*(1989).

Gabriel Kolko, "The Triumph of Conservatism", 1963, *American Legal History 1890 −present*(ed. by Thomas A. Green)(Ann Arbor: Univ. of Michigan Law Sch., 1980∼1981).

George E. Mowry, "The Era of Theodore Roosevelt and the Birth of Modern America 1900∼1912", *American Legal History 1890 −present*(ed. by Thomas A. Green)(Ann Arbor: Univ. of Michigan Law Sch., 1980∼1981).

Harold U. Faulkner, "Politics Reform and Expansion 1890∼1900", *American Legal History 1890 −present*(ed. by Thomas A. Green)(Ann Arbor: Univ. of Michigan Law Sch., 1980∼1981).

Kurt Andersen, "Dont's pretend we didn't see this coming for a long, long time", *TIME*, April 6, 2009.

Paul Krugman, *The Conscience of a Liberal*(New York: W. W. Norton & Company, 2007).

Paul Krugman, *The Return of Depression Economics & the Crisis of 2008*(New York, W. W. Norton & Company, 2009).

Peter Beinart, "The New Liberal Order", *TIME*, 22∼24(New York, November 24. 2008).

Peter Beinart, "The New Liberal Order", *TIME*, 22 − 24(New York, November 24. 2008).

Richard A Posner, *The Economics of Justice*(Cambridge,Harvard Univ. Press., 1981 & 1983).

Richard Posner, *Overcoming Law*(Cambridge: Harvard Uinv. Press., 1995).

Ronald Dworkin, "Television & Democracy", *The Program for the Study of Law,*

*Philosophy & Social Theory*(New York: NYU sch, of law, 1995).

Ronald Dworkin, *The Program for the Study of Law, Philosophy & Social Theory*(New York: New York University School of Law, 1995).

Ronald Dworkin, Seminar 1 "What is Law? − Law as Morality", Seminar 2 "Law and Liberalism", Seminar 3 "Equality as a Political Virtue", Seminar 4 "Constitutional Theory", *The Unity of Value*, A Series of Specail Lectures by Distinguished Scholars, Sponsored by Daewoo Foundation, The Choson Ilbo(Seoul, Nov. 17~21, 2008).

Ronald Dworkin, "Why We all are Liberals", *The Program for the Study of Law, Philosophy & Social Theory*(New York: NYU sch, of law, 1995).

R. Cialdini · J. Cacipoop · R. Bassett · J. Miller, "Low − Call Procedure for Producing Compliance: Commitment then Cost", *Journal of Personality and Social Psychology* 36(1978).

R. H. Coase, "The Problem of Social Cost", *The Firm. the Market and the Law*(Chicago, Univ.o.Chicago Press, 1988).

Shira B. Lewin, "Economics and Psychology: Lessons For Our Own Day From the Early Twenty Century, p1298, *Journal of Economic Literature*, Vol. X X X Ⅵ(September 1996).

*The Oxford Learners Dictionary*(Oxford University Press, 1963).

*The New World Comprehensive English · Korean Dictionary*, 1310(시사영어사, 1973).

1938년 대학 졸업 직후, Berman은 T.F.T. Prucknette 교수의 지도로 "17세기 영국 혁명이 잉글랜드 법제도에 미친 영향"을 연구하기 위해서, London School of Economics로 갔다. 프렉네트 교수는 대신 "헨리 2세 치하에서의 보통법 Common Law의 기원"을 주제로 내놓고, 17세기 영국 혁명 이전 5세기를 소급해서 12세기부터 시작하라고 했다. 즉 12세기부터 시작하지 않으면 17세기 잉글랜드 법제도의 단 한마디도 이해할 수 없을 것이라고 충고했다. 500년을 소급해서 헨리 2세 때의 보통법의 기원부터 시작하자 다음의 사실이 드러났다; 즉 당시 통설은 틀렸다; 통설은 보통법(Common law)의 독자적 형성을 말한다; 잉글랜드의 Common law는 형성기부터 기독교의 세계관과 로마 가톨릭 교회의 교회법(Cannon law)에 의해서 심대한 영향 받았다는 것은 갓 학부를 졸업한 Berman이 발견했다(앞의 책, 1992: 313). 이때부터 버만의 필생의 연구과제 즉 "법제도와 종교와의 교차적 영향"의 탐구가 본격화되고 구체화되기 시작했다. 1939년 9월 히틀러의 폴란드 침공으로 전쟁이 임박해졌다. 다시 본국으로 귀환 후, 1940년에 영미와 유럽제도사의 연구를 위해서 다시 대학원에 진학해서, 1942년 Yale대에서 master's degree (in history)를 받았다. 1942년 6월에 잉글랜드, 프랑스 그리고 도이치에서 3년간 연합군 미 육군 유럽 작전 현장 자치부의 암호담당부서 (cryptographer)에 근무하고 훈장을 받았다. 1945년 2차대전 종전 후 Yale Law School에 입학하여(아마 Veteran's Scholarship case로 추정된다) 1947년에 졸업하자마자(학위 LL.B) Stanford Law School의 조교수로 초빙되고, 1948년에는 Harvard Law School에 조교수로 초빙되었다.

# 제6장

## 최현대의 경제공법 사상(2)

6장 2절 2항 "변화의 흐름이 경제에서 정치로 흘렀다는 통념은 역사적 사실과 맞지 않고 제도와 규범 정치적 환경이 경제학적 환경보다 중요하다." 참조. 사진은 1933년 취임한 루스벨트 정부와 그의 뉴딜 입법을 나타낸 것이다.


## William O. Douglas(1898~1980)

세계 대공황 전기의 법사상을 대표하는 윌리엄 오 더글라스(Willam O. Douglas)는 그때까지의 법학방법의 부적절성을 지적하였다. "중요한 것은 문제가 되는 가장 기본적인 요인들이다. 연구나 분석은 여기에 맞추어야 한다. 현재 작용하고 있는 경제적, 사회적 힘 자체가 조사되어야 한다. 기업의 형태라든지 조직에 따른 개념의 차이라는 것은 기업의 실제 활동에 비하면 도구적인 것이고 기업이 실제로 어떤 기능을 하는가가 더 중요한 것이다. 따라서 종전에 중요시되어 왔던 형식, 형태로부터 경험적 사실로 또는 중세에 있어서와 같은 움직이지 않고 안정적인 사회에서 타당했던 신학으로부터 사회 안에서의 인간행동 또는 경제 활동을 서술할 수 있는 공리나 명제로 옮아가야 한다."(06,3,1)

1930년대의 지성적 특징이 그러했던 것처럼, 2008년 이후의 세계는 세계 경제위기를 가져온 여러 요인들에 대한 성찰로 특징지어진다. 세계 경제위기를 초래한 인과관계에 대해서는 넓은 의미의 역사적 접근법(해 롤드 버만)을 이용하는 방식이 가장 두드러진다. 이 역사적 방식 이외에 다양한 학문상의 접근을 들 수 있다. 즉, 첫째, 종교사회학적 방식―세계 경제위기를 해석할 때 아메리카 사회를 건국 이후 지탱해 왔던 에토스 (Ethos)의 변질 ― 즉 막스 베버(Max Weber)가 청교도 윤리의 살아 있는 사례로 든 아메리카의 자본주의 정신의 쇄락 ― 이라고 보는 방법이 있 다(김광기, 2009). 둘째, 법사회학적 방식, 즉 사회적, 문화적 아노미가 경제적 아노미를 불러일으켰다는 연구의 방식이 있다(김철, 2009ㄱ). 셋 째는 평등권과 기회균등의 문제로 보는 헌법학의 방식이 있다(김철, 2009ㄱ). 넷째는 사회학적 또는 경제학적 방식을 우선으로 하는 오리엔 테이션을 넘어서서 경제위기의 유발요인을 규범의 문제로써 파악하는 법철학적 방식이 있다(카스 선스타인, 1995). 다섯째는 기술적 언어― "서브 프라임 모기지라든가 파생상품의 문제 또는 투자은행의 문제" ― 로 시작하여 경제와 법을 거쳐서 법의 경제 분석, 마침내 금융관계법의 문제로 파악하는 방식이다(리차드 포즈너, 2009). 논문 저자가 이전 논문 (김철, 2009년 6월)에서 상론한 것처럼 폴 크루그먼의 경제사의 해석(김 철, 2009.6: 46~47)은 법제도사의 문제로 옮아가고 경제적 현상보다 규 범의 중요성으로 귀결이 된다(김철, 2009ㄴ: 232~233). 따라서 법철학 자 카스 선스타인의 규범적 행동의 영향에 대한 발견은 폴 크루그먼의 결론과 일치한다. 아메리카 헌법사에 대한 러셀 갤로웨이의 해석(김철, 2009.6: 43~44)은 헌법규범의 운용이 경제사의 흐름을 인도한 사례연구 로서 카스 선스타인 및 폴 크루그먼의 결론 부분과 일치한다. 법학자로 서 논문 저자는 탈규제가 가져온 아메리카 금융산업의 위기에 대해서 실 증적 부분은 포즈너의 해설을 존중한다(포즈너, 2009).

― "최현대의 경제공법 사상(2)", 『세계헌법연구』 제15권 제3호 2009.12.에 게재

## 0. 들어가는 말

공식적으로는 부인하여 왔으나 2009년 초까지의 진행사항은 세계 경제는 경기후퇴(recess)가 아니고, 침체(depression)를 넘어서서, 1930년대의 대공황(Great Depression)을 연상하는 국면으로 치달았다.[1] 이후 전례 없는 국제공조와 연방정부의 국제금융으로 일단 대공황의 똑같은 반복은 되풀이되지 않았다고 본다. 2009년 12월 최악의 10년을 마감하면서, 이후의 사태에 대해서는 엇갈리는 예측이 나타나고 있다. 10%를 넘는 실업률 속에서 자성(自省)의 소리가 나오고 있다.

2008년 9월 28일 이후의 세계 경제위기는 왜 주목해야 되는가?

현실을 사는 생활인이나 경제관계인의 현실 파악의 관점을 넘어서는 것은 다음과 같다.

## 1. 역사적 접근

역사적 접근(historical approach to law)[2]에서의 관점으로 볼 때, 이 사건은 시대를 구획하는(epoch - making), 의미가 있다. 신보수주의와 탈규제를 위주로 한 한 시대가 끝난 것이다.[3] 즉, 평균인도 부인할 수 없는 역사적 사실 — 즉, 1929년 10월 24일 이후의 세계 대공황기 — 을 약 80년 후에 다시 상기시키고, 21세기의 현대인들로 하여금 번영과 만족이라는 현상 위에서 망각해 왔던 '역사 안에서 현상' 또는 '역사 안에서 인간'이라는 키워드에 돌아가게 하였다. 이것을 역사주의의

---

1) 사태의 진원지인 아메리카에서는 최근까지 소규모은행의 파산이 계속되었다고 한다.
2) 역사적 접근의 의미는 또한 인문학적 의미의 역사를 의미하는 것이 아니다. 여기의 역사적 접근은 해롤드 버만(Harold Berman, 1974: 1983: 2003)이 보여 준 다학문의 통합을 위한 기둥줄기로서의 역사적 접근을 의미한다(김철, 2008: 2009).
3) 김철, 이 책의 취지, 『경제 위기 때의 법학』(서울: 한국학술정보(주), 2009ㄱ).

귀환(김철, 2009ㄱ: 46)이라고 제목 붙인 경우도 있었다.

## 1.1. 현상에 집착함

세계 경제위기를 어떻게 파악하고, 어디서부터 해결의 실마리를 찾아내야 하느냐에 대해서, 역사적 접근은 처음에 무시되었다. 즉, 2008년 이전 번영의 10년 동안 정치가, 경제인, 정부당국, 전문가 집단은 그때그때 진행되는 호황의 성과와 효과에 열중하여, 지난 시절에 대한 심각한 고려를 할 겨를이 없었다. 2007년 경제위기의 불과 1년 미만 전에 영국의 고든 브라운 수상은 "우리에게 다시는 불황은 없다. 자본주의의 자연적 주기로서의 장기 순환 곡선조차도 더 이상 우리에게 해당이 되지 않는다"라고 했다(김철, 2009).[4] 현상의 실증적 연구의 많은 부분은 역사적 접근을 무용한 것으로 간주하기 쉽다는 예이다.

## 1.2. 전문화와 구획화를 극복

경제위기의 진원지는 아니었고, IMF 경제위기의 1997~1998 동안, 즉 약 10년 앞서 재정위기를 겪었던 한국에서 2008년 9월 28일의 사태를 어떻게 파악했는가? 정부나 재계보다도 한국의 대학과 지식인들이 이것을 어떻게 이해했을까에 초점을 맞추어 본다. 전문화(specialization)로 인한 구획화(Compartmentalization)[5]가 발달한 한국의 대학과 학계에서는 이전처럼 이 문제를 경영학 또는 경제학에만 방치해서는 안 되겠다는 각성이 일어났다. 다른 사회과학도들이 2008년의 경제위기에

---

4) 김철, "최현대의 경제공법사상", 『세계헌법연구』 제15권 제2호(서울: 국제헌법학회, 2009).
5) 여기에 대해서는, 해롤드 버만, 서장 제8장 대화편 『종교와 사회제도 – 문화적 위기의 법사회학』(서울: 민영사, 1992)을 참조

접근하는데, 이전까지 서로를 격리시켰던 전문화·구획화의 높은 담을 넘지 않으면 안 되었다. 법학도가 또는 사회과학도가 경제학의 높은 벽을 월장해서 들어가는 문제는 보통 아닌 용기가 필요했는데, '위기의식' 이외에, 그들 학문 저변에 오랫동안 잠재되어 있었던 원형으로서의 '역사의식'이 있었다.[6]

## 1.3. 아노미와 사상적 혼란

세계 경제위기 전후의 아노미 현상[7]은 한국의 인문학에 어떤 영향을 주었나? 공식적 통계는 없다. 그러나 "인문학자들이 마르크스나 들뢰즈를 인용하는 것은 조선조 후기 한문학자들이 중국의 공안파(公安派)를 인용하는 것처럼 자연스러운 일······"이라는 국학자(國學者)의 언급이 있다.[8] 2009년 7월과 8월 하기 휴가기간 중 서울 대학가의 학생들을 위한 휴가 중 특별강좌 중 가장 대규모의 것은 마르크스 사상의 연속적 기획물이었다고 기억된다. 교양 수준의 대학 문화로서는 이 기간은 사상적 혼란기로 기억될 것이다.

### 1.3.1. 역사적 접근법

위의 예를 든 것은 위기 때의 지식인의 방식으로 역사적 접근법을

---

6) 이것은 규범적으로 표현된 것이다. 더 소박한 동기는 오랫동안 (한국에 있어서의) 경영학과 경제학은 그들 전문용어의 특수화 경향으로 다른 학문 분야로부터 격리되어 왔다. 특수화 대부분의 finance economics는 아메리카와 한국에 있어서 경영학과 또는 경영대학원에서 번창했는데 — 전문가(professional)들이 다른 인문·사회과학자들과 현저하게 다른 행동반경을 가졌다는 것이다. 즉, 경영대학원은 기업을 제1 현장으로 한다. 재정전문가(finance professional)들은 이런 이유로, 사회 전체나 국가 전체보다도, 기업이익에 관계해 왔다. 이 문제에 대해서는 Richard A. Posner, "Why was Depression not anticipated" & "The Economics Profession Asleep at the Switch", *A Failure of Capitalism*(Harvard Univ. Press, 2009)을 참조.

7) 김철, "뒤르켐의 아노미 이론과 평등권에서의 기회균등: 기초 법학적 연구", 한국사회이론학회 2008년 가을 겨울 통권 34호.

8) 부산대학교 한문학과 ○○○교수, 한국일보 2009.10. 문화면.

망각한 가까운 예이기 때문이다. 즉, 2008년의 세계 경제위기나 1997~1998년의 동아시아 외환위기를 파악하는 맥락은 1989년 동유럽 러시아혁명으로부터여야 제대로 흐름을 알 수 있기 때문이다. 2008년 세계 금융과 신용경제의 중심지에서 금융 시스템이 녹아내렸다는 충격적인 현상은 1989년 사회주의 법군의 조국이었던 소비에트 법체계가 해체되었다는 약 20년 전의 역사적 사건의 연장선에서 파악하는 역사적 접근법이 유효한 지름길이라는 자주 잊혀 왔다.[9]

### 1.3.2. 실증적 과학주의와 사례법의 형성

문제해결의 첫 번째 방법은 무엇인가? 최현대인은 실증적 과학주의에 이해 훈련된 전문인들이 현학적인 모델에 열중하는 동안 파국의 인과관계(causality of crisis)를 찾아내야 했다. 호황 때는 생각지도 못한 방식은…… "환자의 현재 증상은 과거의 병의 이력(history of disease)에 출발할 수밖에 없다."(김철, 2007ㄴ: 111) "많은 논쟁과 오해가 있어서 현대의 법 이론가들에 의해서 거의 되다시피 했으나 기묘하게도 사례법(case law)을 형성시키는 법원 자체에 의해서는 포기되지 아니하였다. ……제롬 홀에 이어서 해롤드 버만에 의해서 현대의 법학적 비교역사학파가 재생하게 된 것이다."(김철, 2007ㄱ: 105; Chull Kim, 1993)

## 2. 금융 및 신용경제위기에 접근하는 다양한 학문상의 입장

이 사건은 그 발단은 금융 및 신용 경제에서 터져 나온 것이다. 그러나 여러 가지 숨은 문제들을 드러나게 했다. 문제를 파악하는 방식

---

9) 1989년의 동유럽 혁명과 소비에트 유니온의 변화 그리고 1990년의 도이치의 통일은 어떤 지식인도 20년 내에 일어나리라고 예측한 경우가 없었다(김철, "위기 때의 법학: 뉴딜 법학의 회귀가능성", 국제헌법학회 한국학회 『세계헌법연구』 14권 3호, 2008).

에는 여러 가지가 있다.

첫째, 종교사회학적 방식 — 이 사건을 아메리카 사회를 건국 이후 지탱해 왔던 에토스(Ethos)의 변 — 즉, 막스 베버(Max Weber)[10]가 청교도 윤리의 살아 있는 사례로 든 아메리카의 자본주의 정신의 쇄락 — 이라고 보는 견지가 있다(김광기, 2009).[11] 둘째, 법사회학적 방식, 즉 사회적, 문화적 아노미가 경제적 아노미를 불러일으켰다는 연구의 방식이 있다.[12] 셋째는 평등권과 기회균등의 문제로 보는 헌법학의 방식

---

10) Max Weber, *The Protestant Ethic and the Spiri of Capitalism*(Talcott Parsons 옮김)(London: George Allen & Unwin, 1930).

11) 김광기, "칼뱅, 베버, 파슨스 그리고 미국 자본주의의 위기",『현상과 인식』2009 가을호(서울: 한국 인문사회과학회, 2009) 종교 사회학적인 관점이라고 보이고(김광기, 2009: 29~31) 현상에 치중한 관찰이다.

"단도직입적으로 말해 이제 미국인에게 성실, 근면, 검약, 그리고 정직이란 더 이상 소중히 간직해야 할 행동강령이 아닌 듯하다. 다시 말해, 그들의 가치관에서 이러한 덕목들은 삭제된 것으로 판단된다. 그런데 그러한 덕목들이 사실은 애초에는 개신교라는 종교영역에서 연유하였고 종교성이 서서히 상실되어 가는 마당에서조차 파슨스가 지적하듯 일반국민들의 생활 속에 일종의 세속적인 덕목으로 자리 잡은 동안 미국의 자본주의 체제는 비교적 건실하게 진행되었다는 사실에 우리의 눈을 고정시킬 필요가 있다. 확실히 미국의 건국 초기부터 최근에 경제위기가 불거져 나오기 훨씬 전까지는 이런 덕목들이 종교성을 바탕에 두고 우러나왔든 아니면 그 영역 외에서 나왔든 지간에 상관없이 소중한 것들로 미국사회에서 수용되었다. 이를 증명하는 것이 바로 '아메리칸 드림'의 이념이고 형상화이다. ……먼저, 성실과 근면보다는 나태가 판치는 미국사회의 모습은 가장 최근 작년 월가에서 벌어진 일련의 사건들을 보면 쉽게 그 진상을 파악하게 된다. 작년 월가의 금융위기가 벌어지기 과거 2~3년간 월가는 정상적인 월급이 아닌 천문학적인 보너스로 움직여졌다고 언론이 앞다투어 보도했다. 예를 들어, 메릴린치의 경우 연봉 18만 불을 받던 한 30대의 투자상담가는 500만 불(약 64억 원)의 보너스를 수령해서 하루아침에 돈방석 위에 앉았다. 또한 이 회사의 채권부서에서 일하는 펀드매니저들 중 100여 명 이상이 100만 불이라는 보너스를 받은 것으로 밝혀졌다. 골드만 삭스도 직원 50명에게 보너스로 2,000만 불 이상을 지급한 것으로 드러났다. 물론, 보너스를 수령한 이들의 연봉도 일반인들의 그것과 비교가 되지 않을 정도로 높은 것이지만, 정규 연봉은 빼고 보너스만으로도 이들은 자신들의 인생을 바꾸는 일확천금을 손에 쥔 것이다. 이런 일확천금을 노리고 그들은 금융공학이라는 미명하에 순전히 사기인 파생금융상품이란 것을 고안해 냈고, 그것으로 인해 애초의 자산보다 몇십, 몇백, 몇천 배의 자산이 있는 것처럼 부풀려졌다. 그리고 여기에 종사하는 이들은 그 부풀려진 자산의 최대 공로자로 인정받아 엄청난 부를 거머쥘 수 있었다. 이런 마당에 하루하루 근면 성실히 일해 자수성가한다는 '아메리칸 드림'이 훼손될 것은 빤한 이치이다. 이런 와중에 정직이란 덕목이 살아남기를 원한다면 그것은 지나친 욕심일 것이다. 지도층과 지식인들은 자신들의 월등히 높은 지능을 이용해 엄청나게 큰 파이를 사기로 도둑질한다. 그러면서도 죄책감은 전혀 느끼지 못했다. 오히려 그것을 못하는 이가 바보로 그리고 인생의 낙오자로 취급받는다. 파생금융상품이란 금융사기가 바로 그들이 행한 적나라한 발자취이다. 이러한 점은 시세차익이라는 불로소득을 노리고 부동산매매에 뛰어든 일반 국민들도 매한가지이다. 도덕적 해이가 대다수의 미국인들에게 만연했던 것이다. 또한 그렇게 쉽게 번 돈은 쉽게 소비하기 마련이다. 검약보다는 '소비' 그리고 도를 넘는 허영과 사치가 미국인들의 생활 깊숙이 배어 있다."

12) 비교 법사회학적, 비교 법사학적 관점으로 다음과 같다(김철, 2008: 55~56).

"뒤르켐과 머튼이 사용한 아노미의 개념을 2008년 9월부터 지구촌의 초점이 된 월가에서 출발한 금

이 있다.[13] 넷째는 사회학적 또는 경제학적 방식을 우선으로 하는 오리엔테이션을 넘어서서 경제위기의 유발요인을 규범의 문제로써 파악하는 법철학적 방식이 있다. 다섯째는 기술적 언어 — "서브 프라임 모기지라든가 파생상품의 문제 또는 투자은행의 문제" — 로 시작하여 경제와 법을 거쳐서 법의 경제분석, 마침내 은행법의 문제로 파악하는 방식이다.

---

융위기에 적용할 수 있는가를 묻는다. 즉, 1998년부터 약 10년간 미국 경제는 호황이었고 그 호황은 아노미를 동반하는 것이 아니었는가. 그렇다면 2008년 9월 이후 약 10년간 세계경제의 중심인 미국은 뉴딜 시대와 얼마나 많은 공통점을 갖게 될 것인가. 또한 한국인으로서 이미 겪은 1998년의 외환위기를 뒤르켐-머튼의 분석 용어로 반추할 때 1998년 이전의 약 10년, 즉 1989년부터 시작된 한국의 자유화가 아노미를 동반하지 않았는가라고 묻는다. 또한 1998년부터 약 10년의 기간 동안 한국 사회의 사회문화적 흐름의 특징을 비교 사회적으로 고찰할 때 미국이 1929년 이후 약 10년간 경험했던 기간과 과연 어떤 상사점을 가지고 있는가. 머튼이 1938년 대공황 이후 약 10년 동안 관찰했던 아메리카 사회의 두 측면, 즉 여전한 성공신화와 다른 한편에서 뉴딜 입법과 적극주의 법원의 기회균등을 위한 세계최초의 노력이 한국 사회와 비교할 때 어떻게 비교 평가될 것인가를 묻는다." 급격한 변동기에는 탈규제와 무규범(아노미)이 진행된다(김철, 2009ㄱ: 99~100).
"생활수준의 상한(上限)과 하한(下限)은 어떤 사회의 어떤 범주의 직능인들과 각기 다른 계층에게 납득될 수 있는 수준으로 작동해 왔다. 그러나 급격한 사회변동기, 곧 경제의 표준과 도덕의 표준이 변화하는 시기에는 그렇지 않다. 경제위기의 시기나 정권 교체시 또는 권력과 부가 급격히 증가할 시기에는 이러한 생활의 표준은 갑자기 급격하게 변한다. 취향의 정치 없음은 더 이상 여론에 의해 규제되지 않으며, 일종의 규제 회피 또는 탈규제, 더 나아가서 무규범 상태가 진행되고 더 이상 확립된 기성 계층은 존재하지 않으며 이룰 수 없는 목표를 위한 경주가 시작된다. (……) 이런 상황에서 종교는 영향력을 잃고, 경제를 규제할 정부는 하인이 된다. 자살은 어떤 종합적 상태의 경과 중의 하나이고, 타인을 살해하는 것은 이러한 경과의 다른 것이다."(Mannheim, 1973: 501)
13) 이론적 제도적 평등이 불평등을 감추고 있다고 보는 경우(김철, 2009ㄱ: 108~109)
목표와 수단 사이에 존재하는 큰 거리 자체가 아노미나 일탈 행동을 가져오는 것은 아니다. 아노미나 일탈 행동은 어떤 사회가 평등권과 같은 이념을 가지고 기회균등의 복음을 선포하는 사회에서 목표와 수단 사이의 엄청난 거리가 있을 때 일어난다는 것이다(Mannheim, 1973: 503). 머튼에 의하면 사회구조의 하층에 있는 사람들에게는 사회문화가 모순된 요구를 한다(Merton, 1949, 1957: 146). 철강왕 카네기가 "모든 사람은 자본주의 사회에서 각각 왕이고 왕이 될 수 있다"고 말했을 때 하층민들도 자신이 큰 부를 가질 수 있다는 전망에 따라 행동할 것을 요구받는다. 그러나 하층민들에게는 제도적으로 그것을 성취할 유효한 기회가 주어지지 않는다. 이 구조적인 불일치의 결과는 높은 정도의 일탈 행동이다. 사회문화적으로 지정된 목표와 그 목표에 이르는 수단이 균형을 이루지 않을 때, 특권적 위치나 주어진 목표를 달성하기 위해서 어떤 수단이든 동원하는 데에 강조점을 두게 되기 때문이다.
이런 사회적 맥락에서 경제적 풍요에 높은 프리미엄이 주어지고 모든 사회구성원에게 사회적 상승을 강조하면서도 상승의 기회가 닫혀 있을 때(기회가 있더라도 좁은 문일 경우에) 마피아 식의 방식을 사용하거나(김선경, 1999) 도덕적으로는 성취할 수 없는 목표에 대한 비도덕적 방법에 의한 승리를 추구한다(Merton, 1957: 146). 카뮈(Albert Camus)가 『반항적 인간』에서 '반항의 정신은 이론적 제도적 평등이 막대한 불평등을 감추고 있는 곳'에서만 나타난다고 말하는 것도 이것과 관련지어 이해할 수 있다(Camus, 1951; Merton, 1957). 머튼의 용어로 제도상 인정되고 보장된 규범 대(對) 목표에 도달할 기회 사이의 적절한 밸런스가 없는 경우, 일반적으로 기회균등의 문제가 나타난다(김철, 2009ㄱ: 109).

## 2.1. 폴 크루그먼의 경제사의 해석(김철, 2009. 6: 46~47)은 법제도사의 문제로 옮아가고 경제적 사실보다 규범의 중요성으로 귀결이 된다(김철, 2009ㄴ: 232~233)

그는 지금까지 알려진 아메리카 역사가와 다른 점이 있다. 아메리카 법제사에 있어서도 1870년부터 1890년까지를 물질적 풍요와 부패가 함께 일어난 도금시대로 보며, 1885년부터 1895년까지를 계약자유와 소유권절대를 기본으로 하는 보수주의시대로 설정하며, 1891년부터 1900년까지를 시장의 하향과 규제국가의 상향시대로 본다. 1900년 이후부터 비로소 현대 아메리카의 탄생시대로 보며, 우드로우 윌슨과 1차 대전 기간인 소위 진취적 시대는 1910년부터 1917년으로 본다(김철, 2009ㄱ: 이 책의 취지). 이에 반해서, 폴 크루그먼은 "역사가들의 심기를 불편하게 만들 수도 있는 위험을 감수하면서", 그러니까 아메리카 역사의 시대 구분의 다수설을 충분히 의식하면서, 1870년대부터 뉴딜 정책이 등장한 1930년대까지의 60년간을 길게 하나로 묶어서 '길었던 도금시대'로 본다.[14]

그의 논지는, 우선, 1910년부터 1917년의 진취적 시대의 성과를 부인하는 것이며,[15] 또한 1900년부터 시작된 테오도르 루스벨트 시대의

---

14) 이와 비슷한 견해는 Peter Beinart, "The New Liberal Order", TIME, 22~24(New York, November 24, 2008). Robert Wiebe를 인용하여 현대 미국 자유주의는 진취적 시대(Progressive Era)에 탄생했다고 한다. 진취적 시대는 1910년에서 1917년의 우드로우 윌슨과 1차 대전 기간을 의미한다(김철, 2009: 이 책의 취지). 그때까지 아메리카의 거대한 기업독점이 자본주의를 강자와 야만자만이 살아남을 수 있는 정글로 바꾸고 있다는 것이 진취주의 시대의 내용이었다. 대공황의 와중에서 루스벨트가 취임할 때까지는 아메리카 자본주의라는 에코 시스템이 나선형으로 죽음의 행진을 하고 있었고, 아메리카 인들은 루스벨트가 했던 것처럼 정부가 제어해 주기를 소리 높여 외치고 있었다. F.D.R은 전례 없는 규모의 정부자금을 풀었고 실업자와 연로자들을 위해 새로운 보호망을 만들었으며, 산업계가 어떻게 행동해야 되는가에 대한 규칙을 부과했다.

15) 1900년부터 아메리카가 1차 대전에 참전할 때까지를 실지로 거의 모든 사가들이 '진취적인' 또는 '진보적인' 시대에 레벨을 붙여 왔으나 그 실상은 보수주의 시대라는 주장이 있다(Gabriel Kolko, The Triumph of Conservatism, 1963: 2~15; 김철, 2009: 71~73). 진취주의 또는 진보주의(Progressivism)는 원래 기업과 산업 조건의 정치적 합리화를 위한 운동이었다. 그 운동의 전제는, 공동체의 일반 복지와 공익은 비즈니스의 구체적 필요성을 만족시킴으로써 가장 잘 이루어질 수 있

성과도 별 큰 의미를 두지 않는 것이다.[16] 그의 근거는 무엇인가? 시대의 라벨 붙이기보다 실질적인 진전을 파악하는 것이다. 우선 불평등 상태에 대한 그의 논의 중에서 대공황 시대까지 사실상 도금시대가 계속되었다는 장기 도금 60년설은 특히 재즈 시대에 대한 논의에서 머튼과 같은 사회학자에 의해서 정당화될 수 있다(김철, 2009: 100~107). 재즈 시대는 1차 대전이 종결된 1918년부터 약 10년간의 호황기이며 급격히 증가한 경제적 부가 청교도적 전통을 압도해서 유한계급이 나타나고 대중의 감각이 호사와 안락, 사치에 길들여졌던 시대이다. 이 시대의 법학적 특징은 사적 자치, 계약의 자유, 회사와 기업의 자유와 생산력과 거래량의 증가이다(김철, 2009: 63~64).

그의 주장은 1929년 10월 24일 시작된 세계 대공황의 치유자로서 나타난 루스벨트 대통령의 뉴딜 정책과 뉴딜 입법이 그 이전 약 60년간의 부의 불평등을 치유해서 세계 제2차 대전 이후의 중산층 중심의 안정된 아메리카 사회를 건설했다는 것이다(김철, 2009.6: 48).

---

다는 것이었다. 그러나 규제 그 자체는 어김없이 규제 관련 산업의 리더들에 의해서 행해졌다. 그리고 그 규제의 방향은 산업의 리더들이 받아들일 만하든가 바람직하다고 느끼는 목표로 향해졌다 (Kolko, 1963: 2~3). 부분적으로 이것도 규제적 움직임은 통상 규제되는 지배적 사업자들에 의해 주도되었기 때문이다. 그리고 규제의 움직임은 정치적 리더들의 거의 보편적 믿음에서 결과한 것이기도 하다. 사소유권 관계가 본질적으로 존재하는 대로의 소유권의 기본적 정의를 믿었는데, 이 믿음이 정치 지도자들의 가능한 행동들의 궁극적인 한계를 만드는 것이 되었다. 이른바 진취시대의 특징은 경제에 대한 정치적 규제라기보다는 주요한 경제적 이익으로써의 비즈니스가 정치를 통제한 것이라고 보는 것이다(Kolko, 1963: 2~3). 따라서 흔히 생각하듯이 규제냐 반규제냐의 문제가 아니다. 또는 국가 통제냐 자유방임이냐의 문제가 아니다. 어떤 규제가 누구에 의해서 행해지느냐의 문제라고 보는 것이다. 그렇다면 비즈니스의 리더들에 의해서 그 방향과 범위가 조정되는 규제는 누구에 의해서라는 물음에 대해서는 여전히 비즈니스에 의해서 행해졌던 이른바 자율통제의 시대라고 볼 수 있고, 간판으로 내건 기업과 산업조건의 정치적 합리화를 위한 운동으로서의 진취주의(Progressivism) 또는 진보주의와는 거리가 있다는 것이다(5장 각주 21번) 참조.

16) 크루그먼의 논의는 역사의 실질적 내용으로 볼 때, 다음과 같은 근거가 있다. 왜냐하면 이른바 '진취시대'에 다음과 같은 일이 일어났다. 정치적 이념적 기후변화가 생기고 서서히 경제적 독립은 저하되며 새롭고 더 큰 기업합병이 나타남에 따라서 점점 더 많은 중산층 아메리카 인들은 새로 생긴 산업과 재정의 왕국들이 아메리칸 드림을 오용 또는 남용했다고 확신하게 되었다(Ellis W. Hawley, 1966: 6~9; 김철, 2009: 73). 따라서 1910~1917년의 진취적 시대의 실상은, 진취주의의 철학은 우드로우 윌슨의 신자유(New Freedom)의 주창으로 나타났으나 테오도르 루스벨트의 신민족주의가 옹호한 대량 생산과 신기술의 불가피한 결과로서의 경제적 집중의 격돌로 사태를 완화시키지 못했다는 내용이다(김철, 2009: 73).

"제2차 세계 대전 이후 미국은 중산층 중심의 사회였다. 제2차 세계 대전으로 소득이 대폭 늘어난 수천만 미국인들이 도시 빈민가와 농촌의 가난에서 벗어나 자신의 집을 소유하고 전에 없이 안락한 삶을 누렸다. 반면, 부자들은 설 자리를 잃었다. 그들은 수적으로도 밀렸고 대단히 부유하지도 않았다. 빈민들은 부자들에 비해 많긴 했지만 사실 전체적으로 그 수가 적었다. 따라서 경제적 공동체의식이 두드러졌다. 즉, 대다수 미국인들은 물질적으로 상당히 비슷한 수준의 풍요를 누렸다."(폴 크루그먼, 2007)

"경제적으로 균등했던 미국은 정치적으로도 중도 노선을 지켰다. 내가 젊었을 때에는, 민주당과 공화당의 외교정책과 국내정책 가운데 많은 부분이 일치했다. 공화당은 뉴딜 정책의 성과를 되돌리려 애쓰지 않았으며 꽤 많은 공화당 의원들이 메디케어를 지지하기도 했다. …….

그러나 1980년대가 되자 중산층 중심과 중도노선의 정치가 미국사회 진화의 끝이 아니라는 사실이 분명해졌다. 경제학자들은 소득격차가 급격히 확대되었다는 근거자료를 내놓기 시작했다. 즉, 대다수의 미국인들은 경제적으로 거의 또는 전혀 발전하지 않았지만, 소수의 집단들이 훨씬 앞질러 나아가기 시작했다. 정치학자들도 정치적 양극화 증상을 증명하는 자료를 내놓기 시작했다. 정치인들은 좌나 우의 극단으로 치달았고, 이러한 경향은 2007년까지 계속되었다. 계층 간의 수입의 불평등은 1920년대만큼이나 크며, 정치적 양극화도 전례 없이 심해졌다."(폴 크루그먼, 2007: 019)

(다음 페이지의 도표 참조)

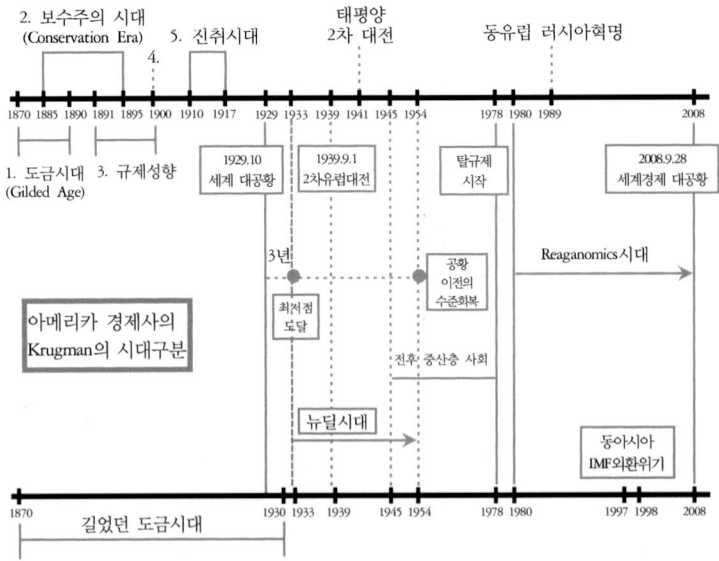

아메리카 경제사의
종전의 시대구분

2. 보수주의 시대
(Conservation Era)     5. 진취시대          태평양          동유럽 러시아혁명
4.                                 2차 대전

1870 1885 1890 1891 1895 1900 1910 1917 1929 1933 1939 1941 1945 1954    1978 1980 1989                    2008

1. 도금시대        3. 규제성향
(Gilded Age)

| 1929.10 | 1939.9.1 | | 탈규제 | | 2008.9.28 |
| 세계 대공황 | 2차유럽대전 | | 시작 | | 세계경제 대공황 |

3년                                                   공황
이전의          Reaganomics시대
수준회복

아메리카 경제사의
Krugman의 시대구분

최저점
도달                     전후 중산층 사회

뉴딜시대                                              동아시아
IMF외환위기

1870          길었던 도금시대          1930 1933 1939    1945 1954    1978 1980        1997 1998  2008

1. 물질적 풍요와 부패가 함께 일어남
2. 계약자유와 소유권 절대를 기본으로 함
3. 시장하향과 규제상향시대
4. 현대 아메리카의 탄생
5. 진취적 시대(Progressive Era)는 우드로우 윌슨과
   1차 대전기간이다.

## 2.2. 변화의 흐름이 경제에서 정치로 흘렀다는 통념은 역사적 사실과 맞지 않고 제도와 규범, 정치적 환경이 경제학적 환경보다 더 중요하다.[17] 경제학과 법학에 있어서 경제결정론은 폴 크루그먼에 의해서 부인된다.

폴 크루그먼은 2006년의 정치학자 3인의 연구를 인용하여[18] 역사는 경제적 불평등과 정치적 양극화가 하나가 되어 일종의 춤을 추어 왔다는 견해를 소개한다. 그렇다면 경제적 불평등과 정치적 양극화가 같이 춤을 추도록 만드는 것은 무엇일까라는 누구나 할 수 있는 의문을 제기한다. 그리고 그 대답으로는 경제적 불평등이 춤을 주도하고 변화의 흐름이 경제에서 정치로 흐른다는 누구나 이해할 수 있는 설명을 먼저 소개한다.

그러나 폴 크루그먼의 혜안은 그와 같은 상식에 대해서 경제사학을 조사함으로써 다른 방향으로 인도한 데 있다. 그가 주목한 경제사학자 클라우디아 골딘(Claudia Goldin)과 로버트 마고(RobertMargo)[19]는 미국 전후의 중산층 사회는 흔히 생각하듯이 엄청난 물질주의와 정치 부패가 같이 일어났던 도금시대로부터 점진적으로 진화된 것이 아니라 오히려 프랭클린 루스벨트 당시의 뉴딜 정책의 결과로서 비교적 짧은 기간 안에 만들어졌다는 것이다.[20] 루스벨트 행정부의 뉴딜 정책과 전시 통제의 결과인 비교적 평등한 소득 분배는 그 후로 30년 이상 지속되어서 제2차 세계 대전 이후의 미국 중산층 사회의 기반이 되었다는

---

17) 김철, "폴 크루그먼의 불평등의 경제학과 김철의 아노미의 법학", 81~83, 『경제위기 때의 법학』(서울: 한국학술정보(주), 2009ㄱ).
18) 크루그먼, 같은 책 20에서 인용. Nolan McCarty, Keith Poole, and Howard Rosenthal, *Polarized America: The Dance of Ideology and Unequal Riches*(MIT Press, 2006).
19) Claudia Goldin and Robert Margo, "The Great Compression: The Wage Structure in the United States at Mid-Century", *Quarterly Journal of Economics*, 107, no.1(1992), pp.1~34.
20) 임금구조에 있어서의 대압착이 일어났다고 한다.

것이다. 이 역사적 사실에서 폴 크루그먼은 흔히 한국의 지식인과 상식인들이 생각하는 일상적 사고를 깜짝 놀랄 만큼 뛰어넘는 추론을 이끌어 낸다. 즉, 흔히 한국인들이 생각하는 것처럼 경제학적 환경이 제도와 규범을 좌우하는 것이 아니고 거꾸로 제도와 규범이 소득 분배에 끼치는 영향이 크다. 더하여 더욱 놀라운 것은, 소득 분배에 끼치는 영향은 객관적인 시장의 힘이 그렇게 중요한 역할을 하지 않는다는 것이다(폴 크루그먼, 2007: 023; 김철, 2008: 81).

## 2.3. 법철학자 카스 선스타인(Cass Sunstein)의 규범적 행동의 영향에 대한 발견[21]

다시 카스 선스타인(Cass Sunstein) 유의 일상적 미시 일상생활분석(micro - social history)의 사실로 돌아가기로 하자. 선스타인은 "사람들의 행동에는 그 개인의 성향, 취향 또는 단순히 좋아하고 선호함(preference)이 영향을 미친다고 개인인격의 결정이론으로 설명하여 왔으나"(김철, 2009ㄱ: 204~207; 2009ㄴ: 222~223) 실험심리학(Cialdini et el, 1978: 463)의 증거로는 행동을 결정하는 개인인격 — 자유주의의 최초의 출발 동인이 되는— 의 성향, 취향 또는 좋아함과 선호함(preference)은 고정되어 있지 않다(Sunstein, 1995: 1~3). 실험심리학은 사람들의 확정된 취향에 대한 고정관념을 깨어 왔다(김철, 2009ㄱ: 205). 또한 "과연 사람들이 흔히 우리가 들은 대로 그의 선택에 의하여, 그가 원하는 대로, 그의 이익대로 합리적으로 자유롭게 행동하는 것일까?"라고 물을 수 있다. 이 물음은 다시 죄수의 게임(prisoner's game)이나 경제학자들이 만든 게임[22])에 관한 실험으로 시험하게 된다

---

21) 이 부분은 1995년 N.Y.U School of Law에서의 *The Program for the Study of Law, Philosophy & Social Theory*(edit. Ronald Dworkin, Fall 1995)에서 발표된 발표문(Cass R. Sunstein, "Norms and Roles", 1~45)을 참조한 것이다.

(Sunstein, 1995: 1~3). 사람들은 경제학적 게임에서 경제적 합리성으로 행동하지 않는다. 자신의 이익과 또한 상대방에게 '최적 이익이 되도록' 행동할 것 같고 경제원칙에 따라 행동할 것 같으나 실제로는 그렇지 않게 행동했다는 것이다.[23]

## 2.3.1. 법철학자의 사회심리학적 실험

선스타인의 '주차장의 전단지'에 대한 사회심리학적 실험[24]의 결과는 뜻밖에도 사람들의 실지 행동에는 (예상 밖에) 사소한 모범적 행동 - 이를 규범[25]적 행동이라고 본다. 통제된 실험상황에서 영향을 미쳐서 파

22) 게임의 운영자가 두 사람의 선수에게 돈을 준다. 운영자는 1번 선수에게 돈을 주고 그가 받은 돈 중 얼마를 2번 선수에게 주라고 지시한다. 만약 2번 선수가 1번 선수가 준 돈을 받아들이면 2번 선수는 그가 받은 것을 가지고 1번 선수는 나머지를 가질 수 있게 된다. 그러나 만약 2번 선수가 받은 금액을 거절하면 1번 선수마저도 나머지 돈을 가질 수 없게 되는 규칙이다. 합리성과 자기이익 존중 그리고 이 두 가지에 기초한 선택에 대해서 표준적인 가정을 사용하면 다음과 같은 경제학적 예측을 할 수 있게 된다. 즉, 1번 선수가 그가 받은 돈의 아무리 적더라도, 즉 1페니만 주더라도 2번 선수에게 주면 2번 선수는 용납할 것이다. 왜냐하면 서로 간의 이익이 되기 때문이다. 실지 결과는 달랐다. 2번 선수가 용납하는 돈은 1번 선수가 받은 총액 중 30~40%가 평균이었다. 20% 미만을 주면 거절당해서 둘 다 못 가지는 횟수가 높았다. 가끔 50 : 50의 분배가 있었다. 이런 실험 결과는 서로 다른 문화에서도 나타났다.

23) 이런 연구 영역을 행동경제학(behavior economics)이라고 한다. 여기에 대해서 『신앙과 학문』(김대인, "마르틴 루터의 법사상에 대한 고찰-두 왕국들을 중심으로-", 『신앙과 학문』 제40집, 기독교학문연구회, 2009: 72)의 짧은 언급을 참조.

24) 이것은 R. Cialdini의 실험을 인용한 것이다. 이 논문(R. Cialdini, J. Cacioppo, R. Bassett & J. Miller, "Low-Ball Procedure for Producing Compliance: Commitment Then Coast", 36 J. Personality and Social Psychology 463(1978))을 볼 것. 실험자는 전단지를 승용차의 와이퍼에 끼워 넣고 운전자가 돌아와서 어떻게 하는가를 관찰했다. 실험 장치로는 운전자들이 전단지가 끼워진 자기 승용차에 도착하기 전에 실험차의 조수 한 사람이 자기 승용차로 다가가는 운전자 앞을 일부러 가로질러서 길거리로부터 땅에 떨어져 뒹굴고 있는 패스트푸드 종이 백을 집어 들고 가까이 있는 쓰레기통에 넣는 행동을 연출하는 것이다. '책임 있는 행동'(길거리의 쓰레기를 쓰레기통에 집어넣는 행동)을 관찰한 승용차 운전자들이 이윽고 자기 승용차에 와서 와이퍼에 전단지가 끼어 있는 것을 발견하고서 거의 아무도 평소처럼 전단지를 길거리에 내팽개치지 않았다. 그러나 똑같은 경우에 '책임 있는 행동'(쓰레기를 쓰레기통에 집어넣는 행동)을 미리 연출하지 않은 경우에 운전자들의 1/3 이상이 평소처럼 전단지를 길거리에 내팽개쳤다. 이 실험 결과를 놓고 선스타인은 묻는다. 첫 번째 집단의 모든 운전자들이 쓰레기를 쓰레기통에 집어넣는 성향이나 습관이 있었고 두 번째 집단의 2/3 가량의 운전자들 역시 평소에 쓰레기통에 쓰레기를 집어넣는 것을 좋아하는 성향이 있었다고 결론지을 수 있는가? 즉, 결과적인 행동의 통계만으로 사람들이 어떤 취향, 성향, 무엇을 좋아함이라고 단정할 수 있는가(Sunstein, 1995: 2)?

25) 선스타인은 규범을 가장 넓은 의미로 이해한다. 즉, 쓰레기 치우기, 데이트하기, 담배피우기, 노래 부르기, 언제 일어서느냐, 언제 앉느냐, 언제 분노를 표시하느냐, 언제 어떻게 그리고 누구에게 정감을 표시하느냐, 언제 얘기하며 언제 들으며, 개인사는 언제 얘기하며, 언제 위축되느냐. 이 모든 일상사

급효과가 있었다(Sunstein, 1995).


### 2.3.2. 선스타인의 함의

선스타인의 함의는 미세한 도덕적 행동, 즉 규범(Norms)이 사회적 행동에 영향을 미친다는 것으로, 널리 반성할 때 그때까지 신자유주의 시대의 총아였던 자유방임 내지 자유지상주의를 대변하던 경제학자들과는 차이가 있는 것이다.

## 2.4. 규범의 위치에 대한 법철학자 선스타인(Cass Sunstein)과 경제학자 크루그먼(Paul Krugman)의 공통점

Sunstein이 증명한 "미세한 도덕적 행동이 나타내는 규범이 타인의 자유로운 선택에 영향을 미치더라"라는 실험결과를 보았다.

한편 Paul Krugman은 1. 최상위 소득계층의 소득의 진화를 역사적 · 경험적으로 검증한 피케티(Pikety)와 사에즈(Saez)의 경제사적 연구[26]의 결과를 사용하였다. 크루그먼은 2. 대공황에 원인을 제공한 1920년 대의 10년 평균의 소득격차가, 2007년부터 나타나기 시작한 2008년 경제위기 이전의 2005년의 소득격차와 비슷하다고 본다(Krugman, 2007: 022). 변화의 흐름이 경제에서 정치로 흐른다는 통념을 부정하고 제도, 규범, 정치 환경이 경제로 흘러 경제적 불평등을 가져온다고 한다(같은 사람; 김철, 2009ㄱ: 81~82). 또한 크루그먼은 불평등의 경제학(Krugman, 2007: 022)에서 제도와 규범 그리고 정치적 환경이 소득 분배에 미치는 영향이 경제적 입문에서 배운 것보다 중요하고, 객

---

에 있어서 규범이 존재한다고 한다. 모든 일에 대해서 규범이 있으며 그러나 이 규범들이 법으로 문자화되는 것은 가끔씩이라고 본다(Sunstein, 1995: 7).

26) Thomas Pikety and Emanuel Saez, "The Evolution of Top Incomes: A Historical Perspective"(NBER NO.11955, Jan 2006).

관적인 시장의 힘은 그렇게 중요한 역할을 하지 않는다는 것이다. 그렇다면 법제도와 규범이 소득 분배에 있어서 경제 원리보다 중요하다.

선스타인과 크루그먼의 공통점은 규범적 행동 또는 규범이 타인의 행동 또는 경제적 사실에 영향을 미친다는 것이다. 소득 불평등에 대한 인과관계에서 제도와 규범이 소득 분배에 미치는 영향이 경제법칙이나 시장의 힘보다 더 중요한 역할을 한다(같은 사람, 2007: 022; 김철, 2009ㄱ: 81). 크루그먼은 뉴딜 이전의 시대와 21세기 초(2000~2007, 2008)의 미국이 부의 불평등과 권력의 불평등이 심하다는 점에서 같다고 한다. 김철은 뉴딜 이전의 미국의 아노미에 주목하고 2008년 9월 현재 금융위기에 같은 관찰을 적용할 수 있는지를 묻는다(김철, 2008ㄴ).

## 2.5. 아메리카 대법원사에 대한 러셀 갤로웨이의 해석(김철, 2009.6: 43~44)은 헌법규범의 운용이 경제사의 흐름을 인도한 사례연구이다

러셀 갤로웨이는 1790년부터 1982년까지의 미국 연방대법원의 역사를 부자와 가난한 자의 문제에서 분석 서술하고 있다(Russell Galloway, 1982 & 1991). 그는 빈부문제에 대한 입장을 다음과 같이 정리한다(김철, 2005: 17). 첫째, 경제적 보수주의(economic conservatism)는 전형적으로 다음의 확신에 근거한다. 부를 재분배하는 어떤 주된 노력도 정부에 의해서는 행해져서는 안 된다. 정부의 주된 역할은 물질적 복리를 국민이나 기업이 개인적으로 추구할 때, 호의적인 환경을 만들어 주는 것이고, 재산권 소유자의 권리를 보호하는 것이다. 최소국가(minimal state)의 기능이며, 사법부의 역할도 여기에 있다고 본다. 둘째, 경제적 자유주의(economic liberalism)는 다음의 믿음을 특징으로 한다. 한 나라의 부(richness)는 빈곤의 짐을 가능한 한 완화시키는 방법으로 분배되어야 한다는 믿음이다. 2007년에 폴 크루그먼은 두 가지 입장 이외에, 원래 한 입장에서 출발했으나 차츰 다른 입장의 정책을 추구한 경우의 예로, 공화당의 아이젠하워 대통령의 예를 든다. 그리고 아이젠하워가 루스벨트 행정부의 정책을 계승한 데 대한 반발로 새로운 보수주의(new - conservatism)가 일어나고, 세월이 지나서 강력한 정치운동으로 자리 잡았다고 한다. 1964년 골드워터~1980년 레이건으로 연결된다(폴 크루그먼, 2007: 25).

약 200년 이상의 역사를 통해, 경제적 보수주의와 경제적 자유주의의 서로 대치하고 있는 둑을 따라서, 경제와 법제도의 긴 강물이 흘러왔고, 이 긴 흐름을 특징짓고 구분 짓는 것은, 개혁(reform)과 반개혁(counter - reform) ― 정치경제적 의미에서 ― 의 시도이다. 1776년에서 1789년에 이르는 건국 시기로부터 현재에 이르기까지, 경제적 자유주의와 경제적 보수주의를 기반으로 한 정치, 경제, 법문화는 갈등과 대립, 타협과 조정, 반동과 개혁의 모든 매듭을 거쳐서, 적어도 네 가지의 빈부 문제에 대한 기본적 논의 주제를 확정하였다(Russell Galloway, 1982 & 1991; 김철, 2005: 17).

지금까지의 종교사회학적 현상 파악, 법사회학적 접근, 경제사에서의 접근, 헌법사에서의 접근을 종합하면, 2008년 이후의 경제위기는 역사적 접근으로써 비로소 총체적 파악이 가능하다. 그러나 그러한 조감도(overview)는 전체적 흐름을 파악한 것이고, 79년 또는 80년간의 산업 사회의 가파르고 복잡하며, 현학적인 진행의 모습은 더 분석적인 접근에 의해서 문제가 드러날 수 있다.

**2.6.** 다시 최근의 세계금융경제의 문제로 돌아오기로 한다. 최근의 세계
금융경제에 어떻게 규범적으로 접근할 것인가? 법 규범 이전에 평
균인의 생활감정으로 우선 도덕성의 문제를 따져보기로 하자. 즉,
금융경제에 도덕성의 자리가 있는가?

2008년 9월 이후의 세계 경제위기를 촉발하고, 아직도 실업률은 줄
지 않는 1년 3개월 후, 그간의 경과는 도덕(morals)과 도덕성(morality)
이 어느 정도 참견할 수 있었는가로 보기로 한다.

아니 "다시는 이런 일이 없어야 할 텐데, 재발하지 않도록 하려면
어떻게 하지?"라는 것이 최근 소방수들의 의문이다(Peter Gumbel,
2009: 37).

1. 규제를 위한 감독 강화
2. 은행의 자기자본비율 높이기와 모험적 투자억제

이 항목보다 더 근본적이고, 철학적인 문제는 "순전히 투기적이고
사회적 유용성이 의심스러운 투자행동을 어떻게 하지?" 더 나아가서
"어떤 방법이든 '빨리 부자됩시다'라고 강권하는 정신상태(mentality)
가 위기 때의 시장 행동을 벼랑까지 몰고 간 것인데, 이를 어떻게 하
지?"[27]

여기에 대해서 레이거노믹스 시대를 반성하면서 아메리카와 그 압
도적인 영향 아래 있던 세계경제가 끝없는 평원에서 최고 속도로 질주
하다가[28] 2008년에 마침내 절벽에 도달하고, 코요테 떼처럼 추락하였

---

27) 공황의 원인을 제공된 아노미가 진행된 1929년 이전의 긴 기간과 대공황이 심화되어 간 1933년까
    지 그리고 뉴딜 입법이 본격화되어 갈 때까지 아메리카 문화에서는 방식의 문제보다 목표 달성 체제
    에 더 중점이 주어졌다고 머튼은 판단한다(Merton, 1957: 136; 김철, 2009ㄱ: 106).
28) 대공황 전후와 2008년 9월 이전 약 10년의 경제 주체들의 행동을 그 합리성에서가 아니라 일종의
    동물 생태학에서의 군집행동(Collective behavior)으로 보는 견해는 Kurt Anderson 이전에도 보인

다는 해석이 따른다(Kurt Anderson, 2009).

이윽고 제어되지 않은 자본주의가 과연 지속가능한 혜택을 주겠느냐라는 회의와 자유금융시장에 보다 의존하는 태도가 엇갈리게 된다.

### 2.6.1. 분노와 반성

어느 정도 무엇에 대해서 반성하느냐, 누가 반성하느냐에 대해서 분노는 세계 대공황 때나 2008년 이후의 사태에 있어서, 월 스트리트 금융가의 은행가에게 향해졌다. 우선 시티그룹, AIG, 메릴린치의 재난을 지휘한 아무도 감옥에 가거나 처벌받지 않았다(Allan Sloan, Time, Nov.9, 2009). 만약 일반인이 신용카드 결제대금 지불이 하루 늦거나 현금인출기에서 조금만 더 인출해도 은행은 당장 연체료나 비용을 물릴 것이다. Wall가의 대형은행들은 채무액이 너무 커서 파산에 몰려도 수백만 수천만의 평균인들이 정부에 바친 세금을 몇 조 달러로 모아서 정부에 의해 구제된다. 게다가 실업률은 10%를 향해서 진행되고 있는데 FRB의 버냉키는 "새싹이 돋고 있다"라 하고, 월가에서는 다시 신자유주의 시대의 CEO문화가 재빨리 복구되어 수백만 달러의 보너스 잔치를 벌인다(Allan Sloan, Time, Nov.9, 2009).

누구에게 책임이 있느냐에 대해서 거대 투자은행을 재난으로, 이윽고 엄청난 숫자의 이해관계자를 도탄에 빠뜨린 CEO들은 아무 처벌을 받지 않았다. 이유는 무능력했다든가 오만했다는 것은 형사법의 처벌 대상이 아니라고 한다(Time, Nov.9, 2009). 그러니까 순전히 기술적인 (technical) 판단에서 잘못되었다는 것이다. 그렇다면 무능과 오만으로 한 회사뿐만 아니라 한 나라뿐 아니라, 국제적 금융 시스템을 망가뜨린 원인제공자에게는 어떤 도덕적 제재는 있다는 말인가?[29]

---

다(김철, 2007년 법철학 강의).

29) 그들의 사진으로 만든 허수아비에 '월가의 도둑은행가'라고 명패를 달고 전미은행가연합회 밖에서 시

## 2.6.2. 인과관계와 비우량 주택담보부대출

더욱 인과관계의 근본에 있어서 최초의 거품경제의 주범인 비우량 주택담보부대출(Subprime Mortgage) 때에 대출은행이 별 서류 없이 한도를 넘는 대출을 한 것을, '부주의'라고 그냥 지나갈 수 있을까라는 의문이 있다. 여기에 대해서 금융가(Wall Street)가 실물경제가(main street)에 대해서 "너희들도 무어 죄 없는 속죄양이 아니잖니, 상환능력도 없으면서 왜 서류도 없이 큰 대출을 받았니"라고 할 수 있다(Allan Sloan, "What's still wrong with Wall Street", Time, Nov.9. 2009).

## 2.6.3. 파생상품(CDOs, Collaterized debt obligations)

비우량 주택담보부대출을 근거로, 복잡한 구조의 CDOs(Collaterized debt obligations)를 만든 사람들 그리고 위험성이 높은 이 채권을 미재무성 국채와 같은 정도의 안전을 보증하여 AA 또는 AAA로 신용평가한 '세계적인 신용평가기관'의 행위는(김철, 2009ㄱ: 72) 부주의(reckless)로 그치는 것인가?

## 2.6.4. 순자본 원칙을 완화

Wall가 더 많은 차입금으로 위험한 거래를 한 요인 중 투자은행(Investment Bank)이 자기 자본 對 차입금 비율의 상한을 1 : 30으로까지 확장한 것과 관계있다(김철, 같은 책, 54). 2004년 해당 규제위원회가 순자본원칙을 완화한 것은 당시 골드만 삭스의 CEO였던 헨리 폴슨이 2000년에 청원한 결과였다(아노미 10년설). 이어서 그는 '부시행정부의 재무장관'이 되어서 투자은행들의 손실을 연방정부의 공식자금으로 메워주는

---

위를 하는 것이, 또한 탐욕을 공격하는 것이 도덕적 제재가 될 것인가는 의문이다. 그렇다면 도덕과 실정법을 엄격히 구별하는 것보다는 도덕의 법화 및 법의 도덕화가 바람직하다고 보인다. 여기에 대해서 Harold Berman, 「종교와 제도」, 1992 참조할 것.

역할을 했다(Time, Nov.3, 2008: 32~33). 회전문 침투현상(revolving door infiltration)이다(Kenneth Warren, 1996: 49; 김철, 2009ㄱ: 53~54). 공직 윤리(ethnical code)와 관계있다. 그러나 어떤 책임을 물을 것인가?

## 3. 아메리카의 금융경제의 위기에 대한 경제학적 법학의 반성과 포즈너(Posner)[30]의 해설[31]

### 3.1. 경제학적 법학

세계 대공황 전기의 법사상을 대표하는 윌리엄 오 더글라스(Willam O. Douglas)는 그때까지의 법학방법의 부적절성을 지적하였다. "중요한 것은 문제가 되는 가장 기본적인 요인들이다. 연구나 분석은 여기에 맞추어야 한다. 현재 작용하고 있는 경제적, 사회적 힘 자체가 조사되어야 한다. 기업의 형태라든지 조직에 따른 개념의 차이라는 것은 기업의 실제 활동에 비하면 도구적인 것이고 기업이 실제로 어떤 기능을 하는가가 더 중요시된 것이다. 따라서 종전에 중요시되어 왔던 형식, 형태로부터 경험적 사실로 또는 중세에 있어서와 같은 움직이지 않고 안정적인 사회에서 타당했던 신학으로부터 사회 안에서의 인간행동

---

30) 김철, 2002b 「포스너의 공법학방법론」 중 Ⅲ. 법학방법론으로서의 경제 분석과 한국에 있어서의 의미, 한국공법학회(엮음), 『공법연구』30집 제4호(2002년 6월).
　Richard A. Posner, "The Social Cost of Monopoly and Regulation", *The Journal of Political Economy* 83, No.4(August 1975): 807~827 The University of Chicago Press. Richard A. Posner, "Utilitarianism, Economics, and Social Theory", *The Economics of Justice*. Richard A. Posner, *Economic Analysis of Law*, A Case Book Series(Harvard Univ. Press, 1978). Richard A. Posner, *The Economic of Justice*(Harvard Univ. Press, 1983).

31) 이하 3.1에서 3.11까지의 사항은 김철, "금융자본주의 위기", 『경제위기 때의 법학』, 38~39 참조. 상당한 기간에 걸친 위기의 진행을 가장 잘 요약한 참고로는, Niall Ferguson, "〈The End of Prosperity?〉"(New York, TIME, 2008.10.13)과 Joseph Stiglitz, "〈The Way Out. How the financial crisis happened, and how it must be fixed〉"(New York, TIME, 2008.10.27) 또한 New York Times, November 6. 2008. Business section "〈Essential story of financial crisis 2008〉"을 볼 것.

또는 경제 활동을 서술할 수 있는 공리나 명제로 옮아가야 한다." 이와 같이 세계의 법학은 1929년 위기의 시대에 드디어 새로운 법학의 방법론, 즉 경제학적 법학을 발견하게 되었다. 1980년대 이후 세계 법학의 가장 큰 도전은 경제학적 방법론의 끊임없는 그리고 침투적인 영향의 확대이다. 1983년 포즈너의 『정의의 경제학』이 출판되었을 때 동아시아와 유럽에서는 이것이 앞으로 수십 년에 걸쳐서 점점 커져 가는 어떤 새로운 힘이라고는 예측하지 못했다. 1995년 『법의 극복』이 출간될 때까지 '경제와 법' 또는 '법의 경제분석'이라는 새로운 조류는 아메리카 동부연안과 서부연안을 석권하였고 유럽에 영향을 미쳤다. 2000년에 이를 때까지 전통적 규범주의자들의 비판에도 불구하고 포즈너의 방식은 종전의 법학의 영역에 경제학을 겹쳐 씌워 공통의 영역을 만드는 데 성공했다. 한국에 있어서 포즈너의 소개가 힘든 것은 동아시아인의 단일 전공 전통 때문이다. 즉, 포즈너는 판사를 본업으로 하면서 여러 분야에 걸쳐 실험적이고 과학적인 태도로 일관했기 때문에 동아시아 또는 유럽전통법학의 단조로움과는 거리가 있다. 한국에 있어서 '법과 경제'라는 영역은 경제학자에 의해서 '법경제학'이라는 이름으로 소개되기 시작했다. 그러나 법학에서는 이른바 대륙법 전통 때문에 인습적인 법학으로는 소화하기 힘들었다. 이 글은 포즈너의 규제법 관련 영역을 중심으로 살펴본 것이다."(김철, 2009ㄱ: 213~215)[32]

## 3.2. 리차드 포즈너

리처드 포즈너는 70년대에 독점금지법(Anti-Trust Law) 분야[33]로

---

32) 김철, "1980년대 이후 세계법학의 가장 큰 도전이었던 경제학적 법학방법론의 형성과 의미, 그 한계는 어떠한가 ― 포즈너를 중심으로", 213~215, 『경제 위기 때의 법학』(서울: 한국학술정보(주), 2009ㄱ).
33) Richard A. Posner, *The Social Cost of Monopoly and Regulation*, the Journal of Political Economy 83, No.4(August 1975): 807~827. The University of Chicago Press 또한 참조.

시작해서, 법의 경제분석(Economic Analysis of Law)의 표준적인 법학자로 나타났다.[34] 1981년, 교과서를 제외한 그의 처녀 全作『正義의 경제학』(Economics of Justice)에서 법학 전반에 걸친 이론가(Legal Theorist)의 모습이 나타났다.[35] 그는 경제학의 목적을 '효율성(Efficiency)' 또는 '부의 극대화(Wealth – Maximization)'라고 하고, 그의 법 이론의 초점을 '正義의 效率의 극대화'에서 구했다.[36] 그의 경제적 접근의 법 이론은, 전반적인 일반 법 이론으로 형성되어 가는 중 심한 비판을 법학자와 경제학자 양면으로부터 받았다.[37] 그의 법 이론은 83년까지는 제한된 범위의 기본법 논의에까지 이르렀다(김철, 2009ㄱ: 243~245).[38]

포즈너는 다루기 쉬운 주제도 아니고 또한 우상도 아니다. 그는 우연히도 세계경제의 신자유주의 시대에 나타나서 활약한 법학자이면서

---

George J. Stigler ed. The Theory of Regulation Series in Political Economy of Chicago University, University of Chicago Press Posner, Antitrust Law: An Economic Perspective. Chicago and London: Univ. Chicago Press, 1976. The Behavior of Administrative Agencies. J. Legal Stud, 1, 305~347.

34) Richard A. Posner, Economic Analysys of Law, A Case Book Series, Little, Brown and Company 1977, 1986, An Economics Approach to Legal Procedure and Judicial Admimistration. J. Legal Stud, 2, 399~458, 1973. The Uses and Abuses of Economics in Law. Univ. Chicago. L. Rev., 46, 281~315, 1979. The Value of Wealth: A Comment on Dworkin and Kronman. J. Legal Stud., 9, 243~252, 1980. The Present Situation in Legal Scholarship. Yale L. J., 90, 1113~1130, 1981.

35) Richard A. Posner, The Economics of Justice, Harvard University Press, 1981, 1983. 또한, The Present Situation in Legal Scholarship. Yale L. J, 90, 1113~1130.

36) Ibid. Preface. 1983, ⅴ.

37) 참조, Richard A. Posner, "Utilitarianism, Economics, and Social Theory", The Economics of Justice, 1983. 또한 Sanford Levinson, "Some Reflections on the Posnerian Constitution", Vol.56, No.1. The George Washington Law Review. 1987. 또한 Robert C. Ellickson, "¯Bringing Culture And Human Frailty To Rational Actors: A Critique Of Classical Law And Economics", 65 Chi–Kent L. Rev. 23(1989) 또한 Malloy, "Invisible Hand or Sleight of Hand? Adam Smith, Richard Posner and the Philosophy of Law and Economics", 36 Kan. L. Rev. 209(1988).
이에 대한 답변으로는 같은 사람, "The Ethics Of Wealth Maximization: Reply To Malloy", Vol.36, Kan. L. Rev.(1988) p.261.

38) Posner, Economics, Politics, and the Reading of Statutes and the Constitution. Univ. Chicago L. Rev., 49, 263~291, 1982. 같은 사람, 같은 책, pp.231~237. '프라이버시와 관련된 이익들' 또한 pp.351~407. '대법원과 차별 정책' 또한 Posner, The Federal Courts: Crsis and Reform. Cambridge: Harv. Univ. Press, 1985. The Meaning of Judical Self–Restraint. Indiana. L. Rev., 59, 1~24를 참조할 것.

탁월한 경제적 지식의 활용자였다. 이제 1978년 이후 약 30년의 탈규제 시대, 1980년 이후 약 28년 이상의 레이거노믹스 시대를 지난, 세계 경제위기의 모멘텀에서 볼 때, 포즈너의 평가는 엇갈릴 수 있다. 우선 그는 경제학의 목표를 부의 극대화(Maximization of wealth)로 표현한 점에서 찬반이 엇갈릴 수 있다. 2009년 현재 세계 경제위기의 절벽에서 급박한 문제해결의 전도사로 불리는 케인즈주의의 새로운 경제학자와는 거리가 있을 수 있다. 그러나 후술하다시피 그의 공적은 경제학파에 있어서의 유파보다도 법학자로서 그때까지 미답이었던 어려운 영역을 경제학을 통해서 개척한 데 있다. 법의 분과(divisions of law)를 차례로 뛰어넘었고 그의 방법론은 정리가 불가능할 정도로 다양해서 한국과 같은 단일 전공(singlemajor), 단일한 방법론에 익숙한 학계에서는, 오해를 불러일으킬 만하다. 포즈너의 영역은 경제행정법, 경제규제법, 공정거래법과 같은 경제공법에서부터 '법과 문학', '법과 인류학적 방법', '법과 경제학' 같은 기초법의 영역을 거쳐서 헌법방법론에 이른다. 따라서 한국의 예로 든다면 경제행정법과 헌법방법론을 가장 큰 영역으로 보아 일단 공법학자이며, 그 밖의 영역은 법학 기초론 혹은 법철학으로 생각된다. 그의 영역은 규제법, 헌법, 법철학 또는 법경제학으로 구분할 수 있으나 방법론의 문제에서는 법철학, 법사회학, 법경제학의 요소가 같이 나타난다(김철, 2009ㄱ: 215~216).

그러나 이 모든 것들을 지식으로서 받아들인다 하더라도, 한국인이나 또는 경제위기에 처한 세계의 다른 지역의 사람들에게 가장 큰 문제는 과연 1929년 윌리엄 더글라스가 세계 대공황을 극복하기 위해 절박한 시대에서 내어 놓은 새로운 법학 방법론이었던 사회학적, 경제학적 법학이 1980년대에서 2000년대에 이르기까지 포즈너를 대표로 하는 경제학적 법학과 무엇이 공통이며, 무엇이 다른가? 또한 법학 방법론으로서의 경제분석이 한국의 앞날에서 어떤 의미를 가지는가의 문제이다(김철, 2009ㄱ: 216).

## 3.3. 은행의 위기는 유동성의 문제(illiquidity)이었나 혹은 지불불능(insolvency)이었는가

2008년 9월에 헨리 폴슨(Henry Paulson)[39]은 7천억 달러의 구제금
융을 시행할 때, 당시의 은행의 위기를 자산을 현금화하지 못하는 유
동성의 문제(illiquidity)로 보았다. 즉, 은행이 지불불능(insolvency)상태
에 빠진 것이 아니라고 보았다.

그러나 이것은 그의 착각이었고, 그 당시 경제위기의 핵심이 되는
문제를 착각함으로써 이후에 돌이킬 수 없는 시행착오를 범했다(Posner,
2009: 41~51).

## 3.4. 넓은 의미의 '은행(Bank)'

경제위기를 이해하기 위해서는 은행업이라는 것이 어떤 것인가를 적
절히 이해하는 것이 중심이 된다고 본다(Posner, 2009: 41~51).[40] 재정
(Finance) 또는 금전(Money)을 중계하는 역할을 가장 넓은 의미의 '은행
(Bank)'이라고 할 수 있는데, 이 의미에서는 은행이란 큰 규모로 빌려

---

39) 헨리 폴슨의 세계 경제위기 전후의 역할에 대해서는 김철, "회전문 현상", 『경제위기 때의 법학』
    (53~54) '2008년 가을 월가의 사태는 누가 어떻게 인과관계를 제공했느냐의 문제이다'를 참고할
    것. 월가가 더 많은 차입금으로 위험한 거래를 하게 된 제도적 요인 중 하나는 투자은행이 자기 자
    본대 차입금 비율의 상한을 1:30으로까지 확장한 것과 관계있다. 2004년 해당 규제위원회(U.S.
    Securities & Exchange Commission)가 순 자본원칙(net capital rule)을 완화한 것은 당시 골드
    만 삭스(Goldman Sacks)의 CEO였던 헨리 폴슨(Henry Paulson)이 2000년에 청원한 것이 주효
    한 것이었다. 이 골드만 삭스맨이 이어서 부시행정부의 재무부장관이 되어서, 투자은행들의 손실을
    연방정부의 공식자금으로 메워 주는 역할을 하게 된다(Time, Nov.3: 32~33). 회전문 침투
    (revolvingdoor infiltration) 현상에 해당된다(Kenneth F. Warren, 1996: 49).
40) Richard A. Posner, "Why was Depression not anticipated", *A Failure of Capitalism*(Harvard
    Univ. Press, 2009).

주는 자임과 동시에 큰 규모로 빌리는 자이다. 왜냐하면 그들이 주로 빌려 주는 것은 그들 자신의 자본이라기보다도 그들이 다른 곳에서 빌린 돈이기 때문이다. 빌려서 빌려 주는 것이 은행인데 단지 대규모로 영위된다는 점이 특징이다. 가장 우리가 자주 이용하는 저축예금은 요구불 예금(Demand deposit)으로 말하자면 은행에 돈을 빌려 주는 자, 즉 예금자가 언제든지 즉시로 맡긴 예금의 지불을 요구할 수 있다. 예금은 은행의 채무이다. 이와 같이 빌린 돈으로 자금을 만들기 때문에 은행의 부채는 그들이 원래 소유하는 자산인 자산자본을 훨씬 능가하기 마련이다.

### 3.5. 은행 자본에 대한 포즈너의 해설

은행자본은 파산을 막을 수 있는 은행의 공기쿠션으로 긴급 대책이다. 은행이 쿠션을 필요로 하는 까닭은 은행의 채무는 고정된 책임이며 의무이다. – 어떤 은행이 예금자에게 갚아야 될 금전(예금액은 더 이상 은행 자본의 주요한 소스가 될 수 없다)은 은행이 얼마나 잘 해나가는가 못 해나가는가에 따라서 양상이 달라지는 것도 아니다 – 그러나 은행이 빌린 돈을 대출해서 얻는 수입은 가변적이다. 수입은 이자율에 따라 달라질 뿐만 아니라(대출받은 자의) 채무불이행(default) 비율에 따라 달라진다. 채무불이행의 위험은 은행이 대출에 대해서(예금자나 다른 은행의 채권자에 대해서보다) 높은 이자율을 부과할 수 있는 주된 이유이다. 범위가 큰 채무불이행은 은행의 수입을 크게 감소시킬 수 있고, 그럼에도 은행이 채권자들에게 지불해야 될 의무, 즉 채무(債務)는 고정되어 있다. 은행은 대출받은 개인 또는 기업들의 채무불이행의 위험을 보상하기 위해서 높은 이자율을 부과하여야 한다.

이와 같이 은행자본이라는 충격완화장치는 파산의 위험을 감소시킨다. 어떤 은행이 단기 미재무성 국채 같이 위험이 없는 자산을 소유하는 경우 가상해 보자. 재무성국채는 2억 달러 상당이며, 다시 8억 달러를 빌려서, 빌린 총액을 전액 대출하는 경우를 생각해 보자. 은행이 준 대출액은 은행이 빌린 돈의 3/4을 유지하는 한, 은행은 예금자와 그 밖의 채권자에게 재지급할 수 있다. 8억 달러 중 3/4의 대출은 6억 달러이고, 이 6억 달러에 원래 은행이 가졌던 2억 달러의 자산쿠션을 합치면 8억 달러가 된다. 따라서 은행의 대출액 포트폴리오(명세서 또는 일람표)가 그 가치의 25% 이상(1/4 이상)을 상실할 때에만 은행은 어려움에 빠질 것이다. 이 경우에 은행의 채무자 자산을 초과하기 때문에, 사실상 지불불능, 즉 파산이 된다(Posner, 2009: 41~51).

### 3.6. 준비금과 예금 탈출(지불청구 a run on a bank)에 대한 포즈너의 해설

단기신용에 의해 주로 자금을 마련하면, 만약 안전을 위한 예방조치를 취하지 않은 경우에는 은행도 '예금 탈출'에 몹시 취약하게 된다. 만약 어떤 은행이 어렵다고 보이면, 예금자들은 은행이 파산하기 전에 예금을 찾으려고 서두를 것이다. 그리고 만약 충분히 많은 예금자들이 그들의 예금을 찾아간다면, 심지어 예금 탈출 이전에도 자산액이 채무를 초과하더라도 은행은 파산할 것이다. 은행은 현재도 그러려니와 과거도 그들 예금의 특정한 퍼센티지를 위험이 없는 자산-즉, 현금 및 현금과 상당한 것을 유지하도록 요구되는데(때에 따라서 은행에 따라서 퍼센티지는 다양하다, 통상 10%이다), 이들이 은행의 '준비금'이다. 준비금은 은행 자본의 휘발성을 줄임으로써 파산의 가능성을 줄이나, 은행파산에 대한 실지 또는 상상 속의 공포에 근거로 한 '예금 탈출(지불청구 a run on a bank)'의 가능성을 제거하지는 않는다(Posner, 2009: 41~51).

## 3.7. 요구불 예금(demand deposit)에 대한 연방정부의 보험: 연방 보험공사의 보장 역할

요구불 예금(demand deposit)의 연방 보험은 예금 탈출의 가능성을 제거하기 위한 목적으로 만들어졌다. 은행들이 연방정부의 보증을 이용하여 더 위험한 대출을 하지 않도록 하는 관심은 ― 연방 보증이 은행지불불능의 위험을 예금자로부터 연방예금보험공사로 이전했기 때문에 ― 은행업을 더 안전하게 해야 한다는 필요성을 증폭시켰다. 그 필요성에 일치하여, 은행들은 그들의 지불준비금 이외의 대부분의 자본을 정부채권을 사거나 단기 기업대출이나 개인대출을 주는 데 써 버렸다. 은행의 예금자에 대한 채무는 단기였기 때문에 장기 은행대출은 제한되어 있었다. 예금자들은 언제든지 그들 예금을 인출할 수 있었으나, 은행들은 (장기 대출이 만기가 되기 전에는) 그들이 준 장기 대출을 지불불능이 아닌 한 또는 지불불능 때까지는 이행 최고(催告)할 수 없었다. 은행 규제 당국은 은행 간의 경쟁과 비은행 대출자 간의 경쟁을 은행파산의 위험성을 감소시키려는 노력으로 제한하였다.

## 3.8. 주택 모기지의 성질

주택 모기지는 그 성질상 장기이며, 주로 저축 및 대출조합에 의해서 주로(또는 비슷한 성질의 상호 저축은행에 의해서) 이루어졌는데, 이것들은 역시 엄격한 규제 아래에서 움직이는 특수한 타입의 은행이었다. 규제에도 불구하고 상호저축은행(S&L)은 위험한 모기지 대출을 영위하였는데, (부분적 이유는 연방 예금보험은 '경험법칙에 따라서 평가(experience rated)'되지 않았기 때문에 ― 보험 프리미엄은 은행의 대출의 위험성에 따라 변화하는 것이 아니고 불변으로 고정되어 있었다는 것이다), 1980년대에 부동산 거품붕괴를 포함한 다양한 이유로 통틀어서 파산하였다. 이것은 신용시장의 불안정 특히 부동산에 연결된 신용시장의 불안정성을 잘 보여 주는 예였고, 따라서 닥쳐올 재난을 경고하는 사인이었다. 결국 이 사인은 무시되는 결과를 가져왔다.

### 3.9. '안전제일' 규제가 저하되었음: 탈규제[41] 운동

상호저축은행(S&L)의 나쁜 경험에도 불구하고 상업은행의 '안전제일' 규제는 1970년대 말, 즉 1978년경부터 시작된 탈규제 운동[42]의 부분으로서 계속해서 저하되었다. 메릴 린치와 레만 브라더스 같은 투자은행(Investment bank)과 중계 회사는, 금융회사(finance company), 머니마켓 펀드, 헤지펀드와 같은 비은행 금융중계회사들과 나란히 은행과 똑같이 규제되지 않았는데, 점점 더 은행과 비슷하거나 심지어 똑같은 금융상품을 제공하는 것이 허용되었다. 비은행 금융중계회사

---

41) 탈규제의 사회학적 의미는 김철, "급격한 변동기에는 탈규제와 무규범이 진행된다", 99∼100, 『경제위기 때의 법학』(서울: 한국학술정보(주), 2009ㄱ)을 참조할 것. "생활수준의 상한(上限)과 하한(下限)은 어떤 사회의 어떤 범주의 직능인들과 각기 다른 계층에게 납득될 수 있는 수준으로 작동해 왔다. 그러나 급격한 사회변동기, 곧 경제의 표준과 도덕의 표준이 변화하는 시기에는 그렇지 않다. 경제위기의 시기나 정권 교체기 또는 권력과 부가 급격히 증가할 시기에는 이러한 생활의 표준은 갑자기 급격하게 변한다. 취향의 정치 없음은 더 이상 여론에 의해 규제되지 않으며, 일종의 규제 회피 또는 탈규제. 더 나아가서 무규범 상태가 진행되고 더 이상 확립된 기성 계층은 존재하지 않으며 이룰 수 없는 목표를 위한 경주가 시작된다. (……) 이런 상황에서 종교는 영향력을 잃고, 경제를 규제할 정부는 하인이 된다. 자살은 어떤 종합적 상태의 경과 중의 하나이고, 타인을 살해하는 것은 이러한 경과의 다른 것이다." −Mannheim, 1973: 501 중에서−

42) "또한 1978년부터 시작하여, 2008년 9월 세계 경제위기에 이르기까지 약 30년간 계속된 신자유주의 내지, 1980년 초에 시작되어 2008년 가을까지 영향을 끼친 레이건 경제학(Reaganomics)에 동반된 법 이론과 상응하는 법 이론이 과거에도 존재하였던가 하고 묻는다."(김철, 2009ㄱ: 이 책의 취지) 탈규제 운동은 1978년 기점이나 1981년 이후의 레이건 경제학과 신보수주의와 시종 동행하였다(김철, 2009ㄴ: 240). "1981년 이후 활발하게 전개된 아메리카에 있어서의 신보수주의의 기원은 우선 시카고학파의 경제학자인 밀턴 프리드먼(Milton Friedman)이 주축이 되어서 1930년대 이후 아메리카 사회의 인프라를 구축하는 데 도움이 되었던 케인즈 이론에 맞섰다. 또 한 무리의 사회학자들은 빈곤과의 전쟁, 교육에 대한 연방지원 정책, 노인의료 지원정책 등을 포괄하는 국가계획에 반대하였다. 대공황과 뉴딜 정책 그리고 뉴딜 입법이 만든 아메리카 사회의 인프라는 1960년대까지 번영의 기초가 되었다. 1960년대의 청년문화, 반문화, 반전운동에 대한 아메리카 평균인들의 염증 이외에도, 아메리카 사회에 보수주의 경제학자들이 등장하게 된 것은 역사적으로는 이유가 있다."(김철, 2009ㄴ: 240)

들의 빌려 온 자본은 은행의 예금과 달리 연방정부가 보험으로 보장하지 않았는데, 따라서 이들 비은행권의 채권자들은 예금 탈출에 고도로 상처받기 쉬웠다. 이들 비은행권 금융회사들은 은행유사 금융상품 이외에 여러 개의 금융상품을 제공하였기 때문에 경쟁이 가속화되었고, 규제당국도 은행들이 같은 상품을 제공하도록 허용하여서, 은행이 성장하는 비은행 금융산업에 너무 많은 고객을 빼앗기지 않도록 했다. 비은행권 금융회사는 2008년까지는 거의 상업은행, 즉 보통 의미의 은행들만큼 숫자가 많아졌다. 그러나 요구불 예금에 대한 연방정부의 보험은 지속되었고, '은행 탈출'의 위협을 감소시킴으로써, 은행들이 위험을 감소하는 모험을 더욱 부추겼다. 헤지펀드들이 지불불능, 즉 파산의 문제를 상업은행의 경우와 같이 심각하게 봉착하지 않는 한 가지 이유로 헤지펀드의 자본의 어떤 부분도 연방정부에 의해 보험으로 보장되지 않았으며, 그래서 그들은 만약 그들이 그들의 자본구조에서 너무 많은 부채를 지게 되면 또는 지나친 위험을 지면, 그들은 지불청구, 즉 예금 탈출에 직면하게 될 것을 두려워하지 않을 수 없었기 때문이다.

전체적으로 탈규제된 금융산업[43]이 — 왜냐하면 '은행업'은 실로 금융중계와 동일어가 되었기에 — 2000년대 초에 낮아지는 이자율과 함께, 훨씬 나중에 밝혀진 대로 치명적으로 한 점에 수렴하게 되었고 비슷하게 되었다. 즉, 2003년까지 6개월까지 (정기)예금 증서의 평균 이자율은 1.17%로 떨어지고, 30년 만기의 보통 모기지 이자율은 5.83%로 떨어졌으며, 변동 모기지(이자율이 기간에 따라서 재조정되는 모기지 대

---

43) 2008, 2009년 금융위기의 핵심적 인과관계를 규제의 문제로 본 것은 스티글리츠(Joseph Stigliz)의 규제 경제학과 크루그먼(Paul Krugman)의 경제사적 통찰이었다. 두 사람 모두 자유지상주의 시대의 주조와는 달리 일관되게 정부의 규제기능과 이를 통한 자유지상주의의 교정에 역점을 둔 점에 공통점이 있다. 두 사람 모두 자본주의의 역사 중에서 1929년에 시작된 세계 대공황의 경험에서 태어난 공황의 경제학과 관계있다(Paul Krugman, The Return of Depression Economics & the Crisis of2008). 두 사람 모두 케인즈주의자로 알려져 있다(김철, 2009ㄴ: 249).

출)인 변동 모기지의 평균 이자율은 3.76%로 떨어졌다. 낮은 이율은 신용에 대한 수요가 치솟아 오르게 했다. 모두가 알듯이 대출이 증가하면 경제적 활동을 증가시킨다. 증가된 활동의 한 형태는 주택건설과 구매의 증가이다. 집값이 상승했다. 부동산 투자는 전통적으로 빚에 많이 의존하게 되는데, 왜냐하면 부동산은 담보(또는 근저당)대출의 빼어난 형태이며, 따라서 모기지 대출의 수요는 집값 상승과 함께 증가한다.

### 3.10. 자기 자본 대 부채 비율(Leverage)의 증가

작은 자기 자본을 기반으로 큰 대출을 일으키는 것은 이자율이 낮고, 투자가치가 상승하고 있을 때는 두 배나 매력적이다. 예를 들어 보자. 100만 달러의 자산은 가지고 있으나 부채는 없는 (금융중계)회사가 연 7%의 회수이자이익을 보장하는 대출을 주는 경우를 생각해 보자.

일 년에 7만 달러를 벌 것이다. 이제 이 (금융중계)회사가 200만 달러를 연리 3%로 빌려서 (이자 연 6만 달러) 300만 달러의 총 자산으로 위와 비슷한 대출을 행하는 경우를 보라. 300만 달러의 7%는 21만 달러이다. 그리고 이자로 지급되는 6만 달러를 제외하면 이 회사의 연 소득은 15만 달러인데 ― 이것은 빌리기 전의 소득의 2배는 넘는 것이다[44] ― 낮은 이자율과 부동산 기타 자산가치가 상승할 때, 은행산업은 자기 자산에 비해서 훨씬 더 큰 부채를 지게 된다. 낮은 이자율은 대출 수요를 증가시키고 동시에 대출을 주는 자가 자신의 자본을 증가시키지 않고도, 더 빌려서 증가된 대출 수요에 낮출 수 있게 된다. 그

---

44) 만약 경제학의 목적을 부의 극대화라고 한다면 부채 비율(Leverage)의 증가로 부를 증가시키는 것은 경제학의 당연한 귀결이다. 포즈너가 신자유주의 시대 때 경제학의 목적을 부의 극대화로 표현한 것은 그 시대에도 법학과 경제학 양면에서 비판을 받았다(김철, 2009ㄱ: 이 책의 취지). 신자유주의 시대의 포즈너는 법의 경제분석의 개척자로서 존중을 받았으나, 그의 이런 점 때문에 아메리카 헌법사의 분류에 의하면 경제적 보수주의(Economic Liberalism)의 범주에 속하지 않는가 하는 한국 학자의 관점도 있었다. 그러나 포즈너의 전반적 업적은 경제적 보수주의나 경제적 자유주의를 다 같이 포괄하고 있다.

래서 자기 자본 대 부채 비율을 증가시킨다.

### 3.11. 위험한 부채 비율(Leverage) 30 : 1(김철, 2009ㄱ: 53~54)

매력적이기는 하나 이와 같은 방식의 부채는 위험할 것이다. 만약 위에 든 예의 금융중계회사가 한 해 동안 잘못해서, 대출을 준 결과가 −5%로 나타난다면 빚을 전혀 얻지 않은 경우에는 자기 자본금 100만 달러의 5%인 5만 달러를 잃을 것이고, 만약 이 회사가 200만 달러를 빌렸던 경우에는 21만 달러의 손실을 입을 것이다. 즉 −5%가 그 회사가 만든 300만 달러 전체에 적용되면 15만 달러가 될 것이고, 자체 자본금 200만 달러의 이자인 6만 달러가 합쳐진 금액이다(빚 때문에 생긴 채무액은 고정되어 있다는 단순한 사실로부터 시작하여 생기는 빚으로 만든 총 자산액의 확대의 상승국면과 하강국면의 양면이다). 자기 자산에 비해 높은 정도의 채무 의존도를 가진 금융업자(분류해서 이야기하면 비은행권 금융중계업은 자기 자본 대 채무비율이 30 : 1[45] 또는 그 이상의 비율이 가능했고, 심지어 상업은행의 자기 자본 대 채무비율도 25 : 1에 이르렀다)가 높은 부채 비율을 가진, 즉 낮은 소득, 저축이 없으며, 고액의 채무를 짊어진 생애 처음 집을 사는 사람에게 대출을 하는 경우에는 재난으로 가는 길이다.

이 금융회사는 위험한 자본 구조를 가지고 있으며 그 자본은 극단적으로 위험한 대출에 제공함으로써 더욱더 위험하게 만들고 있는 것

---

[45] 월가가 더 많은 차입금으로 위험한 거래를 하게 된 제도적 요인 중 하나는 투자은행이 자기 자본대 차입금 비율의 상한을 1 : 30으로까지 확장한 것과 관계있다. 2004년 해당 규제위원회(U.S. Securities & Exchange Commission)가 순 자본원칙(netcapital rule)을 완화한 것은 당시 골드만 삭스(Goldman Sacks)의 CEO였던 헨리 폴슨(Henry Paulson)이 2000년에 청원한 것이 주효한 것이었다. 이 골드만 삭스맨이 이어서 부시행정부의 재무부장관이 되어, 투자은행들의 손실을 연방정부의 공식자금으로 메워 주는 역할을 하게 된다(Time, Nov.3: 32~33) 회전문 침투(revolvingdoor infiltration) 현상에 해당된다(Kenneth F. Warren, 1996: 49). 김철, "회전문 현상", 『경제위기 때의 법학』(53~54).

이다.

## 3.12. 모기지 채권을 증권화해서 유통시킴[46]

주택 가격 거품 때에 은행이 자기 자본 대비 부채율이 높은 빚을 얻는 것을 더욱 위험하게 만든 것은 은행들이 만들었거나 산 모기지 대출을 그대로 가지고 있지 않고, 모기지 대출액에 의해서 지탱되는 유가증권과 교환해서 대부분의 모기지 채권을 팔았다는 사실이다. 때로는 은행이 모기지 자체를 패키지로 일괄 포장에서, 모기지 패키지가 배경이 되는 유가증권을 발행하였고, 이 유가증권을 조각내어서, 다른 곳에서 발행된 비슷한 유가증권과 같이, 다른 은행들에 의해서 자주 구입되었다. 모기지가 배경이 되는 유가증권은 이와 같이 은행의 자산 자본의 한 부분이 되었다. 만약 모기지 가입과 (담보로 집을 산 자)의 지불불능으로 (모기지 가입자가 지불하는 이자에 의존하는) 유가증권의 가치가 떨어지면, 모기지 유가증권을 자산의 일부로 보유하고 있는 은행의 자산은 훼손될 것이다.

모기지가 뒷받침하는 유가증권은 아주 안전한 것으로 믿어졌다. 어

---

46) 모기지 채권의 증권화(securitization)단계부터 아메리카의 넓은 의미의 금융산업은 금융 공학, 재정 (finance) 금융에 관한 최신 경영학과 협조해서 일반 소비자가 이해할 수 없는 현학적인 금융상품을 개발하기 시작했다. 이 단계부터를 전문가 그룹의 바깥에 있는 다른 사회과학자는 의식, 무의식중에 다음과 같이 이야기하게 된다. "작년 월가의 금융위기가 벌어지기 과거 2~3년간 월가는 정상적인 월급이 아닌 천문학적인 보너스로 움직여졌다고 언론이 앞다투어 보도했다. 예를 들어, 메릴 린치의 경우 연봉 18만 불을 받던 한 30대의 투자 상담가는 500만 불(약 64억 원)의 보너스를 수령해서 하루아침에 돈방석 위에 앉았다. 또한 이 회사의 채권부서에서 일하는 펀드매니저들 중 100여 명 이상이 100만 불이라는 보너스를 받은 것으로 밝혀졌다. 골드만 삭스도 직원 50명에게 보너스로 2,000만 불 이상을 지급한 것으로 드러났다. 물론, 보너스를 수령한 이들의 연봉도 일반인들의 그것과 비교가 되지 않을 정도로 높은 것이지만, 정규 연봉은 빼고 보너스만으로도 이들은 자신들의 인생을 바꾸는 일확천금을 손에 쥔 것이다. 이런 일확천금을 노리고 그들은 금융공학이라는 미명하에 순전히 사기인 파생금융상품이란 것을 고안해 냈고, 그것으로 인해 애초의 자신보다 몇십, 몇백, 몇천 배의 자신이 있는 것처럼 자산은 부풀려졌다. 그리고 여기에 종사하는 이들은 그 부풀려진 자산의 최대 공로자로 인정받아 엄청난 부를 거머쥘 수 있었다."(김광기, "칼뱅, 베버, 파슨스 그리고 미국 자본주의의 위기", 『현상과 인식』 2009 가을호(서울: 한국인문사회과학회, 2009)) 그러나 79년 만의 세계 금융위기 이후에도 월가뿐만 아니라 한국의 증권가도 금융 파생상품은 꼭 필요했다는 견해이다.

떤 것들은 그러했다. 모기지를 일으킨 많은 은행들은 화니(Fannie)와 프레디(Freddie)가 보장하는 우량모기지가 배경이 되는 유가증권과 교환으로 화니 매(Fannie Mae)와 프레디 맥(Freddie Mac)에게 팔았다.[47] 그러나 비우량모기지(알트 - 에이와 다른 높은 정도의 위험성 있는 모기지를 포함하여)에 의해서 부분적으로 뒷받침된 유가증권들에는 문제가 있었다. 이러한 유가증권들은 다른 자금중계업자들(financial intermediaries)이 사고팔고 했으나, 상업은행(Commercial bank) 등은 비우량 모기지에 의해서 뒷받침되는 유가증권들을 패키지로 만들어서 팔아서, 뛰어들었다. 주택 거품이 꺼지고, 비우량 모기지 시장이 붕괴했을 때, 은행들은 그들 자신들이 창출했으나 단지 화재 후 타다 남은 물건의 판매가액으로만 팔 수 있었던 유가증권들의 안 팔리는 목록을 그들이 쥐고 있는 것을 발견했다.

### 3.13. 모기지가 뒷받침하는 유가증권의 놀랄 만한 구조에 대한 포즈너의 설명

비우량 주택금융(모기지)과 우량 주택금융(모기지)에 의해서 뒷받침될 때에, 왜 모기지에 의해 뒷받침되는 유가증권들이 안전하다고 간주되었는가를 이해하기 위해서는, 이러한 유가증권들은 사람들이 '유가증권'이라는 말을 들을 때 마음에 떠오르는 것과 같은 것들과 이들 모기지 - 유가증권들이 다르다는 것부터 주의하여야 한다. 하나의 유가증권은 수억 달러로 가액이 붙어 있으며, 때로는 10억 달러 이상으로 가액이 붙어 있었으며, 수백 건 내지 심지어 수천 건의 주택 모기지에 의해서 뒷받침되고 있었다 - '뒷받침한다'라는 것은 그 유가증권은 소

---

47) 화니 매(Fannie Mae)와 프레디 맥(Freddie Mac)은 금융위기의 초창기에 연방정부에 의해서 사실상 국유화되지 않을 수 없었다. Nial Ferguson, "The End of Prosperity", Oct. 13. 2008. TIME.

유자에게 모기지 대출로부터 들어오는 수입을 보장한다는 의미이고, 따라서 그 유가증권의 가치는 모기지 대출의 세입에 의존한다는 의미이다. 각개의 개별 유가증권(한 개 수억 달러 심지어 10억 달러 이상 가액)을 뒷받침하는 모기지 대출들의 집합적 공동계산은 모기지 대출자의 지불불능 내지 파산의 위험성을 지리적으로 분산, 다양화시킴으로써 지불불능에서 오는 위험성을 감소시키고(한 개의 유가증권은 수백 내지 수천 개의 주택 모기지 세입으로 뒷받침되고 있기에, 몇 개가 지불불능이 되어도 나머지는 이자지급이 계속 되는 방식으로) 따라서 플로리다에 있어서의 지불불능의 증가는 뉴욕에 있어서의 지불불능의 감소로 상쇄될 가능성이 있었다.

위험의 관리가 관계되는 한도에서는 좋은 수가 될 수도 있었다. 더하여, 각각의 개별 유가증권(한 개 또는 수억 달러에서 10억 달러 이상의 가액)은 피자 조각 자르듯이 예상되는 위험도래 수준에 따라서 집합된 조각으로 잘라지고, (피자 조각이 아니라 유가증권 조각의) 구매자는 그가 원하는 조각을 선택할 수 있었다(환원하면 각 유가증권의 부분(shares)들이 팔렸다). 유가증권을 뒷받침하는 모기지 대출들의 풀에 의해서 만들어지는 수입에 대한 우선적 청구권은 최우선층의 구매자가 가지게 되며 따라서 가장 높은 신용 등급을 가졌으며 가장 낮은 이자율을 지급하였다(Posner, 2009: 41~51).

## 4. 2008년 9월 이후의 세계경제위기를 초래한 아메리카의 금융경제의 구조를 살펴본 뒤에 어떤 규범에 문제가 있으며 마침내 러셀 갤로웨이의 제도사와 폴 크루그먼의 제도사에 대한 발견을 종합할 때 어떤 결론을 낼 수 있을 것인가

세계 경제위기를 초래한 인과관계에 대해서는 넓은 의미의 역사적 접근법(해롤드 버만)을 이용해서 사례법을 형성하는 전통적인 방식 이외에 다양한 학문상의 접근, 즉 첫째, 종교사회학적 방식 - 이 사건을 아메리카 사회를 건국 이후 지탱해왔던 에토스(Ethos)의 변질 - 즉, 막스 베버(Max Weber)가 청교도 윤리의 살아 있는 사례로 든 아메리카의 자본주의 정신의 쇄락 - 이라고 보는 방법이 있었다(김광기, 2009). 둘째, 법사회학적 방식, 즉 사회적, 문화적 아노미가 경제적 아노미를 불러일으켰다는 연구의 방식이 있다(김철, 2009ㄱ). 셋째는 평등권과 기회균등의 문제로 보는 헌법학의 방식이 있다(김철, 2009ㄱ). 넷째는 사회학적 또는 경제학적 방식을 우선으로 하는 오리엔테이션을 넘어서서 경제위기의 유발요인을 규범의 문제로써 파악하는 법철학적 방식이 있다(카스 선스타인, 1995). 다섯째는 기술적 언어 - "서브 프라임 모기지라든가 파생상품의 문제 또는 투자은행의 문제" - 로 시작하여 경제와 법을 거쳐서 법의 경제분석, 마침내 은행법의 문제로 파악하는 방식이다(리차드 포즈너, 2009). 논문 저자가 이전 논문(김철, 2009년 6월)에서 상론한 것처럼 폴 크루그먼의 경제사의 해석(김철, 2009.6: 46~47)은 법제도사의 문제로 옮아가고 경제적 현상보다 규범의 중요성으로 귀결이 된다(김철, 2009ㄴ: 232~233). 따라서 법철학자 카스 선스타인의 규범적 행동의 영향에 대한 발견은 폴 크루그먼의 결론과 일치한다. 아메리카 헌법사에 대한 러셀 갤로웨이의 해석(김철, 2009.6: 43~44)은 헌법규범의 운용이 경제사의 흐름을 인도한 사례연구로서 카스 선스타인 및 폴 크루그먼의 결론 부분과 일치한다. 법학자로서 논문 저자는 탈규제가 가져온 아메리카 금융산업의 위기에 대해서 실증적 부분은 포즈너의 해설을 존중한다(포즈너, 2009).

## 참고문헌

김광기, "칼뱅, 베버, 파슨스 그리고 미국 자본주의의 위기", 『현상과 인식』 2009 가을호(서울: 한국인문사회과학회, 2009).

김  철, "최현대의 경제 공법 사상", 『세계헌법연구』 제15권 제2호(서울: 국제헌법학회, 2009).

_____, 『경제 위기 때의 법학』(서울: 한국학술정보(주), 2009ㄱ).

_____, 『한국 법학의 반성』(서울: 한국학술정보(주), 2009ㄴ).

_____, "폴 크루그먼의 불평등의 경제학과 김철의 아노미의 법학", 81~83, 『경제위기 때의 법학』(서울: 한국학술정보(주). 2009ㄱ).

_____, "1980년대 이후 세계법학의 가장 큰 도전이었던 경제학적 법학방법론의 형성과 의미, 그 한계는 어떠한가 ─ 포즈너를 중심으로", 213~215, 『경제 위기 때의 법학』(서울: 한국학술정보(주), 2009ㄱ).

_____, "급격한 변동기에는 탈규제와 무규범이 진행된다", 99~100, 『경제위기 때의 법학』(서울: 한국학술정보(주), 2009ㄱ).

_____, "회전문 현상", 『경제위기 때의 법학』(서울: 한국학술정보(주), 2009ㄱ).

_____, "위기 때의 법학: 뉴딜 법학의 회귀가능성", 국제헌법학회 한국학회 『세계헌법연구』 14권 3호, 2008.

_____, 2002b 「포즈너의 공법학방법론」 중 Ⅲ, 법학방법론으로서의 경제 분

석과 한국에 있어서의 의미, 한국공법학회(엮음), 『공법연구』30집 제 4호(2002년 6월).

해롤드 버만, 서장 제8장 대화편 『종교와 사회제도 — 문화적 위기의 법사회학』(서울: 민영사, 1992).

Anderson, Kurt, "Don't pretend we did'nt see this coming for a long time", Time, 30~31(New York April 6, 2009).

Beinart, Peter, "The New Liberal Order", TIME, 22~24(New York, November 24. 2008).

Cialdini, R., J. Cacioppo, R. Bassett & J. Miller, "Low – Ball Procedure for Producing Compliance: Commitment Then Coast", 36 J Personality and Social Psychology 463(1978).

Ferguson, Niall, "The End of Prosperity?"(New York, TIME, 2008.10.13).

Galloway, Russell, Justice for All(1991), The Rich and The Poor in Supreme(1983) (안경환 번역)『법은 누구편인가』(서울: 범우사, 1998).

Goldin, Claudia and Margo, Robert "The Great Compression: The Wage Structure in the United States at Mid – Century", Quarterly Journal of Economics, 107, no.1(1992).

Gumbel, Peter, "Braking the Banks", TIME 37~38(New York, September 28. 2009).

Kolko, Gabriel, The Triumph of Conservatism, 1963 – American Legal History 1890 – present(ed. by Thomas A. Green)(Ann Arbor: UM Law Sch., 1980~1981).

Malloy, "Invisible Hand or Sleight of Hand? Adam Smith, Richard Posner and the Philosophy of Law and Economics", 36 Kan. L. Rev. 209(1988).

_____, "The Ethics Of Wealth Maximization: Reply To Malloy", Vol.36, Kan. L. Rev(1988).

Mannheim, Herman, Comparative Criminology – a Textbook(London: Routledge & KeGan Paul, 1965 & 1973).

McCarty, Nolan Keith Poole, and Howard Rosenthal, Polarized America: The Dance of Ideology and Unequal Riches(MIT Press, 2006).

Merton, Robert K., Social Theory and Social Structure – Revised and enlarged Edition(Glenco: 1949, 1957).

New York Times, "Essential story of financial crisis 2008" November 6. 2008,

Business section.

Posner, Richard A., "The Social Cost of Monopoly and Regulation", *The Journal of Political Economy* 83, No.4(August 1975): 807 – 27 The University of Chicago Press.

_____, Richard A., "Why was Depression not anticipated" & "The Economics Profession Asleep at the Switch", *A Failure of Capitalism*(Harvard Univ. Press, 2009).

_____, Richard A., "Utilitarianism, Economics, and Social Theory", *The Economics of Justice*(Harvard Univ. Press, 1983).

_____, Richard A., *Economic Analysis of Law*, A Case Book Series(Harvard Univ. Press, 1978).

_____, Richard A., *The Economic of Justice*(Harvard Univ. Press, 1983).

_____, Richard A., *The Federal Courts: Criris and Reform*, (Cambridge: Harv. Univ. Press, 1985), "The Meaning of Judical Self – Restraint", *Indiana. L. Rev.*, 59.

_____, Richard A., "Economics, Politics, and the Reading of Statutes and the Constitution", *Univ. Chicago L. Rev.*, 49, 263~91, 1982.

_____, Antitrust Law: An Economic Perspective(Chicago and London: Univ. Chicago Press, 1976).

_____, The Behavior of Administrative Agencies. *J. Legal Stud*, 1.

Pikety, Thomas and Emanuel Saez, "The Evolution of Top Incomes: A Historical Perspective"(NBER NO.11955, Jan. 2006).

Sloan, Allan, "What's still wrong with Wall Street", Time, Nov. 9. 2009.

Stigler, George J. ed. The Theory of Regulation Series in Political Economy of Chicago University, (University of Chicago Press).

Stiglitz, Joseph, "<The Way Out. How the financial crisis happened, and how it must be fixed>"(New York, TIME, 2008.10.27).

Sunstein, Cass R., "Norms and Roles", *The Program for the Study of Law, Philosophy & Social Theory*(edit. Ronald Dworkin, Fall 1995).

Warren, Kenneth F., *Administrative Law in The Political System – Third Edition*(New Jersey: Prentice Hall, 1996).

Weber, Max, *The Protestant Ethic and the Spirit of Capitalism*(Talcott Parsons 옮김)(London: George Allen & Unwin, 1930).

Dworkin and Kronman. *J. Legal Stud.*, 9, 243 – 252. 1980. The Present Situation in Legal Scholarship. *Yale L. J.*, 90, 1113~1130, 1981.

Robert C. Ellickson, "ˉBringing Culture And Human Frailty To Rational Actors: A Critique Of Classical Law And Economics", 65 Chi – Kent L. Rev. 23(1989).

# 제 7 장

## 최현대의 경제 공법사

– 금융 규제와 탈규제 – 글라스 스티걸 법부터 뉴딜 시대의

금융 시스템의 붕괴까지

## John Pierpont Morgan, Sr.(1837~1913)

이 사진은 J. P. Morgan가의 창설자, Morgan의 것이다.
7장 2절 3항 1차 대전 이전의 푸조 조사위원회는 역시 의회의 청문회를 거쳤다.
이때 가장 중요한 증인은 Morgan가의 2세 형(the elder)이었다.
7장 2절 4항 1933년 피코라 위원회의 증인은 젊은 Morgan이었다. 20년의 세월의
경과에도 불구하고 상원위원회의 심문 대상은 2세 형(the elder)의 동생 J. P.
Morgan(the younger)이었다.
1930년 아메리카 전역에 걸친 유동성 위기는 12월 11일에 뉴욕의 뱅크 오브 유나
이티드 스테이츠의 파산으로 이어졌다. 어떤 관찰자는 유나이티드 스테이츠의 몰
락을 월가의 오랫동안 군림해 온 가문들, 특히 전투적일 정도로 씨족적이고 이교
적인 모건 가(House of Morgan)의 행동과 관계 짓는다(Ron Chernov). 7장 1절 1
항 대공황 전기의 은행과 금융위기 참조.


7장 1절 "1931년 초까지 아메리카의 공황에 대한 월 스트리트의 영향과 금융체계"
참조. 사진은 재즈 시대의 10년 간 계속된 농촌의 부진과 답보에 관계가 있다.

이 글은 세계 금융위기 이후 전 세계 정부와 금융가의 관심의 초점이 되고 있는 글라스 스티걸 법(Glass – Steagall Act of 1933) 제정 당시의 입법 배경과 입법 취지 및 효과를 고찰한 것이다. 경제 공법학도의 입장에서는 1930년대의 세계 대공황의 직접적 도화선이 된 금융위기에 대응하기 위한 일련의 뉴딜 입법(New Deal Legislation) 중 긴급은행법(Emergency Banking Act, 1933)과 글라스 스티걸 법은 뉴딜 시대(1933~1961)를 거쳐 1980년 이전의 아메리카 사회의 안정된 중산층을 형성시키는 주된 법제도로 작용하였다는 것을 확인하게 된다. 부수하는 제도는 예금보험제도와 연방예금보험공사(the Federal Deposit Insurance Corporation)이다. 지역공동체 중심의 저축대출조합(the Savings & Loans Association, S&L)이 뉴딜 시대에 정부 규제의 프레임워크에 의해 보호받게 되었다가 1980년대 이후 뉴딜 시대의 금융시스템이 붕괴되면서 아노미에 빠지는 경과를 주목한다. 논문의 마지막 부분부터 1980~1982에 시작된 탈규제시대의 두 법, 즉 「예금수탁기관 탈규제와 통화법」(Depository Institutions Deregulation and Monetary Control Act of 1980)과 「가안 – 쌩 제르멩 예금기관법」(Garn – St. Germain Depository Institutions Act of 1982)이 등장한다. 금융산업 규제 완화의 경과 중 S&L위기(1986~1995)와 연방저축대출보험공사(Federal Savings & Loan Insurance Corporation)의 파산까지를 본 논문의 주제로 삼는다. 투자은행(investment bank)의 유가증권화(securitization) 문제부터는 후속 논문에서 다룬다.

– "최현대의 경제 공법: 금융 규제와 탈규제 – 글라스 스티걸 법부터 뉴딜 시대의 금융 시스템의 붕괴까지", 『세계헌법연구』 제16권 제1호 2010.02.에 게재

## 0. 들어가는 말

2008년 이후의 세계 금융위기의 대처와 해법은 마침내 뉴딜 시대의 글라스 스티걸 법(Glass – Steagall Act. 1933)의 재등장까지 진행되었다. 입법배경, 취지, 효과를 관련 법제도와 함께 고찰한다. 1982년 가안 – 쌩 제르멩 예금기관 법으로 규제해제가 된 시점(1995)까지의 탈규제의 효과를 중점적으로 다루나, 2003년 이후의 효과도 지면이 닿는 대로 동시에 약술한다.

## 1. 1931년 초까지 아메리카의 공황에 대한 월 스트리트의 영향과 금융 체계

1931년 초까지 아메리카의 공황은, 경제적 측면에서 파악하면 그때까지 진행된 국내 경제문제의 결과로 보였다. 재즈 시대(1919~1929)[1]에 약 10년간 계속된 농업부문의 침체와 담보, 자동차 판매고의 감소, 주택 시장[2]의 침체 그리고 이 모든 것에 더하여, 가장 긴급한 것은 월 스트리트의 해적 같은[3] 악습과 폐해, 머리칼을 곤두서게 하는 자산가치의 증발과 손실, 무정부적인 금융체계의 재난을 들 수 있다. 그러다가 국내문제를 넘어서, 유럽이 끔찍하고 등뼈를 휘게 할 만한 부담을 휘

---

1) 재즈 시대에 대해서는, 김철, "팍스 아메리카나와 재즈 시대", "재즈 시대의 아노미", 『경제 위기 때의 법학 – 뉴딜 법학의 회귀 가능성』(서울: 한국학술정보(주), 2009ㄱ)을 볼 것.

2) 주택 시장은 뉴딜 시대 이전부터 저축대출조합(Savings & Loans Association)에서 담당했고, S&L의 문제는 뉴딜 시대 때부터 금융업과 은행업의 중요 문제가 되었다(본 논문 '루스벨트의 뉴딜 시대와 주택금융'을 참조).

3) 1933년 봄, 후버 자신은 금융업자들이 다시 제자리로 돌아가는 것을 환영할 만한 준비가 된 듯해 보였다. 그러나 대중의 정서는 은행업자와 금융업자가 다시 아무 일도 없었다는 듯이 제자리에 복귀하는 것을 보고 흡사 "성전에서 환전상을 하던 사람들이 다시 성전으로 되돌아오는 듯한 느낌을 받았다." 나라 금융업계의 지도자들의 윤리성에 대해서 언론은 특히 상원 은행 및 통화위원회에서 개최되고 있는 공청회에 집중하였다(Schlesinger, 1958: 434).

청거리는 후버(Hoover) 행정부에 준 것이다(David Kennedy, 1999: 69).[4]

## 1.1. 대공황 전기(1929~1933)의 은행과 금융위기

대공황 전기(1929~1933)의 은행[5]과 금융위기를 주목한다.

역사학자 케네디에 의하면, 아메리카의 은행은 대공황 이전의 시절에도 곧잘 부패할 수 있는 소지가 있었고 1929년대를 통하여 연간 500개를 넘는 비율로 파산하였다(Kennedy, 1999: 65). 대공황이 시작된 1929년 10월까지 대략 같은 숫자가 파산했다. 10월 이후 1930년의 마지막 60일 동안 600개가 더 파산해서 연간 1,352건의 파산이 기록되었다.

1929년 당시 아메리카의 총 은행 개수는 2,500개였다. 52개의 다른 규제체계가 작동하고 있었다. 연방 준비제도(Federal Reserve System, 1913년)의 아버지인 카터 글라스(Carter Glass)는, "어떤 은행은 말이 은행이지 전당포 수준인 것이 있었고, 길모퉁이 식품점 주인이 은행가 역할을 했다"라고 회상했다.

1930년 켄터키의 루이스빌 내셔널 은행에서 시작해서, 연계된 은행 그룹이 소재하는 인디아나, 일리노이, 미주리, 아이오와, 아칸소, 노스캐롤라이나로 번졌는데, 유동성위기였다. 1930년 12월 11일에 뉴욕시

---

4) David Kennedy, *Freedom From Fear - The American People in Depression and War, 1929~1945*(Oxford Univ. Press, 1999).

5) 아메리카에서의 '은행(Bank)'은 넓은 의미의 은행을 의미하는 것으로, 한국과는 차이가 난다. 경제위기를 이해하기 위해서는 은행업이라는 것이 어떤 것인가를 적절히 이해하는 것이 중심이 된다고 본다(Richard Posner, "Why was Depression not Anticipated", *A Failure of Capitalism*(Harvard Univ. Press, 2009: 41~51). 재무(Finance) 또는 금전(Money)을 중계하는 역할을 가장 넓은 의미의 '은행(Bank)'이라고 할 수 있는데, 이 의미에서는 은행이란 큰 규모로 빌려 주는 자임과 동시에 큰 규모로 빌리는 자이다. 왜냐하면 그들이 주로 빌려 주는 것은 그들 자신의 자본이라기보다도 그들이 다른 곳에서 빌린 돈이기 때문이다. 빌려서 빌려 주는 것이 은행인데 단지 대규모로 영위된다는 점이 특징이다. 가장 우리가 자주 이용하는 저축예금은 요구불예금(Demand deposit)으로 말하자면 은행에 돈을 빌려 주는 자, 즉 예금자가 언제든지 즉시로 맡긴 예금의 지불을 요구할 수 있다. 예금은 은행의 채무이다. 이와 같이 빌린 돈으로 자금을 만들기 때문에 은행의 부채는 그들이 원래 소유하는 자산인 자산자본을 훨씬 능가하기 마련이다(김철, "최현대의 경제공법사상(2)", 『세계헌법연구』 제15권 제3호 (서울: 세계헌법학회 한국학회, 2009.12).

의 뱅크 오브 유나이티드 스테이츠(Bank of United States)가 문을 닫았다. 그 명칭 때문에 공적인 기관으로 오인될 수 있었으며, 따라서 그 여파는 더 컸다. 유대계의 상업은행으로 40만 명 이상의 유대계 이민의 예금을 취급하였으며, 이들은 주로 복식 산업에 고용되어 있어서 뉴욕 은행가에서는 '바지 다리미장이들의 은행'으로 통했다. 이런 맥락에서 어떤 관찰자는(Ron Chernov), 유나이티드 스테이츠 은행의 몰락을 월가에 오랫동안 군림해 온 가문들 특히 전투적일 정도로 씨족적이고 이교적인 모건 가(House of Morgan)의 행동과 관계 짓는다.[6]

즉, 연방 준비제도(Federal Reserve)가 모건 가에게 유나이티드 스테이츠 은행을 구제해 주라는 요청을 계획적으로 거절하였다고 한다. 역사가인 케네디는 연방 준비제도의 존재 자체가 모건 가와 같은 대규모 상업 은행이 1907년 위기 때와 같이 유동성을 풀어 주는 역할을 하지 못했다고 역설로 설명한다(Kennedy, 1999: 69).

1930년 12월 당시 연방 준비제도는 유나이티드 은행 구제를 행하지 못했다. 내부적으로 행정공백이 2년째 계속되고 있었다. 뉴욕 연방준비은행 총재(Governor)가 공황 이전에는 연방 준비제도에서 가장 큰 카리스마를 행사했는데, 1928년에 벤자민 스트롱이 사거한 이후, 공백 상태였다. 제도가 개인적 리더십에 너무 의존한 경위는 1987~2005의 그린스펀에서도 되풀이되어서 보인다.

연방정부는 아무런 조취를 취하지 않았다. 공개시장조작을 하지 않았을 뿐만 아니라 금융시스템에 신용자금을 오히려 축소하였다. 1932년 1월 1860개 은행이 파산하였다.[7] 1932년 4월에 연방정부는 처음으

---

6) Ron Chernov, *The House of Morgan*(New York: Atlantic Monthly Press, 1990), 323~324.
7) 은행파산에 대한 통계는 1920년대부터 1930년 연말까지는 역사학자 케네디(David Kennedy: 1999, 65)의 통계에 따른다. 그에 의하면, 1929년 당시 총 은행 개수가 2,500개라고 한다. 그러나 통화주의자 프리드만(Milton Friedman and Anna Schwarz, 1963)과 이를 인용한 경제사학자 퍼거슨(Niall Ferguson, TIME, 2008.10.13)에 의하면 1932년 1월까지 1,860개 은행이 파산하고, 1933년 3월 6일 은행 휴일로 지정된 기간 동안 2,500개 은행이 파산했다고 한다.

로 대규모의 공개시장을 통한 유동성 위기대책을 시행하기 시작하였다. 1932년 말부터의 은행파산의 물결은 드디어 국가가 '은행 휴일'을 제정하기에 이르고 프랭클린 루스벨트가 취임한 이틀 뒤인 1933년 3월 6일 예금자들의 예금인출 사태에 대응하여 다시 휴일을 선포하기에 이른다. 이 은행 휴일 동안 2,500개 은행이 파산했다(Milton Friedman and Anna Schwarz, 1963; Niall Ferguson, 2008).

## 2. 루스벨트의 긴급은행법(Emergency Banking Act. 1993)과 글라스 스티걸 법(Glass-steagall Act. 1933)

루스벨트의 긴급은행법(Emergency Banking Act. 1933)과 글라스 스티걸 법(Glass-steagall Act. 1933)의 연원이 되는 제도의 취지는 공황이 3년째 진행되던 1932년에 나타났다. 새로운 제도에 대한 필요성은 루스벨트는 1932년의 콜롬버스에서의 연설에서, "우리의 상황은 대담하고 지속적인 실험정신을 요구한다. 하나의 방법을 택하고 일관되게 노력하는 것은 좋은 상식이다. 그러나 그것이 실패로 끝났다면 그 실패를 솔직히 받아들이고, 다른 방법을 시도해야 한다"라고 했다.

### 2.1. 은행법 입법의 경위

1933년 1월 운터마이어(Untermyer)는 우정성(Post Office Department)을 은행규제의 기관으로 하는 초안을 루스벨트에게 제출했다. 초안의 다른 규정에 대한 위헌의 우려와 함께 이 규제 담당 기구의 문제가 루스벨트로 하여금 커밍스(Cummings)와 로퍼(Roper)에게 다른 초안을 준비하도록 했다. 두 사람은 연방 통상위원회(Federal Trade Commission)

의 경험 있는 톰슨(Huston Thompson)에게 초안 기초를 넘겼다(Schlesinger, 1958: 440).

톰슨의 초안은 유가증권(Securities) 발행을 심사해서 불허하는 권한을 연방통상위원회(Federal Trade Commission)에 주는 것으로, 주의 법(blue-sky Laws)[8]을 모델로 한 것이었다. 정부에 지나친 책임을 지우는 것 같이 보였으며 법안 초안의 숙성도도 충분치 못했다. 루스벨트는 두 개의 불만족스러운 초안을 가지고 초안에 참여한 모든 기초자들이 원탁에 앉아 공개토론에 부치도록 했으나 합의에 실패했다.

대통령은 과제를 분리해서 문제를 해결하려 했다. 톰슨은 신주(新株)와 사채(社債)와 공채(公債)를 포함한 증권을 규제하는 법안을 기초하게 했다. 운터마이어는 외환을 규제하는 법안을 기초하게 했다.

유가증권(Securities)의 입법이 우선이었다. 1933년 3월 29일 하원에 보내는 메시지에서 루스벨트는 어떤 오래된 진리에 근거한 법을 제정할 것을 촉구하였다.

## 2.2. 루스벨트의 원칙: 오래된 진리

오래된 진실이란, 시민들의 돈을 취급하거나 사용하는 은행이나 회사 그리고 어떤 명칭의 조직을 경영하는 사람들은 다른 사람들을 위해서 행동하는 것이고 신뢰(Trust)를 받은 수탁자(受託者, Trustee)이다(Schlesinger, 1958: 441).

**Caveat emptor 원칙**은 "사는 사람이 알아야 한다"는 오래된 법언(法諺)이다.[9] 대공황시대의 주식 폭락 이후의 경험은 "판매자가 먼저

---

8) blue-sky Laws에 대해서는, 본 논문 중 '1933년 긴급은행법과 글라스 스티걸 법의 배경'에서 '푸른 하늘' 법으로 번역하고, 가짜증권 위조증권 및 신용할 수 없거나 거의 가치 없는 불량 투자 규제의 주법(州法)으로 소개되었다.

9) 구매자(사는 사람)가 그 자신 스스로 조사하고 판단하며 테스트해야 된다는 원칙을 요약한 법언(maxim)이다. 이 법언은 경매절차 기타 법원이 행하는 세일즈에 특히 더 적용되고 소비자 물품의 세

알려야 한다"는 유가증권 판매 때의 원칙이 법에 보충되어야 했다. 법은 온전한 진실을 말해야 하는 부담을 판매자에게 지워야 한다고 루스벨트는 말했다. 이러한 경위로 만들어진 톰슨 법안이 하원에 제출되었으나 강한 반발을 불러일으켰는데 증권 판매를 규제해야 한다는 사상에 이미 친숙했던 의원들까지 그러했다. 에이브릴 해리만(Averil Harriman)은 루스벨트에게 투표했으며, 브라운 브라더즈(Brown Brothers)는 투자은행을 소유한 자유주의적 기업인인데, 적절해 보이는 설득력을 가지고 초안의 조치가 실효성이 없을 것이라고 루스벨트의 측근인 몰리(Moley)에게 항의하였다.

## 2.3. 1933년의 긴급은행법과 글라스 스티걸 법의 배경

심문, 질문지를 사용한 조사, 인터뷰를 통한 조사를 사용해서 1933년 1월에 개시된 상원 위원회는 증권거래에서 무엇이 잘못되었나에 대해서 이전의 누가 수집한 것보다 더 많은 정보를 수집하였다. 명백히 드러나는 난점은 과실이나 착오 또는 고의로 유가증권에 대해서 잘못 진술한 데 대해서, 유가증권의 판매자가 양심의 가책을 느끼지 않는다는 사실이었다. 여기에 대한 해답은 유가증권에 대한 전면적이고 완벽한 내용 노출을 강제하는 것이다(Schlesinger, 1958: 439). 다른 어려움은 상업은행(commercial banks)들이 증권을 중계해서 돈벌이하는 것이었다. 이 문제에 대한 해답은 상업은행들로 하여금 그들의 자회사인 증권회사들과 이혼하도록 강제하는 것이었다.

또 다른 난제는 모건 하우스(the House of Morgan) 같은 공적 기관이 아닌 사립 은행들이 사채(社債) 기타 유가증권을 발행하기도 하면

---

일즈와 같은 경우에는 엄격하자책임(strict liability), 품질보증의무(warranty)와 같이 소비자 보호법이 소비자인 구매자를 보호하는 영역에서는 덜하다(Black's Law Dictionary, 1979: 202).

서 동시에 예금을 받는 것이었다. 여기에 대한 대답은 사립은행들로 하여금 둘 중 하나의 업무에 집중·전념하도록 강제하는 것이었다. 이 두 가지 조치가 가장 기초적인 것으로 보였다. 그러나 적어도 이 두 가지 조치가 새로운 시대에서 다시 과잉과 탐욕, 아노미가 나타나는 데 대한 안전벽으로 작용할 것이었다.

여기에는 충분한 선례가 있었다. 대영제국은 1930년대 이전 약 1세기 동안 회사법(the Companies Act) 아래에서 유가증권의 문제들을 감독해 왔다. 아메리카의 여러 주는 1911년을 기점으로, 유가증권 판매 때의 흠(瑕疵) 있는 진술에 대해서 개별 투자자들을 보호하기 위하여 '푸른 하늘 법(blue-sky laws)'을 통과시켜 가짜증권, 위조증권을 비롯하여 신용할 수 없거나 거의 가치 없는 불량 투자를 규제해 왔다. 1차 대전 이전의 Pujo 조사위원회[10]의 결론은 이런 규제는 실로 연방정부가 해야 할 일이 아닌가 하는 일이었다. 1차 대전 중의 자본금 문제위원회(the Capital Issues Committee)에서의 경험은 유가증권 발행에 대한 기준을 정하기 위한 테일러 법안(Tailor bill)의 상정으로 연결되었다(A. M. Schlesinger jr., 1958: 439).

1932년 선거캠페인에서 루스벨트 자신이 콜롬버스에서의 연설에서 금융·재무의 규제를 위한 프로그램을 제시하였다. 이 금융규제는 두 그룹의 추종자의 열렬한 지지를 받았다. 펠릭스 프랭크퍼트[11]로 대표되는 브랜다이스 전통에서의 거대형(금융 비즈니스)에 대한 반대가 첫

---

10) 1차 대전 이전의 푸조 조사위원회(Pujo Investigation)는 역시 의회의 청문회(the Pujo hearing)를 거쳤다. 이때 가장 중요한 증인은 Morgan가의 형(the elder)이었으며 운터마이어(Samuel Untermyer)의 질문에 당당한 위엄으로 맞서면서 지팡이로 의회 마룻바닥을 쳤다고 한다. 1924년에 형 모건은 '아메리카의 대중을 위해서' 공립도서관을 건립했다. Diana E. Richardson(ed.) Vanity Fair, - Portraits of an Age 1914~1936(New York: Thames and Hudson, 1982) 1933년의 Pecola 위원회의 주된 증인은 젊은 Morgan이었다. 20년 세월의 경과에도 불구하고 상원위원회의 주된 조사와 심문대상은 같은 J. P. Morgan House라는 금융회사였다.

11) 펠릭스 프랑크퍼트(Felix Frankfurter)는, The Public and It's Government, 151~162(1930)에서 규제국가에 있어서의 정당성의 문제를 행정법과 헌법 사상에서 찾으려 했다. Thomas Green, American Legal History: 1850~1950(Ann Arbor: UM Law Sch., 1979).

번째 그룹의 특징이며, 두 번째 그룹은 월가의 금융회사들이 경제를 지배하는 데 대해서 오랫동안 두려워해 왔던 농촌 출신의 진취주의자들 — 즉, 텍사스의 샘 레이번(Sam Rayburn)과 몬타나의 버튼 K. 휠러(Burton K. Wheeler)가 이끄는 그룹 — 이었다. 실로 역사를 소급해서 1차 대전 이전인 1914년에 이미 1933년 협력의 초판이 나온 셈인데 — 첫 번째 특징의 브랜다이스(Brandeis)와 두 번째 특징의 샘 레이번이, 철도회사의 유가증권의 새로운 발행에 대해서, 주간통상위원회(Interstate Commission)에 통제권한을 주는 법안에서 협조하였었다. (Sen. Banking and Cur. Com., Stock Exchange Practices: 388, 1010, 2834)에서 보이는 대로 약 20년 뒤에(1914~1933), 다시 같은 문제를 풀기 위해서 자유주의자(liberals)들은 미완의 숙제로 다시 돌아오고 있었다 (Schlesinger Jr, 1958: 440).

브라운 브라더즈(Brown Brothers) 투자은행의 해리만의 항의로 남부 농촌연합의 레이번은 톰슨의 초안을 희망 없는 것으로 간주하고 새로운 초안이 상황을 구제할 것이라 했다. 루스벨트 캠페인의 수석 브레인 트러스트였으며, 선거후 국무성 장관보인 몰리(Raymond Moley)는 브랜다이스 전통[12]의 하버드의 프랑크푸터(Felix Frankfurter)에게 조난 신호를 보냈다. 이틀 뒤, 1933년 4월 7일 프랑크푸터는 법안 기초 작업을 도울 두 청년[13]과 함께 워싱턴에 나타났다. 법안기초의 전례가 되는 원칙을 프랑크푸터가 천명하였다. 주식회사는 일반 공중으로부터 자금을 공개 모집하였을 때는 "언어의 참뜻에서 공적인 기구(public body)가 되고 경영진과 은행가는 공적인 기능을 행하는 사람들(public functionaries)"이 된다. 따라서 프랑크푸터의 그룹은 영국 입법례의 모

---

12) 여기에 대해서는, 김철. "대공황 시대의 경제사상과 법", 『경제 위기 때의 법학 — 뉴딜 법학의 회귀 가능성』(서울: 한국학술정보(주), 2009ㄱ), 67~71.
13) 하버드 로스쿨의 입법학 교수인 제임스 랜디스(James M. Landis)와 벤자민 코헨(Benjamin V. Cohen)이었다.

델을 따른 초안을 좋아했다. 영국 모델은 (유가증권 발행에 따른) 모든 자료의 요소들을 모두 공개할 것을 요구한다. 그러나 톰손(Thompsom) 초안에서와 같이, 유가증권 발행을 인가하지 않을 수 있는 일반적 금지권한을 해당관청에 주는 것은 아니다.[14]

어떤 점에서 브랜다이스의 재판연구관(Law Clerk)을 지내고 입법학 교수인 랜디스(Landis)[15]와 벤자민 코엔(Benjamin Cohen)은 영국 입법례를 넘어선 기초안을 작성하였다. 요구되는 자료 요건의 공개 정도에서 그러했고, 완벽한 자료 요건 공개가 등록되지 않은 사례에 있어서는, 유가증권 발행이 보류될 수 있는 '정지 명령(Stop order)'을 특별히 덧붙인 점에서 그러하다. 금요일 아침부터 월요일 아침까지만 사흘 낮밤을 열렬히 작업하여, 두 사람의 기초자는 이와 같은 맥락의 초안을 기초하였을 뿐 아니라 하원상업위원회(The House Commerce Committee)의 레이번의 소위원회에서 그들의 초안을 성공적으로 방어하였다. 두 사람은 하원의 법제 관계 법률가인 미들톤 비만(Middleton Beaman), 부흥금융공사(Reconstruction Finance Corperation)의 코코란(Cocoran)과 함께 마지막 작업에 들어갔다.

월 스트리트는 이해가 됨직한 신경과민성의 상태로 법안 기초의 전개를 기다렸으며, 기초된 초안이 하원 상업위원회의 전원 위원회에 상정되기 전에, 반박하여 뒤집을 기회를 가지려고 전력투구하고 있었다. 대선 캠페인의 수석참모였으며, 국무성 장관보인 몰리(Moley)가, 월가 패권에 비판적이어서 동석을 꺼리는 하원 소위원회의 레이번을 설득해서 설리반 & 크롬웰(Sullivan & Cromwell) 로펌의 존 포스터 덜레스(John Foster Dulles)가 이끄는 일단의 월가 법률가들이 하는 소리를 들

---

14) 일반적 금지권한은 대륙업계 국가의 인가·허가권에서 두드러진다.
15) James M. Landis, *The Administrative Process* 22, 69~75, 95~99(1938)에서 규제국가에 있어서의 규제의 정당성의 문제를 행정법의 핵심으로 파악했다(Thomas Green, *American Legal History: 1850~1950*(Ann Arbor: UM Law Sch., 1979)).

어 보도록 했다. 초안 작성자인 두 사람은 훌륭하게 취지와 언어를 설명하였는데도, 덜레스는 문제점에 대해서 불완전하게 파악하고 있었다. 하원소위원회는 덜레스의 반박·비판의 주제발표에 감명받지 않았다. 다음 몇 주 동안 해당 상임위원회와 하원전체회의가 코엔 – 랜디스 초안을 받아들였다. 그동안 상원은 톰슨(Thomson)이 만든 초안을 통과시켰으나, 레이번은 하원의 법안으로 대체하는 것을 토론 끝에 성사시켰다. 1933년 5월 27일 대통령은 유가증권법(The Securities Act)에 서명하였다. 몇 개월 뒤에 법안의 기초자인 랜디스(Landis)는 새로운 유가증권법을 시행하기 위해서, 연방통상위원회(The Federal Trade Commission)에 임명되었다.

## 2.4. 피코라 위원회(The Pecora Committee, 1933~ 1934)의 입법 권고 사항과 금융가의 반대

피코라 위원회(The Pecora Committee)[16]는 역시 금융관행에 대해서 권고사항이 있었다. 즉 상업은행(Commercial Banks)과 그것이 설립한 증권관계 자회사(affiliates) 또는 특수 이해관계의 증권회사를 분리해서, 즉 이혼시킬 것이다. 또한 투자은행(Investment banks)을 예금취급사무(deposit business)로부터 분리할 것이다(Schlesinger, 1958: 442).

금융과 은행관계 커뮤니티는 유가증권 입법과 마찬가지로 이 피코라 위원회의 권고를 좋아하지 않았다. 아메리카 은행(가)협회의 회장

---

16) 1933년 1월부터 1934년까지, 상원금융 및 통화위원회(the Senate Banking and the Currency Committee)의 법률고문(counsel)이며 조사관(investigator)이었던 페르디난드 피코라(Ferdinand Pecora)의 이름을 따서 당시 저널리즘이 피코라 위원회라고 약칭하였다. 여기에 대해서는 J. T. Flynn, "The Marines Land in Wall Street", *Harper's*, July 1934. 피코라의 스텝으로 활약했던 경제 저널리스트 프린(J. T. Flynn)이 나중에 피코라의 특징을 기록하였다. "금융업, 기업끼리 연합하기, 시장 점유 흥정, 모든 종류의 궤변들이 얽히고 설킨 미로와 미궁을 통과하면서 그리고 자신에게 생소한 영역에서 관계인의 이름을 혼동하지 않으며, 숫자 하나 착오 일으키지 않았다, 그의 기질을 잃지 않았다." 그는 상원금융 및 통화 의원회의 법률고문과 조사관에 임명되기 전에 경력 15년의 뉴욕 군 지방검사보로 근무하고 있었으며, 시실리 이민 출신이었다.

시슨(Francis H. Sisson)은 1933년 1월에 말했다. "미국의 은행과 금융업이 원하는 것은 제한과 제어를 위한 제정법이 아니라, 은행업과 금융업을 공적인 규제(public regulation)와 감독(supervision) 아래 두는 특별법 자체를 없애라는 것이다."

1933년 3월에 체이스(Chase)은행의 알드리치(Aldrich)가 상업은행과 투자은행을 분리하라는 생각지도 못한 의외의 요구를 했다. 월가에서는 소수 견해였고, 알드리치의 행동은 록펠러(Rockefeller)가의 모건 가(House of Morgan)에 대한 공격으로 해석되었다. 한동안 알드리치는 그의 계급(class)에 대한 배신자의 위업을 이룩한 것 같았다. 개런티 트러스트(the Guarranty Trust)금융회사의 포터(W. C. Potter)는 상업은행과 투자은행의 분리요구를 참으로 재난을 가져오는 유해한 것으로 보았고, J. P. 모건 자신도 예금과 투자를 분리하는 금융업은 국가발전을 위해서 자본을 공급하는 그의 금융회사의 능력을 가장 저해하는 효과를 가질 것이라 했다(Schlesinger JR, 1958: 442).

## 2.5. 피코라 위원회의 청문회에서 밝혀진 금융가의 관행

당대의 저명한 금융가와 은행가들이 연봉 수십만 달러(1933년 1월 피코라가 수사를 개시했을 때의 기준)씩을 받는 월가의 법률가들을 대동하고 월급 255달러를 받는(역시 1933년 1월 기준), 가난한 시실리 이민 출신 경력 15년의 뉴욕군 지방검사보인 페르디난도 피코라(Ferdinando Pecora) 앞에 나타났다.

상원에 출두한 금융가와 은행가 중에 J. P. 모건(J. P. Morgan)이 있었는데 그의 서명은 세계 도처에서 어떤 정부를 세우기도 하고 파괴하기도 할 수 있다고 알려지고 있었다.[17] 클럽과 요트와 사냥터에서 처

---

17) 나중에 위원회에서 조사결과 알려진 바에 의하면 J. P. 모건은 1927년과 1928년에 페루의 국채 발

음으로 얼굴을 나타낸 그에게 피코라는 어느 오후 1933년에 소득세를 낸 적이 있느냐고 물었다. 기억할 수 없다고 모건이 답변했다.

피코라는 1930년에 모건이 — 실로 합법적으로 — 소득세를 내지 않았음을 증명하고, 1931년과 1932년도 마찬가지라고 증명했다. 그는 이 동안 영국에서 소득세를 낸 것이었다. 또한 모든 모건은행의 파트너가 1930년에 낸 세금은 5만 달러 미만이었으며, 1931년에는 실제의 손실과 기술적인 손실을 이유로 소득에서 기술적으로 공제함으로써, 모건 금융회사의 누구도 소득세를 전혀 내지 않았음을 증명했다. 모건 자신이 작성한 '우선권 리스트'가 더욱 문제가 되었다. 모건 회사가 시장 가격 이하로 때로 주식을 그가 선정한 '친구'들에게 팔았는데 그 리스트가 발견되었다. 의회에서 영향력 있는 보수적 민주당 의원 다수와 린드버그(Charles Lindbergh)와 같은 국민적 영웅과 나중에 대법관에 임명된 오웬 로버츠(Owen Roberts)와 나중에 루스벨트 정부의 재무성장관이 된 윌리엄 우딘(Woodin)이 포함되어 있었다. 리스트에는 그 때까지 청렴한 대통령으로 알려졌던 칼빈 쿨리지(Calvin coolidge) 전 대통령도 포함되어 있었다(Schlesinger JR, 1958: 442).

위원회에서의 증언으로 다음과 같은 사실이 밝혀졌다. 1927년과 1928년에 아메리카 은행가들의 신디케이트가 페루의 공채를 발행하기로 제의했을 때 그들이 만든 콘소르티움의 자체 조사관은 자격요건의 문제로 페루는 5년 이내에 지불불능에 빠질 것이라고 발행하지 말 것을 조언했다. 자체 조사관의 조언뿐 아니라 다른 외부 전문가의 경고에도 불구하고 은행가들은 당시 페루 현직 대통령의 아들에게 당시 가액

---

행과 관계된 모험적 투기를 할 때, 당시 가액 약 40만 달러 이상으로 페루 정부를 매수했으며, 이 국채를 미국 시민들에게 팔았다고 한다. 이때, 금융가들은 이익을 챙겼으며 1931년 페루 정부가 지급불능, 즉 파산에 이르는 길을 피하라는 권고를 무시하고 강행하였다고 한다. 국채를 산 아메리카의 투자가들은 결과적으로 무가치한 종이 문서를 손에 쥐고 방치되었다고 한다. Pecora, *Wall Street*, 96-103: Sen. Banking and Cur. Com., *Stock Exchange Practices*, 388, 1010, 2834: *New York Times*, March 26, 1933.

으로 40만 달러의 뇌물을 주는 방법을 써서, 발행권을 얻어 공채를 발행하고 나서 미국 시민들에게 그 유가증권을 사도록 유도했다. 이 과정에서 콘소르티움에 참여한 은행가들은 모두 이익을 보았으나 페루 정부 자체는 이미 예언된 5년보다 약간 더 일찍 3년 만인 1931년에 지불불능 사태에 빠졌다. 그러자 이 페루 공채를 산 미국 시민인 투자자들은 아무 가치 없는 종잇조각을 쥐고 있다는 것을 알게 되었다. 다른 사례는 브라질의 미나스 게라리스(Minas Gerais) 주에 관계된다. 관계된 금융회사는 내셔널 시티 컴퍼니(the National City Company)로, 브라질의 특정 주를 대리해서 공채를 발행할 것을 검토했다. 자체의 전문가는 부정적으로 보고했다. 이유는 관계된 주 정부 당국의 단정치 못한 방종함과 외국에서의 장기 대출에 관해서 전혀 무지하며 부주의하고 또한 나태함이었다. 그러나 내셔널 시티 금융회사는 그 주의 공채를 발행하였다. 내세운 이유는 미나스 게라리스 주의 재정은 '건실하고 주의 깊은 행정 역량'에 의해서 특징지어져 왔기 때문이라는 것이었다. 마침내 브라질의 미나스 게라리스 주는 1932년에 지불정지로 파산하였다.

## 2.6. 글라스 스티걸 법의 제정: 금융업의 분리와 은행예금 보장제도 도입

금융가의 반대에도 불구하고 6월에 하원은 금융업상의 분리를 규정하는 글라스 스티걸(Glass – Steagall) 법을 제정하였다. 금융가에서 볼 때 더욱 심해진 것은, 새로운 법은 은행 예금을 연방정부가 보장하는 것을 추가한 것이었다. 연방정부의 은행예금보장제도 입법에 대해서 미국금융업자협회(the American Bankers Association)는 '불건전하고, 비과학적이며, 부정당하며, 위험한 사상'으로 마지막까지 투쟁할 것을 선언하였다. 루스벨트 자신은 썩 그리 열광적이지 않았다. 정부 각료들이 찬성했고, 의회의 어떤 의원은 연기하기로 결정하였다. 대통령이 마침내 분리원칙 입법을 받아들이기로 한 것은 은행 및 금융 시스템을 정비하여 통일하는 방법으로 쓰일 것을 고려한 것이었다. 법은 1936년 이후 주의 은행들로 예금 보험(보장)에 자격을 가지기 위해서는 연방준비제도(the Federal Reserve System)에 가입 강제를 예비하고 있었다.

## 2.7. 예금보험제도와 연방예금보험공사
### (the Federal Deposit Insurance Corporation)

예금 보험제도는 루스벨트 대통령 취임 백 일 이내에 행한 가장 뛰어나고 성공적인 업적으로 밝혀졌다. 재난을 가져올 것이라는 교조적인 예언과 달리 연방예금보험공사(the Federal Deposit Insurance Corporation)는 잔잔하고 밝으며 효과적으로 모습을 갖춰 갔다.

마침내 20년대의 어느 해와 비교해도 이 제도 도입 후의 은행의 지불정지, 즉 파산의 숫자는 적었고 1933년 한 해만 8% 감소했다. 1933년은 아메리카 금융인 연합이 새로운 제도가 효력을 발휘하는 것을 사력 투구해서 막은 해이다.

## 3. 루스벨트의 뉴딜 시대와 주택금융대출(1933~1954):
   저축대출조합(Savings & Loans Association)[18]과
   연방예금보험제도

### 3.1. 저축대출조합(Savings & Loans Association)이란 무엇인가

경제사학자인 퍼거슨은 S&L의 특징을 선명하게 보여 주는 방법으로 1946년의 영화를 사용한다(Niall Ferguson: 2008, 249).

1946년 프랭크 카플라의 아메리카 사회 역사를 진지하게 다룬 사회적 영화 <훌륭한 생활(It's a Wonderful Life)>[19]에서 주인공 조지 베일리가 파산의 경계선상에서 파산하지 않고 계속 유지하려고 혼신의 힘을 기울인다. 문제는 베일리 일가가 소유한 베일리 저축대출조합(Savings & Loans)에서의 예금 탈출 소동이다. 만약 정부가 제도적으로 예금을 보장해 준다면, 저축대출은행에서의 예금탈출과 같은 소동은 여지가 없게 되는 것이다. 베일리 가옥 대출 은행의 소유주인 아버지가 아들인 주인공 조지에게 말한다. "얘, 너도 알겠지만, 우리들은 중요한 어떤 일을 하고 있다고 느낀다. 평균적인 시민들이 집을 가지려는 것은 1차적이고 근본적인 욕구이다. 이 기초적 욕구를 충족시키는 일이다. 사람이 그 자신의 지붕과 벽과 벽난로를 원하는 것은 인류에

---

18) 저축대출조합(S&L association)이라 함은 흔히 S&L로 약칭되고, 저축을 위한 예금을 받아서, 주택구입을 위한 대출이나 기타 대출을 하는 데 특수화된 금융조직이다. 미국에서는 'S&L' 또는 근검·저축을 뜻하는 'thrift'로 쓰인다. 영국, 아일랜드, 영연방의 나라들에서는 'building societies' 또는 신탁저축은행 'thrustee savings bank'로 비슷한 조직이 있다.
  S&L은 상호저축은행(mutual savings bank)으로 자주 불리며 상호적으로 소유된다. 그 뜻은 예금자와 대출받는 자들은 상호보험회사(mutual insurance company)의 경영정책수립자들과 유사하게, 의결권과 조직의 경영상 재무상의 목표를 조정하는 권능을 가진다. S&L은 주식회사 형태를 띨 수 있으며, 주식을 공개모집할 수도 있다. 그러나 이 경우 S&L은 더 이상 진정한 조합(association)이 아니며, 예금자와 대출받는 자는 더 이상 경영상의 지배권을 가지지 않는다(Henry Cambell, *Black's Law Dictionary*(St. Paul: West Publishing, 1979)).
19) 이 영화는 Philip Van Doren Stern의 원작을 대본으로 한 것이다.

깊이 내재하고 있는 욕구이다. 그래서 우리 베일리 부자는 사람이 지붕과 벽, 벽난로를 얻도록 우리의 초라하고 작은 사무실(저축대출조합)에서 도와주고 있는 것이란다." 아들 조지는 알아듣고, 아버지가 죽고 난 후에 슬럼가의 악당 같은 지주인 포트에게 열정적으로 설명한다.

"포트 씨, 선친께서는 한 번도 그 자신을 그렇게 생각하지 않았으나, 실지로 그는 몇 사람을 당신이 소유하는 땅의 빈민가에서 탈출하는 것을 도와주었습니다. 그래서 슬럼가에서의 탈출을 도와준 것이 잘못되었습니까? 그래서 그들이 좋은 시민이 되지 않았습니까? 당신은 말하기를, 빈민가의 사람들은 그들이 단정한 집을 꿈꾸기 전에, 기다려서 그들 돈을 저축해야 한다고 했습니다. 기다린다고! 무엇을 기다린다는 말입니까? 자식들이 자라서 빈민가의 그들을 떠날 때까지? 그들이 너무 늙어서 고장 날 때까지? 근로자가 오천 달러를 저축하는 데 얼마나 걸리는지 아십니까? 포트 씨 이것을 기억하십시오. 당신이 경멸하는 이 하층 영세민들이 이 지역에서 노동하고 집세를 물고 평생 살다가 죽는 모든 삶을 살고 있습니다. 자, 그들이 방 두 개짜리와 화장실이 딸린 집에서 기거하면서 일하고 돈을 쓰고 생사를 끝내게 하는 것이 너무 지나친 것입니까?"

이것은 지역 '저축조합' 또는 저축대출은행(Savings and Loans)이 행하는 아름다운 덕을 칭송하는 프랭크 카플라 감독의 1946년의 명화 <훌륭한 생애>의 주제이다. S&L로 알려진 저축대출조합 또는 은행은 아메리카 기층커뮤니티에서 자생적으로 발달하고, 이후에 연방예금보험제도에 의해서 안정된 것이다(Niall Ferguson: 2008, 249).

## 3.2. 저축대출조합(Savings & Loans Association)과 연방예금보험제도

제도적으로 중요한 것은 루스벨트 행정부가 급속하게 가라앉고 있는 모기지 시장에 구명선을 준 것이다(Niall Ferguson: 2008, 247). 새로운 주택소유자 대출 공사(Home Owner's Loan Corporation)가 최장 15년까지의 장기 모기지를 다시 자금화시켜 주기 위해서 개입하였다. 연방주택대출은행위원회(Federal Home Loan Bank Board)는 1932년에, 지역별 모기지 대출업자를 격려하고 감독하기 위하여 설립되었다. 저축대출조합(Savings and Loans)은 지역공동체를 기반으로 해서, 예금을 맡기는 상호 출자자들이 소유하는 구조로서 일정한 지역 내에서 주택 구입자들에게 대출을 해 주고 있었다. 대공황이 발발한 이후 3년 동안의 은행 파산 때문에 상처 입은 예금자들을 안심시키기 위해서, 루스벨트는 연방예금보험제도를 도입하였다.[20] 모기지 대출에 돈을 넣는 것은 집 자체보다 안전하다. ─ 왜냐하면 만약 돈을 빌려 간 대출자가 지불능력이 없어지고 파산하면, 정부가 예금자를 단순하게 보상할 것이기 때문이다.

## 3.3. 자생적인 지역공동체 중심의 저축대출조합(S&L association)은 뉴딜 시대에 정부규제의 프레임 워크에 의해 보호받게 됨

미국의 저축대출조합(S&L)은 영국의 주택협회(building societies)의 미국판이라고 할 수 있다. S&L은 아메리카 사회의 '주택 소유 민주주

---

20) 주의할 것은, 예금에 대한 연방보험제도에서 일반저축은행(savings banks)과 주택대출조합(S&L)은 연방보험제도 안에 들어가기는 하나 담당기구가 다르다. 저축은행은 연방예금보험공사(Federal Deposit Insurance Corporation, FDIC)에 의해 보장되는 한편, S&L로 불리는 주택대출조합은 FSLIC(Federal Savings and Loans Insurance Corporation)에 의해서 보장된다. 이것은 아메리카와 영연방 지역의 은행 및 금융제도에서 주택대출조합(S&L)과 같은 성질의 building societies, 상업은행(commercial banks), 투자은행(investment banks)을 구별하는 전통 위에 서 있기 때문이다. 가장 쉬운 설명은, 위키피디아(Wikipidia) 참조.

의(property - owning democracy)'가 정착하게 된 기회를 제공하였다. S&L에 예금하는 상호 출자자들이 소유하는 구조로서 출발하여, 이윽고 정부정책에 의한 정부 규제의 프레임 워크에 의해 보호되고 제한되게 되었다(O'Hara, 1981).[21]

모린 오하라라는 옛 여배우가 있었다. 다산성의 즐거운 대가족의 주부로 1950년대와 1960년대에 아메리카의 안정된 가족가치를 흑백영화에서 보여 주는 정다운 모습이다. 같은 이름의 학자는 1981년에 '법과 경제' 저널에 주택재산권과 대출을 주는 금융회사의 주제로 1981년까지의 아메리카 중산층 사회를 그리고 있다.

### 3.4. S&L, 예금보험내용과 규제

4만 불 이상의 예금은 정부에 의해서 지불·보장되는데, 총 예금액의 1%의 1/12이라는 수수료 또는 보험료를 내고, 그 예금액이 유사시에 정부에 의해 지불·보장된다. 다른 한편 제약이 있다. 이러한 예금자로서 구성된 S&L은, 본점이 소재한 50마일(80km) 이내의 주택 구입자에게만 대출할 수 있었다. 또한 1966년부터 Q규제(Regulation Q)에 의해서 그들 예금의 이자에는 5.5%라는 한도가 주어졌다. 이 이자율한도는 당시 은행들이 지급하던 이자보다 1%의 1/4이 더 붙는 것이었다. 즉, S&L에 예금하는 것이 다른 은행보다 0.25% 더 유리했다.

### 3.5. 중산층의 형성과 크루그먼(Krugman)의 회상

아메리카 중산층 사회의 형성에 대해서는, 폴 크루그먼이 성장기의 개인사와 사회사를 회상한 종합적 묘사가 있다(Krugman, 2007). "제2

---

21) Maureen O'Hara, '재산권과 금융회사', 법과 경제 저널, Oct. 1981.

차 세계 대전 이후 미국은 중산층 중심의 사회가 되었다. ……수천만 미국인들이 도시 빈민가와 농촌의 가난에서 벗어나 자신의 집을 소유하고 전에 없이 안락한 삶을 누렸다." 크루그먼[22]은 1929년 10월 24일 기점의 세계 대공황의 치유자로서 나타난 루스벨트 대통령의 뉴딜 정책과 뉴딜 입법이 그 이전의 약 60년간 진행된 부의 불평등을 치유해서, 세계 대전 이후의 중산층 중심의 안정된 사회를 건설했다고 한다(Krugman, 2007; 김철, 2009.6: 48).[23] 프랭크 카플라 감독(1946)이 그린 마을 공동체의 S&L 대출 은행 또는 조합은 자발적 자연적 노력을 연방정부의 정책기구가 격려하고 보장하여 서민들이 '자신의 집을 소유하고, 안락한 삶을 누리도록' 한 것이다.

빈곤층에서 탈출하고 중산층으로 진입했다는 증거로서, 자기 집을 소유한다는 것은, 한국의 산업화 이후 1970년대의 꿈의 하나였다. 아메리카 사회에서 이 꿈의 현실화에 실지로 관여한 것은 연방주택행정처(Federal Housing Administration)였다고 영국 태생의 경제사학자 나이얼 퍼거슨이 설명한다.

베일리가의 아버지와 아들 같은 자생적인 모기지 대출자에게 연방정부가 보장하는 보험을 제공함으로써 연방주택처(FHA)는 집 가격의 80%에 이르는 큰 규모와 20년의 장기, 저금리의 대출을 제공하려 하였다(Posner, 2009: 254).

---

22) Paul Krugman, *The Conscience of a Liberal*(New York: W. W. Norton, 2009 & 2007).
23) 김철, "최현대의 경제공법사상", 『세계헌법연구』 제15권 제2호(서울: 국제헌법학회 한국학회, 2009.6), p.48.

## 4. 연방주택처(Federal Housing Administration, FHA)와 연방 전국 모기지 협회(Federal National Mortgage Association, 1938) – 화니 매(Fannie Mae)

### 4.1. 1938년의 화니 매

　뉴딜 시대의 연방정부의 노력은 모기지 시장을 단순히 부흥시킬 뿐 아니라 재발명한 것이다. 장기 모기지를 표준화하고 기관에 의한 감시와 평가의 전국적 체제를 창조함으로써 연방주택처(FHA)는 전국에 걸친 2차적 주택대출 금융시장의 기초를 놓았다. 이 2차 시장은 1938년에 태어났는데, 새로운 연방 전국 모기지 협회(Federal National Mortgage Association) ― 화니 매(Fannie Mae)라고 별명이 지어졌다 ― 가 공채를 발행할 권한을 부여받고, 또한 지역 저축대출 조합(S&L)로부터 S&L이 대출해 준 모기지를 사들이는 데까지 그 공채발행 절차를 사용할 권한을 부여받았다. 왜냐하면 지역 단위의 저축대출조합(S&L)은 당시 지리적 조건에서나 예금자에게 지불하는 이자율에서나 규제에 의해서 제한을 받고 있었다. 즉, 지역 S&L은 그들 사무실 소재지로부터 50마일(80km) 밖의 사람들에게는 주택대출을 할 수 없었다. 예금자에 대한 이자율 통제는 소위 Q규제라고 했는데, 낮은 한도로 규제하였다. 화니 매(Fannie Mae)에 의한 변화는 모기지에 대한 ― 주택담보부 장기대출에 대한 ― 매월 평균 상한액을 줄여 주는 경향이 있었다. 그래서 연방주택처(Federal Housing Administration, FHA)는 이전보다 더 많은 아메리카 사람들이 주택 소유권을 가지는 것을 가능하게 하였다. 실로 현대 아메리카 합중국이 매혹적인 교외주택지의 모습을 가지고 여기서 태어났다고 해도 과언이 아니다(Nial Ferguson, 2008: 249).

## 4.2. 모기지를 정부가 일괄 인수함: 주택 소유비율이 60%로 상승(1960)

1930년대부터 시작해서 아메리카 정부는 주택 대출을 주는 자와 받는 자가 협조하도록 격려하면서 주택금융채권, 즉 모기지를 일괄하여 인수함으로써 재정적으로 뒷받침하였다. 이와 같이 모기지 시장을 2차적으로 일괄 인수함으로써 정부는 부동산 소유권과 그것을 위한 모기지 부채가 2차 대전 이후에 급격히 증가하도록 하였다. 주택 소유 비율을 40%부터 끌어올려 드디어 1960년에 60%로 올려놓았다(Nial Ferguson, 2008: 249).[24]

## 4.3. 뉴딜 시대는 브라운 판결(1954~1955)과
## 아이젠하워 시대(1953~ 1961)까지 지속되었다

뉴딜 시대는 1930년대부터 2차 대전을 경유해서 1954년과 1955년의 브라운 판결 시대까지 계속되었다(김철, 2009ㄱ: 118~119).

---

24) 대서양의 다른 쪽에서 주택 소유의 비율은 더 느리게 증가했다(NF). 2차 대전 이후 보수당뿐 아니라 노동당에서의 전통적인 지혜는 국가가 노동계층에게는 주택을 공급하든가 적어도 보조금을 지급해야 한다는 것이었다. 실로 보수당의 해롤드 맥밀란 수상은 연간 20만 호(나중에는 40만 호)를 목표로 노동당을 능가하려고 했다. 1959년부터 1964년까지 영국의 신축 가옥의 1/3이 지방자치단체에 의해 건축되었고, 잇따른 6년간의 노동당 집권 동안 신축가옥의 1/2로 증가하였다. 오늘날 대부분의 영국 도시를 시들하게 보이게 하는 보기 흉하고 사회적으로 역통합하는 고층 지역과 거주 '지역'들은 양당 모두에게 책임이 있다. 보수당(우파)과 노동당(좌파)의 유일한 실질적 차이는 보수당이 개인지주들을 격려하려는 희망에서 개인 임대시장을 반규제 또는 탈규제하려는 준비한 데 비해서, 노동당은 임대료 통제를 재개하고 지주들에 의한 과다한 형태인 '라하마니즘'을 없애려는 태도였다. 피터 라차만(Peter Rachman)은 임대료가 통제되어 있는 현재의 세입자들을 내쫓고 시장의 임대료를 지불하지 않을 수 없는 서인도제도의 이민자들로 교체하려고 위협한 경우이다(NF.252).

미국과 같이 주택소유의 공적인 성격이 중요하게 강조된 곳에서는, 주택대출 이자는 항상 세금공제가 되어 왔다. 주택대출금의 이자에 대한 정부지원은 아메리카 드림의 일부라고 여겨 왔으나(Ronald Reagan), 영국에서는 1983년까지는 큰 역할을 못 했다. 마가렛 대처 정부는 흔히 이념적으로는 더 보수적인 정부로 여겨져 왔으나, 3만 파운드 이상의 최초 주택금융대출을 위해서 주택금융이자구조기구(Mortgage & Interest Relief At Source, MIRAS)를 도입했다. 이것뿐 아니라 시영주택(Council houses)을 150만 명의 노동계층가정에 염가판매의 가격으로 팔게 해서, 마가렛 대처는 더 많은 영국 남녀가 그들 자신의 집을 갖게 보장하였다. 그 결과, 주택소유자 비율은 1981년에 54%였던 것이 1991년에는 67%로 비약하였다.

1953~1961년까지의 아이젠하워 대통령 때에는 이전 뉴딜 시대와 다른 정당이 집권했으나 아메리카의 법과 정책면에서는, 뉴딜 정책의 성과를 역전시키려 하지 않았고 중산층 위주의 안정적 기조가 유지되었다 (Krugman, 2009, 2007: 4; 김철, 2009.6: 49).

## 5. 1960년대 이후 1980년까지의 법과 경제의 흐름

### 5.1. 1963~1979년의 주택금융, 자산 가격 상승

1980년대까지 주택 대출과 구입에 대한 정부 인센티브(Incentive)는 평균적 가계에게는 큰 역할을 하였다. 1960년대 후반과 1970년대에서 인플레이션 증가율이 이자율을 상회하였고 이 계속적 경향은 대출받아 집을 사는 사람들에게 유리하였다. 대출받은 채무액과 이자금액을 합친 실 가치가, 인플레이션 때문에 하락하였기에 1970년대의 아메리카 주택 구매자들은 적어도 112%의 인플레이션율을 예측하였고, 이것은 1980년까지 계속되었다. 한편 주택금융대출을 주는 자(은행 측)들은 30년 고정 이자율 대출을 이자율 9% 이하로 제공하고 있었다 (Eichler, 1983). 얼마간은 주택금융 대출자들이 그들의 돈을 예금자들에게서 예치시키기 위하여 효과적으로 이자를 지급하고 있었다. 그동안 1963년부터 1979년까지 16년 사이에 자산가격이 약 30배가 되었다. 그동안 소비자 가격은 2.5배로 뛰었다. 이때까지 연방정부의 적극적인 지원으로 주택을 구입한 시민들은 안정과 함께 번영의 기분을 느꼈을 것이다(Nial Ferguson, 2008: 253).

## 5.2. 낮은 인플레이션을 위해서 높은 이자율이 필요해짐

그러자 인플레이션의 문제가 나타났다. 그때까지 '재산을 소유하는 민주주의'라는 신앙고백을 한 똑같은 정부가 이제 물가안정 또는 적어도 낮은 인플레이션을 원하는 것으로 밝혀졌다. 물가안정과 낮은 인플레이션을 이룩하기 위하여 높은 이자율이 필요했다. 이런 정책의 의도하지 못한 결과는 부동산 시장의 역사에서 가장 극적인 붐과 거품이 나타난 것이다.

즉, 1970년대 후반에 이르러 이 무풍지대의 S&L 영역은 두 자리 숫자의 인플레이션이라는 폭풍이 불었다. 인플레이션은 1979년에 13.3%에 달했다. 그 다음 불어온 폭풍은 급격히 상승하는 이자율이었다. 새로 임명된 연방준비위의 폴 볼커(Paul Volcker)는 (인플레이션으로 이전되는) 임금상승나선을, 통화증가를 둔화시켜 깨기 위해서 이자율을 급격히 올린 것이다. 13.3%에 달하는 인플레이션과 이자율의 급격한 상승, 이 두 가지의 펀치는 S&L을 거의 빈사상태로 몰았다. 전국에 산재한 S&L은, 이미 계약된 장기(30년) 고정 이자율 주택금융 대출에서 손해를 보고 있었고, S&L에 예금된 저금들은(높은 이자를 좇아서) Money Market Funds(MMF)로 달아나서, S&L은 출혈되고 있었다(Nial Ferguson, 2008).

# 6. 탈규제시대(1980~1982)의 시작: "시장의 힘이 문제를 해결할 것이다"

## 6.1. 탈규제의 두 법안

### 6.1.1. 예금수탁기관 탈규제와 통화통제법(Depository Institutions Deregulation and Monetary Control Act of 1980)

1980년에 통과된 연방금융제정법(Financial Statute Law)이며 연방준비위(Federal Reserve)에 비회원 은행에 더 큰 통제를 부여하는 것이라고 설명한다. 그러나 그 내용은 탈규제에 더 큰 중점이 있다.

1. 모든 종류의 은행에게 연방법을 적용하는 것이다.
2. 은행의 합병을 허용한다.
3. Glass – Steagall 법 아래에서의 연방준비위원회와 Q규제에 의한 예금구좌의 이자율 결정 권한 폐지로 글라스 스티걸 법의 중요사항을 폐지하는 것이다.
4. 예금 보장의 한도를 4만 불에서 10만 불로 상향 조정하는 것이다.
5. 이자율을 자유화함으로써 금융기관에게 탈규제를 행한 것이다.

### 6.1.2. 가안 – 쌩 제르망 예금기관법(Garn – St. Germain Depository Institutions Act of 1982)(Pub.L. 97~320, H.R. 6267, 제정일 1982년 10월 15일)

이 법은 S&L 산업을 탈규제화하는 의회입법이고, 1980년대 말의 S&L 위기로 이끈 요인 중의 하나로 판명되었다(Leibold, 2004).

이 법의 정식명칭은 「주택대출을 주는 금융업의 재정안정을 강화하는 주택 모기지 대출을 쉽게 보장함으로써 주택산업을 활성화하기 위한 법」으로 레이건 행정부에서 주도한 것이다. 이 법은 주택대출에 관계된 부동산을 피상속자나 미성년자에게 넘기는 것이 쉬워졌으며, 부유한 소유자나 위험성을 안고 있는 소유자의 주택대출에 관계된 부동산을 보호하게 되었다(Strunk and Case, 1988).

## 6.2. 금융 규제 해제의 효과

### 6.2.1. 규제 해제의 특수한 효과: 저축 주택 조합(S&L)에 대한 효과

카터와 레건 행정부에서의 정책적 반응은 역사적으로 아메리칸 드림을 이루는 통로였던 S&L을 구출하기 위해서 세금감면과 규제 해제(deregulation)[25]로 대응하였다. 이때의 기본 태도는 "시장의 힘이 S&L의 문제를 해결할 것이었다"였다. 시장의 문제해결력을 낙관하였으나, 스캔들과 화이트칼라 범죄가 시장에 수반하였다. 여기에 대해서는 Pontell과 Calavita이 『미국 정치학과 사회과학 연보』(1993)에 "화이트칼라 범죄와 S&L스캔들"을 실었다. 이 문제는 경제학의 문제로 출발했으나, 끝내 범죄학의 문제로 전개되고 정치학과 사회과학 전반의 주목을 끈 것이다.[26]

---

25) 결정적인 입법은 예금수탁 기관 탈규제와 통화 통제법(1980)과 1982년의 가안 – 세인트 저메인 예금기관 법이다.
26) Henry N. Pontell and Kitty Calavita, "White – Collar Crime in the Political and Social Science", 525(January, 1993).

## 6.2.2. 규제 해제[27]의 전반적 효과: 상업은행의 '안전제일'이 저하되었음/2009년 시점에서 포즈너의 평가

상호저축은행(S&L)의 나쁜 경험에도 불구하고 상업은행(commercial banks)의 '안전제일' 규제는 1970년대 말, 즉 1978년경부터 시작된 탈규제 운동[28]의 부분으로서 계속해서 저하되었다. 메릴 린치와 레만 브라더스 같은 투자은행(Investment bank)과 중계 회사는, 금융회사(finance company), 머니마켓 펀드, 헤지펀드와 같은 비은행 금융중계회사들과 나란히, 은행과 똑같이 규제되지 않았는데, 점점 더 은행과 비슷해 지거나 심지어 똑같은 금융상품을 제공하는 것이 허용되었다. 비은행 금융중계회사들의 빌려 온 자본은 은행의 예금과 달리 연방정부가 보험으로 보장하지 않았는데, 따라서 이들 비은행권의 채권자들은 예금 탈출에 고도로 상처받기 쉬웠다. 이들 비은행권 금융회사들은 은행유사 금융상품 이외에 여러 개의 금융상품을 제공하였기 때문에

---

27) 탈규제의 사회학적 의미는 김철, '급격한 변동기에는 탈규제와 무규범이 진행된다', 99~100, 『경제위기 때의 법학』(서울: 한국학술정보(주), 2009ㄱ)을 참조 "생활수준의 상한(上限)과 하한(下限)은 어떤 사회의 어떤 범주의 직능인들과 각기 다른 계층에게 납득될 수 있는 수준으로 작동해 왔다. 그러나 급격한 사회변동기, 곧 경제의 표준과 도덕의 표준이 변화하는 시기에는 그렇지 않다. 경제위기의 시기나 정권 교체기 또는 권력과 부가 급격히 증가할 시기에는 이러한 생활의 표준은 갑자기 급격하게 변한다. 취향의 정처 없음은 더 이상 여론에 의해 규제되지 않으며, 일종의 규제 회피 또는 탈규제, 더 나아가서 무규범 상태가 진행되고 더 이상 확립된 기성 계층은 존재하지 않으며 이룰 수 없는 목표를 위한 경주가 시작된다. (……) 이런 상황에서 종교는 영향력을 잃고, 경제를 규제할 정부는 하인이 된다. 자살은 어떤 종합적 상태의 경과 중의 하나이고, 타인을 살해하는 것은 이러한 경과의 다른 것이다." ─Mannheim, 1973: 501 중에서 ▪

28) "또한 1978년부터 시작하여, 2008년 9월 세계 경제위기에 이르기까지 약 30년간 계속된 신자유주의 내지, 1980년 초에 시작되어 2008년 가을까지 영향을 끼친 레이건 경제학(Reaganomics)에 동반된 법 이론과 상응하는 법 이론이 과거에도 존재하였던가 하고 묻는다."(김철, 2009ㄱ: 이 책의 취지) 탈규제 운동은 1978년 기점이나 1981년 이후의 레이건 경제학과 신보수주의와 시종 동행하였다(김철, 2009ㄴ: 240). "1981년 이후 활발하게 전개된 아메리카에 있어서의 신보수주의의 기원은 우선 시카고학파의 경제학자인 밀턴 프리드먼(Milton Friedman)이 주축이 되어서 1930년대 이후 아메리카 사회의 인프라를 구축하는 데 도움이 되었던 케인즈 이론에 맞섰다. 또 한 무리의 사회학자들은 빈곤과의 전쟁, 교육에 대한 연방지원 정책, 노인의료 지원정책 등을 포괄하는 국가계획에 반대하였다. 대공황과 뉴딜 정책 그리고 뉴딜 입법이 만든 아메리카 사회의 인프라는 1960년대까지 번영의 기초가 되었다. 1960년대의 청년문화, 반문화, 반전운동에 대한 아메리카 평균인들의 염증 이외에도, 아메리카 사회에 보수주의 경제학자들이 등장하게 된 것은 역사적으로는 이유가 있다."(김철, 2009ㄴ: 240)

경쟁이 가속화되었고, 규제당국도 은행들이 같은 상품을 제공하도록 허용하여서, 은행이 성장하는 비은행 금융산업에 너무 많은 고객을 빼앗기지 않도록 했다. 비은행권 금융회사는 2008년까지는 거의 상업은행, 즉 보통 의미의 은행들만큼 숫자가 많아졌다. 그러나 요구불 예금에 대한 연방정부의 보험은 지속되었고, '은행 탈출'의 위협을 감소시킴으로써, 은행들이 위험을 감수하는 모험을 더욱 부추겼다. 헤지펀드들이 지불불능, 즉 파산의 문제에 상업은행의 경우와 같이 심각하게 봉착하지 않는 한 가지 이유로 헤지펀드의 자본의 어떤 부분도 연방정부에 의해 보험으로 보장되지 않았으며, 그래서 그들은 만약 그들이 그들의 자본구조에서 너무 많은 부채를 지게 되면 또는 지나친 위험을 지면, 그들은 지불청구, 즉 예금 탈출에 직면하게 될 것을 두려워하지 않을 수 없었기 때문이다(Posner, 2009: 41~51).

전체적으로 탈규제된 금융산업[29])이 — 왜냐하면 '은행업'은 실로 금융중계와 동일어가 되었기에 — 2000년대 초에 낮아지는 이자율과 함께, 훨씬 나중에 밝혀진 대로 치명적으로 한 점에 수렴하게 되었고 비슷하게 되었다. 즉 2003년까지 6개월까지 (정기)예금 증서의 평균 이자율은 1.17%로 떨어지고, 30년 만기의 보통 모기지 이자율은 5.83%로 떨어졌으며, 변동 모기지(이자율이 기간에 따라서 재조정되는 모기지 대출)의 평균 이자율은 3.76%로 떨어졌다. 낮은 이율은 신용에 대한 수요가 치솟아 오르게 했다. 모두가 알듯이 대출이 증가하면 경제적 활동을 증가시킨다. 증가된 활동의 한 형태는 주택건설과 구매의 증가이다. 집값이 상승했다. 부동산 투자는 전통적으로 빚에 많이 의

---

29) 2008, 2009년 금융위기의 핵심적 인과관계를 규제의 문제로 본 것은 스티글리츠(Joseph Stigliz)의 규제 경제학과 크루그먼(Paul Krugman)의 경제사적 통찰이었다. 두 사람 모두 자유지상주의 시대의 주조와는 달리 일관되게 정부의 규제기능과 이를 통한 자유지상주의의 교정에 역점을 둔 점에 공통점이 있다. 두 사람 모두 자본주의의 역사 중에서 1929년에 시작된 세계 대공황의 경험에서 태어난 공황의 경제학과 관계있다(Paul Krugman, The Return of Depression Economics & the Crisis of 2008). 두 사람 모두 케인즈주의자로 알려져 있다(김철, 2009ㄴ : 249).

존하게 되는데 왜냐하면 부동산은 담보(또는 근저당)대출의 빼어난 형태이며, 따라서 모기지 대출의 수요는 집값 상승과 함께 증가한다(김철, 2009.12: 135~137).30)

### 6.2.3. 규제 해제의 전반적 효과: 자기 자본 대 부채 비율(Leverage)의 증가/2009년 시점에서의 평가

작은 자기 자본을 기반으로 큰 대출을 일으키는 것은 이자율이 낮고, 투자가치가 상승하고 있을 때는 두 배나 매력적이다. 예를 들어 보자. 100만 달러의 자산은 가지고 있으나 부채는 없는 (금융중계)회사가 연 7%의 회수이자이익을 보장하는 대출을 주는 경우를 생각해 보자. 일 년에 7만 달러를 벌 것이다. 이제 이 (금융중계)회사가 200만 달러를 연리 3%로 빌려서 (이자 연 6만 달러) 300만 달러의 총 자산으로 위와 비슷한 대출을 행하는 경우를 보라. 300만 달러의 7%는 21만 달러이다. 그리고 이자로 지급되는 6만 달러를 제외하면 이 회사의 연 소득은 15만 달러인데 ― 이것은 빌리기 전의 소득의 2배는 넘는 것이다.31) 낮은 이자율과 부동산 기타 자산가치가 상승할 때, 은행산업은 자기 자산에 비해서 훨씬 더 큰 부채를 지게 된다. 낮은 이자율은 대출 수요를 증가시키고 동시에 대출을 주는 자가 자신의 자본을 증가시키지 않고도, 더 빌려서 증가된 대출 수요를 낮출 수 있게 된다. 그래서 자기 자본 대 부채 비율을 증가시킨다(Posner, 2009: 41~51; 김철,

---

30) 김철, "최현대의 경제공법사상(2)", 135~137, 세계헌법연구 제15권 3호(서울, 세계헌법학회 한국학회 2009).
31) 만약 경제학의 목적을 부의 극대화라고 한다면 부채 비율(Leverage)의 증가로 부를 증가시키는 것은 경제학의 당연한 귀결이다. 포즈너가 신자유주의 시대 때 경제학의 목적을 부의 극대화로 표현한 것은 그 시대에도 법학과 경제학 양면에서 비판을 받았다(김철, 2009ㄱ: 이 책의 취지). 신자유주의 시대의 포즈너는 법의 경제분석의 개척자로서 존중을 받았으나, 그의 이런 점 때문에 아메리카 헌법사의 분류에 의하면 경제적 보수주의(Economic Conservatism)의 범주에 속하지 않는가 하는 한국 학자의 관점도 있었다. 그러나 포즈너의 전반적 업적은 경제적 보수주의나 경제적 자유주의를 다 같이 포괄하고 있다.

2009.12: 135~137).

### 6.2.4. 규제 해제의 전반적 효과: 위험한 부채 비율(Leverage) 30 : 1
(김철, 2009ㄱ: 53~54)

매력적이기는 하나 위와 같은 방식의 부채는 위험할 것이다. 만약 위에 든 예의 금융중계회사가 한 해 동안 잘못해서, 대출을 준 결과가 -5%로 나타난다면 빚을 전혀 얻지 않은 경우에는 자기 자본금 100만 달러의 5%인 5만 달러를 잃을 것이고, 만약 이 회사가 200만 달러를 빌렸던 경우에는 21만 달러의 손실을 입을 것이다. 즉-5%가 그 회사가 만든 300만 달러 전체에 적용되면 15만 달러가 될 것이고, 자체 자본금 200만 달러의 이자인 6만 달러가 합쳐진 금액이다(빚 때문에 생긴 채무액은 고정되어 있다는 단순한 사실로부터 시작하여 생기는 빚으로 만든 총 자산액의 확대의 상승국면과 하강국면의 양면이다). 자기 자산에 비해 높은 정도의 채무 의존도를 가진 금융업자 — 분류해서 정확히 이야기하면 비은행권 금융중계업은 자기 자본 대 채무비율이 30 : 1 또는 그 이상의 비율이 가능했다. 월가의 투자은행(investment bank)이 더 많은 차입금으로 위험한 거래를 하게 된 제도적 요인 중 하나는 투자은행이 자기 자본대 차입금 비율의 상한을 1 : 30으로까지 확장한 것과 관계있다. 2004년 해당 규제위원회(U.S. Securities & Exchange Commission)가 순 자본원칙(netcapital rule)을 완화한 것은 당시 골드만 삭스(Goldman Sacks)의 CEO였던 헨리 폴슨(Henry Paulson)이 2000년에 청원한 것이 주효한 것이었다. 이 골드만 삭스맨이 이어서 부시 행정부의 재무부장관이 되어서, 투자은행들의 손실을 연방정부의 공식자금으로 메워 주는 역할을 하게 된다(Time, Nov.3: 32~33). 회전문 침투(revolvingdoor infiltration) 현상에 해당된다(Kenneth F. Warren, 1996: 49). 투자은행이 아닌 상업은행

(commercial back)의 자기 자본 대 채무비율도 25 : 1에 이르렀다. 높은 부채 비율을 가진, 즉 낮은 소득에 저축이 없으며, 고액의 채무를 짊어진 생애 처음 집을 사는 사람이 대출을 하는 경우에는 재난으로 가는 것과 다름없었다(Posner, 2009: 41~51).

이 금융회사는 위험한 자본 구조를 가지고 있으며 그 자본은 극단적으로 위험한 대출에 제공함으로써 더욱 더 위험하게 만들고 있는 것이다(김철, 2009.12: 135~137).

## 6.3. 탈규제시대의 S&L: 화이트칼라 범죄의 온상이 되고 법사회학의 대상이 되었다

2001년 여름, 아메리카의 법과 사회학회(The Law and Society Association) 회장 취임 연설문에서 키티 칼라비타(Kitty Calavita)는 법과 사회를 다루는 학자들에게 연구가 공적인 담론에 미치는 영향에 대해서 숙고하기를 요청했다.[32] 그 연설에서 칼라비타는 우선 정책을 위한 연구(policy - driven research)와 사회정의를 위한 연구(social justice research)를 구별했다. 그에 의하면 현안의 어떤 정책과제를 받아서 수행하는 연구자와 사회정의를 위한 연구자의 차이는 후자가 보다 근본적인 질문을 던진다는 것이다. 예를 들면, 법과 사회변화의 관계는 무엇인가라는 질문이다. 학자로서 심지어 현안의 어떤 정책과제에 대한 연구를 하고 있을 때라도 학자로서 정책과제를 맡긴 고객으로부터 독립된 입장을 지키며 사회과학의 보다 이론적인 질문에 몰입하고 있을 때에는 학자들은 사회정의와 보다 나은 사회변화에 공헌하는 기회를 가질 수 있다는 것이다(Carroll Seron, 2002).[33]

---

32) Carroll Seron, "The teacher - Scholar - Presidential Address and Commentaries", 36 *Law and Society Rev.* 21, 2002.

33) 이 문제는 보다 근본적인 성찰을 요구한다. 2008년 가을 세계 금융위기 이전의 이른바 신자유주의

탈규제시대의 금융산업이 화이트칼라 범죄의 온상이 된 조사와 연구는 거의 칼라비타(Kitty Calavita)의 주도로 이루어진 것이다. 연구보고는 정치학과 사회과학 학회 저널, 사회학회 연보, 법과 사회학회 그리고 범죄와 교정 학회지에 게재되었다(Calavita, 1993, 1994, 1997).

79년과 81년에 시작된 이 탈규제의 경위는 약 10년 이상 뒤 1993년 비로소 S&L금융 스캔들에서의 화이트칼라 범죄에 대한 칼라비타의 보고로 나타난다.

10년이 훨씬 지난 1993년 범죄학(Crime & Justice)잡지에서 Pontell 과 캘리포니아(어바인)의 사회학 및 범죄학 교수인 Calavita가 '저축과 대출 산업'에서 기록한 바에 의하면[34] 80~82년 당시 새로운 탈규제 법이 통과되었을 때, (정치인이 되기 전에 배우 조합의 조합장을 지낸) 레이건 대통령은 '우리는 잭 팟을 터트렸다'라고 했다고 한다.[35] 실로 이 법안 통과로 어떤 사람들은 잭 팟을 터트렸다고 할 수 있겠다.

80년 예금수탁기관 규제 해제법과 82년의 예금기관법 이후 S&L은

---

시대(1981~1998) 때 아메리카와 기타 지역의 명망가 경제학자와 고수입의 경영학자들이 어떤 편향을 보였는가. 또한 특수이해관계의 문제를 벗어나지 못했는가라는 전문가 집단의 책임문제가 거론된다. 여기에 대해서는 Richard A. Posner, "4. Why a Depression Was Not Anticipated", "8. The Economics Profession Asleep at the Switch", *A Failure of Capitalism - The Crisis of '08 and the Descent into Depression*(Cambridge : Harvard Press., 2009)을 참조. 그러나 2009년 비로소 성찰적인 글을 쓴 포즈너 자신도 신자유주의 시대 때 경제학의 목적을 부의 극대화(Wealth Maximization)로 공공연히 캐치프레이즈로 삼은 점에 있어서는 그가 비판한 명망가의 범주에서 완전히 벗어나기는 힘들다고 보인다. 한국에 있어서의 학문적인 편향에 대해서는 김철, '1. 편향: 잠자는 숲속의 미녀와 한 시대의 지식인'으로 시작되는 학회 발표문 "공법과 경제영역에서의 민주주의 재성찰 — 공법학에 있어서의 경제적 보수주의와 경제적 자유주의의 순환과 신자유주의의 영향을 중심으로", 한국사회이론학회 2009년 학술대회 자료집 『민주주의 패러다임의 재성찰』, 2009.12.19. 또한 김철, "법과 평화", 『본질과 현상』2010. 3. 통권 19호(파주: 본질과 현상사, 2010)을 볼 것.

34) Henry N. Pontell and Kitty Calavita, "The Savings and Loan Industry", *Crime and Justice* 18(1993) p.211.

35) 이 언어는 뜻밖의 횡재를 했다고 받아들여질 수 있다. 그러나 말 한마디에 심각한 뜻을 부여하는 것은 이 탈규제법이 가져온 재난(Redburn, 1991)을 생각한다면, 이 탈규제로 과연 누가 횡재를 했으며 누가 재난의 고통을 맛보게 되었는지 묻지 아니할 수 없다. "우리는 잭 팟을 터트렸다"라고 했을 때, 누가 '우리'인가를 역사적으로 반추하지 않을 수 없다. 언어분석에 의하면 이때 레이건은 탈규제로 이득을 넓은 사람들 쪽에 있었고, 보다 넓은 맥락에서 판단한다면, 탈규제를 배경으로 하는 Raganomics 자체가 폴 크루그먼의 증언대로 단순히 경제학적 고찰이 아니라 정치·경제학적 고찰을 통해서만 비로소 밝혀질 수 있다고 본다(Krugman, 2009 & 2007: 110~115).

이제 장기 주택 대출만 아니고 그들이 좋다는 것에는 어디에든 투자할
수 있게 되었다. 즉, 상업용 부동산, 주식, 정크본드 — 무엇이든 허용
되었다. S&L은 심지어 신용카드까지 발행할 수 있게 되었다. 다른 한
편 S&L은 예금을 맡기는 사람들에게 어떤 이자율로도 이자를 지급할
수 있게 되었다. 이자율 제한이 제거된 것이다. 그러나 예금자의 모든
예금들은 아직 유효하게 연방정부에 의하여 보장되고 있었다. 예금 중
계인은 패키지를 만들어서, 10만 불짜리의 예금증명서를 예금자에게
팔 수 있었다. 갑자기 S&L을 운영하는 사람들은 (모든 것이 쉽게 굴러
가게 되고) 아무것도 잃을 걱정이 없게 되었다. — 이것은 경제학자들
이 도덕적 해이(Moral Hazard)라고 부르는 명백한 케이스가 되었다.
이 정도의 보장으로 벌써 도덕적 해이가 오냐고 하겠으나, Redburn이
1991년에 「정치학과 정치」 학술지에 쓴 논문 제목은 "S&L재난의 심
층구조"로 결코 정상적 방향으로 나가지 않고 재난으로 발전했다는
것을 알게 된다.[36] 데이비스(L. J Davis)에 의하면(Davis, 1990: 50~51)
금융산업에서 자주 쓰이는 속어(俗語) 중 전례 없는 범죄적 행위를 강
조하기 위해서 다음과 같이 극언한다. "금융기관을 터는 최상의 방법
은 금융기관을 소유하는 것이다." Pontell과 Calavita에 의하면(1993)
예금과 대출기관은 화이트칼라 범죄의 온상이 된 것이다.[37] 예를 들면
어떤 예금과 대출조합(S&L)은 예금주의 돈을 몹시 분명하지 않은 모호
한 사업에 투자하였다. 많은 경우 단순히 말해서 예금주의 돈을 훔쳤
다. 규제완화가 법을 더 이상 그들에게 적용하지 않는다는 것을 의미
하는 것 처럼 보인다.

---

36) F. Stenes Redburn, "The Deeper Structure of the Savings and Loan Diasaster", *Political Science and Politics*, 24, 3(September, 1991).
37) K. Calavita, R. Tillman, and H. N. Pontell, "The Savings and Loan Debacle, Financial Crime and the State", *Annual Review of Sociology*, 23(1997), p.23.

## 6.4. 규제 완화의 실질적 효과: 텍사스의 사례 연구[38]와 1986년까지 연방저축투자보험공사의 지불불능

아메리카 기초 공동사회의 근검 · 저축을 기초로 한 저축조합(thrift)은

---

38) 휴머니스트 퍼거슨(Ferguson)이 2008년에 정리한 바에 의하면, S&L의 투기관행이 텍사스 주보다 더 전염병처럼 유행하는 곳도 없었다. Pussey(New York Times, 1989)가 '급전과 사기'에서 그린 바에 의하면, 텍사스 저축 및 대출조합(S&L) 사람들은 남부스타일의 복장에서 열을 올리지 않을 때면 댈러스의 부동산 카우보이들은 고급 그릴에서 거래하고 승부수를 던졌다(Allen Pusey, "Fast Money and Fraud", *New York Times*, 23 April, 1989). 일요일 브런치의 단골손님은 돈 · 딕슨이 의례 끼어 있었다. 돈 딕슨의 버논 S&L(저축대출은행)은, 1997년의 『사회학 연례평론』에 실린 칼라버타, 폰텔, 틸만의 "S&L논쟁: 금융범죄와 주정부"에서 지적한 바에 의하면 버논(Vernon) 저축대출은행이 아니라 버민(Vermin), 즉 해충 저축대출은행으로 주 정부에서 별명을 붙였다. 선벨트 S&L은 건벨트라고 별명이 붙여졌는데 말할 필요도 없이 건벨트는 권총 벨트라는 농담이다. 이 선벨트 또는 '건벨트'의 에드 맥머니와 주 S&L의 소유자이자 CEO인 티론 바이커는 부동산 개발업자들에게 호언하기를 좋아했다. "진흙을 가져오라, 나는 돈을 가져오겠다." 진흙과 돈 모두를 가져온 사람은 마리오 렌다로서 미국 화물운송 트럭운전사 조합을 대리하는 뉴욕 브로커인데, 그는 마피아 자금을 세탁하기 위해서 저축대출조합을 이용한 것으로 추정되었다(Calvita & Pontell, 'The S&L industry', *Crime & Justice*, 1993)(Feguson, 2008: 255).

"부동산 제국을 건설하고 싶니? 원하면 왜 그렇게 얘기하지 않니?" 한 그룹의 댈러스 건축업자에게 기회를 준 것은 엠파이어 저축 및 대출회사였고, 얇은 공기로부터, 평평한 텍사스 땅으로부터 행운을 뽑아내는 완벽한 기회를 제공하였다. 텍사스의 초현실주의는 다음과 같이 시작하였다. 즉, 엠파이어 S&L회장인 스펜서 블레인이 가란드 읍의 시장 제임스 테일러와 어울렸다. 그리고 고등학교 중퇴에서 부동산 개발업자로 변신한 대니 포크너라는 극채색의 현란한 인사가 있었는데 그의 특기는 다른 사람의 돈에 대한 터무니없는 관용과 아량이었다. 문제의 다른 사람의 돈은 중계된 예금의 형태로 왔다. 그 예금에 대해서 엠파이어 S&L은 매혹적인 고율의 이자를 지급했다. 포크너 포인트라고 불리는 곳은 댈러스의 동쪽 20마일 지점의 래이 허버드 호수로 알려진 황폐하고 쓸쓸한 인공호수 부근에 위치하고 있는데, 부동산 제국의 최초의 전진기지였다. 이 부동산 제국은 나중에 포크너 서클, 포크너 시내, 포크너 숲 그리고 심지어 포크너 분수까지도 포함할 예정이었다. 포크너가 좋아하는 속임수는 '가볍게 치기'였는데 땅콩 재배를 위한 한 필지의 땅을 취득한 다음 투자자에게 매우 튀겨진 값으로 되파는 것이었다. 이때 이 투자자는 엠파이어 저축 대출 회사에서 돈을 빌리는 것이다. 한 필지의 땅은 포크너가 300만 달러로 구입해서 바로 며칠 뒤에 4,700만 달러로 팔았다. 약 16배로 튀겨서 결코 가볍게 튀긴 것(flip)은 아니었다. 대니 포크너는 그 자신이 문맹이라고 주장했다. 실로 흔하지 않은 인물이다. 1984년까지 댈러스 지역의 개발은 통제 불능이었다. 인터스테이트 30에 연하여 수 마일에 걸쳐서 새로운 콘도의 행렬이 있었다. 댈러스의 스카이라인은 '훤히 들여다보이는' 오피스 빌딩이라고 지역 사람들이 부르는 것들로 변형되어 왔다. 훤히 들여다보인다는 것은 빌딩에 유리가 붙은 사무실들이 거의 비어 있었기 때문이다. 건축은 달리 계속되었는데, 자금은 연방정부가 보험으로 보장하는 S&L에서 예금으로 지불되고, 예금들은 유효하게 개발업자들의 주머니로 직행하였다. 적어도 서류상으로는 엠파이어의 자산은 불과 2년 동안에 1,200만 불에서 2억 5천7백만 불로 성장하였었다. 1984년 1월까지 3억 9백만 달러로 나타났다. 많은 투자자들은 심지어 그들의 부동산을 근접해서 관찰할 기회조차 결코 가지지 못했다. 포크너는 투자자들을 자가용 헬리콥터에 태워서 착륙하지 않고 날았을 뿐이었다. 모두가 돈을 벌고 있었다. 포크너는 400만 달러짜리 리어제트를 타고, 지역 시장인 틀러는 흰색 롤스로이스와 함께, 엠파이어 S&L의 회장은 4,000달러짜리 롤렉스를 타고 ─ 부동산 평가사들, 스포츠타 투자자들, 그리고 해당 지역의 건축관계 행정가들. 1986년 1월의 댈러스 모닝 뉴스에 Pusey와 Harlan이 쓴 "1~30거리로부터의 이익을 금융가들이 나눠 가짐"이라는 기사에 의하면, 남자들은 금팔찌를 차고 부인들은 모피코트를 입었다. 관련자들 중 누군가가 증언했

S&L의 다른 이름으로 원래 S&L은 지역공동체의 thrift(근검절약 저축)에서 출발했는데, 이 thrift와 비슷한 발음인 theft(도둑질)는 거리가 아득히 멀다. 근검ㆍ절약에서 나온 저축조합은 원래 도둑질하고는 백 촌도 멀었다.

더욱이 S&L의 자산과 모든 S&L의 예금자에 대한 지급 책임의 잘못된 짝짓기는 그때까지 재난을 일으키게 되었다. 내부인(Insiders)에게 더욱 많은 장기 대출이 행해지는데, 그 재원은 외부인으로부터의 단기성 자금이었기 때문이다. 1984년에 규제자들이 뒤늦게 행동하기 시작했을 때, 이 현실들은 더 이상 무시되지 못했다. 3월 14일 연방주택대출은행위원회(FHLBB)의 의장이었던 에드윈 그레이는 엠파이어 S&L의 폐쇄를 명령했다. S&L 예금액을 보험ㆍ보장했다고 추정되는 연방저축대출보험공사(Federal Savings and Loans Insurance Corporation, FSLIC)의 이 사건으로 인한 부담 비용은 3억 불이었다. 그러나 이것은 시작이었다. 다른 금융회사들이 감사를 받게 되자, 의원들의 주저했는데 특별히 S&L 금융회사들로부터 후하게 선거 비용을 기탁받은 의원들이 그러했다. 가장 악명 높은 사례는 캘리포니아 주 어바인의 링컨 S&L 금융회사의 찰스 키팅이었다(이름부터 치팅과 비슷하다). 그는 그의 금융회사가 연방주택대출은행(FHLB)의 압력에 처했을 때 다섯 명의 상원의원의 지지를 받았는데, 그 중 지난 대선 때 오바마와 대결한 공화당 후보 존 맥케인이 있었다. 맥케인은 그 이전에 키팅으로부터 정치헌금을 받은 적이 있으나, 상원윤리위원회에 의해서 부적절하게 행동한 점은 없다고 밝혀졌다(Nial Ferguson, 2008: 258). 그러나 더 오래 기다릴수록 더 많은 연방의 돈이 소진되었다. 1986년까지 연방저축대출보험공사(Federal Savings and Loans Insurance Corporation, FSLIC) 자

---

다. "마치 현금지급기 같았어요. 모든 것이 대니가 필요한 것에 맞춰졌어요. 만약 대니가 새로운 제트기를 원하면 우리들은 땅 거래를 했어요. 만약 대니가 새 농장을 사기 원하면 우리는 또 다른 땅 거래를 했어요. 대니는 마지막 세밀한 부분까지 대니를 위해서 모든 일을 운영했어요."(Nial Ferguson, 2008: 255)

체가 지불불능, 즉 파산한 것이 드러났다.

## 6.5. S&L 위기(1986~1995)의 결산: 뉴딜 시대 금융 시스템의 붕괴

댈러스 모닝스타지의 Pusey가 '급전과 사기'에 쓴 바에 의하면, 1991년 재판에서 포크너, 블레인과 토러는 사기와 1억 6천5백만 달러를 토지거래사기를 통해 엠파이어와 다른 S&L로부터 편취한 것으로 유죄판결을 받았다. 각각 20년 금고형과 수 백만 달러를 배상하라는 판결이 내려졌다. 이는 가장 부주의하고 사기성인 토지투자구조였다고 회상된다. 똑같은 말이 S&L 위기 전부(1986~1995)에 대해서 말하여질 수 있다. 에트윈 그레이는 "이 나라의 금융사에서 가장 광범위하고, 부주의하며 사기성이 높은 시대"였다고 회상한다. 모두 500개의 S&L 금융회사가 붕괴되거나 폐쇄하도록 강제되었다. 거의 똑같은 500개 숫자가 하원에 설립한 (하원)결의신탁공사(Resolution trust Corporation)의 후원 아래 통합되어 사라졌다. 공식 통계에 의하면 파산한 기관의 약 반수에서 내부인(insiders)에 의한 사기와 범죄적 행동이 일어났다고 한다. 1991년 5월까지 764명이 기소되고 550명이 유죄, 326명이 금고형을 받았다. 800만 불의 벌금이 과해졌다(Pontell & Calavita, 'White – Collar Crime', Law Society Review, 1994). 1986~1995년까지의 S&L 위기의 최종비용은 1천5백3십억 원으로 GDP의 3%이며 이 중 1천2백4십억 원을 세금 납부자들이 부담하였다. 1990년에 심계원(General Accounting Office)은 5,000억 불의 비용으로 예상하였다. 이와 같이 뉴딜 시대의 주택금융대출시스템은 붕괴되었다(Ferguson, 2008: 258).

## 6.6. 루스벨트의 긴급은행법(Emergency Banking Act. 1993)과 글라스 스티걸 법(Glass–steagall Act. 1933)과 가안–쌩 제르멩 예금기관 법(The Garn–St. Germain Depository Institutions Act of 1982) 과 S&L의 주택 모기지(소결론)

주택 모기지는 그 성질상 장기이며, 주로 저축 및 대출조합(S&L)에 의해서 주로 이루어졌는데, 이것들은 1982년의 가안–쌩 제르멩 예금 기관법(The Garn – St. Germain Depository Institutions Act of 1982)[39] 이전에는 뉴딜 시대의 루스벨트의 긴급은행법(Emergency Banking Act. 1993)과 글라스 스티걸 법(Glass – steagall Act. 1933)[40]의 엄격한 규제 아래에서 움직이는 특수한 타입의 은행이었다. 규제 해제 이후, 상호 저축은행(S&L)은 위험한 모기지 대출을 영위하였는데, 부분적 이유는 연방 예금보험은 '경험법칙에 따라서 평가(experience rated)'되지 않았 기 때문에 — 보험 프리미엄은 은행 대출의 위험성에 따라 변화하는 것이 아니고 불변으로 고정되어 있었다는 것이다. 규제 완화 이후의 주택 모기지를 주로 다룬 S&L이 1980년대에 부동산 거품붕괴를 포함 한 것을 비롯한 다양한 이유로 파산하는 경위를 6.5까지 상론하였다. 이것은 신용시장의 불안정 특히 부동산에 연결된 신용시장의 불안정 성을 잘 보여 주는 예였고, 따라서 닥쳐올 재난을 경고하는 사인이었 다. 결국 이 사인이 무시되는 결과를 가져왔다.

---

39) 여기에 대해서는 본 논문 6.1.2 가안–쌩 제르멩 예금기관법(Garn–St. Germain Depository Institutions Act of 1982)(Pub.L. 97~320, H.R. 6267, 제정일 1982년 10월 15일)을 참조할 것.
40) 여기에 대해서는 본 논문 2.0 루스벨트의 긴급은행법(Emergency Banking Act. 1993)과 글라스 스티걸 법(Glass–steagall Act. 1933)을 참조할 것.

# 7. 나가는 말

이상과 같이 금융규제시대(1933~1961)와 S&L의 탈규제시대(제1차: 1982~1995)의 법제도와 그 실질적 · 연속적(2003년 기준) 효과를 살펴보았다. 증권화(securitization)와 함께 시작된 투자은행(Investment bank)의 새로운 금융시대는 후속 연구를 예고한다.

# 참고문헌

김　철,『경제 위기 때의 법학 ─ 뉴딜 법학의 회귀 가능성』(서울: 한국학술정보(주), 2009ㄱ).

_____,『한국 법학의 반성』(서울: 한국학술정보(주), 2009ㄴ).

_____, "팍스 아메리카나와 재즈 시대",『경제 위기 때의 법학 ─ 뉴딜 법학의 회귀 가능성』(서울: 한국학술정보(주), 2009ㄱ).

_____, "대공황 시대의 경제사상과 법",『경제 위기 때의 법학 ─ 뉴딜 법학의 회귀 가능성』(서울: 한국학술정보(주), 2009ㄱ).

_____, "법과 평화",『본질과 현상』, 2010. 3. 통권 19호(파주: 본질과 현상사, 2010).

_____, "위기 때의 법학: 뉴딜 법학의 회귀 가능성 ─ 현대 법학에 있어서의 공공성의 문제와 세계 대공황 전기의 법사상",『세계헌법 연구』제14권 제3호, 국제헌법학회, 2008.12.

_____, "재즈 시대의 아노미",『경제 위기 때의 법학 ─ 뉴딜 법학의 회귀 가능성』(서울: 한국학술정보(주), 2009ㄱ).

_____, "최현대의 경제공법사상",『세계헌법연구』제15권 제2호(서울: 국제헌법학회 한국학회, 2009.6).

_____, "최현대의 경제공법사상(2)",『세계헌법연구』제15권 제3호(서울: 국제헌법학회 한국학회, 2009.12).

_____, 학회 발표문 "공법과 경제영역에서의 민주주의의 재성찰 ─ 공법학에

있어서의 경제적 보수주의와 경제적 자유주의의 순환과 신자유주의
의 영향을 중심으로", 『민주주의 패러다임의 재성찰』, 한국사회이론
학회·인류사회재건연구원 공동 학술대회, 2009.12.19, 경희대학교
본관 대회의실.

_____, 학회 발표문 "빈곤과 부에 대한 차별문제: 헌법과 파산법의 눈에서",
『빈곤과 우리 사회』, 한국 사회이론학회 2005년 후기 학술대회,
2005.12. 성신여자대학교.

_____, 학회 발표문 "자연법론으로의 회귀를 위한 시론 — 세계경제 위기 이
후의 경제와 규범의 관계", 『'도덕'으로의 전환』, 한국인문사회과학
회 2009년 가을 학술대회, 2009.11.28. 배재학술지원센터.

_____, 학회 발표문 "현대 법학의 공공성의 문제: 위기 때의 법학 — 세계
대공황 전기의 법학과 뉴딜 법학의 귀환 가능성", 한국인문사회과학
회 2008년도 후기 학술대회, 2008.11. 한동대학교.

Cambell, Henry, *Black's Law Dictionary*(St. Paul: West Publishing, 1979).

Chernov, Ron, *The House of Morgan*(New York: Atlantic Monthly Press, 1990).

Calavita, K., R. Tillman, and H. N. Pontell, "The Savings and Loan Debacle,
Financial Crime and the State", *Annual Review of Sociology*, 23(1997).

Eichler, Ned, "Homebuilding in the 1980s: Crisis or Transition?", *Annals of the
American Academy of Political and Social Science*, 465(January 1983).

Ferguson, Niall, *The Ascent of Money: A Financial History of the World*(New
York: The Penguin Press, 2008).

Frankfurter, Felix, *The Public and It's Government*(1930) in Thomas Green(ed.),
*American Legal History: 1850~1950*(Ann Arbor: UM Law Sch., 1979).

Friedman, Milton and Anna Schwarz, *A Monetary History of the United States:
1986~1960*(Chicago: Chicago University Press, 1963).

Green, Thomas(ed.), *American Legal History: 1850~1950*(Ann Arbor: UM Law
Sch., 1979).

Kennedy, David, *Freedom From Fear — The American People in Depression and War,
1929~1945*(Oxford Univ. Press, 1999).

Krugman, Paul, *The Conscience of a Liberal*(New York: W. W. Norton, 2009 & 2007).

Landis, James M., *The Administrative Process*(1938) in Thomas Green(ed.),
*American Legal History: 1850~1950*(Ann Arbor: UM Law Sch., 1979).

Mannheim, Hermann, *Comparative Criminology — a Text Book*(London: Routledge

& Kegan Paul, 1965, 1973).

O'Hara, Maureen, 'Property Rights and Financial Firm', *Journal of Law and Economisc*, 24(Oct. 1981).

Pontell, Henry N. and Kitty Calavita, "The Savings and Loan Industry", *Crime and Justice* 18(1993).

_____, "The State and White − Collar Crime: Saving the Savings and Loans", *Law Society Review*, 28, 2(1994).

_____, "White − Collar Crime in the Political and Social Science", *Annals of the American Academy of Political and Social Science*, 525(January, 1993).

Pecora, Ferdinand, *Wall Street under Oath*(New York, 1939).

Posner, Richard, *A Failure of Capitalism − The Crisis of '08 and the Descent into Depression*(Harvard Univ. Press, 2009).

_____, "Why was Depression not Anticipated", *A Failure of Capitalism*(Harvard Univ. Press, 2009).

_____, "The Economics Profession Asleep at the Switch", *A Failure of Capitalism − The Crisis of '08 and the Descent into Depression*(Cambridge: Harvard Press, 2009).

Redburn, F. Stevens, "The Deeper Structure of the Savings and Loan Diasaster", *Political Science and Politics*, 24, 3(September, 1991).

Schlesinger jr, Arthur M., *The Coming of the New Deal − The Age of Roosevelt* (Boston: Houghton Mifflin company, 1958).

Seron, Carroll, "The Teacher − Scholar − Presidential Address and Commentaries", 36 *Law and Society Rev.* 21, 2002.

Warren, Kenneth F., *Administrative Law and The Political System*, 3rd Ed.(Upper Saddle River: Prentice Hall, 1996).

Ferguson, Niall "The End of Prosperity?", *TIME*, 2008.10.13.

Flynn, J. T., "The Marines Land in Wall Street", *Harper's*, July 1934.

Pusey, Allen, "Fast Money and Fraud", *New York Times*, 23 April, 1989.

Senate Banking and Currenty Committee, *Stock Exchange Practices: Hearings*, 73 Cong., 1 Sess.(1933).

Frank Capra's direction, *It's Wonderful Life*, based on a story by Philip Van Doren Stern, Liberty Films, 1946.

# 제8장

## 법과 평화

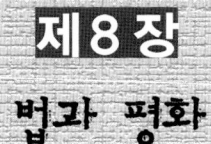

1930년대 세계 대공황 때 금융회사와 은행에 대한 대중의 실망과 적개심은 대중문화에서 영화를 통하여 〈보니와 클라이드〉와 같은 은행 갱에 대한 영웅화와 같이 비정상적으로 나타났다. 2장 19절.

1930년대 세계 대공황 당시 캐나다 실업자들의 시위. 2장 1절 3항 참조.

현대 문명사회의 인류는 전쟁에 대한 공포에서의 자유와 함께 더 일상적으로 경제적 위기나 파국에서의 자유와 평화를 희구하여 왔다. 이 글은 선진문명사회와 그 영향하에 있는 한국 사회가 경제위기로부터 비롯되는 파국에 대한 평화를 어떻게 추구할 수 있을지를 다루고 있다. 30년간의 신자유주의 시대에 대중의 감각과 즉물적 판단에 의한 소비생활과 투자를 자극하고, 투기와 과소비에 의해서 산업 사회를 무리하게 확장하려 하기도 했던 세계적 사회 풍조는 이전 시대에 비해서 역사적 사고나 역사적 맥락에 의한 판단과 인문학적 평가를 사회생활에서 축출해 왔다. 문명사회는 약 30년 동안 일하고 벌고 쓰는 데 바빠서 인류가 이미 비슷한 문제로 고통을 겪은 적이 있고, 그 고통의 대가로 축적한 지혜가 있다는 것을 망각하고 살아왔다. 후기 산업시대를 물질적으로 지배하려는 사람들은 역사를 축출하고 싶을 것이다. 또한 약 30년 동안 성장과 풍요의 사회 분위기에서 풍요에 취해서 불로소득과 사치의 감각을 훈련시킨 선진 산업국을 중심으로 한 문명사회의 사람들은 너무나 개인의 특수한 감각에 충실해져서 규제나 규범 또는 마침내는 어떤 제도가 필요하다는 것을 망각하고 살아왔다. 대공황기인 1933년의 글라스 스티글(Glass-Steagall Act of 1933) 법은 1999년 레이거노믹스(Reaganomics)의 절정기에 폐지된 이후 '1930년대라는 과거의 법'으로 은퇴 또는 사라진 노인처럼 취급돼 왔다. 마침내 77년 만에 대공황 때의 프랭클린 루스벨트의 뉴딜 입법의 계승자로 2010년의 오바마 대통령이 새로운 글라스 스티글 법, 즉 도드 프랑크 법을 입법하기에 이르렀다. 역사는 그냥 일회적으로 소진되는 것도 아니요 한 시대를 열어 주고 지탱하였던 뉴딜 입법이 그냥 사라지는 것도 아니라는 교훈을 알게 된다. 신자유주의 시대는 그 쾌락의 절정에서 모든 문명사회에서 파열음을 내며 긴 꼬리를 보이면서 사라지기 시작했다. 새로운 시대는 아직 전모가 드러나지 않았다. 그러나 고통과 힘든 시간을 넘어서서 이윽고 더 긴 시대를 단위로 만물은 새로운 모습을 보일 것이다.

- "법과 평화", 『본질과 현상』 통권 19호 2010. 1. 봄호(2010.03.01)

## 0. 전제

법학에서 평화 논의는 전형적으로는 국제법상의 전쟁과 평화의 법적 문제에 관한 것이다(또한 예를 들면 김철수, 1972, 오병선, 2009). 그러나 이 특집의 취지는 평화를 위한 문화이므로 국제법학에서의 전형적 방식은 일단 접고, 취지에 맞고 이 시대에 맞는[1] 개인의 평화[2]를 위한 문화가 어떤 것인가[3]를 위한 우선 평균인의 생활 철학에서 출발하기로 한다.

## 1. 무엇이 생활인의 평화를 저해하는가

### 1.1. 전쟁

전쟁은 생활인의 평화를 저해해 왔다. 한국전쟁(1950~1953)은 세계 2차 대전(1939~1945) 이후 최대 규모의 전쟁으로서, 세계 1차 대전(1914~1918)과 비교할 만한 규모라고 한다. 전쟁의 체험과 기억은 세계대전 이후에 출생한 전후 1세대뿐 아니라 전쟁을 경험한 한국민에게는 그 이후의 모든 생활의 잠재적 무의식과 의식의 가장 큰 동인

---

1) 2007년 이후 국제 법철학회에서의 가장 큰 중점은 법의 경제 분석에 주어져 왔다(김철, "경제학적 공법학 방법론", 『한국 법학의 철학적 기초』(서울: 한국학술정보(주), 2007ㄱ)). 2010년 국제 사회의 초점은 국제금융위기 이후의 세계경제 질서와 금융개혁이다. 이를 위하여 다보스의 세계경제포럼(WEF 또는 다보스 포럼)이 열리고 있고, 서울에서 열릴 G20회의가 세계경제 질서를 논한다. 세계 경제위기 이후의 세계 법제도의 전반적인 배경에 대해서는 (김철, 『경제 위기 때의 법학 ― 뉴딜 법학의 회귀 가능성』(서울: 한국학술정보(주), 2009ㄱ)을 볼 것. 여기서 저자는 2008년 이후의 경제위기의 치유책으로 1933년대의 뉴딜 입법의 회귀 가능성을 역사적으로 입증하고 있다.
2) 개인의 평화를 해치는 사회적 차별에 대해서는 (김철, "사회적 차별의 심층심리학적 접근", 『한국 법학의 철학적 기초』(2007ㄱ)을 참조할 것. 개인의 평화를 해치는 집단주의 문화에 대해서는 (같은 사람, 같은 논문, 같은 책)을 참조할 것.
3) 현대 한국 문화에 대한 법철학적 접근으로서는 (김철, "현대 한국문화에 대한 법철학적 접근", 2007ㄱ)을 참조할 것.

이 되었다. 2차 대전 종전 이후에 승전국의 직접적인 영향권에서 번성한 전후 질서의 기본이 된 자유주의가 한국에서 지체된 직접적 원인은 한국동란이었고 UN 안전보장이사회와 UN 연합군이 직접 개입하여 비로소 2차 대전 이후의 세계적 자유주의 지역에 포함되게 되었다.

## 1.2. 폭력과 기아

전쟁에 대한 공포와 함께 전쟁과 동반했던 폭력과 기아에 대한 공포가 한국인의 집단무의식에 내재한 경험이 되었다. 폭력과 기아에 대한 공포에서 한국인들은 한국동란 이후 부흥기(1953~1960), 자유주의 실험기(1960~1961), 권위주의를 동반한 초기 산업주의(1962~1979), 신권위주의시대(1980~1989), 해체기(1989~)에 잇따른 자유주의 시대 (1993~) 동안 세계 역사상 전례 없는 짧은 기간에 압축된 역사 발전을 시도하였다.

## 1.3. 시대정신으로서의 자유주의와 반시대정신

전후 부흥기(1953~1960)에 이은 짧았던 자유주의실험(1960~1961) 이후 32년 만에 두 번째 자유주의 시대가 시작된 지 이미 17년이 되었다. 대체 한국인들에게 개인으로서의 평화를 저해하는 것은 무엇인가?

## 1.4. 번영의 신화

1997년 11월 동아시아 외환위기가 한국에 오기 이전 중산층의 한국 시민들은 번영의 꿈에 들떠 있었다. 이 시기의 달러 대비 환율은 가장 좋은 때는 750~800 : 1이었고, 한국인들은 도쿄 올림픽 전후 일본 시민들이 그랬던 것처럼 세계화의 단꿈에 젖어 공항으로 몰려 나갔다. 이때는 자유화의 낙관적 시절로서 한국인들은 기업의 성취에 크게 고무되어서 전통적으로 직업적 선호의 상위권이었던 가르치는 직업(教職)과 비영리적인 공직에 종사하는 공무원을 하위의 선호로 바꾸게 되었다. 영리추구의 기업가 정신이 이제는 한국사회를 더 높은 단계의 번영으로 이끈다고 생각되고 기업 위주의 경제문화가 자유화 기간 내내 대중매체와 대중교육기구뿐 아니라 모든 생활 문화에 침투하였다.[4] '성공적인 기업인'이 새로운 사회의 역할·모델의 히어로가 되었다.

## 1.5. 계층 상승(김철, 2009ㄱ: 125~126)

평균적인 한국인의 생활은 산업화 이후 늘어난 직업에 의해서 안정된 생활을 영위하고 더 나아가 교육기회를 통한 계층상승을 통해서 빈곤과 결핍의 기억에서 영영 탈출하려는 심층심리학적 다이나믹스에 의해 특징지어진다. 1997~1998년의 외환위기는 극복되었다고 믿어졌으나, 그때까지 산업화에 의해서 분화된 사회계층의 분포도를 확인하는 계기가 되었다. 즉 동아시아 외환위기에 의해서 가장 타격받은 계층은 그때까지 진행된 산업화와 자유화에 의해서 겨우 중산층에 편입되기 시작한 비교적 취약한 계층이었다고 할 수 있다(김철, 2009ㄱ: 186, 191). 비슷한 시기에 한편 세계경제와 한국 경제에 가장 영향력을 미치는 아메리카 사회에서 보고되기 시작한 중산층의 불안정 내지 붕괴의 조짐[5](김철, 2009ㄴ: 255)이 한국 사회에서도 불안요인이 되

---

4) 자유화 시절의 한국의 자유주의에 대한 반성적 고찰에 대해서는 (김철, "반권위주의, 자유방임주의, 계약 자유", 174~176, 『경제 위기 때의 법학』(서울: 한국학술정보(주), 2009ㄱ))을 참조할 것.

5) 2003년에 하버드 로스쿨의 파산법 교수 엘리자베스 워런(Elizabeth Warren)은 아메리카 중산층 부모의 경제생활의 실상을 보고한 『맞벌이 부부의 함정 ― 왜 중산층 부모들은 파산하고 있는가?』(New York: Basic Books, 2003)에서 고도산업화 사회에서 맞벌이 부부가 겪는 파산의 위험성을 법학자의 정확성과 경제사회학자의 솔직성을 가지고 아메리카 사회의 중추가 되어 온 중산층이 겪고 있는 진정한 위험과 그 치유책을 논했다. 2003년은 월가 기준으로 볼 때는 1999년부터 시작된 공전의 호황기

고, 실업에의 공포, 직업적 파탄이나 탈락, 노령으로 인해서 중산층에서 탈락하거나 빈곤화될지 모른다는 이유 있는 신경증적 강박감이 개인의 평화를 저해하는 가장 내재적이면서, 외재적인 요인으로 등장하였다(김철, 2009ㄱ: 124). 1997~1998년간의 IMF 외환위기는 일단 극복되었다고 믿어졌으나 청년실업률이 하락되지 않았고 외환위기 때의 파탄은 국가사회로부터 개인가계로 이전된 감이 있었다.[6] 이후의 한국경제는 주로 대기업의 성과를 경제적 성취로 보는 관점에서 진행되었다고 보인다. 그러다가 2008년 9월 이후 세계 경제위기라는 1929년 10월 세계 대공황 발발 이후 최대의 경제사적인 사건을 맞이하게 되었다.

## 2. 금융자본주의의 위기(김철, 2009ㄴ: 38~39; 김철, 2009ㄷ: 36~37)

2008~2009년의 경과를 금융자본주의의 위기로 파악하고, 사회주의 법 가족이 와해한 이후 지구촌을 제패한 자유지상주의의 예측하지 못

---

에 해당된다. 왜냐하면 1999년 알렌 그린스펀이 등장해서 낮은 이율의 통화를 공급하기 시작하고 또한 더 중요한 것은 그때까지 금융자본주의의 거대화를 막고 있던, 뉴딜 시대 이후의 마지막 방파제였던 글라스 스티글 법(Glass-Steagall Act of 1933)이 폐지된 이후였기 때문이다. 월가가 제공하는 경제지표로 볼 때는 아메리카는 장밋빛 호황이 틀림없었다. 그러나 개인파산의 영역에서 볼 때는 아메리카의 소비자 개인들은 계속 파산위험의 수준으로 내몰리고 있었다. 이 두 가지 상반되는 현상을 그때까지 주류의 거시경제학은 설명해 내질 못했다.

2003년 1월에 노벨경제학상(1995년)에 빛나는 미국경제학회 회장 로버트 루카스(Robert Lucas)는 미국경제학회에서 침체 및 공황의 경제학은 끝났다고 선언하고 거시경제학은 경제성장의 문제로 옮아가야 한다고 하였다(Posner, 2009: 327).

'월가의 북소리'가 아메리카사회에 있어서도 정직하고 성실한 중산층 성향의 사람들에게는 거리가 멀고, 그렇다면 2008년 이후 비로소 아메리카 주류사회가 반성하게 되는 계기로서, 월가의 북소리에 맞춰서 번영과 경제성장 그리고 회의 없는 장밋빛 미래를 선전한 사람들은 누구였던가. 이 문제에 대해서 국내 최근 발표문으로는 (김철, "자연법론으로의 회귀를 위한 시론 ― 세계경제 위기 이후의 경제와 규범의 관계", 한국인문사회과학회 2009년도 가을 학술대회 『도덕'으로의 전환』)을 참조.

6) 즉, 외환위기는 극복되었으나 개인파산과 신용불량자가 증가되었다. 정부 차원의 신용회복 위원회가 설치되었고 파산법이 한국에서 개인파산과 기업파산을 정리하고 재기시키는 실효적인 방책이 되었다(김철, 『경제 위기 때의 법학』, 2009ㄱ).

한 부작용의 징조가 시대적 맥락에서 생기기 시작한다는 것이 차츰 밝혀졌었다. 아메리카에 있어서 1978년 이후 약 30년을 탈규제와 자유방임의 시대로 특징지을 수 있는데(Paul Krugman, 2007; 김철, 2009 ㄱ),[7] 2008년 9월 28일 비로소 30년에 걸친 자유지상주의[8](김철, 2009ㄱ: 191~210)와 탈규제(같은 사람, 2009ㄴ: 249)가 동반한 아노미(Anomy, Anomie)[9]가 월가에서 폭발하면서 한 시대가 끝나 간다는 것을 알게 되었다.[10] 위기에 대응하는 교훈을 찾기 위해서 지식인들은 이제 수학적 모델이나 테크니컬한 미시분석에서 벗어나서 역사 자체의 맥락을 찾게 되었다. 인류는 호황 기에는 현상에 집착하다가, 파국에 즈음해서는 현상의 본질을 하는 수 없게 찾게 되고, 역사적 경험에서 구하게 되는 거시 역사적 반복에 직면하게 된다.

## 2.1. 숨은 문제가 드러남(김철, 2009ㄱ: 46; 김철, 2009ㄷ: 37)

파국의 세계적 전개는 일차적으로는 신용 - 금융 - 재무 부문이었으나 이윽고 사회 및 정치 부문 그리고 이른바 지식 기반의 전문 직업 집단에게까지 전례 없는 그러나 대공황 이후 약 80년 동안 유보되어 왔던 문제가 드러나게 했다(New York Times, 2008.10.24) (Time,

---

7) 자유방임을 기조로 하는 탈규제에 대해서 (김철, "아메리카의 보수주의 혁명과 신자유주의", "뉴딜 시대(1933~1954)의 반작용으로서의 신자유주의 또는 신보수주의(neo - conservatism)", "고전경제학으로서의 원상복귀와 반작용적 보수주의", 237~240, 『한국 법학의 반성』(서울: 한국학술정보(주), 2009ㄴ))을 참조할 것.

8) 자유지상주의에 대해서는 (김철, "동유럽 러시아의 해체에 대한 증언", "1990년대의 자유지상주의에 대한 비교법철학적 논의", 191~210, 『경제위기때의 법학』(2009ㄱ))를 참조할 것.

9) 1998년 외환경제위기 때까지의 한국의 사회적 · 경제적 아노미의 원인에 대해서는 이 논문(김철, "한국에 있어서의 자유주의와 자유지상주의에 대한 반성", 『사회이론』, 2006년 가을호)를 볼 것. 또한 1870년, 1882년, 1929년의 서유럽과 아메리카의 경제위기와 아노미의 관계에 대해서는 이 논문(김철, "경제 위기와 아노미의 법학 ― 사회적, 문화적 아노미가 어떻게 경제적 아노미와 연결될 수 있는가", 2009ㄱ)을 볼 것.

10) 아메리카 사회의 아노미에 대한 대표적인 증언은 김광기, "칼벵, 베버, 파슨스 그리고 미국 자본주의의 위기", 『칼벵주의 논쟁: 인문사회과학에서』, 한국인문사회과학회 엮음(서울: 북코리아, 2010).

2008.10.13).

## 2.2. 주류 사회의 지도층과 주류 학문의 문제(김철, 2009ㄱ: 47; 김철, 2009ㄴ: 254~255; 김철, 2009ㄷ: 37~38)

숨은 문제란 무엇인가? 이는 "과연 그들의 방식이 당시에는 지지를 받았으나, 그래서 덮어놓고 여러 사람이 가는 길로 뛰어왔으나,[11] 과 연 그때조차도 적절했던가 또는 옳았던가?"[12]라는 반성이다. 이렇게 생각하게 된 직접적 원인은 지식기반의 지도층과 우선 사회과학 중에서 가장 과학적으로 발달하고, 현실 적용성이 높으며 따라서 예언적 역할을 할 수 있다고 믿었던 경제학에 대한 기대와 실망이다. 그러나 역사를 돌이켜 볼 때 자본주의의 가장 큰 첫 번째 위기였던 1930년대에 아메리카 기준의 지도층과 주류경제학자들이 세계 대공황에 대해서 예측하거나 처방을 내어놓거나 유효한 정책을 내놓을 수 있었던가? 아니었다. "대폭락, 대침체 그리고 1929년에 시작된 대공황에 대해서는 재계나 노동계 그리고 학계의 거물들 중 누구도 예상하거나 준비가 없었다."(김철, 2009ㄱ: 67)

1997년과 1998년에 일본에 비해서 단순 비교 2배, 인구 비례 약 6배의 경제학자를 가지고 있는 한국은 공식적으로 외환위기를 예측하지 못했다. 다시 세계적으로 10년의 호황이 왔다. 굉장한 호황이었다. 지금은 위기 발생의 원인제공자의 하나로 격하되고 있는 연방준비제도위원회의 그린스펀은 과다한 통화 공급으로 2006년에서 2007년까지만 하더라도 세계적인 추앙을 받고 있었다. 세계 언론은 그를 세계

---

11) 사회문화에 있어서의 군집행동, 즉 쏠림(herd behavior)에 대해서는 이 자료(김철, 2009ㄷ)를 볼 것.
12) 순응주의(conformism)와 비순응주의(non-conformism)의 문제에 대해서는 이 논문(김철, 2009ㄱ, ㅁ)을 볼 것. 또한 이 발표문(김철, "공법과 경제영역에서의 민주주의의 재성찰 — 공법학에 있어서의 경제적 보수주의와 경제적 자유주의의 순환과 신자유주의의 영향을 중심으로", 한국사회이론학회 · 인류사회재건 연구원 공동학술대회, 『민주주의 페러다임의 재성찰』, 2009년 12월 19일)을 참조할 것.

금융의 '황제'라고 극찬했다. 또한 경제위기 불과 1년 전인 2007년에 영국의 고든 브라운 수상은 "우리에게 다시는 불황은 없다. 자본주의의 자연적 주기로서의 장기 순환곡선조차도 더 이상 해당되지 않는다"라고 큰소리를 쳤다. 큰소리 이후 2009년까지 세계 금융위기에 가장 큰 타격을 받은 곳의 하나는 팍스 브리타니카 이후 세계 금융산업의 진원지였던 영국이었다. 이러한 주류사회 지도층의 북소리에 맞춰서 대부분의 경제학자들은 말하자면 가격 중심, 시장 중심의 현상분석에 열중하고 있어서 이미 경제사 분야에서 수십 년을 단위(interval)로 축적되고 있었던 장기적, 역사적 지표는 거들떠보지 않았다.[13] 2008년 10월 24일 월가 진원인 경제위기는 세계적 규모로는 1929년 9월 이후 최대의 것이었다. 주류 경제학자들이 예상하거나 준비하지 못했다는 점에 있어서도 마찬가지였다.[14] 이번에는 소수의 선지자들이 있기는 했으나[15] 위기가 현실화되기 이전까지는 대중이나 정부나 주류사회의 행동을 바꿀 만큼 주목을 끌지는 못했다. 깨어 있는 사람들은 무의식 중에 벌써 수년 전부터 무엇인가 불길한 것이 닥쳐오고 있다는 것을 알고 있었다(김철, 2009ㄴ: 255).

---

13) 폴 크루그먼은 이 논문(김철, "폴 크루그먼의 증언", 45~48, 『경제 위기 때의 법학』(2009ㄱ))에서 지적한 것처럼 사회사, 정치사(McCarry, Poole et. el), 경제사(Goldin & Margo: DeLong)와 같이 학제적인 역사적 연구를 종합해서 세계 경제위기를 예측하고 적중했다고 보인다. 이러한 맥락에서 폴 크루그먼은 학제적 연구의 시대적 긴요성을 증명했다고 할 수 있다. 경제학에 있어서의 학제적 연구의 실험자인 크루그먼은 우리에게 20세기와 21세기에 걸친 법학에 있어서의 학제적 연구의 종합자인 해롤드 버만(Harold J. Berman)을 교차 상기하게 한다. 실로 필자가 버만의 역사적 통합 법학을 연구하다가 크루그먼을 알게 된 것은 지적 호기심의 문제라기보다 20세기 말과 21세기 초의 위기의 식 속에서 문제 해결을 위한 법학과 사회과학의 전형을 찾고 있었기 때문이다(헤롤드 버만 & 김철, 1992).

14) 법학자인 논문 저자가 이런 얘기를 하는 것은 짧게는 1999년 이후 약 10년간 더 길게는 1981년 레이거노믹스 이후, 그리고 좀 더 길게 보면 1978년 탈규제 이후의 세계의 경제와 법의 상황은 한 분야로서는 종합적으로 파악하기 힘들기 때문이다. 법규범의 문제는 이 기간 중에 서서히 탈규제와 기간에 따라서 진행된 자유지상주의, 그리고 아노미의 경계선까지 진행된 사회전체의 분위기 안에서 진행되어서 법학적 논의만으로는 불가능하기 때문이다.

15) 폴 크루그먼에 대해서는 (김철, 2009ㄱ, 2009ㄴ, 2009ㄷ, 2009ㄹ, 2009ㅁ, 2009ㅂ)에서 강조하고 있고, 스티글리츠에 대해서는 (김철, 2009ㄴ, 2009ㄷ, 2009ㅁ) 그리고 무엇보다 케인즈에 대해서는 역시 (김철, 2009ㄱ, 2009ㄴ, 2009ㄷ, 2009ㄹ, 2009ㅂ)에서 다루고 있다. 폴 크루그먼의 한국에서의 오역과 반응에 대해서는 (김철, 2009ㄴ: 209~256)을 참조할 것.

## 2.3. 법학과 경제학의 기술성과 전문성(김철, 2009ㄴ: 242~243; 김철, 2009ㄷ: 38)

2008년 가을, 경제위기가 가시적이 되기 전까지는 대부분의 전문 지식인과 경제학자들은 경제학의 기술성, 높은 정도의 수량 분석, 고도의 테크닉을 동반하는 전문성에 몰입하여서 경제학이 다른 학문과 마찬가지로 어떤 시대의 시대정신(Zeit－geist) 또는 반시대정신 안에서 움직인다는 것을 납득할 수 없었다.[16] 이 점은 한 시대의 경제학을 동반하는 법학도 거의 마찬가지다. 법학과 경제학의 관계는 근대 경제학의 탄생 때부터 근대 계약법과 근대법 체계가 같이 작동할 만큼 쌍둥이 형제의 운명을 타고났다.[17] 현대의 법학은 법학 내부에서의 계속적인 분화와 전문화, 다른 학문에서의 독립화를 지향했기 때문에 역시 일반인들이 알 수 없는 높은 정도의 전문성과 기술성을 구가하기에 이르고 따라서 한 시대의 법학이 어떤 시대정신[18] 또는 반시대정신[19]을

---

16) 시대정신에 대해서는 (김철, 『한국 법학의 반성』: 머리글) 참조. "자유화와 민주화 이후 한국 법학이 자유주의의 세계적 조류로 합류하려는 노력은 법의 경제분석(Economic Approach to Law)이라는 새로운 도구를 쓰게 되나 자유지상주의와 신자유주의라는 반시대정신(Anti－Zeit－Geist)을 만나게 된다."(제3부 최현대의 경제공법 사상 — 신자유주의 시대의 평가와 새로운 시대정신)

17) 이 문제에 대해서 (김철, "경제사와 법은 서로 어떤 영향을 미치는가", 131~168, 『경제 위기 때의 법학』(2009ㄱ)을 참조. 근대 경제학의 아버지는 아담 스미스이다. 아담 스미스는 1764년에 글라스고우 대학에서 원래 도덕철학과 법학의 강좌를 가졌다. 뒤에 그를 유명하게 만든 국부론에 나타난 많은 생각들은 이들 강의에 포함되어 있었고 법과 정부의 이론과 역사는 중요한 부분이었다. 아담 스미스의 강좌는 직접적으로 출판된 것이 아니라 학생들의 강의 노트에 의해서 전해질 뿐이고 이것이 훨씬 후대에 출판되었다. 따라서 아담 스미스 시대에는 경제학, 법학, 윤리학이 서로 독립되지 않고 아담 스미스 이후에 비로소 근대 경제학과 근대 법학이 모습을 갖추기 시작했다고 해석된다(김철, 『러시아 소비에트법 — 비교법 문화적 연구』, 장별 해제 516~520(서울: 민음사, 1989)).

18) 예를 들면, 1945년 제2차 세계 대전 종전 이후의 문명세계의 시대정신은 반전체주의, 개인인격주의, 자유주의라고 할 수 있다. 이 시대정신은 실로 2차 대전 이후의 문명세계의 질서가 1939년부터 1945년 사이의 전체주의와의 전쟁의 대가로 이루어진 것이라는 역사를 배경으로 하는 것이다. 1948년 7월의 한국 제헌헌법, 1946년 11월에 공포된 일본의 맥아더 헌법, 그리고 1949년 5월의 도이치의 본 기본법은 '인간의 존엄과 가치'를 공통의 정신으로 하는데, 이것이 2차 대전 이후의 세계 질서로서의 시대정신이 나타난 것으로 보인다.

19) "자유화와 민주화 이후 한국 법학이 자유주의의 세계적 조류로 합류하려는 노력은 법의 경제분석(Economic Approach to Law)이라는 새로운 도구를 쓰게 되나 자유지상주의와 신자유주의라는 반시대정신(Anti－Zeit－Geist)을 만나게 된다."(김철, "최현대의 경제공법 사상 — 신자유주의 시대의 평가와 새로운 시대정신", 2009ㄴ; '머리글', 2009ㄴ) 반시대정신이라고 할 수 있는 것은 신자유

나타내고 있다는 생각은 좀처럼 할 수 없었다.

그러자 2008년 가을이 왔다. 넓은 의미의 경영경제학에서 그때까지 성과를 누린 가장 전문화된 분야는 경영경제학에서 주로 월가의 재무와 금융, 증권, 유가증권을 대상으로 했다. 당시 최첨단으로 여겨지던 파생상품에 대한 기상천외한 현학적인 수학적 모델을 발전시킨 금융공학은 재무, 금융, 유가증권의 경제학적 전문가와 법학적 전문가의 정당화 작업을 배경으로 하였다. 이들은 주로 고도로 추상화된 수학적 모델을 수단으로 그때까지의 상식으로는 이해하기 힘든 새로운 상품의 가능성을 전도하였다. 법 분야에서도 월가의 유가증권과 금융파생상품을 뒷받침하는 재무 관계 법률가들이 최첨단의 선구자들로서 여겨지고 있었다. 아담 스미스의 근대 경제학이 산업혁명 이후에 성립한 이후 인간의 지적 노력과 지적 노력에 의한 사회의 합리화 노력은 더 나은 사회를 위한 인류 전체의 원동력으로 간주되어 왔다. 산업화의 원동력이 되어 왔던 지식 기반의 전문인의 노력은 인류발전을 위한 보편적 가치로서 존중되어 오고 그 가치를 키우는 연구와 교육이 계몽주의 이후의 모든 문명사회를 개화시킨다고 믿어 왔다. 학문에 대한 존중은 이런 역사적 맥락에서 지구촌의 공통적 관심이 되었다. 그러나 2008년 경제위기 이후 인류의 역사상 거의 처음으로 지식을 기반으로 하는 전문가의 어떤 성과가 어떤 사회적 맥락에서는 파괴적인 역할을 한다는 것이 감지되었다. 물론 이 경우에도 이들 전문가에게 최초와 최종의 책임을 물을 수 있겠는가는 맥락을 더 참조하여야 한다. 흔히 평화 시에는 평균인들은 인간의 모든 지적인 노력에 대해서 긍정적인 평가를 한다. 그러나 정당하지 않은 전쟁 때에는 전쟁 범죄국에서 만

---

주의와 자유지상주의는 2차 대전 이후 주된 시대정신인 자유주의의 인간의 존엄과 가치, 즉 존엄권을 해치는 경향이 드러났기 때문이다. 신자유주의와 자유지상주의는 인간의 인격을 도구적으로 보거나 시장에서의 인간의 타산적 행동을 인간사회의 기초로 파악하는 데 있어서 존엄권과 행복추구권에서는 멀리 떨어져 있다.

드는 살상무기 제조에 관계된 전문가에 대해서는 달리 느끼지 않을 수 없다. 1999년에서 2008년까지 문명세계는 약간의 국지전을 제외하고는 지구적 차원에서 평화기라고 할 수 있었다. 그러나 경제위기 이후의 반성으로서는, 평화기와 호황기에 문명사회에서 가장 번영했던 사람들 중 어떤 사람들이 그들 영향권의 전문인을 시켜서 전쟁 시의 '대량살상 무기(George Soros)'에 해당하는 금융상품을 제조하게 하였다. 그러자 파국이 왔다. 소로스에 의하면, 지구촌 금융 사회는 대량살상 무기에 의한 전쟁을 치르는 것을 몰랐고, 경제위기가 두드러진 이후 비로소 각성하였다고 할 수 있다.

## 2.4. 고전경제학(classical economics)과 신보수주의 시대의 특징
### (김철, 2009ㄴ: 243; 김철, 2009ㄷ: 38~39)

고전경제학과 가격이론의 시대에 대부분의 경제학자들은 장기적인 경기변동을 다루는 거시경제학이나 경제사학에 대해서는 진지하게 고려하지 않았다. 왜냐하면 대부분 어떤 선진국가도 임기 4~5년의 정부의 경제 정책과 그 행정 수반의 성취와 관련해서 시장의 성취를 논하기 때문에 그 범위를 넘는 장기적인 변동에 대해서는 별 큰 동기 부여가 없었다. 그러나 2008년 가을에는 이윽고 그때까지의 경제정책의 주도적인 입장에 있던 사람들은 속수무책이 되고 말았다. 이것은 마치 79년 전의 상황과 비슷한 점이 있었다. "대폭락, 대침체 그리고 1929년에 시작된 대공황에 대해서는 재계나 노동계 그리고 학계의 거물들 중 누구도 예상이나 준비가 없었다."(김철, 2009ㄱ: 67)

## 3. 주류 사회 또는 사회 주류(main-stream)의 문제

  2008년부터 2009년까지의 세계 경제위기 이후 금융 또는 신용 경제에서 출발해서 경제 전반의 문제, 더 나아가서 1929년 이후의 최대의 파국을 초래한 인과관계에 대해서 전반적 반성이 일어났다. 사태의 진원지인 월가부터 출발해서 시민과 전문가, 정책수립자로 하여금 불가피하게 이와 같은 파국의 원인을 곰곰이 따지는 자세로 만들었다. 그 결과로 호황 시에는 생각지도 않았던 방식으로 돌아가게 되었다. 즉 환자의 현재 증상은 과거의 병력의 기록에서 출발할 수밖에 없다(김철, 2009ㄱ: 46; 김철, 2009ㄹ, ㅁ, ㅂ). 언제부터 병의 원인이 시작되었는가? 이전에는 주목받지 못했던 이론가들이 호황 동안에는 사람들이 거들떠보지도 않았던 방식을 가지고 현재 증상의 치료책을 제시하기에 이르렀다. 아니, 경제위기에 의해서 알려지게 된 중증의 상태는 이미 오랫동안 만성의 상태로 진행되어 왔는데, 그동안 대중이 의존했던 권위 있으며 학식이 있어 보였던 전문가들이 실지로는 그들 자신도 그 만성병에 감염되어 있었거나 또는 이런저런 이유로 병의 진행을 의식·무의식적으로 숨겨 왔다는 것이 드러났다(김철, 2009ㄹ: 116).[20] 전 세계 경제의 중심지 역할을 했던 아메리카와 서유럽 선진국에서 상당한 기간 동안 금융 경제와 이를 둘러싸고 있는 제도적·사회적 환경에 대해서 주류에 속하는 전문가들, 더 나아가서 이 전문가들과 함께 제도와 정책결정에 관여하는 사람들, 더 범위를 넓히면 이와 같은 정책결정과 제도에 의해서 수혜를 받은 사람들이 약 30년간에 걸쳐서 진행되고 있는, 만성병의 진행의 원인이 되는 '좋지 않은 효소'[21]에 해당되는 것에 대해서 주의를 기울이지 않았다고 할 수 있

---

20) 김철, "최현대의 경제 공법사상(2)", 116~117, 『세계헌법연구』 제15권 제3호, 2009ㄹ.
21) 프리드만의 통화주의는 최초에는 당시의 스테그네이션(stagnation)에 대한 처방으로 간주되었다. 그러

다. 주의를 기울이지 않았다, 부주의했다는 것은 원만한 어법이고 그 부주의라는 결과에 이르기까지 다른 사회적 벡터가 작용했다고 사회과학자는 지적할 수 있다. 어떤 벡터를 지적할 수 있겠는가?

## 3.1. 주류 사회의 규정하는 힘

주류 사회의 규정하는 힘을 들 수 있다. 이 규정력의 최종적인 표현은 다음과 같은 예에서 온다. 이미 예로 든 바대로 2007년 영국의 고든 브라운 수상은 "우리에게 다시는 불황은 없다. 자본주의의 자연적 주기로서의 장기 순환곡선조차도 더 이상 해당하지 않는다"라고 큰소리 쳤다. 또한 2008년 베어스턴스와 리만 브라더즈와 같은 투자은행의 문제가 노출되었을 때 당시의 정책결정자였던 아메리카 재무부 장관은 이전의 호황 기록에 도취되어서 문제의 심각성을 알 수 없었다. 즉, 투자은행들이 지불불능에 빠져서 이미 내부적으로 파산상태에 있다는 것을 알지 못하고 일시적으로 유동성의 흐름이 악화된 것으로 파악하였다(Posner, 2009). 다른 선진국의 정책결정자들도 같거나 비슷한 상황에 있었다(김철, 2009ㄷ: 60). 이 문제를 논문 저자는 그때까지 진행된 세계적 차원의 경제학자들의 경향과 영향력으로 얘기해 왔다(김철, 2009ㄱ: 45, 81; 김철, 2009ㄷ: 56~60). 그러나 가깝게는 10년 내지 멀게는 30년간 진행된 거의 같은 방향의 정부정책과 사회풍조의 원인이나 책임을 전문가 계층에게만 돌릴 수 없는 것은 말할 필요도 없다. 왜냐하면 2008년 파국 이전의 호황 기간 동안 정부나 정책 당국자, 전문가 계층뿐 아니라 더욱 중요하게 이른바 시장과 일반시민조차

---

나 경제학의 학파를 넘어서서 밀턴 프리드만은 케인즈 이론에 학문적으로 맞설 뿐 아니라, 드디어 1981년 이후 활발하게 전개된 아메리카에 있어서의 신보수주의의 기수가 되고, 구체적인 정치활동에까지 연결시켰다. 즉, 프리드만은 가장 극우적으로 여겨지던 배리 골드워트의 유세에 나섰다. 신보수주의에 대해서는 (김철, "아메리카의 보수주의 혁명과 신자유주의", "뉴딜 시대의 반작용으로서의 신보수주의", "고전경제학으로서의 원상복귀와 반작용적 보수주의", 『한국법학의 반성』(2009ㄴ)을 볼 것.

도 호황의 지역에서 거의 똑같은 행태와 넓은 의미에 있어서의 문화[22)
(김철, 2000: 19; 김철, 2007ㄱ: 289~290)를 보여 주었기 때문이다.
이런 주류 사회의 경향은 어떤 특정 분야의 전문가가 감지하더라도 또
한 감지해서 지적하더라도 공중이나 정책결정자에게 영향을 미치기는
힘들다. 최현대 사회는 이번에 문제가 된 금융경제의 높은 정도의 전
문성과 기술성에서 나타나듯이 고도로 현학적인 언어와 복잡한 일반
인들이 이해할 수 없는 메커니즘과 권위로 구성되어 있어서 비전문가
계층에서는 그 분야의 담을 넘어서 참견하기 힘들게 분절화되어 있다.
이러한 전문화와 분절화(김철, 1992) 때문에 이번 경험에서 보여 주듯
금융경제의 가장 기교적일 정도의 전문화된 금융공학의 부분에 대해
서는 다른 분야가 용훼하거나 참견하기조차도 힘들게 구성되어 있다.
이 분절화된 구획은, 한편에 있어서는 다른 분야와 높은 담을 쌓은 채,
일종의 독과점 상태로 제도형성이나 정책결정에 영향을 미칠 수가 있
다. 그러나 이런 경우에도 여전히 30년이나 계속된 어떤 관행과 행동
방식이 특정분야의 전문가에게 책임이 귀속한다는 것은 누가 들어도
인과관계에 맞지 않다. 중요한 것은 어떤 사회, 즉 금융위기 직전의 영
국이라면 영국사회의 주류가 "우리에게 다시는 불황이 없고, 자본주의
의 자연적 주기에 해당되는 침체조차도 다시는 오지 않는다"라는 경
영학적 허풍을 받아들인 데 있다. 크게 보면 아메리카 사회도 비슷한
관찰을 할 수 있다. 2008년 9월 금융위기가 알려졌을 때까지 아메리카
사회는 정치지도자, 정책결정자, 정책결정과 인접한 전문가 그리고 보

---

22) 문화(Culture)를 눈에 보이는 것(to be seen)과 눈에 보이지 않는 것(not to be seen)으로 분류할
수 있다. 문화 현상 중 눈에 보이는 것을 취급할 수도 있고 눈에 보이지 않는 것을 취급할 수도 있
다. 고급문화와 대중문화의 분기점은 이 둘의 구별이다. 눈에 보이지 않는 문화에 주목한 것은 고대
그리스 문명의 경우 비교적 일찍부터 발달되었다. Hannah Arendt, *The life of the Mind*(New
York: Harcourt Jovanovich, Publishers, 1978), 19쪽을 볼 것. 문화를 이와 같이 총체적인 '삶
의 방식'을 보는 경우, 예를 들어 그리스 문화란 고대 그리스인들의 총체적인 삶의 방식으로 파악된
다. 또한 아메리카 문화의 경우, 아메리카 인들이 발달시킨 총체적인 방식으로 이해한다. Jong Wan
Kim, *Cultural Analysis of Concept of Democracy in Tocqueville's* "Democracy in America"
(University of California, Berkeley, 1993; 김철, 2007ㄱ: 289~290).

다 중요한 관련업계와 시장, 그리고 소비자로 지칭되는 일반시민들 모두가 적어도 주류 사회라고 일컬을 만한 응집력을 가지고 한 가지 성향을 분명히 나타내고 있었다고 할 수 있다. 재무성 장관으로 헨리 폴슨을 임명한 것이 그렇고[23] 1999년 이후 연방 준비 위원회(Federal Reserve)의 의장으로서 글라스 스티글 법의 폐지와 함께 등장해서 금융의 황제라는 존중을 받던 그린스펀 역시 어떤 시대의 주된 흐름을 나타내는 예이다(김철, 2009ㄷ: 60).

### 3.2. 주류 사회와 비주류 사회의 구분

주류 사회와 비주류 사회를 구분한다든가 어떤 사회 안에서 주류의 흐름과 비주류의 흐름을 구분한다는 것은 생활인으로서는 거의 불가능하고 이러한 구분은 기초적으로는 사회현상을 과학적으로 다루는 사회과학자의 작업을 통해서 비로소 눈에 드러나게 된다. 사회현상을 다루는 사회과학으로서 가장 기초적이고 포괄적인 것은 여러 사회과학과 손을 잡은 역사학을 들 수 있다. 이 중에 하나인 사회사나 경제사, 더 나아가서 이 두 가지를 합친 제도사는 그 연구의 단위가 모든 사회과학 중에서 가장 크다고 할 수 있다. 즉, 공황을 다룬다든가 또는 경기변동을 다루는 경제사에서는 최근 사태에서 드러나듯이 그 분석의 한 단위가 시대적으로는 최소 10년이 된다. 이 10년의 세월은 물론 인류학이나 고고학이 다루는 10만 년 전의 인류라든가 100만 년 전의

---

23) 2008년 가을 월가의 사태는 누가 어떻게 인과관계의 하나를 제공했느냐의 문제이다. 월가가 더 많은 차입금으로 위험한 거래를 하게 된 제도적 요인 중 하나는 투자은행이 자기 자본대 차입금 비율의 상한을 1:30으로까지 확장한 것과 관계있다. 2004년 해당 규제위원회(U.S. Securities & Exchange Commission)가 순 자본원칙(net-capital rule)을 완화한 것은 당시 골드만 삭스(Goldman Sacks)의 CEO였던 헨리 폴슨(Henry Paulson)이 2000년에 청원한 것이 주효한 것이었다. 이 골드만 삭스맨이 이어서 부시행정부의 재무부장관이 되어, 투자은행들의 손실을 연방정부의 공식자금으로 메워주는 역할을 하게 된다(Time, Nov.3: 32~33). 회전문 침투(revolving door infiltration) 현상에 해당된다(Kenneth F. Warren, 1996: 49; 김철, "회전문 현상", 53~54, 『경제 위기 때의 법학』(2009ㄱ)).

화석에 비하면 작은 것이지만 시민사회에 접어든 최현대에 있어서의 평균인의 생활감각에서 볼 때 10년의 세월은 그 전체로서의 흐름을 자신의 생활 체험이나 감각 또는 자기 분야의 경험으로서 객관적으로 증명하기는 힘들다. 더욱 사회사나 경제사 또는 법제사 또는 공법사가 평균인과 생활인에서부터 먼 것은 최현대 사회의 모든 정부가 대체로 4년 내지 5년 만에 선거를 통해서 교체된다는 사실이다. 10년이라면 5년 임기의 정부가 두 번 집권하는 기간이다. 따라서 정치화된 최현대 사회에서 정치적 지배권을 확립하는 선거와 이 선거를 결정하는 투표에 영향을 미치는 여론의 형성은 대체로 4년 내지 5년을 결정적인 단위로 해서 형성되거나 해체된다. 대부분의 비정치인인 시민들은 정치에서 자유롭기를 원하나 그가 자유로운 만큼 그는 그 정치의 결과인 선거와 선거에 의한 정부에 의해서 자유롭지는 않다. 경제나 문화, 교육과 같은 독자적인 비정치적 영역도 막상 국가를 단위로 하는 공동체 생활의 실상에 있어서의 마지막 규정력은 정치권에서 행하게 되고 이것의 집행력은 흔히 정책 또는 행정이라고 불리는 넓은 의미의 정부에서 맡게 된다. 이 논고의 주된 분석은 경제적 법적 분석이지만 2008년, 2009년의 세계 경제위기를 반성할 때 적어도 위기의 마지막 책임은 국가 단위별로 볼 때 그 국가를 대표하는 정부에게 있다는 것을 누구나 알게 된다. 그리고 그 책임은 흔히 공법학에서 얘기하는 국민과 정부의 대표 또는 위임 관계라는 법적인 측면 이외에 지금 논하고 있는 문제인 누가 어떤 국가 사회의 주된 풍조와 주된 흐름을 결정하는가라는 문제에 있어서 더욱 심각해지지 않을 수 없다. 왜냐하면 이미 한국의 사회과학자들이 매우 익숙한 대로 의견의 다양함이나 학문적 견해의 자유로운 개진에 있어서, 지구상에서 그리고 역사상에서 관용과 다양성 존중이 가장 많이 현존하고 있다고 믿어져 왔고 구대륙의 지적 전통을 계승하면서도 구체제의 권위주의를 극복했다고 믿어져

왔던 신대륙의 대표적인 종교자유[24])의 국가, 즉 아메리카에서 경제위기를 계기로 노출되게 된 시민 · 시장 · 전문가 · 정부의 다면적 관계는 어떤 세부적인 다양성에도 불구하고 한 나라를 넘어서서 전 세계경제를 절벽에까지 몰고 간 경제위기를 생각해 보게 되기 때문이다. 그렇다면 그 전조와 만성적으로 전개되어 온 위험성을 생각할 때 흔히 국외자가 생각해 왔던 그 많은 다양성의 선택가능성에도 불구하고, 결과적으로 오로지 한 가지의 주류 문화[25])만이 절벽에서 추락할 때까지 추진엔진으로 사용되었다는 것을 각성하게 된다.

## 3.3. 경제문화에 있어서의 주류와 비주류

경제문화에 있어서의 주류와 비주류의 두 가지 흐름은 전체로서의 아메리카 역사에 있어서는 용이하게 식별이 된다. 문제를 더욱 명료하게 만드는 것은 건국 이후의 아메리카 역사에 있어서 대체로 논쟁적인 경제의 문제는 "이 나라에서는 크고 작은 문제들이 이윽고 법적 문제가 되고 마지막에는 사법적 문제가 된다"라는 토크빌(Tocqueville)의 예언대로 사법부에서 다루었다는 데 있다. 용이하게 알아볼 수 있는

---

24) 종교자유는 그 시초에서부터 의견과 신념의 자유와 근원을 같이 해 왔다. 따라서 학문상의 의견표출의 자유는 종교자유와 같이 발달해 왔다. 근대에 있어서의 종교자유의 문제에 있어서는 (김철, "칼뱅주의와 법에 대한 사상사 ― 로저 윌리암스의 교회와 국가에 대한 분리주의 원칙", 『칼뱅주의 논쟁: 인문사회과학에서』(서울: 북코리아, 2010))을 참조할 것.

25) 신자유주의와 자유지상주의의 기간, 레이거노믹스의 기간 동안 아메리카에 있어서의 주류문화는 일단 대중문화로 규정할 수 있다. 대중문화와 구별되는 문화는 일반적으로는 고급문화 또는 아카데미즘의 문화로 생각된다. 그러나 레이거노믹스의 기간 동안 아카데미즘의 문화도 이미 말한 분절화로 인해서 또는 정치화로 인해서 또는 특수이해관계라는 마지막 결정요인에 의해서 분열되어 있었다고 말할 수밖에 없다. 아메리카에 있어서 이른바 보수주의 혁명(김철, 2009ㄴ: 237~241) 이후 지식인들의 단합된 대항문화(counter - culture)는 대중의 소비문화에 의해서 큰 힘을 발휘하지 못했다고 본다(Dworkin, 1995). 따라서 소수의 예언자적 사회과학자와 경제학자 그리고 법철학자들이 제한된 범위에서 주류문화의 위험성에 대해서 경고했다고 보인다. 법철학자로서는 로날드 드워킨(Ronald Dworkin), 로렌스 레식(Lawrence Lessig)(김철, 2009ㄱ: 191), 카스 선스타인(Cass Sunstein)(김철, 2009ㄱ: 204~207) 같은 사람들이고 경제학자로서는 케인즈 학파를 계승한 사람들, 공황시대의 제도경제학을 계승한 신제도경제학자 또한 인간의 행위의 불합리성 위에서 경제학을 탐구하는 행동경제학자들이다.

아메리카 대법원 판례의 역사적 집적물은 일단 아메리카 경제문화에 있어서 두 가지 상반되는 태도가 관류해 왔다는 것을 뚜렷하게 나타낸다. 즉, 경제적 보수주의와 경제적 자유주의이다(김철, 2009ㄱ, 2009ㄴ). 비교적 이의 없이 받아들여지는 이 법제도사 또는 헌법사의 기록에 의해서 비로소 우리는 지난 30년간이라는 시대 구분을 할 수 있게 되고, 우리들의 시대가 1781년 이후의 약 230년이라는 긴 시대로 볼 때 경제적 보수주의에 해당하는 시대였다는 것을 인정하게 된다(김철, 2009ㄷ).

## 3.4. 지난 30년간의 경제문화

일단 시대 구분과 시대의 기본적 특징, 그 기본적 특징이라는 표지 아래에서의 그 시대의 주된 풍조를 알고 나서 비로소 1980년 이후 약 30년 또는 1978년 이후 약 32년의 세월이 세부적인 차이와 예외가 있기는 하나, 같은 바람이 부는 시대였다는 것을 인정하지 않을 수 없게 된다. 항로가 때때로 벗어나기도 하고 정반대의 바람에 의해서 떠밀려 가기는 했으나 그러나 방향으로 따지면 약 30년 동안 한쪽 방향의 바람에 의해서 먼저 아메리카 사회와 그리고 선진 금융 내지 경제국가 그리고 마침내는 산업화·경제화된 전 세계의 국가가 개별적인 차이는 있으나 한쪽 방향으로만 계속 전진했다는 것을 알 수 있게 된다(김철, 2009ㄷ).[26]

## 3.5. 경제적 보수주의와 경제적 자유주의

경제적 보수주의의 특징은 무엇인가? 아메리카 대법원 판결의 역사

---

[26] 엄격하게 말하면 특히 이 풍조가 맹렬해진 것은 1999년 글라스 스티글 법이 폐지되어서 금융산업의 거대화에 제약이 없어진 이후 10년을 주목하게 된다.

에서 간명한 설명이 존재한다. 즉 정부의 주된 역할은 기업이나 시민이 물질적 복리를 추구할 때 호의적인 환경을 만들어 주는 것이고, 중심적 역할은 재산권 소유자의 권리를 보호하는 것이다. 사법부의 역할은 여기에 있는 것이고, 전체로서의 정부 역할은 제한된다. 개인적으로 노력해서 축적된 개인과 기업의 부를 어떤 방식으로든지 재분배하려는 것은 정부의 범위를 넘는 일이다(Russel Galloway, 1982 & 1991; 김철, 2009ㄷ). 1929년 대공황에 이를 때까지 절정을 이루었던 이와 같은 경제문화는 1933년 3월 대공황의 절정기에 루스벨트가 아메리카의 또 다른 시대를 열 때까지 계속되었다. 이후의 대공황 극복기 동안 아메리카 헌법사에서 이미 존재했던 경제적 자유주의가 치유책으로서 채택되었고, 그때까지의 경제문화에 있어서 사회적 조류는 반전되었다. 즉, 주류 문화가 바뀐 것이다. 환원하면, 대공황 이전의 호황의 기간 동안 비주류 문화였던 경제적 자유주의가 대공황의 치유기간과 2차 대전 승전 때까지 그리고 더 나아가서 전후 번영기까지의 주류 문화가 된 것이다(폴 크루그먼, 2007, 2009). 경제학자들은 주로 경제적 관점에서 1970년대까지 아메리카 사회의 주류 경제문화였던 따라서 주류 법문화였던 경제적 자유주의가 경제적 보수주의에게 자리를 내준 경위를 설명한다. 즉, 1970년대의 스태그플레이션이 더 이상 그 이전의 케인즈주의에 입각한 경제정책을 계속하지 못하였다고 설명한다(Posner, 2009). 그러나 법학자로서의 필자는 경제학자들의 순전히 경제적 측면에서의 설명은 미흡하다고 느끼고 그 증거를 다른 곳에서 찾는다. 오히려 아메리카 사회사나 정치사에서의 다른 측면이 두드러진다.[27]

---

27) 폴 크루그먼은 물론 경제학자로 노벨상을 받았으나 그가 경제학계를 제외한 아메리카 사회나 전 세계의 지식인들에게 큰 영향을 미친 것은 오히려 그의 역사적 연구, 즉 정치사, 사회사와 경제사를 통합적으로 읽어 내었을 뿐 아니라, 법제도의 중요성을 역사를 통해 증명한 데 있다. 폴 크루그먼과 스티글리츠 그리고 최근의 또 다른 노벨경제학상 수상자 조지 애커로프(George Eckerlof)는 아마도 1936년의 케인즈의 업적에서부터 그들의 학문적 영감을 끌어낸 것으로 보이는데 공통점은 경제학을 배타적으로 높은 담을 쌓은 채 다른 사회과학 분야에서는 쳐다보지도 못하게 수행한 것이 아니고 한국인이 볼 때는 ― 한국인의 의식에 있는 전공이라는 것은 다른 학문과 담장을 쌓고 그 담장으로 구

## 4. 거시 경제정책을 둘러싼 대립에 대한 법학자의 견해 (Posner, 2009)

거시경제사상에는 상반되는 학파가 있어 왔다. 즉, 통화주의자, 케인즈주의자(keynesian), 신케인즈주의자(neo-keynesians), 새고전학파(new classical economic) 그리고 오스트리아 학파(the Austrian)들은 컨센서스를 배제하여 왔다. 그래서 포즈너는 "정치인과 대중으로 하여금 길이 없는 황무지에서 헤매게 하였다"고 거시경제학 자체를 비난한다 (Posner, 2009: 252~269).[28] 그러나 이것은 포즈너 자신이 거시경제학자가 아니기 때문일 수도 있다. 포즈너는 원래 법학자로서 성숙한 다음 경제학적 방법을 법학에 도입했고 경제학의 학파에 대해서는 어느 정도 중립적인 것으로 보이나, 그의 어떤 경향은 지난 시절에는 보수성이 두드러진 적이 있다(김철, 2009ㄱ: 이 책의 취지).

포즈너에 의하면 최근 위기에 있어서 펠트스타인(Martin Feldstein)을 제외하면 보수주의 경제학자들은 아메리카가 심지어 불황이라는 사실조차 받아들이는 것을 주저하였다. 반면에 자유주의(liberal) 경제학자들은 다음과 같은 일에 열중하였다.

1. 불황을 계기로 자본주의의 어두운 점을 지적하였다.
2. 불황이 계기가 되어 적극적인 정부로 하여금 정부가 할 수 있는 일을 보여 주는 기회가 나타났다고 하였다.
3. 불황 이후 비로소 뉴스 가치로 노출된 불건전한 기업 관행과 경

---

분된 구획 안에서 다른 학문과 구별되는 독자적이며 따라서 당연히 다른 학문의 간섭은 배제하는 얼마간은 배타적이며 따라서 그 전문성과 배타성 때문에 권위주의적인 성격을 당연히 가지는 것으로 이미 무의식에 각인되어 있다. ─ 전공이 의심될 정도로 "과연 이 사람들이 경제학자인가? 이 사람들의 학문적 뿌리가 어디 있는가?"라고 의심할 정도로 여러 학문(예: 심리학)의 좋은 성과를 통합하여 드디어는 법제도에 의한 규제의 필요성을 시사한 데 있다.

28) 이 문제에 대해서 이 발표문(김철, "공법학에 있어서의 경제적 보수주의와 경제적 자유주의의 순환과 신자유주의의 영향을 중심으로", 한국사회이론학회·인류사회재건 연구원 공동학술대회, 『민주주의 페러다임의 재성찰』, 2009ㅂ)을 참조할 것.

제 규제의 방종함을 강조하였다.

보수적 경제학자들이 불황에 대한 대응책으로 재정 적자에 의한 공공지출보다 세금감면을 더 선호한다는 사실은 보수주의 경제학자들이 큰 정부에 적개심을 가진다는 것을 반영한다. 반면에 자유주의(liberal) 경제학자들이 세금감면보다 공공사업지출을 더 선호하는 사실은 불황 내지 공황을 새로운 뉴딜 정책(김철, 2009ㄱ: 69)을 발사하기 위한 로켓 추진대로 이용하고 싶은 욕구를 나타낸다고 생각되었다.

포즈너에 의하면 공황의 원인과 치유에 대한 사회과학과 경제학의 이해는 신념과 이념이 더 이상 영향을 못 끼치는 지점까지는 나아가지 못했다. 충분한 증거를 가지고 좋은 논의가 양 진영 모두에서 이루어지는 경우에도 학자들이 정치적 열정을 가지는 것은 일반인들과 마찬가지이다. 따라서 모든 경제학적 이슈가 동시에 정치경제학적 이슈이며 현안 문제에 관계될 때 내재하고 있는 정치적 열정 때문에 흔히 생각하는 것과 반대로 과학적 검증 또는 경험적 검증만으로 해결될 수 없다. 또한 개인적 경험과 신념에 의해 형성된 선재개념(Pre - conceptions)이 논쟁에 큰 영향을 미치기 때문이라고 설명한다. 그러나 포즈너에 따라서 이렇게 논의해 보면 결정론에 가깝게 되고 답답해진다. 포즈너의 결정론은 1920년대 후반부터 1933년까지의 대공황 전기와 1933년 이후의 대공황 후기를 역사적으로 반추한다면 몰역사적인 의견이라고 할 수 있다(김철, 2009ㄱ: 66~71).

실지로 2008년의 경제위기 이후 나타난 새로운 사실은 이미 말한 전문가의 이념지향성조차도 급박한 현실의 필요성 앞에서는 완화되고 어느 정도 이념도 극복된 것을 포즈너도 인정한다. 그 예로서, 연방준비위 의장 버냉키(Ben Bernanke)는 원래 보수경제학자이고 보수파는 재정적자를 안은 정부지출 프로그램을 좋아하지 않았다. 또는 적어도 정부의 경제적 발자취를 넓히는 공공사업과 소득을 이전시키는 요소들을 좋아하지 않았다. 그러나 정책실행자로서 버냉키는 침체는 통화정책만으로 치유될 수 있다는 데 대해서는 의문을 품게 되어서, 종전의 입장을 버리고 경기부양 프로그램을 지지한다. 많은 주류의 보수주의 경제학자들은 2008년, 2009년 금융위기를 계기로 문자 그대로 하룻밤 사이에 밀톤 프리드만(Milton Fiedman)의 통화주의에서 케인즈류의 재정적자 공공지출로 개종하였다고 한다. 통화정책이 침체에서 벗어나게 하는 데 실패하는 것을 이론이 아니라 역사의 현장에서 확인했기 때문이다.

포즈너에 의하면 경제학자는 '이념에 의해 영향받는다.[29] 그러나 그

---

29) 지난 시절 한국의 중요한 정치경제적 쟁점은 그 성질에 따라 이슈별로 검토되지 않았다. 주로 정치적 입장에 따라 안보부터 경제, 교육, 문화에 이르는 광범위한 범위에 걸쳐서 마치 엄청나게 긴 뗏목을 한꺼번에 엮은 것처럼 또는 작은 거룻배를 종횡으로 엮어 긴 선단을 만들듯이 각기 성질이 다른 문제들을 서로 묶어서 양쪽으로 도열시켰다. 조조와 손건의 양 진영이 적벽대전에서 대회전을 벌이는 것과 같기도 하고 다르기도 하다. 그 결과 전혀 다른 성질을 가진 정책적 이슈들에 대한 분석과 전망 그리고 무엇보다도 기본적 태도들이 몇 개의 근본적 입장에 의해서 — 더 적절히 지적한다면 어느 시기의 정치적 편향에 따라서 이분화되게 되었다. 이것이 한국 사회의 검토되지 아니한 보수 대 진보라는 모호한 이분법(김철, 2009ㄴ: 230~231)이 모든 문제에 걸쳐서, 흡사 기상도에 고기압과 저기압이 만나듯이 또는 온난전선과 한랭전선이 만나듯이 기상도를 그리게 된 경위이다. 어쨌든 이 기상도는 정확하지도 않으며 일기예보에 쓸 수도 없는 모호한 점을 가지고 있었다. 주요 언론 미디어들이 이러한 가상적이고 모호한 지적인 기상도를 그리고 퍼뜨리는 데 가장 큰 기여를 하였다. 어느 시기에 보수 또는 진보의 백넘버를 달고 공식적으로 공론의 장에 출전한 지식인 출신의 선수들은 정치적 배경이 있기도 하고 없기도 하였으나 한 가지 공통된 점이 있었는데 그것은 그들을 내세운 언론 미디어 내지 언론 기업들의 인정을 받고 있었다는 것이다. — 한국에 있어서 지식인 공론가들은 그 형성 과정에 특이한 방식을 보여 주는데 우선 어떤 종류의 공론의 장에 등장시킬 만큼 언론 미디어에 의해서 명망가로서의 이름을 인정받아야 된다. 따라서 예외가 있기는 하나 지식과 전망의 가치라기보다도 어떤 이유로든 언론 미디어의 주목을 끌었다는 것이 특징이었다. 깊은 간극이 한국의 지식인 사회에 존재하는데, 비교적 이른 시기에 심지어 전문인으로서의 경력이 채 성숙하기 전에 공론의 장에 동원된 지식인 집단과 전혀 그러하지 아니한 지식인 집단이 있다. 독자적인 연구기관이 많지 않은 한국에서 대학이 어느 경우에도 공론의 지식인을 배출하는 주된 소스로 작용하였다. 학자나 교수의 저명성은 한국에 있어서는 일차적으로 교육기관과 연구기관을 겸하고 있는 대학구조에서 결정된다. 그렇다고 해서 연구나 교수업적만이 사회적으로 인정받는 경우는 드물다. 오히려 현저한 전문적 업적은 사회의 눈에 일견 드러나지 않을 때가 많은 것은 언론 미디어의 대중성향 때문이다. 대신 정치권이나 언론 기업이 내세우기 좋은 대학인은 대학에서 교수나 연구보다도 대학기구의 행정 책임을 맡은 인사들이었다. 이들 인사들은 주로 그 전문성이나 학문적 수월성보다 대학의 인사나 행정 또는 홍보를 총괄하는 위치 때문에 외부에 드러나게 마련이다. 특히 한국의 자유화, 민주화 이후 대학 사회가 여러 가지 이유로 정치화, 경제화된 추세를 보여 왔다. 이런 추세의 대학인들은 주로 대학 내부의 이른바 대학 정치에 의해서 두각을 나타낸 인사들이 행정책임을 맡게 되어 있다. 대학은 또한 그동안 고전적 역할과 함께 경제화되어서 경제 단위로서 부각되어 왔다. 매스미디어에 의해서 성공적으로 정치권과 경제권의 주목을 받게 된 이런 명망가 대학인들은 한국과 같이 저명 대학의 입학이 사회적 기

들은 증거에 둔감한 것은 아니다. 최근에 금융위기를 전후로 한 경제학자들의 전향은 밀턴 프리드만을 신봉했던 이른바 시장만능주의자들이 세계 경제위기를 겪으면서, 어쩔 수 없이 개종해서 밀턴 케인즈라는 마을에 몰려들었다고 얘기할 수 있다(Posner, 2009). 다른 수수께끼는 아메리카 경제 신문이나 일반 신문이나 다 같이 왜 언론들이 경제학자들보다 더 현안의 위기에 더 민감하게 반응하였나이다. 포즈너(Richard Posner)가 지적하듯이 기자들이라는 사람들은 벤 버냉키나 로버트 루카스(Robert Lucas) — 두 사람 모두 금융위기 이전의 보수적인 경제학자 이며 특히 로버트 루카스는 밀턴 프리드만의 계승자로 여겨지고 있다 — 에 비해서 전문 지식의 면에서 극히 제한되어 있었겠지만 그러나 경제위기라는 79년 만의 역사적 대격변기의 관찰로 볼 때, 전문지식이 적은 만큼 기자들은 적어도 전문 경제학자들이 그들이 배운 경제이론과 경제사에서 미리 익혀 버린 어떤 선입견에 의해서 포로가 된 상태는 아니었다. 벤 버냉키나 로버트 루카스의 경제이론과 경제사는 침체를 구제하는 통화정책의 적절성에 대해서는 조금도 의문을 가지지 않았다고 한다. 이에 비해서 기자들은 오랜 기간 아카데미에서 훈련받지도 않았고 다른 분야와 높은 담을 쌓은 고매한 경제학 이론은 몰랐지만 최소한 코의 위치가 땅에 더 가깝게 닿았고 따라서 격변하는 현실을 잘 냄새 맡을 수 있었다. 그래서 비교적 초기에 주택 가격거품이나 지역 차원에서의 위험한 주택담보부 대출을 일찍부터 감각으로 파악하였다. 뉴스가 연방준비위(Federal Reserve)나 대학에 도달하기 전에 그들은 단편적 뉴스를 더 빨리 알아차렸다. 대체로 세계적으로 존중받는 전문 언론인 economist의 경우도 마찬가지로 언론은 아카데미보다 훨씬 드라마를 좋아하고 따라서 언론의 특징상 갈등과

---

회의 중요 부분을 점하는 곳에 있어서는 저명 대학 전체를 대표하는 듯한 느낌을 잠재적 교육수요자들에게 각인시켜서 결과적으로 자유화, 민주화 이후 다양하게 제기된 수없는 사회적 이슈나 정치, 경제적 이슈에 대해서 영향력을 미치는 존재가 되어 왔다.

경고, 단절과 불연속에 민감하다. 또한 주택 가격 인상을 조건 짓는 기초 경제학적 자료들보다는 거품이나 은행파산이 기사거리로는 보다 자극적이고 흥미 있으며 드라마틱해서 독자들을 끌어모을 수 있게 된다. 그러나 이것은 세계적인 독자를 가지고 세계적인 존중을 받으며 문명사회의 상당한 기간 동안 자유주의의 거울로서 존재해 온 몇몇 세계적 미디어에 한하는 얘기이다.

## 5. 평화를 위한 사고 – 역사와 제도(법제도)

일단 세계 경제는 회복의 기미를 보이고 있다. 막대한 정부 자금과 예금보장제도에 의하여 은행은 더 이상 파산의 절벽에 내몰리지 않게 되었다. 예금주들의 불안은 감소되거나 사라졌다. 주식시장은 회복세이고, 금융가의 은행들은 다시 큰 액수의 보너스를 스스로에게 지급하고 있다(김철, 2009 ㅁ). 그러나 월가와 세계의 금융업들을 황폐케 하고 태워 버렸던 금융경색의 1년 후, 이 화재 진화에 나왔던 소방수들 — 중앙은행, 시장규제자, 정부정책 입안자들은 아직도 전전긍긍해 왔다. "어떻게 이런 재난이 다시 재발하는 것을 막을 수 있을 것인가?" 사진으로 만든 허수아비에 '월가의 도둑은행가'라고 명패를 달고 전미은행가연합회 밖에서 시위를 하는 것이, 또한 탐욕을 공격하는 것이 유효한 도덕적 제재가 될 것인가는 의문이다. 해답은 역사에서 올 수 있다. 30년간의 신자유주의 시대에 대중의 감각과 즉물적 판단에 의한 소비생활과 투자를 자극하고, 투기와 과소비에 의해서 산업 사회를 무리하게 확장하려 하기도 했던 세계적 사회 풍조는 이전 시대에 비해서 역사적 사고나 역사적 맥락에 의한 판단과 인문학적 평가를 사회생활에서 축출해 왔다. 문명사회는 약 30년 동안 일하고 벌고 쓰는 데 바빠서 인류가 이미 비슷한 문제로 고통을 겪은 적이 있고, 그 고통의 대가로 축적한 지혜가 있다는 것을 망각하고 살아왔다. 후기 산업시대를 물질적으로 지배하려는 사람들은 역사를 축출하고 싶을 것이다. 또한 약 30년 동안 성장과 풍요의 사회 분위기에서 풍요에 취해서 불로소득과 사치의 감각을 훈련시킨 문명사회의 사람들은 너무나 개인의 특수한 감각에 충실해져서 규제나 규범 또는 마침내는 어떤 제도가 필요하다는 것을 망각하고 살아왔다. 대공황기인 1933년의 글라스 스티글법(Glass-Steagall Act of 1933)[30] 법은 1999년 레이거노믹스(Reaganomics)의 절정기에 폐지된 이후 '1930년대라는 과거의 법'으로 은퇴 또는 사라진 노인처럼 취급해 왔다. 마침내 77년 만에 대공황 때의 프랭클린 루스벨트의 뉴딜 입법의 계승자로 2010년의 오바마 대통령이 새로운 글라스 스티글 법을 발의하기에 이르렀다. 역사는 그냥 일회적으로 소진되는 것도 아니요 한 시대를 열어 주고 지탱하였던 뉴딜 입법이 그냥 사라지는 것도 아니라는 교훈을 알게 된다. 신자유주의 시대는 그 쾌락의 절정에서 모든 문명사회에서 파열음을 내며 긴 꼬리를 보이면서 사라지기 시작했다. 새로운 시대는 아직 전모가 드러나지 않았다. 그러나

---

30) 이 법에 대해서는 자유지상주의의 패권시대인 1990년대 초반부터 치열한 폐지 운동이 있어 왔다. 예를 들면 Laura A. Lindner, "'Repealing' The Glass-Steagall Act: A Japanese Lesson in Economic Strategy", *Wisconsin International Law Journal*, Vol.11, No.2, 1992. 폐지 운동의 가장 큰 대의명분은 이 법이 아메리카 금융산업의 경쟁력을 다른 외국 금융산업과 비교해서 떨어지게 만든다는 것이다. 즉, 금융산업의 대형화가 국가적 경쟁력을 키운다는 얘기이다. 그러나 1999년 그린스펀의 등장과 함께 폐지된 이 법에 대한 강력한 지지는 예를 들면 Paul Anawalt, "Russia's Sberbank and a Fresh Look at the Glass-Steagall Act", *Berkeley Journal of International Law*, Vol.14, 1996. 지지의 이유로 드는 두 가지 이유는 은행 고객의 안전과 이른바 이익충돌(Conflicts of Interest)이다. 또한 대중의 신뢰를 유지하고 은행파산을 예방하는 것이다. 이 중에서 경제위기를 경험한 2010년의 위치에서 볼 때 2008년 내지 2009년의 세계 경제위기의 진원지인 아메리카 금융산업을 생각한다면 이익충돌이론이 가장 역사에 접근하고 있다. 즉, 금융산업이 너무 커져서 도저히 퇴출시킬 수 없는 이른바 대마불사가 되게 된 제도적 원인은 글라스 스티글 법의 제어장치가 없어진 것이다. 2009년의 노벨경제학상 수상자 올리버 윌리엄슨(Oliver Williamson)은 "금융사들에 적용되는 '대마불사'는 절대 받아들일 수 없다", "이런 문제를 해결하기 위해서는 금융사들이 그에 합당한 보험료를 내도록 해 손실 발생가능성이 높은 투자를 미리 막아야 한다"고 주장했다(매일경제, A6면, 2010년 1월 20일). 그러나 이 신제도경제학자는 제도경제학이 나타난 1930년대의 뉴딜법의 하나인 글라스 스티글 법이 다시 귀환하리라는 예언은 할 수 없었다. 왜냐하면 경제학자의 한계이기 때문이다.

개인적인 고통과 힘든 시간을 넘어서서 이윽고 더 긴 시대를 단위로 만물은 새로운 모습을 보일 것이다. 개인의 평화는 더 큰 흐름을 믿으며 노력하는 데서부터 올 수밖에 없다고 생각된다.

# 참고문헌

김　철, 『경제위기 때의 법학』(서울: 한국학술정보(주), 2009ㄱ).

_____, 『한국법학의 반성』(서울: 한국학술정보(주), 2009ㄴ).

_____, "최 현대의 경제 공법사상", 32~66, 『세계헌법연구』 제15권 제2호, 2009ㄷ.

_____, "최 현대의 경제 공법사상(2)" 116~117, 『세계헌법연구』 제15권 제3호 2009ㄹ.

_____, "자연법론으로의 회귀를 위한 시론 ― 세계경제위기 이후의 경제와 규범의 관계", 한국인문사회과학회 2009년도 가을 학술대회, 『'도덕'으로의 전환』, 2009ㅁ.

_____, "공법과 경제영역에서의 민주주의의 재성찰 ― 공법학에 있어서의 경제적 보수주의와 경제적 자유주의의 순환과 신자유주의의 영향을 중심으로", 한국사회이론학회 · 인류사회재건 연구원 공동학술대회, 『민주주의 페러다임의 재성찰』, 2009ㅂ.

_____, 『러시아 소비에트법 ― 비교법 문화적 연구』(서울: 민음사, 1989).

헤롤드 버만/김철, 『종교와 제도 ― 문명과 역사적 법이론』(서울: 민영사, 1992).

김철, "경제학적 공법학 방법론", 『한국 법학의 철학적 기초』, (서울: 한국학술정보(주), 2007ㄱ).

_____, "반권위주의, 자유방임주의, 계약 자유", 『경제 위기 때의 법학』(서울: 한국학술정보(주), 2009ㄱ).

_____, "사회적 차별의 심층심리학적 접근", 『한국 법학의 철학적 기초』(서

울: 한국학술정보(주), 2007ㄱ).

_____, "폴 크루그먼의 증언", 『경제 위기 때의 법학』(서울: 한국학술정보 (주), 2009ㄱ).

_____, "현대 한국문화에 대한 법철학적 접근", 『한국 법학의 철학적 기초』 (서울: 한국학술정보(주), 2007ㄱ).

_____, "1990년대의 자유지상주의에 대한 비교법철학적 논의", 『한국 법학 의 철학적 기초』(서울: 한국학술정보(주), 2007ㄱ).

_____, "경제 위기와 아노미의 법학 — 사회적, 문화적 아노미가 어떻게 경 제적 아노미와 연결될 수 있는가", 『경제 위기 때의 법학』(서울: 한 국학술정보(주), 2009ㄱ).

_____, "동유럽 러시아의 해체에 대한 증언", 『경제 위기 때의 법학』(서울: 한국학술정보(주), 2009ㄱ).

_____, "뉴딜 시대(1933~1954)의 반작용으로서의 신자유주의 또는 신보수 주의(neo - conservatism)", 『한국법학의 반성』(서울: 한국학술정보(주), 2009ㄴ).

_____, "아메리카의 보수주의 혁명과 신자유주의", 『한국법학의 반성』(서울: 한국학술정보(주), 2009ㄴ).

_____, "고전경제학으로서의 원상복귀와 반작용적 보수주의", 『한국법학의 반성』(서울: 한국학술정보(주), 2009ㄴ).

_____, "칼뱅주의와 법에 대한 사상사 — 로저 윌리암스의 교회와 국가에 대 한 분리주의 원칙", 『칼뱅주의 논쟁: 인문사회과학에서』(서울: 북코 리아, 2010).

_____, "한국에 있어서의 자유주의와 자유지상주의에 대한 반성", 『사회이론』, 2006년 가을호.

_____, 『헌법학 강의록』, 미출간 강의노트(숙명여자대학교 법학과, 2006).

김광기, "칼뱅, 베버, 파슨스 그리고 미국 자본주의의 위기", 『칼뱅주의 논쟁: 인문사회과학에서』, 한국인문사회과학회 엮음(서울: 북코리아, 2010).

김철수, "근세영구평화론에 관한 일 고찰", 차하순・김철수・김상준 공저 『근 대정치사상사 연구』(서울: 서강대인문과학연구소, 1972).

오병선, "전쟁과 평화의 법철학과 윤리 — 존 피니스를 중심으로", 한국법철 학회 월례독회 발표문, 2009.12.30.

Anawalt, Paul, "Russia's Sberbank and a Fresh Look at the Glass - Steagall Act", *Berkeley Journal of International Law*, Vol.14, 1996.

Arendt, Hannah, *The life of the Mind*(New York: Harcourt Jovanovich, Publishers, 1978).

Dworkin, Ronald, "Television and Democracy", *The Program for the Study of Law, Philosophy & Social theory*(New York: New York University School of Law, 1995).

Galloway, Russel, Justice for All(1991), The Rich and The Poor in Supreme Court History(1983)(안경환 번역)『법은 누구편인가』(서울: 교육과학사, 1988 & 1992).

Kim Jong Wan, *Cultural Analysis of Concept of Democracy in Tocqueville's* "Democracy in America"(University of California, Berkeley, 1993).

Krugman, Paul, *The conscience of a Liberal*(New York: W. W. Norton & Company, 2007).

Lindner, Laura A., "'Repealing' The Glass – Steagall Act: A Japanese Lesson in Economic Strategy", *Wisconsin International Law Journal*, Vol.11, No.2, 1992.

Posner, Richard, *A Failure of Capitalism*(Harvard University Press., 2009).

Sunstein, Cass R., "Norms and roles", A Written Version of the Coase Lecture, University of Chicago, 1995, *The Program for the study of Law, Philosophy & Social Theory*(New York: New York University School of Law, 1995).

Warren, Kenneth F., *Administrative Law and The Political System*, 3rd Ed.(Upper Saddle River: Prentice Hall, 1996).

Warren, Elizaveth & Amelia Warren Tyagi, *The Two – Income Trap*(New York: Basic Books, 2003).

Ferguson, Niall, "The End of Prosperity?", 16 – 19, 『Time』, 2008.10.13.

Paulson, Henry, 『New York Times』, 32 – 33, 2009.11.3.

매일경제, "금융위기 이후 글로벌 경제", A6면, 2010년 1월 20일.

# 제 9 장

## 지성사에 있어서의 경제적 보수주의와 경제적 자유주의의 순환

### - 경제공법에서의 패러다임의 재성찰

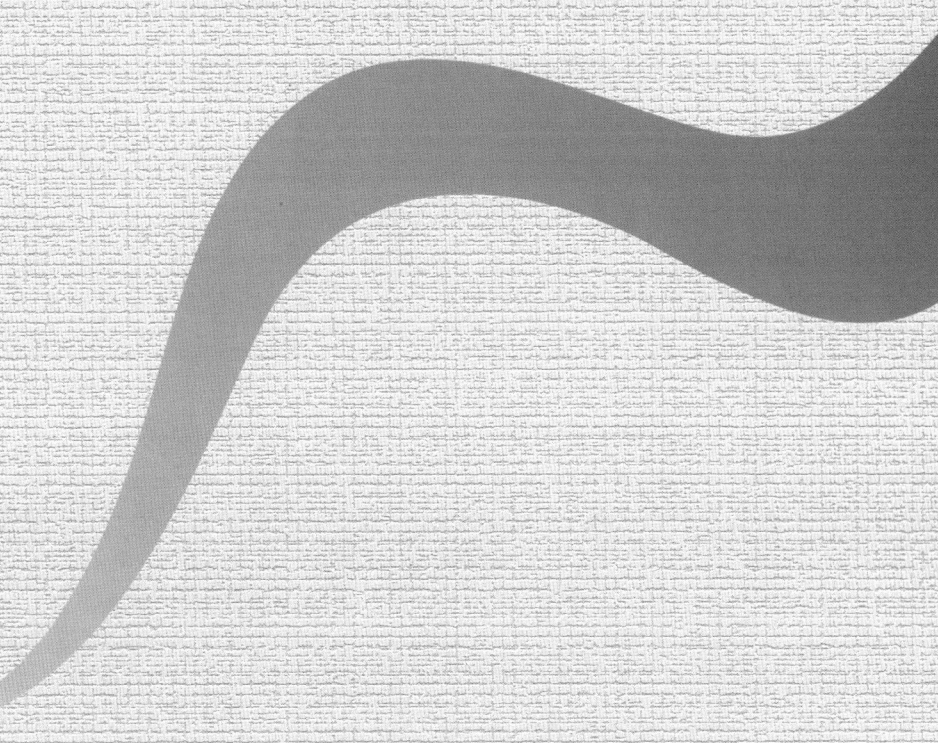

대부분의 중요한 법학자들도 호황 중에 비슷한 양상을 보였다. 단지, 파산법 분야에서 워렌(Warren, 2003)은 아메리카 중산층의 상황이 1970년대와 같은 안정감이 없으며, 전통적으로 사회에 안정감을 주어 왔던 중산층이 붕괴하고 있다고 보고하였다(10.2.2.3). 사진은 엘리자베스 워렌의 것이다.

2003년 전미경제학회에서 2002년도 회장이던 루카스(Robert Lucas: 1995 노벨경제학상 수상)가 해당 연설에서 "이제 불황과 공황의 경제학(Economics of Depression)의 시대는 끝났다. 우리는 성장의 경제학(Economics of Growth)으로 옮아가야 할 때이다"(Lucas, 2003: 1~14)라고 했다(Posner, 2009: 286~287, 327). 사진은 루카스의 학문적 대부인 밀톤 프리드만의 것이다. 1981년 이후 활발하게 전개된 아메리카에 있어서의 신보수주의의 기원은 우선 시카고학파의 경제학자인 밀톤 프리드먼(Milton Friedman)이 주축이 되어서 1930년대 이후 아메리카 사회의 인프라를 구축하는 데 도움이 되었던 케인즈 이론에 맞섰다. 또 한 무리의 사회학자들은 빈곤과의 전쟁, 교육에 대한 연방지원 정책, 노인의료 지원정책 등을 포괄하는 국가계획에 반대하였다(05.6.2.1).

"공주가 높은 탑의 밀실에 들어가서, 물레에 손을 대는 순간, 공주의 탄생 백일잔치에 초대받지 못한 마녀에 의해서 시도되었던 저주는 실현되었다. 즉, 묘령의 공주는 마법에 걸려서, 100년간의 깊은 잠에 빠지게 된다."(잠자는 숲속의 미녀 중에서)
C. S. 루이스(Lewis)는 현세를 사는 일상의 평균인은 세속이라는 마법에 걸린 것으로 표현하고 있다(C. S. Lewis, 1992: 144~145). 이 논문의 출발은 지식인은 그가 살고 있는 시대의 마법에 걸려 있고, 그 마법에서 깨어나는 데는 다른 시대가 도래해야 된다는 최근의 경험에서 시작한다.

2008년 세계 경제위기와 그 이후의 경과는 학문의 세계에 그때까지의 편향을 각성시키는 계기가 되었다. 이 글은 1989년 동유럽 러시아혁명 이후 각성된 그때까지의 학문적 편향, 1997~1998의 동아시아 외환위기 때 각성된 편향을 보고 난 뒤 2008년 세계 금융위기를 계기로 나타난 그때까지의 학문적 편향을 다룬다.

　　객관적 기준은 1930년대의 세계 대공황의 경험이 경제학과 법학에 각인된 아메리카의 공법제도사이다. 공법의 역사에서 이미 공인된 경제적 보수주의 대 경제적 자유주의의 주기적 순환이 1980년대의 레이거노믹스 이후 경제학과 법학에서 잊혀 온 것을 지적한다. 논문 저자는 역사적 사례를 들어 신자유주의 이후 세계 제2차 대전 종전 이후에 문명국의 기본법제도의 기본이 된 자유주의의 의미가 왜곡되어 왔다는 것을 지적한다.

　– "공법에 있어서의 경제적 보수주의와 경제적 자유주의의 순환: 경제공법에 있어서의 패러다
　　임의 재성찰", 한국사회이론학회, 『사회이론』 통권 제37호 2010년 봄/여름호(2010.5.31) 이
　　논문은 한국사회이론학회 2009년 학술대회에서 발표한 것을 수정한 것임

# 1. 편향: 잠자는 숲속의 미녀와 한 시대의 지식인

"공주가 높은 탑의 밀실에 들어가서, 물레에 손을 대는 순간, 공주의 탄생 백일잔치에 초대받지 못한 마녀에 의해서 시도되었던 저주는 실현되었다. 즉 묘령의 공주는 마법에 걸려서, 100년간의 깊은 잠에 빠지게 된다."[1](잠자는 숲속의 미녀 중에서)

C. S 루이스(Lewis)는 현세를 사는 일상의 평균인은 세속이라는 마법에 걸린 것으로 표현하고 있다(C. S. Lewis, 1992: 144~145). 이 논문의 출발은 지식인은 그가 살고 있는 시대의 마법에 걸려 있고,[2] 그 마법에서 깨어나는 데는[3] 다른 시대[4]가 도래해야 된다는 최근의 경험에서 시작한다.[5]

---

1) 이 동화는 그림 형제 동화집에서도 나타나고, 1697년 프랑스의 Charles Perrault의 동화에서 명료하게 나타난다. Tchaikovsky의 발레음악으로 그리고 Disney에 의해서 세계적으로 알려졌다.
http://en.wikipedia.org/wiki/Sleeping_Beauty
2) 시대의 마법은 편견의 문제와 함께 스테레오 타입의 문제가 있다. 이와 함께 어느 사회나 문제되는 것이 소수 집단의 위치와 비순응주의자(non - conformist)/순응주의자(conformist)의 대치 그리고 가장 넓은 뜻에서의 사회적 종교, 즉 신조, 믿음 같은 것이 이유가 되는 미워함, 혐오 같은 것들을 들 수 있다(T. W. Adorno et. el, *The Authoritarian Personality*(New York: Happer & Brothers, 1950). 또한 이 책(김철, 『한국 법학의 철학적 기초』, 329~330(서울: 한국학술정보(주), 2007))을 볼 것.
3) 에머슨(R. W. Emerson)은 비영합주의(non - conformism)를 대표한다. "사회는 도처에서 그 성원의 하나 하나가 가진 독창적 정신에 반기를 들고자 음모한다. 사회는 일종의 주식회사이다. 말하자면 각 주주에 대하여 보다 확실히 빵을 보증하는 대신 그 빵을 얻는 사람의 자유와 교양을 양도할 것을 전원이 합의한 일종의 주식회사이다. 거기에서 가장 요구되는 덕은 영합(conformism)이다. 자주와 자신 (self - confidence)은 싫어한다. 명백한 사실과 독창적인 사람을 좋아하는 것이 아니라 실없는 이름과 관습을 좋아한다. ……누구든지 인간이 되고자 할진대 비영합주의자(con - conformist)가 되어야만 한다. 불후의 영예를 획득하고자 하는 자는 선이라는 이름의 방해를 받아서는 안 된다. 그것이 과연 선인가를 스스로 검토하여야 한다. 궁극에 이르러 세상에는 그들 자신의 마음의 정직 이상으로 신성한 것이 없다. 우선 그대 자신에 대하여 자기의 무죄함을 선언하라. 그러면 세계의 동의를 얻으리라." (Emerson, *Self - Reliance*(Ibis, 2003))
4) 아메리카가 재즈 시대(1919~1929) 또는 도금시대(1870~1929)에서 벗어나는 데는 세계 대공황 (1929년 10월 24일)이 필요했고, 다시 신자유주의(1978~2008) 또는 레이거노믹스(1981~2008)에서 벗어나는 데는 세계 경제위기(2008년 9월 28일)가 필요했다고 보는 견지이다
5) 이 문제는 동시에 지식사회학의 문제이다. 로버트 머튼(Robert K. Merton)은 지식사회학의 선구로서 그가 '공인된 학문적 과학적 지식'이라고 불리는 것은 결국 학문적 공동체가 결정하는 바에 달려 있다고 명시적으로 이야기하지 않는다. 그럼에도 불구하고 이 명제는 그의 한 전제가 되고 있다고 한다. 머튼은 과학적 연구라는 것은 '문화와 학문 간의 상호작용'을 전제로 하고 있고 과학적 지식과 경제·정치·종교·군사 등 영역에서의 제도적 발전과의 상호 의존성이 존재한다고 쓰고 있다(Robert K. Merton, 1973).

한국에서의 지금까지 사회과학과 법학의 학문적 논의는, 얼마 안 되는 기초과학적 논의를 제외하고는, 그 응용성과 사회적 영향 때문에 어느 시기에는 특정한 편향을 띠게 된다[6]는 것이 장기적인 경험이다. 이런 장기에 걸친 성찰은 한국보다는 외국에서 분명히 토로된다. 그 예는 역사적으로 소급해서 관찰될 수 있다.

## 1.1. 동유럽 러시아혁명(1989년 가을) 직후의 성찰

1989년 베를린 장벽 붕괴를 극적인 상징으로 하고, 동유럽 러시아 혁명으로 불리는 해체의 역사는 중동부 유럽의 광대한 영역에 걸친 유로 커뮤니즘과 이후에 독립주권 국가로 신생한 14개 국가와 러시아를 같이 묶고 있던 소비에트 연방의 해체, 그리고 1917년 이후 유럽을 주 무대로 전개되고 이차 대전 이후에 다시 강화되었던 동·서 냉전체제의 전면적 붕괴를 경험한 때였다(Moshe Lewin, 1989; 김철, 2009ㄱ: 37~38). 1989년은 그때까지 영위되었던 서방측의 사회과학이 실은 냉전체제 안에서, 그 냉전체제를 유지하였던 국가체제의 지원으로 이루어지지 않았었나 하는 반성과 성찰을 가져온 해였다. 1945년 2차 대전 종전 이후 처음으로, 더 소급한다면, 1917년 러시아혁명 이후, 처음 이라고 할 만큼 종전의 실증주의적 사회과학이 역사학과 대 역사이론에 관심을 돌리게 된 계기가 되었다(김철, 2009ㄴ: 396~397). 이 시기에 이루어진 지난 날의 사회과학에 대한 반성과 통회는 다음과 같은 명구를 통용하게 했다.

"가장 나쁜 역사학이라 할지라도 최고의 정치학보다는 낫다." (Thomas

---

6) 이 이례적인 고백에 대해서는 (Thomas Ferguson, 1990) 참조. 또한 (김철, 2009ㄴ: 396~397)을 볼 것.
   이번에는 그러나 동아시아 외환위기 때부터 다른 관찰과 주장을 해 온 스티글리츠(Stiglitz: 2003)와 크루그먼(Paul Krugman: 2000, 2008)과 함께 최근 예보자로서 잘 알려진 Nuriel Rubini(N.Y.U)와 경제사학자(Niall Ferguson: 2008)가 있었다.

Ferguson, 1990) 이때 하필 사회과학 중에서 정치학을 지칭한 것은 그 때까지 사회과학의 총아였으며, 긴 냉전시대에, 정부(아메리카의 경우)의 지원을 가장 많이 받은 이유 때문이라고 한다. 한국에서의 얘기는 아니다.

"끔찍이 많은 양의 정치학이 정부 지원 또는 정부와 대략 똑같은 견해를 나타내는 사람들 또는 정부에 가까이 있었던 사람들에 의한 자금 지원에 의해서 이루어져 왔다. ……그 결과는 그 분야가 지적(知的)으로 약한, 즉 허약한 지식구조를 가지게 되었다. ……이런 경위는 다음과 같은 의외의 상태로 진행되었다. 즉, 심지어 가장 별로인 역사학에서 쓰인 논문 저자의 장인 의식(匠人 意識, craftmanship)의 표준치도 결과적으로, 저 정부나 유관 기관 또는 동행한 단체들에게 이런저런 명목의 지원을 받아서 생산해 낸 저 끔찍이 많은 양의 사회과학의 그것보다는 훨씬 더 수준이 있다는 것이 밝혀진 것이다."(Thomas Ferguson, 1990)

이 고백이 설득력을 가지게 된 이유는 우선 1989년 베를린 장벽 붕괴로 현시된 동유럽 러시아혁명의 기둥 줄거리요 주제음악이었던 소비에트 – 러시아의 붕괴는 서방측의 어떤 정치학이나 사회과학도 예견할 수 없었다는 데 있다.

"20년 이내에 1945년 이후 세계를 반분했던 사회주의 법제도가 맥없이 쓰러지리라고 예언한 저명한 연구가 없었다."

냉전시대의 그 많은 연구들이 실은 그때까지의 현존 체제(Status quo) 안에서 이루어지고, 그것을 정당화하고, 그것을 유지시키는 방식으로 영위되어 오고 — 현존 체제 이후의 새로운 예견력이 없었다는 것이 된다.

## 1.2. 동아시아 외환위기 때의 편향

학문의 시기적 편향과 군집현상(herd behavior)은 "인간사회의 집단 행동은 집단주의(collective behavior) 때문에 일어난다."(김철, 2009ㄴ, 24~248)는 것으로, 20세기를 대표할 만큼 전문성과 정교함, 실천성을 과시하였던 경제학에서도 일어난 것을 증명한 역사적 사건이 1997년 11월부터 1998년까지의 동아시아 외환위기였다. IMF, World Bank 그리고 워싱턴정부의 합의(The Washington Consensus)에 동행한 어떤 경제학도 타이, 말레이시아, 한국, 필리핀, 인도네시아에서 연속 일어난 경제위기에 대해서 적절한 상황파악이나 대책 면에서 실상을 파악하지 못했다고 한다(Stiglitz, 2002: 89~94).

## 1.3. 2008년 세계 금융위기 때의 편향

이런 주장이 타당하다는 것이 밝혀진 것이 10년 뒤 2008년 9월 28일과 1929년 10월 24일 이후 최대의 위기의식을 세계경제계에 던진 금융신용위기 때를 전후해서이다. 2007년 아메리카 금융 및 신용업계에서의 사태의 초기현상은 1년 뒤의 범세계적 위기 상황의 서곡으로 발전할지를 당시의 정책담당자, 중앙은행, 규제 당국 그리고 이에 동반해 온 경제학자들은 예고할 수 없었다(Richard Posner, 2009: 117). 1998년 동아시아 외환위기 이후 10년 동안 전무후무한 호황으로 아메리카와 영국뿐 아니라 서유럽의 주된 나라들도 자기만족에 빠져 있었다(김철, 2009ㄴ: 254~255).

위기의식은 극도에 달했고, 그리고 그때까지, 지배적 이론과 실천에 속했던 사람들이 속수무책이었던 것은 1929년부터 1933년까지의 세계 대공황 때를 상기하게 했다.

"대폭락, 대침체 그래서 1929년에 시작된 대공황에 대해서는 재계나 노동계 그리고 학계의 거물들 중 누구도 예상이나 준비가 없었다. 오히려 1920년대의 경제 사상의 비주류들이 경기 침체에서 지적 자극과 입장의 강화를 받았다(Schlesinger, JR, 1957: 186)."(김철, 2009ㄱ: 67~69)

2007년과 2008년의 세계 금융 경제위기에 대해서도 비슷한 얘기를 할 수 있었다. 그 이유는 그 이전 10년(1998~2008)이 호황이었기 때문이다. 1929년 10월 24일 세계 대공황에 예상이나 준비가 없었던 것은 역시 그 이전 10년(1919~1929)이 아메리카 사회사에서 재즈 시대(김철, 2009ㄱ: 64~66)로 불리는 전례 없는 호황기였기 때문이다. 2008년과 1929년은 이와 같이 이전에 계속된 호황이 극점에 도달해서 주식가액이 최고치를 보일 때였다(김철, 2008).

### 1.3.1. 세계 대공황 초기(1929~1933)의 지적 편향과 이를 교정하는 새로운 관점

사태의 진원지인 미국에서는, 윌리엄 포스터(Foster)와 같은 저소비주의자들의 글이 출판되었으나 추종자는 별로 없었다. "고소득층의 소득은 아메리카가 굴러가도록 만드는 충분한 비율로 자동적으로 소비되지는 않는다. 그래서 연방정부는 이 잉여소득(Surplus income)을 취해서 그것을 써야 한다"라고 데이비드 코일(David Cushman Coyle)이 주장한다.

포스터(William T. Foster)가 기업 저축과 금융의 과정에서 구매력의 누출을 강조함으로써 '수요의 실패'를 설명한 곳에서, 영국인 저소비주의자(underconsumptionist) 흡슨(John A. Hobson)은 부의 분배(Wealth distribution)라는 구조에 주목하였다. 부의 분배의 왜곡은 부유한 자들의 손에 소득을 주고, 그들은 그것을 저축하는 동안, 소득을 써서 수평으로 증가시킬 수 있는 빈곤자들에게는 소득이 돌아가지 않았다(Arthur M. Schlesinger. JR, 1957: 188).

존 메이나드 케인즈가 화폐론(Treatise on Money)을 1930년에 출간했는데 저소비주의자의 진영에서는 가장 좋은 영국 경제학으로 보였다. 1932년에 케인즈는 미국에서 말했다. "지금은 빈곤에서 오는 위기(crisis of poverty)가 아니고 풍요에서 오는 빈곤(crisis of abundance)이다." 당시에도 어떤 목소리는, 위기에서의 탈출구는 잠재적 생산력을 현재화시켜 사용하는 데 있다고 주장했으나, 케인즈는 바보 또는 광인의 소리라고 반박했다(Arthur M. Schlesinger. JR, 1957: 188; 김철, 2009ㄱ: 68~69).

"자본주의 아래에서, 지금의 위기 상황에 대처하는 계획을 우리가 채택하거나, 그렇지 않으면 자본주의 없이 운영되는 계획이 우리 의사와 관계없이 채택될 것이다." 구제(Relief)는 농업에 있어서의 국내 할당계획 또는 어쨌든 돈이 순환되게 만드는 다른 조치를 위한 구제를 뜻한다. "통제되지 않은 개인주의의 시대는 지났다. 경제는 정부에 의해서 위에서부터 통제되고 규제되는, 수정된 자본주의 체제로만 살아남을 것이다"라고 포스터는 말했다(Schlesinger. JR, 1954: 189). 포스터(Foster)와 에클레(Eccles)에게 있어서 침체(depression)는 전적으로 화폐현상(Monetary phenomenon)이었고, 오로지 '화폐 측면의 조치'로 해결될 수 있는 성질이었다.

### 1.3.2. 2008년 9월 28일 이후 세계 금융위기까지의 지식의 편향에 대한 새로운 태도

폴 크루그먼(Paul Krugman)은 사회사, 정치사(McCarty Nolan, Poole Keith, and Rosenthal Howard: 2006), 경제사(Goldin Claudia and Margo Robert: 1992)와 같은 학제적인 역사적 연구를 통합해서(김철, 2009ㄴ: 229~236) 세계 경제위기를 예측하고 적중했다고 보인다. 이러한 맥락에서 그는 통섭과 거시적 연구의 시대적 긴요성을 증명했다고 할 수 있다. 금융위기의 예측은 포즈너의 경우, Nuriel Roubini를 먼저 들고, Rajan(2005), Feldstein(2007), Schiller를 들고 있다. 그러나 크루그먼은 지속적으로 위험성을 알린 점에서 금융위기의 해당연도인 2008년의 노벨경제학상을 수상했고, 그의 학문적 업적과 함께 선구자적 역할을 노벨상 위원회가 인정했다고 보인다.

그는 피케티와 사에즈(Piketty & Saez: 2006)를 인용하여 대공황 전 1920년대(10년) 평균과 2005년의 소득격차가 소수 특수계층에 집중된 점이 비슷하다고 한다. 그는 대공황 이전 1920년대 평균과 금융자본주의 위기 이전 2005년을 비교하였다(Krugman, 2007, 2008: 032). 즉, 그는 뉴딜 이전의 시대와 21세기 초(2000~2007, 2008)의 미국이 부의 불평등과 권력의 불평등이 심하다는 점에서 같다고 한다(같은 사람, 2008: 16~17). 크루그먼은 한 시대의 상식선에서는 놀랄 만한 명제를 이끌어 낸다. 즉, 변화의 흐름이 경제에서 정치로 흐른다는 지금까지의 통념을 부정하고, 제도, 규범 및 정치 환경이 경제로 흘러, 경제적 불평등을 가져온다고 한다. 크루그먼(Krugman)은 불평등의 경제학(Krugman, 2008: 022)에서 제도와 규범 그리고 정치적 환경이 소득분배에 미치는 영향이 우리가 경제 원론에서 배운 것보다 중요하고, 객관적인 시장의 힘은 소득불평등의 형성에 그렇게 중요한 역할을 하지 않는다는 것이다. 그렇다면 법제도와 규범이 소득 분배에 있어서 경제 원리보다 중요하다고 한다(김철, 2009ㄱ: 81~84).

김철은 뉴딜 시대 이전의 아메리카의 아노미에 주목하고 2008년 9월에 노출된 금융위기에 같은 관찰을 적용할 수 있는지를 아노미의 법사회학적인 연구에서 묻는다(김철, 2008). 김철은 문화적 사회적 아노미가 경제적 아노미를 가져오거나 연결되었다고 추정할 수 있다고 추리한다(김철, 2008). 주목할 것은 사회적 문화적 아노미가 어떻게 경제적 아노미로 연결되어 있는가에 대한 연구이고, 이를 위해서 학문 간의 학제적 연구와 통섭을 행해야 한다고 한다.

## 1.4. 표류하는 지식의 객관성과 시대정신의 변질
### (김철, 2009ㄴ: 250〜 255)

동유럽 러시아혁명(1989), 동아시아 외환위기(1997~1998), 그리고 세계 금융위기(2008) 이후 무엇인가 학문 자체, 지식 자체, 객관적이고 중립적이라고 믿어져 왔던 지식의 기반 자체가 고정되어 있지 있다는 것을 점차로 느껴 갔다. 차라리 어떤 시대성 같은 것 ─정확하게는 시대정신(Zeit‐geist)이라는 것이 지식조차도 규정한다는 것을 알게 되었다(김철, 2009ㄴ: 250~255). 이렇게 생각하게 된 직접적 원인은 우선 사회과학 중에서 가장 과학적으로 발달하고, 현실적용성이 높으며 따라서 예언적 역할을 할 수 있다고 믿었던 경제학에 대한 기대 때문이었다. 그러나 1930년대에 아메리카 기준의 주류경제학자들이 세계 대공황에 대해서 예측하거나 처방을 가지거나 유효한 정책을 내놓을 수 있었던가? 아니었다. 1997년과 1998년에 일본에 비해서 단순 비교 2배, 인구 비례 6배의 경제학자를 가지고 있는 한국은 외환위기를 예측하지 못했다. 다시 세계적으로 10년의 호황이 왔다. 굉장한 호황이었다. 지금은 위기 발생의 원인제공자의 하나로 격하되고 있는 그린스펀은 과다한 통화 공급으로 2006년에서 2007년까지만 하더라도 세계적인 추앙을 받고 있었다. 또한 2007년 영국의 고든 브라운 수상은 "우리에게 다시는 불황은 없다. 자본주의의 자연적 주기로서의 장기 순환곡선조차도 더 이상 해당되지 않는다"라고 큰소리를 쳤다(김철, 2010ㄹ). 대부분의 경제학자들은, 1929년부터의 세계 대공황기에 그랬던 것처럼(김철, 2009ㄱ: 42), 가격이론과 신고전파이론(neo‐classical economics)의, 즉 가격 중심, 시장 중심의 분석에 열중하고 있어서, 경제사 분야에 수십 년을 단위로 축적되고 있었던 장기적 역사적 지표는 거들떠보지 않았다고 할 수 있다(김철, 2009ㄴ: 254~255).

폴 크루그먼은 사회사, 정치사(McCarty, Poole et, el: 2006), 경제사 (Goldin & Margo: 1992)와 같은 학제적인 역사적 연구를 통합해서(김철, 2009ㄷ: 44~48) 세계 경제위기를 예측하고 적중했다고 보인다. 이러한 맥락에서 폴 크루그먼은 학제적 연구와 통합적 연구의 시대적 긴요성을 증명했다고 할 수 있다. 경제학에 있어서의 통합적 연구의 실험자인 크루그먼은 우리에게 20세기와 21세기에 걸친 법학에 있어서의 통합적 연구의 종합자인 해롤드 버만(Harold J. Berman)을 교차 상기하게 한다. 실로 필자가 버만의 역사적 통합 법학을 연구하다가 크루그먼을 알게 된 것은 지적 호기심의 문제라기보다 20세기 말과 21세기 초의 위기의식 속에서 문제 해결을 위한 법학과 사회과학의 전형을 찾는 데서 동기가 있었다고 할 수 있다(김철, 2009ㄴ: 254~255).

### 1.5. 레이거니즘 시대의 경제와 법을 한쪽으로만 달리는 동물들의 떼로 형상할 수 있다

얼룩말 또는 사슴들은 추격을 받을 때 한 방향으로만 달아난다. 절벽 같은 곳에 이를 때까지 계속한다. 동물들의 집단행동은 자기보존에 썩 도움이 되지 않는 경우가 있다. 인간 사회의 집단행동은 집단주의 (Collective behavior) 때문에 일어난다(김철, 2007 법철학 강의). 고전적인 예는 1930년대 세계 대공황 초기에 나타났다. 대공황에 이를 때까지의 행태는 비유적으로 얘기되고, 대공황이 일어나자 실지로 문자 그대로 심리적 공황에 몰린 이해관계자들이 절벽에서가 아니라 월 스트리트의 높은 건물에서 뛰어내렸다(김철, 2007).

레이거노미즘 또는 자유지상주의 80년대 조류가 90년대와 2000년

대를 휩쓸고 나서 대공황 이후 79년 만에 대침체(The Great Recession)
로 돌입한 지 약 1년이 지났고 금융재정 체제가 장파열을 일으킨 지
약 6개월 이상이 지났을 때 80년대와 90년대, 2000년대를 반성하는
인문주의자 중에서 당시의 아메리카와 그 압도적인 영향에 있던 세계
경제가 마치 끝없는 평원에서 최고 속도로 질주하다가 21세기에 들어
서자 마침내 절벽에 도달했다는 반성이 일어났다(김철, 2009ㄴ:
247~248). 중력 법칙은 다시 제 모습을 드러내고 한쪽만으로 질주하
던 선진산업 사회는 추락하였다(Kurt Anderson, 2009).

### 1.6. 신보수주의 또는 신자유주의의 시대의 편향이 어디에서 왔나

대체로 1970년대 후반에 이르러서 선량하고 그다지 사회의식이 없
는 평범한 아메리카의 시민들은 '번영의 아이들'이 구가하는 자유주의
(김철, 2009.06)에 대해서 반역할 만한 충분한 분위기가 형성되어 갔다
(Peter Beinart, 2009: 23). 이 시기에 로날드 레이건은 자유주의의 반
대명제로서의 보수주의가 나가야 될 방향을 향후 40년간 자신과 다른
보수주의 운동가들이 추구해야 될 정치적 비전으로 보여 주었다. 그의
정치적 성공의 출발점은 이미 말한 바대로(김철, 2009.06: 44~48) '번
영의 아이들'이 구가한 자유에 대한 반감을 가지고 있는 아메리카의
전통적인 중산층의 정서에 있다고 볼 수 있다. 또 다른 그의 성공의
비결은 이미 말한 아메리카 시민의 문화적 아이덴티티에 대한 불안감
보다 더한 공산주의에 대한 두려움과 민권운동에 대한 백인들의 반발
심에 있었다고 본다(크루그먼, 2008: 027). 이러한 분위기에서 1978년
뉴딜 이후의 큰 반작용으로서 탈규제 경제정책이 처음으로 시도되고,
1981년 로날드 레이건은 고결한 보수주의 원칙론자의 전형으로 대통
령에 당선되었다(김철, 2009ㄴ: 238~239).

1981년 이후 활발하게 전개된 아메리카에 있어서의 신보수주의의 기원은 우선 시카고학파의 경제학자인 밀턴 프리드먼(Milton Friedman)이 주축이 되어서 1930년대 이후 아메리카 사회의 인프라를 구축하는 데 도움이 되었던 케인즈 이론에 맞섰다. 또 한 무리의 사회학자들은 빈곤과의 전쟁, 교육에 대한 연방지원 정책, 노인의료 지원정책 등을 포괄하는 국가계획에 반대하였다. 대공황과 뉴딜 정책 그리고 뉴딜 입법이 만든 아메리카 사회의 인프라는 1960년대까지 번영의 기초가 되었다. 1960년대의 청년문화, 반문화, 반전운동에 대한 아메리카 평균인들의 염증 이외에도, 아메리카 사회에 보수주의 경제학자들이 등장하게 된 것은 역사적으로는 이유가 있다. 왜냐하면 산업화 사회에서는 끊임없이 산업혁명 초창기를 상기하게 되고,[7] 그 시대의 시대정신이었던 아담 스미스의 자유시장 원리를 떠올리게 되는데, 근대 경제학이 이 시기에 성립하였다. 당시 정부의 활동은 산업혁명 초창기의 테크놀로지나 기술 혁신에 큰 역할을 하지 못했으며, 최소한의 역할을 하고 있었다.

이후에도 경제발전의 최초 동인이 개인의 창의성에 의한 이노베이션에 있다는 산업혁명 초창기의 경험이 민간 경제를 대표하는 경제학자들에 의해서 늘 제기되어 왔다. 아담 스미스의 인간 이기심을 통한 공동의 선의 구현에 있어서의 보이지 않는 손의 지배는 통찰력이 있었으며, 그 시대의 시대정신을 대변하였다. 고전적 정부 모델이 중상주의 시대의 절대권력이나 현대 이후의 정부 모델과 비교해서 크게 제한적인 것도 큰 이유이다. 정부의 개인에 대한 자유방임이 최대의 번영을 약속한다고 믿어졌다. 세계 경제사의 흐름은 이때를 법제도에 있어서의 고전 모델 제1기와 동반하는 시기임을 보여 준다(김철, 2009s: 241).

---

7) 대략 1770년대부터 1820년대 또는 나라에 따라 1830년대까지가 산업혁명의 초기이다. 개인기업 중심으로 생산 및 유통업이 활발하게 일어났으며, 상인의 자본이 경제활동의 원동력이었다(김철, 2009: 141).

## 2. 한국 국내에서 이루어진 사회과학과 법학의 군집 현상과 편향은 어디에서 왔나

### 2.1. 자유화 시절의 한국의 자유주의의 반성적 고찰

문민정부 이후의 한국의 법과 사회를 고찰한다. 1993년에 성립된 '문민정부'는 '민주화 · 자유화'를 그 주된 구호로 내세운 점이 가장 큰 특징이었다. 이때의 '민주화 · 자유화'는 시장경제를 그 동반자로 하고 진행되었다(김철, 2009ㄱ: 174). 우리의 의문은 다음과 같다. 대체로 1998년 동아시아 외환위기 이전의 약 30년간 한국을 비롯한 동아시아 국가들은 당시의 세계 은행 보고대로 동아시아의 기적으로 불릴 만큼 경제 발전을 하고 있었다(Stiglitz, 2003: 90~91). 이에 비교해서 동유럽 및 구 소비에트 국가들은 1989년에 1917년 이후 또는 1945년 이후의 긴 사회주의 체제를 해체하고 자유화에 의해서 시장경제를 시작하였다. 시장경제의 단계가 확연히 다른 것은 말할 필요도 없다. 그러나 기이하게 생각되는 것은 1997~1998년 동아시아 외환위기를 기준점으로 관찰할 때 30년간 경제발전을 보여 준 동아시아와 한국과 1989년 이후 10년 미만의 개혁 개방을 통해서 사회주의를 포기하고 자유화를 급격히 실험한 러시아에서 똑같이(물론 정도의 문제는 있지만) 시장경제로의 개혁에서 중대한 문제가 생겼다는 것이다. 물론 시장경제의 단계도 다르고 역사와 양상은 전혀 다르다. 또한 정치적 영역에 있어서 한국의 권위주의와 동유럽과 러시아의 사회주의 국가의 전체주의(totalitarianism)도 같이 분류될 수는 없다. 그럼에도 불구하고 우리가 막스 베버 유의 개념이 지나치게 조야하다는 것을 인정하면서도 쓰지 않을 수 없는 것은 동아시아 국가나 러시아나 다 같이 자유화(liberalization)와 세계화(globalization)의 시대조류에 노출되고 있었다는 사실이다. 자유화와 세계화의 단계와 정도는 달랐으나 어쨌든 러시아는 개방 후 9년 뒤에 루블화를 평가절하할 만큼 절벽에 몰렸고 동아시아 국가(타이, 말레이시아, 한국, 필리핀, 인도네시아)는 외채 상환 능력을 상실해서 IMF 관리체제로 들어가게 되었다는 것이다(Stiglitz., 2003: 89~165).

## 2.2. 반권위주의, 자유방임주의, 계약 자유, 시장경제의 유형

'문민정부'는 말하자면 반권위주의(anti–authoritarianism)의 정치문화와 법문화(legal culture)를 표방할 수밖에 없었고, 이것은 자유주의(liberalism: '국민의 자유와 권리'를 우선으로 한다는 근대 입헌주의의 오래된 특징)를 국정 전반과 법문화에서 실천하는 것으로 생각되었다. 행정법질서에 있어서 이것은 오랜 권위주의적 지배의 특징이라고 생각되었던 사회경제생활에 대한 각종 규제를 철폐하는 것으로 기대되었다. 시장경제론은 이 시대에 몇 가지 특징을 가지고 있었다. **여러 종류의 시장경제론이 있을 수 있다. 즉, 고전적 의미에서는 절대주의 시대에 대한 도전과 반동으로서의 자유방임(laissez faire) 시장경제 — 이것은 아담 스미스(Adam Smith) 시대의 새로운 희망이었으며, 그 시대적 의의가 있었다. 산업화, 도시화, 사회문제화 이후, 자유방임의 부작용을 통절히 맛본 1920년대 말 부터 1930년대를 관통하는 대공황과 케인즈 경제학 시대의 시장경제론도 있을 수 있다(김철: 2009 ㄴ, 175~176).** 왜냐하면, 뉴딜(New Deal) 시대 이후 케인즈 경제학이 정부행동에 영향을 미치던 어떤 서양 세계의 국가도 시장경제론을 택하고 있었기 때문이다. 각종 '자유화' 조치가 경제생활에 행해졌다. 이때의 '자유화 조치'의 특징에 대해서는 전반적으로 논의하기는 힘들다. 그러나 이 시대의 자유화 조치 내지 자율화 시책의 배경이 되는 사고(way of thinking)는 일단 계약 당사자의 의사를 우선으로 하는 근대 시민법 질서 초기의 계약 자유, 법률행위 자유 또는 의사주의라고 일단 관찰할 만하다.[8] 즉, 시민의 자유 영역을 넓히지 않을 수 없는 상황에서, 종래 국가기관 또는 정부의 제3자적 규제가 가해졌던 영역, 대표적으로는 금융기관의 대출과 관련된 각종 규제, 외환거래나 외환관리에 관련된 각종 규제 등에서, 선진국의 제도와 그 운용을 모델로 차츰 탈규제해 나가고 금융기관과 그 거래 당사자의 계약 위주로 '자율화·자유화'하는 방향이었다고 선의로 해석할 수 있다. 또한 이 시대의 '자유화'는 기업 주체들의 요구와 관련되는데, 대체로 대기업을 대표로 하는 기업군들은 정부의 각종 규제에서 벗어나 '기업의 자유'를 구가하는 분위기로 진행되었다.[9]

## 2.3. 동유럽 러시아혁명 이후의 시장경제의 여러 양상

1989년 동유럽 러시아혁명 이후에 세계 도처에서 나타난 새로운 시장경제는 시간과 장소에 따라서 다른 역할을 담당하였다(김철, 2009ㄱ,

---

8) 근대의 법학적 표현은 시민혁명에 의해서, 자유롭고 평등한 지위를 획득한 시민은 의사능력, 권리능력, 행위능력을 가지는 한, 사기나 강박에 의하지 않고, 그의 자유롭고 합리적인 선택과 결단에 의하여, 계약을 통하여, 자신의 권리와 의무를 형성해 나갈 수 있다는 것이다. 프랑스 혁명의 결과인 나폴레옹 민법전(1804)은 일단 오랜 중세의 신분세계에 종지부를 찍고, '신분에서 계약으로(from status to contract)'라는 근대 세계의 구성 원리를 문자화한 것이다. 계약 자유의 원칙이란 중세의 신분질서와 절대주의의 예속을 부인하고, 시민의 자유로운 의사에 의한 합의, 법률행위를 선언한 것으로, 근대 시민사회가 이로써 비로소 형성되기 시작한 것이다.

9) "아메리카 법사에서 자유방임의 최전성기는 19세기였다. 관행적으로 또는 의도적으로 정부는 경제에는 손을 대지 않았다고 간주되었다. 그러나 깊이 파들어 가면 사정은 그리 단순하지 않다. 19세기의 전반부에 걸쳐 민간과 정부는 다 같이 기업과 생산 그리고 성장을 강력하게 지지한 것이 진실이다. 역사의 이 시절에 윌라드 허스트(Willard Hurst)의 지적대로 모든 정책은 창조적 에너지의 방출을 목적으로 하고, 창조적 에너지란 경제와 관련된 에너지와 기업 활동의 에너지를 의미했다. 정부는 선거권자가 원하는 것, 즉 경제가 성장하는 것을 위해서 할 수 있는 것을 행하였다. 따라서 관여나 보조금이 필요한 경우 주저치 않았다."(흔히 추상적으로 관념하는 자유방임 경제의 철칙으로서의 정부의 불관여원칙과 실제는 거리가 있다) "자유방임의 최전성기라고 불리는 19세기에조차도, 실상은 윌리엄 노박(William Novack)이 주장한 대로, 19세기 미국인들은 정부는 모든 국민과 공동체의 복지를 증대시켜야 할 적극적인 의무를 가지고 있다고 믿었다." (Lawrence Freedman, 2006)을 볼 것.

178~179). 때로는 동부 유럽 — 체코, 폴란드의 지역에서 —의 '해방자'와 동반한 모습으로, 때로는 러시아의 마피아(Mafia) 경제의 예에서 볼 수 있듯이 지하 경제를 거느린 존재로, 때로는 독점적 기업이나 집단주의의 모습으로 나타나기도 하였다.[10] 이 시기의 한국 사회에 있어서 자유주의/시장경제의 커플 중 누가 더 강력한 반려(伴侶)였는가는 관찰자에 따라 다르다. 예를 들면, 2002년 전반부에 쓰인 글에 의하면,

"이른바 자유화와 민주화 전후에 걸쳐서 정치적 영역을 제외하면 시장경제의 시장의 역할에 대해서 관심이 높아졌다. 많은 경우에 종전의 통제와 계획이 물러간 공백 부분을 시장이 대신해 줄 것으로 정부나 시민들이 기대하였다. 사회 민주화 중에 우리 사회에 있어서 어떤 핵심이 될 만한 분야로서 교육기관 및 교육의 문제를 들 수 있다. 민주화 이후 오로지 민주화가 시장화를 의미하는 것으로 정책수립가나 대중계몽가나 상당한 숫자의 지식인들도 착각하였다. 또한 시장이라는 마법적인 언어에 현혹되어 근대 이후 또는 현대 입헌 민주주의의 당연한 개념요소인 '법의 지배'를 망각하였다. 많은 착각의 시초는 근대 경제학의 전제로서의 시장의 존재이다. 즉, 수요와 공급이 만나는 자유로운 시장인 왜곡되지 않는 시장을 전제한다. 한국에 있어서의 경제학도나 경제분석의 유행아들은 한국의 시장구조를 북아메리카나 혹은 이에 준하는 시장구조와 혼동하였다. 더 논의를 확대한다면 한 시대의 기린아였던 어떤 개혁 주도 인사들은 한국의 사회구조를 그들이 청년의 이상주의시기에 관찰하였던 선진 제국의 사회구조와 혼동하였다. 구체적인 예를 든다면 한국의 사회구조 중 특별히 시장구조는 어떤 품목에 있어서도 적정한 경쟁 상태에 있지 않았다. 즉, 오랜 권위주의적 통치를 거친 1980년대 후반과 1990년대 초반의 한국 경제의 구조는 그 사회구조와

---

10) 자유를 위협하는 요소에 대해서는 레식의 다음의 요약이 가장 최근의 것으로 보인다. 자유를 위협하는 요소는 변화한다. 19세기 말 영국에서는 사회 규범이 문제시되었지만, 20세기 초반의 20년간 미국에서는 국가의 언론에 대한 탄압이 심각한 문제였다. 노동운동은 시장기구가 때로는 자유를 위협할 수 있다는 전제에 근거하고 있었다. 왜냐하면 저임금뿐만 아니라 시장의 조직형태 그 자체가 어떤 종류의 자유를 불가능하게 하기 때문이다. 어느 시기, 어떤 사회에서는 시장이 자유의 적이 아니라 자유의 비결일 수도 있다. ……그러나 레식은 사이버공간의 법적 문제에 대한 역저에서 다음과 같이 요약한다. 만일 19세기 중반에 자유를 위협했던 것이 사회규범이었고, 20세기 초반에는 국가권력, 그리고 20세기 중반의 대부분 기간에는 시장이 자유를 위협했다고 하면, 20세기 말부터 21세기에 이르는 시기에 우리가 주목해야 할 것은 또 다른 규제자, 즉 코드라는 사실을 파악해야 한다는 것이 나의 주장이다(Lessig, 2000: 198~200; 김철, 2002C: 284~285).

마찬가지로 독점구조와 과점구조가 두드러지는 특징을 가지고 있었다. 훨씬 이후에 나타난 증세이기는 하나 이미 이 시기에 전염된 전염병으로서, 선재하는 사회구조와 시장구조의 정직한 인식과 현황 파악을 뛰어넘어서 자유화·민주화의 정치적 열풍을 타고 사회 부문의 기초적·공공 관련적 부분을 오로지 시장경제에 맡기고자 한 정책적 고려는 설혹 그것이 진지하다 할지라도 파괴적인 효과를 가져올 수 있었다."

– 김철(2002b: 67 – 68) 중에서 –

## 2.4. 당사자의 임의에 의한 사법적 관계의 강조

피상적으로 시장 논리의 이 시절의 전개는 상업주의(commercialism)의 침투적 영향이라는 식으로 볼 수도 있다. 따라서 '교육의 자율성'이라는 시대의 명제는 역시 교육의 자유 계약주의를 강조하는 사법적 측면을 겨냥하고 있었다고 할 수 있다. 즉, 교육기구 또는 학교와 학생 또는 학부형 간의 관계를 오로지 계약 자유에 의한 당사자의 의사 합치만 요구하는 것으로만 파악한 경향은 앞서 말했다시피 법 생활의 전반적 분위기와 무관하지 않았다. 이런 사법적 관계의 강조는 공교육의 공법적 특징을 연화시키는 경과를 이후에도 계속 보여 준다. 시민문화에 있어서도 사교육의 엄청난 수요와 공급은 사법적 계약 자유주의의 범람과 관계있다. 이른바 사교육 시대가 계약 자유의 당사자주의를 깃발로 삼고 등장한 것이다. 요약한다면, 당사자의 임의에 의한 사법(私法)적 관계를 강조하면서, 이것을 '자율' 또는 '자유'로 파악했다고 할 수 있다.[11] 문민정부의 '자유화', '자율화'는 시장경제를 키워드로 하고 진행되었는데, 이 시장경제의 흐름과 파국에 대해서는 불과 3, 4년

---

11) 인류의 법 생활에 대한 제도사적인 거시 관찰로는 섬녀(Henry Maine Sumner)의 고대법(The Ancient Law)을 들 수 있다. 형식법의 제도적 관찰이 아니라 법사회학의 실질적 관찰에 의하면, 한국의 문민정부는 오랜 권위주의 시대의 부자유를 지나서 이제 '신분에서 계약'으로의 대전환을 성취하여 계약 자유시대로 환호하며 진입했다고 볼 수 있는 국면이라고 할 수 있다. 그러나 세계 법제사의 냉정한 눈으로 볼 때는 세계경제의 환경은 후기 산업시대이며 계약 공정의 원칙(fairness)이 강조되는 현대 법의 시대에 한국은 근대법의 초기자유주의를 탐닉하고, 이것을 자율 또는 자유로 파악했다고 할 수 있다.

뒤 경제 주권의 국제기구(IMF)에 의한 접수라는 건국 이후의 최대 사건에 대해서는 정치적 민주화와 자유화를 열망했던 사람들은 예측하지 못했다(김철, 2002a: 372)고 할 수 있다.

## 2.5. 해체기의 자유의 에너지의 방향: 세계체제 변동, 자유화, 세계화

세계적인 환경은 1989년 동유럽 러시아혁명에 의해서, 동독은 와해되고, 체코, 폴란드 등 선진 공업국가는 자유화되었으며 가장 후진 공산국가였던 루마니아까지 민중봉기로 체아우세스쿠(Ceausesku)가 총살되었다(김철, 1994a: 1384). 소비에트 러시아는 1917년 헌법 이후 72년 만에 해체되어서, 연방을 구성하는 각 공화국(예: 우즈베키스탄공화국, 카자흐스탄공화국 등)으로 분해되었다.

해체(dissolution)는 거대한 '짜 맞춘 덩치'가 부품으로 조각나는 것을 뜻하는데, 1945년 2차 대전 이후에 세계 지도를 두 부분으로 나누었던 이러한 제국의 해체 에너지는 무엇이었을까? 역시 '자유' 또는 '자유화'라고 할 만하다(김철, 1992: 37~76).

즉, 1989년을 분수령으로 해서 세계체제(world system) 전반에 자유, 자유화의 에너지가 작용하였다. 한국도 이러한 세계체제 변동의 큰 맥락(context) 안에서 움직여 왔다. 대체로 한국의 1989~1994년이 중동부 유럽사의 대전환기에 해당된다.

문제는 이 시기에 지구촌을 휩쓴 해체의 에너지로서의 자유라는 정열이, 그 이후 '자유화'된 각 나라에서 어떤 경위와 진행의 효과를 보였는가는 동시에 병행했던 세계화와 같이 평가할 수밖에 없다(김철, 2009ㄱ: 180~181). 세계적으로는 1989의 세계체계 변동에 따라서 시작되고 한국에서는 1993년의 문민정부부터 시작한 한국의 자유화가 불과 4~5년 뒤인 1998년에, 한국 산업화가 시작된 1962년 제2차 경제개발 5개년계획 이후 최대의 위기를 맞게 되었는가는 직접적으로 평가하기보다, 이 기간 중 세계 도처 — 특히 새롭게 자유화된 지역 — 에서 일어난 사건을 유추(analogy)해서 간접적으로 평가할 수 있다. 이 평가는 두 방향이다. 하나는 국내적 요인이고, 다른 하나는 세계적 요인이다. 평가의 시점은 1997년 11월 이후부터 1998년까지의 동아시아 외환위기이다. 1998년 이후 타이, 말레이시아, 한국, 필리핀 그리고 인도네시아의 국내적 요인, 즉 경제문화와 법문화의 구조와 병리를 지적하는 방식이 하나 있다.[12) 이 중에 이들 국가의 동일성 내지 문화적 일관성이 심하게 훼손될 정도로 문화적 위기를 맞은 경우가 보고된다 (김철, 1999).[13) 또한 투명지수 또는 부패도를 비교하는 방식이다.[14) 실지로 IMF 관리체제하의 동아시아 여러 나라의 경우, 국제통화기금이나 세계은행 또는 워싱턴 정부의 합의(The Washington Consensus) 주류는 외환위기의 주요인으로 해당 나라의 부패를 비난하는 것이 당시의 관례처럼 되었다고 한다(Stiglitz, 2002, 2003: 89~98). 이후 약 10년 동안, 그러니까 세계 경제위기의 진원지가 동아시아가 아닌 월 스트리트라고 알려질 때까지 중국을 비롯한 동아시아 국가들과 지구상의 저산업국가 및 2차 대전 이후에 독립한 아프리카, 남아메리카의 신생국가들의 국가별 투명도와 부패도가 세계 경제의 초점이 되었다. 그러나 2002년 이후, 1998년 IMF 외환위기의 주요인에 대해서조차도 스

---

12) 동아시아 외환위기 이후, 선진국의 주된 언론(예: 뉴욕타임즈)에 노출된 인도네시아의 네포티즘은 한 나라의 부가 수하르토의 가족집단에 의해서 소유, 통제되고 있다는 것을 보여 주었다. 또한 타이에 있어서의 고급 외래품 선호풍조 — 벤츠를 물신의 우상으로 섬겨서 전통 타이의 불교 장례의식의 상여를 벤츠로 꼭 사용한다든가, 망자가 극락에 가도록 기원하는 방식이 외국산 대형 비행기를 극락의 상징물로 쓴다든가, 전례 없는 외래물질 숭배가 전통문화를 거의 잠식하였다.
13) 해체된 러시아에 있어서의 상황에 대해서는 "자유주의자를 비난하기 — 신생 러시아 공화국"(김철, 2009ㄴ: 214~215)을 참조.
14) 동아시아 외환위기 이후, 세계 금융시장과 통상 관계 혹은 세계경영 분야에서 주도적인 역할을 하기 시작한 것은 동아시아 외환위기의 당사국을 포함해서 지구상의 모든 나라의 투명도 내지 부패도에 대한 실증적 통계조사이다. 이후 약 10년간 투명지수는 초점이 되었는데, 이 지수 역시 어느 기구에서 시행하느냐의 주체가 늘 관심이 되었다. 널리 받아들여진 것 중에 하나가 스위스 소재의 경영연구기관이다.

티글리츠는 해당 국가의 내부문화의 문제보다 1989년 동유럽 러시아혁명 이후의 자유화와 세계화의 문제에 집중하고 있다(김철, 2010 예정).

## 2.6. 세계 자유주의 국가의 중심에 서 있다는 착각

당시는 '세계화(Globalization)'의 열풍이 불고 있었던 때였다. 동유럽과 러시아의 자유화와 함께 외국자본에 대한 기대에 부풀기 시작했고, '세계화'라는 보편적 가치를 등에 업고 주변부 국가의 사람들을 '세계 동포주의'로 포섭하여 세계 국가의 일원이 되는 핑크빛 미래를 꿈꾸었다. 오랜 기간 권위주의적 통치에 복종해 온 한국인들이 별안간 세계시민으로서 1648년 이후, 1776년, 1789년, 1791년, 1805년 그리고 1848년에서부터 시민사회를 형성해 온 전형적인 서양의 주류국가들과 어깨를 나란히 겨루는 듯한 착각에 빠졌었다(김철, 2002a). 거듭되는 세계화의 이데올로기는 이윽고 한국이 세계 자유주의 국가의 중심부에 속한다는 착각을 대학과 사회에 심게 되었다. 사회제도와 법제도 개혁에 있어서 한국은 그동안 한국이 겪었던 고통의 경험 그리고 그 고통에서 오는 교훈들의 재검토를 망각하고 오직 프로이센, 오스트리아-헝가리제국과 같은 구체제에 속하는 권위주의 국가의 법기반을 여전히 유럽풍의 명품패션으로 존중하면서(김철, 2009ㄴ) 한편으로는 아메리카, 영연방국가, 도이칠란트, 프랑스와 같은 세계사를 주도한 중심부국가의 것들만 들여오려고 하는 오류를 범하였다. 맹목이 된 이유는 지식인과 정책가 중에서 당시 시대를 풍미했던 핵심개혁인사들의 사회구조에 대한 피상성과 몰이해에 있었다. 그들은 지식조차 그것이 자라난 토양과 역사의 산물이라는 것을 받아들일 만큼 성숙하지 못했다. 개혁의 열풍 속에서 그들은 그들이 유학했던 청년시절에 이상적으로 보였던 선진국가의 문물과 제도의 배면에 있는 사회구조를 잘 알지 못했고 따라서 한국의 사회구조와 혼동하는 오류를 범하면서 때로는 단기간의 급진적인 개혁정책의 기수 노릇을 했다.[15] 학문의 시기적 편향과 군집현상(herd behavior)(김철: 2009ㄴ, 247~248)은 이 시기에 잘 관찰될 수 있었다.

### 2.6.1. 자유 지상론자의 맹점

당시 시대를 특징지었던 자유 지상론자(Libertarianism)[16]의 지배적 논의방식은 합리성, 선택 그리고 자유라는 세 가지 키워드에 집중되어 있었다. 자유지상론자와 다르게 인간행동의 규범과의 관계를 논한 철학자는 선스타인이었다(Cass Sunstein, 1995). 자유라는 중심주제는 '정치적 선택', '시장에서의 유통', 그리고 '대학에서의 합리성 문제'로 요약된다. 이들의 자유 주제는 극히 단순한 방식으로 요약, 적용되는데, 단순논리가 현실에 적용된 대표적인 예는 "정부는 국민의 취향과 국민의 선택을 존중해야 된다"라는 기본명제였다. 이 논리가 시장에 옮겨 올 때, "시장은 구매자의 취향과 선택을 존중하여야 된다"라고 되는데, 이것을 대학으로 옮겨 올 때는, "대학은 소비자인 학생의 취향과 선택을 존중해야 된다"라고 변형되는 것이었다. 당시의 자유지상론자, 자유주의자, 법경제학자들의 방식은 맹점을 가지고 있었다(김철, 2000년 봄/여름호). 과연 한국은 '자유화 시대' 동안 이른바 '자유'라

---

15) 약 15~16년 이후, 이 시대를 풍미한 개혁에 대해서 평가한다면, "조심스럽게 표현해야겠지만, 민족 감정 때문에 꺼려했던 어떤 한국 지식인의 맹점, 즉 한국이 시도했던 모든 급진적인 개혁 이후 시간이 지나면 결국 자유주의 주류 국가의 본격적인 모델보다 일본의 모델이 한국의 사회구조에는 더 근접해 있다는 것을 받아들이지 않을 수 없게 된다." 근접한 예는 한국의 사법개혁 중 로스쿨 제도이다 (같은 취지의 발언, 2009년 11월 28일 한국인문사회과학회, 현상과 인식 발표회 만찬석상).

16) 한국에 있어서 자유지상주의에 대한 문헌은 최근에 들어서야 눈에 띈다. 역사적으로 자유 지상론의 실재적 효과와 사건으로 나타난 경우에 대해서는 포스트 공산주의 이후의 동부 유럽에 있어서의 진행사항을 관찰하기 전에는 적절한 예가 20세기에는 없었다. 자유지상주의의 동부유럽에서의 현실적 결과를 처음으로 증언한 사람은 스탠퍼드 법과대학원의 헌법교수인 로렌스 레식(Lawrence Lessig) 이었다. 그의 저서 『코드: 사이버 공간의 법이론』(나남신서 881: 나남출판(2000년 1월 25일))의 서평은 김철, 서평 '코드: 사이버 공간의 법 이론', 『헌법학 연구』(제8권 제1호. 2002년 4월, pp.273~277).

는 이름의 환상을 실현한 적이 있었던가? 몽유병 환자같이 '자유'라는 이름의 환상 속에서 방황만 한 것이 아니었나 싶다. 많은 한국의 피상적 지도자들이 말했던 '자유', '민주화', '시장의 자유'는 로렌스 레식이 성찰했던 '자유', '민주화', '시장의 자유'와는 전혀 달랐고, 그와 같이 "사태를 있는 그대로 볼 수 있었다면" 아마도 다른 대안적 사고를 할 수 있지 않았을까(김철, 2006)? 이후 폴 크루그먼과 요셉 스티글리츠가 2008년 금융위기 때 세계적인 문제로 삼으면서 자유지상주의의 실상이 비로소 한국에 알려지기 시작했다.

다음의 예는 한국의 역사적 경험이 아니라, 러시아의 충격요법[17]으로 로렌스 레식이 지적한 1989년 이후 세계체제 변동으로 인류가 겪었던 가장 극단적인 경험 중 하나이다.

> "자유지상주의라는 미사여구. 시장이 지배하게 하고 정부의 간섭을 배제하라. 그러면, 반드시 자유와 번영이 성숙할 것이다. 모든 것들은 스스로 해결할 것이다. 국가의 지나친 규제는 필요 없고, 들어설 여지도 없다. 그러나 모든 것이 스스로 해결되지 않았고, 시장이 번창하지도 않았다. 정부는 불구가 되었으며, 불구가 된 정부는 자유에 대한 만병통치약이 아니었다. 권력은 사라지지 않았다. 단지 정부에서 마피아로 옮겨 갔으며, 때로는 국가에 의해서 마피아가 조성되었다. 치안, 사법, 교육, 의료 등 전통적인 국가기능의 필요성이 마술처럼 사라지지 않았다. 필요를 충족시키는 사적 이익들도 등장하지 않았다. 오히려 사적 요구들이 충족되지 않았다. 사회의 치안이 사라졌다. 지금의 무정부상태가 이전 세대의 온건한 공산주의를 대체하였다. 번쩍이는 네온사인은 나이키를 광고하고 있었고, 연금생활자들은 사기 주식 거래로 생계비를 다 털렸으며, 은행가들이 모스크바 거리에서 훤한 백주에 살해되었다. 하나의 통제 시스템이 또 다른 것으로 대체되었지만, 어떤 시스템도 서구의 자유지상주의자들이 말하는 자유체제는 아니었다."(레식, 2000; 김철, 2002.04; 김철, 2010ㄹ)

---

17) "한때 마르크스에게 홀렸다가 이제는 제프리 삭스에게 홀렸다."(김철, 2007ㄴ, 197) 제프리 삭스는 러시아 해체기에 급격한 시장경제와 가격 자유화의 충격요법과 관계된다.

이것은 물론 극단적인 다른 나라의 역사 경험이다. 그러나 성숙한 비교주의자들은 1989년 이후 지구촌에서 일어난 체계변동의 경위를 다른 나라의 역사 경험에서도 일단의 교훈을 읽을 수가 있다(김철, 2002b). 엄격한 의미에서는 대비될 수 없는 너무나 상이한 역사적 궤적을 가지고 있는 사회도 어떤 단면에 있어서는 대비(contrast) 또는 유사성(similarity)을 찾아볼 수 있다. 물론 본질론(essentialism)적인 사고로서는 이런 대비는 불가능한 것이다.

대변동 시기에 한국의 경제학자, 교육학자, 경영학자, 공공정책 관련 학자들은 단기적, 미시적 효과를 주안으로 두고 국가정책 형성에 관여하였다. 그들은 주로 실증적, 계량적 방식을 써서 한국에서 나타나는 현상들을 접근하였는데, 우선 그들이 썼던 통계가 어떤 근거로 산출되었는지부터 음미해 볼 필요가 있다. 그 다음 주의해서 봐야 할 것은 '그들이 이미 방향이 정해진 정책들에 대해서 어떻게 정당성을 부여했는지'이다. '정책을 정해 놓고, 그것을 뒷받침하는 일에 학자들이 동원되지는 않았는지'에 대한 의문이 제기되어야 하는 것이다. 우리는 그동안 이러한 문제에 대해 의문을 제기한 적이 별로 없다. 과연 그 많은 학자들이 '국가정책 형성을 주도하였는가?' 질문 그대로의 의문이 남는다(김철, 2009ㄱ: 322).

## 2.7. 민주화의 반성-자유화(Liberalization)와 세계화(Globalization)의 결말

한국의 민주화를 돌이켜 생각해 볼 때, 단지 '정부의 행정부수반이 민간인으로 이양됐다'는 정치적 측면만으로는 '민주화됐다'고는 할 수 없는 일이다. 오래 지속된 사회구조와 경제구조에 대한 통찰 없이는 그리고 사회의 민주화와 경제의 민주화가 진행되지 않는 '민주화'는 또 다른 통치이데올로기에 불과하다는 것을 당시 국민은 간과하였다 (김철, 2009ㄱ: 322). 이 시기에 불어온 '세계화'는 한국에게 또 다른 부담감으로 작용했다. 당시 문민정부는 일단 선진국가를 흉내 내는 것이 세계화라는 선입견을 갖고 있었던 것 같고, 이를 매스미디어를 통해 사회이데올로기로 만들고 통치 이데올로기화하였다. 아메리카와 같은 선진국가들을 직접 흉내 내는 것은 엄청난 비용을 요구했다. 한국의 모든 대학들은 미국과 이에 준하는 최선진국의 최상층부의 명문대학들과 비교되었고, 특히 물적 시설과 통계적 예산이 비교되었다. 이 비교가 과연 의미가 있는 비교인가?[18] 대체로 1997년 외환위기 이

---

[18] 이 시기에 유행했던 교육개혁의 서곡으로 들 수 있는 것은 매스 미디어를 통한 한국교육기관의 실태 공개였다. 일반 시민이 한국의 교육기관과 그 현황에 대해서 정보를 얻을 수 있었던 매스 미디어의 문제 제기는 장점과 함께 부작용을 가지고 있었다. 우선 그 정보의 질을 측정하기 이전에 한국의 대표적인 언론사들의 자료수집과 자료분석 능력에 대해서 일반시민이나 전문가 계층이나 아무도 의문을 제기하지 않았다. 그 이유 중 하나는 한국은 1945년 이후 연속된 독재정치에 대해서 불신을 가졌던 일반시민들이 상대적으로 독재와 싸웠다고 간주된 언론사에 대해서 경외감을 가지고 있었다. 이 것은 1950년대부터 1970년대까지의 정치상황에서 그러했고, 1980년대 이후에는 약간의 변형은 있었으나 대체로 이른바 민주화ㆍ자유화의 시대가 시작될 때까지 계속되었다. 그러나 독재에 대한 투쟁과 언론사의 자료수집 능력 및 분석능력 또는 한 국가의 공공정책에 대한 비전제시 능력은 다른 문제이다. 다시 음미할 수 있는 것은 교육개혁이 논의되기 시작한 1989년 전후부터 교육학자들을 비롯한 전문가 계층의 정부정책의 자료수집 및 분석에 종사한 그 종합적 방향과 근거는 기묘하게도 일반시민에게나 대학의 전문인에게 잘 알려지지 않았다(김철, 2002a). 민주화의 시대에 정부가 각종 개혁을 추진하면서, 개혁의 필요성과 당위성을 고취하기 위해서 언론매체를 사용하였다. 그 전형적인 방법은 다음과 같다. 즉, 정부정책 형성에 관여하고 있는 전문가 계층 ― 한국의 경우에는 대부분 대학 교수급의 인사를 통하여, 다시 말하자면, 스타급의 공공정책 관여자들을 통하여 주요 언론매체에 그들을 기명 칼럼으로써 개혁의 비전과 개혁의 방식을 개진하게 하였다. 즉, 주요 매체에 자주 등장하는 전문가들이 공공정책에 관여하는데 인과관계는 한국의 경우 그 역방향도 얼마든지 생각할 수 있다. 관련되는 여러 전문 학회가 정부 개혁을 주된 테마로 하여 전문적인 학술대회를 개최하였다. 이 두 종류의 채널이 자유화와 민주화의 시기 전후에 한국에서 주요한 개혁 정책을 논의한 방식이다. 그런데 기묘하게 느껴지는 것은 정부, 전문가, 언론, 학회 이 네 개의 주된 행위자가 특정 개

전까지 한국은 '자유화'라는 이름의 환상, '세계화'라는 이름의 환상에 젖어 있었던 듯하다. 개발독재시대의 '경제개발'이라는 국가이데올로기에 한국의 국민들은 정신없이 비용을 지불하여 왔는데, 문민정부에 들어와서는 '자유화와 세계화'라는 국가이데올로기에 정신없이 비용을 지불하였다. 앞의 비용과 뒤의 비용이 합쳐져서 1997년 11월 한국의 시민 모두에게 외환위기라는 계산서가 발급되었던 것이었다(김철, 2009ㄱ: 324).[19]

## 3. 세계적 규모에서의 관찰 – 자유라는 어휘에 대한 착각을 신자유주의가 불러일으켰다

신자유주의 시대의 특징은 1978년부터 태동해서 공식적으로 1981년부터 세계 경제위기가 가시화된 2008년 9월 28일까지로 그때까지의 주도적인 경제체제와 경제제도 그리고 그것들이 동반하는 모든 것들이 사람들의 자유를 극대화한다고 세뇌한 점에 있다.[20] 따라서 이 시

혁을 위해서 논의하는 경우, 세밀한 부분을 제외하고 거의 정부가 주도하는 한 가지 방향으로 결론을 단일화한다는 것이다. 물론 부분적인 이견이나 반대가 있기도 했다. 그러나 정말 믿을 수 없는 것은 문민정부 초기나 또는 국민의 정부 초기를 생각한다면 정부 주도의 어떤 정책도 언론이나 전문가 계층이나 더 나아가서 연구 단체인 각종 학회 어떤 채널을 통해서도 그것을 추진하는 강도를 어느 정도라도 상쇄할 만한 반대의견을 내놓은 적이 없다는 것이다(김철, 2002a). 주된 흐름은 매스 미디어에 있어서나, 각종 학회의 순수 학술대회에 있어서나 똑같이 정부가 주도하고, 그 주된 북소리를 치는 사람은 스타급 전문인이며, 대부분의 전문가급 인사들은, 정치가 관련된 경우를 제외하고는, 대부분 그 북소리에 맞춰서 논조를 정한다는 것이다.

19) 1997년 초부터 한보, 삼미, 진로, 기아 등의 중견 재벌 도미노 식 부도 사태에 이어서 동남아시아에서 발생한 통화위기가 파급하였다. 11월 원화의 가치가 대폭 하락하고, 보유외화가 바닥나는 위기를 맞아 11월 21일 국제통화기금(IMF)에 긴급지원을 요청하였다. 지원 금액은 최종적으로 IMF 210억 달러, 세계은행 100억 달러, 아시아개발은행 40억 달러, 일본 100억 달러, 미국 50억 달러, 영·독·프랑스 등 11개국 83.5억 달러 등 총 583.5억 달러에 달하여 IMF 사상 최대 규모에 이르렀다. IMF는 지원하면서 엄정한 조건을 붙여 경제 정책에 전면적으로 개입하여 엄격히 감시하였다. 따라서 한국은 1962년 경제개발 5개년 계획 이후 처음으로 경제정책에 대한 자주 결정권을 박탈당한 셈이 되고, 이것은 경제주권의 상실이라는 언어로 표현되었다.

20) 이 역할을 한국에서는 자유화·민주화 이후 부분적으로 당시의 주류 매스미디어가 담당하였다. 대학과 지식인들은 전문화와 구획화로 인한 칸막이가 쳐진 울안에 갇혀서 전문인으로서 또는 지식인으로서

대에는 경제뿐 아니라 정치, 사회 문화 모든 면에서 자유라는 키워드를 간판으로 내세워서 사용하였다. 그러나 아메리카를 중심으로 레이거노믹스 시대의 주창자들이 자유라고 부른 것의 실체는 자유주의의 반대 명제로서의 신자유주의 또는 신보수주의라는 범주에서 찾아볼 수 있는 것이다. 레이거니즘 또는 레이거노믹스는 엄격히 말하면 바시대정신이었다(김철, 2009ㄴ: 245). 왜냐하면 세계 제2차 대전 종전 이후, 21세기의 지금에 이르기까지의 64년간을 꿰뚫고 흐르는 주된 시대정신은 '인간의 존엄과 가치'를 위주로 하는 큰 흐름으로서의 자유주의였고, 신자유주의 또는 레이거니즘은 존엄권과 같은 것이 포함되었다고 보기 힘들기 때문이다. 왜냐하면 부의 극대화는 직접적으로는 2차 대전을 승리로 이끌고 전후 질서를 기초 짓는 인간의 존엄과 가치와 행복 추구권과는 연결되지 않고 오히려 수단가치이기 때문이다.

### 3.1. 수입학문의 고뇌─자유주의라는 라벨의 내용

#### 3.1.1. 보수 대 진보라는 한국식 이분법이 어디에서 왔는가

번역학문의 오류의 최근의 예로서, 폴 크루그먼의 한국어 번역본은 기본용어의 국역에서 영어 원본을 대조할 수 없는 일반 독자에게 근본적인 오해를 줄 수 있는 오류를 범했다(김철, 2009.06). 즉, liberals를 '진보주의자'로 번역하였다. liberals는 어간 liberal이 liberalism 또는 liberalist와 같다. 영영사전의 liberals는 one who is open minded or generous to new ways의 뜻이 가장 오래되고 one who is not object to reform의 뜻이 최근 것이다. The Oxford Learner's Dictionary(Oxford University Press, 1963) 한영사전의 뜻으로는 '자유주의자'와 'liberalism

---

의 역할을 극히 제한적으로 행했다.

을 주장, 신봉하는 사람'을 뜻한다(The New World Comprehensive English · Korean Dictionary, 1310(시사영어사, 1973)). liberal은 전통 · 관례에 어긋나는 생각에 대하여 편견을 갖지 않고 남의 그러한 견해도 이해하는 사람을 뜻하고 liberal보다도 적극적이며 더욱 직접적인 행동을 취하는 경향이 있는 경우에는 progressive를 쓰는데 정치 · 교육 따위의 개혁에 찬동한다는 뜻이다(시사영어사, 1973: 1310).

### 3.1.2. 가장 오래된 성문헌법의 역사에서 보수주의의 반대방향은 자유주의이다

그러나 이것은 사전적인 뜻이다. 아메리카 헌법사에서 liberal의 위치는 conservative에 대치되는 것으로, 제로를 기점으로 +방향과 -방향으로 전개되어 있는 수평의 선분의 정반대에 놓여 있는 것이다. 이때 제로를 중립(neutral)이라고 할 수 있다. 더 쉽게 말하면 헌법 판례에 있어서 대법관들의 판단이 보수 쪽이냐, 또는 이와 대척되며 다른 방향으로 뻗어나가는 것이냐를 잴 때 liberal이라고 한다. 이때의 liberal 은 보수와 대치하는 또는 반대되는 자유주의라는 뜻이다.

### 3.1.3. 진보 및 진보적(progressive)이라는 어휘의 역사적 기원은 계몽시대이며 서유럽 절대주의에 반대하는 입장이었다

그러나 이 경우에도 저널리즘이 어떤 대법관의 판례에 대한 결정이유가 "그의 성향이 진보적이기 때문에, liberal로 기울어졌다"라는 표현을 쓸 수도 있다. 이때 진보적(progressive)이라는 형용사는 역사적으로 서유럽에서 절대주의 왕권이나 절대주의 시대의 세계관에 대해서 계몽주의 시대에 새로운 지식인들의 태도를 서술할 때 쓰인 것이 역사적 기원이다.

"진보의 개념은 인간이 명료하게 생각하고 사물을 적절하게 다루기만 하면 사회상태의 끊임없는 향상의 가능성이 있다는 것이며 사회는 세상일에 있어서 더 좋은 상태로 움직여 나간다는 생각을 지칭한다." (김철, 1989: 496; John Bary, 1920)[21]

이때의 진보(progress)는 서유럽의 계몽주의 시대(enlightened peoples of historical age, l'age de lumière, Aufklärung und Zeitalter der Kritik)의 지적·도덕적 생각의 변화와 개조와 관계있다(John Bary, 1920). 그러나 이것은 어디까지나 서유럽의 지성사와 계몽주의와 관련된 역사적 의미로서의 진보를 뜻한다.

### 3.1.4. 경제적 보수주의와 대치되는 것은 헌법사와 정치사에서 일차적으로 경제적 자유주의이다. 즉, 공법제도사에서 의미 있는 이분법은 보수주의 대 자유주의이다

폴 크루그먼이 2007년에 레이거니즘 시대의 정치·경제학적 저작을 "The Conscience of Liberals"라고 제목을 붙였는데 그 내용은 법학적으로 볼 때 아메리카 헌법사에서 나타난 경제적 보수주의에 대칭되는 의미로서의 경제적 자유주의의 모습을 경제사 및 정치사와 관련해서 설득력 있게 서술한 것이다.

### 3.1.5. 2008년 이후 세계 경제위기의 치유적 법제도를 주창한 케인즈 주의자들의 입장은 공법제도사에서 확인된 경제적 자유주의이다

이런 폴 크루그먼의 2007년 저서를 번역할 때, liberals를 한국어의 '진보주의자'로 옮긴 것은 아메리카 헌법사와 경제사에서의 conservative와 대칭되는 것이 liberal이라는 것을 모르고 한국식으로 번역한 것이다. 이 논문을 2009년 5월 13일에 발표했을 때 어떤 헌법학자는 자신도 폴 크루그먼의 한국어 번역본을 읽었는데 아무래도 liberal을(최근

---

21) John Bary, *The Idea of Progress*(London: Macmillan, 1920).

한국사정을 감안할 때) 진보주의자로 번역한 것은 적절하게 보인다고 얘기하였다. 여기에 대해서 발표자이며 논문 저자는 만약에 한국어 번역자가 진보주의자로 번역한 것이 이유가 있다고 본다면, 이것은 한국어를 다시 영어로 번역할 때는 liberal이 아니고 progressive로 번역되는 순서를 생각해야 된다고 설명했다(김철, 2009ㄴ: 212). 한편, 아메리카 헌법사와 정치사에서 구체적으로 나타난 진보주의운동은 현실적으로 유진 뎁스(Eugene Debs)가 이끌었던 진보당(progressive party)을 지적할 수 있다. 또한 폴 크루그먼의 1930년 이후 공황 경제학의 소재는 프랭클린 루스벨트 이후의 아메리카의 입법과 경제정책을 중심으로 하여 전개된 경제적 보수주의와 경제적 자유주의의 양대 흐름인데, 폴 크루그먼은 이 큰 그림에서 유진 뎁스의 진보당과 진보주의에 대해서는 언급을 하지 않고 있다.

### 3.1.6. 한 나라의 부는 빈곤의 짐을 완화시키는 방법으로 분배되어야 한다는 것은 경제적 자유주의의 입장이다

폴 크루그먼의 관심은 한 나라의 부는 빈곤의 짐을 가능한 한 완화시키는 방법으로 분배되어야 한다는 믿음을 토대로 한 경제적 자유주의와 부를 재분배하는 어떤 노력도 정부에 의해서 행해져서는 안 되며 정부의 주된 역할은 국민이나 기업이 물질적 복리를 개인적으로 추구할 때 호의적인 환경을 만들어 주는 것이고 최소 국가의 기능이며 사법부의 역할도 여기에 있다고 보는 경제적 보수주의를 역사적으로 고찰하는 데 있었다. 그의 자유주의는 그 자신의 특정한 가치나 태도를 주장하거나 표현하는 것이 아니라 아메리카 건국 이후의 두 개의 큰 흐름이라는 전통 위에 서서 그리고 그 두 개의 전통이 갈등을 일으키지 않고 다른 정당과 정부에 의해서도 추구되었던 시절을 회상하는 것으로 시작한다. 이런 방식은 아카데미즘에 있어서는 법학이든 경제학이든 가장 신뢰를 주는 방식이고 특정한 사회운동을 지지 한다든가 선호한다든가 하는 이데올로기적 접근과는 전혀 다른 것이다. 그런데 만약 폴 크루그먼의 liberals를 '진보주의자'로 번역한다면 그리고 그의 자유주의 전통의 결론을 '진보주의 운동'으로 번역한다면 이미 말한 바대로 아메리카 정치사에서의 진보당(progressive party)과 혼동된다.

### 3.1.7. 한국에 있어서의 보수주의 아니면 진보주의라는 이분법은 재검토해야 한다

그럼에도 불구하고 아메리카 경제사와 법제사에서 나타난 보수와 자유의 대척되는 입장이 2008년과 2009년의 한국에서는 보수와 진보의 대립이라는 검토되지 않은 이분법으로 비춰지는 것은 무슨 이유일까? 해답은, 한국에 있어서의 사회과학과 법학은 자유주의 자체에 대해서 역사적 검토가 소홀해 왔다고 지적할 수 있다.

### 3.1.8. 자유는 평등과 모순된다는 개념적 파악은 서양철학의 관념론 시대의 것이다

즉, 한국에 있어서의 저널리즘과 아카데미즘의 어떤 방식은, 어떤 경우 자유라는 것은 평등과 모순되는 것으로(김철, 2007ㄱ: 135) 개념적으로 파악하고 따라서 자유는 평등 또는 진보와 모순되고 대립되는 것으로 무의식중에 파악한다. 백과사전적 지식으로는, 그리고 요약과 단순화된 교과서적 개념으로서는 손색이 없다. 그러나 21세기의 한국의 '사람과 권리' 논의를 국제 인권 규약의 맥락에서 재구성하려는 시도에서는 보다 정밀한 비교역사, 비교사회학적 검토가 필요하다. 보다 보편적 시점과 다문화적 분석이 요구된다(Dorsen, Rosenfield, Sajo, Baer, Comparative Constitutionalism, 2005). 이것은 2차 대전 이후 신생 국가의 사람의 권리문제에서 더욱 그러하다(김철, 2007: 135). 쉽게 말하면, 자유주의는 평등주의와 대립되는 것이고 또한 자유주의는 진보주의와 대립되는 것이라고 생각하기 쉬운 것이다. 물론 이것은 서유럽에 있어서의 계몽주의 시대 때부터 나타나기 시작한 자유, 진보, 평등 같은 것들을 역사적 시대에 따라서 검토하지 못한 탓이라고 할 수 있다. 예를 들어서, 1871년 Bismark 헌법 체제 아래에서, Bismark는 황제의 주권에 도전하는 '자유주의자'들은 단호히 분쇄했으나 — 따라서 정치적 시민적 권리는 억압했으나 생존권 또는 사회권에 속하는 사회보장제도는 선도적으로 추진하였다. 즉, 프로이센(Freussen) 경험으로서는 시민적 정치적 권리와 사회적, 경제적, 문화적 권리는 모순되거나, 대립되었다. 실로 시민혁명의 경험 없이도 복지국가는 가능하고 심지어 자유를 유보하면서도 복지국가는 확대가능하다고 담론할 수 있다. 이 경우에 주권자인 황제의 가부장적 분배 역할(paternalistic role)이 전제 조건이다. 황제가 없어지고 난 이후에는 그 빈자리에 구체적인 정부(government)가 아니라 추상적인 국가(state)가 올라앉았다. 국민 주권이 아니라 국가 주권이 된다. 그러나 같은 유럽의 경험에서도 영국의 역사적 경험은 다르다. 1215년부터 시작된 입헌주의의 긴 도정은 청교도혁명을 거쳐, 명예혁명의 이듬해 1649년의 권리장전(Bill of Rights)에서 시민적 정치적 권리는 성취되었다. 이 역사적 경험에서는 표현의 자유, 결사의 자유와 같은 자유권적 기본권은 이윽고 경제적 사회적 문화적 권리를 형성시켜 갔다. 전자와 후자는 모순과 대립이 아니라 전자가 후자의 형성의 주된 동력으로 작용하면서, '사람의 권리'의 온전함과 총체성으로 진행된 것이다(김철, 2007: 135~136).

이렇게 설명함에도 불구하고 한국에 있어서의 전반적으로 부실한 번역학문은 여전히 우리나라 법학계에 제법 알려진 드워킨을 자유주의자로 번역하면서 폴 크루그먼과 드워킨은 아마도(한 사람은 경제학자요, 한 사람은 법철학자니까) 그 기본적 입지가 다르다고 생각하는 것으로 인도하였다. 우리나라 법철학계와 철학계에서 잘 알려진

Ronald Dworkin은 2008년 10월에 방한해서 "법과 자유주의(Law and Liberalism)"라는 논문을 발표하고 이것에 앞서 1995년 논문 "Why we all are liberals"을 뉴욕대학에서 발표하였다. 논문 저자는 2008년 10월 드워킨의 두 개 세미나(월, 화요일)에서 직접 단도직입적으로 그 당시 세계 경제위기의 벼랑 앞에서 힘을 얻고 있었던 폴 크루그먼의 liberalism과 드워킨 자신의 liberalism이 무엇이 다르며 무엇이 같은가를 질문하였다. 그 대답은 경제적 자유주의를 지칭하는 폴 크루그먼의 입장과 자신의 liberalism이 일치하며 경제사와 헌법사에서 나타난 이러한 입장의 대법관들에 대해서도 같은 입장을 명백히 표명하였다(김철, 2010 예정).

## 3.2. 근대 이후의 법제도사에서 큰 획을 긋고 있는 아메리카 법제사 내지 대법원의 역사에서 우선 판별할 수 있는 것은 경제적 보수주의와 경제적 자유주의의 서로 방향이 다른 입장이다

### 3.2.1. 경제적 보수주의와 경제적 자유주의(Economic Liberalism)[22]의 경계

러셀 갤로웨이는 1790년부터 1982년까지의 미국 연방대법원의 역사를 부자와 가난한 자의 문제에서 분석 서술하고 있다(Russell Galloway, 1982 & 1991). 그는 빈부문제에 대한 입장을 다음과 같이 정리한다(김철, 2005: 17). 첫째, 경제적 보수주의(economic conservatism)는 전형적으로 다음의 확신에 근거한다. 부를 재분배하는 어떤 주된 노력도 정부에 의해서 행해져서는 안 된다. 정부의 주된 역할은 물질적 복리를 국민이나 기업이 개인적으로 추구할 때, 호의적인 환경을 만들어 주는 것이고, 재산권 소유자의 권리를 보호하는 것이다. 최소국가(minimal

---

22) 이 문제에 대한 논의는 다음의 연구 발표문을 참조할 것(김철, 「빈곤과 부에 대한 차별문제: 헌법과 파산법의 눈에서」 한국사회이론학회 2005년 후기학술대회, 빈곤과 우리사회, 2005년 12월 17일 성신여자대학교 수정관 313호(2005ㄱ)).

state)의 기능이며, 사법부의 역할도 여기에 있다고 본다. 미국 법학사에서 여기에 속하는 사람은 해밀턴(Alexander Hamilton), 마샬(John Marshall) 초대 대법원장, 스토리(Story) 대법관, 필드(Field) 대법관, 닉슨 대통령, 레이건 대통령, 아버지 부시와 아들 부시 대통령. 둘째, 경제적 자유주의(economic liberalism)는 다음의 믿음을 특징으로 한다. 한 나라의 부(richness)는 빈곤의 짐을 가능한 한 완화시키는 방법으로 분배되어야 한다는 믿음이다. 미국 법학사에서 여기에 속하는 사람은, 제퍼슨(Thomas Jefferson) 대통령, 잭슨(Andrew Jackson) 대통령, 태니(Taney) 대법관, 브랜다이스(Louis D. Brandeis) 대법관, 루스벨트(F. D. Roosevelt) 대통령, 더글라스(William O. Douglas) 대법관이다. 2007년에 폴 크루그먼은 두 가지 입장 이외에, 원래 한 입장에서 출발했으나 차츰 다른 입장의 정책을 추구한 경우의 예로, 공화당의 아이젠하워 대통령의 예를 든다. 그리고 아이젠하워가 루스벨트 행정부의 정책을 계승한 데 대한 반발로 새로운 보수주의(new-conservatism)가 일어나고, 세월이 지나서 강력한 정치운동으로 자리 잡았다고 한다. 1964년 골드워터~1980년 레이건으로 연결된다(폴 크루그먼, 2007: 25). 약 200년 이상의 역사를 통해, 경제적 보수주의와 경제적 자유주의가 서로 대치하고 있는 둑을 따라서, 경제와 법제도의 긴 강물이 흘러왔고, 이 긴 흐름을 특징짓고 구분 짓는 것은, 개혁(reform)과 반개혁(counter-reform) — 정치경제적 의미에서 — 의 시도이다. 1776년에서 1789년에 이르는 건국 시기로부터 현재에 이르기까지, 경제적 자유주의와 경제적 보수주의를 기반으로 한 정치, 경제, 법문화는 갈등과 대립, 타협과 조정, 반동과 개혁의 모든 매듭을 거쳐서, 적어도 다음 네 가지를 빈부문제에 대한 기본적 논의 주제로 확정하였다(Russell Galloway, 1982 & 1991; 김철, 2005: 17). 네 가지 빈부문제는 다음과 같다.

1. 과다한 부채에서 국민을 구제할 것인가, 2. 나라의 부를 재분배할

것인가, 3. 부유층의 형태를 규제할 것인가, 4. 빈곤층의 조직화된 행동에 관심을 가질 것인가.

## 4. 나가는 말

최근 한국에서 이념적 대결이나 갈등으로 보이는 것은 학문의 시대적 편향[23]에서 유래된 것으로 판단된다. 가장 근본적인 한국에서의 문제는 법학교육과 법조교육에서 출발하는 것임을 각성하게 된다.[24]

---

[23] 자유화 이후 한국에서 보수 대 진보의 이항대립이 지식인 사회에서나 대중 저널리즘에서 유행하는 패턴이 된 것은 논문 저자가 논문 출발에서부터 역사적으로 검토한 지식의 시대적 편향(신자유주의 시대의 편향)의 한국적 전개라고 얘기할 수 있다. 이 문제는 본격적으로 거론하면 따로 하나의 논문이 될 것이다. 그러나 한 가지의 예만 들면, 최근 한국 사법부의 1심 판결 3개를 논평하는 어떤 저널리즘의 태도를 들 수 있다. 중앙일보, 2009년 11월 12일 목요일, 종합 3면. "최후의 갈등 조정자 되레 갈등 더 키우나"의 기사는 같은 날짜 1면의 "이념이 재판의 동기가 되어서는 안 된다" 취지의 제목을 상기하는 것이다. 상술하기에는 본 논문의 경제적 자유주의와 경제적 보수주의의 범위를 초과하는 것이기 때문에 생략한다. 그러나 이 기사의 작성자들은 1심 판사의 판결을 서양법 전통(Tradition of Western Law)에서 218년 이상 확립된 제도사의 관점에서 파악할 수 없었다. 1심 판사들의 상반된 판결은 한국의 지금까지 인습적인 법학에서 해결하지 못한 절대주의 시대의 법학(프로이센의 비스마르크 법학)과 근대 입헌주의 시대의 법학(시민혁명을 경유한 근대헌법 시대)이 서로 맥락을 찾지 못한 채 문헌상에서 나란히 공존하는 대학법학과 연수원법학의 실태를 그대로 나타낸 것이다. 보수와 진보라는 이 시대 한국 사회의 틀에 박히고 검토하지 않은 정치적 프로파간다와는 거리가 있고, 구태여 법학 사상의 의미로는 절대주의 대 초기자유주의의 미해결된 역사의 단면으로 보인다.

[24] 한국 최현대의 사회갈등의 기반이 되고 있는 법치주의의 문제를 법학교육과 법조교육의 측면에서 다룬 책으로는 (김철, 『한국법학의 반성』, 2009ㄴ)이 본격적이다. 이 책은 2009년 현재까지 한국의 공법학(헌법학, 행정법학, 각종 규제법학)이 검토 없이 답습하고 있는 '법치주의'의 원칙이 개화기를 거쳐서 식민지 시대에 어떤 경로로 계수되었는가를 살피고 있다. 이 책에 의하면 현재 한국의 법학이 주로 의거하고 있는 법치주의는 1871년 비스마르크 헌법 시대의 프로이센 행정법과 형법을 기반으로 하고 있다. 이 법치주의의 원형은 유럽 전통형 법치주의로서 1918년 1차 대전에 의해서 붕괴된 프로이센제국과 오스트리아-헝가리 제국, 그리고 1차 대전 종전 이전의 볼셰비키 혁명으로 붕괴된 로마노프왕가의 러시아 제국의 법치주의를 예로 들 수 있다. 이 유럽 전통형 법치주의는 1891년 메이지 헌법 이전에 계속된 메이지 개혁 때 천황을 중심으로 하는 통일 국가를 지향하던 시대에 동아시아에 유입 내지 계수되었다. 1945년 2차 대전 종전 때까지 한국에서의 법치주의의 등뼈가 되었던 프로이센 행정법과 형법은 1948년 제헌헌법이 제정된 이후에도 헌법의 형식적이고 동시에 명목적인 효력 때문에 계속해서 규범력을· 가져왔다. "……결론적으로 말해서 우리나라 행정법의 이론과 그것을 토대로 하는 행정법제도는 미국법의 영향이 미치기 이전에 근 반세기에 걸친 일제 식민정치의 지배 이론 내지 수단으로써 이미 확고한 기반이 구축된 바 있었으며, 그러한 고도로 체계화된 권력지향적인 전통적인 행정법 이론은 해방 후 30여 년간의 꾸준한 민주화 작업, 근대화 작업이 시도되었음에도 불구하고 우리나라가 놓여 있는 여러 가지 정치적·사회적·경제적 특수 여건으로 말미암아 상금 다분히 구태의연한 상황을 면치 못하고 있다."(서원우, 1987: 274) ……흔히 전통적인 독일형 법치국가론의 대표로서 인용되고 있는 R. Gneist의 저서 『법치국가』 속에 있는 다음과 같은 서술은

1945년 2차 대전 종결 때까지 소급해서 2차 대전 이전과 이후의 문명 세계를 이전의 전체주의적이며 권위주의적인 문명이 반전체주의이며 탈권위주의적인 방향으로, 즉 자유주의적인 방향으로 나아갔다는 것을 대전제로 하지 않으면 안 된다.[25] 또한 1978년 이후 신자유주의가 대두하고 1981년 이후 본격화된 시대[26]에 한국에 있어서나 다른 서방에 있어서도 역사적 의미에 있어서의 자유주의의 의미가 찬탈당하거나 왜곡되었다는 것을 제시할 수 있다.

---

1세기가 지난 오늘날의 법치국가론과 그 기본적인 점에서 상당히 공통성이 있음을 알 수 있어 우리를 놀라게 한다. "어쨌든 일반적인 것의 이해가 개별적인 것에 선행하여 왔던 독일에 있어서는 우리들의 법철학은 고도의 가치를 유지하고 있다. 우리의 일반 국법(Allgemeneines Staatsrecht)은 지난날의 영광스러운 기념비이며 또한 장래에의 사상적 유산이다. 즉 자립한 국가 권력이 인간의 외적 전 생활을 그 소유 관계, 영업 관계 그리고 직업 관계에 대하여 정확한 규범에 의하여 규율함으로써 국가 활동은 약한 계층의 권리보호와 조성을 그 과제로 하며 ― 이러한 외적 질서는 강제될 수 있는 것이지 아니면 아니 되며 ― 또한, 법률 및 공권력에 대한 복종이라고 하는 것이 시민적 자유의 제1 조건인 것이다(Rudolf Gneist und die Verwaltungsgerichte in Deutshland, 3. Aufl., S. 34)."(서원우, 1987: 288~289)

25) "……한국의 외국법 수용의 역사도 명백히 권위주의 법문화이냐 탈권위주의 법문화이냐 또는 자유주의 법문화이냐는 분명한 시대적 가치로 판단하지 않으면 안 된다. 한국에서의 법학 공부의 실상에 대한 세 가지 고백에서 예로 든 현대 한국 대학에 있어서의 한국법 학습의 어려움이 단지 외국법의 계수라는 문제가 아니라 외국법 중에서도 권위주의 시대의 외국법을 답습하고 있거나 한국법을 학습하거나 교육할 때에도 권위주의적 방식에 의해서 해 왔다는 것을 묵시적으로 전제하고 있다. 내용과 방식에 있어서 다 같이 권위주의 시대의 법학을 벗어나지 못하고 있다는 얘기다. 이것을 다른 말로 한다면 2차 세계 대전 이후 문명국의 보편적 원리가 된 자유주의적 문화의 방식이 한국의 법학교육에 있어서는 기이하게도 발을 붙이기가 힘들었다는 얘기이다. 또 다른 말로 한다면 외국법 중에서도 시대정신에 합치하는 보편주의적 법 원리보다는 이미 과거에 속하는 그리고 2차 대전에 의해서 거부당한 특수한 지역적 법치주의가 1948년 제헌 헌법에 의해서 자유민주주의를 기본으로 하는 법체계가 출발하고 나서도 여전히 역사적 유산으로 남아 있을 뿐만 아니라 그 영향력을 계속 끊임없이 발휘하였다는 얘기가 된다. 명목은 자유주의이고 실질은 권위주의로 일관했다는 것이다. 명목과 실질이 분리되고 형식과 내용이 분리되는 이분법이 한국의 법문화에 계속되었다는 얘기가 된다. 무엇이 한국의 2차 대전 후의 약 50년간을 그 법치주의의 형태와 언어에서 1910년대에 시작된 특수한 지역적 국가적 법치주의의 언어를 지속적으로 사용하게 했는가라는 의문이 있을 수 있다."(김철, 2009ㄴ: 47~48)

26) 신자유주의의 대두와 시대적 배경에 대해서는 (김철, "아메리카의 보수주의 혁명과 신자유주의", 237~242, 『한국법학의 반성』)을 참조할 것.

# 참고문헌

김  철, "세계 금융 위기 이후의 경제와 규범, 도덕의 관계 — 금융 위기에
　　관련된 법제도의 도덕성 논의를 위한 시론", 한국 인문사회과학회, 「현
　　상과 인식」 2010, 봄/여름호(서울: 한국인문사회과학회, 2010ㄹ) 게
　　재 예정 - 2010ㄹ으로 표시.
＿＿＿, "사회주의 법군의 해체기의 기억", 『해체기의 비교제도론/가치와 제
　　도』, (서울: 비교제도연구소, 1992) 비매품, 사간본.
＿＿＿, 『경제 위기 때의 법학 — 뉴딜 법학의 회귀 가능성』(서울: 한국학술정
　　보(주), 2009ㄱ).
＿＿＿, "뒤르켐의 아노미 이론과 평등권에서의 기회균등: 기초 법학적 연구",
　　『사회이론』, 2008년 가을/겨울 통권 제34호(서울: 한국사회이론학회, 2008).
＿＿＿, "최현대의 경제공법 사상", 『세계헌법연구』 제15권 제2호(서울: 세계
　　헌법학회 한국학회, 2009.06).
＿＿＿, 『한국 법학의 반성』(서울, 한국학술정보(주), 2009ㄴ).
＿＿＿, 『한국 법학의 철학적 기초: 역사적, 경제적, 사회, 문화적 접근』(서울:
　　한국학술정보(주), 2007) - 2007a.
＿＿＿, "한국에 있어서의 자유주의와 자유지상주의에 대한 반성", 『사회이론』,
　　2006년 가을호(서울: 한국사회이론학회, 2006).
＿＿＿, "빈곤과 부에 대한 차별문제: 헌법과 파산법의 눈에서", 한국사회이
　　론학회 2005년 후기학술대회, 「빈곤과 우리사회」, 2005년 12월 17일
　　성신여자대학교 수정관 313호(2005ㄱ).
＿＿＿, "동서양의 법문화 — 경제위기의 반성"(한국가톨릭교수회 발표문, 1999).
＿＿＿, "위기 때의 법학: 뉴딜 법학의 가능성 — 현대 법학에 있어서의 공공
　　성의 문제와 세계 대공황 전기의 법사상", 『세계헌법연구』 제14권
　　제3호(서울: 세계헌법학회 한국학회, 2008).
＿＿＿, "개혁의 법사회학적, 법경제학적 조망 — 교육개혁을 중심으로, 그러
　　나 주도적인 개혁을 우선하여 —", 사회이론학회(엮음), 『사회이론』
　　21호 봄/여름호(2002년 8월) - 2002a로 표시함.
＿＿＿, "포스너의 공법학방법론" 중 법학방법론으로서의 경제분석과 한국에
　　있어서의 의미, 63~71, 『공법연구 제30집 제4호』(2002년 6월. 한국

공법학회) - 2002b로 표시함.

_____, 『법철학 강의』(서울, 숙명여대, 2007년).

_____, 「현대 한국 문화에 대한 법철학적 접근: 바람직한 시민사회윤리의 정립을 위하여」 중에서 Ⅲ 외관주의, 명목주의, 형식주의: 위로부터의 근대화의 방식과 결과, 36쪽, 『현상과 인식』(2000년 봄 / 여름호, 한국인문사회과학회).

_____, 서평 "코드: 사이버 공간의 법 이론", 『헌법학 연구』(제8권 제1호. 2002년 4월, pp.273~277) - 2002c로 표시함.

_____, 「비교제도론」, 간행위원회(엮음), 『차용석 교수 회갑기념 논문집』(서울: 법문사, 1994년 9월 - 1994a).

_____, 「아메리카와 러시아 법제도의 비교연구」, 김유남(엮음), 『미·소 미교론』(서울: 어문각 1992년 7월.

_____, 『러시아와 소비에트 법: 비교법문화적 연구』(서울: 민음사, 1989).

로렌스 레식, 『코드: 사이버 공간의 법이론』, 김정오 옮김(나남신서 881: 나남출판, 2000).

Adorno, T. W. et. el, *The Authoritarian Personality*(New York: Happer & Brothers, 1950).

Bary, John, *The Idea of Progress*(London: Macmillan, 1920).

Berman Harold, *The Intergrative Jurisprodence of Harold J. Berman*(Colorado, WestviewPress: 1996).

Dorsen, Rosenfield, Sajo, Baer, *Comparative Constitutionalism*(2005).

Emerson, Ralph W., *Self – Reliance*(Ibis, 2003).

Ferguson Niall, *The Ascent of Money*, (Cambridege, Harvard Univ. Press, 2008).

Freedman, Lawrence, *A History of American Law*(DIANE Publishing Company, 2006). 안경환 옮김, 『미국 법사』(서울: 청림출판, 2006).

Gneist, Rudolf von, *Der Rechtstaat und die Verwaltungsgerichte in Deutschland*, 2. Aufl(J. Springer, 1879; Darmstadt, 1966).

Goldin Claudia and Margo Robert, "The Great Compression: The Wage Structure in the United States at Mid – Century", *Quarterly Journal of Economics*, 107, no.1(1992).

Hahn, Erich, "Rudolf Gneist and the Prussian Rechtsstaat: 1862~78", *Journal of Modern History*, Vol.49, No.4, Dec, 1977, University of Chicago.

Krugman, Paul, *The Conscience of a Liberal*(New York: W. W. Norton &

Company, 2008), 예상한 외 옮김, 『미래를 말하다』(서울: 웅진, 2008).

_____, *The Conscience of a Liberal*(New York: W. W. Norton & Company, 2008).

_____, *The Return of Depression Econimics*(New York: W. W. Norton &Company, 1999, 2000, 2007).

_____, *The Return of Depression Econimics*(New York: W. W. Norton & Company, 2009).

Lewin, Moshe, *The Phenomenon — A Historical Interpretation —*(Berkeley: University of California Press, 1989).

Lewis, C. S, ed by. Walter Hooper, *Readings for Meditation & Reflection*(San Francisco: HarperSanFrancisco, 1992).

MaCatty Nolan, Poole Keith and Rosenthal Howard, Polarized America: *The Dance of Ideology and Unequal Riches*(MIT Press, 2006).

Mcklosky, *American Surpreme Count*(Chicago, Chicago Univ. Press, 1978).

Merton, Robert K., *The Sociology of Science: Theoretical and Empirical Investigations*(Carbondale, 1973).

Pappe Hellmut O., *Dictionary of the History of Ideas*, (Charles Scribner's Sons 1978).

Piketty Thomas and Saez Emmanuel "The Evolution of Top Incomes: A Historical and International Perspective"(National Bureau of Economic Research working paper No.11955, Jan, 2006).

Posner, Richard, *A Failure of Capitalism*(Cambridge, Harvard Univ. press, 2009).

Schlesinger Arthur M. JR, *The Crisis of The Old Order 1919~1933: The Age of Roosvelt*(Cambridge: The Riverside Press 1957).

Stiglitz, Joseph, *Globalization and it's Discontents*(New York: W. W. Norton & Company, 2003).

Sunstein, Cass, "Norms and Roles", F, A written Version of the Coase Lecture, University of Chicago, Fall, 1995. *The program for the study of law, philosophy & social theory*, (NYU School of law, 1995).

Toobin, Jeffrey, *The Nine*(New York, Intil Creative Management 2007, 2008), 강건우 옮김 "더 나인"(서울: 라이프맵, 2010).

Anderson, Kurt, "Dont's pretend we didn't see this coming for a long, long time", TIME, April 6, 2009.

Beinart Peter, "The New Liberal Roder", Time November 24. 2008.

Ferguson, Thomas, *Interview with The Christian Science Moniter*, 12th page, April 2. 1990.

# 제 10 장

## 세계 금융위기 이후의 경제와 규범, 도덕의 관계

– 금융위기에 관련된 법제도의 도덕성 논의를 위한 시론

### Ronald Dworkin(1931~)

드워킨은 1995년경부터 자유주의자(Liberals)의 본령을 강조하고 2008년 세계 경제위기의 가을에 다음과 같이 선언한다. "우리는 쉽사리 나무의 구조에다 법을 놓을 수 있다. 즉, 법은 도덕성의 한 가지이고 하위 분야이다." 10장 1절 2항 세계 금융위기 이후에 법의 도덕성을 강조하는 입장. 또한 이 책 1장 6절 1항, 5장 1절 1항, 5장 2절 3항, 5장 2절 4항, 11장 1절 6항, 11장 1절 7항, 12장 3절 3항을 참조.

### Joseph Stiglitz(1943~)

스티글리츠의 증언을 요약하면 1981년부터 시작된 레이거노믹스는 드디어 1997년경에 이르러서 1. 시장자유화, 2. 사유화, 3. 불평등이나 사회응집력을 무시, 4. 기업을 경제 주체로 하고 정부는 최소한 역할을 담당한다. 5. 자본시장의 개방을 교리로 하고 정부가 아니라 기업이 경제수행의 주체로 하는 강령으로 세계화라는 옷을 입고 그때까지 비교적 성공적이었던 동아시아의 국가들을 무장해제 시켰다는 얘기가 된다(10.2.8.2 참조).

　　동유럽 러시아혁명(1989) 이후 세계질서에 가장 큰 영향을 미친 세계 금융위기(2008)는 학문의 패러다임을 교정하는 계기가 되었다. 경제현상과 성과만에 집착하던 경제학자들이 규범과 제도에 집중하게 되고, 실정법 해석에 집착해 왔던 법학자들이 법의 도덕성 문제로 수렴하였다. 이 논문은 금융위기가 제공한 '신의 실험장'에 등장한 새로운 패러다임의 가능성을 다룬다.

　　－ "세계 금융위기 이후의 경제, 규범, 도덕의 관계: 금융위기 이후의 경제, 규범, 도덕의 관계: 금융위기와 관련된 제도의 도덕성 논의를 위한 시론", 한국인문사회과학회 『현상과 인식』 2010 봄/여름호(2010.5.31)에 게재

## 자유지상주의와 신자유주의의 역사

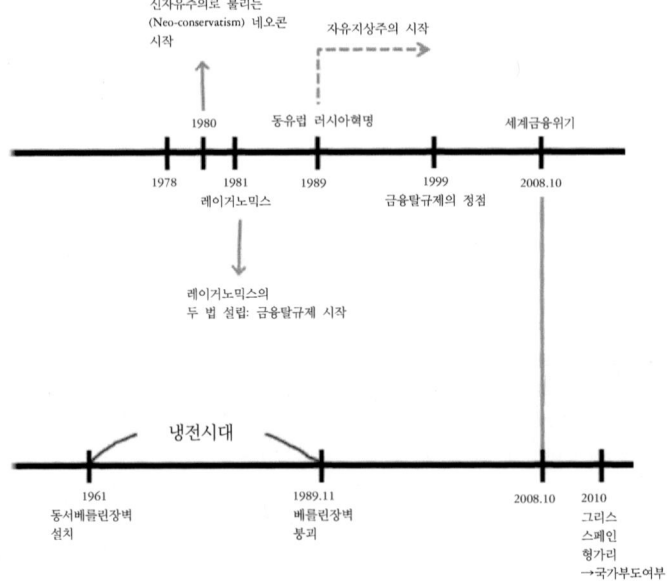

# 0. 들어가는 말

최근까지 한국의 전통법학에서 익숙한 대로의 순수 법학적 논의는 그 개념적 형태 때문에 내용이 어찌하든 외관으로는 흡사 '유리알 유희' 같은 점이 있다.[1]

> 유리알 유희라는 것은 가상의 나라, 카스틸리엔에서 일반인들과는 따로 떨어진 격리된 시전 같은 곳에서 유리알 유희에 종사하는 특수한 직업인들이 음악과 음악의 법칙에 맞춘 유리알로 놀이의 법칙을 발전시키는 수도생활을 하는 데서 나온 것이다. 이들의 작업은 정신의 왕국에 속하는 법칙을 연구한다고 생각되고 수도사와 같은 생활규칙 때문에 일반과 국가의 존중을 받으면서 보통의 시민들이 잘 이해할 수 없는 규칙과 법칙을 만들어 내고 있었다. 이 헤세의 창작은 말하자면 세속 또는 시민생활과 동떨어진 어떤 학문세계를 상징하는 것으로 해석될 수 있다. 그런데 이 가상의 나라의 유리알 유희 전문 집단 중 명인으로 꼽히는 요제프 크네이트가 드디어 반전을 시작한 것이다(김철, 2009ㄴ: 42).
> ……상황을 비유로써 분명하게 말하면 이렇습니다. 어떤 사람이 다락방에서 치밀한 학문적인 일을 하고 있을 때, 집 아래쪽에서 틀림없이 화재가 일어난 것을 알았다고 합시다. 그는 그것이 자기의 직무냐 아니냐, 목록을 정리하는 편이 낫지 않느냐, 따위는 생각지도 않고 집을 구하려고 할 것입니다. 그와 마찬가지로 저는 카스틸리엔이라는 건축의 최상층에서 유리알 유희에 종사하고 있습니다. 주로 섬세하고 민감한 악기를 가지고 일을 하고 있습니다. 그러다가 본능적으로 이상한 냄새를 느낀 것입니다. 어딘가 아래층에서 불이 타오르고 있다는 것을, 유리 건물 전체가 위협을 받고 위험에 처해 있다는 것을 알았습니다. 그러니 음악이나 유희의 법칙을 세밀하게 분석하고 있을 것이 아니라 연기가 나는 곳으로 뛰어가야 한다는 것을 알았습니다(헤르만 헤세, 2009: 303; 김철, 2009ㄴ: 42~43).

---

[1] 개념법학의 이런 성격에 대해서는 (김철, 2009ㄴ: 42~43)을 볼 것.

# 1. 서론: 최현대의 자연법론의 역할

자연법론(Natural law theory)은 오해받기 쉬운 라벨이었고 형이상학 또는 신학의 영역으로 오랫동안 밀려나서, 과학과 논리성을 특징으로 하는 1980년대의 법학자들에게는 일단 기피의 대상이 되었다(Ronald Dworkin, 1983: 165). 그러나 법의 도덕성을 추구하는 큰 흐름에서는 (Fuller, 1949, 1958, 1964) 어떤 라벨에 의해서든지 그 내용은 거듭 논의되어왔다(Dworkin: 1964~1965).

## 1.1. 1945년 이후의 세계질서 형성과 1989년 동유럽 러시아혁명에서의 자연법의 형성과 해체의 역할

법의 효력에 대한 시대를 꿰뚫고 흐르는 큰 조류는 자연법론과 법 실증주의이다(Sigmund, 1971; 황산덕, 1972; Finnis, 1980). 법이 정당 하기 때문에 효력이 있다는 자연법론은 인류의 역사에서 대변동기에 늘 다시 나타나서, 법이 주권자의 명령이기 때문에 어쩔 수 없었다는 법실증주의의 시대를 교정하여 다른 시대[2]로 인도하여 왔다(김철, 2007ㄱ: 39~43).

2차 대전 이후 문명국가의 기본법제도는 '인간의 존엄과 가치'를 기 본가치로 하는 데서 출발했는데, 이것은 자연법론의 내용이 반영된 것 이다(김철수, 2009). 왜냐하면 이전의 전체주의 국가는 국가목적을 목 표로 하는 논리적 법실증주의의 성격을 강하게 나타낸 것이다. 2차 대 전 이후 동·서 냉전의 대결도 공산주의 국가의 기본법제도가 '논리

---

2) 제2차 세계대전 이후의 자유주의(1945~)를 연 것은 신자연법론이다. 근세절대주의시대를 끝내고 시 민국가시대를 연 것은 근대자연법론이다. 약 천 년에 걸친 서양 중세시대는 중세자연법론시대이다. Pax Romana 시대의 제정법의 지도이념은 고대 로마의 자연법이다(최태영, 1977; 황산덕, 1965; Berman, 1983 & 2005).

적 목표를 향한 법실증주의'(John Wu, 1955: 13; 김철, 1989: 46)라고 파악되고, 사회주의 법 그룹이 붕괴되고 중부 동부 유럽의 모든 사회주의국가와 러시아의 구체제가 해체되었다는 점에서 자연법론을 지도이념으로 하는 자유주의가 그 영역을 확대하였다고 할 수 있다(김철, 1992ㄷ, 2007ㄱ).

이와 같이 개별국가의 법제도를 넘어선 거시역사는 자연법론은 **그것을 부인하는 질서를 시간에 따라서 부인하는 것이 역사의 순환으로 관찰된다.** 그러나 인간 역사는 큰 시대의 구분이나 몇 개의 큰 혁명으로 거시적으로 파악되지만(Berman, 1983), 여기에서는 2차 대전 종결 이후라는 보다 가까운 시점부터 출발한다.

신자연법론과 전후 자유주의에 의해서 자아가 깨어난 현대인은 그의 주어진 생애의 기간에 집착하게 되고, 그가 영위하는 삶의 현장, 즉 그의 나라와 그의 민족에서 출발하게 된다. '각자에게 그의 것(Suum quique – Ulpianus)'을 추구해 나가는 각자의 삶의 현장은 자연적 정의(natural justice)가 넘치는 땅이라기보다 각자와 관계없이, 각자의 터를 주도하거나 지배하고 있는 힘과 집단주의(김철, 2007ㄱ)에 의해서 질서가 주어진다. 최현대의 산업 사회를 사는 평범한 현대인에게, 고대 그리스의 신화적 영웅주의(김철, 2007ㄱ: 254~259)를 기대하기 힘들고 그들에게 평화를 가져오는 것은 늘 어느 정도의 순응주의(김철, 2009ㄱ: 47: 2007ㄱ)가 존재하는 법질서에 대한 복종과 순응을 동반하게 된다. 법실증주의가 늘 실용주의라는 현실적 요구를 하고 있게 된다.

일단 2차 대전 전후 자유주의 법제도를 처음에는 서방국가에 영향권에서 주류로 만들고, 긴 냉전시대 이후 1989년의 동유럽 · 러시아혁명 이후에는 구 사회주의 법제도를 광범위한 영역에서 몰락시킨 최현대의 자연법론은 더 이상 역사적 역할을 중지한 것으로 보였다.[3]

---

3) 여기에는 자연법의 세례로 자유주의 법제도를 일찍 획득한 나라들(1949.5. 서부 도이치, 1948.5. 전

## 1.2. 2008년 세계 금융위기 이후에 법의 도덕성을 강조하는 입장

1989년의 동유럽·러시아혁명 이후 최근 지구촌에서의 가장 큰 문제는 2008년 9월 분화구가 폭발한 금융위기와 그 여진이라고 보인다. 1929년 10월 이후의 79년 만의 문명국가의 대재난을 지식기반의 전문가들이 어떻게 접근하느냐(김철, 2009ㄹ: 118~119)는 다양한 학문의 입장이 있다.[4]

금융위기의 문제를 위기가 일어난 당해 연도인 2008년 노벨 경제학 수상자인 크루그먼(Krugman, 2007, 2009)은 아노미적 경제현상과 양극화된 정치현상의 근본을 1980년대에 시작된 탈규제 시대에서 찾고 있고, 신보수주의나 레이거노믹스를 궁극적으로는 법제도의 문제로 파악하고 있다(김철, 2009ㄱ, 2009ㄴ, 2009ㄷ).[5] 2010년 전미 경제학회(AEA)에서 새로운 경제학의 시대를 요구한 규제의 경제학자 스티글리츠(Stiglitz, 2002, 2003)의 논의[6] 역시 규제에 초점이 주어지면 규제법의 문제 또는 탈규제·규제완화의 논의가 중점이 되어서(김철, 2009ㄹ) 결과적으로 크루크먼과 같이 법제도와 그것의 규제역할에 빛을 비추게 된다.[7]

---

후 일본, 1948.7. 신생 대한민국)이 법학자들을 동원하여 큰 테두리 안에서 더 상세한 실정법제도를 만들고, 이후의 과제는 법해석론에 열중하게 되었기 때문이다. 2차 대전 이후 자유주의에 기초한 법제도를 만들기 시작한 도이치, 일본, 한국의 법학자들의 공통 특징은 서양의 특정 시대에 성립된 직업인으로서의 법학자들의 특징을 공유한다. 즉, 신학은 어느 시대에나 '신의 뜻'에 중점이 있어서 자연법(Lex Natualis)(김철, 2008ㄷ, 2007ㄱ)을 1차적으로 보는 데 비해서, 직업인으로서의 법학자는 정도 차이는 있으나 **'존재하고 있는 실정법'**이 그들 직업의 1차적 소재가 된다.

4) 종합적이며 학제적 접근은 (김철, 2009ㄱ)을 볼 것. 법학에서 출발하기 전에, 신용 및 금융위기는 재무 또는 금융이 종전의 분야 구분으로는 거시경제학과 재무경제학이 겹치는 부분이다. 포즈너의 지적대로, 이 분야의 전문가는 주로 경제학과보다 경영대학원 또는 경영학과에서 일했다고 한다(김철, 2009ㄹ: 116~117).

5) 여기에 대해서는 김철(2009ㄷ)을 참조할 것.

6) 그는 2010년 전미경제학 대회에서 개막연설을 하면서 새로운 주류로 공인되었다. "우리는 경제학 교과서를 처음부터 다시 써야 할 시점에 섰다."(매일경제, 2010.1.4)

7) 세계 학계의 이런 통설에도 불구하고, 국내 경영학자인 조동성 교수는 변협 포럼에서(변협신문 2010.2.15. 7면) "2008년 미국발 금융위기의 진짜 원인은 ① 불법과 비윤리적 관행을 들고 기타 4개 항목을 열거한다. 그가 불법(不法)이라 했을 때 '법을 어겼다. 법에 의거하지 않았다. 법이 있음에

다시 세계학계에서의 주된 판단은 2008년 9월 위기 때부터 그때까지의 비주류로 간주되어 왔던 스티글리츠와 역사학자로 영국 태생인 퍼거슨(Ferguson, 2008)이 선도하였다(김철, 2009ㄱ). 이후 법학자인 포즈너(Posner, 2009)가 판단에 늦게 가세하였다. 이 논문에서는 이미 1995년경부터 사회적 행동에서의 규범의 위치를 강조한 선스타인(C. Sunstein)과 1995년경부터 자유주의자의 역할과 본령을 강조하고 2008년에 마침내 법을 도덕의 한 가지로 선언한 드워킨(R. Dworkin)을 논문 저자의 주제를 위해서 강조한다. "우리는 쉽사리 나무의 구조에다 법을 놓을 수 있다. 즉 법은 도덕성의 한 가지이고 하위 분야이다."(Dworkin, 2008)

## 2. 본론

### 2.1. 금융경제에 도덕성의 자리가 있는가(Gumbell, 2009)[8]

금융경제의 세계에 도덕의 자리가 있는가? 이 장의 목적은 2008년 9월 28일 이후 1년 3개월 경과 후 그동안 세계 경제를 뒤흔들었던 금융위기의 경위를 따지면서, 그동안 공식적으로는 천명되지 않았던 도덕성의 문제가 어느 틈새에 있는가를 살펴보려는 데 있다.

---

도 불구하고 법을 지키지 않았다'라는 통상의 의미로 얘기했다면 ― 그럴 확률이 높은 것은 그의 강연 중 '······미국정부와 의회, ······투자은행과 CEO, ······시민 모두가 범인이라고 할 수 있을 것입니다' 라는 구절이 있다 ―, 이것은 엄격한 언어로서 볼 때, 큰 착각을 하고 있으며, 그 큰 착각을 대한변호사협회 포럼이라는 한국의 대표적 법조인에게 불어넣고 있다고 볼 수 있다"라고 하였다.

8) 이 논의는 2009년 가을 인문사회과학회 세미나 「도덕으로의 전환」에서 발표된 것이다. 그러나 논문 저자는 이와 같은 물음을 이미 "최현대의 경제공법사상(2)"에서 법규범 이전에 평균인의 생활감정을 중심으로 할 때 우선 도덕성을 따져 보는 법의식과 태도 가치의 예를 듦으로써 도덕논의의 물고를 열었다고 할 수 있다(김철, 2009ㄹ: 127~129).

**2.1.1.** 일단 세계경제는 회복의 기미를 보이고 있다(Time, 2009). 주식시장은 오르고 있고, 금융가의 은행들은 다시 큰 액수의 보너스를 스스로에게 지급하고 있다. 그러나 월가와 세계의 금융기구들을 황폐케 하고 태워 버렸던 금융경색의 1년 후 이 화재 진화에 나왔던 소방수들 — 중앙은행, 시장규제자, 정부정책 입안자들은 아직도 전전긍긍하고 있다. "어떻게 이런 화재가 다시 재발하는 것을 막을 수 있을 것인가?"(Gumbell, 2009).

## 2.2. 금융자본주의의 위기(김철, 2009ㄴ: 38~39)

2008~2009년의 경과를 금융자본주의의 위기로 파악하고 사회주의법 가족이 와해한 이후 지구촌을 제패한 자유자본주의의 예측하지 못한 부작용의 징조가 시대적 맥락에서 생기기 시작한다는 것이 차츰 밝혀졌었다. 아메리카에 있어서 1978년 이후 약 30년을 탈규제와 자유방임의 시대로 특징지을 수 있는데(Krugman, 2007; 김철, 2009ㄱ), 2008년 9월 28일 비로소 30년에 걸친 자유지상주의(김철, 2009ㄱ: 191~210)와 탈규제(같은 사람, 2009ㄴ: 249)가 동반한 아노미[9]가 월가에서 폭발하면서 한 시대가 끝나 간다는 것을 알게 되었다. 위기에 대응하는 교훈을 찾기 위해서, 지식인들은 이제 수학적 모델이나 테크니컬한 미시분석에서 벗어나서 역사 자체의 맥락을 갖게 되었다.

---

9) 1998년 외환경제위기 때까지의 한국의 사회적·경제적 아노미에 대해서는 이 논문(김철, "한국에 있어서의 자유주의와 자유지상주의에 대한 반성", 「사회이론」, 2006년 가을호)을 볼 것. 또한 1870년, 1882년, 1929년의 서유럽과 아메리카의 경제위기와 아노미의 관계에 대해서는 김철(2009ㄱ)의 "경제위기와 아노미의 법학 — 사회적, 문화적 아노미가 어떻게 경제적 아노미와 연결될 수 있는가"를 볼 것.

### 2.2.1. 역사적 접근의 귀환(김철, 2009ㄱ: 46)

사태의 진원지인 월가부터 시작하여 시민과 전문가 정책 수립자로 하여금 불가피하게 이와 같은 파국을 가져온 인과관계를 찾아서 곰곰이 따지는 자세로 만들었다. 그 결과로 호황 시에는 생각지도 않았던 방식으로 돌아가게 되었다. 즉, 환자의 현재 증상은 과거의 병력(病, history of disease)의 기록에서 출발할 수밖에 없다(김철, 2007ㄴ: iii). "많은 논쟁과 오해가 있어서 현대의 법 이론가들에 의해서, 거의 포기되다시피 했으나, 기묘하게도 사례법을 형성시키는 법원 자체에 의해서는 포기되지 아니하였다. 법학사에서는 에드먼드 버크(E. Burke)의 영향을 받은 프리드리히 폰 사비니에 의해서 1814년에 시작되고 제롬 홀에 이어서 버만에 의해서 현대의 비교역사학파가 재생하게 된 것이다."(김철, 2009ㄱ: 105; Kim, 1993)

### 2.2.2. 숨은 문제가 드러남(김철, 2009ㄱ: 46)

파국의 세계적 전개는 일차적으로는 신용 - 금융 - 재정 부문이었으나 이윽고 사회 및 정치 부문 그리고 이른바 지식 기반의 전문 직업 집단에게까지 전례 없는 그러나 대공황 이후 약 80년 동안 유보되어 왔던 문제가 드러나게 했다(New York Times, 2008년 10월 24일자).

### 2.2.3. 순응주의의 문제(김철, 2009ㄱ: 47; 2009ㄴ: 254~255)
　　　 -법실증주의로 충분했던가?

지금까지 따져 보지 않은 문제는 무엇인가? "과연 그때의 방식이 그 때는 지지를 받았으나, 그래서 덮어놓고 여러 사람이 가는 길로 뛰어 왔으나,[10] 과연 그때조차도 적절했던가 또는 옳았던가?"[11]라는 반성

---

10) 사회문화에 있어서의 군집행동, 즉 쏠림(herd behavior)에 대해서는 김철(2009ㄴ)을 볼 것.

이다. 이렇게 생각하게 된 직접적 원인은 우선 사회과학 중에서 가장 과학적으로 발달하고, 현실적용성이 높으며 따라서 전반적 경제 상황에 대해서 예언적 역할을 할 수 있다고 믿었고 그것보다 더욱 그때까지 통용되던 경제질서를 정당화시키는 데 결정적인 역할을 했던 이른바 주류경제학과 동반하는 주류사회과학 및 법학에 대한 사후적 실망과 한탄 때문이었다. 역사를 소급해서 볼 때 1930년대에 아메리카 기준의 주류경제학자들과 통상적인 법학자들이 세계 대공황에 대해서 예측하거나 처방을 만들거나 유효한 정책을 내놓을 수 있었던가? 아니었다. 한국의 경우를 보자. 1997년과 1998년에 일본에 비해서 단순 비교 2배, 인구 비례 6배의 경제학자를 가지고 있는 한국의 정부와 학계는 외환위기를 예측하지 못했다. 1999년 이후 세계적으로 10년의 호황이 왔다. 굉장한 호황이었다. 지금은 위기 발생의 원인제공자의 한 사람으로 격하되고 있는 그린스펀은 과다한 통화 공급으로 2006년에서 2007년까지만 하더라도 세계적인 추앙을 받고 있었다. 또한 2007년 영국의 고든 브라운 수상은 "우리에게 다시는 불황은 없다. 자본주의의 자연적 주기로서의 장기 순환곡선조차도 더 이상 해당되지 않는다"라고 큰소리를 쳤다(김철, 2010ㄷ). 이 낙관론은 2003년 전미경제학회에서 2002년도 회장이던 루카스(Robert Lucas: 1995 노벨경제학상 수상)가 해당 연설에서 "이제 불황과 공황의 경제학(Economics of Depression)의 시대는 끝났다. 우리는 성장의 경제학(Economics of Growth)으로 옮아가야 할 때이다"[12](Lucas, 2003: 1~14)라고 할 때 대표적으로 나타났다(Posner, 2009: 286~287, 327). 이 권위 있는 낙관

---

11) 순응주의 · 비순응주의 문제에 대해서는 김철(2007ㄷ)을 볼 것.

12) "거시경제학은 대공황에 대한 지적인 응수로서 1940년대에 뚜렷한 분야로서 태어났다. 거시경제학은 경제적 재난의 재발을 방지할 지식과 학문의 체계를 가르치고 있었다. 이 강연에서의 나의 주제는 원래의 의미에 있어서의 거시경제학은 성공하였다. 즉, 공황과 침체의 예방이라는 중심적 문제는 모든 실제적인 목적에서 해결되었으며 앞으로 수 세기를 통해서 사실상 해결된 것이 될 것이다."(Lucas, 2003: 1~14) 금융위기 이후 루카스는 이런 연설을 못할 것이다(Posner, 2009: 286~287, 327).

론에 따라서 대부분의 경제학자들은 말하자면 가격 중심, 시장 중심의 미시분석에 열중하고 이미 경제사 분야에서 수십 년을 단위로 축적되고 있었던 장기적, 역사적 지표는 거들떠보지 않았다.[13] 대부분의 중요한 법학자들도 호황 중에 비슷한 양상을 보였다.[14] 단지, 파산법 분야에서 워렌(Warren, 2003)은 아메리카 중산층의 상황이 1970년대와 같은 안정감이 없으며, 전통적으로 사회에 안정감을 주어 왔던 중산층이 붕괴하고 있다고 보고하였다. 2008년 10월 24일 월가 진원인 금융위기는 처음에는 1929년 9월 이후 최대의 것이었고 주류경제학자들이 예상하거나 준비하지 못했다는 점에 있어서도 마찬가지였다. 그러나 많은 사람들은 무의식중에 벌써 수년 전부터 무엇인가 불길한 것이 닥쳐오고 있다는 것을 알고 있었다(김철, 2009ㄴ: 255).

## 2.3. 시대정신과 법학 그리고 경제학(김철, 2009ㄴ: 242~243)

### 2.3.1. 법학과 경제학의 기술성과 전문성

2008년 가을, 경제위기가 가시적이 되기 전까지는 대부분의 경제학자들은 경제학의 기술성, 높은 정도의 수량 분석, 고도의 테크닉을 동반하는 전문성에 몰입하여서 경제학이 다른 학문과 마찬가지로 어떤 시대의 시대정신 안에서 움직인다는 것을 받아들일 수 없었다. 이 점

---

13) 크루그먼(Krugman: 2009)은 이 항목 '폴 크루그먼의 증언'(김철, 2009ㄱ: 45~48)에서처럼 사회사, 정치사(McCarry 들), 경제사(Goldin/Margo/DeLong)와 같이 학제적인 역사적 연구를 종합해서 세계 경제위기를 예측하고 적중했다고 보인다. 이러한 맥락에서 폴 크루그먼은 거시적 연구의 시대적 긴요성을 증명했다고 할 수 있다. 경제학에 있어서의 거시적 연구의 실험자인 크루그먼은 우리에게 20세기와 21세기에 걸친 법학에 있어서의 거시적 연구의 종합자인 버만(Berman: 1996)을 교차 상기하게 한다. 실로 필자가 버만의 역사적 통합 법학을 연구하다가 크루그먼을 알게 된 것은 지적 호기심의 문제라기보다 20세기 말과 21세기 초의 위기의식 속에서 문제 해결을 위한 법학과 사회과학의 전형을 찾는 데 동기가 있다고 할 수 있다.
14) 이른바 당시에 주류로 행세하던 거시경제학자들이 거의 그러했다. 예외는 마틴 펠트스타인(Martin Feltstein)이었다고 포즈너가 증언하나, 실지로 이후의 사태에서 큰 역할을 한 것은 Nuriel Roubini, Paul Krugman, Joseph Stiglitz와 같이 당시 상황에서는 환영받지 못한 사람들이었다(Posner, 2009: 327).

은 법학도 거의 마찬가지다. 현대의 법학은 법학 내부에서의 계속적인 분화와 전문화, 독립화를 지향했기 때문에 역시 높은 정도의 일반인들이 알 수 없는 전문성과 기술성을 구가하기에 이르고 따라서 한 시대의 법학이 어떤 시대정신을 나타내고 있다는 생각은 좀처럼 할 수 없었다.

그러자 2008년 가을이 왔다. 넓은 의미의 경영경제학에서 그때까지 성과를 누린 가장 전문화된 분야는 경영경제학에서 주로 월가의 재정과 증권, 유가증권을 대상으로 하다가 당시 최첨단으로 여겨지던 파생상품에 대한 기상천외한 현학적인 수학적 모델을 발전시킨 금융공학이었다. 이들은 주로 고도로 추상화된 수학적 모델을 수단으로 그때까지의 상식으로는 이해하기 힘든 새로운 상품의 가능성의 전도사였다. 법 분야에서도 월가의 유가증권과 금융파생 상품을 뒷받침하는 법률가들이 가장 앞선 선구자들로서 여겨지고 있었다.[15] 그러자 파국이 왔다.

### 2.3.2. 고전경제학과 신보수주의 시대의 특징

고전경제학과 가격이론의 시대에 대부분의 경제학자들은 장기적인 경기변동을 다루는 거시경제학이나 경제사학에 대해서는 진지하게 고려하지 않았다. 왜냐하면 대부분 어떤 선진국가도 임기 4~5년의 정부

---

15) 아담 스미스의 근대 경제학이 산업혁명 후에 성립한 이후 인간의 지적 노력과 지적 노력에 의한 사회의 합리화 노력은 더 나은 사회를 위한 인류 전체의 원동력으로 간주되어 왔다. 산업화의 원동력이 되어 왔던 지식 기반의 전문인의 노력은 인류발전을 위한 보편적 가치로서 존중되어 오고 그 가치를 키우는 연구와 교육이 계몽주의 이후의 모든 문명사회를 개화시킨다고 믿어 왔다. 학문에 대한 존중은 이런 역사적 맥락에서 지구촌의 공통적 관심이 되었다. 그러나 2008년 경제위기 이후 인류의 역사상 거의 처음으로 지식을 기반으로 하는 전문가의 어떤 성과가 어떤 사회적 맥락에서는 파괴적인 역할을 한다는 것이 감지되었다. 물론 이 경우에도 이들 전문가에게 최초와 최종의 책임을 물을 수 있겠는가는 맥락을 더 참조하여야 한다. 흔히 평화 시에 평균인들은 인간의 모든 지적인 노력에 대해서 긍정적인 평가를 한다. 그러나 정당하지 않은 전쟁 때에는 전쟁 범죄국에서 만드는 실상무기제조에 관계된 전문가에 대해서는 달리 느끼지 않을 수 없다. 1999년에서 2008년까지 문명세계는 약간의 국지전을 제외하고는 지구적 차원에서 평화로웠다. 그러나 경제위기 이후의 반성으로서는, 평화기와 호황기에 문명사회에서 가장 번영했던 사람들이 그들 영향권의 전문인을 시켜서 전쟁 시의 '대량살상 무기(George Soros)'에 해당하는 금융상품을 제조하게 하였다(김철, 2010ㄴ).

의 경제정책과 그 행정 수반의 성취와 관련해서 시장의 성취를 논하기 때문에 그 범위를 넘는 장기적인 변동에 대해서는 별 큰 동기부여가 없었다. 그러나 2008년 가을에는 이윽고 그때까지의 경제정책의 주도적인 입장에 있던 사람들조차도 속수무책이 되고 말았다. 이것은 마치 79년 전의 상황과 비슷한 점이 있었다. "대폭락, 대침체 그래서 1929년에 시작된 대공황에 대해서는 재계나 노동계 그리고 학계의 거물들 중 누구도 예상이나 준비가 없었다."(김철, 2009ㄱ: 67)

## 2.4. 케인즈주의자－크루그먼과 스티글리츠의 역할

1929년 10월 24일의 세계 대공황이 79년 만에 엄습하지 않느냐의 위기의식은 경제적 자유주의 대 전체주의의 이분법을 가져온 1933년대의 기억을 새롭게 했고, 이번에는 소방수들 ― 정부정책가, 규제정책가, 중앙은행, 국제공조가 두드러졌다. 세계경제학계에서는 레이거노믹스(1981~2008)시대에 비주류로 분류되었던 케인즈주의자 ― 그중에서도 호황과 번영의 와중에서 경종의 소리를 내었던 폴 크루그먼과 스티글리츠와 같은 이단아들이 선지자로 각광을 받게 되었다. 이 두 사람을 주목하는 것은 경제학자이나 두 사람 모두 법제도와 규제를 최우선의 중점으로 간주하기 때문에, 노벨경제학상 수상자이지만 노벨법학상이 있다면 최초의 수상자 후보이다. 법학의 영역에서는 규제가 30년 만에 키워드로 등장하게 되었다. 실로 1980~1982년부터 시작된 탈규제 경향 이후 첫 번째 반전이라고 할 수 있다(김철, 2010ㄱ: 166).

## 2.5. 법철학자 드워킨의 "법은 도덕에서 뻗은 나뭇가지이다"

　법철학자 로날드 드워킨은 2008년 10월 방한 때 첫 번째 전문가 세미나에서, 법제도의 윤리성의 회복(Dworkin, 2008: 12~14)과 법개념의 출발을 도덕과의 관계에서 다시 설정하였다(김철, 2009ㄱ: 48).[16] 이것을 성급하게 '자연법론으로의 회귀'라고 부를 수 있을 것인가는 논의의 여지가 있으나, 최소한 명백한 것은 드워킨은 두 세미나에서 (Dworkin, 2008) "Law and Morals"에서 2.5페이지, "Law as Morality"에서 3페이지, "Is Morality Closed"에서 무려 6페이지에서 Moral과 Morality 논의에 대해 쓰고 있다. 또한 "Two Ethnical Principles"에서는 2페이지이다. 두 개의 세미나 페이퍼의 총 쪽수는 32쪽이었다.

　법과 경제현상으로 돌아가 보자. 금융위기를 촉발시킨 아노미가 언제부터 배태되고 진행되었는가? 2008년 9월에서 소급하면 가깝게는 1999년에서의 본격적인 탈규제와 자유지상주의를 대변하는 입법사항이 표적이 된다. 더 소급하면 1980~1982년의 탈규제의 두 가지 법 - 레이거노믹스와 신보수주의를 대변하는 두 가지 법이 발견된다. 규제완화를 내세웠으나 그 효과는 예금보험기구의 지불불능으로 끝난 1986~1995년의 저축대출은행(S&L)위기였다.

　아메리카에 있어서 금융 탈규제와 관련된 수많은 입법 관련 사항을 오로지 자연법론과 법실증주의의 상호관계로 설명하는 것은 무리가 따를 것이나 자연법론의 라벨을 떼고, 자연법론의 오랜 내용인 법의 도덕성과 경제와의 관계를 보자. 약 10년 뒤에 월가에서 폭발한 금융위기를 촉발시킨 것은 1999년의 금융현대화법(Gramm - Leach - Bliley Act로 통칭된다)이라는 것은 통설이 되었다(George/Dymally/Boss, 2009: 7). 또

---

16) 이 자료는 (Ronald Dworkin, The Unity of Value, 2008 제10회 석학 연속강좌 세미나 자료집)을 볼 것.

한 2008년 금융위기의 전주곡이었던 1986~1995의 S&L 위기의 뿌리가 된 1982년의 가안-쌩 제르맹 법이라고 알려졌다(앞의 사람들). 레이거노믹스시대를 대표하는 이 금융 탈규제법들에 대해서 현대의 법철학은 어떤 방식으로 평가해 왔던가? 정교한 기술법과 법실증주의에 그토록 매달렸기 때문에, 대부분의 법학자들은 위기가 폭발하고 피해가 세계화될 때까지 다른 반론의 입지를 잃었던 것이 아니었던가 하고 뒤늦게 반성할 수 있다. 드워킨이 금융위기의 가을, 법은 도덕의 한 가지(Law is a branch morality)라고 한 것은 마침내 신보수주의 30년 이후에 자연법론이 금융자본주의 세계에 도래한 것처럼 보인다.

또한 그는 두 번째 전문가 세미나에서 "법과 자유주의"라는 논문을 발표했다. 이에 훨씬 앞서 1995년 논문 "Why we all are liberals"을 뉴욕법학대학원에서 발표하였다. 논문 저자는 2008년 11월 17일 드워킨의 두 개의 세미나에서 직접 단도직입적으로 그 당시 세계 경제위기의 벼랑 앞에서 힘을 얻고 있었던 폴 크루그먼의 '자유주의'와 드워킨 자신의 '자유주의'가 무엇이 다르며 무엇이 같은가를 질문하였다. 그 대답은 경제적 자유주의를 지칭하는 폴 크루그먼의 입장과 자신의 '자유주의'가 일치하며 경제사와 헌법사에서 나타난 이러한 입장의 대법관들에 대해서도 같은 입장을 명백히 표명하였다(김철, 2009ㄴ: 231). 이 논문의 뒤편에서 후술하겠으나, 드워킨이 확인한 폴 크루그먼=Liberal =드워킨의 등식은 한국에 있어서 그때까지 진행되고 있던 지식사회의 이분법-즉 보수 아니면 진보라는-을 근본적으로 재성찰하는 계기가 되었다.

## 2.6. 근대 법학과 경제학의 아버지[17]로서 아담 스미스의 도덕 철학과 법철학에서의 동정과 이타심

지금까지 경제학에서 경제윤리의 연구[18]가 있었으나, 이 문제의 원형은 1764년 이후에 글라스고우에서 도덕 철학의 강좌를 가진 아담 스미스에서 발견된다(김철, 2009ㄱ: 242). 아담 스미스의 도덕 철학의 내용은 다른 사람에 대한 고려 또는 타인에 대한 의무감과 지각력과의 관계이다(김철, 2007ㄱ: 256). 한 사람이 다른 사람의 생각과 느낌을 이해하는 능력을 지각력이라 하고 상상력을 구사해서 다른 사람에게 무엇이 일어나는지 고려할 수 있을 때 이러한 지각력을 갖추고 있다고 본다. 이런 맥락에서 볼 때 놀라운 사실은 타인에 대한 동정과 이타심은 흔히 생각하듯 오로지 심정적이거나 직관적이 아니다. 오히려 타인의 상태를 이해하는 능력에서 출발한다. 포즈너는 이를 동정이나 이타심의 요소는 심정적이라기보다는 지각적인 능력이라고 한다(Posner, 1983: 123~135). 동정이나 이타심의 문제[19]는 극심한 변화기에 있어서 객관적인 제도의 문제보다 객관적인 제도 안에 있는 구체적 인간의 미덕 문제이다. 이것은 일종의 능력이라고 한다. 로크의 자연상태와 홉스의 자연상태를 구분 짓는 '시민의 덕'에 대한 묘사는 그 자체가

---

17) 아담 스미스는 1764년 이후에 글라스고우에서 도덕철학 강좌를 가졌다. 그 내용에 대해서는 『국부론』에 나타난 많은 생각들은 이들 강의에 포함되어 있었고, 법과 정부의 이론과 역사는 중요한 부분이었다. 구체적인 내용은 당시 학생들이 강좌내용을 필기한 강의 노트의 편집에 의해서 전해진다. 이 문헌은 1896년 옥스퍼드에서 출판된 『정의와 경찰 세출, 그리고 무기』의 제목으로 나타났으나, 1977년의 옥스퍼드 출판의 아담 스미스 강좌를 모은 책 제목은 (Lectures on Jurisprudence)으로 번역한다면 법리학 강좌 또는 법철학 강좌가 된다(김철, 1989: 517).
18) 특히 스미스의 도덕철학 또는 윤리철학으로의 회귀가 행해졌다. 한국에서의 이 문제에 대한 논문은 윤원근/박영신(1999)을 볼 것.
19) 동정과 이타심의 종교에서의 위치는 성서의 가르침에서 극적으로 드러난다. 유대인 율법학자가 예수를 시험하기 위해서 물었을 때, 예수의 대답 중 "하나님에 대한 사랑과 함께 너의 이웃을 네 몸같이 사랑하라. 이것이 모든 계명 중에 가장 크도다"에서 나타난다(마태복음, 37장 39절). 중세 때 서양 기독교문명에서 신의 법(Lex Divina)은 인간의 법(Lex Humana) 위에 있고, 인간은 자연법을 통해서 신의 법을 알 수 있거나, 신의 법은 성서와 복음서에 계시된 것이라 한다. 자연법 역시 신의 의지를 반영하고 있으나 동시에 인간의 이성과 양심에서도 발견된다(Berman, 1983: 145).

유형화된 것으로 볼 수 있다(김철, 2007ㄱ: 255).

**2.6.1.** 최현대의 여류 법철학자 마사 누스바움은 '공감(compassion)'을 그의 논의의 키워드로 삼았다(Nussbaum, 2008: 3~34). 그의 공감은 어디에서 나왔는가? 1764년 자본주의의 여명기에 아담 스미스 시대의 도덕 철학의 출발은 다른 사람에 대한 고려 또는 타인에 대한 의무감과 지각력과의 관계이다. 동정이나 이타심의 문제이다. 최소국가의 시대에 포즈너[20]는 일리아드와 오디세이 세계의 영웅들의 개인적 미덕을 탐구하면서 동정이나 이타심과 같은 심정적 요소를 부각시킨다(Posner, 1983: 122).

## 2.7. 법철학자 카스 선스타인의 규범적 행동의 영향에 대한 발견 (김철, 2009ㄹ)

다시 선스타인 유의 일상적 미시 일상생활분석의 사실로 돌아가기로 하자. 선스타인은 "사람들의 행동에는 그 개인의 성향, 취향 또는 단순히 좋아하고 '선호함'이 영향을 미친다고 개인인격의 결정이론으로 설명하여 왔으나"(김철, 2009ㄱ: 204~207; 2009ㄴ: 222~223) 실험심리학(Cialdini 들, 1978: 463)의 증거로는 행동을 결정하는 개인인격 ― 자유주의의 최초의 출발 동인이 되는― 의 성향, 취향 또는 좋아함과 선호함은 고정되어 있지 않다(Sunstein, 1995: 1~3). 실험심리학은 사람들의 확정된 취향에 대한 고정관념을 깨어 왔다(김철, 2009

---

20) 그의 논문(Posner, 1983)은 역사적, 문헌적 연구라고 단순히 볼 수 있다. "그는 우연히도 세계경제의 신자유주의 시대에 나타나서 활약한 법학자이면서 고전문학 지식과 탁월한 경제적 지식의 활용자였다. 이제 1981년 이후 약 30년간의 레이거노믹스 시대를 지난, 세계 경제위기의 모멘텀에서 볼 때, 포즈너의 평가는 엇갈릴 수 있다. 우선 그가 경제학의 목표를 부의 극대화로 표현한 점에서 찬반이 엇갈릴 수 있다. 2009년 현재 세계 경제위기의 절벽에서 급박한 문제해결의 전도사로 불리는 새로운 경제학자들과는 거리가 있다. 포즈너에 대해서는 이 책(김철, 2009ㄱ: 취지, 5장, 6장)에서 집중적으로 다루고 있다(김철, 2009ㄹ).

ㄱ: 205). 또한 "과연 사람들이 흔히 우리가 들은 대로 그의 선택에 의하여, 그가 원하는 대로, 그의 이익대로 합리적으로 자유롭게 행동하는 것일까?"라고 물을 수 있다. 이 물음은 다시 '죄수의 게임'이나 경제학자들이 만든 게임에 관한 실험(김철, 2009.12: 124)으로 시험하게 된다(Sunstein, 1995: 1~3). 사람들은 경제학적 게임에서 경제적 합리성으로 행동하지 않는다. 자신의 이익과 또한 상대방에게 '최적 이익이 되도록' 행동할 것 같고 경제원칙에 따라 행동할 것 같으나 실제로는 그렇지 않게 행동했다는 것이다.[21]

**2.7.1.** 선스타인의 '주차장 전단지'에 대한 사회심리학적 실험의 결과는 뜻밖에도 사람들의 실지 행동에는 (예상 밖에) 사소한 모범적 행동 – 이를 규범[22]적 행동이라고 본다. 통제된 실험상황에서 영향을 미쳐서 파급효과가 있었다(Sunstein, 1995; 김철, 2009ㄹ: 125).

**2.7.2.** 선스타인의 함의는 미세한 도덕적 행동, 즉 규범이 사회적 행동에 영향을 미친다는 것으로, 널리 반성할 때 그때까지 신자유주의 시대의 총아였던 자유방임 내지 자유지상주의를 대변하던 경제학자들과는 차이가 있는 것이다(김철, 2009ㄹ: 125).

---

21) 이런 연구 영역을 '행동경제학'이라고 한다. 여기에 대한 짧은 언급 (김대인, 2009: 72) 참조(김철, 2009ㄹ: 124).

22) 선스타인(Sunstein, 1995: 7)은 규범을 가장 넓은 의미로 이해한다. 즉, 쓰레기 치우기, 데이트하기, 담배피기, 노래 부르기, 언제 일어서느냐, 언제 앉느냐, 언제 분노를 표시하느냐, 언제 어떻게 그리고 누구에게 정감을 표시하느냐, 언제 얘기하며 언제 들으며, 개인사는 언제 얘기하며, 언제 위축되느냐, 이 모든 일상사에 있어서 규범이 존재한다고 한다. 모든 일에 대해서 규범이 있으며 그러나 이 규범들이 법으로 문자화되는 것은 가끔씩이라고 본다(김철, 2009ㄹ: 125).

## 2.8. 신고전학파 또는 신보수주의 또는 신자유주의[23]의 허점

신자유주의시대를 풍미한 경제학자들을 이론모델이나 특히 정밀하고 기술적인 부분에서는 경탄할 만한 정확성이 있었다고 본다. 그러나 이들과 함께 법의 경제분석을 발전시킨 포즈너의 이론을 함께 비판한다면[24] 의외로 단순한 경제학의 전제에서 문제점을 발견할 수 있다. 이미 선스타인이 사회심리학으로 증명한바 사람들은 경제학적 게임에서 합리적으로 행동하지 않는다는 것이다.

### 2.8.1. 자유주의의 또 다른 변종 – 자유지상주의의 경험적 극한 – 로렌스 레식의 동유럽 러시아의 혁명 이후에 대한 증언

우리가 목격한 상황은 이해할 수는 있었지만 충격적이었다. 공산주의가 몰락한 이후 처음에는 국가와 국가의 규제에 대항하는 거대한 분노의 파도와 함께 정부에 대한 반감이 팽배했다. 대중 정서는 자유지상주의로 흘렀다. 정부가 하던 일을 새로운 사회인 시장과 민간 조직에 맡겨라. 공산주의가 몇 세대 지난 이후에 발생한 이런 반발들은 충분히 이해할 만하였다. 지난날의 지배기구와 압제 장치들과 어떠한 타협이 있을 수 있단 말인가. 특히 외국에서 불어오는 미사여구는 이런 반발을 상당히 뒷받침했다. 자유 지상주의라는 미사여구. "시장이 지배하게 하고 정부의 간섭을 배제하라. 그러면 반드시 자유와 번영이 성숙할 것이다. 모든 것들은 스스로 해결될 것이다. 국가의 지나친 규제는 필요 없고 들어설 여지도 없다." 그러나 모든 것이 스스로 해결되지 않았고 시장이 번창하지도 않았다. 정부는 불구가 되었으며 불구

---

23) 신자유주의 또는 신보수주의는 뉴딜 시대의 반작용으로 본 것이다(김철, 2009ㄴ).
24) 포즈너 비판자 중에서 이념적 문제가 아니고 법의 경제분석에 원래 내재하는 문제를 지적한 예로는, 고전 경제학이 기반으로 하고 있는 인간에 대한 가정, 즉 "사람은 합리적으로 행동한다"라는 합리성의 전제를 문제로 삼았다(김철, 2009ㄴ : 251~252).

가 된 정부는 자유에 대한 만병통치약이 아니었다. 권력은 사라지지 않았다. 단지 정부에서 마피아로 옮겨 갔으며 때로는 국가에 의해서 마피아가 조성되었다. 치안·사법·교육·의료 등 전통적인 국가기능의 필요성이 마술처럼 사라지지 않았다. 필요를 충족시키는 사적 이익들도 등장하지 않았다. 오히려 요구들이 충족되지 않았다. 사회의 치안이 사라졌다. 지금의 무정부 상태가 이전에 존재했던 세 세대에 걸친 비교적 온건했던 공산주의를 대체하였다. 번쩍이는 네온사인은 나이키를 광고하고 있었고, 연금생활자들은 사기주식거래로 생계비를 다 털렸으며, 은행가들이 모스크바 거리에서 훤한 백주에 살해되었다. 하나의 통제시스템이 또 다른 것으로 대체되었지만 어떤 시스템도 서구의 자유지상주의자들이 말하는 자유체제는 아니었다(레식, 2002; 김철, 2002ㄷ: 275~277; 김철, 2010ㄷ).

### 2.8.2. 세계화라는 유사보편주의 종교: 스티글리츠의 증언(Stiglitz, 2003: 91~95)

1997년 11월에 동아시아의 외환위기가 발발했을 때 IMF와 미국 재무성은 해당 나라들을 비난하였다. IMF에 의하면 동아시아 국가들의 기구들은 썩었고, 정부는 부패했으며 전반적 개혁이 필요하다고 하였다. 스티글리츠는 20년 전 중국이 시장경제로의 이행을 시작할 때 APEC(아시아태평양경제협력기구)의 연차 보고서를 작성하는 팀에 속해 있었다. 그는 또한 당시 중국 수상이었던 주룽지와 직접 회담한 미국의 멤버 중의 하나였다.

20년 전만 하더라도 동아시아지역은 세계의 다른 지역과 비교해서 경제적 기적으로 손꼽히고 있었다. IMF 외환위기 때 IMF의 입장과는 달리 스티글리츠는 자문하였다. 이들 동아시아의 국가기구들이 그렇게 심하게 부패했다면 그들이 그동안에 그렇게 잘 해온 것은 어떻게 해석할 수 있다는 말인가? 그가 직접 경험한 것과 IMF와 미 재무부의 입장과는 차이가 있었다. 스티글리츠는 당시의 IMF나 월드 뱅크 또는 미국 재무성의 관점과 자신의 경험이 차이가 났다는 것을 술회한다.

첫째, '워싱턴 컨센스스'[25] 정책은 시장 자유화를 강조했고 무엇보다도 재정과 금융시장의 급격한 자유화를 강조했다. 그러나 동아시아 국가들은 급격하게가 아니라 서서히 시장 전반과 금융시장을 자유화시켰다. 스티글리츠가 동아시아라고 할 때 그의 의미는 직접적으로는 중국을 지칭하고 있다고 보인다. 그리고 동아시아 국가에서 가장 성공적이었던 중국을 비롯한 여러 나라들은 아직도 자유화를 위한 먼 도정에 있다.

두 번째로 '워싱턴 컨센스스'는 사유화를 강조했다. 즉, 국가적 차원이나 지방정부의 차원으로서의 정부는 어디까지나 유효한 기업을 창출하는 것을 도와야 하고 국가들의 성공적인 경제적 수행에 결정적인 역할을 하는 것은 기업들이라는 관점이었다. 따라서 워싱턴의 시점에서는 경제의 미래 방향을 형성시키려고 정부가 노력하는 산업정책이라는 것은 그 자체가 잘못이라는 것이다. 그러나 실지로 동아시아 국가들은 산업정책을 정부의 중심적 책임의 하나로서 수행하였다. 특별히 동아시아 국가들은 그들과 그들 상위의 선진국가들의 소득격차를 메우기 위해서는 우선 지식과 교육 그리고 과학기술에 있어서의 격차를 메워야 한다고 생각해서 아시아 국가들은 국가 차원의 교육과 지식산업에의 투자를 고안했다.

세 번째로 워싱턴이 좋아하는 정책은 불평등에 대해서 별로 주의하지 않았는데 그들이 주장하는 바로는 어쨌든 개발 이익은 결국에는 빈곤층에게까지 스며들어갈 것이라는 것을 직접·간접으로 시사하였다. 그러나 동아시아 국가들은 빈곤을 줄이고 불평등을 제한하기 위해서

---

25) Washington Consensus는 미국 재무성을 중심으로, 당시 미국 대외 경제정책을 형성하는 국제통화기금, 세계은행 및 미국의 정책 형성에 영향을 미치는 경제학자들의 총화를 의미한다(Stiglitz, 2003).

능동적이고 적극적으로 움직였으며 그 이유는 이러한 평등을 위한 정책들이 사회적 응집력을 유지하는 데 중요하다고 믿었기 때문이다. 또 이런 사회적 응집력이 투자나 성장을 위해서 호의적인 환경이 된다고 믿었다.

네 번째로 외환위기를 전후해서 그때까지의 워싱턴 정책의 중점은 정부의 최소한 역할을 강조하였다. 여기에 대칭적으로 동아시아에서는 정부들이 시장 자체를 형성시키거나 지도하려고 하였다.

스티글리츠의 증언으로 다음의 사실을 각성하게 된다. 1980년대 이후 세계 금융위기 때까지 한국인이 상당한 기간 익숙하게 학습한 경제이론은 당시 워싱턴 정부나 그 영향 아래에 있던 IMF, 월드 뱅크와 그에 관여한 경제학자들의 이론과 정책이었다는 것을 알게 된다. 이 이론과 정책 목표의 주된 형성기간은 레이거노믹스와, 신보수주의 또는 신고전학파 경제학이 아메리카의 주류로 통용될 때였다.[26] 법학 또한 80년~82년 이후[27]에는 비슷한 경향으로 전개되어서 규제완화, 탈규제의 방향으로 신보수주의 경제학과 동반하였다. 모두가 신보수주의[28] 내지 신자유주의 내지 신고전주의 경제학의 영향 아래 있었다는 이야기가 된다.

마지막으로 스티글리츠는 IMF의 관료들이 동아시아들의 국가들로 하여금 그들의 자본시장을 개방하도록 더 많은 압력을 가했다고 한다.

---

26) 이러한 각성은 2008년 9월 28일 세계 금융위기가 전 세계적인 문제가 되고, 역사적 접근에 의해서 지난 30년의 시대를 성찰·반성할 때 비로소 일어났다. 크루크먼(2009, 2007), 스티글리츠(2008, 2003), 퍼거슨(2008)이 위기의 초기에 알리기 시작했다. 한국에 있어서의 본격적인 성찰과 반성에 대해서는 김철(2009ㄱ)을 볼 것.

27) 탈규제 시대가 이때 시작되었다(김철, 2010ㄱ: 166~167). 계기가 된 것은 예금수탁기관 탈규제와 통화통제법(Depository Institutions Deregulation and Monetary Control Act of 1980)과 가안 - 쌩 제르망 예금기관법(Garn - St.Germain Depositotry institutions Act of 1982). 이 두 법의 효과는 S&L 위기(1986~1995)의 장기적 도화선이 되고, 끝내 뉴딜 시대(1933~1961)에 형성된 금융 시스템을 붕괴시키는 결과를 가져왔다(김철, 2010ㄱ: 171~176; Ferguson, 2008).

28) 당시 새로운 탈규제 금융법안이 통과되었을 때, 레이건 대통령은 "우리는 잭 폿트를 터트렸다"라고 하였다고 전해진다(Pontell/Calavita, 1993: 211; 김철, 2010ㄱ: 171~174). 뉴딜 시대의 반작용으로서의 신보수주의와 신자유주의의 기원에 대해서는 김철(2009ㄴ: 239~241)을 볼 것.

그러나 동아시아 국가들에서 특별히 사정에 밝은 재무장관들은 이러한 압력에 대해서 경악했다고 한다. 왜냐하면 자본시장의 개방과 함께 유입된 단기성 자금이 그들 국가의 문제를 일으키는 원인이라고 간파했기 때문이다. 스티글리츠는 한국의 경우도 이러한 자본시장 개방에 의한 통화투기꾼들에 의해서 위기 상황이 발생한 예로 들고 있다(Stiglitz, 2003: 91~95).

요약하면 1981년부터 시작된 레이거노믹스는 드디어 1997년경에 이르러서 1. 시장자유화, 2. 사유화, 3. 불평등이나 사회응집력을 무시, 4. 기업을 경제 주체로 하고 정부는 최소한 역할을 담당한다. 5. 자본시장의 개방을 교리로 하고 정부가 아니라 기업이 경제수행의 주체로 하는 강령으로 세계화라는 옷을 입고 그때까지 비교적 성공적이었던 동아시아의 국가들을 무장해제시켰다는 얘기가 된다. 한국인들은 신자유주의나 레이거노믹스가 처음에는 해방의 교리 내지 자기 자신의 번영과 영화를 주는 신종 교리로 받아들여, 정치적 자유화·민주화 기간을 시발점으로, 드디어 이를 의식·무의식적으로 실행하게 된 것이 된다(김철, 2009ㄱ).

### 2.8.3. 케인즈와 막스 베버

이미 1890년에 케인즈는 그 시대의 다른 사회과학자들과 같이 기계적 행동과 인간 행동 간의 차이를 강조하였다(김철, 2009ㄴ: 252).

경제학이 기초하고 있는 인간 행동의 사실들은 인간 행동의 직접적 관찰에서 유래하는 것이 아니고, 그들의 경제활동을 영향 주는 동기를 성찰·반성함으로써 이루어진다(Keynes, 1890). 이 점은 막스 베버가 '이해'라고 부른 것과 가깝다고 할 수 있다(Lewin, 1996; 김철, 2009ㄴ: 252~253).

## 2.9. 규범의 위치에 대한 법철학자 선스타인(Cass Sunstein)과 경제학자 크루그먼(Paul Krugman)의 공통점(김철, 2009ㄹ)

선스타인이 증명한 "미세한 도덕적 행동이 나타내는 규범이 타인의 자유로운 선택에 영향을 미치더라"라는 실험결과를 보았다.

한편 크루그먼은 최상위 소득계층의 소득의 진화를 역사적·경험적으로 검증한 경제사적 연구(Pikety/Saez, 2007)의 결과를 사용하였다. 그는 대공황에 원인을 제공한 1920년대의 10년 평균의 소득격차가, 2007년부터 나타나기 시작한 2008년 경제위기 이전의 2005년의 소득격차와 비슷하다고 본다(Krugman, 2007: 022). 변화의 흐름이 경제에서 정치로 흐른다는 통념을 부정하고 제도, 규범, 정치 환경이 경제로 흘러 경제적 불평등을 가져온다고 한다(위 글; 또한 김철, 2009ㄱ: 81~82). 크루그먼은 불평등의 경제학(Krugman, 2007)에서 제도와 규범 그리고 정치적 환경이 소득 분배에 미치는 영향이 경제적 입문에서 배운 것보다 중요하고, 객관적인 시장의 힘은 그렇게 중요한 역할을 하지 않는다는 것이다. 그렇다면 법제도와 규범이 소득 분배에 있어서 경제 원리보다 중요하다.

**2.9.1.** 선스타인과 크루그먼의 공통점은 규범적 행동 또는 규범이 타인의 행동 또는 경제적 사실에 영향을 미친다는 것이다. 소득 불평등에 대한 인과관계에서 제도와 규범이 소득 분배에 미치는 영향이 경제법칙이나 시장의 힘보다 더 중요한 역할을 한다(같은 사람, 2007: 022; 김철, 2009ㄱ: 81). 크루그먼은 뉴딜 이전의 시대와 21세기 초(2000~2007, 2008)의 미국이 부의 불평등과 권력의 불평등이 심하다는 점에서 같다고 한다. 김철은 뉴딜 이전의 미국의 아노미에 주목하고 2008년 9월 현재 금융위기에 같은 관찰을 적용할 수 있는지를 묻

는다(김철, 2008ㄴ ; 김철, 2009ㄹ).

## 2.10. 뒤르켐과 머튼의 아노미이론과 최현대 사회

다시 사회사로 돌아가 보자. 대공황 전후의 10년과 2008년 이전 10년의 예를 보자(김철, 2009ㄱ). 대공황 이전 10년의 아메리카 사회의 규범이 어떠했는가는 머튼의 「사회구조와 아노미」에서 나타난다.[29]

**2.10.1.** 2008년 사회이론학회는 「뒤르켐과 우리사회」에서 뒤르켐의 고전사회학이론을, 그때까지 진행된 한국사회의 국면에 적용하려는 노력을 하였다(사회이론학회, 2008). 대체로 한국사회는 약 10년 또는 그 이상의 상당한 기간 동안 정치와 관계없는 평균적인 생활인으로 하여금 총체적 부패상황으로 느끼게끔 진행되었다.[30]

김철은 한국 사회의 전반적 상황을 뒤르켐과 머튼이 발전시킨 아노미의 사회학적 개념으로 해석하고 측정하려고 하였다(김철, 2009ㄴ). 아노미의 사전적인 뜻은 '규범이 없음'으로서 규제와 억압을 담당하는 규범은 법규범, 도덕규범, 사회규범과 행동규범을 포함한다(김철, 2009ㄱ: 98~99).

**2.10.2.** "생활수준의 상한과 하한은 어떤 사회의 어떤 범주의 직능인들과 각기 다른 계층에게 납득할 수 있는 수준으로 작동해 왔다. 그러나 급격한 변동이 곧 경제와 도덕의 표준이 다 같이 변화하는 시기에는 그렇지 않다. ……취향의 정함 없음은 더 이상 여론에 의해 규제되지 않으며, 규제회피 또는 탈규제 더 나아가 무규범상태가 진행되고…… 이룰 수 없는 경주가 시작된다. (……) 이런 상황에서 종교는

---

29) 머튼의 「사회이론과 사회구조」에 포함된 '사회구조와 아노미'는 원래 1938년에 발표되었다. 이 독립된 논문이 다루고 있는 1930년대 전후의 시기는 1929년 10월 24일 월가의 파산이 세계 대공황으로 진행된 전후의 시기와 일치한다고 할 수 있다(김철, 같은 책: 101~102).
30) 황우석 사건은 2004~2005년에 일어났다. '총체적 부패'라는 언어는 종교계의 여러 전례 없는 사건을 배경으로 하고, 한 목회자의 고백(이재철, 2005)에서 나타났다.

영향력을 잃고, 경제를 규제할 정부는 하인이 된다. 자살은 어떤 종합적 상태의 경과 중의 하나이고 타인을 살해하는 것은, 이러한 경과의 다른 것이다."(Mannheim, 1973: 501; 김철, 같은 책, 99~150)


## 3. 금융경제에 도덕성의 자리가 있는가?

이런 물음은 논문 저자의 최근 논문(김철, 2009ㄹ: 127~129)에서 "최근의 금융경제에 어떻게 규범적으로 접근할 것인가? 법규범 이전에 평균인의 생활감정으로 우선 도덕성의 문제를 따져 보기로 하자"라고 이미 제기되었다. 금융위기가 전문인만이 아니라 시민사회에 미친 피해를 감안하면, 아무리 전문영역에서의 논문이라도 법의식, 규범의식의 기반이 되는 도덕성의 기준의 출발을 시민의 도덕의식에서 출발하지 않을 수 없다. 따라서 사태의 진원지의 대표적인 저널리즘에 나타난 금융위기 이후의 태도가치를 주의하지 않을 수 없다.

2008년 9월 이후의 세계 경제위기를 촉발하고, 아직도 실업률이 줄지 않는 1년 3개월 지난 지금, 그간의 경과는 도덕(morals)과 도덕성(morality)이 어느 정도 참견할 수 있었는가로 보기로 한다(김철, 2009ㄹ). 보는 방법은, 세계에서 가장 대규모 금융회사들이 가장 많은 금융산업 종사자들을 고용하고 있는 월 스트리트가 소재하고 있으며, 유엔본부가 소재하여서 국제 여론이 교환되며, 런던의 더 타임스와 함께 2차 대전 이후의 자유주의 세계 질서에서 가장 큰 세계 여론의 전파자로 역할해 왔던 뉴욕 타임스와 같은 계통인 타임지의 보도이다. 위기감이 고조되고, 1929년의 악몽이 되살아나던, 2008년 가을에 컬럼비아의 노 경제학자 스티글리츠와 하버드의 신예 인문학자 퍼거슨을 세기의 위기에 대한 역사적 해설자로 등장시킨 타임은, 1년 6개월 이후의식적으로 냉정하고 무감동하게, 지극히 단조로운 어조로, 마치 금융가의 화이트칼라처럼 아무 일도 없었다는 듯이, 뉴요커의 어조를 흉내 낸다.

- 아니 "다시는 이런 일이 없어야 할 텐데, 재발하지 않도록 하려면 어떻게 하지?"라는 것이 최근 소방수들의 의문이다(Peter Gumbel, 2009: 37). 이를 위해서 1. 규제를 위한 감독 강화가 필요하고, 2. 은행의 자기자본비율 높이기와 모험적 투자억제가 필요하다. - 는 것이다(김철, 2009ㄹ).

동시에 뉴요커는 다소 철학적 사고도 할 줄 안다고 과시할 수 있다. 즉, 지극한 평온을 가장하며, 흡사 아카데미아의 무흠한 백면서생들이 순전히 이론적이고 가상작인 미래의 난제를 미리 걱정하는 투로,

- 더 근본적이고, 철학적인 문제는 "순전히 투기적이고 사회적 유용성이 의심스러운 투자행동을 어떻게 하지?" -

그러나 아메리카 대공황의 역사를 아는 사람들은 철학의 문제를 넘어서, 더 심층의 무의식을 기억한다. "'어떤 방법이든 빨리 부자가 됩시다'[31]라고 강권하는 부의 극대화(Wealth - maximization)[32]의 문화가 다른 가치를 압도하는 상태가 상당히 오래 계속되고,[33] 위기 때의 시장 행동을 벼랑까지 몰고 간 것인데, 간단한 문제가 아니잖아."[34](김

---

31) 아메리칸 드림의 역기능에 대해서는 이 논문(김철, 2009ㄱ)을 볼 것.

32) 이것은 경제학에서는 성장의 경제학(Lucas, 2003: 1~14)의 강조로 나타나고 '법의 경제분석'에 있어서는 경제학적 법학의 목표를 공정성(fairness)보다도 부의 극대화로 설정하는 신보수주의시대의 유행(Posner, 1988)에서 나타난다.

33) 이 상당한 기간에 대해서는, 첫째, 30년설(크루그먼), 둘째, 10년설(사회학자 머튼이 세계 대공황 이전 10년에 주목함, 김철: 2009ㄱ), 셋째, 신보수주의 운동부터 시발설(크루그먼), 넷째, 1980~1982년부터 시작했다는 설(퍼가슨), 다섯째, 탈규제부터 S&L 위기까지 ─ 1986~1995년 ─ 집중적으로 나타났다는 설(Pontell & Calavita), 여섯째, 1986~1995년 위기의 교훈이 학습되지 못한 채, 1999년의 글라스 스티걸 법 폐지로 이전 되었다는 논의(George, Dynally & Boss, 2009: 7~10; 김철, 2010ㄱ: 150~176)가 있다.

34) 공황의 원인을 제공된 아노미가 진행된 1929년 이전의 긴 기간과 대공황이 심화되어 간 1933년까지 그리고 뉴딜 입법이 본격화되어 갈 때까지 아메리카 문화에서는 방식의 문제보다 목표 달성 체제에 더 중점이 주어졌다고 머튼은 판단한다(Merton, 1957: 136; 김철, 2009ㄱ: 106; 김철, 2009ㄹ).

철, 2009ㄹ)

금융위기 이후 보기 드문 성찰적 저널리즘에서, 레이거노믹스 시대를 반성하면서 아메리카와 그 압도적인 영향 아래 있던 세계경제가 끝없는 평원에서 최고 속도로 질주하다가[35] 2008년에 마침내 절벽에 도달하고, 코요테 떼처럼 추락하였다는 인문주의자의 상징주의가 생물학적 집단주의를 요약한다(Anderson, 2009; 김철, 2009ㄹ: 127).

이윽고 제어되지 않은 자본주의가 과연 지속가능한 혜택을 주겠느냐 하는 회의와 자유 금융시장에 보다 의존하는 태도가 엇갈리게 된다(김철, 2009ㄹ: 128).

**3.1.** 어느 정도 무엇에 대해서 반성하느냐, 누가 반성하느냐에 대해서 분노는 세계 대공황 때나 2008년 이후의 사태에 있어서, 월 스트리트의 금융가의 은행가에게 향해졌다(김철, 2009ㄹ: 128). 우선 시티그룹, AIG, 메릴린치의 재난을 지휘한 아무도 감옥에 가거나 처벌받지 않았다(Sloan, 2009). 만약 일반인이 신용카드 결제대금 지불이 하루 늦거나 현금인출기에서 조금만 더 인출해도 은행은 당장 연체료나 비용을 물릴 것이다. Wall가의 대형은행들은 채무액이 너무 커서 파산에 몰려도 수백만 수천만의 평균인들이 정부에 바친 세금을 몇 조 달러로 모아서 정부에 의해 구제된다. 게다가 실업률은 10%를 향해서 진행되고 있는데 FRB의 버냉키는 "새싹이 돋고 있다"라 하고, 월가에서는 다시 신자유주의시대의 CEO 문화가 재빨리 복구되어 수백만 달러의 보너스 잔치를 벌인다(Sloan, 2009).

누구에게 책임이 있느냐에 대해서 거대 투자은행을 재난으로, 이윽고 엄청난 숫자의 이해관계자를 도탄에 빠뜨린 CEO들은 아무 처벌을

---

35) 대공황 전후와 2008년 9월 이전 약 10년의 경제 주체들의 행동을 그 합리성에서가 아니라 일종의 동물 생태학에서의 군집행동(Collective behavior)으로 보는 견해는 Kurt Anderson 이전에도 보인다(김철, 2007년 법철학 강의록; 김철, 2009ㄹ).

받지 않았다. 이유는 무능력했다든가 오만했다는 것은 형사법의 처벌 대상이 아니라고 한다(Time, 2009). 그러니까 순전히 기술적인 판단에서 잘못되었다는 것이다. 그렇다면 무능과 오만으로 한 회사뿐만 아니라 한 나라뿐 아니라, 국제적 금융 시스템을 망가뜨린 원인제공자에게는 어떤 도덕적 제재가 있다는 말인가(김철, 2009ㄹ: 128)?[36]

3.2. 더욱 인과관계의 근본[37]에 있어서 최초의 거품경제의 주범인 비우량 주택담보부대출 때에 대출은행이 별 서류 없이 한도를 넘는 대출을 한 것을, "위험을 개의치 않았다"라고 그냥 지나가는 투로 보도하는 데에는 의문이 있다. 여기에 대해서 금융가가 실물경제가에 대해서 "너희들도 무어 죄 없는 속죄양이 아니잖니. 상환능력도 없으면서 왜 서류도 없이 큰 대출을 받았니"라고 되받는다고 보도된다(Sloan, 2009). 그리고는 아무 일도 없었다는 듯이 일상에 복귀한다.

3.3. 비우량 주택담보부대출을 근거로, 복잡한 구조의 CDOs (Collaterized debt obligations)를 만든 사람들 그리고 위험성이 높은 이 채권을 미재무성 국채와 같은 정도의 안전을 보증하여 AA 또는 AAA로 신용평가한 '세계적인 신용평가기관'의 행위는(김철, 2009ㄱ: 72) '어떤 목표 때문에 위험을 개의치 않았다'로 그치는 것인가(김철, 2009ㄹ: 129)?

---

36) 그들의 사진으로 만든 허수아비에 '월가의 도둑은행가'라고 명패를 달고 전미은행가연합회 밖에서 시위를 하는 것이, 또한 탐욕을 공격하는 것이 도덕적 제재가 될 것인가는 의문이다. 그렇다면 도덕과 실정법을 엄격히 구별하는 것보다는 도덕의 법화 및 법의 도덕화가 바람직하다고 보인다(Berman, 1992; 김철, 2009ㄹ).

37) 금융위기의 인과관계의 근본을 따지는 데에는 다양한 학문상의 입장이 있다(김철, 2009ㄹ, 118~119). 첫째, 종교 사회학적 방식(김광기, 2009), 둘째, 법사회학적 방식(김철, 2008: 55~56), 셋째, 헌법학적 방식(김철, 2009ㄱ: 108~109), 넷째, 경제위기의 유발 원인을 법과 경제의 문제로 파악하는 경제학적 법학 방식(김철, 2009ㄹ: 123), 다섯째, 금융기술의 언어, 즉 서브프라임 모기지, 파생상품, 투자은행의 문제로 시작해서 법의 경제분석을 거쳐 금융법의 문제로 파악하는 방식(김철, 2010ㄱ: 150~176)이 있다.

**3.4.** 월가가 더 많은 차입금으로 위험한 거래를 한 요인 중 투자은행이 자기 자본 對 차입금 비율의 상한을 1 : 30으로까지 확장한 것과 관계있다(김철, 같은 책, 54쪽). 2004년 해당 규제위원회가 순 자본원칙을 완화한 것은 당시 골드만 삭스의 CEO였던 헨리 폴슨이 2000년에 청원한 결과였다. 아노미 순환 10년설이 해당된다(김철, 2009ㄱ: 91). 이어서 그는 '부시 행정부의 재무장관'이 되어서 투자은행들의 손실을 연방정부의 공식자금으로 메워 주는 역할을 했다(TIME, 2008: 32~33) 회전문 침투현상이다(Warren, 1996: 49; 김철, 2009ㄱ: 53~54). 공직윤리와 관계있다. 그러나 어떤 책임을 물었던 것인가(김철, 2009ㄹ)? 현재까지 아무런 책임 추궁도 없었다. 특수 이해관계에 친한, 금융업계의 최고 경영자를 금융 규제의 최종 라인에 서는 공직에 임명해서, 수천억의 세금으로 수년 전 자신이 대표하던 거대 금융업계가 자초한 엄청난 액수의 손실을 보상해 주는 역할을 하게 하는 똑같은 정부를 두 번씩이나 신임하다가(그 아버지 부시 때를 합치면 거의 한 세대 동안 맹목적으로 추종하다가) 레이거노믹스가 시작된 1980년대부터 거의 30년이나 지난 이후, 재난이 세계적 규모로 확산되어, 아이슬란드 레이꺄빅의 급조되었던 '금융허브'에서, 노르웨이 피요르드에 연한 작은 시청들의 세금 모은 금고에서, 상하이 월급쟁이의 펀드에 이르기까지 꿈에서 깬 듯 휴지를 쥐고 있는 것을 발견한 상황에서, 월가의 고수익자들과 그들을 옹호하는 집단들은 아무 일도 없었다는 듯이 다시 시작할 수 있을 것인가.

**3.5.** "'종교는 개인적 문제이다.' 이 상투어와 함께 현대사회는 여러 크리스천의 고백이 주는 공동의 영향에서부터 자유로워진다. 그러나 이러한 움직임에 원래 있는 것은 종교를 새로운 기능으로 동시에 좌천하는 것이다. 이제 종교는 개인의 좋아하는 일이 되었다. 사적으

로 좋아하며 높인다. 종교는 이제 내향성과 느낌, 즉 '개인적인 것'의 특별한 속성이 관여하는 일로 이해되고 있다. ……종교와 신앙은 외롭고 불안한 영혼과 관계되며 현대인의 내부적 실존과 관계되며 현대 세계에 의해 문제시된 존재와 관계된다. ……하나님이 세상의 시초이며 목적이며, 세상의 과정 안에 있는 인간 사회의 기원이며 목적이라는 사실은 더 이상 드러나지 않는다. 그러나 하나님은 존재의 초월적인 근거이며 인격적으로 양심에 따라서 행동하는 능력의 초월적 근거라는 것은 드러날 수 있다. 사상, 지식과 활동의 영역에서 하나님의 여지를 만드는 것은 더 이상 가능하지 않다. 기독교가 세상에 대하여 말할 수 있는 것은 세상이 듣고자 원하는 것 이외에는 없게 되었다."(Moltmann, 1969: 113~117)[38] "사실 많은 아메리카 인과 같은 문명권의 종교적 구조는 붕괴되고 있다. ─ 비록 종교적 감정(정서)은 퍼져 가고 있지만, 이러한 상황에서 종교 없는 기독교는 초월자 없는 새로운 종교들의 위험에 보태게 하는 것밖에 안 된다. ─ (아일랜드의 시인 윌리엄 버틀러 예츠의 예언에 의하면) 모든 확신을 결여하면서, 더 나쁘게, 열정적인 강도로만 차 있는 정치적 · 사회적 믿음이 초월자 없는 새로운 종교들의 위험이다"(버만, 1992: 148)

## 4. 결론: 실정법의 효력의 문제 ─ 법실증주의와 자연법론

실정법은 왜 효력을 가지는가 ─ 타당성과 강행성: 오래된 두 가지 문제 ─ 실정법 이외의 다른 법이 존재하는가(김철, 1997, 2007ㄱ,

---

38) 이 구절은 "아메리카와 그 종교적 관행에 있어서 아메리카의 영향을 받는 곳에 있어서의 종교는 개인들의 사적인 일이 되어 버렸고, 개인은 그들의 고독에 부담을 느끼지 않기를 바라는 개인적인 마음의 평화가 유행이다". "개인으로서의 사적인 존재를 양성함으로써 기독교는 사회에 동화되고, 사회가 듣고 싶은 것 이외에는 말할 것이 별로 남지 않았다"라는 구절의 인용문으로써 버만(1992: 147~168)이 사용한 것이다.

2009ㄴ)?

법(Recht, Droit, Jus, Pravo)과 법률(Gesetz, Lex, Zakon)은 다른 뜻이다. 법은 집단 명사이며 법률은 개별화된 것이다. 실정법은 의회에 의해 통과된 국가의사로서 강제력을 가지는 법이다. 법은 최초에는 넓은 의미의 뜻으로 실정법과 함께 다른 법도 포함한다.

법이 왜 효력을 가지는가에 대한 근본적인 의문은 고대 그리스 때부터 두 가지 방향이 있다. 첫째, 국가기관에 의해서 강제력을 가지기 때문이라는 것이다. 둘째, 강제력보다는 타당하기 때문에, 궁극적으로 올바르기 때문에 효력을 가진다는 뜻이다. 인간의 문명만큼이나 오래된 이 두 방향의 대답은 긴장관계에 있어 왔다. 인간의 법에 대한 생각을 두 방향으로 요약하면 강제력 때문에 효력을 가진다는 생각을 법실증주의라고 하고 이에 대해서 타당성을 가지기 때문에, 올바르기 때문에 효력을 가진다는 생각을 자연법론이라고 한다. 법실증주의와 자연법론의 대립은 국가주의자와 국가주의 아닌 자의 대비만큼이나 오래되고 스펙트럼의 여러 면이 있다. 이 문제는 법의 기초에 대한 법철학적인 근본 물음이다. 이 근본 물음에 대한 문명사회에 널리 퍼진 문외한들의 역사적 에피소드는 도이치 제3제국의 법치주의였다(Posner, 1995). 나치의 법관들은 '법의 이름 밑에서', '법에 정해진 절차에 따라', 수백만의 이방인들을 죽음의 장소로 내보냈다.

## 4.1. 현대에 있어서 자연법론의 약화

법 효력에 대한 전문적 법 이론은 방대하다. 자연법론과 실정법론의 긴장에 대한 역사는 실로 인간 공동체의 역사만큼이나 길고 복잡하다(Finnis, 1980). 요약하면 최근까지 전문화된 법철학자들의 용어에서는 어느 정도 이 오래된 긴장은 이완된 느낌이다(Ely, 1980). 산업 사회와 기술 사회의 영향 때문이다. 이것은 철학이 과학철학으로 중점이 바뀌고 형이상학과 윤리학이 다소 뒤로 물러난 것과 궤도를 같이한다. 이제 법 이론가들은 다른 용어로 사유하기를 택하기도 한다.[39] 그러나 관점이 다를 뿐 기본적 문제는 같다(김철, 1997, 2007ㄱ, 2009ㄴ).

## 4.2. 실정법에 대한 사유

실정법에 대한 사유는 대칭적으로 자연법에 대한 사유를 동반한다. 인간의 국가생활에서 국가제도가 완비된 어떤 경우에도 실정법만의 지배는 생각하기 힘들다. 이에 대한 사유는 플라톤과 아리스토텔레스 때부터 시작되었다(Copleston, 1993). 현대인은 국가제도가 사회제도를 거의 압도하고 경제와 사회 모든 부분에 있어서 거의 완벽하게 보이는 제도법 위에서 살고 있어서 국가법 이외의 어떤 법도 그의 생활에서 직접적으로 찾아내기 힘든 것처럼 보인다. 그러나 이것은 외관일 뿐 우선 어떤 국가법도 완벽하지 않다. 어떤 법이 존재할지라도, 있을 수 있는 모든 사건과 사례에 대해서 입법자가 모든 경우를 총괄한다는 것은 불가능한 일이고, 순전히 입법 기술상의 문제에 있어서도 어떤 문제에 대해서 법을 제정한다는 것은 이미 제정법 이외의 사항을 양해한다는 것을 동시에 의미한다. 어떤 입법자의 의도도 인간의 개별 사례에 완벽하게 타당할 수 없다(김철, 1997, 2007ㄱ, 2009ㄴ).

---

39) 자연법과 법실증주의의 이원적 대립은 역사적으로 의미 있으나 1980년대에 와서는 특히 자연법이라는 용어가 법학전문어로서는 지나치게 부피가 커져서 정확하게 다룰 수 없다는 생각에서 이 오래된 용어를 우회하는 법학자가 있다. 그러나 이런 경우에도 자연법의 어떤 부분을 완전히 기피하지 못하는 것은 인류문화 자체에 대한 태도와 마찬가지이다.
Ely는 그의 법학방법론에서, 해석주의와 비해석주의를 대비시키고 있는데, 이것은 법실주의 대 자연법론의 이분법과 대비할 수 있다. 이에 대해서는 (Ely, 1980)을 볼 것.

## 4.3. 실정법에 대한 집착과 숭배와 지식집약과 기술주도형의 후기 산업 사회와 교정적 입법

그러나 실정법에 대한 집착과 숭배는 또한 인간의 공동생활과 국가 생활에 있어서 항상 있어 왔다. 그 이유는 첫 번째는 맞지 않는 실정 법이라도 전혀 없는 상태보다는 낫다는 생각이다. 무엇보다 나은가? 인간의 변덕, 기분, 그때 그때의 상태, 결정하는 자의 개인적 속성 또 는 결정하는 자가 폭군일 경우의 비일관성은 파괴적인 경향을 가져온 다. 따라서 "악법도 법이다." 두 번째로 근세 절대주의 국가 이후 공동 생활의 초점이 한 사람 혹은 소수의 최종 결정자에게 귀착된 경우 국 가의사의 제도화의 필요성이다. 이것은 첫 번째의 경우가 인간성의 자 연과 관련된 데 비해 두 번째는 절대주의 시대의 특징이다. 실정법에 대한 집착과 숭배는 인류가 후기 산업 사회의 기술주도형 사회에서 안 주함으로써 증대하였다. 이 시대의 특징은 표면적으로는 근대까지 또 는 현대까지 인간 사회를 괴롭혀 왔던 권력의 독과점은 표면에서 사라 지고 대중민주주의시대 때 평균인에게 누구에게나 편리함과 즉각적인 만족을 주는 테크놀로지의 지시에 따르는 것이다(김철, 1994). 기술 관 료형들이 정립하는 규칙과 규칙들의 모음, 그리고 이 기술 관료형이 구사하는 언어는 경제학의 언어, 경영학의 언어, 그리고 경영공학의 언 어, 그리고 정보산업의 언어들이 된다. 예금수탁기관 탈규제와 통화통 제법(Depository Institutions Deregulation and Monetary Control Act of 1980)과 가안 – 쌩 제르망 예금기관법(Garn – St.Germain Depositotry institutions Act of 1982)이 예가 된다. 금융현대화법(그램 – 리치 – 브 라일리법 Gramm – Leach – Bliley Act of 1999)이 더 큰 예이다(George, Dymally & Boss, 2009: 7). 대중은 인적인 권력의 문제가 나타나지 않 는 기술 언어나 경제 언어에는 개인의 즉각적인 만족을 짧은 시간 내에 체험할 수 있기 때문에 스스로 복종하게 된다. 후기 산업 사회 또는 정보화 사회의 실정법은 이와 같은 특징을 가지게 된다. 마지막으로 교정적 입법이 실정적으로 나타날 수 있다. 금융위기의 원인에 대한 최종판단은 정책입안자의 행동에서 극적으로 나타났다. 즉, 1933년, 세계 대공황 와중에 루스벨트가 글라스 스티걸 법을 긴급히 입법 제안했던 것과 유사한 사회·경제적 배경으로 2010년 새로운 질서를 창조하기 위해서 오바마가 글라스 스티걸 법을 입법 제안한 것이다.

# 참고문헌

김광기, "칼뱅, 베버, 파슨스 그리고 미국 자본주의의 위기", 「현상과 인식」, 33권 3호(2009년 가을).

김 대인, "마르틴 루터의 법사상에 대한 고찰 ― 두 왕국들을 중심으로 ―", 「신앙과 학문」, 40집(2009).

김 철, 「러시아 소비에트 법: 비교법문화적 연구」(서울: 민음사, 1989).

_____, "공법에 있어서의 경제적 보수주의와 경제적 자유주의의 순환 ― 경제공법에서의 파라다임의 재성찰", 『사회이론』(서울: 한국사회이론학회, 2010ㄷ).

_____, 「시민과 정부의 법」(1994)(사간본).

_____, "현대 한국문화에 대한 법철학적 접근", 「현상과 인식」2000년 봄/여름호 24권 1/2호 통권 80호(서울: 한국인문사회과학회, 2000).

_____, "사회적 차별에 대한 심층심리학적 연구", 「사회이론」, 통권 20호(2001년 가을/겨울).

_____, 서평 "사이버 공간의 법이론", 「헌법학연구」, 8권 1호(2002ㄷ).

_____, "한국에 있어서의 자유주의와 자유지상주의에 대한 반성", 「사회이론」, 통권 30호(2006년 가을/겨울).

_____, 「한국 법학의 철학적 기초: 역사적, 경제적, 사회·문화적 접근」(서울: 한국학술정보(주), 2007ㄱ).

_____, 「법철학 강의록 모음」(미출간 교재)(서울, 숙명여대법학과, 2007ㄴ).

_____, "뒤르켐의 아노미 이론과 평등권에서의 기회균등: 기초 법학적 연구", 「사회이론」, 통권 34호(2008ㄱ 가을/겨울).

_____, "위기 때의 법학: 뉴딜 법학의 회귀가능성", 「세계헌법연구」, 14권 3호(2008ㄴ),

_____, "형이상학적 이원론 아래에서의 당위와 존재의 문제와 현대 법학의 과제", 「현상과 인식」2008년 가을 32권 3호 통권 105호(서울: 한국인문사회과학회, 2008ㄷ).

_____, 「경제위기 때의 법학」(서울: 한국학술정보(주), 2009ㄱ).

_____, 「한국법학의 반성」(서울: 한국학술정보(주), 2009ㄴ).

_____, "최현대의 경제공법사상", 「세계헌법연구」, 15권 2호(2009ㄷ 6월). - 2009ㄷ로 표시.

_____, "최현대의 경제공법사상(2)", 「세계헌법연구」, 15권 3호(2009ㄹ 12월).

_____, "최현대의 경제 공법: 금융 규제와 탈규제", 「세계헌법연구」, 16권 1호(2010ㄱ 2월).

_____, "법과 평화", 「본질과 현상」, 2010ㄴ.

_____, "미국과 소련의 법 체계", 『미소 비교론』(김유남 편)(서울: 어문각, 1992) - 1992ㄷ으로 표시.

김철수, 「헌법학신론」(서울: 박영사, 2009).

럿셀, 버틀란트, 「서양철학사(상)」(서울: 한국번역도서주식회사, 1960).

레식, 로렌스, 「코드 사이버 공간의 법」(김정오 옮김)(서울: 나남출판, 2002).

박영신, "인식 분절화의 도덕 비극 — 학문의 현실 왜곡 비판 —"(한국인문사회과학회 2009년 가을 학술대회 <도덕으로의 전환> 발표문/2009년 11월 28일/ 배제학술지원센터).

버만, 해롤드와 김철, 「종교와 제도 — 문명과 역사적 법이론 —」(서울: 민영사, 1992). - 1992ㄱ으로 표시

_____, 「종교와 사회 제도 — 화적 위기의 법사회학 —」(서울: 민영사, 1992). -1992ㄴ으로 표시.

스티글리츠, 죠셉, "보이지 않는 손 아예 존재하지 않을 수도"(매일경제, 2010년 1월 4일자/매경 애틀랜타 포럼 개막).

윤원근/박영신, "동감의 사회학: 선한 사회의 조건에 대한 탐구", 「현상과 인

식」 23권 1/2호).

이재철, "비전의 사람5" 장신대학원 강의 녹음 테이프집(서울: 홍성사, 2005).

최재희, 『서양 윤리 사상사』(서울, 서울대학교출판부, 1975).

최태영, 『법철학 ― 서양법철학의 역사적 배경』(서울: 숙명여자대학교출판국, 1977).

황산덕, 『법철학 3정판』(법문사, 1972).

헤르만 헤세, 『유리알 유희』(박환덕 옮김)(서울: 범우사, 2009).

Anderson, Kurt, "Don't pretend we didn't see this coming for a long time", *Time*, 2009년 4월 6일자.

Berman, Harold J., *The Integrative Jurisprudence of Harold J. Berman*(Colorado, WestviewPress: 1996).

_____, *Law and Revolution*(Cambridge: Harvard Press, 1983).

_____, *Law and Revolution II* (Cambridge: Harvard Press, 2005).

Cialdini, R./J. Cacioppo/R. Bassett/J. Miller, "Low－Ball Procedure for Producing Compliance: Commitment Then Coast", *Journal of Personality and Social Psychology 463*(1978).

Copleston, S. J. Frederick, *A History of Philosophy Vol.1 Greece and Rome*(New York: Image Books, 1993)

Dworkin, Ronald, *The Program for the Study of Law, Philosophy & Social Theory*(New York: New York University School of Law, Fall 1995).

_____, "What is Law"(세미나 자료집 <The Unity of Value>/2008년 10회 석학연속강좌/한국학술협의회 주관).

_____, "Law & Liberalism"(세미나 자료집 <The Unity of Value>/2008년 10회 석학연속강좌/한국학술협의회 주관).

_____, "'Natural Law' Revisited", *University of Florida Law Review*, Vol.34 Winter 1982 Nr.2.

_____, "Philosophy, Morality, and Law", *113 U.Pa.L.Rev.* 1964~1965.

Sigmund, Paul E, *Natural Law in Political Thought*(Cambridge: Winthrop Publishers, 1971).

Ely, John Hart, "Democracy and Distrust", *A Theory of Judical Review*(Cambridge: Harvard Univ. Press, 1980).

Ferguson, Niall, *The Ascent of Money: A Financial History of the World*(New York: Penguin Press, 2008).

Feldbrugge, F. J. M., *The Emancipation of Soviet Law*(Dordrecht, Kluwer: Academic Publishers, 1992).

Finnis, John, *Natural Law and Natural Rights*(New York: Clarendon Press, 1980).

Fuller, Lon L., *The Morality of Law*(New York: Fawcett, 1964).

_____, "Positivism and Fidelity to Law − A Reply to Professor Hart", *Harvard Law Review Vol.71*(Cambridge: Harvard Univ. Press, 1958).

_____, "The Case of The Speluncean Explorers", *Harvard Law Review Vol.62*(Cambridge: Harvard Univ. Press, 1949).

George, Barbara Crutchfield/Lynn V. Dymally/Maria K. Boss, "The Opaque and under − Regulated Hedge Fund Industry: Victim or Culprit in The Subprime Mortgage Crisis?", *NYU Journal of Law & Business*, 2009년 여름호.

Gumbell, Peter, "Braking the Banks", *Time*, 2009년 9월 28일자.

Krugman, Paul, *The Conscience of A Liberal*(New York: W. W. Norton, 2009).

Merton, Robert. K., *Social Theory and Social Structure*(증보판)(Glencoe: Free Press, 1957).

Moltmann, Jürgen tr. by M. Douglas Meeks., *Religion, Revolution, and the Future*(New York: Scribner, 1969).

Nussbaum, Martha, "Compassion: Human and Animal"(해외석학 초청강연 <법과 정치의 근본요소인 '약자에 대한 배려'의 능력으로서의 '공감(Compassion)' ─ 여성주의를 포함하여 ─>, 2008).

Lewin, Shira B., "Economics and Psychology: Lessons For Our Own Day From the Early Twenties Century", *Journal of Economic Literature*, 34권(1996년 9월).

Lucas, Robert E. Jr., "Macroeconomic Priorities", *The American Economic Review*, Vol.93, No.1(Mar., 2003)(Washington D.C.: American Economic Association, 2003).

Pontell, Henry N./Kitty Calavita, "The Savings and Loan Industry", *Crime and Justice 18*(1993).

_____, "The State and White－Collar Crime: Saving the Savings and Loans", *Law Society Review*, 28권 2호(1994).

_____, "White－Collar Crime in the Political and Social Science", *Annals of the American Academy of Political and Social Science*, 525(January, 1993)

Posner, Richard A., *A Failure of Capitalism The Crisis of '08 and The Descent into Depression*(Cambridge, Harvard University Press, 2009).

_____, *Overcoming Law*(Cambridge: Harvard Univ. Press, 1995).

_____, "The Ethics of Wealth Maximization: Reply To Malloy", *Kansas Law Review*, 36권(1988).

_____, "The Homeric Version of Minimal State", *The Economics of Justice*(Cambridge: Harvard Univ. Press, 1983).

Saez, Emanuel and Thomas Pikety, "Income Inequality in the United States, 1913~1998" *Quarterly Journal of Economics* 118, no.1(Feb. 2003).

Sloan, Allan, "What's still wrong with Wall Street", *Time*, 2009년 11월 9일자.

Smith, Adam, *Lectures on Jurisprudence*(Indianapolis: Liberty Fund, 2007).

Stiglitz, Joseph, *Globalization and Its Discontents*(New York: W. W Norton, 2003).

Sunstein, Cass R., "Norms and Roles", *The Program for the Study of Law, Philosophy & Social Theory*(Ronald Dworkin 엮음)(1995년 가을).

Sullivan Teresa A./Warren Elizabeth/Westbrook Lawrence Jay, *The Fragile Middle Class Americans In Debt*(New Haven: Yale University Press, 2000).

Warren, Elizabeth/Amelia Warren Tyagi, *The Two －Income Trap Why Middle －class Morhers & Fathers are Going Broke*(New York, Basic Books: 2003).

Wu, John, "Law", *The Catholic Encyclopedia Sixth Section Supplement*(New York: Robert Appleton Company, 1955).

# 제 11 장

## 근대 이후의 자유주의의 변용과
## 경제공법질서의 전개과정(1)

올리버 트위스트(1837~1839)는 찰스 디킨즈(Charles Dickens)에 의해서 쓰여졌으며 영국 산업화 사회가 근대2기(1830~1880)에 겪은 산업 혁명 이후의 자유주의의 변용에 관한 기록이다. 이 책 출간 후 약 20년 뒤 존 스튜어트 밀(J. S. Mill)의 자유론(On Liberty)이 나왔다. 11장 3절 6항 참조.

## John Stuart Mill(1806~1873)

초기자유주의는 한국에서도 잘 알려져 있듯이, 개인주의적 인간관과 사회관을 전제로 했다. 고전자유주의는 개인을 싸고 있는 조직의 힘, 공동체(community)의 규정력을 최소로 파악하였다. 서서히 시장의 힘에 있어서의 불평등은 현대기업과 산업기술의 성장과 함께 한 사람의 경제적 자유는 다른 사람의 억압으로 통하는 것을 증명하였다(Smith, 1980: 281). 이때 자유주의자는 두 갈래로 나뉘었다. 한 그룹은 어쨌든 구제와 교정이 이루어져야 한다고 한다. 다른 그룹은 여전히 불관여주의(non-interventionism)나 자유기업(Free trade)이라는 도그마에 집착하였다. 전자는 존 스튜어트 밀(J.S.Mill)이며 후자는 허버트 스펜서(Herbert Spencer)이다(김철, 2009ㄱ: 186~188).

사적 자치(私的 自治)의 원리에 대한 수정과 공사법 이분법에 대한 회의는 이론적인 것이 아니고 이 연구의 다음 순서 즉, 사회경제사에 따른 Laissez-faire와 규제, 사회적 집단으로서의 기업과 공공복리, 토지 귀족과 신흥 부르주아지, 산업사회와 기업합병, 독점과점, 1차 대전과 사회주의 혁명, 팍스 아메리카나(Pax Americana)와 재즈 시대에서 보여 줄 사회경제사의 진행에 따라서 나타나는 것이다. 아메리카 법학사에 있어서는 사회학적 법학을 주창한 로스코 파운드(김철, 2007ㄱ: 50~51, 61)가 1905년과 1907년 두 번에 걸쳐서, 미국변호사협회(America Bar Association)에서 처음으로 사회학적 법학이 필요하다고 힘주어 말해서 시골 변호사들을 어리둥절하게 만들었다. 사진은 로스코 파운드(1870~1964)의 것이다(02.7.1).

19세기를 특징지었던 소유권 절대에 대해서는 리차드 엘리(Richard T. Ely)가 1914년에. 불법행위의개인책임에 대해서는 호움즈(Holmes)가 1894년과 1897년에; 에임즈(James B. Ames)가 1909년에 19세기적 공사법 이원론과 계약 자유에 대해서 포문을 열었다. 사진은 올리버 웬델 호움즈(1841~1935)의 것이다02.7.1).

포즈너는 세계 금융위기를 예측 못 한 세계적 명성의 거시경제학자들이 '사상의 역사'에 무지하다고 하였다(2009). 그는 또 거시경제학자들이 '이데올로기'에 영향받아서 선진 산업 사회의 여러 국민과 정치인들을 황무지에서 방황하게 하였다고 하였다.

이 논문은 최근 한국 법철학회가 한국의 법체계(헌법)와 관련하여 자유주의를 중심 테마로 한 데 대한 재검토와 성찰의 계기로 쓰인 것이다. 한국에 있어서 자유주의와 공동체주의를 대비시키는 태도는 "자유주의와 개인주의가 같은 내용일 것이다"라는 오래된 강단 법학의 선입견에서 출발한다고 보이고, 초기자유주의의 개인주의적 인간관과 사회관과 근대 후기의 자유주의는 변용하였다는 것을 잊고 있음을 지적하는 것이다. 다른 한편, 2008년 가을 세계 금융위기 이후 심각하게 문제되는 신자유주의와 자유지상주의 그리고 역사적 의미에서의 자유방임주의를 2차 대전 이후 문명사회의 에토스로 작용한 시대정신을 중심으로 살펴보는 것이다.

필자는 법철학 내지 법리학(jurisprudence)의 개념들을 시대정신(Zeit - geist)의 산물로 본다. 이 토대에서 근대 시민사회를 제3기로 나누어 자유주의의 변용을, 세계 대공황 이전의 현대까지 요약했다. 이 논문은 원래 근대에서 현대까지의 세계 대공황기와 뉴딜 시대까지 포함하는 것이었다. 11장에서는 세계 대공황 이전의 자유주의까지 취급한다.

- "근대 이후의 자유주의의 변용(1) - 경제공법질서의 전개과정 - ", 『세계헌법연구』(2010.6. 30) 본 논문은 2010년 6월 11일 공법 판례와 이론 연구회에서 발표하고 토론한 것을 반영한 것임.

# 0. 들어가는 말

포즈너는 세계 금융위기를 예측 못 한 세계적 명성의 거시경제학자들이 '사상의 역사'에 무지하다고 하였다(2009). 그는 또 거시경제학자들이 '이데올로기'에 영향받아서 서양 여러 국민과 정치인들을 황무지에서 방황하게 하였다고 하였다. 이 글은 포즈너의 두 가지 지적에 응수하기 위하여 계획된 것이다. 물론 한국에서도 '사상의 역사'에 무지한 경우와 어떤 종류의 '이데올로기'에 영향받아서 일반인을 황무지에서 방황하게 하는 경우가 있었고 앞으로도 있을 것이다.[1]

# 1. 자유주의와 한국헌법

## 1.1. 한국 법체계와 자유주의

한국 법철학회 2010년 춘계학술대회는 '한국 법체계와 자유주의'를 주제로 열렸다. 한국 법철학회가 법철학의 순수이론적 탐구에서 더 나아가서 한국 법체계에서의 자유주의를 다룬 점에서 특기할 만하다.[2] 더욱 획기적인 일은 발표자 3인이 모두 한국 법체계 안에서의 자유주

---

1) Posner, Richard, "Why was Depression not Anticipated", *A Failure of Capitalism*(Harvard Univ. Press, 2009).
2) 역사적으로 최근에 이르기까지 한국 법철학회 구성원의 주된 관심은 순수 이론적 법철학이라 하더라도 법학 분과 중에서는 형법 쪽에 관심이 많이 가 있었다. 그 이유는 해방 이후 한국의 대학에서 법철학을 교수하기 시작한 사람들 중 형법과 법철학을 공통 전공으로 하는 경우가 뚜렷했기 때문이다. 고려대학교와 서울대학교에서 법철학을 가르친 황산덕 교수의 영향이 그러하다. 최근에는 기초법이라는 이름으로 다른 실정법 과목을 겸하지 않는 경우도 젊은 사람의 경우 나타났으나, 한국 법철학의 전통에 따라 형법을 소재로 한 법철학이론이 빈도가 높은 것은 대륙법학의 영향 때문이다. 헌법이나 공법을 법철학과 법사유의 소재로 하는 경우는 최근의 새로 나타난 연구 경향이다. 한국 법철학이 형법법철학에서 이제 공법 법철학으로 이행하는 과정에 있다고 보이는 것은 최근 모든 분과법의 해석 적용의 문제가 점점 더 법체계를 포괄하는 기본법의 문제로 옮아가고 이런 의미에서 법철학과 기초법의 도움이 현실적인 문제가 되고 있기 때문이다.

의를 논하면서 한국 법체계를 포괄하는 헌법의 문제를 문제의식으로 들고 나왔다는 것이다.[3] 오병선 교수는 한국 헌법에 있어서의 자유주의의 조항을 헌법 전문의 '자유민주적 기본질서'와 헌법 제4조의 '자유민주적 기본질서' 그리고 '모든 국민은 ~의 자유를 가진다'라는 기본권 보장 규정이 자유주의를 법제도화하고 있다고 본다. 오병선 교수는 공동체주의에서 제기하는 문제를 헌법 제37조 2항의 "국가안전보장, 질서유지, 공공복리를 위해서 자유를 제한할 수 있다"라고 정한 자유제한규정과의 관계설정 문제로 본다.[4]

## 1.2. 자유와 평등의 조화

발표자는 자유주의 법철학의 새로운 지평 설정을 위해서 첫째로 자유와 평등의 조화를 들고, 우리 헌법 11조 1항의 평등권 조항 그리고 국가인권위원회법 제2조의 차별금지 조항을 든다. 자유와 평등의 조화를 위해서 발표자는 자유의 개념의 새로운 이해가 필요하다고 하고, 이사야 벌린(Isaiah Berlin)이 제시하는 적극적 자유와 소극적 자유의 두 개념을 소개한다. 자기실현의 기회와 능력으로서의 적극적 자유와 제약에서의 해방이라는 소극적 자유를 제시한다(오병선, 2010.5: 15). 그는 자유의 개념을 공동체의 번영의 기초로서의 공동선과 조화시킬 수

---

3) 즉, 오병선 교수는 그의 문제 제기를 표현의 자유문제, 집회의 자유 범위 문제, 또한 노조원 신분의 공개를 둘러싼 사생활 보호와 대립된 교육 수요자의 정보 공개 문제, 또한 종교 재단의 사립학교에서의 종교 교육의 문제, 종교적 신념, 양심상 이유의 병역 거부 문제, 군인의 병영 내에서의 자유 독서 문제, 자기에게 불리한 진술을 강요당하지 않고 숨기고 싶은 자유와 교통안전과 공동체의 질서 유지에 대한 배려의 문제, 또한 부부간의 성적 성실 의무와 가정질서 위반의 문제를 자유의 의미와 범위에 관련된 헌법재판의 문제로 파악하고 자유주의의 유래와 스펙트럼, 자유주의의 법철학을 논하고 자유주의와 공동체주의의 상관관계로 옮아간다.

4) 그가 예를 들고 있는 자유주의와 공동체주의의 문제가 헌법 판례를 통해서 나타난 예로는, 전통적 가부장 질서를 영속시키는 호주제를 위헌이라고 판결한 호주제의 위헌(헌법재판소 결정 2005.2.3. 2001헌가9. 판례집 제17권 1집 1~50), 간통죄의 위헌 여부에 대한 헌법 재판.[1] 또한 시각장애인에게 안마업을 독점시킨 의료법 조항의 위헌 여부 사건(헌법재판소 결정 2008.10.30. 2006헌마1098)이다.

있는 '공동선지향 자유주의'를 제시한다. 즉 극단적 자유주의나 극단적 공동체주의를 배격하면서 자유와 공동체 가치를 혼합적으로 절충하려 한다.

## 1.3. 인간의 존엄과 가치

또 한 사람의 발표자는 이사야 벌린(Isaiah Berlin, 1909~1997)의 자유의 두 가지 개념을— 즉 소극적 자유와 적극적 자유의 개념을— 한국 헌법 제10조 "모든 국민은 인간으로서의 존엄과 가치를 가지며, 행복을 추구할 권리를 가진다. 국가는 개인이 가지는 불가침의 기본적 인권을 확인하고 이를 보장할 의무를 진다"에 연결시킨다. 즉, 헌법이 규정하는 인간의 존엄과 가치는 기본적으로 인간의 자율성이 아니라 자기결정성에서 찾는 것이 타당하다고 주장하면서 인간의 존엄과 가치의 근거를 자율성에서 찾는 입장과 자기결정성에서 찾는 입장으로 정리하고 있다(안준홍, 2010.5).

## 1.4. 한국에 있어서의 '자유주의 대 공동체주의 논쟁'은 '자유주의와 개인주의가 같은 내용이다'라는 선입관에서 출발한다

발표자(신동룡, 2010.5)는 고전적 자유주의와 현대자유주의를 구별하고, 또한 고전적 공동체주의와 현대 공동체주의를 구별한다.[5] 논문 필자는 자유주의와 공동체주의를 대비시키는 토론자에 대해서 공동체주의의 가치에 대척되는 가치는 자유주의가 아니라 개인주의라고 할 수 있다고 논평했다.[6]

---

5) 토론자가 한국 법제도의 최근 결과로서 예를 드는 헌법재판소 결정은 역시 간통죄 사례, 양심적 병역 거부 사례이다. 토론자가 마지막으로 보여 주는 영화 속 미국 연방 대법관은 산모에게 선택권을 인정하여 낙태를 일부 허용하는 판결에 관한 것이다. 즉 낙태의 자유에 관한 미국 연방 대법원의 판결 내용이다.

6) Harold Berman "Individualistic and Communitarian Theories of Justice And Historical

또 다른 발표자인 이정훈 교수는 종교의 자유를 국가주의와 대비시킨다.[7] 세 사람의 발표자의 공통점은 헌법상의 자유주의는 자유권과 직결되고 있다고 느끼고 있는 듯하다. 자유권을 공동체적 요구, 즉 공동체주의와 어떻게 조화시키느냐가 세 사람의 공통적 관심사인 듯하다.

## 1.5. 초기자유주의는 개인주의적 인간관과 사회관을 전제로 하나, J. S. Mill의 근대 후기의 자유주의[8]는 불평등에 대한 구제와 교정을 포함한다[9]

초기자유주의는 한국에서도 잘 알려져 있듯이, 개인주의적 인간관과 사회관을 전제로 했다. 고전자유주의는 개인을 싸고 있는 조직의 힘, 공동체(community)의 규정력을 최소로 파악하였다. 서서히 시장의 힘에 있어서의 불평등은 현대기업과 산업기술의 성장과 함께한 사람의 경제적 자유는 다른 사람의 억압으로 통하는 것을 증명하였다(Smith, 1980: 281). 이때 자유주의자는 두 갈래로 나뉘었다. 한 그룹은 어쨌든 구제와 교정이 이루어져야 한다고 한다. 다른 그룹은 여전히 불관여주의(non-interventionism)나 자유기업(Free trade)이라는 도그마에 집착하였다. 전자는 존 스튜어트 밀(J. S. Mill)이며 후자는 허버트 스펜서

---

Approach", p.550 *Univ. of Califormia Davis Law Review Spring 1998, Vol.21 No.3.*

7) 그는 종교를 잠식한 국가주의의 예를 종교문제에 대한 국가의 개입과 최근 발의되었던 국가공무원법 개정안 중 제66조 2항 종교차별행위의 금지의 조항을 예로 든다. 그는 역시 국가의 존엄성에 대한 경례의 1970년대 대법원 판결과 2004년의 양심적 병역 거부에 대한 판례의 예를 든다. 그는 또 소수자와 약자의 권리보호를 위한 자유주의의 예로서 종교계 사립학교에서 강제배정 받은 비종교인 학생이 종교자유보장을 위한 주장을 든다.

8) 고전적 자유주의의 대표적 사상가 아담 스미스와 근대 2기의 대표적 사상가 존 스튜어트 밀에 대해서는 본 논문, 2.7.1 근대 1기의 대표적 사상가 아담 스미스의 도덕철학과 법철학(Jurisprudence)(김철, 2010.5: 51~52)과 3.6 근대 2기 대표적 사상가, J. S. Mill의 『자유론』(1859)을 볼 것.

9) 밀에 대해서는, 생존하고 있는 철학자로서 리처드 로티(Richard Rorty)의 평가가 가장 새로운 것이다. "내가 밀에게서 배운 것 이상의 것을 추구하는 어떤 것도 생각할 수 없다. 밀은 신칸트주의의 사상에서 나타나는 '전면적 혁명에 대한 낭만적 동경' 같은 것이 영국에 도달하지 못했기 때문에 영향받지 않은 다행인 경우이다." Richard Rorty, Derek Nystrom, Kent Puckett, *Against Bosses, Against Oligrchies*(Chicago, Pricky Paradigm Press, 2002).

(Herbert Spencer)이다(김철, 2009ㄱ: 187~188).

## 1.6. 개인주의 대 공동체주의(Individualistic and Communitarian Theories of Justice)[10](김철, 2007ㄱ: 100~103)

따라서 자유주의 대 공동체주의의 대비가 아니라 기본적으로 개인주의 대 공동체주의(Individualistic and Communitarian Theories of Justice)의 대비가 서양 법철학사와 서양법 전통에 병행하는 서양 법제도의 바른 대비라고 보인다(Halord Berman, 1998; 김철: 2007ㄱ). 해롤드 버만[11]의 1998년 논문에서 본격적으로 토론한 이 문제를 2010년 한국 법철학회의 중심 주제를 계기로 소개한다. 1972년 현대의 고전이 된『정의의 이론(A Theory of Justice)』[12]에서 존 롤즈는 궁극적으로 개인의 자유에 연원하는 개인의 권리를 우선시키는 이론을 수립하였다. 그는 개인이 합리적인 선택을 하는 결과로서의 정의를 개념화하였다. 다른 사람의 자유와 정의를 함부로 간섭하는 것을 방치하는 데 필요한 만큼 시민의 자유와 권리를 사회에 대해서 양보한다는 것이다. 10년이 지나서「자유주의와 정의의 한계」에서 롤즈에게 반박하여 샌달(Sandel)은[13] 어떤 정의의 이론도 사적인 목적보다는 공적인 목적에 일차적으로 기초하여야 하고 일단 공동체의 우선성이 인정되면 정의 그

---

10) Harold Berman, "Individualistic and Communitarian Theories of Justice And Historical Approach", p.550. *Univ. of Califormia Davis Law Review Spring 1998 Vol.21 No.3.*

11) 해롤드 버만은 1996년 그의 제자 및 영향권의 학자들에 의해서 일생의 업적이 다섯 가지로 분류되었다. 1) 법철학(Jurisprudence by Peter R. Teachout), 2) 법제사(Legal History by R. H. Helmholz), 3) 러시아법(Soviet Law and Russian History by William E. Butler), 4) 법과 종교(Law and Religion by John Witte Jr), 5) 국제통상법(International Trade and Commerce by Peter B. Maggs). Howard O. Hunter(Ed.) *The Integrative Jurisprudence of Harold J. Berman*(Boulder: Westview Press, 1996).

12) John Rawls. *A Theory of Justice*(Oxford: Clarendon Press, 1972).

13) M. Sandel *Liberalism and the Limits of Justice* 15(1982) 참조. Harold Berman, "Individualistic and Communitarian Theories of Justice And Historical Approach", p.550. *Univ. of California David Law Review* Spring 1998 Vol.21, No.3.

자체는 마지막 목적이 아니고 단지 중간적인 목적으로 보인다고 하고 있다.

많은 논쟁이 벌어졌다. 윤리 및 도덕철학의 입장에서 인간성은 개인적인 특성과 함께 사회적 특성을 가지고 있으며 이 두 가지 갈등하는 성격을 공생(共生)하기를 실패할 때 부정의(不正義)가 나타난다고 에드가 보덴하이머(Edgar Bodenheimer)[14)가 얘기한다. 정치 철학의 입장에서 리차드 로오티(Richard Rorty)는 롤즈의 개인의 권리와 자유는 인간성의 이론에 기초한 것이 아니고 20세기에 있어서의 북미합중국의 민주주의적 개인주의의 경험에서 특별히 나온 것이라고 설명한다. 다시 로오티(Rorty)[15)는 보편적 도덕가치나 보편적 인간본성에 기초한 정의(正義) 개념을 추구하기보다는 오늘날 특정국가에서 개인의 권리 또는 공동체의 가치가 정의의 궁극적인 기초로 취급되어야 할 것인가에 대해서 본질적인 문제에 직면하여야 한다고 주장한다.

철학적 자유주의와 그것의 반대되는 경향은 이미 고대에서부터 있어 온 자연법이론과 법실증주의 사이의 법학적 문제로서 나타난다. 고전 자연법이론은 마지막에는 운명이나 섭리에 기초하고 있다(Berman, 1998: 551, 주8). 반면에 고전 법실증주의는 궁극적으로 정부의 절대적인 입법권에 기초하고 있다. 이 경우에도 국가의 정당성이 전제되고 국가가 그것을 통하여 권위를 행사하는 법체계의 기초적인 객관성과 일관성을 전제로 한다(Berman, 1998).

반면에 고전 법실증주의는 궁극적으로 정부의 절대적인 입법권에 기초하고 있다. 이 경우에도 국가의 정당성이 전제되고 국가가 그것을 통하여 권위를 행사하는 법체계의 기초적인 객관성과 일관성을 전제로 한다(Berman, 1998: 552, 주12).[16) 12세기 이전의 이들 법 이론의 양대 고

---

14) Edgar Bodenheimer, "Individual and Organized Society from the Perspective of a Philosophical Anthropology", *J. of Soc. & Biological Structures* 207.

15) R. Rorty, "The priority of Democratic Politics to Philosophy", 12(1988) *The Virginia Statute of Religious Freedom*, M. Peterson & R. Vaughan eds. 1988.

16) 비교 H.L.A Hart *The Concept of Law* 49(1961).

전학파 간의 갈등이 있었고 이 갈등은 법의 궁극적인 연원과 효력의 문제로 나타났다. 긴 논쟁을 요약하면 자연법이론은 도덕성에 근원하며 따라서 정의가 주제가 된다. 법실증주의는 체계의 정치에 기초하여 질서에 관한 이론이 된다. 현대 법 이론은 다음과 같은 문제에 집중한다.

과연 자연법 이론가가 주장하는 것처럼 기본적인 도덕성에 배치되는 법이 정당성을 상실하는가? 따라서 구속력이 없는가? 혹은 법실증주의자들이 주장하듯이 이런 경우에도 주권자의 의지를 표시하기 때문에 법으로 남아 있을 것인가의 문제이다.

정치 및 도덕철학자인 롤즈(Rawls)나 샌달(Sandel)에 의하면 위에 말한 문제는 자유개념과 평등개념의 본질과 상호관계에 관한 보다 광범위하고 본격적인 문제가 특정하게 나타났다고 얘기한다. 물론 교정적 정의나 분배적 정의의 본질과 상호관계의 본격적인 문제라고도 주장된다. 이 경우 지쯔윅(Sidgwick)의 고전 윤리학에서 구분된다. 즉, '옳다(right)'와 '좋구나(good)'의 구별로 볼 수 있다.

롤즈나 샌달은 정의의 이와 같은 측면에 대한 오래된 탐구의 초점을, 경쟁하는 가치관의 우선순위가 무엇일까에 대한 논의로 문제의 성격을 줄이고 환원시켜 버렸다. 더욱이 서로 반대토론을 한 롤즈와 샌달과 같은 철학자는 정의의 본질에 대한 연구에서 법제도를 제외함으로써 결과적으로 그들의 철학적 논의가 어떠하든 간에 법에 대한 법실증주의적인 개념을 묵시적으로 받아들인 것이 되었다(Berman, 1998). 그 이유는 다음과 같다. 그들에 따르면 정의는 오로지 이성에 의해서만 규정될 수 있는 성질상의 도덕적 범주이며 명시적이든 묵시적이든 간에 법제도 자체에 의해 제공되는 정의(正義) 개념규정은 이성에 의해서 제기되는 정의(定義 definition)에 비해서는 하잘것없거나 별 볼일 없다는 것이다. 이러한 윤리철학과 정치철학의 견해는 놀라울 정도로 법제도와 규범에 대한 강한 정도의 부정적인 전제를 배 속에 깔고 있다(Berman, 1998). 즉, 법이라는 것은 법체계의 외부로부터 순전히 도덕성에 의해서 판단될 때에는 본질적으로 어떤 의지의 산물이며 이성만이 법체계 바깥으로부터 법을 평가하기 위해서 모셔 와야 될 판별기준이라는 것이다 데카르트학파의 순수이성주의가 서구 지성사를 꿰뚫고 흘러서 1971년과 1981년의 존 롤즈(John Rawls)에까지 이르렀다(Berman, 1998).

우리가 탐구하는 비교 제도론의 기본가치는 자유 · 평등 · 정의와 같은 철학적 명제이나 지성사의 사고라기보다는 시대와 장소를 달리하는 역사적이고 객관적인 제도의 문제이다(Berman, 1998).

### 1.7. "자유권과 평등의 욕구 또는 공동체주의를 어떻게 조화시키는가":[17] 드워킨과 롤즈의 인용

한국 법철학회 2010년 대회에서 오병선 교수는 로날드 드워킨이 비실증주의적 입장에서 자유주의 법철학을 옹호하는 이론을 발전시켜 왔다 하고, 미국에서 자유권의 기초를 이루는 기본적 헌법 원리들은 모든 개인들이 동등한 존중과 배려로 대우되어야 한다고 드워킨이 주장한다고 한다. 드워킨은, 자유주의는 핵심적인 사회적 가치를 구체화하지 못하고 있다는 공동체주의의 비판에 대하여 자유주의는 평등의 가치와 사람들에 대한 존중에 기초하고 있다고 답변한다(오병선, 2010.5: 7). 드워킨은 자유주의 초기의 법이론의 상징이었던 법실증주의자들의 법과 도덕의 분리론을 반대하는 접근법을 취하면서도 정교한 자유주의 법철학을 발전시키고 있다는 평가를 받고 있다고 한다(오병선, 위 글).[18] 다른 발표자 신동룡 교수는 현대 자유주의에 있어서의 공정한

---

17) 자유와 평등의 가치가 대립하기보다 '상보'의 관계에 있다는 것은 헌법철학의 영역에서는 이미 알려진 사실이다. 참조, 김철수, 『헌법학신론』(제18전정판)(서울: 박영사, 2006); 같은 사람, 『헌법학신론』(서울: 박영사, 2009).

18) 다시 오 교수는 Arneson의 *Liberalism* Ⅲ를 인용하여 자유주의 실천화를 위한 구성원리들을 요약한다. 즉, 1. 관용의 원리, 2. 국가 중립성의 원리, 3. 차별 없는 평등 원리의 채택, 4. 시장이 분배적

배분의 문제를 둘러싸고 평등지향적 자유주의(egalitarian liberal)와 자유지상주의적 자유주의(liberalitarian liberal)의 논쟁을 소개한다. 전자의 예로써 롤즈를 들고, 후자의 예로써 하이에크를 드는데, 이때 벌써 시장규제의 문제가 등장하기는 한다.

## 1.8. 세계 금융위기 이후의 맥락에서 가장 중요한 최현대의 법철학자는 로날드 드워킨이다

최현대의 대표적 법철학자인 드워킨의 자유주의의 내용과 한계(김철, 2009.03: 194~203),[19] 자유주의의 반성(김철, 2009.06: 32, 39)[20] 자유주의의 전제와 성찰(김철, 2009.09: 212~224)[21]에 대해서는 논문 필자가, 여러 차례 취급했으며, 특히 2008년 10월 이후의 세계 금융위기라는 역사적 사건과 관련된 논문[22](김철, 2010.05: 37~64)에서 중점을 둔 적이 있다.[23]

우리나라 법철학계와 철학계에서 잘 알려진 Ronald Dworkin은 2008년 10월에 방한해서 "법과 자유주의(Law and Liberalism)"라는 논문을 발표하고 이것에 앞서 1995년 논문 "Why we all are liberals"을 뉴욕대학에서 발표하였다. 논문 저자는 2008년 10월 드워킨의 두 개

---

정의를 실천하게 하는 경제질서를 채택한다고 한다(Arneson, *Liberalism* III, 1992: 오병선, 2010.5.7). 주의할 것은 4항에서 시장을 분배 실천의 중심으로 보는 점이다. 세계 금융위기 이후에는 평가가 현격히 달라진다. 신자유주의 시대의 시장근본주의를 표현한 것으로 어떤 언어에 의하든지 신자유주의를 완곡하게 표현한 것으로 보인다.
19) 김철, 『경제위기 때의 법학』, 제4장 1989년 이후 세계체제가 자유화되면서 한국에서 역시 이루어졌던 자유화 과정은 어떠했는가?(서울: 한국학술정보(주), 2009ㄱ).
20) 김철, "최현대의 경제공법사상", 『세계헌법연구』 제15권 제2호(서울: 국제헌법학회 한국학회, 2009.6).
21) 김철, 『한국 법학의 반성』 제3부 최현대의 경제공법 사상 ─ 신자유주의 시대의 평가와 2차 대전 이후의 시대정신(서울: 한국학술정보(주), 2009ㄴ).
22) 김철, "세계금융위기 이후의 경제, 규범, 도덕의 관계: 금융위기에 관련된 제도의 도덕성 논의를 위한 시론", 『현상과 인식』2010 봄/여름호 제34권 1,2호 통권 110호.
23) 김철, "공법에 있어서의 경제적 보수주의와 경제적 자유주의의 순환 ─ 경제공법에서의 파라다임의 재성찰", 한국사회이론학회, 『사회이론』2010년 봄/여름호 통권 37호.

세미나(월, 화요일)에서 직접 단도직입적으로 그 당시 세계 경제위기의 벼랑 앞에서 힘을 얻고 있었던 폴 크루그먼의 liberalism과 드워킨 자신의 liberalism이 무엇이 다르며 무엇이 같은가를 질문하였다. 그 대답은 경제적 자유주의를 지칭하는 폴 크루그먼의 입장과 자신의 liberalism이 일치하며 경제사와 헌법사에서 나타난 이러한 입장의 대법관들에 대해서도 같은 입장을 명백히 표명하였다(김철, 2010 예정).

## 1.9. "철학 없는 역사는 의미가 없으며, 동시에 역사 없는 철학은 공허하다"(Anon)

세 사람의 법철학 전공인 학자들이 한국 법체계와 자유주의를 주제로 법철학 이론과 헌법재판소 결정을 대조한 점은 전례 없는 일이어서 한국 법철학계가 구체적인 법제도의 문제를 논하기 시작했다고 말할 수 있다. 그러나 이미 발표자들이 고전적 자유주의와 현대적 자유주의를 구별하고 현대적 자유주의의 의미 내포가 더 이상 근대적 자유주의의 내용이 아니라는 것을 거듭 천명하고 있음에도 왜 달라졌으며 왜 달라지지 않으면 안 되었으며, 그 달라진 법철학의 내용이 어떤 법철학자의 담론이나 저술 때문인지 어떤 시대의 반영인지 더 나아가서 철학적 혹은 법학적 개념이 어떤 시대정신의 산물인지를 설명하는 바가 없다. 불가피하게 철학과 역사의 관계를 상기하게 된다. "철학 없는 역사는 의미가 없으며, 동시에 역사 없는 철학은 공허하다."[24](Anon) (Berman, 1998)

가장 기본적인 법학통론 교과서에도 근대적 의미의 계약자유와 현대적 의미의 계약자유는 다르다고 쓰여 있고, 어떤 헌법학 교과서에도 근대적 입헌주의와 현대적 입헌주의가 개념요소가 다른 것으로 한국

---

24) Harold J. Berman, "Toward an Integrative Jurispridence: Politics, Morality, History", *76 CAL.L.REV.* (July, 1998).

의 법학도들은 배워 왔다.

## 1.10. 어떤 상황에서 자유주의에 대한 의미가 크게 달라지는가

그러나 왜 어떻게 어떤 역사적 경과에 따라서 달라지지 않을 수 없었으며, 어떤 상황에서 자유주의에 대한 의미가 크게 달라지는가는 배울 수가 없었다. 더욱이 최현대사에서 세계적 맥락에서 본다면 1989년 10월 동유럽 러시아혁명에서처럼 1917년 소비에트 혁명 이후 72년 동안 지구상의 법제도를 거의 반분하였던 사회주의 법제도가 중동부 유럽의 광범위한 지역에서 어떻게 붕괴되었는지 그 붕괴 과정은 자유주의와 어떤 관계가 있으며 이윽고 폐허가 된 사회주의 법제도의 자리에 어떤 새로운 형태의 자유주의가 맹위를 떨쳤는지 분별하는 바가 없다.[25] 더 나아가서 1980년 내지 1981년부터 활발해진 신보수주의의 다른 이름인 신자유주의가 어떤 모습으로 지구상의 최선진 산업국가에 스며들어서 이윽고 발상지뿐만 아니라 대서양을 건너서까지 맹위를 떨치게 되었는지 말해 주는 바가 없다.

## 1.11. 자유지상주의, 신자유주의[26]와 자유방임주의

더욱이 방금 예를 든 자유지상주의나 또는 신자유주의는 그 역사적 형태로는 산업혁명과 시민 민주주의 초기의 자유방임주의와 외형상 큰 차이가 없어 보일 수도 있었다는 것이다.

---

25) 자유지상주의의 문제는 김철, "한국에 있어서의 자유주의와 자유지상주의에 대한 반성", 한국사회이론학회, 「사회이론」, 2006년 가을/겨울 통권 30호 또한 김철, 『경제위기 때의 법학』(서울: 한국학술정보(주), 2009ㄱ).

26) 신자유주의의 대두와 그 시대적 배경에 대해서는 김철, "최현대의 경제공법사상" 6. 아메리카의 보수주의 혁명과 신자유주 48∼52, 『세계헌법연구』 제5권 제2호, 국제헌법학회 한국학회 2009.6. 또한 김철, 2010ㄹ을 볼 것.

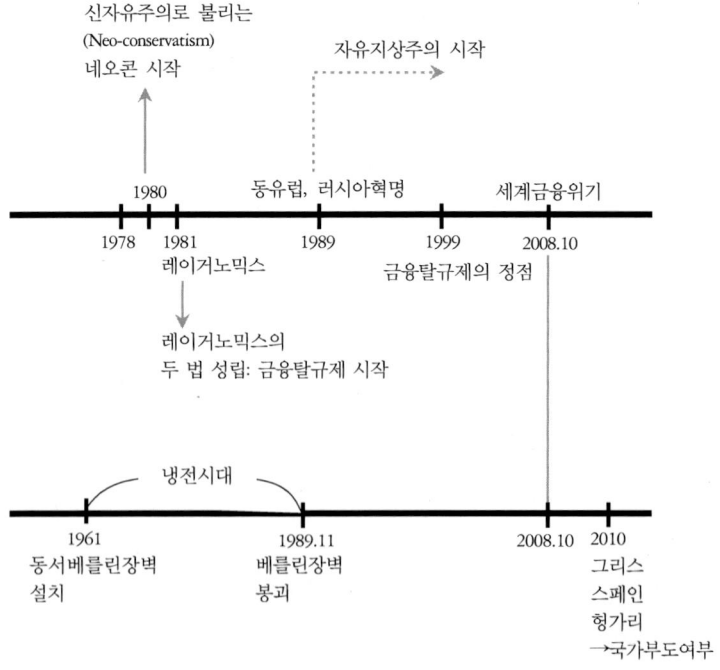

자유지상주의와 신자유주의의 역사

이런 문제들은 어떤 철학자가 어떤 개념으로 어느 대학에서 말했다는 그런 진원지라기보다는 어떤 시대의 다른 시대와 달라지는 분명한 불연속 내지 특징을 나타내기도 하고, 비단 철학 사상이나 지성사의 문제라기보다는 인류 문명이 영위했던 모든 측면의 역사들이 통틀어서 모습을 드러내는 것이라고밖에 볼 수 없다. 2008년 9월에 시작되고 2010년 6월 현재 그 2단계의 경과가 EU지역에서 나타나고 있는 세계경제위기 내지 금융위기는 자유주의의 어떤 모습과 관계있는지 이 문제는 이론적 문제라기보다는 당장 당사자가 되고 있는 EU국가들의 화급한 실천적 문제일 뿐만 아니라 그 파급효과가 약간의 시차를 두고 산업화한 모든 국가와 이윽고 한국에도 영향을 미칠 일이라고 볼 수 있다. 자유주의의 다양한 스펙트럼을 아는 것(오병선, 2010.5: 3~4)은 그 개념 이해가 현상과 현상의 본질에 대해서 통찰력을 준다면 도움이 될 것이다. 그러나 자유주의의 사전적 의미를 아무리 개념적으로 다양하게 파악하고 있어도 풀리지 않을 문제가 있다. 이것은 말을 바꾸면 자유주의의 다양한 개념을 아는 것 못지않게 그 개념들이 태어나고 주장된 사회경제적 맥락을 또는 역사적 배경을 더 잘 아는 것이 도움이 된다고 말할 수 있다.

전반적 토론에 있어서, 많은 시간은 자유주의 대 공동체주의 논쟁에 대한 것으로 토론자 신동룡 교수가 지적한 바 아리스토텔레스-루소-헤겔로 이어지는 공동체주의적 전통과 홉스-로크-벤담-밀-칸트에 이르는 자유주의적 전통 사이의 논쟁에 뿌리를 두고 있다고 한다.

그러나 이 자유주의 대 공동체주의를 대립시키는 이분법은 논문 필자가 그 자리에서 지적한 대로 엄격하게 말하면 개인적 가치 대 공동체적 가치를 대립시키는 역사적 원형에서 판단할 때 어떤 이유든지―신동룡 교수는 대륙법 전통이기 때문에 자유주의와 공동체주의를 대립 개념으로 파악한다고 했다.―자유주의 자체를 잘못 파악한 것이고 자유주의가 개인주의와 일치하다는 잘못된 선입견에서 비롯된 것이라 할 수 있다(Berman, 1998; 김철, 2007ㄱ: 99~103). 또한 이 논문 말미에서 지적할 것처럼 자유가 평등과 모순된다는 개념적 파악은 서양철학의 관념론 시대의 것이고(김철, 2010ㄹ: 31~33), 서유럽 대륙에서는 1989년 동유럽 러시아혁명 이후 오래 계속된 관념론 시대의 이분법이 획기적으로 지양되기 시작했다.

## 1.12. 신보수주의 또는 신자유주의의 시대의 편향이 어디에서 왔나[27)
### (김철, 2010.5: 12~13)

대체로 1970년대 후반에 이르러서 선량하고 그다지 사회의식이 없는 평범한 아메리카의 시민들은 '번영의 아이들'이 구가하는 자유주의 (김철, 2009.06)에 대해서 반역할 만한 충분한 분위기가 형성되어 갔다 (Peter Beinart, 2009: 23). 이 시기에 로날드 레이건은 자유주의의 반대명제로서의 보수주의가 나가야 될 방향을 향후 40년간 자신과 다른 보수주의 운동가들이 추구해야 될 정치적 비전으로 보여 주었다. 그의 정치적 성공의 출발점은 이미 말한 바대로(김철, 2009.06: 44~48) '번영의 아이들'이 구가한 자유에 대한 반감을 가지고 있는 아메리카의 전통적인 중산층의 정서에 있다고 볼 수 있다. 또 다른 그의 성공의 비결은 이미 말한 아메리카 시민의 문화적 아이덴티티에 대한 불안감보다 더한 공산주의에 대한 두려움과 민권운동에 대한 백인들의 반발심에 있었다고 본다(크루그먼, 2008: 027). 이러한 분위기에서 1978년 뉴딜 이후의 큰 반작용으로서 탈규제 경제정책이 처음으로 시도되고, 1981년 로날드 레이건은 고결한 보수주의 원칙론자의 전형으로 대통령에 당선되었다(김철, 2009ㄴ: 238~239).

1981년 이후 활발하게 전개된 아메리카에 있어서의 신보수주의의 기원은 우선 시카고학파의 경제학자인 밀턴 프리드먼(Milton Friedman)이 주축이 되어서 1930년대 이후 아메리카 사회의 인프라를 구축하는 데 도움이 되었던 케인즈 이론에 맞섰다. 또 한 무리의 사회학자들은 빈곤과의 전쟁, 교육에 대한 연방지원 정책, 노인의료 지원정책 등을 포괄하는 국가계획에 반대하였다. 대공황과 뉴딜 정책 그리고 뉴딜 입

---

27) 김철, "공법에 있어서의 경제적 보수주의와 경제적 자유주의의 순환 - 경제공법에서의 패러다임의 재성찰", 한국사회이론학회, 『사회이론』, 2010년 봄/여름호 통권 제37호.

법이 만든 아메리카 사회의 인프라는 1960년대까지 번영의 기초가 되었다. 1960년대의 청년문화, 반문화, 반전운동에 대한 아메리카 평균인들의 염증 이외에도, 아메리카 사회에 보수주의 경제학자들이 등장하게 된 것은 역사적으로는 이유가 있다. 왜냐하면 산업화 사회에서는 끊임없이 산업혁명 초창기를 상기하게 되고,[28] 그 시대의 시대정신이었던 아담 스미스의 자유시장 원리를 떠올리게 되는데, 근대 경제학이 이 시기에 성립하였다. 당시 정부의 활동은 산업혁명 초창기의 테크놀로지나 기술 혁신에 큰 역할을 하지 못했으며, 최소한의 역할을 하고 있었다.

이후에도 경제발전의 최초 동인이 개인의 창의성에 의한 이노베이션에 있다는 산업혁명 초창기의 경험이 민간 경제를 대표하는 경제학자들에 의해서 늘 제기되어 왔다. 아담 스미스의 인간의 이기심을 통한 공동의 선의 구현에 있어서의 보이지 않는 손의 지배는 통찰력이 있었으며, 그 시대의 시대정신을 대변하였다. 고전적 정부 모델이 중상주의 시대의 절대권력이나 현대 이후의 정부 모델과 비교해서 크게 제한적인 것도 큰 이유이다. 정부의 개인에 대한 자유방임이 최대의 번영을 약속한다고 믿어졌다. 세계 경제사의 흐름은 이때를 법제도에 있어서의 근대 자유주의 제1기와 동반하는 시기임을 보여 준다(김철, 2009ㄴ: 241).

## 1.13. 세계적 규모에서의 관찰―자유라는 어휘에 대한 착각을 신자유주의가 불러일으켰다(김철, 2010.5: 26~27)

신자유주의 시대의 특징은 1978년부터 태동해서 공식적으로 1981

---

28) 대략 1770년대부터 1820년대 또는 나라에 따라 1830년대까지가 산업혁명의 초기이다. 개인기업 중심으로 생산 및 유통업이 활발하게 일어났으며, 상인의 자본이 경제활동의 원동력이었다(김철, 2009: 141).

년부터 세계 경제위기가 가시화된 2008년 9월 28일까지로 그때까지의 주도적인 경제체제와 경제제도 그리고 그것들이 동반하는 모든 것들이 사람들의 자유를 극대화한다고 세뇌한 점에 있다.[29] 따라서 이 시대에는 경제뿐 아니라 정치, 사회 문화 모든 면에서 자유라는 키워드를 간판으로 내세워서 사용하였다. 그러나 아메리카를 중심으로 레이거노믹스 시대의 주창자들이 자유라고 부른 것의 실체는 자유주의 반대명제로서의 신자유주의 또는 신보수주의라는 범주에서 찾아볼 수 있는 것이다. 레이거니즘 또는 레이거노믹스는 엄격히 말하면 반시대 정신이었다(김철, 2009ㄴ: 245). 왜냐하면 세계 제2차 대전 종전 이후, 21세기의 지금에 이르기까지의 64년간을 꿰뚫고 흐르는 주된 시대정신은 '인간의 존엄과 가치'를 위주로 하는 큰 흐름으로써의 자유주의였고, 신자유주의 또는 레이거니즘은 존엄권과 같은 것이 포함되었다고 보기 힘들기 때문이다. 왜냐하면 부의 극대화는 직접적으로는 2차 대전을 승리로 이끌고 전후 질서를 기초 짓는 인간의 존엄과 가치와 행복 추구권과는 연결되지 않고 오히려 수단가치이기 때문이다.

## 2. 근대의 자유주의와 경제공법질서

### 2.1. 르네상스와 근세 절대주의의 성립

……가치 체계와 권위에서의 해방(解放)은 개인주의의 성장으로 그리고 이윽고 무정부주의의 지점으로 나아갔다. 르네상스 시절의 사람들의 마음에는 이전의 지성적·도덕적·정치적인 모든 훈련은 모두

---

29) 이 역할을 한국에서는 자유화·민주화 이 후 부분적으로 당시의 주류 매스미디어가 담당하였다. 대학과 지식인들은 전문화와 구획화로 인한 칸막이가 쳐진 울안에 갇혀서 전문인으로서 또는 지식인으로서의 역할을 극히 제한적으로 행했다.

스콜라 철학과 교회 정부와 관련되어 있었다. 그러므로 르네상스의 사람들에게는 교권으로부터의 해방은 도덕과 정치에서의 해방을 의미하는 것이었다. ……15세기 이탈리아의 도덕적 정치적 무정부주의는 극도에 이르렀으며, 마침내 마키아벨리의 이론이 나왔다(김철, 2007ㄱ: 42~43).[30]

이러한 폐단의 한 면에서는 오랜 정신적인 속박에서 벗어남이 일부의 사람들로 하여금 예술과 문학에 놀라운 업적을 남길 수 있게 하였다. 그러나 이런 사회는 불완전한 것이다. ……종교개혁과 반종교개혁은 이탈리아의 스페인 복속과 결합되어 이탈리아와 근세 르네상스의 장단점 모두에 끝장을 내고 말았다.

이 움직임이 알프스 북쪽까지 퍼졌을 때 똑같은 무정부주의의 성격을 가지게 되었다. ……르네상스를 통해서 부활된 인문주의는 이윽고 다음과 같은 조건을 만나게 되었다. ……무질서 속에서 왕권은 강화되고 이 왕권이 상인과 결합되어 이윽고 절대주의 국가로 이행하게 되었다.[31]

## 2.2. 중세의 삶의 양식(樣式)으로서의 집단주의는 근세절대주의를 지탱하였다

중세 세계에 있어서 인간의 파악을 한 개인의 고유한 인격으로 파악하는 경우는 드물었다. 왕 또는 뛰어난 성직자 또는 사회계층의 최상위에 속하는 지배계급으로서 그 인격적 특징을 주목하지 않으면 안 되는 경우를 제외하면 대부분의 평범한 사람들은 사람의 개체로서 파악되지 아니하였다. 예를 들어서 바바리아의 농부 아무개는 개체로서

---

30) 김철, 사간본 『현대의 법이론 ― 시민과 정부의 법』, pp.1~2(서울: Myko Int'l co. 1994).
31) Bertrand Russell, *A History of Western Philosophy*, p.491. George Allen & Unwin Ltd. 1979.

파악될 필요가 없다. 바바리아의 어느 지방 장원(莊園)의 농부 500명 중 한 사람으로 족할 뿐이다. 마찬가지로 브레멘 시의 양초 제조업자 누구는 독자적으로 파악될 필요가 적다. 그 시의 양초 제조업자 300명 중 한 사람으로 족할 뿐이다. 그의 사회적 활동은 양초 제조업자 조합의 일원으로서 행해진다. 중세의 사회구조는 장원경제, 길드 경제, 수공업자 경제와 같은 단위로 편성되어 있었다. 토지를 중심으로 할 때 봉건제도는 수많은 영지(領地), 즉 그 규모와 지배력에 있어서 차이가 있는 수없는 귀족령(貴族領)으로 구성되어 있었다. 여러 영지는 경우에 따라 다르겠지만 제각기 독자적인 방어력을 준비하고 축성술이든지 건축술을 발달시켰다. 어느 도시의 구성원은 독자적인 운명을 가질 수 없었다. 집단 방위와 집단 자위(自衛)는 그들의 생존 문제였다. 물론 중앙집권적인 국가의 형성이 어느 정도 이와 같은 지역적 집단성을 해체하였다. 그러나 시민혁명에 의해서 독자적인 시민계급이 주도적으로 국가를 형성하지 아니한 국가에 있어서 여전히 봉건적 집단주의와 중앙집권적인 관료 혹은 군대와의 갈등을 해소할 수는 없었다. 관건은 근대사회를 개방화시킨 시민혁명의 여부이다. 왜냐하면 시민혁명은 근세 절대주의를 붕괴시켰을뿐더러 그 효과로서 근세 절대주의를 지탱시킨 계급주의적 봉건제도를 해체하였기 때문이다. 프랑스의 경우 제3계급의 출현과 이들에 의한 제1의 계급과 제2의 계급, 즉 당시 지배세력의 부인은 결과적으로 봉건적 지배세력의 부인이었기 때문이다. 토지를 생산의 유일한 수단으로 장악하고 있는 대토지소유자는 봉건제도에 있어서는 동시에 정치적 지배자였고 종교기구에 있어서도 영향력을 장악하고 있었다. 1789년 당시 신흥 부르주아지는 절대주의 왕권에뿐만 아니라 봉건제도하에서의 지배세력을 붕괴시키고자 하였다. 시민혁명에 의해서 비로소 인류는 중세 아니 고대 이후의 집단주의적 생활양식과 집단주의적 사회제도, 경제제도에서 벗어날 수 있었다. "우리들은 인간이 태어날 때부터 자유롭고 평등하다는 것을 믿는다"라는 것은 언어의 21세기적 의미에서 평등주의의 고창이 아니다. 중세적·근세 절대주의적 질곡에 매이고 중세적·근세 절대주의적 집단주의 방식에 의해서 삶의 양식이 억압당한 사람들의 자기 발견이자 집단주의적 인간관에 대한 해체선언이다(김철, 2007ㄱ: 331~332).

## 2.3. 근대 시민혁명의 결과로서의 근대 시민사회

자유의 의미는 근세 절대주의 시대와 근대 시민국가 시대, 현대 복지국가 시대에 따라 의미가 조금씩 달라진다. 시민혁명 시대의 자유의 의미는 그 이전 시대의 특징이었던 압제, 전제(despotism), 자의(恣意, capriciousness)에서부터의 해방에 있었다. 인간의 사회생활에서 부정당한 권력의 횡포, 억압적인 지배로부터 벗어나고 싶은 욕구는 역사를 통해 관류하는 것이라고 할 수 있다. 시민혁명 시대를 전후해서 인류가 만든 입헌주의(constitutionalism)라는 보편적 장치는 자의(capricious)적인 권력을 견제하는 데 목적이 있었다. 권력을 가지지 못한 다수인들에게 자유란 기본적 권리를 존중받는 것을 통해 이루어질 수 있는 것이어서 기본적 권리의 존중은 자유주의가 근대에 성취한 제도적 성공이라고 할 수 있다. 그러나 이 제도적 성공은 주로 시민의 정치적 생활 영역에서의 외형적이고 공식적인 제도로 볼 수 있는 점도 있다(김철, 2009ㄱ: 172).

## 2.4. 시대적 배경: 근대 1기(1770~1820년대)

대략 1770년대부터 1820년대 또는 1830년대까지가 산업혁명의 초기로, 개인기업 중심으로 생산 및 유통업이 활발하게 일어났으며, 상

인의 자본이 경제활동의 원동력이었다.[32]

정부의 활동은 이 시기의 테크놀로지나 기술 혁신(innovation)에 큰 역할을 하지 못했으며, 최소한의 역할을 하고 있었다. 고전적 정부 모델이 중상주의 시대의 절대 권력이나 현대 이후의 정부 모델과 비교해서 크게 제한적인 까닭이 여기에 있다고 생각된다. 정부의 개인에 대한 자유방임이 최대의 번영을 약속한다고 믿어졌다. Adam Smith가 이 시기의 주요 사상가였다(김철, 1994: 17~18).

## 2.5. 시민과 정부의 이원론

시민과 정부 또는 국민과 국가는 대립된 입장에 있는 것으로 파악되었다. 시민혁명 ─ 청교도혁명, 아메리카혁명 또는 프랑스 혁명의 파장 ─ 을 겪고, 시민 또는 국민이 국가 권력의 구성인자 또는 정당화 요인으로 당연시된 나라에서도 그러했다. 그들이 건설하고 있는 시민 국가는 이제 겨우 걸음마를 타는 정도였으나, 인류가 경험한 압제적 국가 권력 또는 비합리적인 봉건적 전제는 중세 사회가 붕괴한 이후(1453~) 3세기가 넘었었다. 시민사회가 의지한 것은 이성의 지배였으나, 항상 어디서든지 어제의 압제가 파괴적인 본능(destructiveness)을 드러낼 가능성이 있다는 것을 알고 있었다.

18세기는 이성과 진보를 인류가 믿을 수 있었던 시기였다.[33] 합리주의와 인본주의 그리고 주관주의를 새로운 신조로 가졌던 근대인은 그들을 속박했던 리바이어던(Leviathan)을 단단히 결박하기를 원했다. 국가 기능을 나누고(devide) 서로 견제(check)시켜 균형(balance)에 이르

---

32) Mark Freeman, *Technology and Stages of Economic Development*(Glasgow: Glasgow University, 1987) 또한 Freeman, Mark, *A Tentative Sketch of Some of the Main Characteristics of Successive Long Waves*(Modes of Growth) - Table 3.1(1987).

33) 보라, 金徹, "진보(progress)", p.497. 제12장 결론, 『러시아 - 소비에트 법 ─ 비교법 문화적 연구』(민음사, 1989).

게 하는 것이며, 대표(representation)에 의한 규칙제정(legislation)으로 리갈리즘에 리바이어던(Leviathan)을 결박하는 것이다. 15세기 이후 서구 문명사회를 휩쓸었던 무정부 상태(Anarchy)에 대한 반동으로서의 마키아벨리즘(Machiavellism), 그리고 그 법학적 표현인 홉스(Hobbes)의 국가관은 이 시대의 근대인에게는 여명에 동반하고 있는 그림자로 보였다.

개인으로서의 사인, 사인으로서의 개인은, 전 시대와 같이 억압적이고 압제적인 ― 그래서 그 연상의 첫째 대상으로서 ― 국가에서만 자유로워지면, 다음 순서는 진보를 약속하는 개인 이성의 차례였다. 근대 법에 있어서의 이분법의 첫 번째 대비는 개인 대 국가 또는 시민 대 정부라는 대칭이었다(김철, 1994: 18~19).[34]

## 2.6. 근대 1기의 기본제도

대략 1760년대에 시작된 이 시기의 주된 제도 사상은 '~로부터의 자유'로 특징지어진다. 정부의 부당한 간섭으로부터의 자유는 정신적 영역에서의 자유로운 종교, 자유로운 표현, 자유로운 언론, 자유로운 출판, 자유로운 모임을 구가하는 기본조항으로 나타났다(아메리카 헌법 수정 1조, 1791).

이 자유의 주체는 '이성적이며 합리적인' 인격의 개인이었는데, '자연적 권리와 보통의 이성'[35]을 가진 시민이었다. 그들은 그리스 · 로마

---

34) 이분법 대비는 조선 한말의 사회사정에서도 나타난다. 즉, "백성은 혹정에 시달리고"라는 실학파의 보고는 백성 대 정부의 이분법이다. 예를 들면, 강만길 외, 『정다산과 그의 시대』(민음사, 1985). 이분법 대비는 경우에 따라서는 구별이 옅어지기도 한다. 개인 또는 시민이 국가 또는 정부에 가까이 갈 수 있는 가능성이 높은 문화에서 ― 즉, 시민정부가 실제로 이루어지고 있는 경우이다. 구별이 극명해지는 참여가 어렵고, 정부구성의 실상은 근대가 아닌 이전 시대의 것인 경우이다. 전자는 발랄하고 자발적인 시민도덕이 성립한다. 후자는 형식적 관료주의와 법치주의가 우선한다.

35) 1610년 Court of Common Pleas에서 결정한 Dr. Bonham's Case에서의 Edward Coke가 인용한 Fitzherbert의 Cessavit 42, Thorne, Dr. Bonham's Case, 54 L.Q.R. 543(1938), Coke, Sir Edward, *The Selected Writings and Speeches of Sir Edward Coke*, ed. Steve Sheppard

의 고전을 읽고 이해하는 인본주의자였으며, 청교도혁명의 정신을 이어받은 근대 시민이었다.[36] 헨리 데이비드 소로우가 노예제도와 멕시코전쟁에 반대하여 인두세 납부를 거부하고 감옥에 수감된 후『시민의 불복종』을 쓴 것이 이러한 시대정신을 나타낸 것이다(김철, 1994: 20).[37]

## 2.7. 근대 1기의 사회적 영역의 특징

사회적 영역에 있어서의 특징은 봉건적 신분 질서와 특권의 와해, 길드(guild)와 같은 중세 조직의 붕괴와, 해방된 개체의 자발적인 관계 맺음이었다. 중세의 집단주의가 파괴되고, 개체는 자기책임의 원리로 생산, 유통과 고용관계에 들어갔다(김철, 1994: 21).

## 2.8. 근대 1기의 윤리와 법

근대 서양법 전통의 형성에 있어서 종교개혁의 영향(Berman, 2003)은 교회와 국가의 1517~1550년에 이루어진 독일 종교개혁과 1640~1689년에 이루어진 영국 청교도 혁명에 대한 버만 교수의 기념비적인 저작에서 나타난다.[38] 이 저작의 원형은 1974년에 출판된『법과 종교의 상호작용』[39]이며, 2차 대전 이후 비교법의 영역에서 최대의 걸작으로 공인된다.

---

(Indianapolis: Liberty Fund, 2003). 또한 김철 1993.

36) 근대주의의 3요건이 Stuart 제도혁명의 정신적 에너지였던 자연법(Law of Nature)과 결합한 것이다. 보라, 金徹, 코먼·로에 있어서의 고차법의 전통, '표현조항',『현대의 법 이론―'시민과 정부'의 법』(Myko Int'l, 1994). 또한 보라, 金徹,「법의 문자에 집착함 대 근본법 또는 고차법」, p.35,「튜더와 스튜아트정부에서의 행정과 법」, p.31. 사간본,『법제도의 보편성과 특수성』(Myko Int'l, 1993),『한국법학의 반성』(서울: 한국학술정보(주), 2009ㄴ).

37) Thoreau, Henry, Walden, and other writings(New York: Bantam Books, 1962)(강승영 옮김)(서울: 이레, 2005).

38) Berman, Harold J., Law and Revolution II: The Impact of The Protestant Rerormations on the Western Legal Tradition(Cambridge: Harvard Univ. Press, 2003).

39) Berman, Harold, The Interaction of Law and Religion(Nashville: Abingdon Press, 1974).

근대 시민사회의 시민의 윤리는 궁극적으로는 '최후 심판 때에 신 앞에 서게 될' 프로테스탄트의 교의에서 나왔다(Berman, 1974).

16세기부터 계속된 서구에 있어서의 법 갱신의 열쇠는 신의 은총에 의한 개별인간의 힘의 개념으로 그의 의지에 의해서 자연을 변화시키고 새로운 사회관계를 창출하는 개인의 힘이었다. 프로테스탄트의 개인의 개념은, 재산과 계약의 근대법의 발달에 중심적이 되었다. 자연은 재산이 되었다. 경제관계는 계약이 되었다. 양심은 유언과 의도가 되었다(김철, 1994: 21).[40]

### 2.8.1. 근대 1기의 대표적 사상가 아담 스미스의 도덕철학과 법철학 (Jurisprudence)(김철, 2010.5: 51~52)

근대 1기의 도덕 및 법철학에 대해서 근대 법학과 경제학의 아버지로서 아담 스미스의 연구를 보자. 그는 1764년 이후에 글라스고우에서 도덕 철학과 법학(Jurisprudence)의 강좌를 가졌다(김철, 1989: 517). 아담 스미스의 도덕 철학의 출발은 다른 사람에 대한 고려 또는 타인에 대한 의무감과 지각력과의 관계이다(김철, 2007ㄱ: 242, 256). 한 사람이 다른 사람의 생각과 느낌을 이해하는 능력을 지각력이라 하고 상상력을 구사해서 다른 사람에게 무엇이 일어나는지 고려할 수 있을 때 이러한 지각력을 갖추고 있다고 본다. 이런 맥락에서 볼 때 놀라운 사실은 타인에 대한 동정과 이타심은 흔히 생각하듯 오로지 심정적이거나 직관적이 아니다. 오히려 타인의 상태를 이해하는 능력에서 출발한다. 포즈너는 이를 일컬어 동정이나 이타심의 요소는 심정적이라기보다는 지각적인 능력이라고 한다(Posner, 1983: 123~135). 동정이나 이타심의 문제는 극심한 변화기에 있어서 객관적인 제도의 문제보다

---

40) 해롤드 버만과 金徹, 『종교와 제도 — 문명과 역사적 법 이론』, p.98. 「기독교가 서구제도, 서구 법에 미친 영향」(민영사 1992).

객관적인 제도 안에 있는 구체적 인간의 개인적 미덕의 문제이며, 이 것은 일종의 개인적 능력이라고 한다. 로크의 자연상태와 홉스의 자연 상태를 구분 짓는 '시민의 덕'에 대한 묘사는 그 자체가 유형화된 것 으로 볼 수 있다(김철, 2010.5: 52).

시민혁명 전후에, 즉 1770년대 전후에 절대주의가 붕괴한 이후의 어떤 사회의 모습도 이런 점에서 논할 수도 있다. 오랫동안 계속되던 강한 사회적 통제가 약화될 때 '시민의 미덕'이 사회 결합의 요소가 된다. 홉스가 관찰한 자연 상태의 시민사회의 모습과 로크가 관찰한 시 민들의 이러한 능력의 차이가 이후에 절대주의적 자연법론과 자유주의 적 자연법론 또는 현대에 와서 자유주의적 제도냐 아니냐로 분기되는 출발점이 되었다. 이러한 논의는 고대 호머사회 - 근대 시민사회 - 현대 해체기에 있어서의 어떤 사회 관찰에도 통할 수 있는 면이 있다. 원인 과 결과를 따지지 말고 현대의 어떤 국가의 시민 도덕은 그 국가가 그 이전의 중요한 시기에 있어서 절대주의적 경향이었든가 혹은 자유주 의적 경향이었든가를 가리키는 바로미터가 된다(김철, 2007 ㄱ: 255).[41]

## 2.9. 근대 1기의 계약의 위치

근대법 중심개념의 하나인 계약(Contract)은 개인의 사회경제적 활 동의 일상적 영위의 기본 양태(樣態)였다. 이미 국가 성립조차도 이와 같은 개인의 계약의 연장 — 사회계약 및 국가계약으로 설명하는 이론 이 있어 왔다.[42] 근대법의 표어는 '신분에서 계약으로'이다. 국가와 정

---

41) 법치주의(Rule of Law, Rechtsstaat, law - based state, pravovoe gosudarstvo)의 여러 문명과 나라에 있어서의 차이와 입헌주의(Constitutionalism)의 각기 다른 모습을 분석하는 데 종전의 법학이 빠뜨린 것은 시민사회(Civil Society) 개념이다. 시민사회는 법 개념은 아니나 법치주의의 정도와 입 헌주의의 정도를 가늠하는 척도가 된다. 참조. Harold J. Berman, "The Rule of and the Law - Based State(Rechtsstaat)(with special reference to developments in the Soviet Union)", *The Harriman Institute Forum*, Vol.4 Nr.5 May 1991. The W. Averell Harriman Institute for Advanced Study of the Soviet Union, Columbia University.

부는 최소한의 정부(Minimal state)이며 국민의 신체, 재산의 안전을 지키는 야경국가였다(김철, 1994: 21~22).

근대의 법학적 표현은 시민혁명에 의해서, 자유롭고 평등한 지위를 획득한 시민은 의사능력, 권리능력, 행위능력을 가지는 한, 사기나 강박에 의하지 않고, 그의 자유롭고 합리적인 선택과 결단에 의하여, 계약을 통하여, 자신의 권리와 의무를 형성해 나갈 수 있다는 것이다. 프랑스 혁명의 결과인 나폴레옹 민법전(1804)은 일단 오랜 중세의 신분 세계에 종지부를 찍고, '신분에서 계약으로(from status to contract)'라는 근대 세계의 구성원리를 문자화한 것이다. 계약 자유의 원칙이란 중세의 신분질서와 절대주의의 예속을 부인하고, 시민의 자유로운 의사에 의한 합의, 법률행위를 선언한 것으로, 근대 시민사회가 이로써 비로소 형성되기 시작한 것이다(김철, 2006: 68~69).

## 2.10. 근대 시민사회의 예외적 상황: 게르만 공국과 프로이센[43]

### 2.10.1. 루터의 종교개혁(1517)이 게르만 공국의 법령에 미친 영향[44]

1517년에 루터의 종교개혁 운동으로써, 루터는 중세 1,000년 계속해 왔던 가톨릭교회와 보편적 관할권(jurisdiction)을 폐지한 가톨릭교회의 입법권을 부인하였다. 모든 신자는 다 같이 하나님의 사제이며 가톨릭 사제의 대리권은 부인된다. 중세 동안 계속된 하나님의 사제로서의 가톨릭교회의 입법권은 부인하고, 왕과 그의 참모로서 이루어진 세속적 권력이 이전에는 로마 가톨릭교회의 법적 관할권 내에 있었던 입법책임을 맡지 않으면 안 된다(Berman, 2003: 6~7).

---

42) 고전 Model을 가능케 한 근세, 근대의 사회계약론자는 John Locke(1632~1704), J. J. Rousseau (1712~1778) 그리고 T. Hobbes(1588~1679)이다.
43) 김철, 『경제위기 때의 법학』(서울: 한국학술정보(주), 2009ㄱ) 145~146면.
44) Harold J. Berman, *Law and Revolution Ⅱ: The Impact of The Protestant Reformations on the Western Legal Tradition*(Cambridge: Harvard Univ. Press, 2003) pp.6~7.

루터주의는 중세를 지배한 양검이론을 '두 왕국 이론'으로 대치하였다. 눈에 보이지 않는 교회를 모든 신자가 사제가 되며 하늘 왕국에 속하며 오직 복음에 의해 지배된다. 반면에 눈에 보이는 제도교회를 포함한 '이 세상의' 왕국은 지상왕국으로, 크리스천 군주와 그의 참모들의 배타적 권한 아래 있다.

루터주의는 하나님이 현존하나 눈에 보이지 않는 지상 왕국에서는, 구약 성서 10계에 기초하는 10계명의 도덕법과 그 도덕법에 근거하는 세속 군주의 실정법이 다 같이 필요하다고 가르쳤다. 첫 번째, 죄 지은 자로 하여금 그들 죄를 의식하게 하고 그들로 하여금 회개하게 하는 도덕 원칙에 의해서 필요하다. 두 번째는, 죄인으로 하여금 반사회적 행위를 못 하게 하는 실정법의 징벌의 위협에 의해서 필요하다. 세 번째는, 도덕법과 실정법의 원칙과 절차에 의해서 정의와 공동 번영의 길로 올바른 사람들을 교육하고 인도하기 위해서이다.

이 세 가지 목적을 위해서 게르만 공국의 지배자들은, 로마 가톨릭 위계 체제의 관할권에 있었던 사람들을 규제하기 위하여, 포괄적인 제정법인 Ordnung을 제정하였다. 이 제정명령은 a. 교회령, b. 혼인과 가족 사람에 관한 법령, c. 도덕 위반에 관한 규율 법령, d. 아동의 공교육에 대한 학교 법령, e. 빈곤, 병자, 과부와 고아, 실업자와 집 없는 자의 구제를 규율할 빈곤 구제 법령이었다.

## 2.11. 근대 1기 시민사회의 법사상─자유주의적 자연법의 영향
### (김철, 2007ㄱ: 39)

근세 절대주의 왕권에 반대한 시민 계급의 출현은 근대의 특징이다. 법의 개념에 있어서 근세 절대주의 왕권이 법실증주의를 국가적 통일과 대외적 팽창의 도구로 삼았던 데 비해, 근대 세계는 이와 같은 왕권에 의한 실정법을 부인하는 데서부터 출발하였다. 법의 개념에서 이 때 시민계급에 봉사한 것은 자연법의 개념이었다. 근대 자연법의 특징은 첫째, 합리주의, 둘째, 개인주의, 셋째, 급진주의라고 볼 수 있다. 1789년 8월 26일 프랑스 국민 의회에 의해서 채택된 인권선언의 전문은 천부 불가양 그리고 신성한 인권의 개념과 시민의 청구권을 '자명한 원리'라고 선언하였다. 제퍼슨에 의해서 집필된 아메리카의 독립선언문은 역시 '자명한 원리'에 기초하고 있다.45) 이 양 선언서에서 '자명한 원리'라고 한 것은 무엇인가? 더 이상 설명할 필요가 없는 수학적 공리와 같은 것으로 표현하고 있으나, 그 내용은 근세 이전 사회에서 보편적으로 받아들여졌던 세속법과 구별되는 자연법의 존재를 가리키고 있다. 중세 사회에 있어서 자연법은 신의 법으로부터 유래하며 성서에 계시된 신의 법과 인간의 자연에서 출발한 법으로 구성되어 있었다. 르네상스 이후의 인간 중심주의와 합리주의가 이러한 중세적 자연법에서 초월적 요소를 제외하고, 이윽고 이성의 시대의 특징으로 인간 이성의 자연이라는 뜻으로 자연법의 의미내용을 전용하였다. 근대인들은 이제 더 이상 법 개념에 있어서 신의 권위를 빌릴 것도 없이 스스로 명료하고 간단한 원리를 자연법으로 개념하였다.46) 둘째, 근대 자연법의 또 다른 특징으로서의 개인주의는 프랑스 인권선언 제1조의 "모든 인간은 출생 및 생존에 있어서 자유롭고 평등한 권리를 가지고 있다"와 토마스 제퍼슨의 독립선언서에 "우리들은 만인이 평등하게 창조되었다는 것, 만인이 창조주로부터 어떤 양도할 수 없는 권리를 받았다는 것, 이러한 여러 권리들 중에는 생명, 자유 및 행복의 추구가 포함되어 있다는 것을 자명한 진리라고 믿는다"에 나타나 있다. 개인

45) 프랑스 인권선언 참조, 황산덕, 『법철학』(3정판)(서울: 법문사, 1972) p.79. 또한 아메리카 독립선언은 같은 책, p.80.
46) 근대 자연법이 이성주의와 합리주의의 특징을 가진 것은 이 시대의 특징이다. John Finnis, *Natural Law and Natural Rights*(Clarendon Press, Oxford, 1980) 또한 Leo Strauss, *Natural Right and History*(The University of Chicago press, 1953).

주의라고 얘기할 수 있는 것은 자유롭고 평등한 권리의 주체가 출생 및 생존에 있어서의 모든 인간이며, 이때 인간은 근세 절대주의에 있어서의 집단 명사로서의 국민이 아니다. 또한 중세봉건주의에 있어서의 특정한 직능집단, 길드에 속한 사람, 장원(莊園)경제에 속한 사람, 어떤 계층에 속한 집단이 아니다. 이것은 제퍼슨의 독립 선언서에 더 한층 명료히 나타나는데, "창조주로부터······ 권리를 받았다"라는 구절은 그리스도교의 창조론에서 "인간은 신의 모상에 따라서 창조되었다"라는 성서적 진리의 영향을 받고 있다. 이때 창조된 인간은 국민으로서의 인간이 아니다. 계층 집단으로서의 인간이 아니다. 직능 집단으로서의 인간도 아니다. 농노로서의 인간도 아니다. 귀족으로서의 인간도 아니라는 뜻일 것이다. 인류의 한 사람으로서의 개인으로 창조된 것이라는 뜻이다. 이와 같이 근대의 두 가지 문서에 의해 처음으로 인간은 집단이 아니라 개인으로 다시 태어나게 된 것이다.[47] 셋째, 근대 자연법론의 급진주의적 성격에 대해서는 인권 선언문과 아메리카 독립 선언서에 의하면 "모든 인간은 자유롭고 평등한 권리를 가지고 있다. 또한 모든 사람이 평등하게 창조되었고 모든 사람이 창조주로부터 양도할 수 없는 권리를 받았다"는 구절에서 보인다. 프랑스 제1공화국과 아메리카 연방 성립의 제도적 기초가 된 두 문서는 처음으로 공식적으로 인간의 평등한 출생과 평등한 권리를 선포한 것이다. 이와 같이 1776년과 1789년의 양 선언의 언어가, 제도 안에 나타난 근대 자연법의 내용이다. 따라서 아메리카합중국 헌법과 프랑스 1공화국헌법은 그 정당성의 연원을 이와 같이 표명된 자연법에 두고 있는 것이다. 이 자연법이 이후의 넓은 의미의 법의 지배의 원천이 되는 것이다. 순

---

47) 아메리카 독립혁명과 그리스도교와의 관계에 대해서 김철, "수정 제1조에 관한 연구 – 조항성립사와 해석의 문제 –", pp.47~75. 사간본 『해체기의 비교제도론』(1992, 1994, Myko International Ltd.) 또한 아메리카의 국가와 교회와의 관계에 대해서는 같은 사람, "국가와 교회와의 관계 – 수정 제1조의 판례분석을 중심으로 –", 같은 사간본 논문집, pp.26~46. 또한 김철, "칼뱅주의와 법에 대한 사상사 – 윌리암스의 정교분리 원칙", 『현상과 인식』 제33권 3호(2009.9) 통권 108호.

수한 법철학의 문제로서는 이와 같이 제도를 기본적으로 바꾼 자연법을 형성시킨 것은 근대 자연법론 중 존 로크와 루소의 자연법이다.[48] 근대 시민사회의 이론 중 사회 계약의 성질에서 원초적 상태에 있어서의 비관적 가정은 다른 형태의 자연법론, 즉 홉스에 의한 거대 국가의 형성과 주권의 절대성으로, 절대 국가의 성립에 이바지했다. 지금까지 보아 온 대로, 근세 절대주의의 해체와 근대 시민사회의 성립에 주된 역할을 한 것은 실정법의 이론이 아니라 자연법의 이론이었다. 따라서 절대주의 성립시기에는 법실증주의가, 근대 시민사회의 성립시기에는 자연법 이론이 주도하였다. 법의 효력의 문제도 또한 같았다. 자유주의적 자연법론의 결론에 의하면 시민의 동의 없는, 사회 계약의 위탁의 범위를 넘는 법의 성립은 원천적으로 무효였다(김철, 2007ㄱ: 37~39).

## 2.12. 근대자유주의(2기, 3기)의 전개 과정과 1차 세계대전

### 2.12.1. 세계사의 맥락(다음 페이지 그림 참조)

세계 1차 대전의 세계적 의의는 서유럽 대륙에서 앙시앵 레짐 국가의 대명사이던 프로이센과 오스트리아-헝가리제국의 1789년 이후 프랑스혁명의 파급을 저지해 왔던 절대주의 군주권 또는 제한적 군주권이 붕괴되었다는 데에 있다. 시민혁명에 의해서 자유주의 국가를 미리 선취한 서유럽의 세 나라와 신대륙의 나라가 세계사의 주도권을 가지게 되었다는 데에 있다.

---

48) 김여수, 『법률사상사』, pp.54~64, pp.49~50(1976. 박영사).

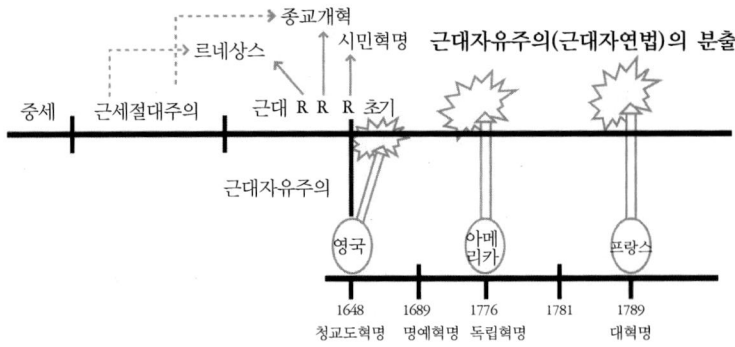

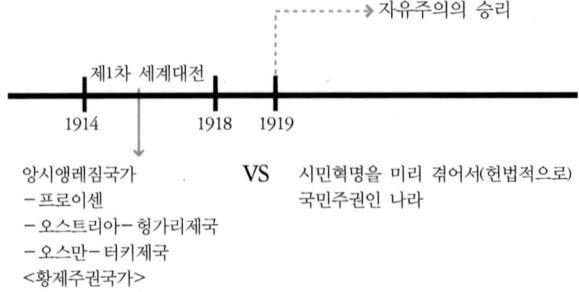

## 3. 근대 2기(1830, 1840~1880, 1890)와 근대 3기(1880, 1890~1930, 1940)

### 3.1. 근대 2기: Laissez—faire의 정오

1830년과 1840년에서부터 1880년과 1890년까지 생산수단과 테크놀로지는 증기기관과 철도가 지배하던 시기로서 'laissez—faire의 정오'[49)로 사회와 제도가 설명된다.

법제사가 프리드만에 의하면, "아메리카 법사에서 자유방임의 최전성기는 19세기였다. 관행적으로 또는 의도적으로 정부는 경제에는 손을 대지 않았다고 간주되었다. 그러나 깊이 파들어 가면 사정은 그리 단순하지 않다. 19세기의 전반부에 걸쳐 민간과 정부는 다 같이 기업과 생산 그리고 성장을 강력하게 지지한 것이 진실이다. 역사의 이 시절에 윌라드 허스트(Willard Hurst)의 지적대로 모든 정책은 창조적 에너지의 방출을 목적으로 하고, 창조적 에너지란 경제와 관련된 에너지와 기업활동의 에너지를 의미했다. 정부는 선거권자가 원하는 것, 즉 경제가 성장하는 것을 위해서 할 수 있는 것을 행하였다. 따라서 간여나 보조금이 필요한 경우에 주저하지 않았다."(흔히 추상적으로 관념하는 자유방임 경제의 철칙으로서의 정부의 불관여 원칙과는 실제는 거리가 있다) "자유방임의 최전성기라고 불리는 19세기에조차도, 실상은 윌리엄 노박(William Novack)이 주장한 대로, 19세기 미국인들은 정부는 모든 국민과 공동체의 복지를 증대시켜야 할 적극적인 의무를 가지고 있다고 믿었다."(Friedmen, 2001)

철도 산업의 등장은 국가 규제를 불러일으키는 계기가 되었다. 아메리카에 있어서의 공법체계가 나타난 것은 1880년대로 사기업 행태를 규제하기 위한 필요로 시작되었다.[50] 철도나 넓은 범위의 개인기업의 영향력이 너무 커서 과거의 보통법체계나 행정 관행으로써는 다룰 수 없었다(김철, 1994: 22~23).[51]

---

49) 제2기는 역시 '작은 기업의 한낮'으로 불린다. 그러나 이제 수백 명이 아니라 수천 명을 고용하는 큰 기업이 나타났다. 기업과 시장이 커지면서 유한회사와 주식회사 형태가 투자, 위험부담 소유권의 새로운 모습을 가능하게 하였다(Freeman(1987)).

50) Lawrence M. Friedmen, *A History of American Law*(New York: Simon & Schuster, 2001) (안경환 옮김, 『미국법의 역사』, 청림출판, 2006).

51) 보라, Richard Stewart, "The Reformation of American Administrative Law", p.347. *88 Harv. L. Rev*(1975).

## 3.2. 이분법의 변화: 삼분법(三分法)

고용인 수천 명 이상의 기업이 경제활동의 중심부로 나타나면서 초기 고전 시대(1760~)의 이분법 — 즉, 시민 대 정부 또는 국민 대 국가의 대립 — 이 달라졌다. 기업을 위주로 한 사회적 집단이, 중세적 여러 특권이 붕괴 된 이후, 시민 생활의 전면에 나타나게 되었다. 봉건적 세력 즉, 지방토착 특권계층이 남아 있는 나라나 지역에 있어서는 이러한 특권 보유자들이 시민 대(對) 정부 또는 국민 대(對) 국가의 이분법에 다른 역학을 주고 있었다(김철, 2009ㄱ: 146).[52]

## 3.3. 전문가 집단의 공법(公法)문제에 대한 개입 시작

철도산업은 또 다른 충격을 가져왔다. 요금률과 서비스의 적정선의 문제는 새로운 측면 — 공공문제에 대한 기술적이고 전문적인 판단 — 을 요구하였다. 국민의 일반의지(General will)는 공공복지를 요구한다. 그러나 그 일반의지의 모임인 의회는 철도산업의 기술적이고 전문적인 경제적 측면을 다룰 수 없었다. 국민과 의회의 일반의지(General will)는 특별한 전문가의 모임(Special committee of economists)을 필요로 했다. 일반인의 집단은 특별한 전문가의 실행과 결정을 요구하였다.[53]

사정은 의회 만능인 영국에서도 마찬가지였다. 예를 들어, 벤자민 디이즈레일리(Benjamin Diesralli)는 일반적으로 모든 국내외의 문제에 대하여 연설할 수 있었으나, 예산과 세출에 대한 특별한 영역에서는 조롱을 받았다(김철, 1994: 23~24).

---

52) 낡은 문명권에 있어서, 국민국가가 성립되기 전이나 이후에도 대토지소유자를 중심으로 한 특권 귀족층이 국민-국가의 이분법에 새로운 요소를 더했다. 예: Freussen의 Junker 계층.

53) 보라, A. A. Berle, Jr. "Expansion of American Administrative Law", *30 Harv. L. Rev.* 430, 439~440(1917). 이러한 문제는 2기에 시작되었으나, 1880년대로 시작되는 3기 — 전기공업과 중화학공업의 시기로 이어진다. 각종 규제 입법과 규제위원회는 3기의 문제에서 다시 논의된다.

"영국의 위원회는 철도회사를 괴롭히기에 충분한 권한을 가졌지만, 일반 공중을 능률적으로 원조하는 힘은 없었다."[54]

이리하여 그보다 훨씬 강력한 기관인 철도운하위원회(Railway and Canal commission)가 1888년 성립된 것이다.[55]

### 3.4. 비스마르크 헌법과 프로이센 제2제국

대륙의 주된 세력이었던 프로이센의 경우는 우선 고전 모델의 기초인 삼권분립의 원칙 자체가 확립되지 않았다. 즉, 1871년 이후의 비스마르크 헌법 체제하의 제2제국은 강력한 황제권의 지배하에 있었고, 의회의 역할은 간헐적이었다. 경제사적으로 볼 때, 산업혁명의 진도는 유럽의 선진국이었던 영국에 비해서 후진적이었고 국가의 힘에 의해서 산업화를 추진해 갔다. 프랑스 혁명의 추진세력이었던 제3세력, 즉 상공업자의 부르주아지는 프로이센에 있어서는 영국만큼 독자성을 누릴 수가 없었다. 프로이센의 지배세력은 여전히 토지를 기반으로 한 대토지소유자(Junker)에게 있었고 대토지소유계급은 유럽 전체로 볼 때는 앙시앵 레짐을 지탱했던 토지 귀족과 다르지 않았다. 따라서 앙시앵 레짐 출신의 대토지소유자는 프로이센의 경우 새로운 부르주아지들을 압도하고 있었다.[56]

대륙의 또 다른 지배세력이었던 오스트리아-헝가리 제국의 사정도 중세 이후의 앙시앵 레짐의 계승자라는 점에 있어서는 기본적으로 프로이센과 같았다. 따라서 대토지소유자로 구성된 대귀족과 영주를 국가체

---

54) Bernard Schwartz, 한국어 역 윤세창, 『미국 행정법론』(서울: 고려대학교 출판부, 1981), *Administrative Law* p.5.(Boston: Little, Brown, 1976) 또한, 참조, Bernard Schwartz, *American constitutional law*(Cambridge: At the Univ. Press, 1955).
55) 또한 보라, 최송화, "미국행정법의 역사적 전개", p.640, 『현대공법의 이론』, 목촌 김도창 박사 화갑기념(1982, 박영사). 또한 참조, 같은 사람 "미국행정법의 장래", 『법학』 서울대법학연구소 21, 1.(44).
56) 김철, "공법학의 역사", p.24, 시간본 『법제도의 보편성과 특수성』(Myko International Ltd, Seoul, 1993).

제의 기반으로 하고 있었으며, 근대 이후의 근대적 시민사회의 기반인
삼권분립, 법치주의의 원칙 등은 명목적이었다(김철, 2009ㄱ: 146~148).

## 3.5. 근대 2기의 특징

2기에 새로운 중산층을 위한 내국 서비스업이 발달하였다. 교통과
유통업이 급격하게 성장하였다. 우편과 커뮤니케이션이 보편적으로
발달하게 되었다. 은행 및 재정 서비스업이 성장하였다(Freeman, 연표,
1987).[57]

2기의 기술-경제 패러다임의 문제는 수력의 한계였는데 증기기관
과 새로운 운송체계에 의해서 극복되었다.

국제 규제체제에 있어서, 제1기에 테크놀로지와 생산수단의 파이오
니아였던 영국이 나폴레옹의 패배와 함께, 상업과 국제 금융에 있어서
의 우위를 점했다. 산업혁명의 이 제1기에서 프로이센은 제2군의 산업
화를 걷고 있었다. 1837년부터 영국의 빅토리아 조가 시작되고 국제
자유무역과 금 본위제가 지속되었다(김철, 1994: 24~25).

## 3.6. 근대 2기의 대표적 사상가, J. S. Mill의 『자유론』(1859)

고전적 자유주의는 진취적으로 수정되었다. 후기 자유주의는 초기
의 고전적 모습의 네거티브 방식에서 전향하게 된다. 자유의 '회피적'
측면에서 적극적 측면을 강조하게 된다. 자유의 적극적 측면은 '~로
부터의 자유'로부터 '~를 형성시키는 자유'를 뜻한다. 이런 전회는 초
기자유주의의 어느 정도의 성공 위에서 이루어졌다고 평가된다(Smith,

---

57) Freeman, Mark, *A Tentative Sketch of Some of the Main Characteristics of Successive
   Long Waves*(Modes of Growth)-Table 3.1(1987).

1980: 280). 그러나 초기자유주의의 성공은 가장 우선적으로는 귀족의 후예(즉, 토지 귀족)와 신흥계급에게 그들이 원하는 권리의 보따리를 안겨 주었고, 왕의 특권의 폐지와 정부의 정책에서의 해방은 농민과 근로자에게는 충분한 권리를 안겨 주지 않았다(Smith, 1980: 280). 따라서 하층계층의 자유를 위해서는 국가의 보다 적극적인 행위가 필요해진 것이 초기자유주의와 후기자유주의의 너무나 대조적인 차이이다.[58] 초기자유주의는 한국에서도 잘 알려져 있듯이, 개인주의적 인간관과 사회관을 전제로 했다. 고전자유주의는 개인을 싸고 있는 조직의 힘, 공동체(community)의 규정력을 최소로 파악하였다. 서서히 시장의 힘에 있어서의 불평등은 현대기업과 산업기술의 성장과 함께한 사람의 경제적 자유는 다른 사람의 억압으로 통하는 것을 증명하였다 (Smith, 1980: 281). 이때 자유주의자는 두 갈래로 나뉘었다. 한 그룹은 어쨌든 구제와 교정이 이루어져야 한다고 한다.[59] 다른 그룹은 여전히 불관여주의(non-interventionism)나 자유기업(Free trade)이라는 도그마에 집착하였다. 전자는 존 스튜어트 밀(J. S. Mill)이며 후자는 허버트 스펜서(Herbert Spencer)[60]이다(김철, 2009ㄱ: 186~188).

---

58) Smith, David G., "Classical liberalism", David L. Sills(엮음) *International Encyclopedia of the Social Sciences Vol.9*(New York: The Macmillan Company, 1980).

59) 밀에 대해서는, 생존하고 있는 철학자로서 리처드 로티(Richard Rorty)의 평가가 가장 새로운 것이다. "내가 밀에게서 배운 것 이상의 것을 추구하는 어떤 것도 생각할 수 없다. 밀은 신칸트주의의 사상에서 나타나는 '전면적 혁명에 대한 낭만적 동경' 같은 것이 영국에 도달하지 못했기 때문에 영향받지 않은 다행한 경우이다." Richard Rorty, Derek Nystrom, Kent Puckett, *Against Bosses, Against Oligrchies*(Chicago, Pricky Paradigm Press, 2002) "마르크스가 나타나지 않았다면, 현대인 모두가 아직도 존 스튜어트 밀과 친숙하게 지내고 있을 것이다. (신자유주의 또는 신보수주의 이후) 네오콘과 대처주의는 '자유에 대한 위협은 정부에서 온다'라고 했고, 반대로 '자유에 대한 위협은 과두정, 거대기업, 집단주의의 보스들에게 온다'라는 생각이 있었다. 그러나 존 스튜어트 밀의 자유론의 어떤 경우도 이쪽 또는 저쪽으로 기울지 않았다고 본다. 이런 나의 생각은 리처드 포즈너로 하여금 로티, 당시는 철학적으로는 올바른 트랙에 들어섰으나, 순수철학자이기 때문에 구체적인 경제학이나 사회경제 정책과 법제도에 대해서는 잘 모른다는 평가를 낳게 했다."(Rorty, 2002)

60) 자유방임과 계약자유를 지상으로 하면서, 불필요하게 자유시장체제를 저해한다고 생각하는 입법들을 무효화하는 데에 이러한 자유주의가 이용되어 왔다. 예를 들면, Lochner v. New York, 198 U.S. 45(1905) Holmes 판사는, 다수의견은 이 뉴욕 주법을 무효화시킴으로써 그들 자신이 적절하다고 생각하는 경제이론을 뉴욕 주에 적용하고 있다고 믿었다. "수정 14조는 Herbert Spencer의 사회전략을 입법화하지 않았다."(김철, "미국헌법상의 적법절차개념의 변천 ─ 특히 규제입법의 발달과 관련

## 3.7. 근대 3기(1880, 1890~1930, 1940)의 경제적 상황과 세계

제3기의 주된 산업은 제철공업으로 전기공업과 중공업이 이 시대의 면모를 이룬다. 선진국은 1880년대와 1890년대부터 시작되었으며, 나라에 따라서 1930년대와 1940년대까지 지속된 기간이다. 거대기업, 카르텔, 트러스트 그리고 기업합병이 일어났다. 독점과 과점이 전형적으로 나타났다. 금융과 재정자본이 집중하였다(Freeman, 연표, 1987). 이 경향은 1차 대전을 경유해서 세계 대공황 때까지 지속되었다.[61]

1910년대 중반까지 프로이센은 빌헬름(Wilhelm) 2세 때(1888~1918) 테크놀로지의 선두 주자로 나서고, 영국을 이어 대공업국이 되어 보호 무역과 식민지 정책에 나섰다. 비스마르크(Bismark) 헌법(1871)에 이어 독일지상주의(Deutschland uber Alles)와 범게르만주의를 표방하였다(김철, 2008.12: 40~41). 이러한 빌헬름(Wilhelm) 2세의 세계정책(Welt Politik)이 발칸문제로 범슬라브주의(Pan - Slavonism)와 충돌하였다(이동윤, 『세계사』).

이 시기에 민족주의(범게르만주의, 범슬라브주의 등)와 제국주의적 국가(프로이센제국, 러시아 제국, 대영제국 그리고 아시아에 있어서의 일본제국)가 식민주의와 결합하였다. 1차 대전 발발과 함께(1914) 좋았던 시절(Belle epoque)과 팍스 브리타니카(Pax Britanica)가 끝이 났다(김철, 1994: 25).

## 3.8. 근대 3기의 국가 및 지방관료

국가 및 지방관료주의(Bureaucracy)가 급속하게 성장하였으며, 민족

---

하여 ―, 숙명여자대학교 한국정치경제 연구소 논문지 제11집 별책(1982.12)).
61) 브랜다이스 판사는 1915년에 시계바늘을 거꾸로 돌리려고 악전고투하였다.

국가 및 제국주의 국가의 국가 규제가 최대화되었다. 공익시설과 같은 하부구조(Infra structure)에 대한 국유 및 규제가 보편화되었다. 국가에 의한 사회 입법이 많아졌다. 국가 관료가 급속히 성장하였다(Freeman, 연표, 1987).

1917년 대전의 와중에 러시아에 혁명이 일어나고 최초의 사회주의 정부가 수립되었다.

영국의 마샬(Marshall), 이탈리아의 파레토(Pareto)가 활약했다. 아메리카에서는 1899년 톨스타인 베브렌(Thorstein Vebren)이 유한계급론(Theories of Leisure Class)을 썼다(김철, 1994: 26).

## 4. 현대 세계 대공황 이전의 자유주의와 경제공법질서

### 4.1. 현대의 시점

현대(現代, Contemporary Times)란 법제도사에서나 법학사에서는 일단 1차 대전 직후인 1919년 이후를 가리킨다. 과학기술사에서 볼 때 1902년 Wright brothers가 비행기 시험에 성공하였다거나, 거의 같은 해에, Sigmund Freud가 아메리카에 초청되어서 강연하였다거나 해서 20세기 — 즉, 1900년대 초 — 의 시작을 현대의 기점(基点)으로 삼을 수도 있다. 그러나 보다 더 1919년경을 현대의 출발로 삼는 사회사, 경제사적 이유가 있다. 연대기순으로 첫째, 1917년 1차 대전이 끝나갈 무렵 러시아 제국이 볼셰비즘(volshevism)혁명에 의해 무너졌다. 즉, 나폴레옹 전쟁 이후 구체제 ancient regime의 리더였으며, 유럽 자유주의의 적이었던 로마노프왕조가 붕괴했다. 세계역사상 최초의 무산계급(노동자, 농민) 국가가 시작되었다. 1917년 U.S.S.R 헌법이 성립되었다.

연대기적으로 두 번째이나 보다 중요한 이유는 1차 대전의 세계사적 의미 때문이다. 한국 사람에게는 1차 대전은 식민지의 종속에서 벗어나는 데 실패하였기 때문에, 무의미하게 여겨져 왔다. 세계 대전의 진원지였던 유럽에서는 앙시앵 레짐 이후 유럽 대륙을 지배해 왔던 권위주의적 지배의 대제국(empires) - 프로이센 제국, 오스트리아 - 헝가리 제국과 이들과 동맹한 오스만 터키제국이 몰락(沒落)하였다.

유럽에 있어서의 1차 대전의 결과는, 대륙의 주요 세력들이였으며, 프랑스혁명 - 나폴레옹 전쟁 이후 황제권과 귀족의 지배를 뜻하는 구체제(舊體制)제국들의 붕괴와 몰락을 의미한다.

먼저 서기 862년 이후의 러시아 제국[62]이 붕괴하였다. 다음 1817년 통일 이후 유럽대륙의 열강이었던 Freußen 제국이 붕괴되었다. 다음 역시 Vienna 체제 이후 유럽 대륙의 지배 세력이었던 오스트리아 - 헝가리(Austria - Hungary) 제국이 붕괴되었다.

세계사적 의미는, 앙시앵 레짐 국가와 결전했던, 이미 자유주의적 시민혁명의 경과로 국민 주권 국가를 이룩했던 일차 대전의 전승국의 특징과 가치로 인하여, 자유주의 국가와 자유주의 가치의 승리라고 할 수 있다(김철, 2007ㄱ: 50~51).

### 4.2. 1차 대전 이전 1900년대 초의 사회정의의 요구와 자유주의적 개혁[63]의 시대정신

경제적으로 볼 때, 근대 초기의 자유방임주의, 자유주의 또는 자유지상주의가 그 극성기를 지나고, 자유방임은 방종과 부패, 범죄로, 자

---

62) 1917년 혁명의 직접 대상은 1613년 이래의 로마노프 왕조였다. 그러나 제정 러시아의 연표는 1019년에 러시아 법이 법전화됨으로 소급하고, 988년에 그리스정교를 국교로 했으며, 노보그라드에서의 서기 862년을 기점으로 한다. 김철, 『러시아 - 소비에트법 ─ 비교법 문화적 연구』 527쪽(민음사, 1989).
63) 1906년에 최저임금제의 도입, 1911년에 보편적 의료보험제도, 1917년에 세습 귀족제의 폐지를 주장한 것을 말한다.

유 지상주의는 정반대의 국가통제를 불러일으킨다는 것이 나타나기 시작했다. 영국에 있어서의 초기 방임주의 경제는 국부론(國富論, Adam Smith)과 같은 고전주의 경제학의 시대를 열고, 산업혁명과 함께 번영을 가져왔다. 그러나 산업화와 도시화는 도시 빈민층을 양산하고, 빈곤의 고리에서 각종 사회문제를 가져오게 되었다.[64]

영국의 노동운동, 사회민주주의 운동이 이에 대응하고, Fabian Society (1898년 이후 20세기) 같은 노동당의 이념적 선구가 나타났다. B. Russell 역시 이 시기에 도이치 사회민주주의에 대한 관심을 가지게 된다. 이 문제는 국가사회주의를 경험한 2차 대전 이후에는 물론 다른 시각을 가지게 된다.

법학이론은 이 시대에 '자유'에서 '정의' 또는 '공정'으로 중점이 이동하게 된다. 민법의 계약자유는 계약 공정의 원칙으로 변용하게 된다.

소유권과 재산의 신성절대시는 이제 근대 초기의 특징을 벗어나서 소유권과 재산의 상대화로 진행되었다. 개인책임, 과실 책임의 원칙도 변화하게 되었다(김철, 2007 ㄱ: 51~52).

### 4.3. 세계 대공황 이전(1919~1929)의 사적 자치와 계약 자유의 원리

세계법학의 역사나 정부의 역할에서 1929년 10월 24일 이후 1930년대의 시기는 그 이전의 시대(1919~1929)와 확연히 구분된다.[65]

시민 또는 시장(실물경제이든, 채권시장이든 증권시장이든 투자시장이든)의 입장에서, 대공황 이전, 즉 1차 세계 대전이 끝나고 전후 질

---

64) George Orwell, *Down and out in Paris and London*(New York: Avon, 1933).

65) 논문 저자는 최근의 연구, 「뒤르켐의 아노미 이론과 평등권에서의 기회균등」에서 1930년대를 다루면서 1929년 세계 대공황 이전의 약 10년간을 세계사의 관점에서 1차 대전이 끝나고 전후 질서가 확립된 1919년을 기점으로 하여 중점적으로 다루었다(김철, 2008ㄴ).
그러나 아메리카 사회경제사의 관점이나 아메리카 헌법사의 관점(McClosky, 1960)에서는 시대 구분을 할 때 생산력의 증강에 따른 엄청난 물질주의와 그와 동반한 부패는 1870년 내지 1890대까지 벌써 상당히 진행되었다고 보고 이때를 도금시대(Gilded Age)라고 한다(크루그먼, 2007: 22).

서가 형성된 1919년 이후 약 10년간 당시 전승국 위주의 세계경제질
서를 좌우한 재정 금융의 중심지에서는 — 런던의 증권 거래소, 뉴욕
의 증권 거래소(Security Exchange)든, 전후 서유럽의 어디든 — 시장의
가격 결정 메커니즘을 중심으로 한 사적 자치(私的 自治)가 민법뿐 아니
라 모든 거래를 중심으로 한 시민 생활의 주된 동력으로 작용하였다.[66]

사적 자치란 계약 자유, 소유권 우선, 그리고 과실 책임의 원칙을
중심으로 해서 이루어졌다. 소유권과 계약 당사자의 자유계약은 특히
1차 세계 대전 후 팍스 아메리카나(Pax Americana) 질서의 중심국이었
던 아메리카에서 현저하였고, 경제 주체들과 기업들이 자유를 구사하
였다.[67]

사적 자치의 원리는 거래 기타 개인들의 의사가 중심이 되어서, 어
떻게 팔고, 어떻게 사느냐는 고대 도시국가 시대(그리스, 고대 로마)부
터 시작하여 서유럽의 중세 자유도시(freie Stadt)를 거점으로 하여 정
부도, 왕도, 국가도, 국가의 군대 · 경찰 · 관료도 간섭할 필요가 없고
간섭할 수도 없는 생활 관계의 표현이었다. 오랜 중세사회 이후에 전
개된 근대 시민사회와 시민사회(김철, 2007ㄴ: 114)의 법학적 표현인
민법 — 최초로 나폴레옹 민법 — 에서는 중세 봉건사회와 달리 타고

---

66) 아메리카 제도와 법의 역사에도 1885~1895년까지를 구질서의 시대(Arnold Paul)로 본다.
1890~1900년까지는 시장의 내림세와 규제 국가의 오름세로 본다(Faulkner: 74~79, 91~93).
테오도르 루스벨트의 시대인 1900~1912년에 현대 아메리카가 탄생한 것으로 본다(George E.
Mowry: 6~10, 14~15). 우드로우 윌슨과 1차 대전 기간인 1910~1917년을 진취의 시대로 간
주한다(Arthur S. Link: 18~21, 66~80). 1900년부터 아메리카가 1차 세계 대전에 참전할 때까
지를 실지로 거의 모든 사가들이 '진취적인' 또는 '진보적인' 시대로 라벨을 붙여 왔으니, 그 실상의
전개는 보수주의의 승리라고 할 수 있다(Gabriel Kolko, The Triumph of Conservatism, 1963:
2~15). 왜냐하면 이른바 '진보 시대(Progressive era)'의 특징은 경제에 대한 정치적 규제라기보다
는, 주요한 경제적 이익으로서의 비즈니스가 정치를 통제한 것이다(Kolko, 1963: 2~3).
67) 1885~1895년까지를 법학에 있어서의 구질서의 시대로 본다(Arnold Paul). 1890~1900년까지
이 경향은 내림세이나 일단 규제국가의 오름세로 본다(Faulkner: 74~79, 91~93). 그러나
1900~1912년의 기간이나 1910~1917년 이른바 진보 시대도 규제 그 자체는 어김없이 규제 관
련 산업의 리더들에 의해서 행해졌다. 그리고 그 규제의 방향은 산업의 리더들이 받아들일 만하든가
바람직하다고 느끼는 목표로 향해졌다(Kolko, 1963: 2~3). 부분적으로 이것도 규제적 움직임은 통
상 규제되는 지배적 사업자들에 의해 주도되었기 때문이다.

난 신분— 공작의 딸, 후작의 아들, 백작의 조카, 남작의 삼촌— 이 아니라 시민혁명에 의해서 계층적 신분에서 해방되어서 민법의 인(人, persona)의 규정에 의해서, 사람은 일생 동안 권리나 의무의 주체가 되었다. 권리, 능력 있는 사람은 누구나 어떤 약속(promise), 어떤 구두로 성립되는 계약(諾成契約), 따라서 어떤 의무를 지고 권리를 가지는 자유이다. 위대한 근대 시민사회에 와서 확립된 원칙이다.[68]

계약 자유를 기반으로 한 사법과 공법의 이분법이 시민법의 구질서를 유지시키는 프레임 워크가 되었다(김철, 2008.12: 36~37).[69]

## 4.4. 사적 자치와 계약 자유의 원리에 대한 수정[70]

### 4.4.1. 법학의 20세기

사적 자치(私的 自治)의 원리에 대한 수정과 공사법 이분법에 대한 회의는 이론적인 것이 아니고 이 연구의 별개 순서, 즉 사회경제사에 따른 Laissez-faire와 규제, 사회적 집단으로서의 기업과 공공복리, 토지 귀족과 신흥 부르주아지, 산업 사회와 기업합병, 독점과점, 1차 대전과 사회주의 혁명, 팍스 아메리카나(Pax Americana)와 재즈 시대에서 보여 줄 사회경제사의 진행에 따라서 나타나는 것이다. 아메리카 법학사에 있어서는 사회학적 법학을 주창한 로스코 파운드(김철, 2007 ㄱ: 50~51, 61)가 1905년과 1907년 두 번에 걸쳐서, 미국변호사협회(America Bar Association)에서 처음으로 사회학적 법학이 필요하다고

---

68) 근대 법의 중심개념의 하나인 계약(Contract)은 개인의 사회경제적 활동의 일상적 영위의 기본 양태(樣態)였다. 이미 국가 성립조차도 이와 같은 개인의 계약의 연장— 사회 계약 및 국가 계약으로 설명하는 이론이 있어 왔다. 근대 법의 표어는 '신분에서 계약으로'이다. 국가와 정부는 최소한의 정부(Minimal state)이며 국민의 신체, 재산의 안전을 지키는 야경국가였다(김철, 2007ㄴ: 118).

69) 계약 자유를 기반으로 하는 사법질서와 공법질서의 이분법에 대한 공격은, 법학사에서는 사회학적 법학의 창시자인 로스코 파운드(Roscoe Pound)에 의해서 1907년 처음으로 '낡은 법질서에 대한 공격'의 하나로 예일 대학 법학 잡지에서 시도되었다(Roscoe Pound, "Liberty of Contract", 1907).

70) 이 논제에 대한 역사적 문헌은 (Robert L. Hale, "Coercion and Distribution in a Supposedly Non-Coercive State", *38 POL. SCI. Q.* (1923) pp.470~478)을 참조할 것.

힘주어 말해서 시골 변호사들을 어리둥절하게 만들었다. 법학의 20세기는 이렇게 시작되었다. 19세기를 특징지었던 계약 자유[71]에 대해서는 로스코 파운드가 1907년에,[72] 19세기를 특징지었던 소유권 절대에 대해서는 리차드 엘리(Richard T. Ely)가 1914년에,[73] 불법행위의 개인 책임에 대해서는 호움즈(Holmes)가 1894년, 1897년,[74] 에임즈(James B. Ames)가 1909년[75]에 19세기적 공사법 이원론과 계약 자유에 대해서 포문을 열었다(김철, 2008.12: 37~38).

## 5. 나가는 말

이상과 같이 근대 시민사회 이후의 자유주의의 흐름과 그 내용 그리고 변용의 과정을 살펴보았다. 제1차 세계 대전의 종전이 근대 이후의 자유주의 국가의 승리로 끝난 경과까지가 주된 내용이었다. 1919년 이후의 법학적 의미에서의 현대 자유주의의 세계는 세계 대공황 직전까지 요약하였다. 원래 이 논문은 세계 대공황 이후의 뉴딜 시대를 현대 자유주의의 변용 중 가장 현저한 시대로 다루고 있었으나 한 회에 게재되는 논문의 분량을 훨씬 초과해서 불가피하게 뉴딜 시대 이전까지의 자유주의의 모습으로 일단 전편을 끊을 수밖에 없었다.

---

71) 관련 판례는 (Galucha v. Sherman, 105 Wisc. 236(1900))이다.
72) 역사적 문헌으로서 이 논문(Roscoe Pound, "Liberty of Contract", *18 Yale L. J.* 1907)을 참조할 것.
73) 역사적 문헌으로서 이 책(Richard T. Ely, *Property and Contract in Their Relations to the Distribution of Wealth*(1914) pp.136~137, 212~213, 236~241, 248~253)을 참조할 것.
74) 역사적 문헌으로서 이 논문(Holmes, "Privilege, Malice, and Intent", *S Harv. L. Rev.* 1(1894)과 Holmes, The Path of the Law, 10 *Harv. L. Rev.* 457(1897))을 참조할 것.
75) 역사적 문헌으로서 이 논문(James B. Ames, "Law and Morals", *22 Harv. L. Rev.*(1909))을 참조할 것.

# 참고문헌

강만길 외, 『정다산과 그의 시대』(민음사, 1985).

김여수, 『법률사상사』(서울: 박영사, 1976).

김 철, "공법에 있어서의 경제적 보수주의와 경제적 자유주의의 순환— 경제공법에서의 파라다임의 재성찰", 한국사회이론학회 『사회이론』 2010년 봄/여름호 통권 제37호.

_____, "세계금융위기 이후의 경제, 규범, 도덕의 관계: 금융위기에 관련된 제도의 도덕성 논의를 위한 시론", 『현상과 인식』2010 봄/여름호 제34권 1.2호 통권 110호.

_____, "최현대의 경제공법사상", 『세계헌법연구』 제15권 제2호(서울: 국제헌법학회 한국학회, 2009.6).

_____, "대공황 시대의 경제사상과 법", 『경제 위기 때의 법학— 뉴딜 법학의 회귀 가능성』(서울: 한국학술정보(주), 2009ㄱ).

_____, "최현대의 경제공법사상(2)", 『세계헌법연구』 제15권 제3호(서울: 세계헌법학회 한국학회, 2009.12).

_____, "칼뱅주의와 법에 대한 사상사— 윌리암스의 정교분리 원칙", 『현상과 인식』 제33권 3호(2009.9) 통권 108호.

_____, "위기 때의 법학: 뉴딜 법학의 회귀 가능성— 현대 법학에 있어서의 공공성의 문제와 세계대공황 전기의 법사상", 국제 헌법학회 한국지부 『세계헌법연구』 제14권 제3호 2008년 12월.

_____, "팍스 아메리카나와 재즈 시대", "재즈 시대의 아노미", 『경제 위기 때의 법학— 뉴딜 법학의 회귀 가능성』(서울: 한국학술정보(주), 2009ㄱ).

_____, 사간본, 교재 『법제도의 특수성과 보편성』(서울: 한국학술정보(주), 2007ㄴ).

_____, "한국에 있어서의 자유주의와 자유지상주의에 대한 반성", 『사회이론』 2006년 가을/겨울호 통권 제30호.

_____, 『빈곤과 부에 대한 차별문제: 헌법과 파산법의 눈에서』, 한국사회이론학회 2005년 후기학술대회 『빈곤과 우리사회』, 2005년 12월 17일 성신여자대학교 수정관 313호(2005).

_____, 사간본 『현대의 법이론— 시민과 정부의 법』(서울: Myko International

Ltd., 1994).

_____, 사간본 『법제도의 보편성과 특수성』(서울: Myko International Ltd., 1993).

_____, "수정 제1조에 관한 연구 ─ 조항성립사와 해석의 문제 ─", 사간본 『해체기의 비교제도론(1992. 1994. Myko International Ltd.).

_____, "국가와 교회와의 관계 ─ 수정 제1조의 판례분석을 중심으로 ─", 사간본 『해체기의 비교제도론(1992. 1994. Myko International Ltd.).

_____, 『러시아─소비에트법 ─ 비교법 문화적 연구』(서울: 민음사, 1989).

_____, "진보(progress)" 제12장 결론, 『러시아─소비에트 법 ─ 비교법 문화적 연구』(서울: 민음사, 1989).

_____, "미국헌법상의 적법절차개념의 변천 ─ 특히 규제입법의 발달과 관련하여 ─", 숙명여자대학교 한국정치경제 연구소 논문지 제11집 별책(1982.12).

김철수, (제18전정판)『헌법학신론』(서울: 박영사, 2006).

_____, 『헌법학신론』(서울: 박영사, 2009).

신동룡, "법담론에 있어서 자유주의와 공동체주의", 한국법철학회 2010년 춘계학술대회.

안준홍, "이사야 벌린의 소극적 자유론과 한국헌법 제10조", 한국법철학회 2010년 춘계학술대회.

오병선, "한국법체계와 자유주의", 한국법철학회 2010년 춘계학술대회.

윤세창, 『미국 행정법론』(서울: 고려대학교 출판부, 1981).

이명웅, 『한국헌법의 '자유주의' 이념』, 서울대학교 대학원 법학박사 학위논문 1996.2.

최송화, "미국행정법의 역사적 전개", 640, 『현대공법의 이론』, 牧村 金道昶 博士 華甲 기념(1982, 學妍社).

해롤드 버만과 김철, "기독교가 서구제도, 서구 법에 미친 영향", 『종교와 제도 ─ 문명과 역사적 법 이론』(서울: 민영사 1992).

황산덕, (3정판)『법철학』(서울: 법문사, 1972).

Ames, James B., "Law and Morals", 22 Harv. L. Rev.(1909).

Berle, A. A. Jr., "Expansion of American Administrative Law", 30 Harv. L. Rev. 430(1917).

Berman, Harold J., "Toward an Integrative Jurispridence: Politics, Morality, History", 76 CAL.L.REV.(July, 1998).

_____, *Law and Revolution II: The Impact of The Protestant Rerormations on the Western Legal Tradition*(Cambridge: Harvard Univ. Press, 2003).

_____, "Individualistic and Communitarian Theories of Justice And Historical Approach" p.550 *Univ. of Califormia Davis Law Review Spring 1998 Vol.21 No.3.*

_____, *The Interaction of Law and Religion*(Nashville: Abingdon Press, 1974).

_____, "The Rule of and the Law – Based State (Rechtsstaat) (with special reference to developments in the Soviet Union)", *The Harriman Institute Forum*, Vol.4 Nr.5 May 1991. The W. Averell Harriman Institute for Advanced Study of the Soviet Union, Columbia University.

Cambell, Henry, *Black's Law Dictionary*(St. Paul: West Publishing, 1979).

Chernov, Ron, *The House of Morgan*(New York: Atlantic Monthly Press, 1990).

Coke, Sir Edward, *The Selected Writings and Speeches of Sir Edward Coke*, ed.

Steve Sheppard(Indianapolis: Liberty Fund, 2003).

Dorsen, Rosenfield, Sajo, Baer, *Comparative Constitutionalism: cases and materials,* (St. Paul: Thomson/West, 2003).

Ely, Richard T., *Property and Contract in Their Relations to the Distribution of Wealth*(New York: [s. n.], 1922).

Faulkner, Harold U., "Politics Reform and Expansion 1890~1900", *American Legal History 1890 –present*(ed. by Thomas A. Green)(Ann Arbor: Univ. of Michigan Law Sch., 1980~1981).

Finnis, John, *Natural Law and Natural Rights*(Clarendon Press. Oxford. 1980).

Frankfurter, Felix, *The Public and It's Government*(Boston: Beacon Press, 1964).

Richardson, Diana E.(ed.), *Vanity Fair, – Portraits of an Age 1914~1936*(New York: Thames and Hudson, 1982).

Freeman, Mark, *Technology and Stages of Economic Development*(Glasgow: Glasgow University, 1987).

_____, *A Tentative Sketch of Some of the Main Characteristics of Successive Long Waves*(Modes of Growth) – Table 3.1(1987).

Friedmen, Lawrence M., *A History of American Law*(New York: Simon &

Schuster, 2001)(안경환 옮김, 『미국법의 역사』, 청림출판, 2006).

Friedman, Milton and Anna Schwarz, *The great contraction, 1929~1933*(Princeton: Oxford: Princeton University Press, 2008).

Fitzherbert, Cessavit 42, Thorne, Dr. Bonham's Case, *54 L.Q.R. 543*(1938).

Galloway, Russell, *Justice for all: the rich and poor in Supreme Court history, 1790~1990*(Durham: Carolina Academic Press, 1991).

Green, Thomas, *American Legal History: 1850~1950*(Ann Arbor: UM Law Sch., 1979).

Hale, Robert L., "Coercion and Distribution in a Supposedly Non－Coercive State", *38 POL. SCI. Q,* (1923).

Holmes, "Privilege, Malice, and Intent", *S Harv. L. Rev. 1*(1894).

Holmes, "The Path of the Law", *10 Harv. L. Rev. 457*(1897).

Hunter, Howard O.(Ed.), *The Integrative Jurisprudence of Harold J. Berman*(Boulder: Westview Press, 1996).

Kennedy, David, *Freedom From Fear－The American People in Depression and War, 1929~1945*(Oxford Univ. Press, 1999).

Kolko, Gabriel, *The Triumph of Conservatism, 1963, －American Legal History 1890－present*(ed. by Thomas A. Green)(Ann Arbor: UM Law Sch., 1980~1981).

Krugman, Paul, *The Conscience of a Liberal*(New York: W. W. Norton, 2009 & 2007).

Landis, James M., *The Administrative Process 22, 69~75, 95~99*(1938).

Link, Arthur S., "Woodrow Wilson and the Progressive Era 1910~1917", *American Legal History 1890－present*(ed. by Thomas A. Green)(Ann Arbor: UM Law Sch., 1980~1981).

Manheim, Hermann, *Comparative Criminology a Text Book*(London: Routledge & Kegan Paul, 1965, 1973).

McCourt, Frank, Angella's Ashes(New York, 2003), 'Tis(New York, 2004), Teacher Man(New York, 2005).

Merton, Robert, K., *Social Theory and Social Structure－Revised and Enlarged Edition*(Glencoe: Free Press, 1957).

Mowry, George E., "The Era of Theodore Roosevelt and the Birth of Modern America 1900~1912", *American Legal History 1890－present*(ed. by

Thomas A. Green)(Ann Arbor: UM Law Sch., 1980~1981).

O'Hara, Maureen, "Property Rights and Financial Firm", *Journal of Law and Economics, 24*(Oct. 1981).

Orwell, George, *Down and out in Paris and London*(New York: Avon, 1933).

Posner, Richard, "Why was Depression not Anticipated", *A Failure of Capitalism*(Harvard Univ. Press, 2009).

Pound, Roscoe, "Liberty of Contract", *18 Yale L. J.* 1907.

Schwartz, Bernard, 한국어 역 윤세창, 『미국 행정법론』(서울: 고려대학교 출판부, 1981), *Administrative Law*(Boston: Little, Brown, 1976).

_____, *American constitutional law*(Cambridge: At the Univ. Press, 1955).

Skeel, David A. J.R., *Debt's Dominion — A History of Bankrupcy Law in America*, (Princeton: Princeton University Press, 2001).

Smith, David G., "Classical liberalism", David L. Sills(엮음) *International Encyclopedia of the Social Sciences Vol.9*(New York: The Macmillan Company, 1980).

Stewart, Richard, "The Reformation of American Administrative Law", *88 Harv. L. Rev*(1975).

Strauss, *Leo, Natural Right and History*(The University of Chicago press, 1953).

Thoreau, Henry, *Walden, and other writings*(New York: Bantam Books, 1962) (강승영 옮김)(서울: 이레, 2005).

Rawls, John, *A Theory of Justice*(Oxford: Clarendon Press, 1972).

Rorty, Richard, Derek Nystrom, Kent Puckett, *Against Bosses, Against Oligrchies*(Chicago, Pricky Paradigm Press, 2002).

Russell, Bertrand, *A History of Western Philosophy*(George Allen & Unwin Ltd. 1979).

Ferguson, Niall, TIME, 2008.10.13.

# 제 12 장

## 근대 이후의 자유주의의 변용과 경제공법질서의 전개과정(2)

흔히 1929년 자본시장의 폭락에 의해서 대공황이 촉발된 것으로 알고 있다. 관행적으로 말하건대 1929년 10월 24일 검은 목요일에 월가의 대폭락이 시작한 것으로 알려져 왔다. 실지로 자본시장은 그해 9월 초부터 계속 하강하고 있었다. 10월 28일은 검은 월요일로 불리는데 주가가 13% 빠졌으며, 다음 날은 12%가 더 빠졌다. 다음 3년에 걸쳐서 미국 주식시장은 89% 하강했으며 최저점에 도달한 것은 1932년 7월이었다.

필자는 『경제위기 때의 법학』(2009.3) 발간 이후 세계 경제위기를 계기로 촉발된 21세기 최대의 지적(知的) 문제를 학문 영역의 고립과 단절이라고 보았다. 경제학의 실패는 경제학이 다른 인접과학(심리학, 사회학)과 단절된 때에 비롯된다. 또한 법학 내부에 있어서의 분과법 간의 소통 불능의 상태, 더 나아가서 법학과 인접과학, 즉 경제학, 사회학, 심리학, 교육학과의 단절과 대화불능의 상태, 법학과 사회과학과의 단절은 이미 법학과 인류의 지적 유산으로서의 철학, 역사학, 윤리학과의 단절의 상태에서 온 것을 지적했다. 필자는 법학 내부의 분과법 간의 교류와 통합뿐 아니라 법학과 경제학, 철학·역사학과 사회과학(사회학·심리학)의 종합적이고 통합적인 방법으로 급박한 한국과 세계의 법과 경제의 문제에 접근해 왔다.

'자유주의와 경제공법 질서'는 한국법철학회가 제기한(2010.5.29) 자유주의와 한국 법체계의 문제에 답하기 위하여 시작되었다. 법철학의 문제제기에 대해서 규제입법의 역사로서 응수한 것이다. 이 응수의 동기는 "철학 없는 역사는 의미가 없으며, 역사 없는 철학은 공허하다"(Berman)이다. 이 응수의 귀결은 긴 역사의 경과를 마친 이 논문의 마지막에서 요약된다. "자유와 평등이 모순된다는 개념적 파악은 서양 철학의 관념론 시대의 것이다."

자유주의와 경제공법질서(1)이 근대부터 제1차 세계 대전 종결 이전의 시기를 다루었다. 자유주의와 경제공법질서(2)는 1차 대전 종결 이후 팍스 아메리카나가 시작된 1919년 이후를 다룬다. 시기적으로는 재즈 시대(1919~1929)와 대공황의 서곡 시기(1920~1930), 대공황의 발발(1929.10.24), 대공황 전기(1929~1933), 뉴딜 입법의 시작(1933.01), 유가증권법(1933.05.27), 글라스 스티걸 법(1933.06)의 제정 과정과 자유주의의 관계이다. 또한 루스벨트의 공법질서 전반과 아메리카 대법원의 역사를 통하여 경제적 자유주의와 경제적 보수주의가 공법제도사에서 어떻게 나타났는가를 발견하는 것이다.

- "근대 이후의 자유주의의 변용과 경제공법질서의 전개과정(2)", 『세계헌법연구』(2010.6.30) 본 논문은 2010년 6월 11일 공법 판례와 이론 연구회에서 발표한 것임.

# 0. 들어가는 말

필자는 『경제위기 때의 법학』(2009.3) 이후 세계 경제위기를 계기로 촉발된 21세기 최대의 지적 문제인 법학과 경제학, 철학·역사학과 사회과학(사회학·심리학)의 종합적이고 통합적인 방법으로 급박한 한국과 세계의 법과 경제의 문제에 접근해 왔다.[1]

자유주의와 경제공법질서(1)이 근대부터 제1차 세계 대전 종결 이전의 시기를 다루었다. 자유주의와 경제공법질서(2)는 1차 대전 종결 이후 팍스 아메리카나가 시작된 1919년 이후를 다룬다. 시기적으로는 재즈 시대(1919~1929)와 대공황의 서곡 시기(1920~1930), 대공황의 발발(1929.10.24), 대공황 전기(1929~1933), 뉴딜 입법의 시작(1933.01), 유가증권법(1933.05.27), 글라스 스티걸 법(1933.06)의 제정 과정과 자유주의의 관계이다. 또한 루스벨트의 공법질서 전반과 아메리카 대법원의 역사를 통하여 경제적 자유주의와 경제적 보수주의가 공법제도사에서 어떻게 나타났는가를 발견하는 것이다.

1933년의 입법을 다루는 것이 2010년 8월의 시점에서 어떤 의미를 가지는가? 1980년대 이래 30년간의 긴 신자유주의(Neo – Conservatism) 시대(김철, 2009.3: 237~242)[2]를 거시적으로 평가하는 데에는 자유지

---

1) (1) 김철, "위기 때의 법학: 뉴딜 법학의 회귀 가능성 — 현대 법학에 있어서의 공공성의 문제와 세계 대공황 전기의 법 사상", 『세계헌법연구』 제14권 제3호 2008.12, (2) 김철, 『경제위기 때의 법학 — 뉴딜 법학의 회귀가능성』(서울: 한국학술정보(주), 2009.3), (3) 김철, "최현대의 경제공법 사상", 『세계헌법연구』 제15권 제2호, 2009.6, (4) 김철, 『한국 법학의 반성 — 사법개혁시대의 법학을 위하여』 (서울: 한국학술정보(주), 2009.9), (5) 김철, "최현대의 경제공법 사상(2)", 『세계헌법연구』 제15권 제3호 2009.12, (6) 김철, "최현대의 경제 공법: 금융 규제와 탈규제 — 글라스 스티걸 법부터 뉴딜 시대의 금융 시스템의 붕괴까지", 『세계헌법연구』 제16권 제1호 2010.02, (7) 김철, "법과 평화", 『본질과 현상』통권 19호 2010. 1, 봄호(2010.03.01), (8) 김철, "공법에 있어서의 경제적 보수주의와 경제적 자유주의의 순환: 경제공법에 있어서의 패러다임의 재성찰", 한국사회이론학회, 『사회이론』통권 제37호 2010년 봄/여름호(2010.5.31), (9) 김철, "세계 금융위기 이후의 경제, 규범, 도덕의 관계: 금융위기 이후의 경제, 규범, 도덕의 관계: 금융위기와 관련된 제도의 도덕성 논의를 위한 시론", 한국인문사회과학회 『현상과 인식』2010 봄/여름호(2010.5.31), (10) 김철, "근대 이후의 자유주의의 변용(1) — 경제공법질서의 전개과정 —", 『세계헌법연구』(2010.6.30).
2) 신자유주의는 한국에서 흔히 쓰이는 용어이다. 엄격한 학문적 용어는, 신보주수의(Neo – Conservatism)

상주의(Libertareanism)(김철, 2009ㄴ: 216~221)의 패권시대인 1999년에 마지막으로 폐기된 1933년 6월의 글라스 스티걸 법(김철, 2010.02; 2010.03; 2010.05)[3])이 2010년 7월에 도드 프랭크 법(The Dodd-Frank Wall Street Reform and Consumer Protection Act)[4])으로 다시 귀환하는 것만큼 좋은 교훈은 없을 것이다.

이 논문의 효과는 루스벨트의 공법질서 전반과 아메리카 대법원의 역사를 통하여 경제적 자유주의[5])와 경제적 보수주의가 공법제도사에서 어떻게 나타났는가를 발견하는 것이다.

---

이다. 신자유주의의 역사적 기원에 대해서는, 김철, "아메리카의 보수주의 혁명과 신자유주의", 237~239, "뉴딜 시대(1933~1954)의 반작용으로서의 신자유주의 또는 신보수주의(Neo-Conservatism)", 239~242, 『한국 법학의 반성』(서울: 한국학술정보(주), 2009ㄴ)을 참조할 것.

3) 글라스 스티걸 법에 대해서는 김철, "최현대의 경제 공법: 금융 규제와 탈규제 — 글라스 스티걸 법부터 뉴딜 시대의 금융 시스템의 붕괴까지", 『세계헌법연구』 제16권 제1호 2010.02. 또한 김철, "법과 평화", 『본질과 현상』통권 19호 2010. 1', 봄호(2010.03.01) 또한 김철, "세계금융위기 이후의 경제, 규범, 도덕의 관계: 금융위기 이후의 경제, 규범, 도덕의 관계: 금융위기와 관련된 제도의 도덕성 논의를 위한 시론", 한국인문사회과학회 『현상과 인식』2010 봄/여름호(2010.5.31)를 참조할 것.

4) 도드 프랭크 월가 개혁 및 소비자 보호법(공법-111-203, H.R 4173)은 2010년 7월 21일 버락 오바마 대통령이 사인함으로써 연방법으로 되었다. 2009년 12월 2일 원래 하원에서 제안되었으며 상원 금융위원회의 위원장인 크리스 도드(Chris Dodd)의 이름을 딴 것이다. 이 법은 2008년 10월 24일 이후의 세계 경제위기를 촉발시킨 아메리카 금융위기에 대한 응수로써 금융과 재정에 관계된 모든 연방 규제기관과 아메리카의 금융산업의 모든 분야에 대해서 영향을 끼치는 금융 및 재정 규제 환경 및 장치에 있어서 멀게는 탈규제시대(1980~1982) 이후 가깝게는 글라스 스티걸 법이 폐기된 1999년 이후의 일대 패러다임의 대변화를 보여 주는 1933년 대공황의 절정 이후의 가장 현저한 입법이다. Wikipedia, "Dodd-Frank Wall Street Reform and Consumer Protection Act", http://www.wikipedia.org/ 이 입법은 아메리카 금융산업과 아메리카 정부의 금융 및 재정 규제의 세계 경제에 대한 결정적인 영향을 미친다고 평가된다.

5) 김철, "공법에 있어서의 경제적 보수주의와 경제적 자유주의의 순환: 경제공법에 있어서의 패러다임의 재성찰", 한국사회이론학회, 『사회이론』통권 제37호 2010년 봄/여름호(2010.5.31)

# 1. 세계 대공황 전후의 자유주의의 진행과 경제공법질서

## 1.1. 세계 대공황 전후의 자유주의의 진행(그림 참조)

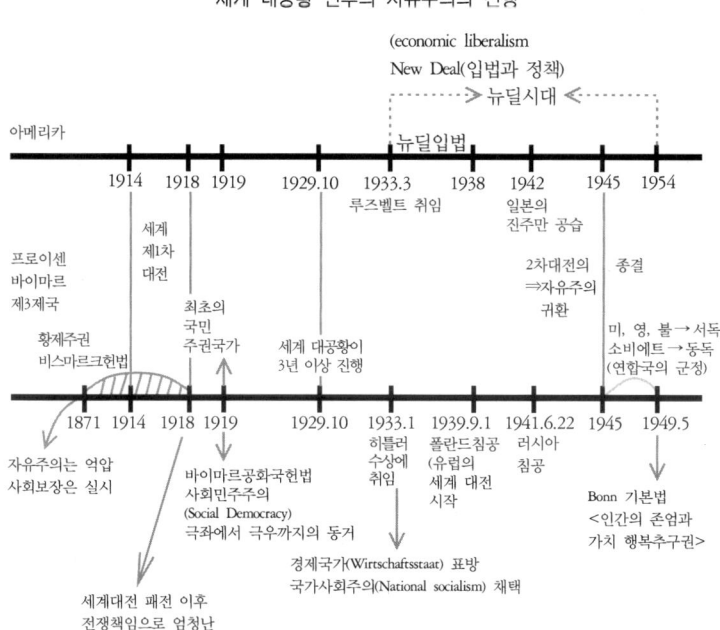

세계 대공황 전후의 자유주의의 진행

## 1.2. 팍스 아메리카나(Pax Americana)와 재즈 시대(1919~1929)

1차 대전을 종결하고 전후 질서를 베르사유 조약에 의해서 규정한 1919년 이후를 팍스 아메리카나(Pax Americana) 시대로 본다. 1차 대전 때 유럽에 있어서의 전체주의와의 전쟁을 지원해서 세계자유주의의 구원자가 된 아메리카는 1919년부터 약 10년 동안 호황을 계속하였다. 이 시대를 아메리카 역사에서는 재즈 시대라고 한다. 이 시대의 특징은 한편에 있어서는 급격히 경제적 부가 증가하였으며 아메리카 인들이 구대륙의 정신적 유산을 극복하고 자신감을 가지기 시작한 시절이었으며 다른 한편으로는 급격히 증가한 경제적 부가 이전의 청교도적 정신주의를 압도해서 유한계급이 나타나고 대중의 감각이 호사와 안락, 사치에 길들여졌던 시대이다(김철, 2008.12: 41~42).

사적 자치, 계약의 자유, 특히 대규모의 계약으로 영위하던 회사와 기업의 자유는 생산력과 거래량을 증가시켰다. 부는 증가하고 물질적 풍요가 넘쳐나게 되었다(김철, 2009ㄱ: 63~64).

## 1.3. 재즈 시대(1919~1929)의 아노미

이 기간 동안 아메리카 문화에서는 방식의 문제보다 목표의 달성에 중점이 주어진다고 머튼은 믿는다(Merton, 1957: 136).[6] 당시 머튼이 인간 야심의 무한함의 예로 드는 아메리칸 드림[7]에서 "부(wealth)는, 즉 금전적 성공은 사회적 입신의 지표적인 역할을 하며 시민들로 하여금 이러한 목표로 이끄는 수없는 '성공담'이 횡행하고 있으며[8] 이 '쥐

---

[6] 그의 생애의 가장 큰 사건이었을 1929년의 대공황 이전의 10년과 이후의 10년이 그에게 결정적인 사회학적 소재였을 것이다.

[7] 아메리칸 드림에는 종착점이 없다고 머튼은 보고 있다. 금전의 획득에 의한 부의 성취의 정도는 정의할 수도 없고 상대적이라 한다. 즉, 모든 소득계층에서 아메리카 인들은 현재보다도 25% 가산된 것을 원하고 있고 물론 이것이 성취되면 '얼마간 더 벌기'는 계속 작동한다. 이와 같이 표준 자체가 변화하는 곳에서는 안정적인 휴식점이 없으며 항상 '더 앞으로'가 작용한다고 한다. 최상위급의 소득계층이 모여 사는 커뮤니티에서도 조금만 덜 버는 사람은 사회적으로 박탈감을 느낀다. 그 가장 특이한 예를 1940년대의 번영하는 할리우드에서 들고 있다(머튼: 1950, 736). 그러나 더 극적인 예는 2008년 9월 월가에서 일어난 파산 사건의 원인 행위가 진행된 경위를 들 수 있다. 불량주택채권의 담보나 파생상품의 위험성과 높은 수익성은 드디어 1929년 세계 대공황 이후 세계 금융시장의 최악의 위기를 초래하였다(TIME, 2008년 9월 29일, 18~23).

[8] "문화의 차원에서 머튼은 모든 사회구성원들에게 경제적 성공이라는 단일한 성공 목표를 지나치게 강조하는 문화를 아노미의 중요한 근원이라고 보았다. 사회구조의 차원에서는 사회계층의 경직성 정도 혹은 불평등 정도가 핵심적인 의미를 갖는다고 보았다. 머튼의 이론에 따르면, 경직된 사회계층구조 혹은 심한 불평등 구조가 한 사회 내에서 경제적 성공이라는 단일한 목표를 모든 사회구성원들에게 강조하는 문화와 결합했을 때 그 사회에 아노미가 팽배할 것으로 예측된다. 상당수의 사회구성원들, 특히

의 경주'에서 실패하는 자에게는 패배자의 낙인과 저주가 기다리고 있다"[9]라고 아노미와 관련해서 법사회학자로서 비관적으로 보고 있다. 머튼의 이 관찰은 계층에 따라 타당도가 달라질 것이나[10] 최소한 성공신화가 과다한 어떤 시대, 어떤 사회의 아노미 현상에 대한 증언이라고 보인다. 비교사회학적으로 중요한 분석이며 다른 사회의 다른 시대의 관찰과 분석에도 쓰일 수 있는 것은 어떤 문화에서의 목표와 목표를 이루는 수단과 방식 사이에 현저한 불균형이 있다는 것의 지적이다(Mannheim, 1973: 502; Merton, 1957: 166; 김철, 2008ㄴ).

그러기를 약 10년쯤 계속했을 때, 무엇인가 잘못 진행된 것도 같이 따라왔다는 것을 느꼈을 때, 이미 개인이 아니라 국가 사회가 이상한 국면에 도달했다는 것을 느꼈다. 계약의 자유는 한계가 없을 줄 알았는데, 계약 당사자만 승낙하면 문제없을 줄 알았는데, 잘 굴러가던 기업자금 조달의 창구이며, 돈 가진 사람이 자금 시장에 투자만 하면 증권이든 채권이든 늘 기업 이윤과 함께 높은 수익률이 보장되는 듯했는데 ― 어느 날, 가진 자산 전부를 투자한 증권과 채권이 휴지조각만큼이나 가치를 상실한 것을 발견했다. 사람들은 놀라고, 어이없었고 분노하다가 ― 큰

---

불평등 구조에서 하층에 위치한 사람들은 제도적 수단에 대한 접근이 제한되어 있는 상황에도 불구하고 여전히 경제적 성공 목표를 달성하기 위해서 비합법적 수단이라도 동원하려고 할 것이다. 이러한 문화적, 사회구조적 상황에서 제도적 수단의 정당성은 크게 약화될 수밖에 없다. 그리고 무엇보다 경제적 성공을 '지나치게' 강조하는 문화는 필연적으로 제도적 수단에 대한 경시로 결과될 것이다." (Merton, 1957: 187; 신동준, 2006: 37)

9) 사회경제적 지수와 범죄율 간의 높은 상관관계를 이와 같이 표현했다고 보인다. 1930년대~1957년 사이 아메리칸 드림에서 실패자로 낙인찍히고 범죄자로 전락한 경우도 많을 것이다. 그러나 그 기간 동안 신대륙으로 유입된 외국인 이민의 경우를 생각한다면 ― 서유럽, 동유럽 이민들, 중남미 이민들, 그리고 한국과 동아시아 및 동남아시아 이민들의 생활사를 그들이 본국에서 영위하던 정치, 사회, 경제적 위상과 비교한다면 ― 머튼이 표현한바 '쥐의 경쟁'은 대공황기의 경험으로 해석된다. 많은 이민들에게 아메리칸 드림의 꿈은 머튼이 말한바 부나 금전적 성취의 측면보다 전쟁과 정치적 재난, 경제적 불안정에서부터 피난처를 찾은 것이고 이들의 성공 여부는 보다 긴 역사에서 판단되어야 할 것이다. 아메리칸 드림의 기록으로서 Frank McCourt, *Angella's Ashes*(New York, 2003), *'Tis*(New York, 2004), *Teacher Man*(New York, 2005).
10) 머튼의 이 이론은 법사회학의 넓은 범주에서 볼 때는 사회계층을 중심으로 한 이론으로 분류된다. 법사회학의 한 분과인 범죄사회학 학자인 만하임은 머튼과 그가 계승한 뒤르켐을 범죄사회학에 있어서 계층 정향의 이론가로 보고 있다(Mannheim: 1973, pp.499~531).

부를 가진 사람이 갑자기 알거지가 된 것을 보고— 집을 나가서 행방불명이 되거나, 자살자가 급격히 늘어났다(김철, 2008.12: 42~43).

## 1.4. 대공황의 서곡(1920~1930)

'위기 때의 법(Law in Crisis)'이 주제이다. 1920~1930년까지의 급격히 변동하는 사회적 맥락 속에서 세계 대공황의 서곡이 진행되고 있었다. 법 관련자들은 다음과 같이 생각했다. 법학자들은 사회현실과 관련해서 법이 실지로 어떻게 운용되는가에 관해서 조사하여야 되는 소명(Calling)을 가지고 있다고 선언하고 그때까지의 법 사고는 이러한 기준에 의해서 비판되었다. 개념적이며 원칙적이며 법률해석학에 국한되었다고 하고, 법이 실제로 사회 안에서 어떻게 운영되며 사람들의 행태에 어떻게 영향을 미치는가는 무시한다고 하였다(Kitch, 1983: 164; 김철, 2007ㄱ: 188; 김철, 2008ㄱ: 50~51; 김철, 2009ㄱ: 66).

## 1.5. 대공황(1929~) 때의 자본주의의 상황

흔히 1929년의 자본시장의 폭락에 의해서 대공황이 촉발된 것으로 알고 있다. 관행적으로 말하건대 1929년 10월 24일 검은 목요일에 월가의 대폭락이 시작한 것으로 알려져 왔다. 실지로 자본시장은 그해 9월 초부터 계속 하강하고 있었다. 10월 28일은 검은 월요일로 불리는데 주가가 13% 빠졌으며, 다음 날은 12%가 더 빠졌다. 다음 3년에 걸쳐서 미국 주식시장은 89% 하강했으며 최저점에 도달한 것은 1932년 7월이었다. 따라서 1929년 9월에 시작된 월가 주가의 폭락은 약 3년에 걸쳐서 계속되었으며 최저점에 도달하는 데 3년이 걸렸다. 최저점에 도달한 주가가 1929년의 최대점을 회복한 것은 1954년이었으며 완전히 회복하는 데는 25년이 걸렸다(Niall Ferguson, 2008). 대공황을 촉발한 보다 근본적인 이유는 주식시장의 폭락이라기보다 만성적인 은행파산으로 인한 신용경제의 '대수축(great contraction)'이라고 한다(Milton Friedman and Anna Schwartz, 1963)(Niall Ferguson, 2008). 즉, 1930년 말에 미국에서 608개의 은행이 파산하였다. 연방정부는 아무런 조치를 취하지 않았다. 공개시장조작을 하지 않았을 뿐만 아니라 금융시스템에 신용자금을 오히려 축소하였다. 1932년 1월까지 1,860개 은행이 파산하였다. 1932년 4월에 연방정부는 처음으로 대규모의 공개시장을 통한 유동성 위기대책을 시행하기 시작하였다. 1932년 말부터의 은행파산 물결은 드디어 국가가 '은행 휴일'을 제정하기에 이르고 프랭클린 루스벨트가 취임한 이틀 뒤인 1933년 3월 6일 예금자들의 예금인출 사태에 대응하여 다시 휴일을 선포하기에 이른다. 이은행 휴일 동안 2,500개 은행이 파산했다(Milton Friedman and Anna Schwartz, 1963; Niall Ferguson, 2008; 김철, 2009ㄱ: 39~40).

### 1.6. 1933년 위기의 법학 – 경제적 자유주의(Economic Liberalism)[11] 대 전체주의

1933년에 세계 대공황의 와중에서 아메리카와 도이칠란트는 다 같이 실업률이 33%를 웃돌았다. 도이칠란트에서는 1933년 3월 23일, 아메리카에서 프랭클린 루스벨트가 대통령으로 취임한(1933년 3월 4일) 같은 달, 나치당이 도이칠란트 의회(Reichstag)의 수권법(Enabling Act)에 의해서 히틀러가 독재권을 합법적으로 수여받게 하였다. 나치즘은 아메리카와 대비할 때 경제위기에 대해서 반자유주의(Anti – Liberalism)

---

11) 여기에 대해서는, 김철, "위기 때의 법학: 뉴딜 법학의 회귀 가능성 – 현대 법학에 있어서의 공공성의 문제와 세계대공황 전기의 법사상", 국제 헌법학회 한국지부 『세계헌법연구』 제14권 제3호 2008년 12월을 볼 것.

를 표방하고, 자본주의와 공산주의를 다 같이 반대하는 제3의 노선을 내걸었다(www.wikipedia.com). 아메리카에서는 1933년 3월 4일 프랭클린 루스벨트가 대통령에 취임하였다.

이 시대의 도이칠란트의 대표적인 법학자는 칼 슈미트로 그는 '국가와 사회가 동일한 전체국가(totaler State)'로 전개된 것을 논의의 출발로 삼고 그에게 있어 전체국가로의 경향은 경제 영역, 즉 경제국가로의 전환에서 가장 두드러졌다(Carl Schmitt, 1931; 송석윤, 2002: 303).

이 시대의 아메리카 사회과학의 특징은 제도주의(Institutionalism) 법학과 경제학, 법현실주의가 정점에 이르렀다고 본다(김철, 2007ㄱ: 192~193). 제도주의의 주된 인물들은 정부의 관여를 신봉한 사람이었고, 동시에 가격 이론과 신고전파 이론에 배척되는 입장에 있었다. 법학 쪽에서 볼 때, 칼 르웰린이나 윌리엄 더글라스 같은 사람들의 법현실주의에도 제도경제학과 공통되는 것이 있었다고 한다(김철, 2007ㄱ: 192; 김철, 2009ㄱ: 41~42).

## 1.7. 아메리카 헌법사에 있어서의 경제적 자유주의와 경제적 보수주의

### 1.7.1 경제적 보수주의와 경제적 자유주의(Economic Liberalism)[12]의 경계

러셀 갤로웨이는 1790년부터 1982년까지의 미국 연방대법원의 역사를 부자와 가난한 자의 문제에서 분석 서술하고 있다(Russell Galloway, 1982 & 1991). 그는 빈부문제에 대한 입장을 다음과 같이 정리한다(김철, 2005: 17).

첫째, 경제적 보수주의(economic conservatism)는 전형적으로 다음의

---

12) 이 문제에 대한 논의는 다음의 연구 발표문을 참조할 것(김철, 「빈곤과 부에 대한 차별문제: 헌법과 파산법의 눈에서」, 한국사회이론학회 2005년 후기학술대회 『빈곤과 우리사회』, 2005년 12월 17일 성신여자대학교 수정관 313호(2005ㄱ)).

확신에 근거한다. 부를 재분배하는 어떤 주된 노력도 정부에 의해서 행해져서는 안 된다. 정부의 주된 역할은 물질적 복리를 국민이나 기업이 개인적으로 추구할 때, 호의적인 환경을 만들어 주는 것이고, 재산권 소유자의 권리를 보호하는 것이다. 최소국가(minimal state)의 기능이며, 사법부의 역할도 여기에 있다고 본다. 미국 법학사에서 여기에 속하는 사람은 해밀턴(Alexander Hamilton), 마샬(John Marshall) 초대 대법원장, 스토리(Story) 대법관, 필드(Field) 대법관, 닉슨 대통령, 레이건 대통령, 아버지 부시와 아들 부시 대통령이다.

둘째, 경제적 자유주의(economic liberalism)는 다음의 믿음을 특징으로 한다. 한 나라의 부(richness)는 빈곤의 짐을 가능한 한 완화시키는 방법으로 분배되어야 한다는 믿음이다. 미국 법학사에서 여기에 속하는 사람은, 제퍼슨(Thomas Jefferson) 대통령, 잭슨(Andrew Jackson) 대통령, 태니(Taney) 대법관, 브랜다이스(Louis D. Brandeis) 대법관, 루스벨트(F. D. Roosevelt) 대통령, 더글라스(William O. Douglas) 대법관이다.

2007년에 폴 크루그먼은 두 가지 입장 이외에, 원래 한 입장에서 출발했으나 차츰 다른 입장의 정책을 추구한 경우의 예로, 공화당의 아이젠하워 대통령의 예를 든다. 그리고 아이젠하워가 루스벨트 행정부의 정책을 계승한 데 대한 반발로 새로운 보수주의(new - conservatism)가 일어나고, 세월이 지나서 강력한 정치운동으로 자리 잡았다고 한다. 1964년 골드워터~1980년 레이건으로 연결된다(폴 크루그먼, 2007: 25).

약 200년 이상의 역사를 통해, 경제적 보수주의와 경제적 자유주의가 서로 대치하고 있는 둑을 따라서, 경제와 법제도의 긴 강물이 흘러왔고, 이 긴 흐름을 특징짓고 구분 짓는 것은, 개혁(reform)과 반개혁(counter - reform) ― 정치경제적 의미에서 ― 의 시도이다. 1776년에서 1789년에 이르는 건국 시기로부터 현재에 이르기까지, 경제적 자유주의와 경제적 보수주의를 기반으로 한 정치, 경제, 법문화는 갈등과 대립, 타협과 조정, 반동과 개혁의 모든 매듭을 거쳐서, 적어도 다음 네 가지를 빈부문제에 대한 기본적 논의 주제로 확정하였다(Russell Galloway, 1982 & 1991; 김철, 2005: 17).

네 가지 빈부문제는 다음과 같다. 1) 과다한 부채에서 국민을 구제할 것인가, 2) 나라의 부를 재분배할 것인가, 3) 부유층의 형태를 규제할 것인가, 4) 빈곤층의 조직화된 행동에 관심을 가질 것인가(김철, 2008.12).

## 1.8. 공황에 대한 월가의 영향과 금융체계

1931년 초까지 아메리카의 공황은, 경제적 측면에서 파악하면 그때까지 진행된 국내 경제문제의 결과로 보였다. 재즈 시대(1919~1929)[13]에 약 10년간 계속된 농업부문의 침체와 담보, 자동차 판매고의 감소, 주택 시장[14]의 침체, 그리고 이 모든 것에 더하여, 가장 긴급한 것은 월 스트리트의 해적 같은[15] 악습과 폐해, 머리칼을 곤두서게 하는 자산가치의 증발과 손실, 무정부적인 금융체계의 재난을 들 수 있다. 그러다가 국내문제를 넘어서, 유럽이 끔찍하고 등뼈를 휘게 할 만한 부담을 휘청거리는 후버(Hoover) 행정부에 준 것이다(David Kennedy, 1999: 69).[16](김철, 2010.02: 150~151)

---

13) 재즈 시대에 대해서는, 김철, "팍스 아메리카나와 재즈 시대", "재즈 시대의 아노미", 『경제 위기 때의 법학 ― 뉴딜 법학의 회귀가능성』(서울: 한국학술정보(주), 2009ㄱ)를 볼 것.

14) 주택 시장은 뉴딜 시대 이전부터 저축대출조합(Savings & Loans Association)에서 담당했고, S&L의 문제는 뉴딜 시대 때부터 금융업과 은행업의 중요 문제가 되었다(본 논문 '루스벨트의 뉴딜 시대와 주택금융'을 참조).

15) 1933년 봄, 후버 자신은 금융업자들이 다시 제자리로 돌아가는 것을 환영할 만한 준비가 된 듯해 보였다. 그러나 대중의 정서는 은행업자와 금융업자 다시 아무 일도 없었다는 듯이 제자리에 복귀하는 것을 보고 흡사 "성전에서 환전상을 하던 사람들이 다시 성전으로 되돌아오는 듯한 느낌을 받았다." 나라의 금융업계 지도자들의 윤리성에 대해서 언론은 특히 상원 은행 및 통화위원회에서 개최되고 있는 공청회에 집중하였다(Schlesinger, 1958: 434).

16) David Kennedy, *Freedom From Fear - The American People in Depression and War, 1929~1945*(Oxford Univ. Press, 1999).

## 1.8.1. 대공황 전기(1929~1933)의 금융업과 금융위기

대공황 전기(1929~1933)의 은행[17]과 금융위기를 주목한다.

역사학자 케네디에 의하면, 아메리카의 은행은 대공황 이전의 시절에도 곧잘 부패할 수 있는 소지가 있었고 1929년대를 통하여 연간 500개를 넘는 비율로 파산하였다(Kennedy, 1999: 65) 대공황이 시작된 1929년 10월까지 대략 같은 숫자가 파산했다. 10월 이후 1930년의 마지막 60일 동안 600개가 더 파산해서 연간 1,352건의 파산이 기록되었다.

1929년 당시 아메리카의 총 은행 개수는 2,500개였다. 52개의 다른 규제체계가 작동하고 있었다. 연방준비제도(Federal Reserve System, 1913년)의 아버지인 카터 글라스(Carter Glass)는, "어떤 은행은 말이 은행이지 전당포 수준인 것이 있었고, 길모퉁이 식품점 주인이 은행가 역할을 했다"라고 회상했다.

1930년 켄터키의 루이스빌 내셔널 은행에서 시작해서, 연계된 은행 그룹이 소재하는 인디아나, 일리노이, 미주리, 아이오와, 아칸소, 노스 캐롤라이나로 번졌는데, 유동성 위기였다. 1930년 12월 11일에 뉴욕시의 뱅크 오브 유나이티드 스테이츠(Bank of United States)가 문을 닫았다. 그 명칭 때문에 공적인 기관으로 오인될 수 있었으며, 따라서 그 여파는 더 컸다. 유대계의 상업은행으로 40만 명 이상의 유대계 이

---

17) 아메리카에서의 '은행(Bank)'은 넓은 의미의 은행을 의미하는 것으로, 한국과는 차이가 난다. 경제위기를 이해하기 위해서는 은행업이라는 것이 어떤 것인가를 적절히 이해하는 것이 중심이 된다고 본다(Richard Posner, "Why was Depression not Anticipated", *A Failure of Capitalism*(Harvard Univ. Press, 2009: 41~51). 재무(Finance) 또는 금전(Money)을 중계하는 역할을 가장 넓은 의미의 '은행(Bank)'이라고 할 수 있는데, 이 의미에서는 은행이란 큰 규모로 빌려 주는 자임과 동시에 큰 규모로 빌리는 자이다. 왜냐하면 그들이 주로 빌려 주는 것은 그들 자신의 자본이라기보다도 그들이 다른 곳에서 빌린 돈이기 때문이다. 빌려서 빌려 주는 것이 은행인데 단지 대규모로 영위된다는 점이 특징이다. 가장 우리가 자주 이용하는 저축예금은 요구불예금(Demand deposit)으로 말하자면 은행에 돈을 빌려 주는 자, 즉 예금자가 언제든지 즉시로 맡긴 예금의 지불을 요구할 수 있다. 예금은 은행의 채무이다. 이와 같이 빌린 돈으로 자금을 만들기 때문에 은행의 부채는 그들이 원래 소유하는 자산인 자산자본을 훨씬 능가하기 마련이다(김철, "최현대의 경제공법사상(2)", 『세계헌법연구』제15권 제3호(서울: 세계헌법학회 한국학회, 2009.12).

민의 예금을 취급하였으며, 이들은 주로 복식 산업에 고용되어 있어서 뉴욕 은행가에서는 '바지 다리미장이들의 은행'으로 통했다. 이런 맥락에서 어떤 관찰자는(Ron Chernov), 유나이티드 스테이츠 은행의 몰락을 월가에 오랫동안 군림해 온 가문들, 특히 전투적일 정도로 씨족적이고 이교적인 모건 가(House of Morgan)의 행동과 관계 짓는다.[18]

즉, 연방준비제도(Federal Reserve)가 모건 가에게 유나이티드 스테이츠 은행을 구제해 주라는 요청을 계획적으로 거절하였다고 한다. 역사가인 케네디는 연방 준비제도의 존재 자체가 모건 가와 같은 대규모 상업 은행이 1907년 위기 때와 같이 유동성을 풀어 주는 역할을 하지 못했다고 역설로 설명한다(Kennedy, 1999: 69).

1930년 12월 당시 연방준비제도는 유나이티드 은행 구제를 행하지 못했다. 내부적으로 행정공백이 2년째 계속되고 있었다. 뉴욕 연방준비은행 총재(Governor)가 공황 이전에는 연방준비제도에서 가장 큰 카리스마를 행사했는데, 1928년에 벤자민 스트롱이 사거한 이후, 공백상태였다. 제도가 개인적 리더십에 너무 의존한 경위는 1987~2005의 그린스펀에서도 되풀이해서 보인다.

연방정부는 아무런 조치를 취하지 않았다. 공개시장조작을 하지 않았을 뿐만 아니라 금융시스템에 신용자금을 오히려 축소하였다. 1932년 1월 1,860개 은행이 파산하였다.[19] 1932년 4월에 연방정부는 처음으로 대규모의 공개시장을 통한 유동성 위기대책을 시행하기 시작하였다. 1932년 말부터의 은행파산 물결은 드디어 국가가 '은행 휴일'을 제정하기에 이르고 프랭클린 루스벨트가 취임한 이틀 뒤인 1933년 3

---

18) Ron Chernov, *The House of Morgan*(New York: Atlantic Monthly Press, 1990), 323~324.
19) 은행파산에 대한 통계는 1920년대부터 1930년 연말까지는 역사학자 케네디(David Kennedy: 1999, 65)의 통계에 따른다. 그에 의하면, 1929년 당시 총 은행 개수가 2,500개라고 한다. 그러나 통화주의자 프리드만(Milton Friedman and Anna Schwarz, 1963)과 이를 인용한 경제사학자 퍼거슨(Niall Ferguson, TIME, 2008.10.13)에 의하면 1932년 1월까지 1,860개의 은행이 파산하고, 1933년 3월 6일 은행 휴일로 지정된 기간 동안 2,500개 은행이 파산했다고 기록하고 있다.

월 6일 예금자들의 예금인출 사태에 대응하여 다시 휴일을 선포하기에 이른다. 이 은행 휴일 동안 2,500개 은행이 파산했다(Milton Friedman and Anna Schwarz, 1963; Niall Ferguson, 2008; 김철, 2010.02: 151~152).

## 2. 루스벨트의 '경제헌법질서(economic constitutional order)'

루스벨트의 긴급은행법(Emergency Banking Act. 1933)과 글라스 스티걸 법(Glass – Steagall Act. 1933)의 연원이 되는 제도의 취지는 공황이 3년째 진행되던 1932년에 나타났다. 새로운 제도에 대한 필요성은 루스벨트는 1932년 콜롬버스에서의 연설에서, "우리의 상황은 대담하고 지속적인 실험정신을 요구한다. 하나의 방법을 택하고 일관되게 노력하는 것은 좋은 상식이다. 그러나 그것이 실패로 끝났다면 그 실패를 솔직히 받아들이고, 다른 방법을 시도해야 한다"라고 했다(김철, 2010.02: 153).

"지난 반세기의 역사는 크게 보아 금융산업에서의 거인 집단의 역사였다. 우리가 계속 변경을 넓혀 가고, 인구가 계속 증가하며, 산업체들이 우리의 수요를 아직 채우기 충분하지 못했을 때는, 사람들이 욕구하는 경제적 산출을 계속하는 동안 사회는 거인 집단에게 경제활동의 자유를 주는 방식을 채택하여 왔다. 그러나 생산고의 확대나 변경의 확장은 한계에 이른 상황이 되었고, 이제 산업과 기업에 대한 재평가가 이루어져야 할 때이다. 금융계의 거인들이, 그들이 하고자 하고 개발하려고 의욕을 갖기만 하면, 우리들이 모든 것을 부여하였던 시대는 지나갔다. 이제 우리의 과제는 천연자원을 발견하고 쥐어짜서 더 많은 물건을 생산하는 것이 아니다. 오늘의 과제는 더 냉정하고 덜 극적인 일로써, 이미 가진 자원과 생산시설을 잘 관리하거나, 잉여 생산물을 위해서 외국 시장을 다시 세우려 노력하거나 저소비의 문제에 대처하거나, 부와 생산품을 더 형평성 있게 분배하거나, 기존 경제기구들로 하여금 사람들에게 더 도움이 되도록 적응케 하는 계몽주의적 정부의 시대가 왔다. 이와 같이 기업과 관련하여, 정부의 과제는 헌법적 경제질서를 발전시키도록 돕는 것이다."(Kennedy, 1999: 373)

## 2.1. 뉴딜 입법의 시작

1933년 1월 운터마이어(Untermyer)는 우정성(Post Office Department)을 은행규제의 기관으로 하는 초안을 루스벨트에게 제출했다. 초안의 다른 규정에 대한 위헌의 우려와 함께 이 규제 담당 기구의 문제가 루스벨트로 하여금 커밍스(Cummings)와 로퍼(Roper)에게 다른 초안을 준비하도록 했다. 두 사람은 연방통상위원회(Federal Trade Commission)의 경험 있는 톰슨(Huston Thompson)에게 초안 기초를 넘겼다(Schlesinger, 1958: 440; 김철, 2010.02: 153).

톰슨의 초안은 유가증권(Securities) 발행을 심사해서 불허하는 권한을 연방통상위원회(Federal Trade Commission)에 주는 것으로, 주의 법(blue-sky Laws)[20]을 모델로 한 것이었다. 정부에 지나친 책임을 지우는 것같이 보였으며 법안 초안의 숙성도도 충분치 못했다. 루스벨트는 두 개의 불만족스러운 초안을 가지고 초안에 참여한 모든 기초자들이 원탁에 앉아 공개토론에 부치도록 했으나 합의에 실패했다.

대통령은 과제를 분리해서 문제를 해결하려 했다. 톰슨은 신주(新株)와 사채(社債)와 공채(公債)를 포함한 증권을 규제하는 법안을 기

---

20) blue-sky Laws에 대해서는, 본 논문 중 '1933년 긴급은행법과 글라스 스티걸 법의 배경'에서 '푸른 하늘'법으로 번역하고, 가짜증권 위조증권 및 신용할 수 없거나 거의 가치 없는 불량 투자 규제의 주법(州法)으로 소개되었다.

초하게 했다. 운터마이어는 외환을 규제하는 법안을 기초하게 했다.

유가증권(Securities)의 입법이 우선이었다. 1933년 3월 29일 하원에 보내는 메시지에서 루스벨트는 어떤 오래된 진리에 근거한 법을 제정 할 것을 촉구하였다(김철, 2010.02: 153).

## 2.2. 루스벨트의 원칙: 오래된 진리의 쇄신(1933)

오래된 진실이란, 시민들의 돈을 취급하거나 사용하는 은행이나 회 사 그리고 어떤 명칭의 조직을 경영하는 사람들은 다른 사람들을 위해 서 행동하는 것이고 신뢰(Trust)를 받은 수탁자(受託者, Trustee)이다 (Schlesinger, 1958: 441).

**Caveat emptor 원칙**은 "사는 사람이 알아야 한다"는 오래된 법언 (法諺)이었다.[21] 대공황 시대의 주식 폭락 이후의 경험은 "판매자가 먼 저 알려야 한다"는 유가증권 판매 때의 원칙이 법에 보충되어야 했다. 법은 온전한 진실을 말해야 되는 부담을 판매자에게 지워야 한다고 루 스벨트는 말했다. 이와 같이 만들어진 톰슨 법안이 하원에 제출되었으 나 강한 반발을 불러일으켰는데 증권 판매를 규제해야 한다는 사상에 이미 친숙했던 의원들까지 그러했다. 에이브릴 해리만(Averil Harriman) 은 루스벨트에게 투표했으며, 브라운 브라더즈(Brown Brothers)는 투 자은행을 소유한 자유주의적 기업인인데, 적절해 보이는 설득력을 가 지고 초안의 조치가 실효성이 없을 것이라고 루스벨트의 측근인 몰리 (Moley)에게 항의하였다(김철, 2010.02: 154).

---

21) 구매자(사는 사람)가 그 자신 스스로 조사하고 판단하며 테스트해야 된다는 원칙을 요약한 법언 (maxim)이다. 이 법언은 경매절차 기타 법원이 행하는 세일즈에 특히 더 적용되고 소비자 물품의 세 일즈와 같은 경우에는 엄격하자책임(strict liability), 품질보증의무(warranty)와 같이 소비자 보호법이 소비자인 구매자를 보호하는 영역에서는 덜하다(Black's Law Dictionary, 1979: 202).

## 2.3. '오래된 진실의 쇄신'에 대한 역사의 교훈: 1933년 루스벨트와 2010년 4월 오바마

2010년 4월 19일 오바마 정부의 증권거래위원회(SEC, Security Exchange Committee)가 Goldman Sax를 사기(Fraud)로 민사손해배상소송을 제기하였다. 그간의 경위는 다음과 같다.

2008년 9월 세계 금융위기 이후 상황(김철, 2009.12: 115)은 연방정부의 구제금융과 국제공조로 대공황의 반복은 피했다.

이후 시민의 분노는 월가의 금융가 및 은행가에게 행해졌다. 책임을 물어야 할 텐데, 무능력(incompetence)이나 오만(arrogance)은 형사법의 처벌대상이 아니다(김철, 2010.5: 05). 무능과 오만으로 회사뿐 아니라 나라를 넘어서, 국제금융시스템을 망가뜨린 원인제공자를 어떻게 할 것인가?

서브프라임 모기지를 근거로 CDOs(Collaterized debt obligations)를 만든 월가의 금융인들을 어떻게 할 것인가(김철, 2010.5: 05)? CDOs 자체를 최초부터 의심쩍게 본 시각과 금융경제의 대형화를 위해서 필요하다는 시각으로 분리되고 있었다.

즉, "일확천금을 노리고 금융공학이라는 미명하에 순전히 사기인 파생금융상품을 만들어 내었고"(김광기, 2009) "그러나 71년 만의 위기 이후에도 월가와 한국 증권가에서 파생상품은 필요했다는 견해가 공존하고 있었다."(김철, 2009.12: 138)

2009년 11월 Wall가의 반응은 서브프라임 모기지 대출 때 '부주의 (recklessness)했다', 또 신용평가기관의 잘못도 '부주의(recklessness)했다'라고 하여 '부주의'로 방어하였다.[22]

---

22) recklessness란 부주의 또는 경솔로 번역되지만, 그냥 어느 개인이 충분한 주의를 기울이지 않았다는 의미 이외에, 위험을 개의치 않고 행동했다는 뜻도 내포한다. 후자의 경우 투자회사가 어떤 목적을 위하여 있을 수도 있는 위험을 세심하게 카운트하지 않았다는 뜻도 되어서, (더 확장 해석하면)

2010년 4월 16일 SEC가 Goldman Sacks를 제소했을 때 월가의 금융 회사와 관계있는 법률가[23]들은 다시 "부주의와 탐욕에서 나온 행동은 인정하나 불법(illegal)은 아니었다"라고 방어한다(Mark Trumbull, New York Times, April, 16, 2010). SEC는 "사기(fraudulent)이며 따라서 불법(illegal)이다"라는 데 초점을 두고 있다.

### 2.3.1. 2010년 4월의 오바마 정부: 사기―불법이냐 아니냐의 판단

SEC 기소의 내용은 다음과 같다. 2007년에 미국주택시장의 거품이 보이고 주택시장이 내려앉을 징조가 나타날 때에, Paulson & Co. 헤지펀드가 Goldman Sacks와 거래와 지불을 했다. 거래내용은 Paulson & Co가 선택한 모기지 증권이 내려가면 Paulson & Co가 이득을 얻는 'Short − seller'[24] 계약이다. 실지로 이 헤지펀드는 이 거래의 결과 20억 불을 벌었다.

한편 이 사실을 모르는 일반 투자가들은 Goldman Sacks가 만든 CDOs를, "주택 값이 계속 오르고, 따라서 주택 저당을 근거로 한 Subprime mortgage도 권리금이 계속 들어오며, 따라서 이것을 근거로 한 CDO도 계속 값이 오를 것이란 예상으로" 사들이고 있었다. 실지로 이 투자가들은 20억 불을 잃었다. 왜냐하면 주택시장이 하강했기 때문이다.

SEC는 Goldman이 다른 투자가들에게 Paulson & Co라는 헤지펀드가 이 CDO 거래에 역할을 이미 하고 있다는 것을 알리지 않았다고 한다(한국 법률 용어로는 고지(告知)하지 않았다가 되고, 쟁점은 고지

---

용감하게 과감하게 행동했다는 투로도 쓰일 수도 있다. 구체적으로 해석하면 "in spite of high risk s……."

23) N.Y.T 2010.4.16.에서 Trumbull은 다수의 금융전문가들(many financial experts)의 견해로 쓰고 있다.

24) 월가에서 통용되는 전문용어. Someone betting against its(securities) success. 어떤 유가증권 (security)이 올라가는 것이 아니라 내려가는 것에 돈을 거는 사람을 가리킨다.

의무(告知義務)가 있는가가 된다).

Goldman Sacks가 CDO라는 유가증권을 "앞으로도 계속 집값, 부동산 시장이 상승한다는 기대를 가지고, 그래서 CDO도 계속 오르거나 유지될 것이라고 믿고 있는" 일반 투자가들에게 CDO를 팔 때에, "여보세요, Paulson & Co. 헤지펀드가 이 CDO 제작에 참가해서, 여러분은 기분 좋았겠지만, 그 내용을 알면 모두 큰일 날 것이오. Paulson은 또 다른 거래에서 여러분이 사려는 CDO 값이 내려가는 쪽에 거액을 걸었단 말이오"[25]라고 말할 수는 없었겠지만 최소한 "여러분이 사려는 CDO 파생상품은 Paulson & Co가 관계되어 있습니다"라고 알렸어야 되지 않겠는가?

### 2.3.2. 2010년 4월 오바마 정부: "잘못된 역사가 되풀이되는 것을 방관할 수 없다"

오바마 대통령이 2010년 4월에 단언하였다. "우리는 잘못된 역사가 되풀이되는 것을 방관할 수 없다(We can't allow history to repeat itself)."

역사에서 되풀이되는 잘못된 금융관행이 이미 있었다. 금융위기의 전후 또는 최초부터 경제학자들(Krugman, Stiglitz, Roubini)이 세계 대공황(1929~1930's) 때의 역사에 주목한 것이 이유이다.[26] 역사적 접근은 금융위기의 모든 단계에서 불가결한 것이 되었다(김철, 2008.12; 2009.6; 2009.12; 2010.5).

다시 세계 대공황 시대의 금융법으로 돌아가자. 대공황이 진행되던

---

25) Goldman Sacks와 Paulson이 같이 만든 CDO 성격의 이중성.
　　1. 일반 투자가는 사게 한다(상승의 기대를 갖게 한다). → 유인
　　2. Paulson은 일반 투자가가 거는 CDO가 안 된다는 쪽에 걸어서 돈을 번다.
　　3. Goldman Sack는 거액의 수수료(1,500만 달러)를 챙긴다.
26) 특히 역사적 접근을 강조한 것은 김철, "최현대의 경제공법사상(2)", 2009.12와 같은 사람, "세계금융위기 이후의 경제와 규범, 도덕의 관계-금융위기와 관련된 법 제도의 도덕성 논의를 위한 시론-", 2010.05. 예정을 볼 것.

3년째 1932년에 루스벨트의 연설에서, 선거에서 승리한 직후 1933년 3월 27일 하원에의 메시지에서 긴급히 금융관계법을 제정할 것을 촉구했다. 이 점은 2010년 3월 오바마가 글라스 스티걸 법(Glass – Steagall Act), 볼커 법(Volker rule) 제정을 촉구한 것과 유사하다.[27]

## 2.4. 1933년의 긴급은행법과 글라스 스티걸 법의 배경

심문, 질문지를 사용한 조사, 인터뷰를 통한 조사를 사용해서 1933년 1월에 개시된 상원위원회는 증권거래에서 무엇이 잘못되었나에 대해서 이전의 누가 수집한 것보다 더 많은 정보를 수집하였다. 명백히 드러나는 난점은 과실이나 착오 또는 고의로 유가증권에 대해서 잘못 진술한 데 대해서, 유가증권의 판매자가 양심의 가책을 느끼지 않는다는 사실이었다. 여기에 대한 해답은 유가증권에 대한 전면적이고 완벽한 내용 노출을 강제하는 것이다(Schlesinger, 1958: 439). 다른 어려움은 상업은행(commercial banks)들이 증권을 중계해서 돈벌이하는 것이었다. 이 문제에 대한 해답은 상업은행들로 하여금 그들의 자회사인 증권회사들과 이혼하도록 강제하는 것이었다(김철, 2010.02: 154).

또 다른 난제는 모건 하우스(the House of Morgan) 같은 공적 기관이 아닌 사립 은행들이 사채(社債) 기타 유가증권을 발행하기도 하면서 동시에 예금을 받는 것이었다. 여기에 대한 대답은 사립은행들로 하여금 둘 중 하나의 업무에 집중 · 전념하도록 강제하는 것이었다. 이 두 가지 조치가 가장 기초적인 것으로 보였다. 그러나 적어도 이 두

---

27) 77년의 시간적 격차가 있으나 세계 대공황 전기(1929~1933)에 Roosebelt의 입법 역할과 세계 금융위기(2008.09~2010.03) 이후에 Obama가 목표로 하는 입법 역할은 Wall가의 관행을 교정하기 위한 노력에서는 같다. 2008년 12월에 '뉴딜 법학의 회귀가능성'을 김철은 논문 주제로 삼았다. Return of New Deal Era Jurisprudence, Goldman Case로 뉴딜 법학은 본격적으로 국제금융에서 문제해결에 해결 엔진이 되고 있다. 영국과 독일정부가 가세하였다. 예로서, 도이체방크와 UIB의 문제가 있다.

가지 조치가 새로운 시대에서 다시 과잉과 탐욕, 아노미가 나타나는 데 대한 안전벽으로 작용할 것이었다.

여기에는 충분한 선례가 있었다. 대영제국은 1930년대 이전 약 1세기 동안 회사법(the Companies Act) 아래에서 유가증권의 문제들을 감독해 왔다. 아메리카의 여러 주는 1911년을 기점으로, 유가증권 판매 때의 흠[瑕疵] 있는 진술에 대해서 개별 투자자들을 보호하기 위하여 '푸른 하늘' 법(blue - sky laws)을 통과시켜 가짜증권, 위조증권을 비롯하여 신용할 수 없거나 거의 가치 없는 불량 투자를 규제해 왔다. 1차 대전 이전의 Pujo 조사위원회[28]의 결론은 이런 규제는 실로 연방정부가 해야 할 일이 아닌가 하는 일이었다. 1차 대전 중의 자본금문제위원회(the Capital Issues Committee)에서의 경험은 유가증권 발행에 대한 기준을 정하기 위한 테일러 법안(Tailor bill)의 상정으로 연결되었다(A. M. Schlesinger jr., 1958: 439).

### 2.4.1. 미완의 숙제(1914)와 자유주의자들의 귀환(1933)

1932년 선거캠페인에서 루스벨트 자신이 콜롬버스에서의 연설에서 금융 · 재무의 규제를 위한 프로그램을 제시하였다. 이 금융규제는 두 그룹 추종자의 열렬한 지지를 받았다. 펠릭스 프랭크퍼[29]로 대표되는 브랜다이스 전통에서의 거대형(금융 비즈니스)에 대한 반대가 첫 번째 그룹의 특징이며, 두 번째 그룹은 월가의 금융회사들이 경제를 지배

---

28) 1차 대전 이전의 푸조 조사위원회(Pujo Investigation)는 역시 의회의 청문회(the Pujo hearing)를 거쳤다. 이때 가장 중요한 증인은 Morgan가의 형(the elder)이었으며 운터마이어(Samuel Untermyer)의 질문에 당당한 위엄으로 맞서면서 지팡이로 의회 마룻바닥을 쳤다고 한다. 1924년에 형 모건은 '아메리카의 대중을 위해서' 공립도서관을 건립했다(Diana E. Richardson(ed.) *Vanity Fair, - Portraits of an Age 1914~1936*(New York: Thames and Hudson, 1982)). 1933년의 Pecola 위원회의 주된 증인은 젊은 Morgan이었다. 20년의 세월의 경과에도 불구하고 상원위원회의 주된 조사와 심문대상은 같은 J. P. Morgan House라는 금융회사였다.

29) 펠릭스 프랑크퍼트(Felix Frankfurter)는, *The Public and It's Government*, 151 - 162(1930)에서 규제국가에 있어서의 정당성의 문제를 행정법과 헌법 사상에서 찾으려 했다(Thomas Green, *American Legal History: 1850~1950*(Ann Arbor: UM Law Sch., 1979)).

하는 데 대해서 오랫동안 두려워해 왔던 농촌 출신의 진취주의자들─
즉, 텍사스의 샘 레이번(Sam Rayburn)과 몬타나의 버튼 K. 휠러
(Burton K. Wheeler)가 이끄는 그룹─ 이었다. 실로 역사를 소급해서 1
차 대전 이전인 1914년에 이미 1933년 협력의 초판이 나온 셈인데─
첫 번째 특징의 브랜다이스(Brandeis)와 두 번째 특징의 샘 레이번이,
철도회사의 유가증권의 새로운 발행에 대해서, 주간통상위원회
(Interstate Commission)에 통제권한을 주는 법안에서 협조하였었다.
(Sen. Banking and Cur. Com., Stock Exchange Practices: 388, 1010,
2834)에서 보이는 대로 약 20년 뒤에(1914~1933), 다시 같은 문제를
풀기 위해서 자유주의자(liberals)들은 미완의 숙제로 다시 돌아오고 있
었다(Schlesinger Jr, 1958: 440).

브라운 브라더즈(Brown Brothers) 투자은행의 해리만의 항의로 남부
농촌연합의 레이번은 톰슨의 초안을 희망 없는 것으로 간주하고 새로
운 초안이 상황을 구제할 것이라 했다. 루스벨트 캠페인의 수석 브레
인 트러스트였으며, 선거 후 국무성 장관보인 몰리(Raymond Moley)는
브랜다이스 전통[30]의 하버드의 프랑크퍼트(Felix Frankfurter)에게 조난
신호를 보냈다. 이틀 뒤, 1933년 4월 7일 프랑크퍼트는 법안 기초 작
업을 도울 두 사람의 청년[31]과 함께 워싱턴에 나타났다(김철, 2010.02:
154~156).

### 2.4.2. 규제국가에 있어서의 정당성의 문제

법안기초의 전례가 되는 원칙을 프랑크퍼트가 천명하였다. 주식회
사는 일반 공중으로부터 자금을 공개모집하였을 때는 "언어의 참뜻에

---

30) 여기에 대해서는, 김철, "대공황 시대의 경제사상과 법", 『경제 위기 때의 법학 ─ 뉴딜 법학의 회귀
　　가능성』(서울: 한국학술정보(주), 2009ㄱ), 67~71을 볼 것.
31) 하버드 로스쿨의 입법학 교수인 제임스 랜디스(James M. Landis)와 벤자민 코헨(Benjamin V.
　　Cohen)이었다.

서 공적인 기구(public body)가 되고 경영진과 은행가는 공적인 기능을 행하는 사람들(public functionaries)이 된다. 따라서 프랑크푸르트의 그룹은 영국 입법례의 모델을 따른 초안을 좋아했다. 영국 모델은 (유가증권 발행에 따른) 모든 자료의 요소들을 모두 공개할 것을 요구한다. 그러나 톰손(Thompsom) 초안에서와 같이, 유가증권 발행을 인가하지 않을 수 있는 일반적 금지권한을 해당관청에 주는 것은 아니다."(김철, 2010.02: 156)[32]

어떤 점에서는, 브랜다이스의 재판연구관(Law Clerk)을 지내고 입법학 교수인 랜디스(Landis)[33]와 벤자민 코엔(Benjamin Cohen)은 영국 입법례를 넘어선 기초안을 작성하였다. 요구되는 자료 요건의 공개 정도에서 그러했고, 완벽한 자료 요건 공개가 등록되지 않은 사례에 있어서는, 유가증권 발행이 보류될 수 있는 '정지 명령(Stop order)'을 특별히 덧붙인 점에서 그러하다. 금요일 아침부터 월요일 아침까지 만 사흘 낮밤을 열렬히 작업하여, 두 사람의 기초자는 이와 같은 맥락의 초안을 기초하였을 뿐 아니라 하원상업위원회(The House Commerce Committee)의 레이번의 소위원회에서 그들의 초안을 성공적으로 방어하였다. 두 사람은 하원의 법제 관계 법률가인 미들톤 비만(Middleton Beaman), 부흥금융공사(Reconstruction Finance Corperation)의 코코란(Cocoran)과 함께 마지막 작업에 들어갔다.

### 2.4.3. 월 스트리트의 반응(1933.04~05)

월 스트리트는 이해가 됨직한 신경과민성의 상태로 법안 기초의 전개를 기다렸으며, 기초된 초안이 하원 상업위원회의 전원 위원회에 상

---

32) 일반적 금지권한은 대륙법계 국가의 인가 · 허가권에서 두드러진다.
33) James M. Landis, *The Administrative Process* 22, 69~75, 95~99(1938)에서 규제국가에 있어서의 규제의 정당성의 문제를 행정법의 핵심으로 파악했다(Thomas Green, *American Legal History: 1850~1950*(Ann Arbor: UM Law Sch., 1979)).

정되기 전에, 반박하여 뒤집을 기회를 가지려고 전력투구하고 있었다. 대선 캠페인의 수석참모였으며, 국무성 장관보인 몰리(Moley)가, 월가 패권에 비판적이어서 동석을 꺼리는 하원 소위원회의 레이번을 설득해서 설리반 & 크롬웰(Sullivan & Cromwell) 로펌의 존 포스터 덜레스(John Foster Dulles)가 이끄는 일단의 월가 법률가들이 하는 소리를 들어 보도록 했다. 초안 작성자인 두 사람은 훌륭하게 취지와 언어를 설명하였는데도, 덜레스는 문제점에 대해서 불완전하게 파악하고 있었다. 하원소위원회는 덜레스의 반박·비판의 주제발표에 감명받지 않았다. 다음 몇 주 동안 해당 상임위원회와 하원전체회의가 코엔 – 랜디스 초안을 받아들였다. 그동안 상원은 톰슨(Thomson)이 만든 초안을 통과시켰으나, 레이번은 하원의 법안으로 대체하는 것을 토론 끝에 성사시켰다. 1933년 5월 27일 대통령은 유가증권법(The Securities Act)에 서명하였다. 몇 개월 뒤에 법안의 기초자인 랜디스(Landis)는 새로운 유가증권법을 시행하기 위해서, 연방통상위원회(The Federal Trade Commission)에 임명되었다(김철, 2010.02: 154~157).

## 2.5. 1933년 글라스 스티걸 법의 제정: 금융업의 분리와 은행예금 보장제도 도입

금융가의 반대에도 불구하고 6월에 하원은 금융업상의 분리를 규정하는 글라스 스티걸(Glass – Steagall) 법을 제정하였다. 금융가에서 볼 때, 더욱 심해진 것은, 새로운 법은 은행 예금을 연방정부가 보장하는 것을 추가한 것이었다. 연방정부의 은행예금보장제도 입법에 대해서 미국금융업자협회(the American Bankers Association)는 '불건전하고, 비과학적이며, 부정당하며, 위험한 사상'으로 마지막까지 투쟁할 것을 선언하였다. 루스벨트 자신은 썩 그리 열광적이지 않았다. 정부 각료들이 찬성했고, 의회의 어떤 의원은 연기하기로 결정하였다. 대통령이 마침내 분리 원칙 입법을 받아들이기로 한 것은 은행 및 금융 시스템을 정비하여 통일하는 방법으로 쓰일 것을 고려한 것이었다. 법은 1936년 이후 주의 은행들로 예금 보험(보장)에 자격을 가지기 위해서는 연방준비제도(the Federal Reserve System)에 가입 강제를 예비하고 있었다(김철, 2010.02: 159).

뉴딜 시대의 이 법에 대해서는 자유지상주의의 패권시대인 1990년대 초반부터 치열한 폐지 운동이 있어 왔다. 예를 들면, (Lindner, 1992)[34] 폐지 운동의 가장 큰 대의명분은 이 법이 아메리카 금융산업의 경쟁력을 다른 외국 금융산업과 비교해서 떨어지게 만든다는 것이다. 즉, 금융산업의 대형화가 국가적 경쟁력을 키운다는 얘기이다. 그러나 1999년 그린스펀의 입장강화와 함께 폐지된 이 법에 대한 강력한 지지는, 예를 들면 (Anawalt, 1996)[35] 지지의 이유로 드는 두 가지이유는 은행 고객의 안전과 이른바 이익충돌(Conflicts of Interest)이다. 또한 대중의 신뢰를 유지하고 은행파산을 예방하는 것이다. 이 중에서 경제위기를 경험한 2010년의 위치에서 볼 때 2008년 내지 2009년의 세계 경제위기 진원지인 아메리카 금융산업을 생각한다면 이익충돌이론이 가장 역사에 접근하고 있다. 즉, 금융산업이 너무 커져서 도저히 퇴출시킬 수 없는, 이른바 대마불사가 되게 된 제도적 원인은 글라스 스티걸 법의 제어장치가 없어진 것이다. 2009년의 노벨경제학상 수상자 올리버 윌리엄슨(Oliver Williamson)은 "금융사들에 적용되는 '대마불사'는 절대 받아들일 수 없다." "이런 문제를 해결하기 위해서는 금

---

34) Laura A. Lindner, "'Repealin' The Glass-Steagall Act: A Japanese Lesson in Economic Strategy", *Wisconsin International Law Journal*, Vol.11, No.2, 1992.
35) Paul Anawalt, "Russia's Sberbank and a Fresh Look at the Glass-Steagall Act", *Berkeley Journal of International Law*, Vol.14, 1996.

융사들이 그에 합당한 보험료를 내도록 해 손실 발생가능성이 높은 투자를 미리 막아야 한다"고 주장했다(매일경제, A6면, 2010.01.20). 그러나 이 신제도경제학자는 제도경제학이 나타난 1930년대의 뉴딜법학의 하나인 글라스 스티걸 법이 다시 귀환하리라는 예언은 할 수 없었다. 왜냐하면 경제학자의 한계라고 보인다(김철, 2010.3).

## 2.6 역사의 선한 교훈: 뉴딜 입법의 귀환과
## 오바마의 도드 프랭크법 (2010.7)

2010년 8월 시점에서 1933년의 금융입법과 2010년의 금융입법의 배경을 비교해 보자.

1980년대 이래 30년간의 신자유주의 시대에 대중의 감각과 즉물적 판단에 의한 소비생활과 투자를 자극하고, 투기와 과소비에 의해서 산업 사회를 무리하게 확장하려 하기도 했던 세계적 사회 풍조는 이전 시대에 비해서 역사적 사고나 역사적 맥락에 의한 판단과 인문학적 평가를 사회생활에서 축출해 왔다. 신자유시대의 문명사회는 약 30년 동안 일하고 벌고 쓰는 데 바빠서 인류가 이미 비슷한 문제로 고통을 겪은 적이 있고, 그 고통의 대가로 축적한 지혜가 있다는 것을 망각하고 살아왔다. 후기 산업시대를 물질적으로 지배하려는 사람들은 역사를 축출하고 싶을 것이다. 또한 약 30년 동안 성장과 풍요의 사회 분위기에서 풍요에 취해서 불로소득과 사치의 감각을 훈련시킨 문명사회의 사람들은 너무나 개인의 특수한 감각에 충실해져서 규제나 규범 또는 마침내 어떤 제도가 필요하다는 것을 망각하고 살아왔다. 대공황기인 1933년의 글라스 스티글법(Glass – Steagall Act of 1933)은 1999년 레이거노믹스(Reaganomics)의 절정기에 폐지된 이후 '1930년대라는 과거의 법'으로 은퇴 또는 사라진 노인처럼 취급해 왔다. 마침내 77년 만에 대공황 때의 프랭클린 루스벨트의 뉴딜 입법의 계승자로 2010년의 오바마 대통령이 새로운 글라스 스티글 법으로 도드 프랭크 법을 발의하기에 이르렀다. 역사는 그냥 일회적으로 소진되는 것도 아니요 한 시대를 열어 주고 지탱하였던 뉴딜 입법이 그냥 사라지는 것도 아니라는 교훈을 알게 된다. 신자유주의 시대는 그 쾌락의 절정에서 모든 문명사회에서 파열음을 내며 긴 꼬리를 보이면서 사라지기 시작했다. 새로운 시대는 아직 전모가 드러나지 않았다. 그러나 개인적인 고통과 힘든 시간을 넘어서서 이윽고 더 긴 시대를 단위로 만물은 새로운 모습을 보일 것이다. 개인의 평화는 더 큰 흐름을 믿으며 노력하는 데서부터 올 수밖에 없다고 생각된다.[36]

## 2.7. 뉴딜과 독점의 문제

1900년 이전에는 대중주의자(populist)들과 다른 개혁지지 단체들의 상당한 선동이 있었음에도 불구하고, 중요성을 가지는 연방정부의 대응은 주제 통상위원회(Interstate Commerce)와 셔먼 독점금지(Sherman Antitrust)이었으며, 어느 것도 실행과 효력에 있어서 매우 유효하지는 않았다. 즉, 주제 통상위원회는 연방법원에서 단 한 건의 사례를 승소하는 것도 사실상 불가능했다. 또한 셔먼 법은 모든 독점과 독점하려는 모든 시도들을 금지하고 있었으나, 미지근하고 미온적으로 집행되었고 좁게 해석되었으며 지주회사(holding company)나 흡수합병과 같은 견고한 기업결합에 대해서는 무력했고 단지 느슨한 결합에 대해서만 유효했다. 따라서 1897년부터 1904년까지의 기업합병의 큰 시기는, 아이러니가 아닐 수 없지만 셔먼 법과 같은 독점금지법이 나온 이후에 전개되었고 결코 그 이전은 아니었다.[37]

---

36) 김철, "법과 평화", 『본질과 현상』19권 2010년 봄(서울: 본질과 현상사, 2010.3).

20세기 초에 법제사가들이 '진취적 시대'라고 부르는 시대 구분이 시작되기 전에는 결코 전반적인 풍조 — 그것이 정치적인 것이든 사고 방식에서 오는 것이든 — 의 변화가 오지 않았다. 20세기 초에야 다음 과 같은 사실이 발견되었다. 즉, 자꾸 더 큰 기업합병이 일어나고 경제 적 독점은 강화되었으며 점점 더 많은 중산층 미국인들의 느낌은 새롭 게 형성되어 가고 있는 제조업과 금융업의 기업 대제국이 이전에 가능 했던 아메리칸 드림을 총체적으로 오용하거나 전도하고 있다고 느꼈 다. 중산층 시민들은 자유방임주의(laisse faire)나 사회적 진화론(Social Darwinism) 같은, 그때까지 경제의 흐름에 주도적인 영향을 미친 생각 과 사조에 점점 더 회의를 갖게 되었다. 이러한 사회적 맥락과 시대정 신에서 태어난 새로운 세대의 지식인들은 시민들에게 인류는 그 자신 의 운명을 형성하고 결정할 수 있다고 설파했다. 인류는 그의 사회제 도와 경제제도를 개선하거나 향상시킬 수 있으며, 이런 개선과 향상의 노력을 시작할 장소를, 사회악에 책임이 있다고 생각되는 기업 합동 ('trust')부터라고 생각했다. 그러나 실지로 어떤 개선의 프로그램을 만 들려고 시도했을 때는 거의 합의가 이루어지지 않았다. 어떤 개혁가는 새롭게 작용하는 법인 제도의 생산성에 감명받아서, 기업 법인 제도의 생산성을 유지하면서, 동시에 더 형평성이 있고 더 인간적이며 더 민 주적인 체제를 유지하기 위해서는 강력한 중앙정부에 의존하는 방식 을 택했다. 다른 사람들은 정부의 개입을 계속 싫어하면서 기업은 그 자신을 개혁하거나 기업이 아닌 다른 단체들이 시장에서의 힘을 키워 가기를 희망하였다. 그러나 또 다른 사람들은 집중화되지 않은, 자율 적인 경제로 돌아가기를 의도하면서, 규모를 제한하고 거대함을 제재 하면서, 기업합동을 깨뜨려서, 거대기업의 불공정한 혜택을 제거하며 경쟁적 행위를 강제하려고 하였다(Hawley, 1966).

---

37) Ellis W. Hawley, *The New Deal and the Problem of Monopoly*, (1966) 6~9, 12~14.

경제철학에서의 이런 차이는 1912년에 우드로우 윌슨의 뉴 프리덤 (New Freedom)과 테오도르 루스벨트의 신국가주의(New Nationalism) 의 격돌로 나타났다. 루이스 브랜다이스와 다른 뉴 프리덤의 주창자들은 기업합동이 효율성이나 생산성 때문이 아니라 경쟁자들을 분쇄하기 위해서 불공정 관행을 사용하고 있어, 특별한 지위를 누리고 있기 때문에 강력해졌다고 관찰하였다. 해결책은 '독점'의 이런 원인을 재고하고 특별한 혜택은 없애며, 월가로부터 신용과 금융제도를 해방시켜서 불공정 관행을 없애며 자유경쟁을 복원할 새로운 입법을 통과시키는 것이었다.

이와 반대는 신국가주의(New Nationalism)의 관점인데, 경제력의 집중은 대량 생산과 새로운 기술력 발전의 불가피한 결과라는 것이다. 여러 영역에서 경쟁은 자연자원과 인력과 인간 에너지의 낭비이다. 따라서 진짜 해결책은 경쟁에 대해서는 좀 덮어 놓고, 국가적 통제를 발전시키는 것에 집중하여 비특권 그룹을 보호하며, 목적적 경제 계획을 시행하며, 거대기업을 감독할 수 있는 정부를 수립하는 것이다. 신국가주의자는 거대기업을 민주화시키는 데 정부의 힘이 사용될 수 있다고 주장하였다. 즉, 아메리카 독립 당시의 전통에 의하면 해밀턴의 방식을 통하여, 제퍼슨의 목표가 달성될 수 있다는 것이다.

1929년부터 시작된 세계 대공황은 대량 실업과 그에 따른 대규모의 소득 감소 때문에 독점의 문제에 대해서 새롭고 날카로운 인식을 가져오게 되었다. 즉, 이상과 현실 사이의 갭에 대해서 새로운 의식이 생긴 것이다. 한쪽으로의 집중화, 부정의 그리고 그에 따른 시민 개인의 자유권의 상실에 대해서 관심을 가지게 되고 기업의 힘, 기업 권력을 남용한 것이 경제에 있어서의 재난과 계속되는 침체에 책임이 있다는 것을 서서히 알게 되고 믿게 되었다. 따라서 많은 미국인들이 느끼는 것은 기업 시스템의 재조직과 개선과 개혁이 이제 꼭 필요하고, 지상 명령적인 긴요성을 가지게 되었다는 것이다. 문제에 대한 접근 방법은 이미 이전에 확립된 몇 가지의 패턴을 따르는 경향이 있었다. 즉 다시 한번, 뉴 프리덤, 신국가주의, 그리고 '새로운 경쟁(new competition)'이라는 노선의 그룹이 형성되었다. 예를 들어서 뉴 프리덤의 옹호자는 독점금지론자(anti-truster)나 또는 브랜다이스 신파(neo-Brandeisian)들로서, 기업을 집중화하는 것을 피하는 정책과 기업 원래의 경쟁적인 행동을 강제하는 정책을 좋아했다. 이들은 민주주의나 개인주의적인 이상을 보충하려는 생각을 갖고 있었고, 원래적 의미에 있어서의 시장에서의 경쟁을 강제하는 것이 그때까지 아메리카 사회에 축적된 번영을 성취하는 가장 좋은 방식이라는 확신을 갖고 있었다. 독점 금지론자나 브랜다이스 신파들이 보기에는 공황이나 경기침체는 독점적 체제의 경직성이 가져온 산물이었다. 기업인들은 그들이 가지고 있는 시장에서의 힘과 권력 때문에 생산 코스트는 계속 떨어지고 있음에도 상품가격을 유지할 수 있어 왔다. 이것의 결과는 과다한 이윤, 지나친 저축, 그리고 소비자의 전반적 구매력이 감소하는 것이다. 독점 금지론자와 브랜다이스 학파 사람들이 느끼기에 만약 이와 같은 경제위기를 미래에 피하려고 한다면, 유일한 실제적인 해결은 변동 가능한 가격 체계를 복원하고 경제를 균형 있게 유지할 수 있는 경쟁적 힘을 허락하는 프로그램을 실행하는 것이다. 이들은 이러한 목표는 달성 가능한 것이라고 믿었다. 경제 위기의 회피, 변동 가능한 시장가격, 경쟁하는 힘에 의해서 경제를 균형 있게 유지하는 일은, 독점금지법을 엄격하고 단호하게 실행함으로써 얻어질 수 있다고 보았다. 즉, 규모에 대한 제한을 두며, 거대한 것에 대해서는 세금을 부과하고, 기업 재무와 경쟁적 관행에 대해서 정부가 통제를 하며, 그리고 이 모든 것들은, 원래대로의 독점 이전의 자유시장에 보다 더 의지하게 할 수 있는 정부의 조치에 의해서 가능하다고 하였다.

이에 반해서 경제 계획론자들은 이전의 신국가주의자들과 마찬가지로 독점금지법은 희망이 없는 시대착오주의로 느꼈다. 그들에 의하면 현대경제에서 경제력의 집중현상은 불가피한 것이다. 경제력의 집중현상은 유효한 대량 생산과 기술 진보와 그리고 상당한 정도의 안전을 위해서 필요한 것이었다. 기업의 권력 남용은 대체로 볼 때 침체에 책임이 있다고 보였으나 기업의 권력이 분산되어야 된다는 생각은 실행 가능하지도 않고 위험한 것으로서 보였다. 유일한 현실적인 대답은 체계적으로 기업을 조직하는 것이다. 또한 정부에 의한 계획에 있다고 했다. 즉, 공황이 아닌 시대의 경제적 균형을 복원하고, 미래에 가능한 고장을 방지하기 위해서는 경제 과정을 정부가 의식적이고 합리적으로 통제하는 것이 진짜 대답이라고 했다(Hawley, 1966).

다시 의문이 발생했다. 누가 경제계획을 하며 필요한 정도와 유형이 어떠한 것인가를 누가 정하느냐에 대한 의견의 불합치가 강하게 일어난 것이다. 여기에 대해서 정치적 스펙트럼의 왼편에는 국가가 경제계획을 해야 된다는 사람들이 진을 쳤는데 경제계획을 통해서 기업가들로부터 그들의 권력을 빼앗아서 그중 많은 것들을 국가에 옮겨 주거나 또는 국가가 아니라면 기업이 아닌 조직된 단체들에 권력을 이양해야 된다는 입장이었다. 스펙트럼의 중간에는 기업과 정부의 협조체제가 효력이 있을 것이라고 느낀 사람들이 있었다. 오른쪽에는 산업주의자들과 기업을 옹호하는 사람들이 있는데 이들은 1920년대의 집단적 행동의 경험으로부터 그들의 아이디어를 이끌어 내었다. 이들이 느끼기는 계몽된 기업 리더십은 자율적인 기업연합을 통해서 모든 결정을 할 수 있다는 것이다. 이들에게 속하는 기업 중심의 이론가들이 주장하기를, 공황이나 침체라는 것은 대부분 '지나친 경쟁 또는 무책임한 속임수'에 원인이 있고 정부가 경제 회복을 가져오려면 '속이는 자들'을 밀어내기 위해서는 '계몽되어 있으며 책임감이 강한 기업가들'을 도와

야 된다는 것이다. 경기 침체 상황에서 이상에서 설명한 가치의 충돌
과 이에 따른 정책의 불일치는 특별히 심각했다. 한편에 있어서 공황
과 경기침체는 경제 계획과 합리화, 그리고 시장규제를 확립할 것을
끊임없이 요구하게 되었다. 시장규제라는 것은 디플레이션의 힘을 막
고 경제적 재난을 방지하기 위해서 필요한 것이라는 요구이다. 반면
에, 공황과 경기침체는 독점에 반대하는 정서를 강화하였고 기업의 리
더십에 대한 신뢰를 파괴하였으며 마지막에는 책임 있는 거대기업들
은 처벌되어야 하며, 그래야만 비로소 원래의 경쟁이라는 이상이 회복
된다는 끊임없는 요구들이 나타났다. 따라서 뉴딜 시대의 개혁 운동
딜레마는 이와 같이 다른 방향의 요구들을 서로 만나게 해야 하는 정
치적인 요구에 있었다. 진행되고 있는 디플레이션이라는 힘을 견제할
수 있는 조직과 통제를 만들어 내야 하는 필요성과 함께 민주주의적
가치를 유지하는 동시에 공황이라는 엄청난 재난 앞에서 질서감과 안
정감을 확보하는 조치를 취해야 되는 모순적인 요구에 서게 되었다.
정치적인 입장에서 볼 때 이러한 요구들에 직면한 루스벨트 행정부는
상반하는 의견과 다른 입장에서 출발하는 압력의 이러한 갈등적인 흐
름의 어느 것도 완전히 무시할 수 없었다. 그리고 이러한 상황에서 지
적으로 응집력이 있으며 논리적으로 일관성이 있는 기업 정책을 추구
한다는 것은 참으로 어려워 보였다(Hawley, 1966).

## 2.8 루스벨트의 뉴딜 시대와 주택금융대출(1933~1954): 저축대출조합 (Savings & Loans Association)[38]과 연방예금보험제도

저축대출조합(Savings & Loans Association)과 연방예금보험제도에 대해서 보자.

제도적으로 중요한 것은 루스벨트 행정부가 급속하게 가라앉고 있는 모기지 시장에 구명선을 준 것이다(Niall Ferguson, 2008: 247). 새로운 주택소유자 대출 공사(Home Owner's Loan Corporation)가 최장 15년까지의 장기 모기지를 다시 자금화시켜 주기 위해서 개입하였다. 연방주택대출은행위원회(Federal Home Loan Bank Board)가 1932년에, 지역별 모기지 대출업자를 격려하고 감독하기 위하여 설립되었다. 저축대출조합(Savings and Loans)은 지역공동체를 기반으로 해서, 예금을 맡기는 상호 출자자들이 소유하는 구조로써 일정한 지역 내에서 주택 구입자들에게 대출을 해 주고 있었다. 대공황이 발발한 이후 3년 동안의 은행 파산 때문에 상처 입은 예금자들을 안심시키기 위해서, 루스벨트는 연방예금보험제도를 도입하였다.[39] 모기지 대출에 돈을 넣는

---

38) 저축대출조합(S&L association)이라 함은 흔히 S&L로 약칭되고, 저축을 위한 예금을 받아서, 주택구입을 위한 대출이나 기타 대출을 하는 데 특수화된 금융조직이다. 미국에서는 'S&L' 또는 근검 · 저축을 뜻하는 'thrift'로 쓰인다. 영국, 아일랜드, 영연방의 나라들에서는 'building societies' 또는 신탁저축은행 'thrustee savings bank'로 비슷한 조직이 있다.
S&L은 상호저축은행(mutual savings bank)으로 자주 불리며 상호적으로 소유된다. 그 뜻은 예금자와 대출받는 자들은 상호보험회사(mutual insurance company)의 경영정책수립자들과 유사하게, 의결권과 조직의 경영상 재무상의 목표를 조정하는 권능을 가진다. S&L은 주식회사 형태를 띨 수 있으며, 주식을 공개모집할 수도 있다. 그러나 이 경우 S&L은 더 이상 진정한 조합(association)이 아니며, 예금자와 대출받는 자는 더 이상 경영상의 지배권을 가지지 않는다(Henry Cambell, *Black's Law Dictionary*(St. Paul: West Publishing, 1979)).

39) 주의할 것은, 예금에 대한 연방보험제도에서 일반저축은행(savings banks)과 주택대출조합(S&L)은 연방보험제도 안에 들어가기는 하나 담당기구가 다르다. 저축은행은 연방예금보험공사(Federal Deposit Insurance Corporation, FDIC)에 의해 보장되는 한편, S&L로 불리는 주택대출조합은 (Federal Savings and Loans Insurance Corporation, FSLIC)에 의해서 보장된다. 이것은 아메리카와 영연방 지역의 은행 및 금융제도에서는 미국의 주택대출조합(S&L)과 같은 성질의 영국의 건축조합(building societies), 상업은행(commercial banks), 투자은행(investment banks)을 구별하는 전통 위에 서 있기 때문이다. 가장 쉬운 설명은, 위키피디아(Wikipidia) 참조.

것은 집 자체보다 안전하다. ― 왜냐하면 만약 돈을 빌려 간 대출자가 지불능력이 없어지고 파산하면, 정부가 예금자를 단순하게 보상할 것이기 때문이다(김철, 2010.02: 161~162).

다음에 자생적인 지역공동체 중심의 저축대출조합(S&L association)은 뉴딜 시대에 정부규제의 프레임 워크에 의해 보호받게 되는 것을 보자. 미국의 저축대출조합(S&L)은 영국의 주택협회(building societies)의 미국판이라고 할 수 있다. S&L은 아메리카 사회의 '주택 소유 민주주의(property – owning democracy)'가 정착하게 된 기회를 제공하였다. S&L에 예금하는 상호 출자자들이 소유하는 구조로써 출발하여, 이윽고 정부정책에 의한 정부 규제의 프레임 워크에 의해 보호되고 제한되게 되었다(O'Hara, 1981).[40]

모린 오하라라는 옛 여배우가 있었다. 다산성의 즐거운 대가족의 주부로 1950년대와 1960년대에 아메리카의 안정된 가족가치를 흑백영화에서 보여 주는 정다운 모습이다. 같은 이름의 학자는 1981년에 '법과 경제' 저널에 주택재산권과 대출을 주는 금융회사의 주제로 1981년까지의 아메리카 중산층 사회를 그리고 있다(김철, 2010.02: 162).

다음에 S&L, 예금보험내용과 규제에 대해서 보자. 4만 불 이상의 예금은 정부에 의해서 지불·보장되는데, 총 예금액의 1%의 1/12이라는 수수료 또는 보험료를 내고, 그 예금액이 유사시에 정부에 의해 지불·보장된다. 다른 한편 제약이 있다. 이러한 예금자로서 구성된 S&L은, 본점이 소재한 50마일(80km) 이내의 주택 구입자에게만 대출할 수 있었다. 또한 1966년부터 Q규제(Regulation Q)에 의해서 그들 예금의 이자에는 5.5%라는 한도가 주어졌다. 이 이자율 한도는 당시 은행들이 지급하던 이자보타 1%의 1/4이 더 붙는 것이었다. 즉, S&L에 예금하는 것이 다른 은행보다 0.25% 더 유리했다(김철, 2010.02: 162~163).

---

40) Maureen O'Hara, '재산권과 금융회사', 법과 경제 저널. Oct. 1981.

다음에 모기지를 정부가 일괄 인수함으로써 30년 뒤 주택 소유비율이 60%로 상승(1960)하는 데 대하여 보자. 1930년대부터 시작해서 아메리카 정부는 주택 대출을 주는 자와 받는 자가 협조하도록 격려하면서 주택금융채권, 즉 모기지를 일괄하여 인수함으로써 재정적으로 뒷받침하였다. 이와 같이 모기지 시장을 2차적으로 일괄 인수함으로써 정부는 부동산 소유권과 그것을 위한 모기지 부채가 2차 대전 이후에 급격히 증가하도록 하였다. 주택 소유 비율을 40%부터 끌어올려 드디어 1960년의 60%로 올려놓았다(Nial Ferguson, 2008: 249).[41](김철, 2010.02: 164)

## 2.9. 중산층의 형성사와 크루그먼(Krugman)의 회상

아메리카 중산층 사회의 형성에 대해서는, 폴 크루그먼이 성장기의 개인사와 사회사를 회상한 종합적 묘사가 있다(Krugman, 2007). "제2차 세계 대전 이후 미국은 중산층 중심의 사회가 되었다. ……수천만 미국인들이 도시 빈민가와 농촌의 가난에서 벗어나 자신의 집을 소유

---

41) 대서양의 다른 쪽에서 주택 소유의 비율은 더 느리게 증가했다(Niall Ferguson). 2차 대전 이후 보수당뿐 아니라 노동당에서의 전통적인 지혜는 국가가 노동계층에게는 주택을 공급하든가 적어도 보조금을 지급해야 한다는 것이었다. 실로 보수당의 해롤드 맥밀란 수상은 연간 20만 호(나중에는 40만 호)의 목표로 노동당을 능가하려고 했다. 1959년부터 1964년까지 영국의 신축 가옥의 1/3이 지방자치단체에 의해 건축되었고, 잇따른 6년간의 노동당 집권 동안 신축가옥의 1/2로 증가하였다. 오늘날 대부분의 영국 도시를 시들하게 보이게 하는 보기 흉하고 사회적으로 역통합하는 고층 지역과 거주 '지역'들은 양당 모두에게 책임이 있다. 보수당(우파)과 노동당(좌파)의 유일한 실질적 차이는 보수당이 개인지주들을 격려하려는 희망에서 개인 임대시장을 반규제 또는 탈규제하려는 준비를 한 데 비해서, 노동당은 임대료 통제를 재개하고 지주들에 의한 과다한 형태인 '라하마니즘'을 없애려는 태도였다. 피터 라차만(Peter Rachman)은 임대료가 통제되어 있는 현재의 세입자들을 내쫓고 시장의 임대료를 지불하지 않을 수 없는 서인도제도의 이민자들로 교체하려고 위협한 경우이다(Niall Ferguson, 252). 미국과 같이 주택소유의 공적인 성격이 중요하게 강조된 곳에서는, 주택대출의 이자는 항상 세금공제가 되어 왔다. 주택대출금의 이자에 대한 정부지원은 아메리카 드림의 일부라고 여겨 왔으나(Ronald Reagan), 영국에서는 1983년까지는 큰 역할을 못 했다. 마가렛 대처의 정부는 흔히 이념적으로는 더 보수적인 정부로 여겨져 왔으나, 3만 파운드 이상의 최초의 주택금융대출을 위해서 주택금융이자 구조기구(Mortgage & Interest Relief At Source, MIRAS)를 도입했다. 이것뿐 아니라 시영주택(Council houses)을 150만 명의 노동계층가정에 염가판매의 가격으로 팔게 해서, 마가렛 대처는 더 많은 영국 남녀가 그들 자신의 집을 갖게 보장하였다. 결과는 주택소유자 비율이 1981년의 54%에서 1991년의 67%로 비약하였다(Niall Ferguson).

하고 전에 없이 안락한 삶을 누렸다." 크루그먼42)은 1929년 10월 24일 기점의 세계 대공황의 치유자로서 나타난 루스벨트 대통령의 뉴딜 정책과 뉴딜 입법이 그 이전의 약 60년간 진행된 부의 불평등을 치유해서, 세계 대전 이후의 중산층 중심의 안정된 사회를 건설했다고 한다(Krugman, 2007).43)(김철, 2009.6: 48) 프랭크 카플라 감독(1946)이 그린 마을 공동체의 S&L 대출 은행 또는 조합은 자발적 자연적 노력을 연방정부의 정책기구가 격려하고 보장하여 서민들이 '자신의 집을 소유하고, 안락한 삶을 누리도록' 한 것이다.

빈곤층에서 탈출하고 중산층으로 진입했다는 증거로서, 자기 집을 소유한다는 것은, 한국의 산업화 이후 1970년대 꿈의 하나였다. 아메리카 사회에서 이 꿈의 현실화에 실지로 관여한 것은 연방주택행정처(Federal Housing Administration)이었다고 영국 태생의 경제사학자 나이얼 퍼거슨이 설명한다.

베일리 가의 아버지와 아들 같은 자생적인 모기지 대출자에게 연방정부가 보장하는 보험을 제공함으로써 연방주택처(FHA)는 집 가격의 80%에 이르는 큰 규모와 20년의 장기, 저금리의 대출을 제공하려 하였다(Posner, 2009: 254; 김철, 2010.02: 163).

## 2.10. 뉴딜 시대는 브라운 판결(1954~1955)과 아이젠하워 시대 (1953~ 1961)까지 지속되었다

뉴딜 시대는 1930년대부터 2차 대전을 경유해서 1954년과 1955년의 브라운 판결 시대까지 계속되었다(김철, 2009ㄱ: 118~119). 1953~1961년까지의 아이젠하워 대통령 때의 아메리카의 법과 정책은 이전 뉴딜

---

42) Paul Krugman, *The Conscience of a Liberal*(New York: W. W. Norton, 2009 & 2007).
43) 김철, "최현대의 경제공법사상", 『세계헌법연구』제15권 제2호(서울: 국제헌법학회 한국학회, 2009.6). p.48.

시대와 다른 정당이 집권했으나, 뉴딜 정책의 성과를 역전시키려 하지 않았고 중산층 위주의 안정적 기조가 유지되었다(Krugman, 2009, 2007: 4; 김철, 2009.6: 49; 김철, 2010.02: 165).

## 3. 경제적 자유주의와 경제적 보수주의의 대립과 아메리카 대법원

### 3.1. 빈부 문제에 대한 아메리카 역사의 두 가지 태도

초대 대법원장 존 마샬에 따르면, 두 가지 그룹의 초기 형성기의 특징은 다음과 같다.

첫 번째 정당은 계약 또는 그 결과인 채무와 채권에 대해서, 한 치의 착오도 없이 엄격하게 이행을 준수하고 강제하여야 한다고 열렬하게 주장한다. 개인의 곤궁이나 가난은 오로지 개인의 노력 — 즉, 근면과 절약에 의해서만 나아진다. 가난은 법이나, 타인의 권리 —채권이나 물권 — 를 희생함으로써 구제될 것은 아니다.

정반대의 입장을 가진 그룹이 형성되었다. 채무자에게 동정심을 가지고, 채무자의 구제를 위해서 노력한다. 이행할 수 없는 계약조건을 엄격히 준수시키는 것은 부담 능력 없는 사람들에게는 가혹하다. 이런 경우에는 신축성 있는 사법 행정이 요구되고, 채무 변제를 위해 도와주거나(보조), 채권 추심을 정지하거나, 세금을 면제 또는 감경하여야 한다. 다수의 주에서 절대다수의 주민이 이를 지지하여 세력이 강해졌다. 채권 집행 절차의 연기, 정세의 정지 등이 이들 통치의 산물이었다(Russell Galloway, 1982, 1991; 김철, 2005.12: 18).

〈표〉 연방 대법원의 대법관들의 성향 분석(Russell Galloway, 1982; 1991)[44]

| 시기 | 자유주의(liberal) | 중도(moderate) | 보수주의(conservative) |
|---|---|---|---|
| 1790 | 0 | 1 | 5 |
| 1807~1812 | 0 | 2 | 5 |
| 1812~1823 | 0 | 2 | 5 |
| 1826 | 0 | 3 | 4 |
| 1837 | 2 | 2 | 3 |
| 1841 | 4 | 2 | 3 |
| 1860 | 4 | 3 | 2 |
| 1870 | 4 | 3 | 2 |
| 1874~1877 | 5 | 2 | 2 |
| 1896 | 1 | 4 | 4 |
| 1903~1906 | 3 | 3 | 3 |
| 1906~1909 | 4 | 2 | 3 |
| 1911~1914 | 3 | 4 | 2 |
| 1916~1920 | 4 | 3 | 2 |
| 1923~1925 | 2 | 1 | 6 |
| Mid~1930 | 3 | 1 | 5 |
| 1943 | 8 | 1 | 0 |
| 1943~1945 | 4 | 4 | 1 |
| 1946~1949 | 4 | 0 | 5 |
| 1949~1953 | 2 | 0 | 7 |
| 1956~1957 | 4 | 1 | 4 |
| 1967~1969 | 6 | 2 | 1 |
| 1972~1975 | 3 | 2 | 4 |
| 1975 | 2 | 3 | 4 |
| 1982 | 2 | 3 | 4 |
| 1982~1986 | 2 | 2 | 5 |
| 1990 | 2 | 2 | 5 |

---

44) Russell W. Galloway, *Justice For All? - The Rich and Poor in Supreme Court History 1790~1990*(Durham: Carolina Academic Press, 1991).

## 3.2. "경제적으로 위기에 선 개인과 기업을 어떻게 할 것인가"의 문제는 현대 법체계에서는 파산법의 문제로 나타난다

파산과 파산법의 성격에 대해서 엇갈리는 태도가 있다(David A. Skeel, J. R., 2001).[45] 흔히 생각하기를 정직하나 불운한 채무자만이 새로운 출발을 할 권리가 있으며, 그 경우에도 채무자는 가능하면 채권자에게 빚을 모두 갚아야 한다고 믿어 왔다. 이 윤리적 긴장은 모든 세대에 걸쳐서, 파산을 어떻게 보느냐의 태도와 가치에 주된 무대를 제공하였다.

미국 파산법의 가장 급격한 개혁은 대공황 때의 파산 입법에 의한 것으로, 중요 조항은 루스벨트 대통령이 지명한 더글라스(William Douglas) 판사에 의하여 기초된 것이다. 일련의 뉴딜 입법의 하나였다. 더글라스의 작업은 이전의 재정적 곤란을 해결하는 가장 앞서고, 시대에 맞는 이정표로 보였다.

지난 20년 동안 가장 중요한 개혁이 파산 입법에 행해졌다. 소비자 신용에 초점을 맞춘 최근의 입법은 채무자들이 적어도 채무의 일부만이라도 다시 갚는 것을 요구한다. 이 법에 의하면, 너무나 많은 채무자들이 법제도의 득을 보기 때문에, 일방 찬양의 대상이 되기도 하고, 비정한 신용카드 회사들의 비위를 맞추는 선물에 지나지 않는다고, 비방의 대상이 되기도 한다. 경제가 나빠지고 있을 때, 이 법제도는 이름 있는 기업들의 파산 홍수로 이어지기도 한다(김철, 2005.12: 18~19).

---

45) Skeel, David A, J.R., *Debt's Dominion - A History of Bankrupcy Law in America*, (Princeton: Princeton University Press, 2001).

## 3.3. 자유는 평등과 모순된다는 개념적 파악은 서양철학의 관념론 시대의 것이다[46]

즉, 한국에 있어서의 저널리즘과 아카데미즘의 어떤 방식은, 어떤 경우에는 자유라는 것은 평등과 모순되는 것으로(김철, 2007a: 135) 개념적으로 파악하고 따라서 자유는 평등 또는 진보와 모순되고 대립되는 것으로 무의식 중에 파악한다. 백과사전적 지식으로는, 그리고 요약과 단순화된 교과서적 개념으로서는 손색이 없다. 그러나 21세기 한국의 '사람의 권리' 논의를 국제 인권 규약의 맥락에서 재구성하려는 시도에서는 보다 정밀한 비교역사, 비교사회학적 검토가 필요하다. 보다 보편적 시점과 다문화적 분석이 요구된다(Dorsen, Rosenfield, Sajo, Baer, 2005).[47] 이것은 2차 대전 이후의 신생 국가의 사람의 권리의 문제에서 더욱 그러하다(김철, 2007: 135). 쉽게 말하면 자유주의는 평등주의와 대립되는 것이고 또한 자유주의는 진보주의와 대립되는 것이라고 생각하기 쉬운 것이다. 물론 이것은 서유럽에 있어서의 계몽주의 시대 때부터 나타나기 시작한 자유, 진보, 평등 같은 것들을 역사적 시대에 따라서 검토하지 못한 탓이라고 할 수 있다. 예를 들어서, 1871년 Bismark 헌법 체제 아래에서, Bismark는 황제의 주권에 도전하는 '자유주의자'들은 단호히 분쇄했으나 — 따라서 정치적 시민적 권리는 억압했으나 생존권 또는 사회권에 속하는 사회보장제도는 선도적으로 추진하였다(1880)(Ferguson). 즉, 프로이센(Freussen) 경험으로서는 시민적 · 정치적 권리와 사회적 · 경제적 · 문화적 권리는 모순되거나, 대립되었다. 실로 시민혁명의 경험 없이도 복지국가는 가능하고 심

---

46) 김철, "공법에 있어서의 경제적 보수주의와 경제적 자유주의의 순환 — 경제공법에서의 패러다임의 재성찰", 한국사회이론학회 『사회이론』2010년 봄/여름호.

47) Dorsen, Rosenfield, Sajo, Baer, *Comparative Constitutionalism: cases and materials*, (St. Paul: Thomson/West, 2003).

지어 자유를 유보하면서도 복지국가는 확대 가능하다고 담론할 수 있다. 이 경우에 주권자인 황제의 가부장적 분배 역할(paternalistic role)이 전제 조건이다. 황제가 없어지고 난 이후에는 그 빈자리에 구체적인 정부(government)가 아니라 추상적인 국가(state)가 올라앉았다. 국민 주권이 아니라 국가 주권이 된다(Harold Berman).[48] 그러나 같은 유럽의 경험에서도 영국의 역사적 경험은 다르다. 1215년부터 시작된 입헌주의의 긴 도정은 청교도혁명을 거쳐, 명예혁명의 이듬해 1649년의 권리장전(Bill of Rights)에서 시민적 · 정치적 권리는 성취되었다. 이 역사적 경험에서는 표현의 자유, 결사의 자유와 같은 자유권적 기본권은 이윽고 경제적 · 사회적 · 문화적 권리를 형성시켜 갔다. 전자와 후자는 모순과 대립이 아니라 전자가 후자 형성의 주된 동력으로 작용하면서, '사람의 권리'의 온전함과 총체성으로 진행된 것이다(김철, 2007: 135~136).

이렇게 설명함에도 불구하고 한국에 있어서의 전반적으로 부실한 번역학문은 여전히 우리나라 법학계에 제법 알려진 드워킨을 자유주의자로 번역하면서 폴 크루그먼과 드워킨은 아마도(한 사람은 경제학자요, 한 사람은 법철학자니까) 그 기본적 입지가 다르다고 생각하는 것으로 인도하였다. 우리나라 법철학계와 철학계에서 잘 알려진 Ronald Dworkin은 2008년 10월에 방한해서 "법과 자유주의(Law and Liberalism)"라는 논문을 발표하고 이것에 앞서 1995년 논문 "Why we all are liberals"을 뉴욕대학에서 발표하였다. 논문 저자는 2008년 10월 드워킨의 두 개 세미나(월, 화요일)에서 직접 단도직입적으로 그 당시 세계 경제위기의 벼랑 앞에서 힘을 얻고 있었던 폴 크루그먼의 liberalism과 드워킨 자신의 liberalism이 무엇이 다르며 무엇이 같은가를 질문하였다. 그 대답은 경제적 자유주의를 지칭하는 폴 크루그먼의 입장과 자

---

48) Harold Berman, "The Rule of Law and the Law-Based State(Rechtsstaat)", *The Harriman Institute Forum*, Vol.4 Nr, May 1991 The W. Averell Harriman Institute for Advanced Study of the Soviet Union.

신의 liberalism이 일치하며 경제사와 헌법사에서 나타난 이러한 입장의 대법관들에 대해서도 같은 입장을 명백히 표명하였다.[49]

## 참고문헌

강만길 외, 『정다산과 그의 시대』(민음사, 1985).

김여수, 『법률사상사』(서울: 박영사, 1976).

김철, "공법에 있어서의 경제적 보수주의와 경제적 자유주의의 순환 ─ 경제공법에서의 파라다임의 재성찰", 한국사회이론학회 『사회이론』2010년 봄/여름호 통권 제37호.

_____, "세계금융위기 이후의 경제, 규범, 도덕의 관계: 금융위기에 관련된 제도의 도덕성 논의를 위한 시론", 『현상과 인식』2010 봄/여름호 제34권 1.2호 통권 110호.

_____, "최현대의 경제공법사상", 『세계헌법연구』 제15권 제2호(서울: 국제헌법학회 한국학회, 2009.6).

_____, "대공황 시대의 경제사상과 법", 『경제 위기 때의 법학 ─ 뉴딜 법학의 회귀 가능성』(서울: 한국학술정보(주), 2009ㄱ).

_____, "최현대의 경제공법사상(2)", 『세계헌법연구』 제15권 제3호(서울: 세계헌법학회 한국학회, 2009.12).

_____, "칼뱅주의와 법에 대한 사상사 ─ 윌리암스의 정교분리 원칙", 『현상과 인식』 제33권 3호(2009.9) 통권 108호.

_____, "위기 때의 법학: 뉴딜 법학의 회귀 가능성 ─ 현대 법학에 있어서의 공공성의 문제와 세계 대공황 전기의 법사상", 국제 헌법학회 한국지부 『세계헌법연구』 제14권 제3호 2008년 12월.

_____, "팍스 아메리카나와 재즈 시대", "재즈 시대의 아노미", 『경제 위기 때의 법학 ─ 뉴딜 법학의 회귀가능성』(서울: 한국학술정보(주), 2009ㄱ).

---

49) 김철, "세계금융위기 이후의 경제, 규범, 도덕의 관계: 금융위기에 관련된 제도의 도덕성 논의를 위한 시론", 『현상과 인식』2010 봄/여름호 제34권 1·2호 통권 110호.

_____, 교재『법 제도의 특수성과 보편성』(서울: 한국학술정보(주), 2007ㄴ).

_____, "한국에 있어서의 자유주의와 자유지상주의에 대한 반성",『사회이론』 2006년 가을/겨울호 통권 제30호.

_____, 「빈곤과 부에 대한 차별문제: 헌법과 파산법의 눈에서」, 한국사회이 론학회 2005년 후기학술대회『빈곤과 우리사회』, 2005년 12월 17일 성신여자대학교 수정관 313호(2005).

_____, 사간본『현대의 법이론 — 시민과 정부의 법』(서울: Myko International Ltd., 1994).

_____, 사간본『법제도의 보편성과 특수성』(서울: Myko International Ltd., 1993).

_____,『러시아 – 소비에트법 — 비교법 문화적 연구』(서울: 민음사, 1989).

_____, "진보(progress)" 제12장 결론,『러시아 – 소비에트 법 — 비교법 문화 적 연구』(서울: 민음사, 1989).

신동룡, "법담론에 있어서 자유주의와 공동체주의", 한국법철학회 2010년 춘 계학술대회.

안준홍, "이사야 벌린의 소극적 자유론과 한국헌법 제10조", 한국법철학회 2010년 춘계학술대회.

오병선, "한국법체계와 자유주의" 한국법철학회 2010년 춘계학술대회.

윤세창,『미국 행정법론』(서울: 고려대학교 출판부, 1981).

이명웅,『한국헌법의 '자유주의' 이념』, 서울대학교 대학원 법학박사 학위논 문 1996.2.

최송화, 미국행정법의 역사적 전개. 640,『현대공법의 이론』, 牧村 金道昶 博士 華甲 기념(1982, 學姸社).

해롤드 버만과 김철, "기독교가 서구제도, 서구 법에 미친 영향",『종교와 제 도 — 문명과 역사적 법 이론』(서울: 민영사 1992).

Ames, James B., "Law and Morals", *22 Harv. L. Rev.*(1909).

Anawalt, Paul, "Russia's Sberbank and a Fresh Look at the Glass – Steagall Act", *Berkeley Journal of International Law*, Vol.14, 1996.

Berle, A. A. Jr., "Expansion of American Administrative Law", *30 Harv. L. Rev. 430*(1917).

Berman, Harold J., "Toward an Integrative Jurispridence: Politics, Morality, History", *76 CAL.L.REV.*(July, 1998).

Berman, Harold J., *Law and Revolution Ⅱ: The Impact of The Protestant Reformations on the Western Legal Tradition*(Cambridge: Harvard Univ.

Press, 2003).

Berman, Harold, "Individualistic and Communitarian Theories of Justice And Historical Approach", p.550. *Univ. of Califormia Davis Law Review Spring 1998 Vol.21 No.3.*

Berman, Harold, *The Interaction of Law and Religion*(Nashville: Abingdon Press, 1974).

Cambell, Henry, *Black's Law Dictionary*(St. Paul: West Publishing, 1979).

Chernov, Ron, *The House of Morgan*(New York: Atlantic Monthly Press, 1990).

Coke, Sir Edward, *The Selected Writings and Speeches of Sir Edward Coke*, ed. Steve Sheppard(Indianapolis: Liberty Fund, 2003).

Dorsen, Rosenfield, Sajo, Baer, *Comparative Constitutionalism: cases and materials,* (St. Paul: Thomson/West, 2003).

Ely, Richard T., *Property and Contract in Their Relations to the Distribution of Wealth*(New York: [s. n.], 1922).

Faulkner, Harold U., "Politics Reform and Expansion 1890~1900", *American Legal History 1890 ─present*(ed. by Thomas A. Green)(Ann Arbor: Univ. of Michigan Law Sch., 1980~1981).

Finnis, John, *Natural Law and Natural Rights*(Clarendon Press. Oxford. 1980).

Frankfurter, Felix, *The Public and It's Government*(Boston: Beacon Press, 1964).

Richardson, Diana E.(ed.), *Vanity Fair, ─Portraits of an Age 1914~1936*(New York: Thames and Hudson, 1982).

Freeman, Mark, *Technology and Stages of Economic Development*(Glasgow: Glasgow University, 1987).

Freeman, Mark, *A Tentative Sketch of Some of the Main Characteristics of Successive Long Waves*(Modes of Growth) ─ Table 3.1(1987).

Friedmen, Lawrence M., *A History of American Law*(New York: Simon & Schuster, 2001)(안경환 옮김, 『미국법의 역사』, 청림출판, 2006년).

Friedman, Milton and Anna Schwarz, *The Great Contraction, 1929~1933*(Princeton: Oxford: Princeton University Press, 2008).

Galloway, Russell W., *Justice For All? ─The Rich and Poor in Supreme Court History 1790~1990*(Durham: Carolina Academic Press, 1991).

Green, Thomas, *American Legal History: 1850~1950*(Ann Arbor: UM Law Sch., 1979).

Hale, Robert L., "Coercion and Distribution in a Supposedly Non‒Coercive State", *38 POL. SCI. Q,* (1923).

Hawley, Ellis W., *The New Deal and the Problem of Monopoly,* (1966).

Holmes, "Privilege, Malice, and Intent", *S Harv. L. Rev. 1*(1894).

Holmes, "The Path of the Law", *10 Harv. L. Rev. 457*(1897).

Kennedy, David, *Freedom From Fear ‒ The American People in Depression and War, 1929~1945*(Oxford Univ. Press, 1999).

Kolko, Gabriel, *The Triumph of Conservatism, 1963, ‒American Legal History 1890‒present*(ed. by Thomas A. Green)(Ann Arbor: UM Law Sch., 1980~1981).

Krugman, Paul, *The Conscience of a Liberal*(New York: W. W. Norton, 2009 & 2007).

Landis, James M., *The Administrative Process 22*(1938).

Lindner, Laura A., "'Repealing' The Glass‒Steagall Act: A Japanese Lesson in Economic Strategy", *Wisconsin International Law Journal*, Vol.11, No.2, 1992.

Link, Arthur S., "Woodrow Wilson and the Progressive Era 1910~1917", *American Legal History 1890‒present*(ed. by Thomas A. Green)(Ann Arbor: UM Law Sch., 1980~1981).

Manheim, Hermann, *Comparative Criminology a Text Book*(London: Routledge & Kegan Paul, 1965, 1973).

McCourt, Frank, *Angella's Ashes*(New York, 2003), *'Tis*(New York, 2004), *Teacher Man*(New York, 2005).

Merton, Robert, K., *Social Theory and Social Structure ‒ Revised and Enlarged Edition*(Glencoe: Free Press, 1957).

Mowry, George E., "The Era of Theodore Roosevelt and the Birth of Modern America 1900~1912", *American Legal History 1890‒present*(ed. by Thomas A. Green)(Ann Arbor: UM Law Sch., 1980~1981).

O'Hara, Maureen, "Property Rights and Financial Firm", *Journal of Law and Economics, 24*(Oct. 1981).

Orwell, George, *Down and out in Paris and London*(New York: Avon, 1933).

Posner, Richard, "Why was Depression not Anticipated", *A Failure of Capitalism*(Harvard Univ. Press, 2009).

Pound, Roscoe, "Liberty of Contract", *18 Yale L. J.* 1907.

Schwartz, Bernard, 한국어 역 尹世昌, 『미국 행정법론(*American Administratine Law*)』.

Skeel, David A. J. R., *Debt's Dominion — A History of Bankrupcy Law in America*, (Princeton: Princeton University Press, 2001).

Stewart, Richard, "The Reformation of American Administrative Law", *88 Harv. L. Rev*(1975).

Strauss, *Leo, Natural Right and History*(The University of Chicago press, 1953).

Thorne, "Dr. Bonham's Case", *54 L.Q.R. 543*(1938).

Thoreau, Henry, *Walden, and other writings*(New York: Bantam Books, 1962) (강승영 옮김)(서울: 이레, 2005).

Russell, Bertrand, *A History of Western Philosophy*, (George Allen & Unwin Ltd. 1979).

Ferguson, Niall, TIME, 2008.10.13.

올리버 윌리엄슨(Oliver Williamson), "금융사들에 적용되는 '대마불사'는 절대 받아들일 수 없다"(매일경제, A6면, 2010.01.20).

Wikipedia, "Dodd‑Frank Wall Street Reform and Consumer Protection Act", http://www.wikipedia.org/

# 제 13 장

# 법사와 경제사의 상호고호관계

## - 장기대침체시대(the Long Depression, 1873~1897)의 역사

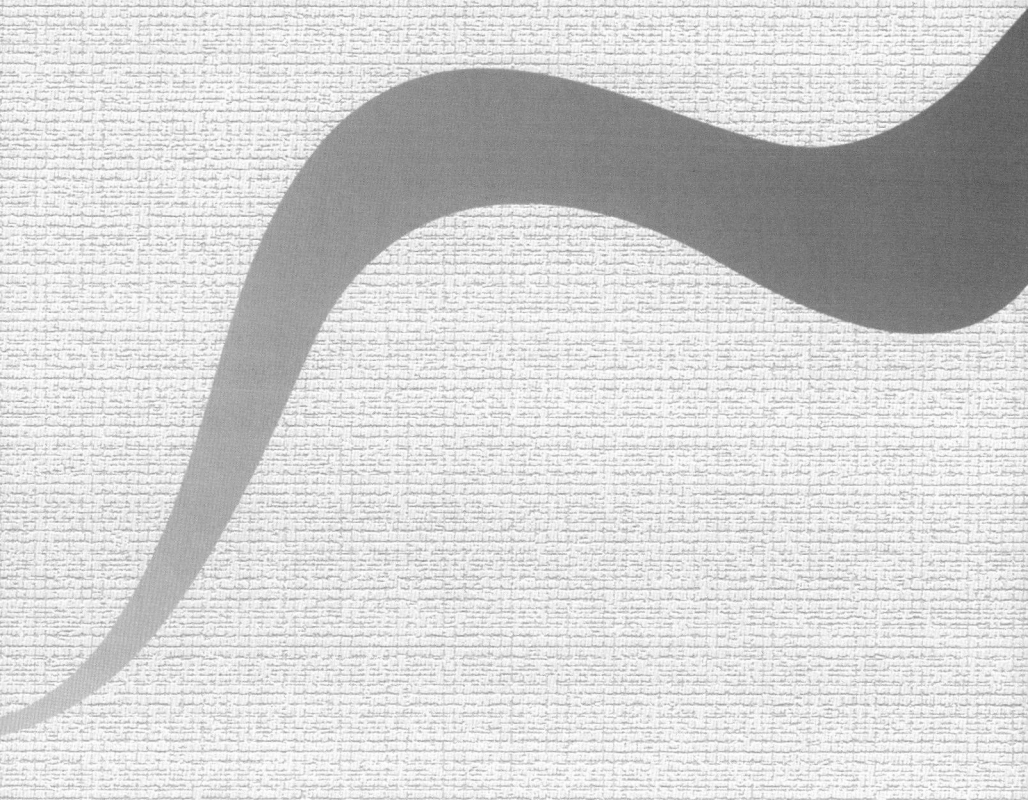

**아메리카 : 금융회사의 파산(1873)과 기업 파산(1875~1876)**

1873년 9월 당시 미국의 주된 금융 회사였던 재이 쿡(Jay Cooke&Company)은 전미 2위의 대륙 횡단 철도 회사인 북태평양 철도회사 채권(Northern Pacific Railway bonds)에 지나치게 투자를 했다. 금융 회사는 더 많은 자금이 필요해져서 정부로부터 3억 달러의 재원을 받으려 했으나, 실패하고 파산하였다.(Skeel, 2001: 51) 연쇄적인 은행 파산이 잇따랐고 뉴욕 증권거래소를 임시 폐쇄하기에 이른다. 미국 경제가 침체 국면에 접어들자, 공장들은 근로자들을 해고하기 시작 했다. 364개의 철도 회사 중 89개가 파산했고, 18,000개의 기업이 2년간 파산했다. 1876년에 실업률이 14%에 달 했다(13.3.3).

필자는 오로지 법학 자체만을 연구 대상으로 하지 않고, 법학과 경제학 또는 법학과 역사학 또는 다른 사회과학을 동시에 볼 수 있어야 충분한 성과를 거둘 수 있다고 생각해 왔다. 2008년 10월 24일 세계 경제위기가 왔을 때 기왕의 예언자들 중 경제학이 아닌 인접 학문의 근거, 그 중에서도 역사학적 근거를 가장 충분히 입증한 사람은 폴 크루그먼이었다. 그는 경제학의 지식보다 규범과 법제도가 소득 구조에 더 큰 영향을 미친다고 했다. 결과적으로 경제현상에 있어서의 규범과 법제도의 영향을 동시대의 법학자들도 설득력 있게 설명하지 못한 점을 극적으로 증명한 사람은 역시 폴 크루그먼이었다. 법학과 인문 및 사회과학의 학제적 연구를 해 오던, 필자는 폴 크루그먼의 학제적 연구에 주목하였다. 즉, 필자는 2008년 세계 경제위기의 역사적 원형을 1929년 9월에 시작된 세계 대공황에서 찾았으며 대공황의 경제사에 대비하는 법제도사 연구를 해 왔다. 뉴딜 시대의 법제사와 입법사가 2008년 세계 경제위기의 치유에 여전히 유효하다는 것을 입증하려고 해 왔다. 다시 크루그먼은 2010년 6월 27일 앞으로의 선진국의 경제상황은 이제 1930년대의 대공황은 모면했으나 오히려 24년이 걸린 1873~1897년의 장기 대공황(the Long Depression) 또는 장기대침체의 유형에 들어가고 있다고 했다. 저자는 이전까지의 대공황기 경제사와 법제도사의 상관관계의 연구에서 이제는 장기 대공황 때의 경제사와 법제도사와의 상관관계에 주목하게 되었다. 19세기 세계사에서의 장기 대공황(1873~1897)은 당시 선진공업국가 모두에게 닥친 것으로써 보편적 성격을 가지는데, 이 점에서 1930년대의 세계 대공황과 유사하다고 볼 수 있다. 이런 보편적 성격 때문에 당시의 선진국 경제 상황과 이에 동반하는 법제도와 에토스의 상관관계를 찾게 되는 계기가 된다.

- "장기 공황(1873~1897)시대의 법사와 경제사" 한국사회이론학회 『사회이론』 2010년 가을/겨울호 게재.

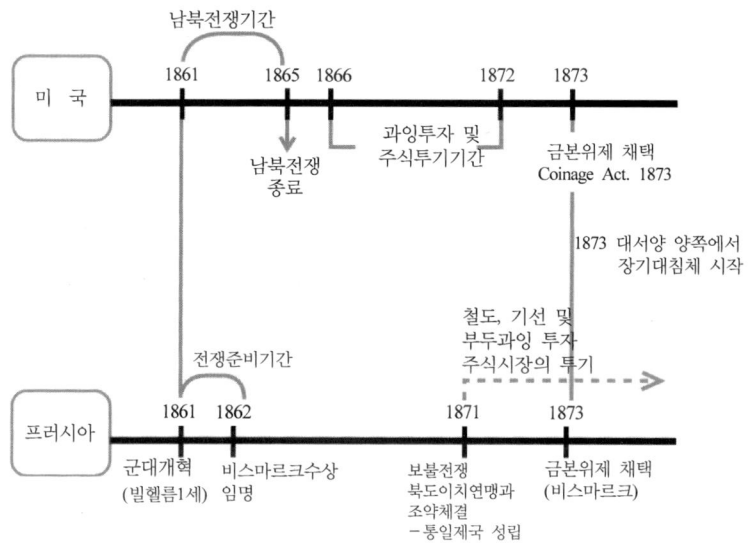

대서양 양쪽에서의 장기대침체
(The Long Depression) (13장)

**미 국**

남북전쟁기간

1861 1865 1866 1872 1873

남북전쟁 종료

과잉투자 및 주식투기기간

금본위제 채택 Coinage Act. 1873

1873 대서양 양쪽에서 장기대침체 시작

철도, 기선 및 부두과잉 투자 주식시장의 투기

전쟁준비기간

**프러시아**

1861 1862 1871 1873

군대개혁 (빌헬름1세)

비스마르크수상 임명

보불전쟁 북도이치연맹과 조약체결 -통일제국 성립

금본위제 채택 (비스마르크)

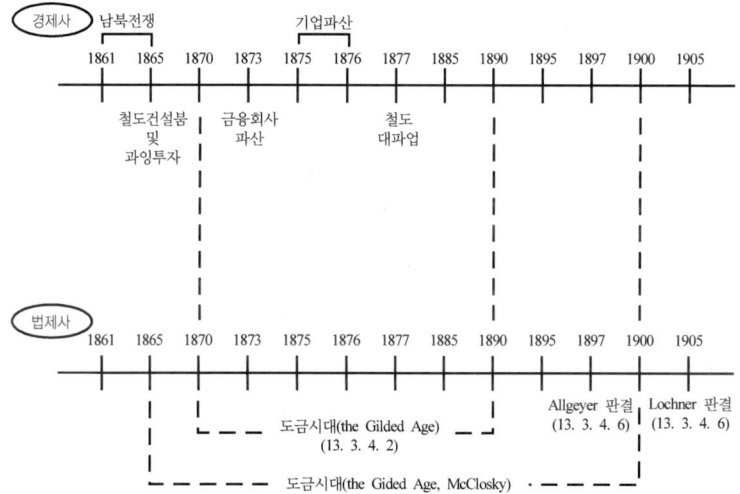

장기 대공황(1873~1897)과 미국 법제사(13장)

경제사  남북전쟁  기업파산

1861 1865 1870 1873 1875 1876 1877 1885 1890 1895 1897 1900 1905

철도건설붐 및 과잉투자

금융회사 파산

철도 대파업

법제사

1861 1865 1870 1873 1875 1876 1877 1885 1890 1895 1897 1900 1905

Allgeyer 판결 (13. 3. 4. 6)

Lochner 판결 (13. 3. 4. 6)

도금시대(the Gilded Age) (13. 3. 4. 2)

도금시대(the Gided Age, McClosky)

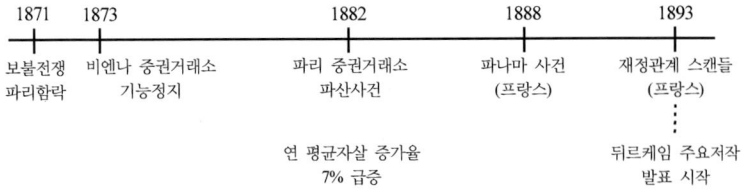

장기 대침체 기간(1873~1897) 동안의 비엔나와 프랑스(13징)

| 1871 | 1873 | | 1882 | 1888 | 1893 |

보불전쟁    비엔나 증권거래소        파리 증권거래소      파나마 사건        재정관계 스캔들
파리함락    기능정지              파산사건          (프랑스)         (프랑스)

연 평균자살 증가율                         뒤르케임 주요저작
7% 급증                               발표 시작

## 0. 연구의 동기와 필자의 이전의 연구

경제학자들은 일반적으로 제도를 어떤 사회와 국가에서 경제학적으로 의의가 있는 것으로 취급한다. 1990년에 Douglass C. North는 『제도, 제도변화와 경제적 성취』로 노벨 경제학상을 수상하였다. 그에 의하면 제도는 경제이론의 표준적인 강제와 함께, 어느 사회의 기회를 결정한다(Douglass C. North, 1990)(김 철, 2009ㄱ: 134-135). 필자는 더글러스 노스의 제도에 대한 경제사적 접근에서 간접적으로 영향을 받았다. 왜냐하면 노스가 제도라고 부르는 것은 법학자의 입장에서 볼 때, 가장 넓은 의미의 법 제도를 의미하는 것이기 때문이다. 법 제도와 법 제도의 변화가 경제적 성취에 관계한다는 명제는 법과 경제가 긴밀하게 연계되어 있다는 중요한 증거이기 때문이다.

필자는 근대 이후의 서양 공법사가 사회경제사와 서로 상호 긴밀하게 작용해 왔다는 구체적인 역사적 사례 연구를 해 왔다(김 철, 2007ㄴ: 107-142). 최근의 연구 성과는 "경제사와 법은 서로 어떤 영향을 미치는가-세계경제사, 보편주의적으로 바라본 시점"으로 공법사와 경제사와의 관계를 경제학자인 Freeman이 작성한 장기변동곡선에 의한 거시적 연표(1987)를 이용해서 경제사의 변화에 대응하는 법제사의 변화를 살펴보았다(김 철, 2009ㄱ: 133-167). 또한 더 넓은 시점에서 근대 이후의 경제공법질서의 전개과정을 이전의 순수사상사적인 기술방법에서 탈피하여 경제사의 연표를 기준으로 해서 근대 이후의 경제적 자유주의의 변용으로 거시적으로 파악하였다(김 철, 2010. 06; 김 철, 2010. 08).

2008년 10월 세계금융위기를 계기로 필자는 금융위기 이전의 기간 중에 금융위기를 촉발한 요인을 제공했다고 생각되는 기간을 조사하였다. 이 때 도움이 된 것은 2008년의 금융위기의 역사적 모델인 1929년 9월의 세계대공황이었다. 1929년에서 10년을 소급해서 1919년은 아메리카 역사에서 재즈시대가 시작된 해이고, 이 재즈시대가 1929년까지 계속된 것으로 역사가에 의해서 인정되고 있다(김 철, 2009ㄱ: 63-66). 이 재즈시대의 특징 중 머튼과 같은 사회학자들이 주목한 것은 외형적 번영과 물질적 성장과 함께 나타난 탈규범 현상, 즉 아노미의 진행이었다(김 철, 2009ㄱ: 64-66). 사회학자들[1]의 도움을 받아서 필자는 1929년 세계대공황의 원인 제공은 적어도 1919년에서 1929년까지의 재즈시대에서 시작되었다고 추측할 수 있었다. 물론 더 이전까지 소급할 수도 있었다. 마찬가지로 2008년 10월의 세계금융위기는 우선 약 10년을 소급해서 약 1998년부터 주목할 필요가 있었다. 1999년은 금융탈규제의 정점으로 여겨지는 해이며(김 철, 2010. 2; 2010. 8), 1933년 이후 유지되던 글라스 스티걸 법이 폐지된 해이다. 일단 이 10년은 1929년 세계대공황 이전의 10년과 비교 가능하다.

2008년 10월의 금융위기, 1929년 9월의 세계대공황을 다루다가(김 철, 2008. 12) 필자는 1873년 비엔나의 금융파산과 함께 1882년 파리의 증권거래소에서의 파산에 주목하게 되었다(김 철, 2009ㄱ; 2008.

---

1) 뒤르케임과 머튼이 사용한 아노미의 개념에 의한 사회 분석을 사용하였다(김 철, 2009ㄱ: 97-108). 한국의 사회학자로는 김광기(2007; 2009)의 아노미 분석이다.

11). 이 시기의 특징은 뒤르케임(Durkheim, 1952)이 그의 자살론에서 사용한 통계 중 자살의 연평균 증가율과 관계 있었다. 즉, 파리 증권거래소 파산의 해인 1882년에는 자살률이 이전의 2%에서 7%로 급증했다. 특히 이 증가율은 파산 사건이 일어났던 첫 3개월 동안에 증가했다(Durkheim, 1952: (번역본, 1993) 255-256). 1873년 5월 9일의 비엔나의 금융파산은 유럽 전역으로 퍼지고 1873년 12월에는 아메리카의 은행업이 파산하기 시작했다. 이것이 유럽과 아메리카에서 거의 같은 시기에 일어난 급격하고 맹렬한 대침체로 아메리카에서는 1873-1897까지 계속되고(Rendings Fels, 1949: 69-73), 영국에서는 1873-1896까지 계속되었다.(A. E. Musson: 199-228)

필자는 세계대공황기와 2008년의 세계금융위기와 관련된 경제사와 법제도사, 그리고 사회사의 연관관계에 대한 기초적 연구에 이어서 이제 19세기의 장기대침체기 또는 장기공황으로 불리우는 24년간의 경제사와 법제도와의 관계에 주목하게 되었다.

## 0.1 들어가는 말

이 연구의 흐름은 경제사학도 이외에는 잘 알려지지 아니했으나, 1873-1897에 선진 산업 국가를 엄습한 장기 대공황의 경제사적 특징을 개략적으로 보고 같은 기간의 법제도사 내지 공법제도사의 특징을 대비해서 상관관계를 찾아 보는 것이다.[2] 필자는 2008년 9월 세계경

---

[2] 경제사와 법제도사의 통섭 내지 종합적 시각은 한국 뿐만 아니라 외국에서도 예가 드물다. 이와 같은 작업을 하게 된 계기는 폴 크루크만이 공황의 경제학을 발전시키는데 경제사, 사회사와 정치사를 종합적으로 고찰한 것(Paul Krugman, 2007)이 유효한 예견력이 있다는 것이 2008년 10월 세계경제위기 이후 알려지게 되면서이다. 크루크먼은 2010년 6월 27일 뉴욕 타임스에의 특별 기고에서, 인류는 세 번째 대침체 또는 공황(depression)의 초기단계에 있다고 하고, 이 역사상 세 번째의 공황으로 부르는(한국의 경제신문-매일경제에서는 "우리는 세 번째의 공황의 초기에 있다."라고 공황으로 번역했다.) 경기 침체(depression)는 가장 혹독했던 1929-1940의 세계대공황 보다는 1873-1897 간의

제위기를 계기로 1929년 10월에 시작된 세계대공황 시대 전후의 경제
사와 법제도사의 관계를 대비해서 상관관계를 발견하려고 해 왔다[3]
(김 철, 2009ㄱ). 이 논문에서는 인류가 경험했던 또 하나의 세계적인
경기 침체기였던 1873-1897 동안의 경제 상황과 법제도와의 상관관계
를 찾아보고자 한다. 마침내 장기공황 시대를 특징 지운 경제 규범의
배경이 된 사회사상과 법사상에 주목하는 것이다.

　　필자는 경제학도가 아니고 경제 사학도도 아니다. 따라서 19세기의
선진국을 강타했던 약 24년 간의 장기 대공황의 경제사적 특징은 극
히 개략적인 지식을 쓸 수 밖에 없다. 그러나 지금까지의 법 제도사나
공법제도사, 또는 헌법제도사의 연구가, 거의 배경이 되는 시대의 경
제적 사회적 특징을 제외하고 진행된 것을 생각한다면 이러한 시도 자

---

공황으로 번역되는 장기 대침체(Long Depression)에 더 흡사하다고 했다. 그러나 세계경제와 무엇보
다도 직업이 없이 지내게 될 수백만인에게 희생과 대가는 엄청난 것일 것이라고 한다. 2010년 7월 9
일 현재 미국의 노동 통계국 자료에 의하면 18세부터 29세까지의 청년 실업률이 14%로 대공황
(1929-1940) 때의 실업률에 접근하고 있다고 한다. Louis Uchitelle, "American Dream is Elusive
for New Generation", New York Times, July 9, 2010. 더 상세하게 본다면, 직업이 없어서 찾고
있는 청년(young adult) 14% 이외에도, 23%는 구직을 하지도 않는다(Bureau of Labor Statistics).
합쳐서 37%의 청년 실업은 1980년 이후 약 30년 이상의 기록에서 최고치를 보이고, 이 비율은 세
계 대 공황기 였던 1930년대를 회상시키는 비율이다. 대졸자의 경우는 더 낫다. 대졸자의 17%가 직
업이 없거나 아예 일을 찾지 않고 있다. 이 비율에는 대학원 재학생이 포함되어 있다. 대졸자의 실지
실업률은 5.5%인데, 2007년에 비해서 2배이고, 1994년에 4년제 대졸자의 실업률에 대해서 조사를
시작한 이후 최고치를 보이고 있다고 한다.

3) 2008년 10월 세계금융위기 이후에 쓰여진 경제사와 법제도사와의 상관관계에 관한 논문을 열거하면
다음과 같다. (1) 김 철, "위기 때의 법학: 뉴딜 법학의 회귀가능성-현대법학에 있어서의 공공성의 문
제와 세계대공황 전기의 법 사상", 『세계헌법연구』 제14권 제3호 2008. 12, (2) 김 철, 『경제위기
때의 법학-뉴딜 법학의 회귀가능성』(서울: 한국학술정보, 2009. 3), (3) 김 철, "최현대의 경제공법
사상", 『세계헌법연구』 제15권 제2호, 2009. 6, (4) 김 철, 『한국 법학의 반성-사법개혁시대의 법학
을 위하여』(서울: 한국학술정보, 2009. 9), (5) 김 철, "최현대의 경제공법 사상(2)", 『세계헌법연구』
제15권 제3호 2009. 12, (6) 김 철, "최현대의 경제 공법: 금융 규제와 탈규제-글라스 스티걸 법부
터 뉴딜시대의 금융 시스템의 붕괴까지", 『세계헌법연구』제16권 제1호 2010. 02, (7) 김 철, "법과
평화" 『본질과 현상』통권 19호 2010. 1' 봄호(2010. 03. 01), (8) 김 철, "공법에 있어서의 경제적
보수주의와 경제적 자유주의의 순환: 경제공법에 있어서의 패러다임의 재성찰", 한국사회이론학회, 『
사회이론』통권 제37호 2010년 봄/여름호(2010. 5. 31.), (9) 김 철, "세계금융위기 이후의 경제, 규
범, 도덕의 관계: 금융위기 이후의 경제, 규범, 도덕의 관계: 금융위기와 관련된 제도의 도덕성 논의를
위한 시론", 한국인문사회과학회 『현상과 인식』2010 봄/여름호(2010. 5. 31.), (10) 김 철, "근대 이
후의 자유주의의 변용(1)-경제공법질서의 전개과정-", 『세계헌법연구』(2010. 6. 30.) (11) 김 철,
"근대 이후의 자유주의의 변용과 경제공법질서의 전개과정(2)", 『세계헌법연구』제16권 제3호, 2010.
8.(예정)

체가 새로운 것이라고 할 수 있다.

경기 후퇴(recession)는 흔하나, 대침체(depression) 또는 "공황(depression)"은 드물다. 역사상 "공황"이라고 그 시대에 널리 통용된 시기는 경제사에서 단지 두 번의 경우이다. 1873년의 급격한 패닉(panic)에 잇따라서 디플레이션과 불안정이 1897년까지 계속된 시기와 1929-1931의 혹독한 금융위기에 후속한 대량실업의 시기이다.(Paul Krugman, 2010. 6. 27.)

19세기의 장기 "공황"(Long Depression)-또는 장기 대침체(Long Depression)나 20세기의 대공황(Great Depression) 모두 계속 하강만 하는 시기는 아니었다. 그 반대로 두 시기 모두 경제가 성장하는 기간을 포함하고 있었다. 그러나 이 시기의 경제회복의 에피소드는 이전에 이미 진행된 슬럼프가 가한 상처를 보상하는데 결코 충분하지 않았으며, 이후의 재 하강에 의한 상처를 미리 보상 할 만큼 결코 충분하지 않았다(Krugman, 2010. 6. 27.).

## 1. 용어의 정리

용어를 정리하는 목적은 대공황과 장기공황(또는 장기 대침체)의 구별을 위해서이다. 요약하면 공황이라 하나 늘 패닉은 아니고 특히 아메리카와 유럽의 장기공황은 장기침체기로 24년간 오름세와 내림세의 작은 사이클로 이루어진 것이다.

recession은 일시적인 경기 후퇴 현상을 말한다. depression의 사전적인 뜻은 지리학에서 지면이 움푹 파진 곳; 심리학에서 의기소침이나 우울한 상태; 기상학에서는 저기압을 의미하며, 의학에서는 기능저하를 의미한다. 또한 경제학에서 소문자로 쓰일 때에는 침체기를 뜻한다. 그러나 고유명사로서 the (Great) Depression이라고 할 때에는 1929년에 시작되어서 1930년대를 특징 지운 세계적인 경기 대침체기를 이르는 것으로 한국에서는 세계대공황 또는 미국의 대공황이라고 번역된다. 그러나 한국어 및 한자로 표현된 공황(恐慌)의 원래 뜻은 "어떤 사물을 두려워하는 급격한 심리적인 불안 상태"를 의미하는 것이다(신기철 등, 1974: 308).

문제는 the Great Depression을 (세계)대공황으로 한국어로 번역한다면, 급격한 심리적인 불안상태를 강조하는 것이다. 이런 의미의 대공황을 역으로 영어로 번역하면 the Great Panic이 된다. Panic과 Depression은 부분적으로 같게 쓰일 수도 있다. 역사적 예는 1873년에 있었던 유럽과 아메리카에 있어서의 급격한 경기 변동을 the Panic of 1873라고 하기도 하고, Depression of 1873이라고 하기도 한다(Wikipedia, Panic of 1873). 그러나 인류사에서 가장 잘 알려진, 1929년에서 1932년 또한 1933년에서 1938년 이후까지의 기간은 the Great Depression이라고 한다. 명칭을 떠나서 내용을 잘 살피면, 이 긴 기간 모두가 하강만 하는 시기가 아니었다. 더 자세히 살피면, 1929년부터 1938년까지의 기간에 Panic이라고 할 만한 기간은 있었는가? 은행 파산이 파국적으로 계속된 1929년에서 1932년[4]까지를 심리적 불안[5]이 경제를 주도했다는 의미에서 Panic이라고 부를 수 있고, 실지로 공포(panic)가 만연하던 시대였다. 다시 장기공황(Long-Depression)으로 지칭되는 1873년부터 1897년까지 24년간에 걸친, 장기변동곡선 상의 하강국면을 나누어보면 그 시작인 1873년에 있었던 월가와 비엔나의 증권거래소에서의 급격한 추락은 패닉(공포 상태)이라고 부를 수 있으나, 장기변동곡선 안에서의 여러 번에 걸친 4년 내지 5년, 6년에 이르는

---

4) 은행파산에 대한 통계는 1920년대부터 1930년 연말까지는 역사학자 케네디(David Kennedy: 1999, 65)의 통계에 따르면, 1929년 당시 총 은행 개수가 2,500개라고 한다. 그러나 통화주의자 프리드만(Milton Friedman and Anna Schwarz, 1963)과 이를 인용한 경제사학자 퍼거슨(Niall Ferguson, TIME, 2008. 10. 13.)에 의하면 1932년 1월까지 1,860개의 은행이 파산하고, 1933년 3월 6일 은행 휴일로 지정된 기간 동안 2,500개 은행이 파산했다고 기록하고 있다(김 철, 2010. 2: 152).

5) 심리적 불안은 bank-run으로 나타나는데, 예금자의 인출사태 또는 넓은 의미의 은행탈출을 의미한다.

작은 사이클을 가지고 있는 긴 기간 전부를 패닉 또는 심리적 공포 상태라고 부를 수는 없을 것이다.

아래 그림은 1873-97년간의 아메리카의 장기 공황(Long-Wave Depression)를 기간 별로 다시 작은 변동기의 정점(Peak)과 바닥(Trough)의 사이클로 구분한 것이다. 도표 괄호 안의 NBER(National Bureau of Economic Research, News Bulletin No. 43, September 19, 1932)은 국립 경제 연구처 통계이고, 도표 중간의 Major Cycles(Hansen)는 한센(Hansen) 교수가 만든 것으로 주된 사이클을 의미한다(Hansen, 1941)[6]. 표 가장 오른편의 쥬글러의 경기순환(Juglar Cycles)이라는 것은 프랑스 경제학자 조셉 쥬글러(Joseph C. Juglar)가 1862년에 제창한 경기순환설로 약 9년을 주기로 한다. 이 쥬글러 순환의 연도는 슘페터 교수가 만든 것이고, NBER이나 Hansen 교수의 것과는 약간의 차이가 있다(Fels, 1949).

TABLE 1

| Business Cycles (NBER) | Dates (NBER) | | Major Cycles (Hansen) | Juglar Cycles (Schumpeter) | |
|---|---|---|---|---|---|
| Peak | Oct. | 1873 | Peak | Peak | Mid-1872 |
| Trough | Mar. | 1879 | Trough | Trough | End 1876 |
| Peak | Mar. | 1882 | Peak | Peak | Mid-1881 |
| Trough | May. | 1885 | Trough | Trough | Fall 1885 |
| Peak | Mar. | 1887 | | | |
| Trough | Apr. | 1888 | | | |
| Peak | Jul. | 1890 | | | |
| Trough | May. | 1891 | | Peak | Mid-1891 |
| Peak | Jan. | 1893 | Peak | | |
| Trough | Jun. | 1894 | | | |
| Peak | Dec. | 1895 | | Trough | Mid-1895 |
| Trough | Jun. | 1897 | Trough | | |

---

6) Hansen 교수의 사이클은 NBER의 사이클의 날짜와 정확히 일치하지 않는다고 한다. 또한 (Fels, 1949: 69-73).

도표7)에서 보는 대로 1873-1897까지의 24년의 긴 기간을 장기 대공황이라고 지칭하는 것은 그 기간 동안의 성질을 모두 살피면 무리가 될 것이다. 왜냐하면, Thorp(Willard Thorp, 1926: 31-45)은 24년 중의 14년을 부분적이나 혹은 전면적인 침체의 해로 라벨을 붙이고, 24년 중 2개년은 분류할 수 없으며, 9개년을 부분적이거나 전적인 번영의 해로 분류하고 있다(Fels, 1949: 69-73). 장기 대침체 기간 중에도 적어도 11년은 침체가 아니라는 뜻이다. 그렇다면, 급격한 심리적인 불안과 그에 따른 충동적 경제행동을 뜻하는 공황이라는 한자어는 번역어로는 적합하지 않다고 본다. 그러나 24개년의 장기 대침체가 시작된 1873년의 월가와 비엔나의 증권거래소에서의 급격한 함몰과 그에 따른 심각한 정서적 불안정과 행동은 한자어에서의 공황에 적합하다고 볼 수 있다. 이 시점은 Panic으로 지칭할 수 있고, 따라서 1873년의 대사건은 Panic of 1873으로 불리기도 한다.

다시 한국어와 한자어에 있어서의 1929년 이후부터 1930년대까지 계속된 the Great Depression의 번역어를 보도록 하자. 이 기간 중에도 연도 별로 상승하는 해가 있었다고 한다면, 1929년부터 1932년까지 또는 1933년까지는 흔히 알려진 대로 대공황(大恐慌)이라고 번역할 수 있으나, 루즈벨트가 취임하여 뉴딜 정책을 펼치기 시작한 1933년 3월 이후를 대공황기라고 똑같이 부르기는 힘들다고 할 수 있다. depression의 보통 명사로서의 경제학적 뜻은 경기 침체이다. 또한 영어는 전문어라 할지라도 일반인이 쓰는 일상어를 전문어로 바꿔 쓰는 경우에도 그 어원의 의미요소를 그대로 유지하고 있는 경우가 많다. Depression 자체에 급격한 심리적인 공포심에 의한 충동적 행동이라는 즉, 한자어 공황(恐慌)에 해당하는 의미 내포는 없다. 아마도 the Great

---

7) 도표의 출처는 Rendigs, Fels, "The Long-Wave Depression, 1873-97", The Review of Economics and Statistics, Vol. 31, No. 1(Feb., 1949), pp. 69-73

Depression을 일본인 학자나 중국인들이 개항기에 한자어로 번역할 때 보통의 경기 후퇴(recession)와 구별하기 위해서, 그리고 초기의 panic을 연상해서 세계 대공황이라고 번역한 것 같다. 그러나 1873~1897의 Depression은 동아시아에는 잘 알려지지 않아 왔다. 일단 장기 공황이라고 번역하는 것도 세계대공황과 비교한다는 점에서 의미는 있을 것 같으나, 24년에 걸친 장기간의 특징을 나타내는 데에는 역시 일반인이나 초학자들에게 세계대공황과 같은 성질일 것이라는 착각을 주기 쉽다.

## 2. 1873년의 공황(Panic) 또는 1873년의 대침체 (depression)의 성격과 개요

### 2.1 유럽과 아메리카에서 거의 같은 시기에 일어남

유럽과 아메리카에서 거의 같은 시기인 1873년부터 1879년까지 급격하고 맹렬한 대침체가 엄습하고 나라에 따라서 더 지체되었다. (Wikipedia, the free encyclopedia) 아메리카에서는 1873~1897까지 계속되고 따라서 장기 파장 침체(long wave depression)라고 부른다 (Rendigs Fels, 1949: 69~73). 영국에서는 1873~96을 장기 공황(The Great Depression)이라고 부른다(A. E. Musson, 1959: 199~228).

### 2.2 비엔나의 금융파산

1873년 5월 9일, 서유럽 문명의 중심지의 하나였던 오스트리아-헝가리제국의 수도였던 비엔나에서 일어난 금융파산(crush)이 유럽전역으로 퍼지고[8], 그해 말에는 아메리카의 은행업이 파산하기 시작했다.

## 2.3 영국의 장기공황("Long Depression")(1873~1896)

영국에서 1873년 공황(panic)의 결과는 장기 공황("Long Depression")으로 불리고 23년간 계속되었기에, 그때까지 지속된 세계 경제의 독점적 지위가 흔들리게 되었다(Musson, 1959: 199~228). (Wikipedia, Panic of 1873) 아메리카에서는 "1873년의 공황(panic) 또는 침체(depression)"이라고 불리는 반면, 유럽에서는 "장기침체"(Long Depression) 또는 대침체(Great Depression)[9]이라고 불린다(Musson, 1959: 199~228).

# 3. 아메리카의 장기 파장 침체 또는 공황(1873~1897) 때의 경제와 법

24년간을 아메리카에서의 침체의 장기 파장(long-wave depression)이라고 보는 요인은 첫째, 도매물가의 추세가 이 기간 동안 하향을 계속했고, 1897년 이후에야 반전했다는 데 있다(Redigs Fels, 1949: 69). 더 자세하게 보면, 아메리카에서의 도매물가의 내림세는 1873년이 아니고, 더 소급해서 남북전쟁이 끝난 1865년 초부터 시작한 점에서, 세계적으로 공통되었던 1873~1897의 장기 침체에 걸려 들었던 다른 선진 공업 국가(영국, 프러시아, 오스트리아 그리고 오토만 제국)와는 다소 다르다.

두 번째, 1873-1897을 아메리카에서의 장기 침체로 해석하는 이유

---

8) 김철, 1.1 '1870년/비엔나, 1882년/파리, 1929년/월가 진원의 경제 위기에는 공통점이 있다.', "경제위기와 아노미의 법학" 『경제위기 때의 법학』(서울: 한국학술정보(주), 2009 ㄱ).

9) 이 경우에도 the Great Depression(1929~1938)을 지금까지의 동아시아의 관행대로 대공황이라고 번역해서 이 번역이 통용력이 있다고 주장하는 경우에는 역시 Great Depression을 대공황이라고 번역해야 된다고 할 것이다. 그러나 문제는 명칭보다 그 내용이다. 내용이 획연히 다를 때 명칭도 같이 붙일 수 없다.

는 이전과 이후와 비교해서, 이 기간의 24년 중 침체로 기록된 횟수가 많다는 것이다. Thorp(1926: 131~145)에 의하면 24년 중 14년을 부분적 또는 전적인 침체의 해로 포함시키고, 24년 중 9년을 부분적 또는 전적인 번영의 해로 포함시킨다. 이 기간에 비교해서 장기 침체 파장이 끝난 후 1898년부터, 20세기의 세계대공황이 시작된 1929년까지의 약 30년의 기간은 24개년을 번영의 해로, 8개년을 침체의 해로 본다 (Willard L. Thorp, 1926: 131~145).

## 3.1 장기 공황(1873~1897)과 대공황(1929~1930's)의 차이

이 대공황의 24년간을 세계대공황의 1930년대와 똑같은 그라운드에서 비교하려는 경향이 있어 왔으나, 이런 동일평면의 비교 자체가 잘못된 인상을 줄 수 있다고 한다(Redigs Fels, 1949). 그러나 Hansen 교수는 1870년대와 1890년대를 1930년대와 비교하고, Schumpeter 교수는 다른 시기를 세계대공황기와 비교하고 있다(Fels, 1949).

## 3.2 아메리카에서의 남북전쟁(1861~1865) 이후의 철도 건설 붐

남북전쟁(1861~1865) 이후의 철도건설 붐은 과잉 투자를 가져왔다. 그란트 대통령 정부는 철도산업에 대한 열광적 투자를 주도했는데, 국유지를 대여하거나 보조금을 지급하는 방법이었다. 농업을 제외하면 철도산업은 고용인원이 가장 많았다. 투기 자금이 유입되어 비정상적인 성장이 되었고, 철도산업 뿐 아니라 관련 산업과 부두와 기선산업까지 과잉 설비가 행해졌다(Oberholtzer, 1926, 3: 79~122)(Fels, 1951: 325~349). Hansen 교수가 여기에 대해서 언급하고 있다.

## 3.3 아메리카에서의 금융회사의 파산(1873)과 기업 파산(1875~1876), 철도근로자 대파업(1877)과 목재산업의 파산(1877. 6.)

1873년 9월 당시 미국의 주된 금융 회사였던 재이 쿡(Jay Cooke & Company)은 전미 2위의 대륙 횡단 철도 회사인 북태평양 철도회사 채권(Northern Pacific Railway bonds)에 지나치게 투자를 했다. 금융 회사는 더 많은 자금이 필요해져서 정부로부터 3억 달러의 재원을 받으려 했으나, 실패하고 파산하였다(Skeel, 2001: 51)[10]. 연쇄적인 은행 파산이 잇따랐고 뉴욕 증권거래소를 임시 폐쇄하기에 이른다.[11] 미국 경제가 침체 국면에 접어들자, 공장들은 근로자들을 해고하기 시작 했다. 364개의 철도 회사 중 89개가 파산했고, 18,000개의 기업이 2년간 파산했다. 1876년에 실업률이 14%에 달했다.

철도노조가 계획한 대파업에서 연방군대가 출동하여 100명 이상이 사망하였다. 당시 중서부 목재산업의 중심지였던 미시간 주에서 목재 회사들이 연속 파산하였다. 기업의 침체는 1878년에는 대륙을 횡단하여 캘리포니아에 도달하였다. 금융 산업과 제조업에서 노사갈등이 1879년 봄 장기공황이 끝난 이후까지 계속되고, 이윽고 대규모 이민의 행렬의 유입과 함께 끝났다.

---

10) 이 책은 아메리카 역사에 있어서 파산법의 입법에 대한 표준적인 기록이다. David A. Skeel, JR, Debt's Dominion-A History of Bankruptcy Law in America(Princeton: Princeton Univ. Press, 2001)

11) 이 시대의 파산법의 변동은 1867년 파산법이 1874년 개정되고 1878년 파산법이 폐지되고 1898년 다시 재제정되는 변화를 겪었다. 여기에 대해서 임치용, 『파산법연구』(서울: 박영사, 2004), pp.210-214

## 3.4 아메리카에서의 도금 시대(1865~1900)의 "경제와 법" 질서의 특징

경제사에서 장기공황의 요인을 제공했다고 생각되는 남북전쟁 직후 과잉투자 기간(1865~1873)과 장기파장공황(1873~1897)을 합치면, 법제사가 맥클로스키의 도금시대(1865~1900)과 거의 일치한다(McClosky, 1956)[12]. 따라서 도금시대의 "경제와 법" 질서의 특징을 찾아내어, 장기공황시대의 경제사와 상관관계를 찾아보는 것이 목적이다.

### 3.4.1 아메리카 법제도사에서의 시대구분

아메리카 제도와 법의 역사에서 1885~1895년까지를 구질서의 시대로 본다(Arnold Paul). 1890~1900년까지는 시장의 내림세와 규제국가의 오름세로 본다(Harold U. Faulkner, 1980: 74~79, 91~93). 테오도르 루스벨트의 시대인 1900~1912년에 현대 아메리카가 탄생한 것으로 본다(George E. Mowry, 1980: 6~10, 14~15). 우드로우 윌슨과 1차 대전 기간인 1910~1917년을 진취의 시대로 간주 한다(Arthur S. Link, 1980: 18~21, 66~80).

1900년부터 아메리카가 1차 세계대전에 참전할 때까지를 실지로 거의 모든 사가들이 '진취적인' 또는 '진보적인' 시대로 레벨을 붙여 왔으니, 그 실상의 전개는 보수주의의 승리라고 할 수도 있다(Gabriel Kolko, 1963). 왜냐하면 이른바 '진보시대'(Progressive era)의 특징은 경제에 대한 정치적 규제라기보다는, 주요한 경제적 이익으로서의 비즈니스가 정치를 통제한 것이다(Kolko, 1963: 2~3).

---

12) 아메리카 법사에 대해서는 여러 종류의 책이 있으나, McClosky의 것은 아메리카의 대법원의 역사 중에서 가장 표준적인 것으로 알려지고, 인용 빈도가 가장 높은 고전이다. McClosky, The American Supreme Court(Chicago: Chicago Univ. Press, 1956).

### 3.4.2 도금시대(the Gilded Age)

아메리카 법제사에 있어서는, 1870년부터 1890년까지를 물질적 풍요와 부패가 함께 일어난 도금시대로 본다[13](김철, 2009ㄴ: 234). 아메리카 대법원의 역사에 대한 표준적인 저자인 McClosky는 1865년에서 1900년까지를 도금시대로 본다(McClosky, 1960: 101-135). 그러나 이 학설은 1970년대까지 표준적으로 여겨졌다. 폴 크루크만은 "역사가들의 심기를 불편하게 만들 수도 있는 위험을 감수하면서" 그러니까 아메리카 역사의 시대 구분의 다수설[14]을 충분히 의식하면서, 1870년대부터 뉴딜정책이 등장한 1930년대까지의 60년간을 길게 하나로 묶어서 "길었던 도금시대"로 본다.[15](김 철, 2009. 6.: 47; 2009ㄴ: 235) 표의 출처는 (김철, 2009. 12) 논문이다.

---

13) 도금시대에 대해서는 한국에서는 잘 알려지지 않았다. 특히 아메리카 경제사의 종전의 시대 구분은 도금시대를 1870~1890년으로 한정하고 있는 데 대해서, 폴 크루크만은 종전의 1. 도금시대(1870~1890), 2. 보수주의시대(1885~1895), 3. 규제성향이 시작된 시대(1891~1900), 4. 현대 아메리카의 탄생(1900-1910), 5. 진취시대(1910~1917)의 구분을 거부하고, 1870~1930까지를 길었던 도금시대로 합쳐서 본다. 그 근거는 진취시대(1910~1917)에 조차도 경제에 대한 정치적 법적 규제라기보다도 주요한 경제적 이익으로서의 비즈니스가 정치가 법을 통제한 것이라는 Kolko의 학설을 받아들일 것으로 보인다. 여기에 대해서는, 김철, "최현대의 경제공법 사상"- 5.4 폴 크루크만의 "길었던 도금시대"에 대한 성찰, 『세계헌법연구』제15권 제2호, 세계헌법학회 한국학회, 2009. 6., pp. 46~48을 참조.

14) 아메리카 경제사의 통상적인 시대구분에 대해서는 김철, "최현대의 경제공법 사상(2)", 『세계헌법연구』제15권 제3호 2009.12을 참조.

15) 이와 비슷한 견해는 Peter Beinart, "The New Liberal Order", TIME, 22~24 (New York, November 24. 2008). Robert Wiebe를 인용하여 현대 미국 자유주의는 진취적 시대(Progressive Era)에 탄생했다고 한다. 진취적 시대는 1910년에서 1917년의 우드로우 윌슨과 1차 대전 기간을 의미한다.(김철, 2009: 이 책의 취지) 그때까지 아메리카의 거대한 기업독점이 자본주의를 강자와 야만자만이 살아남을 수 있는 정글로 바꾸고 있다는 것이 진취주의의 내용이었다. 대공황의 와중에서 루즈벨트가 취임할 때까지는 아메리카 자본주의라는 에코 시스템이 나선형으로 죽음의 행진을 하고 있었고, 아메리카인 들은 루즈벨트가 했던 것처럼 정부가 제어해주기를 소리 높여 외치고 있었다. F.D.R은 전례 없는 규모의 정부자금을 풀었고 실업자와 연로자들을 위해 새로운 보호망을 만들었으며, 산업계가 어떻게 행동해야 되는가에 대한 규칙을 부과했다.

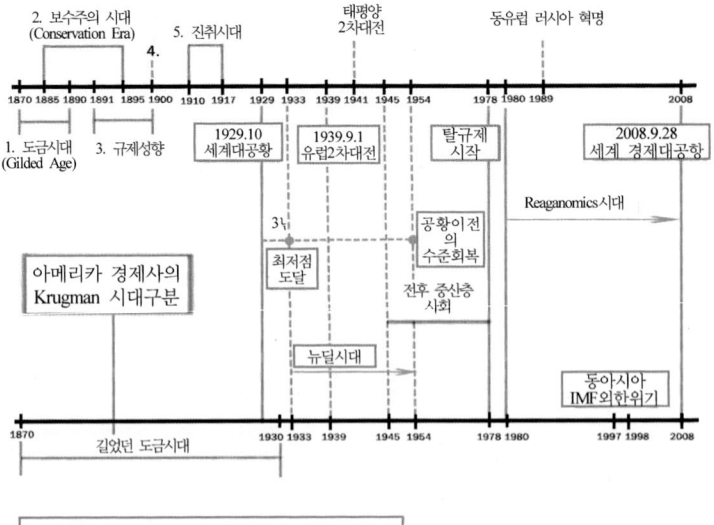

아메리카 경제사의
종전의 시대구분

2. 보수주의 시대
(Conservation Era)    5. 진취시대

태평양
2차대전        동유럽 러시아 혁명

4.

1870 1885 1890 1891 1895 1900   1910 1917   1929 1933 1939 1941 1945 1954      1978 1980 1989                    2008

1. 도금시대      3. 규제성향
(Gilded Age)

1929.10
세계대공황

1939.9.1
유럽2차대전

탈규제
시작

2008.9.28
세계 경제대공항

Reaganomics시대

3년

공황이전
의
수준회복

최저점
도달

전후 중산층
사회

아메리카 경제사의
Krugman 시대구분

뉴딜시대

동아시아
IMF외한위기

1870                        길었던 도금시대            1930 1933 1939      1945 1954      1978 1980              1997 1998      2008

1. 물질적 풍요와 부패가 함께 일어남
2. 계약자유와 소유권 절대를 기본으로 함
3. 시장하향과 규제상향시대
4. 현대 아메리카의 탄생
5. 진취적 시대(Progressive Era)는 우드로우 윌슨과 1차
   대전기간이다.

### 3.4.3 도금시대의 경제공법질서

아메리카의 표준적인 법제사가 맥클로스키가 이 시대의 특징을 요약한 것이 고전으로 평가된다(McClosky, 1956; 1960).

남북 전쟁이 끝나고 나서, 1866년에 대법원 판사들은 전혀 새로운 사법적 환경에 직면하게 되었다. 자본주의가 팽창하면서 이전에는 결코 없었던 일이 생겨났다: 자본주의가 개인들의 생활을 침해하기 시작한 것이다; 차츰 아메리카인의 생활에 가장 중요한 사실이 되고, 가장 성가신 사실이 되었다. 처음에는 분산된 모퉁이에서, 다음에는 점차로 숫자가 늘어가는 코러스로, 정부의 권력은 이 거인을 통제하는데 쓰여져야 한다고 말하기 시작했다 ; 견제되지 않을 경우 개인이나 집단적인 복지에 끼치는 해악을 완화시키는데 정부의 권력이 쓰여져야 한다고 말하기 시작했다(McClosky, 1956; 1960: 102-103).

거꾸로 과거보다 훨씬 더 한 격렬함과 큰 목소리로, 다른 사람들이 말하기 시작했다; 거인은 스스로 가는 길을 가도록 허락할 때 공동체에 가장 잘 봉사 할 것이며, 정부가 경제를 서투르게 만지는 것은 헛일 이거나 유해한 결과를 가져 올 것이며, 자유방임(laissez faire )은 시대의 표어가 되어야 된다고 한다. 정부가 자본주의를 통제해야 할 것이냐, 얼마나 통제해야 할 것이냐는 아메리카라는 정치 투기장의 중심부로 옮겨지고, 다음 70년 동안 결코 중심부에서 떠나지 않았다(McClosky, 1956; 1960).

사법 심사 제도를 시작한 마샬 이래의 대법원 전통은 왜 사법부가 경제 통제 문제에 집중 하게 되는가를 설명하는데 도움이 되었다면, 통제의 찬성자와 자유방임의 찬성자 사이에서 전개되는 갈등 속에서 판사들의 기호가 어디 쯤 있는가를 예언하는 일에, 그 전통은 역시 도움이 되었다고 한다. 건국 이후 대법원의 경제 통제 문제에 대한 성향은 다음 표를 참조할 것(김 철, 2010. 8: 690-691).

<표> 연방 대법원의 대법관들의 성향 분석(Russell Galloway, 1982; 1991)
(김철, 2010. 8: 690-691)

| 시기 | 자유주의(liberal) | 중도(moderate) | 보수주의 (conservative) |
|---|---|---|---|
| 1790 | 0 | 1 | 5 |
| 1807-1812 | 0 | 2 | 5 |
| 1812-1823 | 0 | 2 | 5 |
| 1826 | 0 | 3 | 4 |
| 1837 | 2 | 2 | 3 |
| 1841 | 4 | 2 | 3 |
| 1860 | 4 | 3 | 2 |
| 1870 | 4 | 3 | 2 |
| 1874-1877 | 5 | 2 | 2 |
| 1896 | 1 | 4 | 4 |
| 1903-1906 | 3 | 3 | 3 |
| 1906-1909 | 4 | 2 | 3 |
| 1911-1914 | 3 | 4 | 2 |
| 1916-1920 | 4 | 3 | 2 |
| 1923-1925 | 2 | 1 | 6 |
| Mid-1930 | 3 | 1 | 5 |
| 1943 | 8 | 1 | 0 |
| 1943-1945 | 4 | 4 | 1 |
| 1946-1949 | 4 | 0 | 5 |
| 1949-1953 | 2 | 0 | 7 |
| 1956-1957 | 4 | 1 | 4 |
| 1967-1969 | 6 | 2 | 1 |
| 1972-1975 | 3 | 2 | 4 |
| 1975 | 2 | 3 | 4 |
| 1982 | 2 | 3 | 4 |
| 1982-1986 | 2 | 2 | 5 |
| 1990 | 2 | 2 | 5 |

어쨌든 초대 마샬 대법원장의 애인은 국가와 자산가였고, 1789년부
터 1860년까지의 대부분의 대법원 판사들은 정도 차는 있으나 이들

쌍둥이 애인을 가진 점에서 공통이었다. 남북 전쟁이 끝나고 이제 국가는 전쟁에 의한 시련에서 그 생존을 유효하게 입증하였고, 국가의 건강도 보장 되었으니, 국가는 더 이상 법원의 걱정스러운 보호를 필요하지 않게 되었다. 그러나 자산가 즉 사업가들은 1870년대에 이르러 정부에 의해서 괴롭힘을 당하기 시작하였다. 윌리엄 그레이엄 섬너[16]의 표현에 의하면, 의회는 아우성을 치면서, 그 자신의 방식으로 행해서 공동체를 도우려는 것을 방해하고, 그를 처벌하겠다고 위협하며, 행동의 자유를 방해하고 있다고, 섬너의 예찬자들은 관찰한다고 한다. 전통적으로 재산권의 대의명분에 헌신하여 왔으며, 불가피하게 주로 '가진 자'들의 계층에서 뽑혀진 판사들로 구성 되었으며, 그들은 또한 그때 까지 아메리카의 법조계를 특징 지운 현상유지우선의 보수적 편향으로 채색된 법률가들이었음으로, 이런 대법원은 그때의 규제적 움직임에 반대하고, 사업가들의 공동체에 힘을 실어주는 것은 거의 확실하였다(McClosky, 1960: 104).

### 3.4.4 남북전쟁 이후의 사회적 진화론과 경제 질서

진화론은 말할 필요도 없이 찰스 다윈에 의해서 발견되고 주장된 생물학상의 이론이다. 지구상의 고생물시대로부터 모든 생물의 종은 현재의 상태로 진화해왔다는 가설이었다. 순수한 과학적 가설 내지 이론으로서의 진화론은 특히 인류의 진화의 단계나 원형과 관계되어서

---

16) 윌리엄 그레이엄 섬너(William Graham Sumner, 1840-1910)는 허버트 스펜서(Herbert Spencer, 1820-1903)와 함께 자유방임 ( laissez faire )을 기조로 하는 근대 산업 사회 혜택 뿐 아니라 사회 악 조차도 정당화 하는데, 사회적 진화론 ( social darwinism )에서 나온 "생존을 위한 투쟁" (struggle for existence )의 아이디어를 채택하였다. Richard Hofstadter , Social Darwinism in American Thought ( Boston, Beacon Press, 1955 ) 같은 시대에 윌리엄 제임스와 존 듀이는 사회 개발을 방향지우고, 자연적 질서를 향상시키기 위해서 인간의 계획이 필요하다고 주장하였다. 도금 시대 (gilded age)와 뒤 이은 진취적 시대 (Progressive era)의 지식인의 움직임을 고무한 사회 철학은 위 두 가지 입장 -즉 허버트 스펜서와 윌리엄 그레이언 섬너의 사회적 진화론과 윌리엄 제임스 및 존 듀이의 사회철학을 들 수 있다.

처음에는 센세이션을 일으켰으나 그 과학수의적 방식 때문에 차츰 새 시대의 새로운 패러다임으로 서서히 받아들여지게 되었다. 그러나 순수한 고생물학 또는 자연사적인 이론에서 차츰 진화론이 동식물 일반의 생태계에 대한 과학에서부터 인간과 인간의 사회에 대한 사회적 삶에 대한 설명의 프레임으로 옮아감에 따라서 전혀 최초의 과학주의와는 의미·내용과 사회적 함의가 달라지게 되었다. 즉, 과학적·생물학적 진화론이 사회적 진화론으로 모습을 달리함에 따라 그 효과는 예상하지 못한 방향으로 전개되었다. 이 시대의 사회적 에토스에 영향을 미친 사고 방식에 대해서 철학자 호프슈테트가 요약한다(Richard Hofstadter, 1955, 5-7). 필자는 흔히 한국의 인문학자, 철학자, 또는 법철학자들이 그러해 왔듯이 "어떤 사상의 내용이 중요하다"라는 측면보다 그 사상의 사회적 영향에 더 주목하는 방식을 택하려 한다.17) 필자가 남북 전쟁(1861-1865)이 끝난 직후의 장기 대공황(1873-1897)의 예비기 (1850-1873)에 사회적 진화론이 영향을 가지기 시작했다는 데에 주의하는 까닭은 이 시대의 대표적 사회적 진화론자들이, 진화론의 여러 가능한 해석 중에서 개인주의적 사회관과 경쟁주의적 사회관을 선택적으로 강조했기 때문이다.

남북전쟁이 끝나자 곧, 책을 읽는 계몽된 아메리카의 대중들은 전후에 개시된 진화론적인 생각과 담론에 매료되어서 부분적으로 진화론에 속하거나 진화론에 관계된 철학과 정치이론에 대해서 흥미를 가지게 되었다. 허버트 스펜서(Herbert Spencer)18)는 그들 중에서 가장 야

---

17) 사상의 내용자체에 중점을 두느냐, 사상의 사회적 영향에 중점을 두느냐는 한국에 있어서도 전통적인 인문학자의 태도는 사상의 내용자체를 밝히는데 전력을 쏟아왔고 법학을 위시한 사회과학의 입장에서는 오히려 어떤 사상의 내용보다 그 사상의 시대에 그것이 사회에 어떤 영향을 미쳤는가에 더 중점을 두지 않을 수 없다. 한국에서도 법철학을 순수인문학, 즉 순수철학적 측면을 강조하는 입장이 오래 계속되어서 그 법철학이 한 시대의 구체적인 사회적 결정, 즉 판례의 어떤 영향을 미쳤는가에 대해서는 거의 주의하지 않았다. 법철학이 법학과 법판결에 미치는 영향을 더 중시했다면 현재와 같은 법철학과 법제도학이 따로 유리되는 결과를 초래하지는 않았을 것이다. 법철학이 인문학적 전통보다 법제도와의 연계를 중요시하는 전통은 법리학(jurisprudence)으로 발전하였다. 법리학에 대해서는 이 교재(김 철, 『법제도의 보편성과 특수성』, 1997ㄴ)를 참조할 것.

심적으로 생물학 자체보다도 다른 영역에서의 진화론의 적용을 체계화 하려고 시도했고, 그는 그의 본국인 영국보다도 아메리카에서 훨씬 더 인기가 있었다. 급격하고 눈부신 경제변화에 시기에 다윈의 사상과 스펜서의 사상은 아메리카에서 대중화 되었으며 이 시기는 역시 지배적인 정치적 경향이 현상유지우선의 보수적인 시기였다. 이 시기의 지배적인 보수주의에 대한 도전은 결코 존재하지 않았으나 특징적인 느낌은 남북전쟁 이전의 시기에 여러 정치적 문제들에 대해서 충분할 만큼 선동과 격동이 있어 왔다는 것이다. 따라서 전쟁이 끝나고 난 뒤의 특징적인 무드는 이제 전쟁에 의해서 통합된 아메리카 대륙은 충분히 사람 살 만하게 되었으며 그것을 향유하며 거대한 새로운 산업체들이 솟아나고 있다는 그런 시대였다. 당연히 이 전후의 시대는 토지나 산업의 획득이나 합병의 시대가 되었다. 이러한 시대에 진화론은 모든 사고 유형 중에서 가장 강력하게 보수적이며 견고한 사람들이 의지할 수 있는 아이디어가 되어 갔다. 왜냐하면 깐깐하고 보수적인 사람들은 그들의 동료 시민들과 삶의 어떤 어려운 문제들에 있어서 화해하기를 원하며 동시에 황급하게 진행되고, 잘못 고려된 개혁들을 지지하지 않도록 자기의 동료 시민들을 압도할 필요가 있었기 때문이다. 진화론은 아메리카의 보수 사상의 역사에서 이 긴 기간 동안에 가장 영향을 끼친 통찰 중의 하나였다(Richard Hofstadter, 1955, 5-7). 이 사상을 원용하려는 사람들은 정치적인 기존 상태를 옹호하기를 원하는 사람들이었고 경제와 법사상에서 가장 중요한 것은 무엇보다도 자유방임을 옹호하는 보수주의자였다. 그들은 진화론으로부터 그들이 주장하는 사회적 주장의 도구들을 끄집어 내었다. 나중에 '사회적 진화론'이라고 불리 울 수 있는 사회사상의 스타일이 분명하고 알아 볼 수 있는 형태

---

18) 허버트 스펜서(Herbert Spencer, 1820-1930)는 법사상사에서 도금시대에 실질적으로 판례에 영향을 미친 사회적 진화론자이다. 도금시대의 경제와 법질서에 대한 그의 영향은 이 논문, 3.4.6 도금시대의 경제와 법질서에 대한 사회적 진화론의 영향을 참조할 것.

를 띠게 되었다. 사회직 진화론이 알아 볼 수 있는 형태를 띠게 되자 이러한 관점에 대한 분명한 반대자들이 논의의 경연장으로 나타나게 되었다. 사회적 진화론에 대한 가장 뛰어난 반대자는 레스터 워드 (Lester Ward)와 실용주의자(pragmatist)들(윌리암 제임스와 존 듀이를 대표로 했다)이었는데 이들은 사회적 진화론이 제기하는 철학적 문제들에 대해서 즉각적으로 비판의 포문을 열었다. 그들은 그러나 그 사회에 있어서 새로운 사상이었던 진화론이 인간과 사회의 이론에 대해서 심각하고 근본적인 중요성을 가지고 있다는 근본적 가정에는 도전하지 아니하였다. 실용주의자들이 시도한 것은 사회적 진화론자들로부터 진화론을 탈취하려는 것이었는데 그들이 보여주려고 노력한 것은 진화론의 심리학적이고 사회적인 경위는 그 분야에 있어서 그들보다도 앞섰던 더 보수적인 사상가에 의해서 생각되었던 것과는 전혀 다른 용어로 읽힐 수 있다는 것이다. 사회적 진화론의 반대자들은 처음에는 거의 성공하지 못했다. 즉, 처음에는, 진화론이 담고 있는 개인주의적이고 경쟁적인 내용은, 남북전쟁 이후의 새로운 산업사회에서 일어나고 있던 이전 시대와는 전혀 다른 새로운 문제들에 대해서 해답을 주지 못한다는 것을 보여주지 못했다. 그러나 진화론이 가지고 있는 인종주의적이고 제국주의적인 함의가 어떤 정당성을 가질 수 있느냐에 대해서는 회의와 토론이 일어났다. 진화론의 가장 유명한 표어는 '생존을 위한 투쟁'(struggle for existence), 그리고 '적자생존'(survival of the fittiest)인데 이 표어들이 사회 안의 인간에 적용될 때는 다음과 같은 것을 암시하게 된다. 즉, 자연은 경쟁적인 환경에서 최고의 경쟁자가 승리하는 것을 보장하며 이 과정이 계속되는 개선과 향상으로 이어진다는 것이다. 이것 자체는 경제학자들이 지적할 수 있듯이 전혀 새로운 생각은 아니었다. 그러나 이 '생존을 위한 투쟁과 적자생존'이라 하는 진화론의 표어는 자연의 법칙(a natural law)의 힘을 오로지 "

경쟁적인 투쟁(competitive struggle)"의 생각에다가 투영한 것이었다. 두 번째로 장구한 시간에 걸쳐서 종이 발전한다는 생각은 현상유지위주의 보수 정치이론에 또 다른 친숙한 아이디어를 주었다. 즉, 모든 건전한 발전은 천천히 그리고 황급하지 않게 이루어져야 한다는 것이다. 그러나 점진주의 자체는 보수주의만 결합할 수 있는 것은 아니었다. 영국에서 점진주의는 페이비언 협회 (Fabian Society)에서 보는 바대로 보수주의 아닌 것의 중요 방법론이 되었다. 그러나 당시의 사회적 진화론자는 다음과 같이 얘기한다.

"사회는 하나의 유기체로 보여질 수 있다. 그리고 그 유기체는 새로운 종이 자연에서 창출되는 그 속도와 보조로 단지 변화할 뿐이다." 그래서 윌리엄 그레이엄 썸너(William Graham Sumner, 1840-1910)가 다음과 같이 결론지었다. 진화론은 생의 전쟁에 내재하는 어려움에 회피하지 않고, 인간이 얼굴을 맞대고 직면하도록 이끄는데 공헌할 수 있다. 또 다른 사상가인 허버트 스펜서(Herbert Spencer, 1820-1903)는 인류의 대부분에게 주어진 즉각적인 난관이 무엇이던 간에 진화는 진보를 의미하고 따라서 생의 모든 과정은 다소 거리는 있으나 그러나 통틀어서 영광스러운 완성으로 향해서 전진하고 있다고 한다. 이점까지는 아무런 논쟁점이 있을 수 없다. 어떤 사상의 사회적 영향이라는 것은 그 사상의 내용보다도, 어떤 시대에 어떤 방향으로 어떤 사람들이 그 사상을 사용했느냐 라고 할 수 있다. 이러한 관점에서 볼 때, 도금시대라는 특정한 역사적 기간에 두 사람에게 있어서 진화론의 결론은 결국 현상유지적인 귀결이었다. 그들에 의하면 사회적 과정을 개선하거나 개혁하려는 모든 시도는 고치질 수 없는 것을 고치려고 하는 노력에 불과하고 이러한 사회개선과 개혁의 노력은 대자연의 지혜에 관여하지 않아야 할 것에 관여한 것이어서 마침내 모든 사회개혁의 노력이라는 것은 단지 질적인 퇴화에 이르게 된다는 것이다(Richard

Hofstadter, 1944, 1955). 이것의 해석은 사회 현상에 대한 자유방임으로 귀결 하게 되었다. 왜냐하면, 사회적 진화론의 결말은 자연의 자기 조정을 인간의 의식적 노력보다 압도적으로 우위에 두어서, 경제 현상에 대한 법적 통제를 무위한 것으로 간주하는 초기 자유주의시대의 경제사상과 상통 하는 것이다.

### 3.4.5 사회적 진화론 대 프라그마티즘: 도금시대의 경제 질서

윌리엄 그레이엄 섬너(William Graham Sumner, 1840~1910)는 허버트 스펜서(Herbert Spencer, 1820~1903)와 함께 자유방임 (laissez faire)을 기조로 하는 근대 산업 사회에서의 혜택뿐 아니라 사회 악 조차도 정당화 하는데, 사회적 진화론(social darwinism)에서 나온 "생존을 위한 투쟁(struggle for existence)"의 아이디어를 채택하였다(Hofstadter, 1955). 같은 시대에 윌리암 제임스와 존 듀이는 사회 개발을 방향지우고, 자연적 질서를 향상시키기 위해서 인간의 계획이 필요하다고 주장하였다. 도금 시대 (gilded age)와 뒤 이은 진취적 시대(Progressive era)에, 지식인의 움직임을 고무한 사회 철학은 위 두 가지 입장 -즉 허버트 스펜서와 윌리암 그레이언 섬너의 사회적 진화론과 윌리엄 제임스 및 존 듀이의 사회철학을 들 수 있다.

### 3.4.6 도금 시대의 경제 질서에 대한 사회적 진화론의 영향: 기념비적인 판례

Allgeyer v. Louisiana {165 U.S. 578(1897)}에서 대법원은 계약의 자유를 부당하게 침해한다고 믿는 어떤 사회적 경제적 입법도 무효화시키기 위해서 실체적 적법절차 개념을 사용할 의도를 분명히 했다. 시장경제의 자유와 계약자유는 적법절차조항에 의해 보호되는 여러 자유로 보여졌다. 그리하여 대법원 판사들은 그들이 생각하기에 "의회가 만든 법률이 비합법적인 목적을 위해서 관여하는 방식으로 경제적 자유를 제약한다"고 생각할 때는 그 법률을 무효화 시킬 수 있다고 했다. 따라서 대법원 판사들이 노동규제, 가격통제 또는 그 밖의 경제규제를 합법적인 목적이라고 보지 않는 한 극히 제한된 숫자의 기업에 대한 규제만이 이러한 테스트에 통과하게 된다. 대법원은 규제입법이 공중보건(public health), 안전(safety), 그 밖의 중요한 공공이익(public health)를 증진시킨다고 확신할 때만 그러한 규제의 법률을 지지하였다.

연대는 약간 넘어가지만 판례의 연대에도 불구하고 도금시대의 경제 질서나 경제법 질서를 그대로 답습한 후일의 판례로써 Lochner v. Newyork case {198 U.S. 45(1905)}를 들 수 있다. 대법원의 다수 의견은 뉴욕 주법이 고용주와 피고용인과의 계약에 자의적으로 불필요한 간여를 했다 해서 위헌을 선언했고 계약의 자유는 수정 14조에 의해 보호받는다 하였다. 다수 의견의 이유는 근로조건을 정하는 것은 공공복리와 관계없고 따라서 입법목적은 합법적이라 할 수 없다고 하였다. 이 다수 의견은 말하자면 1970년대부터의 아메리카의 지배적인 경제 철학 중 허버트 스펜서의 사회적 진화설(Social Darwinism)을 적용한 것이라고 할 수 있다. 여기에 대한 반대의견에서 Holmes 판사와 Harlan 판사의 언급이 이를 나타내주고 있다(김철 1982, 10~11).

## 4. 통일 프러시아 제국과 남북 전쟁 후의 아메리카: 경제 상황 및 통화관계법의 유사점

아메리카에서 남북전쟁 후 1866~1872 사이의 과잉투자 및 주식투기의 영역-철도, 기선 연관 산업-은 프러시아에서 전쟁 이후(1871) 제국 성립 이후의 과잉 투자 및 주식 투자의 영역이 같다는 것이다 (Loomis, 1968). 1870-1871에 이루어진 남도이치 연맹의 프러시아가 주도한 북 도이치연맹과의 통일[19](김 철, 2009 ㄴ; 168-169)이 기점이 된다. 이 시대는 프러시아 제국의 건국 시기였다. 이 창설 기초의 시기 (Gründejahre)에 회사 설립의 법이 자유화되어서 도이체 방크(Deutsche Bank)와 같은 21세기까지 융성한 금융회사가 설립되었다. 프랑스와의 전쟁[20](김 철, 2009 ㄴ; 169 각주)에서의 승리는 전쟁 배상금으로 인한 자본 유입으로 철도산업, 관련 산업, 기선 및 부두 시설에 대한 주식 시장의 투기로 이어졌다(Wikipedia). 1873년을 기준점으로, 아메리카 와 프러시아의 상사점은 은 본위제를 포기하고, 금 본위제로 옮아가는 과정에서 공황(panic)이 발생했다는 것이다. 아메리카의 경우, 남북전 쟁(1861-1865)에 승리한 그란트 정부가 1873년 경화주조법(Coinage Act of 1873)에 의해서 이전의 금·은 본위제에서 은을 제외하고 사실 상(de facto) 금 본위제로 옮아갔다. 은을 화폐 표준으로 쓰기를 금지한 새로운 경화주조법의 경제적 영향은 서부의 은 광업을 해쳤으며, 농민 과 높은 부채를 지고 있었던 정상적인 채무자들에게 화폐 공급을 감소 시키고, 이자율을 높여서 비탄에 빠지게 했다. 새로운 법에 의한 통화 정책이 불안정하다는 것을 인지한 투자자들은 장기 채권과 같이 오래 돈이 묶이는 것을 기피하게 되었다. 프러시아의 경우, 보불전쟁에서 승리하고, 남북 도이치 연맹을 통일제국으로 묶는데 성공한 비스마르

---

19) 비스마르크 Bismark법 체계 성립 때까지의 주요 사항은 다음과 같다. 1861. 빌헬름 1세 군대개혁을 시작, 의회는 이를 반대 투표함. 1862. 의회 반대를 분쇄하고, 통일을 수행하기 위해 비스마르크를 수상에 임명함. 비스마르크의 중요 임무는 어떤 대가를 치르고도, 군대 개편을 유지하는 것이었음. 1871. 프로이센–프랑스(普佛) 전쟁에서 파리 함락, 프랑스 3공화국 분쇄됨. 1871. 남도이치연맹 프러시아와 북도이치연맹과 조약 체결, 도이치제국 성립, 프러시아왕이 도이치의 황제가 됨. 도이치 통일이 완성된 사실이 베르사이유의 루이 14세 궁에서 세계에 선포되다. 인용은 Ferdinand Schwill, A Political History of Morden Europe, pp.468–479, Charles Scriber's Sons, 1911. 인용은 김 철, "공법의 역사",『한국 법학의 반성』(서울, 한국학술정보, 2009ㄴ), pp.168-169
20) 1871. 프로이센–프랑스(普佛) 전쟁에서 파리 함락, 프랑스 3공화국 분쇄됨 (김 철, 2009ㄴ: 171 각주)

크 정부가 은화 화폐를 버리고, 1873년 7월 9일부터 새로운 통일라이히(제국)의 새 화폐로 금 본위제를 시작하였다(Wikipedia). 경제위기가 시작된 1873년은 대서양 양쪽의 아메리카와 프러시아에서 은 본위제를 포기한 것은 공통된 사항이다.

## 4.1 비엔나 증권 거래소의 폐쇄(1873.5.9.)와 서유럽 대륙에서의 파급 효과

1873년 5월, 비엔나 증권 거래소는 허위 확장, 지불불능, 부정직한 조작을 더 이상 감당 할 수 없어서 기능이 정지되었다.[21] 이 영향은 서 유럽의 주요 산업 국가에 파급 되고, 1882년 파리 증권 거래소에서의 파산 사건으로 이어 진다. 이 시기에 생존한 프랑스의 사회학자 뒤르께임이 무규범상태 라고 이름 붙인 사회적, 문화적 혼란 상태인 아노미(anomie)가 경제적 아노미로 탈바꿈 하였다고 보인다.[22]

---

21) 1882년에 파리 증권 거래소가 폐쇄되었다. (김 철, "경제위기와 아노미의 법학" 94 『경제위기 때의 법학』(서울, 한국학술정보, 2009ㄱ))
22) 김 철, "뒤르케임의 아노미 이론과 평등권에서의 기회 균등: 기초법적 연구 " 사회이론 2008년 가을/겨울 통권 34호 뒤르케임은 1858년에서 1917년 사이에 생존하였고 초기의 중요 저작을 출판하기 시작한 시기는 1893년과 1897년이었다. 그의 생애에 영향을 미친 서유럽 대륙과 프랑스의 중요한 역사적 사건을 개략적으로 검토하면 다음과 같다. 우선, 그가 태어나기 10년 전에 서유럽의 대부분 지역에서 발생했던 1848년의 혁명에서부터 시작하자. 이 거대한 혁명의 흐름에 맞서 유럽 여러 나라의 지배 엘리트들은 공화정부를 요구하는 도시 노동자와 토지의 재분배를 요구하는 농민의 연합 운동을 예방할 수 있었다. 프랑스의 혁명은 파리에서 패퇴하였고, 오스트리아 · 헝가리 제국의 농민들은 2급 조차지에 매수당했다. 남은 것은 구체제에 반대하는 지식인이 이끈 중간 계급의 운동과 이데올로기가 있었을 뿐이다. 그들 이데올로기의 꼭대기에는 국민 정부의 참여에 대한 요구가 있었다(존슨, 1977: 116~117). 한편, 1871년에 빌헬름 프리드리히 황제의 프러시아 군대는 파리를 함락시켰다(김 철, 2007ㄴ: 57). 프랑스는 프러시아와 조약을 맺고 의회가 평화를 선포했으나 파리의 급진 공화파는 의회에 불만을 품고 중산층과 의회에 반대하는 저항을 계속하기로 결정하여(곧, 파리 코뮌) 프랑스는 내란 상태에 빠진다. 결국 파리코뮌 참가자 수천 명이 처형 또는 유배당했고, 국민의회가 정통 정부를 성립시킨다(김 철, 2007ㄴ: 59). 1877년 이후 서서히 공화주의자의 공화국이 행운의 징조를 가지고 시작되었다. 국가는 번영했고 1878년에는 전보다도 진보하고 미화된 프랑스를 전시하는 세계 박람회가 개최되어 전 세계에 '프랑스 공화국은 제2의 아테네가 될 것'이라는 믿음을 심어주었다(모로아, 1980: 498~499). 1878년에 개최된 베를린회의에서 비스마르크가 튀니지를 프랑스에 위양했다. 프랑스는 식민지 제국을 정비 강화할 수가 있었다. 공화국은 이전보다 부강하게 발전했고 1878년 총선거는 보수파의 최후의 거점인 상원의 과반수를 깨고 말았다. 1850부터 1900년까지 프랑스의 철도망은 3,000Km에서 13,000Km로 늘어났다. 1882년 파리의 증권거래소에서

비엔나 증권거래소의 기능 정지에 따라 일련의 비엔나은행들이 그 결과로 파산하였다. 결과는 기업 자금의 경색이었다. 이미 투기의 거품이 끼어 있었던 프러시아의 철도회사의 제국을 이루고 있었던 베텔 헨리 스트라스버그(Bethel Henry Strousberg)가 베를린에서 파산하였다. 프러시아 경제의 수축은, 그때까지 전후 붐을 이루었던 재원이 되고 있었던 프랑스쪽에서의 전쟁 배상금 지불이, 1873년 9월에 종결됨으로써 더 악화되었다. 1871년 프러시아제국의 창설 2년 뒤 1873년에 닥친 경제위기는 이제 "제국 창설자들의 파산(Gründerkerach)"으로 불렸다(Manchester, 1968)(Marek, 1974)(Masur, 1970), (Wikipedia).

Marek(1974)과 Masur(1970)에 의하면 1873년의 경제위기에서의 회복은 아메리카보다 프러시아를 비롯한 서유럽이 빨랐다고 한다. 프러시아에서의 특이한 것은 경제위기 때에 미국의 노사 관계가 경험했던 비극적 사건-철도 대 파업 때의 100명 이상의 사망-이나 임금 대 삭감을 피할 수 있었다고 한다. 이유는 기업설립의 자유의 역사가 제국 통일 이후인 1871~1873에 비로소 시작된 것처럼 짧았던 것을 들 수 있을 것이다. 프러시아에서의 사 기업의 역사가 영국이나 프랑스에 비교

---

일어났던 유명한 파산의 영향은 파리에서뿐만 아니라 프랑스 전체에 곧 나타났다. 자살의 연평균 증가율은 1874년에서 1886년까지 2%에 불과하였다. 그러나 1882년에는 7%의 증가율을 보였다. 이 증가율은 파산사건이 일어났던 첫 3개월 동안에 주로 증가했다(뒤르케임, 1993: 255~256). 1889년의 박람회는 여러 가지 점에서 주목할 만하다. 프랑스대혁명 100주년 기념일과 일치하는 시점에 열린 이 박람회의 성공은 조국에 대한 정당한 자부심을 심었고, 과격파 좌익이 사회주의화를 지향하는 데 대한 불안 등과 맞물려, 구체제의 가장 대표적인 인물들을 현 체제에 흡수하게끔 만들었다(모로아, 1983: 507). 1893년에서 1898년 동안 프랑스는 온건한 장관들의 통치를 받았고 제3공화국은 기조와 루이 필립의 시민적인 전통을 계승하고 있는 것처럼 보였다. 당시의 정치 지도자들은 폴리테크닉, 고등교원대학 등 명문교의 졸업생이거나 변호사 출신이었다. 이미 공화주의당의 대가족이 형성되어 모든 정부 기관에 뿌리를 내리고 있었다. 1893년에 재정 관계의 스캔들이 신뢰를 뒤흔들었다. 파나마사건은 로우 파산사건이 왕정에 끼친 정도만큼은 공화국에 피해를 끼치지는 않았으나 적어도 국정에 대하여 지속적인 불신감을 심어주기에는 충분했다. 파나마 회사는 비난을 방지하기 위하여 신문사에 돈을 뿌리고 15억 프랑의 채권을 발행할 인가를 받기 위해 하원을 매수했다. 이 사건은 1888년에 발생되었던 것이며 그 후 오랫동안 파나마 회사가 도산 상태에 있었음에도 불구하고 역대 내각은 회사가 감행한 조작을 은폐하는 데 성공했었다. 채권 소유자들은 아직도 정부가 손해를 보상해줄 것이라고 기대하고 있었고 레셉스의 명성이 신용을 유지하고 있었으므로 아무도 감히 회사를 조사하자고 나서지 않았다(모로아, 1983: 509).

해서 짧았다고 해석 할 수 있다.[23](김 철, 2009ㄴ ; 168,169). 또 다른 중요한 사회적 환경은 비스마르크가 채택한 사회복지제도와 사회 정책이 노사의 격돌이나 임금 대 삭감을 피할 수 있었던 조건일 수가 있다.

## 4.2 비스마르크 헌법과 프러시아 제국에서의 부르조아지의 위치, 사회보험제도

대륙의 주된 세력이었던 프로이센의 헌정 질서는 영국과 비교 할 때, 우선 근대 입헌주의의 기초인 삼권분립의 원칙 자체가 확립되지 않았다.[24] 또한 근대적 국민 주권주의가 아니었다. 1871년의 비스마르크 헌법은 원칙적으로 황제 주권에서 출발 한다.[25] 의회의 역할은 간

---

23) 비스마르크(Bismark) 법체계 아래에서의 국가법의 성격은 주권의 강력함을 특징으로 하는 통일국가 형태에서 결정되었다. 그리고 군대(陸軍)와 관료 집단을 등뼈로 하는 중앙집권 국가였다. 그래서 이 국가는 제도,즉 행정제도 및 행정법이 우선적이었다. 그 이유는 영국과 프랑스에서처럼 제 3 계급 즉, 상공업자들이 큰 힘을 가질 수가 없었다(김철, 2009ㄴ ; 168,169). "경제사에서 볼 때 산업혁명의 진도는 영국에 비해서 후진적이었고, 국가의 힘에 의해서 산업화를 추진해 갔다. …제 3세력 즉 상공업의 부르주아지는" 독자성을 누릴 수 없었다." 김 철. "근대 이후의 자유주의의 변용(1)–경제 공법질서의 전개과정" 「세계헌법연구」2010. 6.
24) 입헌주의를 채택함으로써 원칙 자체는 선언되었다고 하나 명목적이고 실질적인 삼권분립은 강력한 황제주권 아래서는 이른바 "근대적 입헌군주제도"라는 것이 상당한 정도 국민주권 아래에서의 "근대적 입헌주의"의 이념형과는 실질적인 거리가 엄청나게 있다. 그럼에도 불구하고, 일본을 비롯한 동아시아에서 프러시아의 헌법이나 헌정질서를 선언된 헌법의 명목적 조문 만을 형식적으로 검토해서 흡사 국민주권 아래에서의 입헌주의와 별 큰 차이가 없는 것으로 질적인 차이를 무시하고 넘어가는 형식주의적 태도를 오래 견지했기 때문에 많은 경우 비교법학도들이 실족하는 결과를 가져왔다. 예를 들면, 프러시아 헌법과 메이지 헌법에 대한 연구를 한 일본학자들의 태도는 방금 지적한 두 차이를 그리 의식하지 않고 있는 듯 하다. 여기에 대한 예외적인 태도는 예를 들면 美濃部達吉가 있다. 小森義峯, "明治憲法とプロシアの憲法の比較憲法的考察", 『憲法論叢』第5号(1998年12月), 関西憲法研究会, pp.27~47
25) 참조, 김 철 "한국 근대법사에서 본 역사의 부담"–개화기와 갑오개혁, 경술국치가 한국법치주의의 전개에 미친 영향에 대한 소고, 한국사회이론학회 2010년 전기학술대회, 『1910~2010: 한국사회의 변화를 말하다』
메이지헌법의 모델로서의 비스마르크 헌법에 대해서는, 다음의 기록을 참조할 것. Takii Kazuhiro, translated by David Noble, The Meiji Constitution–The Japanese Experience of The West and The Shaping of The Modern State(Tokyo: International House of Japan, 2007)
1889년(메이지 22년) 2월 11일 메이지 헌법이 공포되었다. 1차 대전 이후 국제 연맹의 사무차장으로 나중에 활약한 일본의 외교관 이토베 이나조는 당시 프로이센 대학에서 유학하고 있었다. 이토베는 어떤 프로이센인 지인의 집에 만찬 초대를 받아서 다음과 같은 대화를 나누었다.
"듣기로 당신의 나라는 곧 헌법을 가진다면서요?"
"예. 그렇습니다."

헐적이었다. 자유주의의 영향은 제한적이었다고 해석 할 수 있다. 경

---

"그러나 일본의 헌법이 도이치의 헌법과 똑같아야 된다는 것은 이상하지 않습니까?"
"아니오. 나는 일본 헌법이 정확히 똑같지는 않다고 생각합니다. 확신하건대, 다른 점이 있겠지요."
"아니오, 똑같습니다."
파티가 계속되면서 그 도이치인 지인은 좀 더 이야기를 진행시켰다.
"일본은 프로이센과는 지리도 다르고, 국민도 다르고, 역사도 다른 줄로 알고 있습니다. 그래서 일본의 새 헌법이 프로이센 제국의 것과 똑같아야 한다는 것은 이상합니다. 모방이라도 한도가 있어야 할 것이 아닙니까?"
"아니오, 내 생각에는 당신 말이 정확하지 않은 것 같습니다."
"아니, 나는 내 말이 정확하다는 것을 확신합니다."
여기서 이토베는 반박하기 시작했다.
"본체에 있어서는 그렇게 다르지 않다고 당신이 이야기 할 수 있을지는 모르겠습니다. 그러나 만약 당신 말처럼 다른 역사와 국민 그리고 지리를 가진 나라들이 전혀 다른 어떤 것으로 끝난다면 우리는 아마도 그것을 헌법이라고 부를 수 없을지도 모르겠습니다. 우리가 헌법이라고 부르는 것은 기본적으로 통치자와 통치를 받는 피치자의 권리와 의무를 열거한 문서라면, 어떤 한 나라의 헌법이 대부분의 경우 다른 나라의 헌법을 닮아가는 것은 그래서 전혀 다르다거나 완전히 다른 괴물이 되는 것은 오히려 이상하지 않습니까?"
그러나 그 프로이센 인도 설득당하지 않았다.
"그렇지만 비슷한 것도 한계가 있어야 되지 않겠습니까? 내가 충격을 받은 것은 일본 헌법이 프로이센 헌법으로부터 거의 단어 하나하나 그대로 베끼고 있다는 사실 때문입니다."
이 시점에서 이토베는 이성을 잃고 정서적으로 반응하기 시작했다.
"그렇습니까? 만약 그것이 당신 주장이라면 내게 있어서 프로이센 헌법이라는 것은 아메리카 헌법의 모방에 지나지 않는 것처럼 보입니다. 프로이센 제국 헌법은 단지 대통령을 카이저로 바꾸고 공화국을 라이히로 말을 바꾸었으며, 의회를 제국 의회로 말을 바꾸었을 뿐 다른 면에 있어서는, 미국 헌법을 그대로 베낀 것입니다. 만약 일본의 새로운 메이지 헌법이 프로이센 제국 헌법을 닮았다면, 그것은 두 헌법 모두 아메리카 모델로부터 배웠기 때문이라고 생각합니다. 따라서 일본 헌법과 프로이센 헌법이 닮은 사실은 조금도 이상하지 않습니다."
"중요한 사실이 틀렸습니다. 프로이센은 황제가 주권자인 제국이고, 아메리카는 국민주권의 공화국이며, 두 헌법 사이에는 엄청난 차이가 있습니다."
"그것은 단지 전문용어의 차이일 뿐입니다. 헌법이 권리와 의무를 규정하는 이상, 프로이센과 아메리카 헌법 사이에 대단한 차이는 있을 수 없습니다. 당신은 아메리카 헌법을 읽어보았습니까?"
오늘날에도 메이지 헌법의 평가는 프로이센 모델에 따라서 피상적이고 명목상의 입헌주의에 의하여 지탱되는 강력하고 집중적인 황제의 권력을 명시한 권위주의적인 문서로 알려지는 점에서 공통점이 있다. 전후 일본 역사학계의 정평이 있는 이에나가 사부로는 메이지 헌법을 유교 보수주의와 프로이센 보수주의를 혼합해서 대중을 통제하려는 시도로 보고 있다(Ienaga, 1967: 78~79). 이에나가는 메이지 헌법을 메이지 시대의 중요한 시기에 시작되고 있었던 근대 헌법 사상의 계수와 동화라는 팽배하는 새로운 조류에 대한 하나의 반작용의 산물로써 특징짓고 있다.
메이지 시대의 자유주의와 헌법 사상에 대해서는 김 철 "한국 근대법사에서 본 역사의 부담"-개화기와 갑오개혁, 경술국치가 한국법치주의의 전개에 미친 영향에 대한 소고, 한국사회이론학회 2010년 전기학술대회, 『1910~2010: 한국사회의 변화를 말하다』를 볼 것.
  메이지 14년에 해당하는 1881년의 정치적 위기는 당시 정부로부터 영국 스타일의 정당 정치의 찬성자들을 축출하였는데, 메이지 제국 헌법 기초의 배후 실력자였던 이노우에 코와시(Inoue Kowashi, Biograpy)는 "앞으로 단지 프러시아 이론만을 장려해야 될 것이고, 영국 모델을 침묵시켜야 할 것이다."라고 했다. 잘 알려진 사실은 메이지 제국 헌법제정 이후에 일본의 법학자들은 거의 전적으로 프러시아의 헌법을 수입하는 데에 몰입하게 되었다는 것이다. 따라서 메이지 헌법이 프러시아의 영향이 각인된 것이었다는 것은 부인할 수 없는 현실이고, 당시 프러시아에서도 이 사실은 이미 메이지 헌법이 공포되기 이전에도 널리 알려지고 있었다.

제사적으로 볼 때, 산업 혁명의 진도는 유럽의 선진국이었던 영국에 비해서 후진적이었고 국가의 힘에 의해서 산업화를 추진해 갔다. 프랑스 혁명의 추진세력이었던 제3세력 즉, 상공업자의 부르주아지는 프로이센에 있어서는 영국만큼 독자성을 누릴 수가 없었다. 프로이센의 지배세력은 여전히 토지를 기반으로 한 대토지 소유자(Junker)에게 있었고 대토지 소유계급은 유럽 전체로 볼 때는 앙시앵 레짐을 지탱했던 토지 귀족과 다르지 않았다. 따라서 앙시앵 레짐 출신의 대토지 소유자는 프로이센의 경우 새로운 부르주아지들을 압도하고 있었다(김 철, 1993, P.24, ).[26]

이러한 헌법 상황과 사회 구조에도 불구하고, 비스마르크(Otto Von Bismarck)는, 점증하는 자유주의의 영향을 도이치에서 제거하기 위해서, 사회 보험제도(의료보험제도와 노령보험제도)를 채택하고 실시하여, 이후의 프로이센 국가의 특징을 이루는 사회 안전망을 구축하는데 성공 하였다. 사회 보험 제도는 어떤 기록에 의하면, 당시 자유주의자들의 주장이었는데, 비스마르크가 자유주의자들로 부터 사회보험 제도를 빼앗아서, 실시해 버림으로써 기선을 제압하고, 결과적으로 도이치의 자유주의자들을 침묵하게 했다는 것이다. 퍼가슨에 의하면, 비스마르크는 사회보험제도를 실시하면서, "그래, 이것이 바로 국가에 의한 사회주의(Staat-Sozialismus)이다" 라고 했다고 한다(Niall Ferguson , 2008).

대륙의 또 다른 지배세력이었던 오스트리아 - 헝가리 제국의 사정도 중세 이후의 앙시앵 레짐의 계승자라는 점에 있어서는 기본적으로 프로이센과 같았다. 따라서 대토지 소유자로 구성된 대귀족과 영주를 국가체제의 기반으로 하고 있었으며, 근대 이후의 근대적 시민사회의 기반인 삼권분립, 법치주의의 원칙 등은 명목적이었다(김 철, 2009ㄱ: 146-148).

---

26) 이 책은 공간되지 않은 사간본이기 때문에 주의를 요하고 따라서 여기서 밝힌다. 김 철, "공법학의 역사" P.24, 사간본『법제도의 보편성과 특수성』(Myko International Ltd. Seoul, 1993 ).

## 4.3 프러시아와 영국의 비교

박영구(1997)에 의하면 1873~1896의 경제위기에서 대부분의 서유럽국가들은 급격한 물품 가격 하락을 경험했다고 한다(Young Goo Park, 1997; 511~34). 그럼에도 산업생산은 영국에서 40%, 프러시아에서 100%이상 증가한 것은 기업들이 생산원가를 절감해서 생산 효율을 높였기 때문이라고 한다. 이 침체의 기간 동안 영국의 순 국가자본형성 대 순 국가 생산의 비율은 11.5%에서 6.0%로 떨어졌으며 프러시아는 10.6%에서 15.9%로 상승하였다. 영국은 정지상태의 공급 조정의 코스를 택한 데 비해서 프러시아는 유효수요를 촉진시키고 자본형성을 증가·조정함으로써 산업의 공급 능력을 확장한 것이다. 예를 들면 프러시아는 전력, 도로, 철도와 같은 사회간접자본에 대한 투자를 극적으로 증가시킨 반면, 영국에서는 사회간접투자가 지체되거나 감소했다. 프러시아의 사회간접투자는 산업수요를 촉진시키는 것을 도왔다.

장기공황(1873~1896)은 영국에서 파산, 증가하는 실업, 공공사업의 중지 그리고 1897년까지 계속된 교역의 침체로 나타났다(Wikipedia).

## 5. 영국의 장기 공황 시대(1873~1896)의 특징

논문 시작에서 용어로서 설명한 바대로, "대공황"(Great Depression)이라는 용어는 이 23년의 기간을 위해서는 여러 면에서 부적합하고, 오해를 불러일으킬 수 있는 라벨이다. 왜냐하면, 절대적 하강의 증거는 없었다. 생산과 교역은 계속 팽창했고, 국민 소득과 총 부도 성장했으며 실질 임금과 생활 수준도 향상되었다. 그러나 확실히 가격이 떨어졌다. 가격이 떨어짐에도 불구하고, 경제활동의 모든 다른 지수는 상향하는 경향을 보여주었다. 다른 지수라고 함은, 석탄과 선철의 산출량, 건조되는 선박의 톤 수, 양모와 면화의 소비, 수입과 수출 수치, 철도 화물과 승객의 운행, 선박에 의한 외국 화물의 수입과 화물 물류의 순환, 은행 예금액과 청산, 합자 회사의 형성, 교역에서 오는 이익, 밀, 육류, 차, 맥주, 그리고 담배의 일인당 소비량을 얘기한다. 마샬과 같은 그 시대의 관찰자에게는 이러한 경제활동의 인덱스들이 눈에 보였고, 따라서 이러한 장기 공황 기간 동안 가격과 이윤이 떨어지는 것에 대한 불평 그리고 과생산과 실업에 대한 개탄이 들려오는 것에도 불구하고, 영국은 언어의 참 뜻에서 침체되어 있었다던가, 공황이라고 할 수 없다고 하였다. "가격의 침체, 이익의 침체, 그리고 이윤의 침체, 이런 것들은 의심할 나위 없다. 그러나 나 스스로는 어떤 다른 국면에 있어서도, 상당한 침체나 공황이 있다고 믿을 만한 이유를 알지 못한다."(Musson, 1959: 199~200)(Marshall, 1926: 99) 다른 한편, 상황이 좋지 않다는 압도적으로 방대한 의견이 있었는데, 의회 위원회의 보고서와 왕립 위원회의 보고서, 그리고 의회의 토론, 일간신문, 서적과 팜플렛, 공식적 스피치 같은 것이 있었다. 그러나 상황이 좋지 않다는 불평들은 이 기간 동안 늘 계속된 것은 아니고, 구름이 어떤 때에는 제거되기도 하고, 대기가 밝아지기도 하면서 23년을 끌었다. 23년의 기간은 주기적인 등락을 거듭해서 작은 사이클을 만들었는데, 이 기간 중의 작은 사이클의 정점 곧 붐에 해당하는 해는 1882년과 1890년이며 슬럼프가 골짜기 밑에까지 도달한 해는 1879년과 1886년, 그리고 1893년이다. 붐의 정점은 8년의 간격으로 산봉우리를 만들었으며, 계곡의 바닥은 7년의 간격으로 함몰을 보여주었다. 붐은 오래 계속되지 못했고, 슬럼프가 지연되었으며 따라서 기업 경기는 불확실성과 침체의 분위기로부터 빠져나오지 못한 것이 확실했다. 슘페터에 의하면,

이들 23년간은 전체적으로 볼 때 콘드라티에프(Kondratieff)의 "장기 변동 파장(Long-Wave)"의 하향 곡선에 해당했다(Musson, 1959: 200)(A. Schumpeter, 1939).

일반적으로 이 23년 동안 가격이 계속 떨어지고 "사람들은 대침체 또는 대공황이 있다고 말하였다". 그러나 세밀하게 보면 한탄의 연속은 대중들에게서 나온 것이 아니었는데, 이들은 대체로 잘 지내고 있었기 때문이다. 오히려 탄식은 주로 산업주의자들, 상인들, 그리고 은행과 금융업자들로부터 나왔는데, 이들은 가격과 이윤과 이자율이 떨어지는데서 핀치를 느꼈고, 또한 그들의 불평과 한탄을 가장 잘 표현하고 잘 들리게 할 만한 위치에 있었다고 한다(Giffen, 1904). 로스토우는 전체적으로 볼 때 이 23년의 기간 동안 근로 계층의 상태는 향상했다고 한다(Rostow, 1948: 58-59). 왜냐하면 실질 임금이 상당히 상승했으며, 근로 소득자에게 유리한 방향으로 국민소득의 재분배가 일어났으며, 걸인의 숫자가 감소했으며, 저축은행의 예금이 꾸준히 증가했으며, 식품, 맥주, 담배, 그리고 비슷한 생필품의 일인당 소비는 증가하였다 한다. 그러나 여기에는 반론이 붙는다. 근로계층의 "현재 느낌"으로 잘 지내고 있다고 체감했는지는 의문이 있다. 왜냐하면, 경제상태가 힘들다는 불평은 자본가들이 모여있는 의회나, 언론에서뿐만 아니라 노동조합의 보고서에서나 그 당시 흔하던 사회주의자들의 간행물에서도 나타났기 때문이다. 그 이유는 다음과 같다. 생활의 표준은 실질적으로 상승하고 있었지만, 구체적인 생활 상황은 향상하고 있는 것 같지 않았다. 왜냐하면, 대침체 혹은 대공황이 시작되는 초기 무렵에서 많은 산업에서 임금이 이미 삭감되었기 때문이다(Smith, 1880: 26-32). 가장 뚜렷한 이유는 장기 침체는 더 많은 실업을 결과했기 때문이다. 실업률에 대해서도, 다른 견해가 있고, 장기 대공황 기간의 실업률이 선행된 18년이나 후행하는 12년보다 크게 높지는 않다는 통계도 있으나, 이 통계에 대해서는 강력한 의문이 있다(Beveridge, 1909)(Bowley, 1911-12: 791-822). 이 기간 중의 직업적 안정성에 대해서는 다음의 표현이 있다. "약 25년간 직업의 안정성은 이전이나 이후보다 덜 안전했다."(Robertson, 1948: 296-297)(Musson, 1959: 201-202) 산업별로 관찰한다면, 이런 사실은 더욱 명료해진다. 대침체기에 여러해 중 1873년, 1886년 그리고 1893년의 통계에 의하면 실업 중인 노동조합원들의 비율은 금속공업, 조선업, 기계공업에 있어서 측정된 3년의 비율이 각각 15.3%, 13.5%, 11.4%였다. 금형제조업의 비율은 23.3%, 34.2%, 그리고 20.8%였다. 보일러 제작, 제철, 철강선박제조업의 실업률은 9.5%, 21.6% 그리고 17.0%였다. 따라서 이와 같은 기간 동안에 실업으로 인한 폭동이 일어난 것이 놀라울만한 일이 아니며, 구제자금이 잇따른 것은 당연하다. 지금 논하고 있는 대공황기 또는 대침체기의 선행하는 기간 즉, 1851년에서 1871년까지의 22년에서 최악의 해는 1858년과 1862년 및 1868년이었는데, 이 최악의 3년 동안 기계공업, 조선공업과 금속공업의 실업률은 각 해에 걸쳐서 12.2%, 9.0%, 10.0%였다. 따라서 어떤 다른 지표보다도 구체적인 산업별 실업률이 가장 확실하게 대침체기 또는 대공황기와 선행하는 장기 또는 후행하는 장기와 구별되는 지표가 된다고 할 수 있다. 여기에 더해서 자본재 거래에 대해서 더 중점이 주어져야 된다고 할 수 있다.

## 5.1 1867년 이후의 영국의 법과 경제

### 5.1.1 영국 산업의 국제 독점이 파괴되면서 자유방임의 장점이 감소되어 감[27]

1867년까지 잉글랜드와 스코틀랜드를 도시화되고 제조업 중심의 나라 별로 변형시킨 산업과 상업 상의 발달은 가속화된 진도로 진행되었다. 제한하지 않은 자유무역이 허용한 외국과의 경쟁에서 보호하지 않고 내버려둔 농업 부문은 1870년대를 통하여 주된 침체기로 돌입했으며 이윽고 오로지 부분적일 뿐이며, 급속도로 팽창하는 산업사회에서 힘들게 유지할 수 밖에 없는 회복기로 이어진다. 아일랜드를 제외하면 인구는 규칙적으로 증가했다. 즉, 1871년의 2,600만 명에서 1891년의 3,300만 명으로, 그리고 1911년에는 4,100만 명까지 이르렀다. 이 인구증가는 도시 인구와 농촌 인구 사이의 점점 증가하는 격차를 강조하고 있다. 주로 도시화한 이러한 사회가 국내에서만 생산된 농산물 만으로 자급자족하는 것은 점점 그 정도가 감소하는 추세를 보였다. 도시화한 사회의 생활은 공업제조품의 수출을 계속 확대하는 능력에 매여지게 되었다. 영국의 산업 상의 우위는 점차로 강력하고 효율적인 적수의 도전을 받게 되었다. 프랑스와 프러시아와 같은 대륙 국가의 도시 산업화와 함께 신대륙인 아메리카의 산업화는 이윽고 훨씬 뒤에 영연방과 인도와 일본의 산업화와 함께 영국이 이전에 향수했던 실질적인 독점을 파괴함으로써 국제 독점 회복의 희망을 옅게 하였다. 영국의 산업생산은 증가하는 반면, 수출 액수와 함께 국제 거래의 총량에 대한 영국의 비율은 떨어져갔다. 또한 자국의 내수 시장 자체도 산업 제품의 수입에 의해서 도전받게 되었다. 영국의 산업이 국내와

---

27) 이 항목에 대해서는 다음의 문헌이 가장 표준적이다. 필자는 영국 근대 공법사의 구체적인 사항에 대해서 다음의 문헌에 크게 의존하였다. David Lindsay Keir, The Constitutional History of Modern Britain Since 1845(New York: W. W. Norton&Company, 1966)

국외 시장에서 선도적인 위치를 유지하고 있던 시절에는 정부가 국가의 이익에 유효하게 관여해달라는 어떤 요구도 일어나지 않았다(David Lindsay Keir, 1966: 456~457). 정부의 과제라는 것은 자유무역의 세계적인 수용을 방해하는 장애가 있을 때 이러한 장애를 상업적 중재에 의해서 돌파하거나 분쇄하는 것에 한정되어 있었다. 다른 나라들이 그들 나라 자신의 산업 시스템을 만들고 조직하며 과세 장벽에 의해서 자국 이익을 보호하려고 혈안이 되어갔다. 이와 같이 보다 덜 호의적인 국제환경에 직면해서, 자유방임의 장점은 점점 덜 명백하게 되어졌다. 자유무역을 수호한다는 것은 영국의 상품이 외국 시장에서 교묘하게 제외되는 것을 막기 위한 노력을 의미하는 것이었다. 이와 같은 국제 환경 상의 불리한 점과 또한 사적인 통제의 혜택이 줄어듦으로 해서 영국의 산업은 각국 정부들에 의해서 지도되고 지탱되는 외국의 경쟁자에 대한 투쟁을 수행하기 위해서 드디어 국가가 산업을 지원해주기를 이끌어내는 데에까지 나아갔다. 처음에는 조언과 자문적인 역할에서 그 다음에는 이윽고 규제적 통제가 필요하다는 경향으로 나아가고 정부는 사회의 경제적 활동의 여러 행위들에 관여하는 의무를 지게 되었다(David Lindsay Keir, 1966: 456~457)(K. B. Smellie, 86~91). 국내 상황도 똑같은 결과를 가져오는 쪽으로 나아갔다. 산업에 있어서의 자유방임은-심지어 의문의 여지가 없이 자유방임을 교조적으로 수용하던 시대에도- 국가로 하여금 때때로 관여하게끔 했던 사회악을 일으키거나 가중화시켰던 경험이 있었다. 1867년 이후 국가의 관여의 필요성은 심지어 더 절실해졌다, 국가 관여의 성취는 불가피하게 유해하다던가 처음에는 괜찮다가도 결과적으로는 헛일이 된다던가, 또는 부적절한 것으로써 간주되지 않게 되었다.

### 5.1.2 실업과 빈곤: 국가의 역할

점점 노동이 분업화되기 시작하고, 실업에 의해서 빈곤이 첨예화되었다. 즉, 적어도 낮은 가격의 외국 생산자들이 참여하는 어떤 산업에서의 경쟁에 의해서 영국 국내 근로자의 빈곤이 증가하고 이 모든 것이 합쳐져서 사회 및 경제적 불평등을 가져오게 되었다. 이 불평등은 인구의 많은 계층들의 삶을 저하시켰다. 즉 그들로 하여금 기본적인 건강이나 생활의 능률을 유지할 수 없게 하고, 드디어 인간 생존의 쾌적함을 누리지 못하는 사회적 지위에까지 몰고 갔다. 새로운 근로자 계층이 투표권을 갖게 되고 이들 중에서 1867년 이후에 노동조합주의라는 새로운 기미가 강력히 작용했으며 이들은 빈곤에 대해서 교정을 행할 국가의 행위를 기대하게 되었다(Keir, 1966: 456-457). 이 당시의 판례로서 the Queen's Bench in Hornby v. Close(1867)는 이와 같은 정치적 환경에서 1871년과 1874년의 입법에 의해서 전복되었다. 구체적인 상황은 노동조합총회(the Trade Union Congress)가 1871년부터는 매년 회기를 열게 되었다는 점에서 찾을 수 있다(Keir, 1966: 458). 근로시장을 규제하는 것과 근로조건과 근로보상을 취급하는 것과 마침내 실업 자체의 문제를 취급하는 것이 국가의 기능이 되었다. 공중의 보건을 보호하는 것에 점점 관심을 기울이고, 그 역할을 국가가 맡게 되었다. 예외 없는 강제적인 초등교육제도를 도입하였으며 중등교육을 제공하며, 고등교육을 부분적으로 제정, 지원하거나 규제하는 것이 국가의 역할이 되었다. 이들 목적을 위해서 책임이 많은 정도로 지방의 관청에 위임되었는데, 이러한 지방 관청은 역시 사기업이 공급하는 것들을 보충하는 공역무(public services)의 공급을 위해서 필요한 권한을 획득하게 되었다(Smellie, 100-107).

### 5.1.3 국가 기능의 확대

중앙에서 행사되든 또는 지방에서 행사되든 국가의 기능은 통제되지 않은 사적인 권력이 견제되지 않고 움직여갔던 지난 시절의 규칙의 프레임워크를 더 이상 유지할 수 없게 되고 그 이상으로 진행되었다(Keir, 1966: 456-457). 변화하는 정치적 관행과 함께 정치이론도 혁명적으로 달라졌다. 물론 법 이론이 달라진 것은 말할 필요도 없고, 초기 자유주의 시대의 허버트 스펜서가 시민과 국가를 대비시켰을 때 쓴 낡은 개인주의의 표현은 이미 이 논문 전편에서 보여준 바대로 존 스튜어트 밀의 제2기의 자유주의 이론으로 발전하였으나 1867년 이후의 산업계와 경제상황은 더 새로운 방향으로 진행되게 된다. 이 시기에 자유방임의 가정은 파괴적으로 비판되어졌다. 이 논문 전편에서 제1기의 자유주의의 특징으로써 보여주었던 정부와 시민의 관계에서의 자유방임시대의 사고방식으로 개인의 자유와 개인의 인간성의 성취를 위해서 국가나 정부는 대척적인 위치에 서거나 침해하는 위치에 선다는 이론이 이 시기에 결정적으로 부인되어진다.[28] 이후부터는 국가의 기능은 다음과 같이 설명되어졌다. 개인기업이 시민과 사회의 웰빙을 촉진하는 경우에는 사기업의 창조적인 맥박은 제 갈 길을 가도록 허용되어지나 그렇지 못한 경우에 개인 기업은 제한되거나 또는 정부의 행위 자체에 의해서 보완되지 않으면 안된다(Keir, 1966: 458). 더욱 급

---

28) 한국의 공법학의 이론 중에서 자유권을 소극적 자유(negative freedom)으로 파악하고, 국가나 정부에 대해서 소극적인 입장(negative position)에서만 가능하다는 이론은 게오르크 옐리네크의 이론으로서 비판의 여지가 없는 고전적인 교조로 받아들여져 왔다. 그러나 이미 이 논문 직전(김 철, 2010. 6: 114-115)의 연구에서 나타난 바대로 권리의 보장이 정부나 국가를 시민과 이분법적인 위치에 두고 국가의 침해를 배제함으로써만이 보장된다는 생각은 자유주의나 산업주의의 제1기인 1780-1820년대의 근대1기에 가능했던 것이다. 나라에 따라 다르나, 대략 1770년대부터 1820년대 또는 1830년대까지의 산업혁명의 초기에 개인 기업 중심으로 생산 및 유통업이 활발하게 일어났으며 상인의 자본이 경제활동의 원동력이었던 시대를 배경으로 한 것이다. 정부의 활동은 이 시기의 테크놀로지나 기술 혁신에 큰 역할을 하지 못했으며 최소한의 역할을 하고 있었다. 근대 1기의 이른바 고전적 정부모델이 중상주의 시대의 절대 권력이나 현대 이후의 정부 모델과 비교해서 크게 제한적인 까닭이 여기에 있다고 생각된다. 정부의 개인에 대한 자유방임이 최대의 번영을 약속한다고 믿어져 왔다(김 철, 1994: 17-18)(김 철, 2010. 6: 114-115).

진적으로 1884년에 창립된 페이비언 소사이어티는 사회를 입법행위에 의해서 집단주의적 범주로써 변화시키는 방안을 연구하였다. 그러나 집단주의에 기초한 이와 같은 사회주의는 유권자에게나 의회에 별 큰 영향을 미치지 못했다고 한다. 국가 생활 전반에 걸쳐서 점차로 확대되어 가는 영역에 대한 공적인 통제를 이론적으로 받아들이고 실천적 문제로서 부과하는 것은 1870년대를 거쳐서 거의 1차 대전 전야에까지 진행되었다고 한다. 영국 정부가 1867년 이후에 수행해왔던 기본 조건이 더 이상 유지되지 못하게 되고 지금까지 관행의 단점이 노출되자 변화를 서두르게 되었으며 따라서 인간 자체가 아니라 대홍수에 비유할만한 격심한 사회 변화를 가져오게 하였다.

### 5.1.4 영제국의 팽창: 국가체제와 법체제

돌이켜 생각하면, 디즈레일리와 글래드스톤 시기에 제국의 팽창은 지속되었다. 1869년에 개통된 수에즈 운하는 영국을 아시아의 속령지와 더 가깝게 연결하였다; 1871년에 디즈레일리는 이집트의 카디브의 소유였던 운하의 지분을 사들였다. 1880년대 동안 북 미얀마, 남 보르네오, 뉴기니아가 영국의 통치에 들어왔다. 그러나 영국의 탐험가들, 사업가들, 행정가들, 그리고 군인들이 가장 신속하고 광범위하게 침투해 들어간 것은 아프리카 대륙이었다. 대륙 최남단의 케이프 혼에서부터 카이로에까지 이르는 홍색 루트는 세실로즈와 그가 감동시킨 사람들에게 빛나는 비전으로 나타났다. 그리하여 앵글로색슨 통제와 평화의 세계라는 더 밝은 꿈으로 녹아들어가고 있었다. 후기 빅토리아의 세계를 열어젖힌 팍스 브리타니카는 이러한 희망들을 정당화시키는 것으로 보였다(David Lindsay Keir, 1966: 456-457). 제국 군대의 호위를 받고 영국의 상선들은 합법적으로 지구상의 일곱 개의 대양을 횡단하였다. 1884년부터의 제국 연합 동맹은 더욱 큰 가능성을 가진 지속적인 조직으로서 제국의 전망을 보여주고 있었다. 영국 우위의 세계는 영국이 정부의 조직과 기능을 정비함으로써 그리고 영국 정부의 방식이 보편적으로 적용가능하다는 것에 의해서 정당화되었다. 그러나 남아프리카 전쟁에서 영국 제국이 보여준 비우호성에 의해서 촉발된 외국의 질시는 그때까지 마지못해 받아들여 왔던 제국의 팽창을 질시하게 하였다. 1867년부터 1900년까지 가능하였던 영국 외교의 "영광스러운 고립"은 이윽고 유럽 외교에서 영제국이 동맹국을 찾는 방식으로 대치되었다. 당시 세계 제1의 규모였던 영국의 상선군단과 상선군단에 의해서 정당화되었던 왕립 해군은 그때까지는 전혀 그런 일이 없다가 드디어 프러시아의 해군에 의해서 라이벌이 되기 시작했다. 해외에서보다도 영 본국 내국에서 이러난 회의는 제국주의와 민주주의가 갈등을 일으키고 과연 공존할 수 있느냐의 문제에서 생겨났다. 즉, 식민지의 이주민들은 곧 자치권을 가진 독립을 요구하게 되고 마침내는 속령지에서 우리는 유럽인이 아니다라고 주장하게 되었다. 이러한 상황에서 극단적으로 다른 요소들을 같이 묶고 공통된 주장을 할 수 있도록 하는 제국의 국가 체제 또는 법체계가 어떻게 만들어질 수 있겠느냐의 문제가 생겨난다. 영국의 통일성 자체는 아일랜드에 있어서의 내란의 위협에 의해서 크게 손상되었다. 폭력에 대한 호소는 부인참정권 운동을 격하시키거나 지연시켰다. 경제적 선동은 의회민주주의와 양립할 수 없는 집단주의 또는 조합주의(syndicalism)의 면모를 띠게 했다. 유럽의 다른 곳과 마찬가지로, 영국에 있어서 혁명으로 나아가는 힘들은 전쟁으로 나아가는 힘들과 병행해서 점점 증가했다. 그러나 이 논문이 취급하고 있는 1896년을 넘어서서 이후의 사태까지 감안한다면, 결국 1914년 세계 제1차 대전이 발발할 때까지 혁명의 세력보다 전쟁의 세력이 더 압도했다고 볼 수가 있다; 그러나 그 차이는 작았다고 한다. 마침내 전쟁에 의해서 영국의 제도와 법을 전쟁의 시련에 것을 통해서 그때까지 국내 상황들이 이미 요구하고 있었던 그러나 미루어졌던 변화를 강력히 가속시키는 것을 가능하게 했다(Keir, 1966: 456-457).

1차 대전과 그것의 법과 제도에 미친 영향은 이 논문의 원래 범위에는 벗어나기는 하나 다음과 같이 요약할 수 있다. 1914년부터 1918년까지 계속된 전쟁은 모든 조직 가능한 행동을 규제함으로써 승리의 수단으로써 강제하는 효과가 있었다.

1867년의 선거법 개혁은 이후에도 영국 사회에 문제가 된 민주주의와 부패 간의 관계 단절을 위한 노력의 시도였다. 1868-74년의 글래드스톤의 정부는 법안을 발의했다가 1871년에 상원에 의해서 부결되고 마침내 82년에 의회를 통과했다. 이 법안에 의해서 비로소 비밀투표가 보장되게 되었다. 이 투표법(Ballot Act)이 선거제도의 모든 악을 해소하지는 못했다. 무기명으로 비밀투표를 함으로써 그 이전에 성행되었던 투표권을 사고 파는데서 나타났던 시장가격을 감소시켰다. 또한 협박에 의한 투표도 감소되었다. 따라서 협박에 의해서 투표했다는 청원은 1872년 이후에는 기각되었다. 1867년부터 1885년 사이에 여섯 명의 대표를 선출하는 네 개의 군(borough)이 부패한 관행 때문에 선거구에서 폐지되었다. 이중에 샌드위치군은 1885년에 선거구가 폐지되었다. 1883년에 글래드스톤의 두 번째 정부는 부패를 제거하는 유효한 제정법을 통과시켰다. 선거비용은 유권자의 규모에 따라 책정되고 돈을 쓸 수 있는 목적물은 특정화되고, 부패한 관행은 더 정확히 규정되면, 위반의 리스트는 명료하게 만들었다. 법을 위반한 것으로써 드러난 후보자는 범칙행위가 발생한 선거구에서는 영원히 자격이 박탈되는 것으로 하였다. 후보자의 대리인에 의한 위반도 후보자로 하여금 7년간 자격정지를 받게 하였다(Keir, 1966: 456-457).

# 6. 나가는 말

이상과 같이 아메리카, 통일 프러시아를 중심으로 한 서유럽 대륙과 영국에서의 공통적인 현상이었던 1873~1896 또는 1873~1897 동안의 장기 대공황 또는 장기 대침체를 경제 현상과 함께 법사를 대조해서 특징을 파악하려고 해보았다. 이 시대의 공통적 경제현상에 대비해서 각국의 정치경제적 특징 또는 법제도적 특징은 다른 점도 많았으나 상사점이 있다는 것이 드러나고 있었다. 가장 큰 공통점은 장기 대공황을 촉발한 통일 프러시아와 남북 전쟁 이후의 아메리카는 다 같이 전후의 국가의 영역이 획기적으로 넓어진 시기에 과다한 기간산업 투자를 한 것이다. 법제도적인 특징은 아메리카의 1865년 내지 1873년은 이후의 판례가 보여주듯이 사회적 진화론이 방향을 결정하던 때였다. 통일 프러시아에서는 이 기간 동안 처음으로 기업 설립의 자유가 허용되었다. 장기 공황 이전의 기간 즉, 1867년 이후의 영국의 사정은 점차로 국제독점이 파괴되면서 이전의 근대 초기의 영국의 번영을 촉발하였던 자유방임주의의 장점이 감소되어갈 때였다. 실업과 빈곤이 확대되어서 국가 기능의 확대가 불가피해지고, 명예혁명 이후 영국민의 자랑거리였던 민주주의가 제국주의와 갈등을 일으키던 시기였다. 1868년에서 1874년 즉 영국의 장기 대침체의 예비기간 동안 영국의 민주주의는 투표에 있어서의 부패한 관행 때문에 부패 단절을 위한 노력이 돋보이는 시기였다.

1874년부터 1897년의 23년 간의 영국과 서유럽 대륙 그리고 아메리카를 공통적으로 괴롭혔던 장기 대침체에 동반한 각국의 법제도사는 본문에서 요약한 바와 같다. 그러나 경제적 발전단계, 헌법과 공법 발달 상태의 단계, 사회 발전 단계가 구체적으로는 서로 다름에도 불구하고 놀랍게도 장기 대침체 기간 동안의 영국과 통일 프러시아 및 서유럽 주요 국가 그리고 아메리카의 법사에는 공황 이전과 이후와 구별되는 하나의 시대로서의 특징이 있다고 보인다. 이 특징을 정리하자면 다른 한편의 논문이 필요할 것이다. 그러나 그 중에서도 아메리카의 법제도사의 도금시대가 장기 대침체기의 특징을 가장 잘 설명하고 있다. 이 도금시대의 경제사적 · 법제도사적 특징이 2010년 현재 인류가 직면하고 있는 대침체기의 이해와 대비해 시사하는 바가 크리라고 생각한다.

## 참고문헌

김광기, 『사회는 무엇으로 사는가? 뒤르켐 & 베버』(서울: 김영사, 2007)
_____, "칼뱅, 베버, 파슨스 그리고 미국 자본주의의 위기", 『현상과 인식』 2009 가을호(서울: 한국인문사회과학회, 2009)
김 철, "공법 이론 발달사와 경제사, 과학기술사와의 대화", 『법 제도의 보편성과 특수성』(서울: 훈민사, 2007ㄴ). *이 책은 교육용으로 비매품으로 제작되었으며, 현재 절판이다.
_____, 『경제위기 때의 법학-뉴딜 법학의 회귀 가능성』(서울 한국학술정보, 2009ㄱ)
_____, "근대 이후의 자유주의의 변용(1)-경제공법질서의 전개과정" 『세계헌법연구』 제16권 제2호, 2010. 6.
_____, "근대 이후의 자유주의의 변용과 경제공법질서의 전개과정(2)", 『세계헌법연구』 제16권 제3호, 2010. 8.
_____, "최현대의 경제 공법: 금융 규제와 탈규제-글라스 스티걸 법부터 뉴딜시대의 금융 시스템의 붕괴까지", 『세계헌법연구』 제16권 제1호, 세계헌법학회 한국학회, 2010. 2
_____, "위기 때의 법학: 뉴딜 법학의 회귀가능성-현대법학에 있어서의 공공

성의 문제와 세계대공황 전기의 법 사상", 『세계헌법연구』 제14권
제3호 2008. 12,

_____, "뒤르케임의 아노미 이론과 평등권에서의 기회 균등: 기초법적 연구"
사회이론 2008년 가을/겨울 통권 34호

_____, "세계금융위기 이후의 경제, 규범, 도덕의 관계: 금융위기 이후의 경
제, 규범, 도덕의 관계: 금융위기와 관련된 제도의 도덕성 논의를 위
한 시론", 한국인문사회과학회 『현상과 인식』2010 봄/여름호(2010.
5. 31.)

_____, "공법에 있어서의 경제적 보수주의와 경제적 자유주의의 순환: 경제
공법에 있어서의 패러다임의 재성찰", 한국사회이론학회, 『사회이론』
통권 제37호 2010년 봄/여름호(2010. 5. 31.)

_____, "한국 근대법사에서 본 역사의 부담"-개화기와 갑오개혁, 경술국치가
한국법치주의의 전개에 미친 영향에 대한 소고, 한국사회이론학회
2010년 전기학술대회, 『1910~2010: 한국사회의 변화를 말하다』

_____, "법과 평화", 『본질과 현상』통권 19호 2010. 1' 봄호(2010. 03. 01)

_____, 제2장 공법의 역사, 「한국 법학의 반성」(서울, 한국학술정보, 2009ㄴ)

_____, "최현대의 경제공법 사상(2)", 『세계헌법연구』제15권 제3호 2009. 12

_____, "최현대의 경제공법 사상", 『세계헌법연구』제15권 제2호, 세계헌법학
회 한국학회, 2009. 6.

_____, 교재/비매품『법 제도의 보편성과 특수성』(서울: 훈민사, 2007ㄴ)

_____, "공법학의 역사", 사간본『법제도의 보편성과 특수성』(Myko International
Ltd. Seoul, 1993).

_____, "미국헌법상의 적법절차개념의 변천-특히 규제입법의 발달과 관련하
여-", 숙명여자대학교 한국정치경제연구소 논문집 제11집, 1982. 12.

뒤르켐, 에밀, 『자살론』(임희섭 옮김(서울: (주)삼성, 1993)

모로아, 앙드레, 『프랑스사』(신용석 옮김)(서울: 홍성사, 1983)

신기철 등, 『새 우리말 큰 사전』(서울: 서울신문사, 1974)

임치용, 『파산법연구』(서울: 박영사, 2004)

존슨, 찰머스, 『혁명의 미래』(한완상 옮김)(서울: 현대사상사, 1977).

Bowley, A. L., "The Measurement of Unemployment: An Experiment," *Journ.
Roy. Stat. Soc.*, LXXV (1911-12)

Durkheim, Emile, *Suicide*(John A. Spaulding and George Simpson 옮
김)(London, 1952)

Faulkner, Harold U., "Politics Reform and Expansion 1890 – 1900", *American Legal History 1890 –present*(ed. by Thomas A. Green)(Ann Arbor: Univ. of Michigan Law Sch., 1980 – 1981).

Fels, Rendigs, "The Long-Wave Depression, 1873-97", *The Review of Economics and Statistics*. Vol. 31, No. 1(Feb., 1949)

_____, "American Business Cycles, 1865-79", *The American Economic Review*, Vol. 41, No. 3(Jun., 1951)

Ferguson, Niall, *The Ascent of Money: A Financial History of the World*(Cambridge: Harvard University Press, 2008)

_____, *The Ascent of Money: A Financial History of the World*(Cambridge: Harvard University Press, 2008)

Galloway, Russell W., *Justice For All?-The Rich and Poor in Supreme Court History 1790-1990*(Durham: Carolina Academic Press, 1991)

Giffen, R., *Economic Inquires and Studies* (2 vols.,; London: G. Bell & Sons, 1904)

Hansen, Alvin H., *Fiscal Policy and Business Cycles*(New York, 1941)

Hofstadter, Richard, *Social Darwinism in American Thought*(Boston, Beacon Press, 1955)

Ienaga Saburo, *Nihon kindai iempo shisoshi kenkyu{A historicdal study of modern Japanese constitutional thought}*(Tokyo: Iwanami Shoten, 1967)

Keir, David Lindsay, *The Constitutional History of Modern Britain Since 1845*(New York: W. W. Norton&Company, 1966)

Kolko, Gabriel, *The Triumph of Conservatism, 1963, –American Legal History 1890 –present*(ed. by Thomas A. Green)(Ann Arbor: UM Law Sch., 1980 – 1981).

Krugman, Paul, *The Conscience Of A Liberal*(New York: W.W. Norton, 2007; 2009)

_____, *The Return of Depression Economics*(New York: W.W. Norton, 2000)

Link, Arthur S., "Woodrow Wilson and the Progressive Era 1910 – 1917", *American Legal History 1890 –present*(ed. by Thomas A. Green)(Ann Arbor: UM Law Sch., 1980 – 1981).

Marshall, A., *Official Papers*(London: Macmillan, 1926)

McClosky, *The American Supreme Court*(Chicago: Chicago Univ. Press, 1956).

Mowry, George E., "The Era of Theodore Roosevelt and the Birth of Modern

America 1900 – 1912", *American Legal History 1890 – present*(ed. by Thomas A. Green)(Ann Arbor: UM Law Sch., 1980 – 1981).

Musson, A. E., "The Great Depression in Britain, 1873-1896: A Reappraisal" *The Journal of Economic History,* Vol.19, No.2(Jun., 1959)

North, Douglass C., Institutions, *Institutional Change and Economic Performance*(Cambridge: Cambridge Univ. Press, 1990)

Oberholtzer, *A History of the United States Since the Civil War* (1926)

Park, Young Goo, "Depression and capital formation: The United Kingdom and Germany, 1873-96", *Journal of European Economic History*, Winter 1997, Vol. 26 Issue 3, pp 511-34

Schumpeter, A., *Business Cycles* (2 vols.( I ); New York: McGraw-Hill Book Co., 1939)

Skeel, David A. JR, *Debt's Dominion-A History of Bankruptcy Law in America*(Princeton: Princeton Univ. Press, 2001)

Smellie, K. B., *A Hundred Years of English Government*(2nd ed.)

Takii Kazuhiro, *translated by David Noble, The Meiji Constitution-The Japanese Experience of The West and The Shaping of The Modern State*(Tokyo: International House of Japan, 2007)

Thorp, Willard, *Business Annals*(New York, 1926)


Beinart, Peter, "The New Liberal Order", TIME, 22-24 (New York, November 24. 2008)

Krugman, Paul, "The Third Depression", New York Times, June 27, 2010

Uchitelle, Louis, "American Dream is Elusive for New Generation", New York Times, July 9, 2010


小森義峯, "明治憲法とプロシアの憲法の比較憲法的考察", 『憲法論叢』 弟5 号(1998年12月), 關西憲法研究會

# 사항 및 인명색인 일러두기

1. 사항과 인명 다음의 괄호 첫 번째 숫자 즉, 01, 02, 03, 04, 05, 06, 07, 08, 09, 10, 11, 12, 13은,

1) 장(chapter)를 표시한다.
2) 그 다음 숫자는 절을 표시하고, 그 다음 숫자는 항을, 그 다음은 목을, 그 다음은 더 자세한 제목을 표시한다.
3) 예를 들어 경제적 자유주의(02.1.4)는 2장 1절 4항을 표시한다.

2. 색인(index)으로 찾을 용어의 선택은, 한 용어로 충분한 경우가 있고, 개념의 폭이 넓어서 한 단어로 특정하기 힘들 경우에는 슬러시(/)를 써서, 색인에 나타나는 용어의 폭을 정확하게 조정하고 난 후 참고 장·절·항·목을 표시하려 하였다.

예를 들면, 경제공법/탈규제시대란 표제어라면, 경제공법 중에서 탈규제시대의 것이라는 한정된 용어이다. 계약 공정의 원칙(01.1)과 계약 자유의 원칙(01.1)이라고 두 표제어가 다 같이 1장 1절에 나온다는 뜻이다.

# 색인

뉴욕 연방준비은행 총재(07.1.1)

드워킨/자유주의자(Liberal)(01.6.1, 05.1.1, 05.2.4)

드워킨/폴 크루그먼의 비교(05.1.1, 12.3.3)

디즈레일리(Benjamin Diesralli)(02.9)


〈ㄹ〉

레식(Lawrence Lessig)(01.5.1, 01.6.2, 05.1.5)

레이거노믹스(Reaganomics)(02.1.2)

레이거니즘(05.7.5)

로스토우(Rostow, 1948)/장기 공황시대의 낙관(13.5)

로티(Richard Rorty)(11.1.5)

롤즈(John Rawls)(11.1.5)

루비니(Nuriel Roubini)(02.3.4 - 각주, 09.1 - 각주, 10.2.2.3 - 각주)

루스카이아 프라우다(Russkaia Pravda, 11세기)(04.7)

루이스(C.S. Lewis)(09.1)

루스벨트(Franklin Roosevelt)(07.2)

루스벨트(Theodore Roosevelt)(02.17.1)

루스벨트/"오래된 진리"(07.2.2)

루스벨트/경제헌법질서(Economic Constitutional Order)(12.6)

루스벨트/글라스 스티걸 법(Glass - Steagall Act, 1933)(07.2, 07.2.3 07.2.6, 07.6.6)

루스벨트/긴급은행법(Emergency Banking Act, 1933)(07.2, 07.6.6)

루스벨트/뉴딜 시대(1933~1953)(05.6.2, 07., 07.3, 07.4.3, 07.6.5, 12.2.8, 12.2.10)

루스벨트/뉴딜 입법(12.2.1, 12.2.6)

루스벨트/독점의 문제(12.2.7)

루스벨트/신뉴딜주의(02.1.5)

루스벨트/예금보험제도((Deposit Insurance)(07.2.6)

루스벨트/저축대출조합(Savings and Loans Association)(07.3)

루스벨트/중산층의 형성/크루그먼의 회상(07.3.5)

루스벨트/피코라 위원회(The Pecora Committee 1933~1934)(07.2.4, 07.2.5)

루스벨트/화니 매(Fannie Mae, 1938)(07.4, 07.4.1)

루카스(Robert Lucas)(08.4, 10.2.2.3)

르윈(Shira B. Lewin)(05.8)

〈ㅈ〉

## 김 철

서울대학교 법과대학 졸업
동 대학원 박사과정 수료
Fulbright fellowship으로 Georgetown University National Law Center를 거쳐, University of Michigan
Law School Graduate Study 졸업
New York University Law School의 research scholar 및 University of Santa Clara Law School의 visiting
scholar를 역임, Harvard Law School, Columbia Law School, Stanford Law School에서 단기 연구

한국공법학회 부회장, 한국헌법학회 부회장, 한국사회이론학회 회장, 한국인문사회과학회(현상과
인식) 회장 역임, 공법판례 및 이론연구회, 한국법철학회, 한국법사학회, 도산법연구회, 재정법연
구회, 한국행정법학회 회원

서울대학교 법과대학, 서울대학교 사회과학대학, 서울대학교 행정대학원, 고려대학교 국제대학
원, 서울시립대학교 대학원, 서강대학교, 경희대학교, 홍익대학교에서 강사 역임, 숭실대학교 법
경대학 조교수 역임
現) 숙명여자대학교 법과대학 교수

『한국 법학의 반성 - 사법개혁시대의 법학을 위하여 - 』(2009. 9)
『경제 위기 때의 법학 - 뉴딜 법학의 회귀 가능성』(2009. 3)
『한국법학의 철학적 기초 - 역사적, 경제적, 사회·문화적 접근』(2007)
『종교와 제도 - 문명과 역사적 법이론 - 』(역저)(1992)
『미소 비교론』(공저)(1992)
『러시아 소비에트 법 - 비교문화적 연구 - 』(1989)

# 법과 경제질서
## 21세기의 시대정신

**초판인쇄** | 2010년 12월 13일
**초판발행** | 2010년 12월 13일

**지 은 이** | 김 철
**펴 낸 이** | 채종준
**펴 낸 곳** | 한국학술정보㈜
**주　　소** | 경기도 파주시 교하읍 문발리 파주출판문화정보산업단지 513-5
**전　　화** | 031) 908-3181(대표)
**팩　　스** | 031) 908-3189
**홈페이지** | http://ebook.kstudy.com
**E-mail** | 출판사업부　publish@kstudy.com
**등　　록** | 제일산-115호(2000. 6. 19)

ISBN　　978-89-268-1759-9 93360 (Paper Book)
　　　　　978-89-268-1760-5 98360 (e-Book)

내일을여는지식 ■ 은 시대와 시대의 지식을 이어 갑니다.